Jetzt lerne ich

# SuSE Linux

Stefanie Teufel

# Jetzt lerne ich
# SuSE Linux

Markt+Technik Verlag

Die Deutsche Bibliothek – CIP-Einheitsaufnahme

Ein Titeldatensatz für diese Publikation ist bei
Der Deutschen Bibliothek erhältlich.



Umwelthinweis:
Dieses Buch wurde auf chlorfrei gebleichtem Papier gedruckt.
Die Einschrumpffolie – zum Schutz vor Verschmutzung – ist aus umweltverträglichem und recyclingfähigem PE-Material.

10 9 8 7 6 5 4 3 2

05 04 03 02

ISBN 3-8272-6154-6


Lektorat: Boris Karnikowski, bkarnikowski@pearson.de
Herstellung: Claudia Bäurle, cbaeurle@pearson.de
Satz: text&form, Fürstenfeldbruck
Einbandgestaltung: Nowak werbeagentur & medien, Pfaffenhofen
Druck und Verarbeitung: Bosch Druck, Ergolding
Printed in Germany

# Übersicht


Vorwort 17

Einleitung 21

1 Die Installation 23

2 Das erste Mal ... 59

3 Nach der Konfiguration ist vor der Konfiguration 65

4 KDE – das K Desktop Environment 77

5 Editieren ist ja schön und gut, aber wo ist mein Notepad?! 137

6 Daten komprimieren, installieren und dekomprimieren 153

7 Ist das etwa alles?! Oder: die Shell – unendliche Weiten 171

8 Kommandodschungel 183

9 Wir spielen mit unseren Verzeichnissen und Dateien 211

10 Wir werden administrativ oder: Tipps, Tricks und Schliche 231

11 Krach ... 255

12 Der Dateimanager Midnight Commander 279

13 Ab ins Netz 293

14 Was ist eigentlich eine E-Mail? 305

15 PGP 357

16 WWW mit dem Netscape Communicator 373

17 Bleiben Sie im Gespräch! 381

18 Was hat es mit dem Usenet auf sich? 391

19 FTP 415

20 Handwerkszeug für Edelfedern 429

21 Organisieren Sie sich! 437

22 Allzeit bereit – der Cron-Dämon 449

23 Die wichtigsten Dateien und Verzeichnisse 457

Stichwortverzeichnis 469

# Inhaltsverzeichnis


| | | |
|---|---|---|
| **Vorwort** | | 17 |
| **Einleitung** | | 21 |
| **1** | **Die Installation** | 23 |
| 1.1 | Wir planen die Installation | 23 |
| 1.1.1 | Wir machen Inventur | 23 |
| 1.1.2 | Wie partitioniere ich meine Festplatte? | 32 |
| 1.1.3 | Die Software-Pakete | 45 |
| 1.2 | Fragen | 57 |
| 1.2.1 | Antworten | 57 |
| **2** | **Das erste Mal ...** | 59 |
| 2.1 | Wir loggen uns ein | 59 |
| 2.2 | Sag zum Abschied leise »Servus« oder: Wie schalte ich Linux eigentlich aus? | 61 |
| 2.2.1 | Das su-Kommando | 62 |
| 2.3 | Fragen | 63 |
| 2.3.1 | Antworten | 63 |
| **3** | **Nach der Konfiguration ist vor der Konfiguration** | 65 |
| 3.1 | Der Drucker | 65 |
| 3.2 | Lassen Sie es krachen! | 70 |
| 3.3 | Namen sind nur Schall und Rauch? | 75 |
| **4** | **KDE – das K Desktop Environment** | 77 |
| 4.1 | Was ist KDE? | 77 |
| 4.2 | Woher bekommt man KDE, was benötigen wir sonst noch, und wie wird KDE installiert? | 78 |
| 4.2.1 | Die benötigten KDE-Pakete | 78 |
| 4.2.2 | Die Installation der Qt-Bibliothek | 80 |
| 4.2.3 | Die Installation von KDE | 83 |
| 4.3 | Das Spiel beginnt | 85 |
| 4.3.1 | Kicker – das Panel | 85 |
| 4.3.2 | Das KDE Kontrollzentrum oder des Desktops neue Kleider ... | 87 |
| 4.4 | Wir arbeiten mit Fenstern | 116 |
| 4.5 | Der Konqueror als Dateimanager | 117 |

4.5.1 Ansichtssache 117
4.5.2 Teile und herrsche 119
4.5.3 Und was macht der Konqueror jetzt so? 121
4.5.4 Drag&Drop oder: zwei links, zwei rechts und eine fallen lassen 122
4.5.5 Der Konqueror kann FTP 123
4.5.6 Virtuelle Eselsohren 123
4.5.7 Verwandlungskünstler 124
4.6 Der Autostart-Ordner 125
4.7 Programme und Icons im Panel hinzufügen 125
4.8 Dateien und Links auf dem Desktop ablegen 126
4.9 Der Papierkorb 127
4.10 Klipper – ein Clipboard auf KDE-Art 128
4.11 Laufwerke per Icon auf dem Desktop mounten/umounten 129
4.12 Shortcuts oder: »Wie sag ich's mit der Tastatur?« 130
4.13 Zeigen Sie Format! 130
4.14 Konsole 132
4.15 Wo hab' ich das nur hingepackt? – Verlorene Dateien in KDE suchen 133
4.16 Ich bin root – ich darf das ... 135
4.17 Fragen 136
4.17.1 Antworten 136

**5 Editieren ist ja schön und gut, aber wo ist mein Notepad?! 137**

5.1 Der Editor Joe 137
5.1.1 Die Konfiguration 138
5.2 Der vi 141
5.3 Escape Meta Alt Control Shift – der Emacs 142
5.4 KWrite, der hauseigene KDE-Editor 145
5.5 Fragen und Aufgaben 149
5.5.1 Antworten und Lösungen 150

**6 Daten komprimieren, installieren und dekomprimieren 153**

6.1 tar: Pech ... 153
6.2 ... und Schwefel: gzip und gunzip 156
6.3 bzip2 157
6.4 rpm: Pakete verwalten 157
6.4.1 Pakete installieren (Installationsmodus) 158
6.4.2 Pakete deinstallieren (Deinstallationsmodus) 158

6.4.3 Pakete aktualisieren 159
6.4.4 rpm-Abfragemodus 159
6.5 rpms mit YaST2 verwalten 160
6.6 All das Pack 165
6.7 Übersetz mir 167

**7 Ist das etwa alles?! Oder: die Shell – unendliche Weiten 171**

7.1 Editiermöglichkeiten in der Befehlszeile 172
7.2 Aliase 172
7.3 Shell-Initialisierungsdateien 174
7.4 History 175
7.5 Shell-Variablen 175
7.6 Befehlszeilenergänzung 177
7.7 Ein- und Ausgabeumlenkung und Pipes 177
7.8 Und sonst? 178
7.8.1 Jeden Tag eine andere Shell 178
7.8.2 Den Bootprompt einfärben 179
7.8.3 Sprücheklopfer 179
7.9 Fragen 180
7.9.1 Antworten 180

**8 Kommandodschungel 183**

8.1 Wir wechseln das Verzeichnis mit cd 183
8.2 Wo bin ich eigentlich? 184
8.3 Hilfe! Ich habe meine Files und mein Directory verloren! 185
8.3.1 find 185
8.3.2 whereis 189
8.3.3 which 190
8.4 Was steckt eigentlich in den Verzeichnissen? 190
8.4.1 Der ls-Befehl 190
8.4.2 Der tree-Befehl 194
8.4.3 Wir listen und kombinieren Dateien mit cat 195
8.5 Warum in die Ferne schweifen, ... 198
8.6 Pager 202
8.6.1 Der Pager more 202
8.6.2 less is more 203
8.6.3 Die Kommandos head und tail 204
8.7 Fragen 206
8.7.1 Antworten 207

**9 Wir spielen mit unseren Verzeichnissen und Dateien 211**
9.1 Neue Dateien mit touch anlegen 211
9.2 Dateien mit dem rm-Kommando löschen 212
9.3 Verzeichnisse erstellen mit dem mkdir-Befehl 214
9.4 Verzeichnisse mit dem rmdir-Befehl löschen 215
9.5 Verzeichnisse und Dateien mit dem Kommando mv umbenennen oder verschieben 217
9.6 Dateien und Verzeichnisse mit dem Kommando cp kopieren 219
9.7 Das Erstellen von harten und symbolischen Links mit Hilfe des ln-Kommandos 222
9.8 Wem gehört das eigentlich alles? 224
9.9 Und es druckt doch 226
9.10 Zusammenfassung 229

**10 Wir werden administrativ oder: Tipps, Tricks und Schliche 231**
10.1 Die Klaviatur der Tastatur 231
10.1.1 Wiederholraten 233
10.1.2 Windows-Tasten neu belegen 235
10.2 Konsole, Konsole wechsle dich 236
10.3 Welche Partition hätten's denn gern? Oder: Was heißt eigentlich »mounten«? 237
10.4 Die Crux mit dem CD-ROM-Laufwerk und dem Floppy-Laufwerk 239
10.5 Disketten formatieren und Linux-Dateisysteme erstellen 241
10.6 Wie man sich einen neuen Kernel strickt 242
10.7 Die Datei lilo.conf manipulieren 244
10.8 »Big brother is watching you« 245
10.8.1 df oder: Wie viel Platz bleibt mir? 246
10.8.2 Das Kommando mount ... 248
10.8.3 free und Ihr Arbeitsspeicher 248
10.8.4 Top oder Flop? 249
10.8.5 uptime und das Kommando w 250
10.9 Wir werden resolut 250
10.9.1 Prozesse oder Programme »killen« 250
10.9.2 Prozesse und Programme unterbrechen oder im Hintergrund ausführen 252

**11 Krach ... 255**
11.1 KSCD: ein CD-Player für alle Fälle 255
11.1.1 Die Konfiguration 257

| | | |
|---|---|---|
| 11.1.2 | kscds CD-Datenbank-Editor | 259 |
| 11.2 | Der MP3-Player xmms | 260 |
| 11.2.1 | Der Playlist-Editor | 264 |
| 11.2.2 | Die Plugins | 265 |
| 11.3 | TV Total | 268 |
| 11.3.1 | Wie Sie Ihre TV-Karte zum Flimmern bringen | 268 |
| 11.3.2 | Fernsehen mit kWinTV | 272 |
| 11.4 | Selbstgebrannt | 274 |
| 11.5 | Fragen | 277 |
| 11.5.1 | Antworten | 277 |
| **12** | **Der Dateimanager Midnight Commander** | 279 |
| 12.1 | Wo bekomme ich den mc her und wie installiere ich ihn? | 279 |
| 12.2 | Aufbau und Konfiguration des Midnight Commander | 280 |
| 12.2.1 | Die wichtigsten Tastenkürzel | 281 |
| 12.2.2 | Ein paar Extras mehr ... | 287 |
| 12.2.3 | Wir werden grafisch ... | 287 |
| 12.2.4 | Ganz schön maritim | 289 |
| 12.3 | Fragen und Aufgaben | 291 |
| 12.3.1 | Antworten und Lösungen | 291 |
| **13** | **Ab ins Netz** | 293 |
| 13.1 | Was brauchen Sie fürs Internet? | 293 |
| 13.2 | Die Einwahl à la SuSE | 294 |
| 13.3 | Werden Sie verbindlich | 298 |
| 13.4 | PPP von Hand konfigurieren | 300 |
| 13.5 | Per ISDN ins Internet | 301 |
| 13.6 | ... auch für die glücklichen ADSL-Nutzer weiß SuSE Rat ... | 303 |
| 13.7 | Die Konfiguration der Netzwerkkarte | 304 |
| **14** | **Was ist eigentlich eine E-Mail?** | 305 |
| 14.1 | E-Mails adressieren | 307 |
| 14.2 | Von MIME und anderen Besonderheiten | 308 |
| 14.3 | Ein paar Interna der Mail-Verwaltung ... | 309 |
| 14.4 | Sendmail | 310 |
| 14.5 | Was man beim Mailen beachten sollte | 316 |
| 14.6 | Die wichtigsten Abkürzungen und Emoticons | 317 |
| 14.7 | Wir leeren unseren Briefkasten | 319 |
| 14.7.1 | Was ist Fetchmail, und wo finde ich es? | 319 |
| 14.7.2 | Wie konfiguriere ich Fetchmail? | 320 |
| 14.7.3 | Wie starte ich Fetchmail? | 322 |

| | | |
|---|---|---|
| 14.8 | Der Mailreader Mutt | 323 |
| 14.8.1 | Was ist Mutt? | 323 |
| 14.8.2 | Basics | 325 |
| 14.8.3 | Eine Nachricht in Mutt erstellen | 326 |
| 14.8.4 | Jedem sein Mutt | 328 |
| 14.9 | Wir sortieren unsere Post | 341 |
| 14.9.1 | Die Konfiguration von .procmailrc | 342 |
| 14.9.2 | Wir filtern Mails | 343 |
| 14.9.3 | Procmail, PGP und Mutt | 344 |
| 14.10 | KMail aka »Schreib mal wieder« ... | 345 |
| 14.10.1 | Die Konfiguration | 345 |
| 14.10.2 | Nachrichten erstellen | 348 |
| 14.10.3 | Nachrichten lesen und beantworten | 349 |
| 14.10.4 | »Leipziger Allerlei« oder was KMail noch so alles tut und kann | 350 |
| 14.10.5 | Wir filtern das Gebräu | 352 |
| 14.10.6 | Umsteigen leicht gemacht | 354 |
| 14.11 | Fragen und Aufgaben | 356 |
| 14.11.1 | Antworten und Lösungen | 356 |
| **15** | **PGP** | 357 |
| 15.1 | Was ist PGP? | 357 |
| 15.2 | Installation | 358 |
| 15.3 | Erzeugung eines Schlüsselpaars | 361 |
| 15.4 | Der Herr der Ringe oder: die elementaren Kommandos | 362 |
| 15.4.1 | Verwaltungskommandos | 362 |
| 15.5 | PGP und Dateien oder: Es wird kryptisch | 366 |
| 15.6 | Verschlüsselung mit einem/mehreren Public Keys | 367 |
| 15.7 | Klartextdateien signieren | 368 |
| 15.7.1 | Signieren und Verschlüsseln | 369 |
| 15.7.2 | Files entschlüsseln und Signaturen prüfen | 369 |
| 15.8 | PGP 2.6.3i vs. neuere Versionen | 370 |
| 15.9 | Aufgaben | 371 |
| 15.9.1 | Lösungen | 371 |
| **16** | **WWW mit dem Netscape Communicator** | 373 |
| 16.1 | Wie starte ich Netscape? | 373 |
| 16.2 | Die Konfiguration des Communicator | 374 |
| 16.3 | Mail und News | 376 |

**17 Bleiben Sie im Gespräch!** 381
17.1 Unter Pseudonym 383
17.2 Kanalisiert 383
17.3 Unter vier Augen 384
17.4 Der andere, das unbekannte Wesen 384
17.5 Du sollst nicht ... 384
17.6 Information ist alles 385
17.7 Ksirc – Ihr grafischer Chat-Helfer 386
17.8 Fragen 388
17.8.1 Antworten 388

**18 Was hat es mit dem Usenet auf sich?** 391
18.1 Wie funktioniert das Usenet? 392
18.2 Wie lese und poste ich Artikel? 393
18.3 Wie bekomme ich die News auf meinen lokalen Server? 394
18.4 Woher bekomme ich Leafnode und wie installiere ich es? 395
18.4.1 Nach welchem Prinzip arbeitet Leafnode? 400
18.5 »KNode« oder: her mit den News 402
18.5.1 Das lässt sich alles richten ... 402
18.5.2 Endlich posten 408
18.6 Fragen 413
18.6.1 Antworten 413

**19 FTP** 415
19.1 FTP-Server und anonymous login 416
19.2 ncftp 416
19.2.1 Herab ... 417
19.2.2 ... und hinauf! 419
19.3 Gibt's das auch in grafisch? 419
19.4 Fragen 426
19.4.1 Antworten 426

**20 Handwerkszeug für Edelfedern** 429
20.1 StarOffice 429
20.2 Abiword 431
20.3 LyX 433
20.4 KOffice 433

| | | |
|---|---|---|
| **21** | **Organisieren Sie sich!** | 437 |
| 21.1 | Kab oder »Wer's nicht im Kopf hat, muss es im Adressbuch haben« | 437 |
| 21.2 | KOrganizer – der Terminator | 441 |
| 21.2.1 | Und wie und wo fangen wir das jetzt an? | 441 |
| 21.2.2 | Virtuelle Eselsohren | 443 |
| 21.2.3 | Termine, Termine | 444 |
| 21.2.4 | Panel & Konsole | 446 |
| 21.3 | Verzetteln Sie sich nicht ... | 447 |
| 21.4 | Aufgaben | 448 |
| 21.4.1 | Antworten | 448 |
| **22** | **Allzeit bereit – der Cron-Dämon** | 449 |
| 22.1 | Wie erstellt man Aufträge für cron? | 451 |
| 22.2 | Der Inhalt der Felder | 451 |
| 22.3 | Fragen | 452 |
| 22.3.1 | Antworten | 453 |
| **23** | **Die wichtigsten Dateien und Verzeichnisse** | 457 |
| 23.1 | Das /boot-Verzeichnis | 458 |
| 23.2 | /lost+found | 458 |
| 23.3 | /bin | 458 |
| 23.4 | /sbin | 459 |
| 23.5 | /dev | 460 |
| 23.6 | /etc | 461 |
| 23.6.1 | /etc/rc.d/rc, /etc/rc.d/init.d/*, /etc/rc.d/rc?.d/* | 461 |
| 23.6.2 | /etc/passwd | 461 |
| 23.6.3 | /etc/fstab | 462 |
| 23.6.4 | /etc/group | 462 |
| 23.6.5 | /etc/ld.so.conf | 462 |
| 23.6.6 | /etc/profile, /etc/csh.cshrc | 462 |
| 23.7 | /usr | 462 |
| 23.7.1 | /usr/X11R6 | 462 |
| 23.7.2 | /usr/bin | 463 |
| 23.7.3 | /usr/doc | 463 |
| 23.7.4 | /usr/dict | 463 |
| 23.7.5 | /usr/lib | 463 |
| 23.7.6 | /usr/local | 463 |
| 23.7.7 | /usr/src | 463 |
| 23.7.8 | /usr/share/man | 464 |
| 23.8 | /opt | 464 |

23.9 /home 464
23.10 /proc 464
23.11 /lib 465
23.12 /var 465
23.12.1 /var/catman 465
23.12.2 /var/lock 466
23.12.3 /var/log 466
23.12.4 /var/spool 466
23.13 Fragen 466
23.13.1 Antworten 467

**Stichwortverzeichnis** 469

# Vorwort

*von Kalle Dalheimer*

Meine Linux-Zeit begann – ich weiß es noch wie heute – am 27.07.1993. Bis dahin hatte ich ich im Studium und im Job mit Solaris gearbeitet und schlug mich auf meinem heimischen PC mehr schlecht als recht mit MS-DOS und einem merkwürdigen grafischen Aufsatz namens Windows 3.1 herum, der eigentlich mehr abstürzte, als dass er sonst etwas tat, insbesondere bei der Software-Entwicklung. Natürlich hatte ich mit einem Unix für meinen Rechner geliebäugelt, aber die damals verfügbaren Unices für PCs waren für mein schmales Studentenbudget einfach zu teuer.

Und dann kam mein Freund, erzählte mir von einem merkwürdigen Betriebssystem, das es ganz umsonst gäbe, das wie Unix sei und das auch auf meinem PC laufen würde. Wie durch Zufall hatte er dieses Betriebssystem auch gleich mitgebracht – in Form von 78 Disketten. Ich weiß nicht mehr wieso, aber aus irgendeinem Grund hatte ich 78 Leerdisketten im Haus (oder zumindest solche, die ich bedenkenlos löschen konnte), und so begann ich zu formatieren und zu kopieren, einige Stunden lang. Ohne dass ich bisher irgendetwas von Linux gesehen hatte, hatte ich schon meine erste lange Nacht mit Linux verbracht.

Die Installation dieses ersten Linux auf meinem Rechner war damals reichlich trickreich, und die vielen Anrufe bei meinem Freund hätten mir eigentlich die Telekom-Gedächtnismedaille einbringen müssen – oder zumindest das magentafarbene Trikot des Einheitenbesten. Aberer schließlich saß ich vor einer Eingabeaufforderung (die Cracks sagen ganz cool »Prompt« dazu), an der ich mich als Superuser anmelden konnte, also als derjenige, der alle Macht im System hat, beliebig Nutzer einrichten und wieder löschen kann und sie auch sonst nach Belieben zu schikanieren vermag. Das werden Sie in diesem Buch auch alles noch lernen. An der Uni waren die Leute mit dem Superuser-Passwort göttergleich, und es war ratsam, ihnen regelmäßig Gummibären zu opfern, um mehr Plattenplatz zur Verfügung gestellt zu bekommen. Und jetzt saß ich hier vor meinem Rechner und kannte das Superuser-Passwort! Ein Erschauern ob der Größe des Augenblicks durchfuhr mich, und ich wuchs unwillkürlich um einige Millimeter. Gut, auf meinem Rechner konnte ich nur mich schikanieren, aber die Installation hatte sich trotzdem schon gelohnt.

In den ersten Wochen verbrachte ich meine Linux-Zeit auf der Kommandozeile, denn ich getraute mich nicht, die grafische Oberfläche, das so genannte X Window System, einzurichten. In der Dokumentation stand nämlich, dass man bei unsachgemäßer Konfiguration seinen Monitor zerstören könne. Aber schließlich nahm ich allen Mut zusammen, editierte wild in den Konfigurationsdateien herum, startete das X Window System, und – siehe da – mein Monitor blieb heil, und ich hatte eine grafische Oberfläche.

Und nicht nur das. Zu dem Zeitpunkt jobbte ich als Programmierer in einer Firma, die zwei Stunden mit Bus und Bahn von meiner Wohnung entfernt war. Aber jetzt, mit Linux, konnte ich den größten Teil meiner Programmierarbeiten auch zuhause erledigen – schließlich hatte ich da jetzt auch ein Unix! Und schon hatte ich regelmäßig vier Stunden gespart, die ich natürlich in weitere Entdeckungsreisen durch mein Linux-System steckte.

Mit den Jahren kamen und gingen die Linux-Distributionen; ich beendete mein Studium und beschäftigte mich in meiner ersten richtigen Anstellung als Software-Entwickler ebenfalls mit der Software-Entwicklung unter Linux. Unter anderem portierte ich mit einigen Kollegen die Office-Suite StarOffice auf Linux, aber das ist schon wieder eine ganz andere Geschichte.

Heute leite ich eine Firma, die sich mit Softwareentwicklung und technischer Dokumentation befasst, und Linux ist aus meinem Arbeitsleben überhaupt nicht mehr wegzudenken. Ich entwickle meine Software fast immer zuerst unter Linux (und portiere sie dann bei Bedarf auf andere Systeme wie Windows NT oder MacOS X), schreibe meine Bücher und natürlich auch meine Übersetzungen unter Linux (im XEmacs, und wie ich Steffi kenne, wird sie diesen Editor im Folgenden nicht unerwähnt lassen). Unter Linux läuft der Server meines Netzwerks im Büro, und über einen Linux-Rechner greife ich auf das Internet zu.

Sie werden sich jetzt vermutlich fragen, warum ich Sie nun schon viele Absätze lang mit Schwänken aus meinem Leben langweile. Der Grund ist einfach: Ich will Ihnen Mut machen. Linux ist nicht schwieriger als andere Systeme, die Sie vielleicht schon kennen, sei es Windows oder der Macintosh. Es ist einfach anders, und insbesondere die zugrunde liegende Denkweise unterscheidet sich oft sehr von der, mit der heute die meisten Computer-Benutzer sozialisiert sind. Man muss sich hineinbeißen, aber dann hat es einem auch viel, viel mehr zu bieten als Windows.

Sie sollten sich auch nicht von meinen Einsteigererfahrungen mit Linux abschrecken lassen. Linux-Systeme (so genannte Distributionen) bekommen Sie heute bequem auf CDs, oft sogar mit Handbuch; die Installation ist nicht schwieriger als die anderer Systeme, und seinen Monitor braten kann man damit auch nicht mehr (zumindest nicht mehr so leicht ...). Linux empfängt einen gewissermaßen mit offeneren Armen. Das heißt aber nicht, dass man nicht lernen müsste. Aber dafür haben Sie sich ja schließlich auch dieses Buch gekauft, nicht wahr?

Bevor Sie sich jetzt von Steffis munterer Prosa durch den Kakao ziehen lassen und so ganz nebenbei auch noch ein ausgewachsenes Multiuser-Multitasking-Betriebssystem auf Ihrem Rechner installieren, gestatten Sie mir bitte, Ihnen noch zwei Ratschläge auf den Weg mitzugeben. Sie brauchen sie schließlich nicht befolgen, ich werde das ja nie erfahren ...

Der eine: Experimentieren Sie! Suchen Sie sich einen Bereich aus, an dem Sie besonderes Interesse haben. Vielleicht interessiert es Sie insbesondere, wie man sich einen ausgesprochen produktiven und gleichzeitig hübschen Desktop zusammenbauen kann. (Tipp: Schielen Sie einmal verstohlen ins Inhaltsverzeichnis, und suchen Sie nach den drei Buchstaben KDE.) Vielleicht möchten Sie für Ihre Familie, Ihre Wohngemeinschaft oder Ihre Lebensabschnittsbegleitungskohlenstoffbasiertenlebewesen einen E-Mail-Verteiler einrichten, so dass Sie nicht mit gelben Zetteln am Kühlschrank mitteilen müssen, dass die Milch schon wieder alle ist (auch wenn es Situationen geben kann, in denen das praktischer ist ...).

Linux ist so unglaublich vielfältig. Da gibt es nicht nur eine Distribution wie die auf der CD zu diesem Buch enthaltene, sondern viele davon. Da gibt es nicht nur einen Editor, sondern ganze Kohorten. Und Mail-Programme gibt es beinahe mehr als Linux-Benutzer. Das scheint damit zusammenzuhängen, dass Gerüchten zufolge jeder Neueinsteiger in die Linux-Programmierung als Erstes entweder einen Window-Manager, einen IRC-Client oder ein Mail-Programm programmiert. (Sie wissen nicht, was das ist? Macht nichts, wenn Sie am gegenüberliegenden Ende des Buches angekommen sind, wissen Sie's.)

Weichen Sie also von den vorgegebenen Wegen ab, und gehen Sie auf Entdeckungstour. Sie werden mit Sicherheit einige Kleinodien finden, die noch keiner Ihrer Freunde kennt (und Steffi oder ich wahrscheinlich auch nicht).

Und hier noch der zweite Ratschlag: Machen Sie mit! Linux ist zum Mitmachen geradezu prädestiniert, weil es von Mitmachern geschaffen wurde, von Leuten, die aus Begeisterung für dieses System daran arbeiten, ohne einen Pfennig Geld dafür zu bekommen. Ich will Ihnen jetzt beileibe kein schlechtes Gewissen einreden, und wenn Sie sich in der Rolle des passiven Genießers wohler fühlen, dann ist das auch ganz in Ordnung so. Aber oft bekommt man einen viel besseren Bezug zu Linux und auch bessere Kontakte zu anderen Linuxerinnen und Linuxern, wenn man sich beteiligt. Das kann natürlich das

Schreiben von Programmen sein, aber das ist noch lange nicht alles. Schreiben oder übersetzen Sie Dokumentationen; entwerfen Sie schöne, nützliche oder sonst wie interessante Desktops, und teilen Sie diese mit anderen! Und ganz wichtig: Wenn Sie selbst erst einmal vom Linux-Virus infiziert sind, stecken Sie andere an! Linux ist eine der letzten Chancen, die abstürzende Flut aus Redmond noch aufzuhalten.

So, jetzt habe ich aber genug gequasselt, schließlich ist es nicht mein Buch, sondern Steffis, und die kann ohnehin noch viel besser sabbeln als ich. Bleibt mir also noch, Ihnen viel Spaß zu wünschen, oder, wie man in meiner norddeutschen Heimat sagt: Halten Sie die Ohren steif!

Hagfors, 28.08.2001 *Kalle Dalheimer*

# Einleitung

Weshalb dieses Buch, und was ist daran anders als an den ganzen Linux-Büchern, die im Regal bei Ihrem Buchhändler »Kauf mich!« rufen? Letztlich werden Sie das ganz für sich alleine entscheiden müssen, aber ich möchte Ihnen dennoch nicht vorenthalten, was ich mir beim Schreiben gedacht habe und weshalb das Buch so geworden ist, wie Sie es nun in den Händen halten.

Als ich vor ein paar Jahren anfing, mich mit Linux zu beschäftigen, fand ich zwar mehr Bücher über die erfolgreiche Installation von Linux vor, als ich jemals lesen wollte, allerdings ließen mich all diese Bücher nach der erfolgreichen Installation mit dem Deprimierendsten zurück, was es für einen Windows-Umsteiger gibt: dem nackten, grausamen Prompt, was in etwa der seligen DOS-Eingabeaufforderung entspricht. Um die hatte ich mich doch schon bei Windows immer so erfolgreich gedrückt. Keines dieser Bücher verriet mir auf die Schnelle und ohne in die Eingeweide meines Systems vorzudringen, wie ich meinen Desktop konfiguriere, wie ich Netscape starte, um surfen zu können, oder wie ich einen postalischen Hilferuf an den Linux-Crack um die Ecke abfeuern kann. Gut, Dokumentationen gab es zuhauf, aber alle waren sie in Englisch und überfrachtet mit einer Informationsflut, die mich in immer tiefere Täler der Verzweiflung stürzen ließ. Ein klein wenig davon soll Ihnen dieses Buch ersparen.

Wenn Sie ein Buch suchen, das Ihnen die genaue Funktionsweise von Linux en détail näher bringt, haben Sie sich wohl verkauft, oder, falls Sie gerade in einer Buchhandlung stehen und diese Einleitung durchschauen, legen Sie mein Buch wieder weg, denn es ist dann nichts für Sie. *Jetzt lerne ich SuSE Linux* soll Ihnen dabei helfen, schnell mit Linux wirklich arbeiten zu können, sei es zum Surfen durchs Internet, zum Schreiben von E-Mails oder zum Erstellen eines Textes – nicht mehr und nicht weniger. Sobald Sie sich einmal an das Arbeiten unter Linux gewöhnt haben, finden Sie von ganz alleine die Dokumentationen, mit denen Sie auch anspruchsvolle Probleme wie das Einrichten eines Netzwerkes etc. lösen können, aber dann brauchen Sie mich und mein Buch nicht mehr.

## Ein kleines Dankeschön

Tja, wenn es nach mir gegangen wäre, hätte dieser Teil des Buches den meisten Raum eingenommen, da ich in den letzten Monaten sehr, sehr viel Hilfe von allen Seiten erhalten habe – aber Sie wollen Linux lernen und nicht mein gerührtes Gefasel lesen. Gestatten Sie mir dennoch, mich an dieser Stelle bei ein paar Leuten zu bedanken, ohne die dieses Buch einfach nicht möglich gewesen wäre.

Zuallererst Kudos an meine Mama, die mich immer aufgemuntert hat, wenn ich mal wieder an störrischen Programmen, Rechnern und Formulierungen verzweifelt bin – Süße, ich liebe Dich. Danke auch an Kalle Dalheimer und Matthias Ettrich für ihr Vertrauen und vor allem für KDE. Sie waren mit die Ersten, die allen gezeigt haben, dass Linux sehr wohl »*Ready for the Desktop*« ist. Besonders dicke Dankeschöns gebühren meinem Lektor Boris Karnikowski, der mich geduldig mit den immer neuesten Formatvorlagen und der entsprechenden Software versorgt hat und mir daneben die besten Anregungen und tatkräftige Unterstützung gab, die ich mir denken kann, sowie Karlo Gross, meinem Fachlektor, der mich während der Entstehung des Buches großartig unterstützt hat und mir so nebenbei noch die Schönheiten des vi versuchte näher zu bringen – es lebe XEmacs ..:-),

Vielen Dank an Christian Egle und Lenz Grimmer bei der SuSE Linux AG für die Bereitstellung der Buch-CD sowie für ihre Hilfe bei der Erstellung des einen oder anderen Installations-Screenshots.

Danke auch an Patrick Fehling, der in einer Nacht- und Nebelaktion meinem Rechner den Tritt gab, den er verdiente – dank ihm und seinem Schraubenzieher habe ich den Abgabetermin doch noch einhalten können. Zum Schluss einmal mehr alles Liebe für Carsten Theis, ohne den ich immer noch Windows benutzen würde.

Und nun viel Spaß mit der zweiten und gründlichst überarbeiteten Auflage von *Jetzt lerne ich Suse Linux*.

Köln im August 2001 *Stefanie Teufel*

Kapitel 1

# Die Installation

... und schon sind Sie mittendrin im Geschehen! Bei der folgenden Installationsbeschreibung gehe ich davon aus, dass Sie vorhaben, die diesem Buch beiliegende SuSE-Distribution zu installieren. Ich gehe weiter davon aus, dass Sie schon ein anderes Betriebssystem wie Windows auf Ihrem Computer laufen haben.

Bevor Sie mit der Linux-Installation beginnen, machen Sie bitte ein komplettes Backup Ihrer vorhandenen Daten! Da Sie bei der Installation auch die Festplatte partitionieren müssen, könnte es durch Tippfehler oder Unachtsamkeit zu Datenverlusten auf Ihrer bisherigen Betriebssysteminstallation kommen – daher: Machen Sie ein Backup!

## 1.1 Wir planen die Installation

Planen ist öde, und Sie wollen lieber gleich loslegen und Linux auf Ihre Festplatte installieren? Ich kann das verstehen, aber glauben Sie mir, eine sauber durchdachte Installation wird Ihnen später viel Ärger ersparen. Also nehmen Sie sich die zehn Minuten Zeit, um mit mir Ihre Installation durchzuplanen.

### 1.1.1 Wir machen Inventur

Linux ist zwar längst nicht mehr so empfindlich, was Hardware-Komponenten anbelangt, aber die eine oder andere Grafik- oder Soundkarte kann doch schon mal zicken. Deswegen ist es sinnvoll, dass Sie sich vor der eigentlichen Installation auf einem Zettel notieren, aus welchen Teilen Ihr Rechner besteht.

Fangen wir mit den externen Komponenten an:

### Tastatur (Keyboard)

Die heute gängigen Tastaturen sind in der Regel standardisiert und dürften kaum Schwierigkeiten bereiten. Linux kommt auch gut mit den weitverbreiteten Windows-Tastaturen klar.

Sollten Sie USB-Geräte[1] an ihrem Rechner haben, ist das derzeit leider noch ein Glücksspiel. Einige werden erkannt, andere nicht. Aber was soll's, wenn sie bei der Installation erkannt werden, laufen sie zumindest:-). Aber seit der Kernel 2.4 in Betrieb ist, schaut es auch in dieser Hinsicht sehr viel rosiger aus.

### Monitor

Notieren Sie sich bitte Hersteller, Typ und Größe Ihres Monitors. Graben Sie sich auch durch das Chaos Ihres Schreibtischs, um das Handbuch Ihres Monitors zutage zu fördern. In diesem sind spezifische Angaben wie Horizontal- und Vertikalfrequenzen vermerkt, die Sie später unter Umständen noch brauchen werden.

### Maus (Mouse)

Bei der Maus sollten Sie sich aufschreiben, um welche Marke und welches Mausprotokoll es sich handelt, wie viele Tasten sie hat und an welchen Typ von Schnittstelle sie angeschlossen ist. Ist sie an die serielle Schnittstelle angeschlossen oder handelt es sich um eine PS/2- oder Busmaus? Sollte Ihre Maus an eine serielle Schnittstelle angeschlossen sein, notieren Sie bitte auch die Portnummer (COM1: oder COM2:).

### Drucker (Printer)

Bitte merken Sie sich den Hersteller, das Modell und ob der Drucker in der Lage ist, PostScript zu drucken oder nicht.

Das war einfach. Nun wird es ein bisschen hakeliger, da wir das Innenleben Ihres Computers erforschen müssen – und wer weiß schon auf Anhieb, was sich alles in seinem Rechner tummelt? Lassen Sie sich jedoch nicht irritieren, da wir die meisten der benötigten Informationen im BIOS Ihres Rechners finden.

In den meisten Fällen gelangen Sie während des Bootprozesses durch das Bedienen einer bestimmten Taste in das BIOS Ihres Rechners. Bei mir ist es die [Entf]-Taste, es kann sich aber auch um eine der Funktionstasten handeln. Sollten Sie Windows 9x, NT 4.0 oder 2000 auf Ihrem Rechner installiert haben, so können Sie die benötigten Informationen auch der Systemsteuerung

---

1. Mehr Informationen zur USB-Implementierung und zu den von Linux unterstützten Geräten finden Sie unter *http://www.linux-usb.org* sowie *http://www.qbik.ch/usb/devices*.

entnehmen. Und wenn alle Stricke reißen, hilft ein Anruf beim Hersteller – es dauert dann halt nur ein wenig länger ...

Als Erstes müssen Sie herausfinden, welche CPU Sie haben. Die beiliegende SuSE unterstützt Intel-CPUs jeglicher Couleur und die Klone AMD und Cyrix. Neben der CPU sollten Sie folgende Komponenten checken:

## CD-ROM

Linux unterstützt die meisten heute gängigen CD-ROM-Laufwerke. Allerdings wird das Leben leichter, wenn es sich dabei um ein Laufwerk handelt, das mit dem IDE-Bus verbunden ist (es muss dann ATAPI-kompatibel sein), oder um ein SCSI-Laufwerk, da diese am einfachsten zu installieren sind. Übrigens: Auch DVD--Laufwerke laufen als ATAPI- oder SCSI-Geräte völlig problemlos.

### Diskettenlaufwerk (Floppy Drive)

Sie sollten über ein 3,5"-Diskettenlaufwerk verfügen, um die Bootdisketten benutzen zu können.

### Festplatte (Harddrive)

Ihre Festplatte wird – genau wie Ihr CD-ROM-Laufwerk – entweder an einen IDE-Bus oder einen SCSI-Bus angeschlossen sein. Es kann nicht schaden, sich die Anzahl der Zylinder (dazu später mehr) aufzuschreiben. Diese können Sie dem BIOS entnehmen. Sollten Sie über mehr als eine Festplatte verfügen, so ist es nützlich festzustellen, welche die erste, zweite usw. ist.

### Interner Systembus (Internal Bus)

Dieser Punkt sollte eigentlich keine Schwierigkeiten machen. Linux unterstützt zur Zeit PCI, ISA, EISA und den VL-Bus; ab Kernelversion 2.2.0 wird auch die früher von IBM verwendete Microchannel-Architektur unterstützt. In der Regel können Sie davon ausgehen, dass Computer, die nach 1995 gebaut wurden, über einen PCI-Bus verfügen.

### Arbeitsspeicher (Memory)

Linux ist nicht sonderlich anspruchsvoll und benötigt nur 8 Mbyte RAM, um zu laufen. Allerdings macht das X Window System (und damit die grafische Oberfläche) erst ab 32 Mbyte richtig Spaß. Na ja, seien wir ehrlich – eigentlich müssen es schon 64 Mbyte sein, wenn Sie mit dem SuSE-Konfigurationstool YaST2 arbeiten möchten, wie wir das im Folgenden tun werden.

### Soundkarte (Soundcard)

Sie benötigen zur Installation Ihres Linux-Systems keine Soundkarte. Am problemlosesten lassen sich jedoch Soundblaster, Soundblaster-kompatible oder Microsoft-Sound-System-kompatible Karten installieren.

HINWEIS

Die wenigsten Soundblaster-kompatiblen Soundkarten sind 100% hardwarekompatibel. Oftmals beschränkt sich die Kompatibilität auf reine Software-Kompatibilität, d. h., die Soundkarte sieht für Windows wie eine Soundblaster-Karte aus, weil ein entsprechender Treiber beiliegt, der der Karte quasi ein Kostüm anzieht. Diese Karten sind üblicherweise nicht unter Linux lauffähig. Versuchen Sie im Zweifelsfall herauszufinden, auf welchem Chipsatz Ihre Soundkarte basiert.

### Grafikkarte (Videocard)

Schreiben Sie sich bitte auf, über welchen Chipsatz und über wie viel Speicher Ihre Karte verfügt. Sollte es sich dabei um eine PCI-Karte handeln, wird diese Information während des Installationsprozesses automatisch überprüft.

### SCSI-Adapter/Netzwerkkarte

Notieren Sie bitte Marke und Modell.

Überprüfen wir nun, ob Linux Ihre Hardware unterstützt:

### CD-ROM

Alle IDE/ATAPI-kompatiblen Laufwerke und SCSI-CD-ROMs mit unterstützten Hostadaptern sollten problemlos erkannt werden.

### Festplatten

De facto werden alle IDE -, EIDE- und SCSI -Platten unterstützt.

### SCSI-Hostadapter

Die gängigen SCSI-Adapter von Herstellern wie Adaptec oder BusLogic werden von Linux erkannt. Und machte der Adaptec 2940 U2W bei mancher der Vorgängerversionen noch Probleme, scheint auch dieses Problem bei der beiliegenden Distribution behoben zu sein.

### Grafikkarten

Die meisten Karten von ATI, Cirrus oder auch die beliebten Matrox-Karten werden unterstützt. Das Gleiche gilt für Karten, die mit dem S3-Chipsatz ausgeliefert werden. Auch moderne Karten wie die Riva- oder Permedia-Karten werden mittlerweile unterstützt.

Sollten Sie eine Karte mit einem Riva-TNT oder TNT2-Chipsatz besitzen, lohnt es sich, den von Nvidia angebotenen Treiber unter *www.nvidia.com* herunterzuladen und nachträglich nach erfolgreicher Installation Ihres Linux-Systems zu intergrieren.

Sollten Sie sich neue Hardware zulegen und weiterhin Linux benutzen wollen, so vermeiden Sie nach Möglichkeit den Erwerb so genannter *Plug&Play-Komponenten*. Zwar ist in den neuen Versionen des Linux-Kernels die Unterstützung von Plug&Play-Hardware nahezu komplett implementiert, aber in der Regel ist Hardware ohne das PnP-Label einfacher einzubinden. Oder sagen wir besser so: Die Plug&Play-Unterstützung ist mittlerweile zwar ziemlich gut, jedoch wird sich nicht mehr viel tun, da die meisten dieser Komponenten dank PCI überflüssig wurden. Sie sollten also darauf achten, sich keine dieser »Ladenhüter« andrehen zu lassen. Das könnte dann irgendwann frickelig werden ...

Sie sollten es jedoch unter allen Umständen vermeiden, Hardware zu erwerben, die speziell für Windows hergestellt wurde. Auch mit allem Geld und guten Worten bekommt man ein Winmodem oder einen GDI-Drucker unter Linux nicht in Betrieb. Zumindest für Letztere gibt es jedoch mittlerweile experimentelle Treiber. Unter *http://cdb.suse.de/* findet man den Einstiegspunkt zu einer Hardwaredatenbank, die gezielte Suche nach entsprechenden Komponenten erlaubt.

Sollten Sie an ein Netzwerk angeschlossen sein, lassen Sie sich von Ihrem Systemadministrator (Pizza soll in solchen Fällen immer als Bestechungsmittel wirken) folgende Informationen mitteilen:

1. die IP-Adresse (IP address)
2. die Netzmaske (netmask)
3. die IP-Adresse des Default-Gateways (gateway IP address oder auch default gateway)
4. den ersten (und ggf. zweiten) Nameserver (1. DNS etc.)
5. den Namen Ihrer Domäne (domain name)
6. den Hostnamen, also den Namen Ihres Rechners im Netzwerk (hostname)

## Wir erstellen die Installationsdisketten

SuSE bootet von CD. Sollte Ihr System dazu nicht in der Lage sein, müssen Sie eine Bootdiskette erstellen. Um Ihre Installations- oder Bootdisketten zu erstellen, benötigen Sie eine leere 1,44-Mbyte-Diskette. Beschriften Sie diese mit Bootdiskette.

*SuSE* bietet Ihnen zwei Möglichkeiten an, die benötigten Boot-Disketten zu erstellen. Sie können zum einen das Programm *rawrite* verwenden, das bei der mitgelieferten Distribution enthalten ist und so genannte *images* auf die leeren Disketten schreibt. Im Verzeichnis `\disks` sollte sich ein für Ihr System passendes Image, finden lassen: SuSE offeriert Ihnen folgende Images: *bootdisk, i386, modules, modules2, rescue.*

*bootdisk* ist der Standard und gilt für alle Rechner. Nur wenn Sie einen sehr alten Rechner, vor *allem mit* einem älteren Cyrix-Prozessor, haben, der mit *bootdisk* nicht bootet, sollten Sie das *i386*-Image verwenden.

Das Image *rescue* erstellt eine Diskette, mit der Sie eine verkonfigurierte Installation möglicherweise retten können. Auf die Boot-Diskette passen nur wenige Module. Daher gibt es die beiden Modul-Disketten. Wenn Sie »Ihren« Treiber nicht auf der normalen Bootdiskette finden, legen Sie nach dem Start von *linuxrc* (keine Angst, das lernen Sie noch kennen) die entsprechende Diskette ein. Auf dem *modules*-Image finden sich SCSI/RAID/EIDE- und PCMCIA-Module, während *modules2* Netzwerk-Module und alte (nicht-ATAPI) CDROM-Treiber beherbergt.

Ich gehe im folgenden Beispiel davon aus, dass Ihr CD-ROM-Laufwerk Laufwerk E: auf Ihrem Rechner ist. Sollte es einen anderen Buchstaben besitzen, so setzen Sie diesen an Stelle von E: ein. Wechseln Sie am DOS-Prompt bitte in das Verzeichnis *\dosutils\rawrite* auf der mitgelieferten CD und starten Sie *rawrite*. Sie werden Folgendes sehen:

```
Enter disk image source file name: E:\disks\bootdisk
Enter target diskette drive: A:
Please insert a formatted diskette into drive A: and press -ENTER-:
```

Nachdem *bootdisk* auf die Diskette geschrieben wurde, entnehmen Sie bitte die Diskette. Fertig!

Alternativ können Sie sich auch das SuSE Setup-Tool zunutze machen. Starten Sie dafür unter Windows *setup*, welches sich im Root-Verzeichnis der CD befindet. Es sollte Sie daraufhin ein Bildschirm wie in Abbildung 1.1 begrüßen.

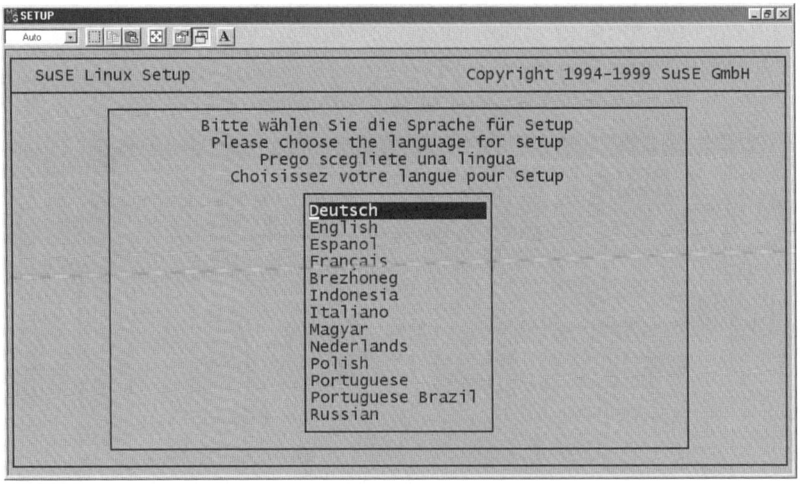


*Abb. 1.1: Welche Sprache soll es sein?*

Wählen Sie Deutsch oder eine andere Sprache Ihrer Wahl aus, und weiter geht's mit einem ↵. Setup versucht nun die Lage Ihres CD-ROM-Laufwerks in Erfahrung zu bringen. Ändern Sie gegebenenfalls den Laufwerksbuchstaben ab und betätigen Sie erneut ↵, um zu einem Bildschirm wie in Abbildung 1.2 zu gelangen.

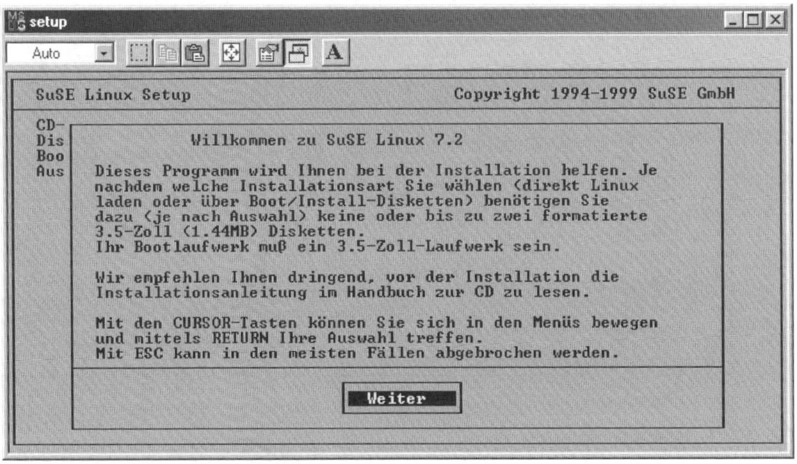


*Abb. 1.2: Weiter im Text*

Hier gibt es nicht allzu viel für Sie zu tun; einmal mehr die ↵-Taste bemühen und gut ist. Der nächste Bildschirm (Abbildung 1.3) ist da schon viel interessanter. Entscheiden Sie sich für *floppy* und betätigen Sie danach – genau, sagen wir es gemeinsam – die ↵-Taste. In den neuesten Version der SuSE wird die Root-Diskette nicht mehr gebraucht, so dass Sie sich im nächsten Schritt getrost für *Boot* entscheiden und den Rest vernachlässigen können (Abbildung 1.4).

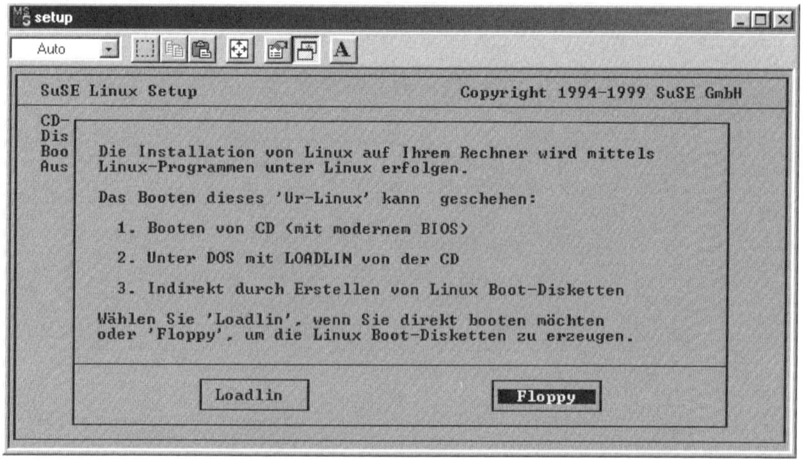


*Abb. 1.3: Hier wählen Sie bitte Floppy aus*

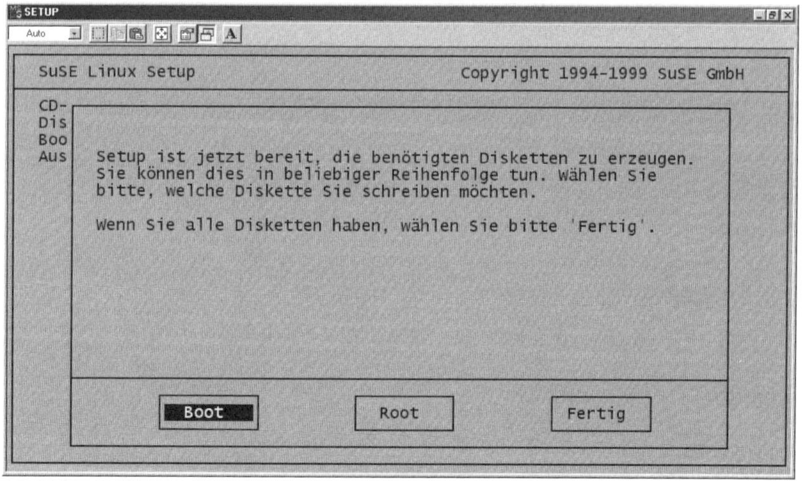


*Abb. 1.4: Entscheiden Sie sich für Boot*

Ein erneutes ↵ bringt uns zu dem Bildschirm aus Abbildung 1.5, bei dem Sie sich das für Ihr System passende Boot-Image aussuchen können. Was heißt aussuchen? Eigentlich wird Ihnen hier nur noch *bootdisk* angeboten. Möchten Sie die *rescue-* oder eine der *module-Disketten* erstellen, müssen Sie – entgegen meiner vorherigen Äußerungen – doch den Punkt *root* anwählen. Was sich genau hinter den verschiedenen Images verbirgt, teilt Ihnen

SuSE übrigens – wie Sie auch in Abbildung 1.5 erkennen können – unten am Bildschirmrand mit.

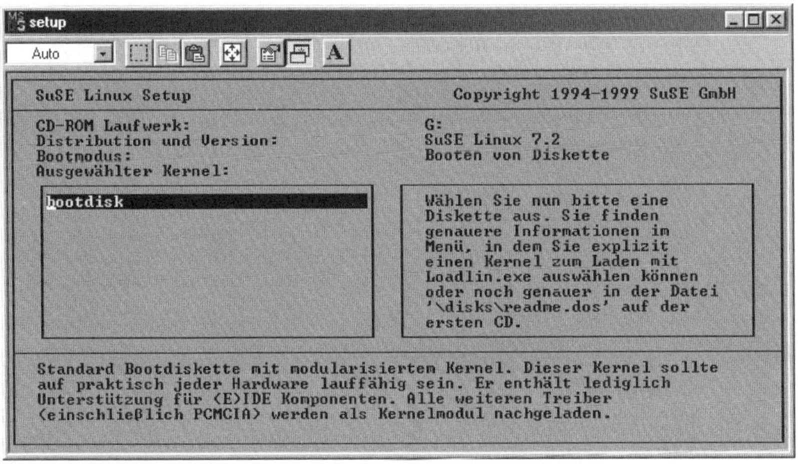


*Abb. 1.5: Viel Auswahl haben Sie hier nicht*

Nachdem Sie das passende Image ausgewählt haben, müssen Sie wieder die ↵-Taste betätigen, um zu dem Bildschirm aus Abbildung 1.6 zu gelangen.

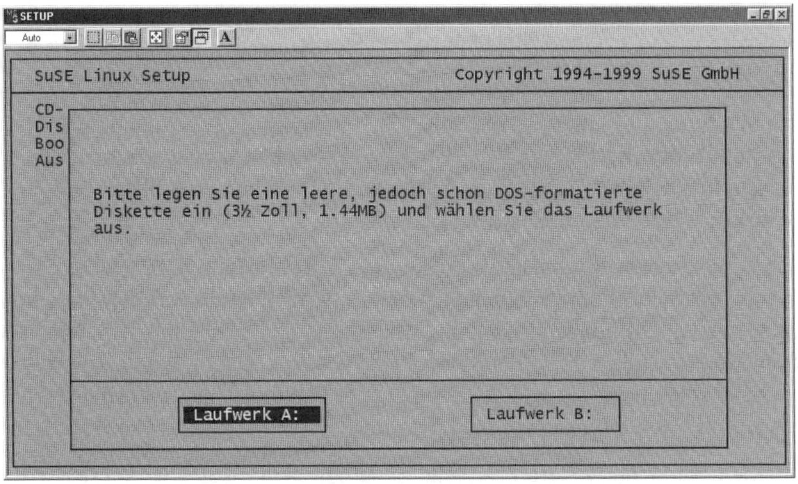


*Abb. 1.6: Das Diskettenlaufwerk wird in dieser Maske festgelegt*

Legen Sie jetzt Ihre DOS-formatierte Diskette ein und geben Sie an, ob es sich bei Ihrem Diskettenlaufwerk um Laufwerk A: oder B: handelt. Haben Sie auch diese Entscheidung erfolgreich getroffen, macht sich *SuSE* endlich an die Arbeit und hält Sie in der Zwischenzeit mit einem Bildschirm wie in Abbildung 1.7 über seine Fortschritte auf dem Laufenden.

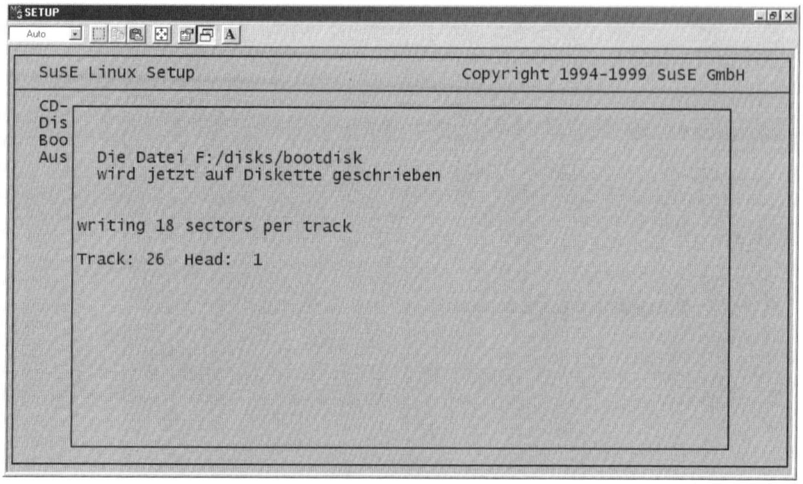


*Abb. 1.7: Fortschritte*

Geschafft. Entnehmen Sie auch hier die Diskette und machen Sie sich bereit für das Abenteuer Installation. Jetzt muss nur noch auf der Festplatte ein Plätzchen für Linux freigemacht werden, und es kann losgehen.

## 1.1.2 Wie partitioniere ich meine Festplatte?

Sie sollten sich erst einmal darüber klar werden, wie viel Platz Sie Linux auf Ihrer Platte spendieren wollen. Und halten Sie sich dabei nicht unbedingt an den Satz »Weniger ist mehr« ...

Das Minimum an Plattenplatz ist 250 Mbyte, und für eine komplette Installation mit allerlei Schnickschnack, der das Linux-Leben bunter macht, sollten Sie schon 900 Mbyte einkalkulieren. Möchten Sie noch ein Office-Paket installieren, werden es sogar 1,3 Gbyte ...

Haben Sie bereits eine zweite Festplatte oder eine Partition für Ihr Linux-System frei gemacht, können Sie die folgenden Abschnitte überspringen, wenn nicht, müssen Sie überlegen, wie Sie weiteren Platz für Ihr Linux-System herausschinden wollen. Eingedenk der doch recht günstigen Festplattenpreise ist es sicherlich nicht die schlechteste Lösung, sich eine weitere Festplatte zuzulegen und sie Linux zur Verfügung zu stellen.

Möchten Sie keine weitere Festplatte erwerben, so müssen Sie auf der vorhandenen Platte Platz schaffen. Und hier stehen Ihnen eine ganz Reihe von Möglichkeiten zur Verfügung. Am einfachsten ist wohl, die vorhandenen Partitionen zu löschen und in verkleinerter Form wieder neu anzulegen. Weniger nett ist, dass Sie auf diese Art und Weise sämtliche Daten verlieren. Auf gut

Deutsch heißt dies, dass Sie nach der Neupartitionierung nicht nur Linux, sondern auch Ihr Windows-Betriebssytem neu installieren müssen. Wenn Sie sich für diese Variante entscheiden, sollten Sie demnach auf jeden Fall über eine Windows-CD zur Neuinstallation verfügen und Ihre persönlichen Daten sichern, um sie im Anschluss wieder aufspielen zu können.

Eine weitere Möglichkeit besteht darin, ein Partitionierungsprogramm wie Partition Magic zu verwenden, das es erlaubt, Linux-Partitionen anzulegen, ohne dabei die vorhandenen Daten Ihres Windows-Systems zu himmeln. Leider ist auch diese Variante mit Geldausgeben verbunden, da es sich bei Partition Magic um ein kommerzielles Produkt handelt.

Als letzte Möglichkeit bleibt Ihnen, mit dem Programm Fips Platz zu schaffen, das auf der beiliegenden CD im Verzeichnis *\dosutils\fips15* bzw. *\fips20* enthalten ist. Auch dieses erlaubt es Ihnen, eine bestehende Partition ohne Datenverlust zu verkleinern. Mit einer Einschränkung: Seit Version 2.0 kommt Fips zwar mit dem neuen Windows-Dateisystem FAT32 zurecht, NTFS-Partitionen von NT können mit diesem kostenlosen Tool jedoch nicht verkleinert werden. Und bitte denken Sie auch hier an ein Backup! Obwohl Fips relativ sicher ist, kann es immer zu Datenverlusten kommen, so dass Sie solche sensiblen Operationen nie durchführen sollten, ohne unersetzliche persönliche Daten vorher gesichert zu haben, um auf diese im Fall des Falles zurückgreifen zu können.

Bevor wir mit dem Einsatz von Fips beginnen, möchte ich Ihnen zum besseren Verständnis einen kurzen Einblick in Partitionen und Dateisysteme geben.

Was genau sind Partitionen und Dateisysteme?

Alle Festplatten müssen formatiert werden, bevor man sie benutzen kann. Sie werden sich vielleicht erinnern, dass auch Windows während der Setup-Routine Ihre Festplatte formatiert, bevor es sich installieren lässt. Mit der Partitionierung Ihrer Festplatte bereiten Sie einen bestimmten – von Ihnen festgelegten – Bereich auf Ihrer Platte zur Benutzung vor. Partitionen ermöglichen es Ihnen dabei, Ihre Platte so zu unterteilen, dass nicht alle Informationen in einem Bereich installiert sind. Das ist wichtig, da unterschiedliche Betriebssysteme Ihre Informationen auf verschiedene Arten auf die Festplatte schreiben. Dies nennt man auch Datei- oder auf gut Neudeutsch Filesystem.

### Partitionen

Möglicherweise fanden Sie oben stehende Informationen verwirrend – es wird leider nicht besser, da man gleich drei unterschiedliche Partitionstypen unterscheidet, nämlich:

- ✗ primäre (primary partitions),
- ✗ erweiterte (extendend partitions) und
- ✗ logische Partitionen (logical drives/partitions)

Lassen Sie uns nun versuchen, ein wenig Licht ins Partitionsdunkel zu bringen:

Generell können auf einer Festplatte maximal vier primäre Partitionen existieren. Dieser Umstand lässt sich durch das Konzept der erweiterten Partition ein wenig aufweichen. Sie können nämlich statt einer dieser vier primären Partitionen eine erweiterte Partition definieren, welche sich recht problemlos in mehrere logische Partitionen zerlegen lässt.

Die erweiterte Partition dient als Container für die logischen Partitionen. Machen Sie sich klar, dass der einzige Sinn einer erweiterten Partition darin besteht, das Limit von vier primären Partitionen zu umgehen. Ohne darin verankerte logische Laufwerke lässt sich eine erweiterte Partition unter Windows nicht verwenden. Die eigentliche Datenspeicherung erfolgt also in jedem Fall auf einer primären oder einer logischen Partition.

### Dateisysteme

Partitionen sagen Ihrem Betriebssystem: »Schreibe die Informationen in diesen Bereich«, ein Dateisystem hingegen sagt Ihrem Betriebssystem: »Schreibe die Dateien in folgendem Format«. DOS benutzt ein FAT16 genanntes Dateisystem, das nur 512 Mbyte große Partitionen verwalten kann. Windows 95 OSR2 (hierzulande wohl besser als Windows 95b bekannt) und Windows 98 können das *FAT32-Dateisystem* benutzen, das die Verwaltung sehr viel größerer Partitionen erlaubt. Unter Linux gibt es die für Sie relevanten Dateisysteme *ext2*, *reiser* und *swap*.

Wundern Sie sich nicht, wenn Sie unter Windows Ihre selbst erstellten Linux-Partitionen nicht sehen oder ansprechen können. Auf Partitionen in fremden Dateisystemen kann unter DOS prinzipiell nicht zugegriffen werden. Diese erhalten keinen der Ihnen sicher bekannten Laufwerksbuchstaben wie C:, D: etc. und sind daher praktisch unsichtbar. Wenn Sie unbedingt von Windows aus auf Ihre Linux-Daten zugreifen möchten, so gibt es für Windows das Programm *explore2fs*, zu finden unter *http://uranus.it.swin.edu.au/~jn/linux/explore2fs.htm*. Allerdings handelt es sich dabei um Beta-Software, die noch mit Fehlern behaftet sein kann und von daher mit Vorsicht zu genießen ist.

## Fips

Aber nun zu Fips. Mit Hilfe von Fips ist es möglich, vorhandene primäre Partitionen zu verkleinern und in dem entstandenen Platz eine neue, zweite primäre Partition anzulegen. Diese Teilung muss im freien Bereich der Partition erfolgen, das heißt, es muss irgendwo auf Ihrer Partition einen Bereich geben, der noch nicht mit Daten belegt ist. Leider hat man oft das Problem, dass die Sektoren einer Datei über die gesamte Platte verteilt sind, sprich, dass sich die Partition im fragmentierten Zustand befindet. Bevor Sie also nach dem schönen Spruch »Teile und herrsche« Linux auf Ihrer Platte einrichten können, müssen Sie die Platte erst einmal defragmentieren, um die von einer Datei belegten Sektoren vom Defragmentierungsprogramm zusammenschieben zu lassen. Außerdem empfiehlt es sich, mittels *scandisk* die Platte auf Fehler untersuchen zu lassen. Ist die Platte fehlerfrei, lassen Sie Windows sein Defragmentierungsprogamm anwerfen. Klicken Sie auf das ARBEITSPLATZ-Symbol auf dem Desktop und klicken dort auf das Icon der Platte, die Sie defragmentieren möchten, wählen Sie dann den Werkzeug-Tab aus, und fahnden Sie dort nach dem Button DEFRAGMENTATION STATUS und dem Knopf, der Sie das Defragmentieren starten lässt.

So schön das klingt – ein Problem kann es geben: Systemdateien werden von Defragmentierungsprogrammen als nicht verschiebbar betrachtet. Haben Sie Pech und eine solche nicht verschiebbare Datei liegt im hinteren Bereich der Partition, so kann Fips die Partition nicht im vollen Umfang verkleinern. Und es wird Sie vielleicht nicht allzu sehr überraschen zu hören, dass nicht bekannt ist, welche Dateien unter Windows als nicht verschiebbar gelten ...

Hat das mit der Defragmentiererei gut geklappt, müssen Sie als Nächstes eine DOS-Bootdiskette erstellen. Legen Sie dazu eine formatierte Diskette in Ihr Floppy-Laufwerk und geben Sie über die MS-DOS-Eingabeaufforderung `format A: /s` ein. Sobald die Diskette fertig ist, müssen Sie auf diese noch Fips kopieren. Im Einzelnen sind das die Dateien *fips.exe*, *restorb.exe* sowie *errors.txt* aus dem *Verzeichnis \dosutils\fips\fips20* auf der Buch-CD.

Nachdem Sie auch diese Kopiererei hinter sich gebracht haben, booten Sie Ihren Rechner mittels der Diskette neu. Am Prompt geben Sie ein bescheidenes `fips` ein, um das Programm zu starten. (Ein Wort zu den Screenshots: Ich habe diese unter Windows geschossen – im Fenster der MS-DOS-Eingabeaufforderung. Lassen Sie Fips jedoch bitte nie unter Windows laufen.) Sie dürften danach ein Bild wie in Abbildung 1.8 sehen.

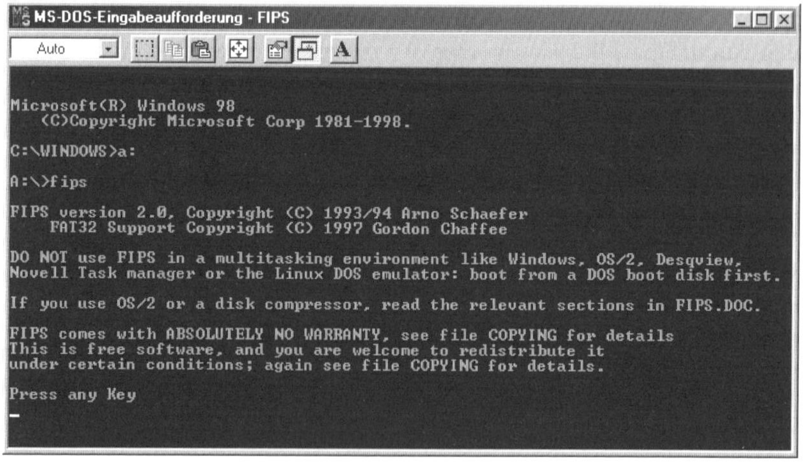


*Abb. 1.8: Drücken Sie auf irgendeine Taste*

Haben Sie mehrere Festplatten, müssen Sie Fips durch eine Eingabe der entsprechenden Nummer mitteilen, auf welcher das Programm tätig werden soll. Fips präsentiert Ihnen daraufhin die Partitionstabelle dieser Platte wie in Abbildung 1.9. Teilen Sie Fips jetzt mit, welche dieser Partitionen Sie aufsplitten möchten. Sie sehen danach eine Menge technischer Informationen über diese Partition (Abbildung 1.10).

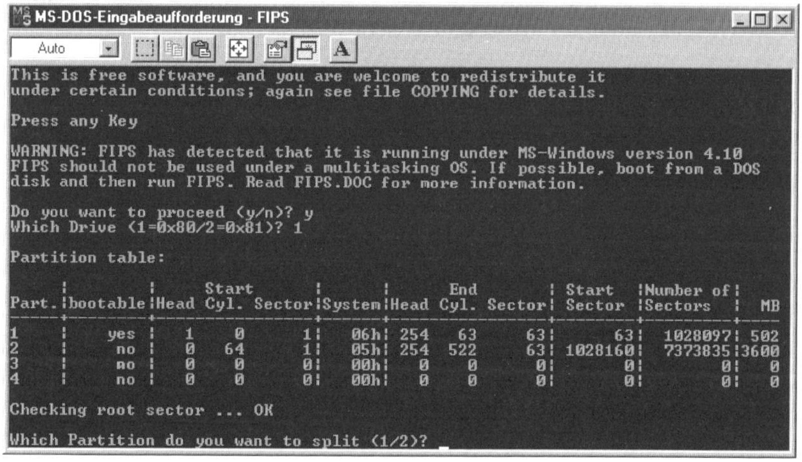


*Abb. 1.9: Fips präsentiert die Partitionstabelle*

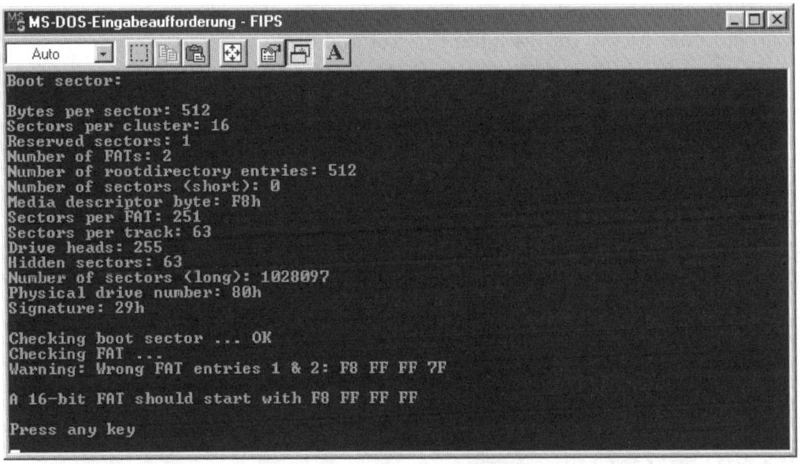


*Abb. 1.10: Was doch so alles in einer Partition steckt*

Sie werden nun von Fips gefragt, ob Sie die aktuellen Partitionsinformationen Ihres Root- und Bootsektors auf die eingelegte Diskette kopieren wollen. So ein Angebot lehnt man natürlich nicht ab, vor allem deswegen nicht, weil Sie bei auftretenden Problemen die Partition mit Hilfe von *restorb* wiederherstellen können (Abbildung 1.11).

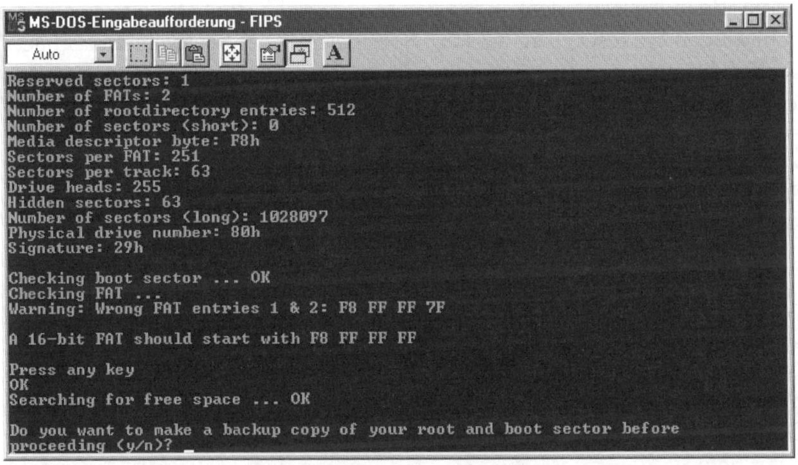


*Abb. 1.11: Backups lassen einem ruhiger schlafen*

Jetzt haben wir es auch fast geschafft. Fips fragt Sie nun, mit welchem Zylinder die neue Partition gestartet werden soll, und gibt Ihnen schon mal einen Bereich vor. Mit Hilfe der rechten (vergrößern) und linken (verkleinern) Cursor-Taste können Sie die Größe der neuen Partition anpassen. Je größer diese wird, desto weniger Platz bleibt Ihren verbliebenen Windows-Programmen.

Beziehen Sie das in Ihre Überlegungen mit ein, und lassen Sie zumindest noch ein paar Mbyte für die alten Programme übrig.

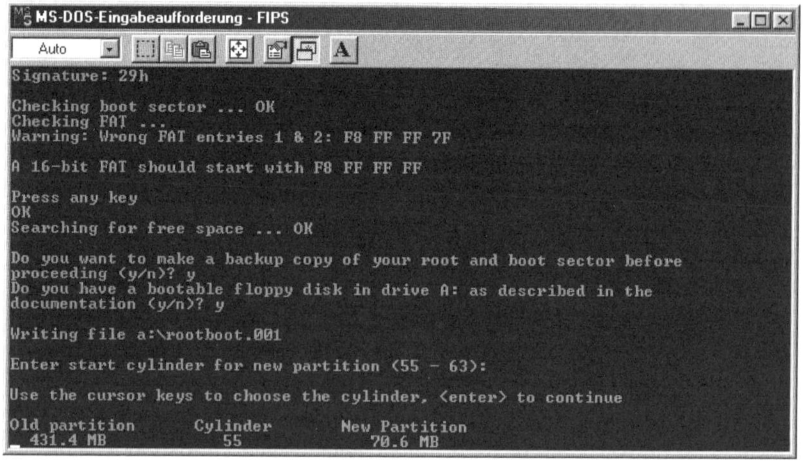


*Abb. 1.12: Die Partition verkleinern*

Haben Sie die richtige Größe gefunden, betätigen Sie die [↵]-Taste, um diese zu bestätigen. Es folgen noch einige Sicherheitsabfragen, und wenn Sie all diese immer brav bejaht haben, wird die Partition irgendwann endlich geteilt. Fertig. Beim Neustart (denken Sie daran, vorher die Boot-Diskette zu entfernen) werden Sie feststellen, dass der Speicherplatz der bearbeiteten Partition deutlich kleiner geworden ist, aber dafür sind Sie nun im Besitz einer neuen, leeren Partition.

HINWEIS

Noch etwas: Sollten Sie unsicher sein, können Sie Fips jederzeit mit [Strg]-[C] abbrechen.

## Die Installation

Um SuSE nach all dem Geplänkel endlich auf Ihrem Rechner zu installieren, müssen wir nun das Installationsprogramm starten. Legen Sie dazu bitte die Buch-CD oder die vorher erstellte Bootdiskette ein, und starten Sie den Computer neu.

Sollte Ihr Computer jetzt Ihr altes Betriebssystem starten, müssen Sie im BIOS die Bootreihenfolge so ändern, dass dort Laufwerk A: an erster Stelle steht. Ansonsten erscheint ein Schirm mit Informationen über eine Vielzahl von *Bootoptionen*, von denen wir uns gar nicht weiter beirren lassen. Wir drücken einfach [↵], um mit der Installationsroutine fortzufahren.

Es erscheint ein Auswahlbildschirm, in dem der Menüpunkt Installation voreingestellt ist, so dass Sie sich beruhigt zurücklehnen können und der Dinge harren, die da kommen mögen. Wundern Sie sich nicht, das kann einen Moment dauern – solange Sie am unteren Bildschirmrand Meldungen wie LOADING INITDISK.GZ ... und LOADING LINUX ... sehen ist alles in Ordnung.

Im Verlauf dieses Prozesses wird der Kernel geladen und im Anschluss daran SuSEs grafische Allzweckwaffe YaST2 gestartet, das schon begierig auf Ihre Eingaben lauert. Und damit es Ihnen dabei nicht zu langweilig wird, sehen Sie in der ersten Bildschirmansicht (siehe Abbildung 1.13) in der Fortschrittsanzeige, wie weit SuSE mit der Hardware-Erkennung Ihres Rechners und der Vorbereitung für die Installation ist.

*Abb. 1.13: YaST2 startet durch*

Die Bedienung von YaST2 ist herrlich einfach: Da SuSE durch die vorangegangene Hardware-Kennung meist schon selbst herausgefunden hat, welche Maus auf Ihrem Rechner ihr Unwesen treibt, klicken Sie nur die entsprechenden Felder an.

Sobald die Fortschrittsanzeige am rechten Ende angekommen ist, gelangen Sie automatisch zum nächsten Installationsschritt. Als Allererstes will SuSE von Ihnen wissen, welche Sprache es während des Installationsprozesses benutzen soll (siehe Abbildung 1.14).

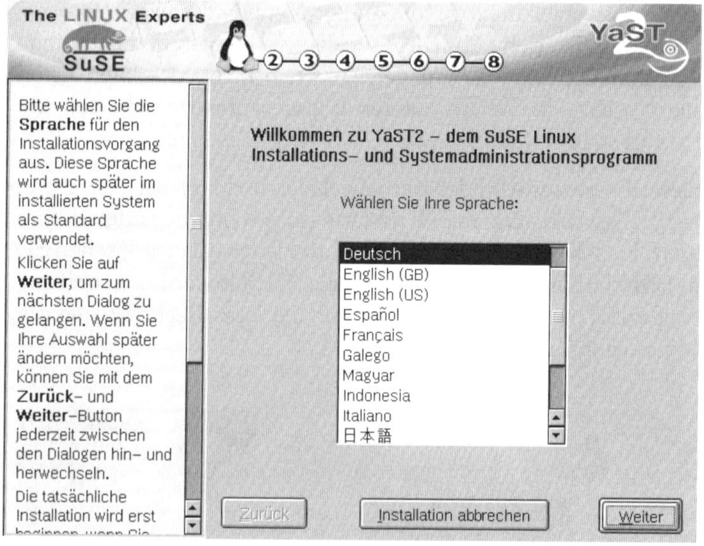


*Abb. 1.14: Ich installiere am liebsten in deutscher Sprache – und Sie?*

Wählen Sie Deutsch oder eine andere Ihnen genehme Sprache. Da Deutsch voreingestellt ist, reicht in diesem Fall meist ein Klick auf WEITER. Als Nächstes konfiguriert YaST2 für Sie die Maus.

Wenn sich Ihr Mauszeiger zu keinem Klick bewegen lassen sollte, wurde Ihre Maus leider von Linux nicht automatisch erkannt. In diesem Fall müssen Sie erst noch ein bisschen nachsitzen, bevor Sie mit der Installation fortfahren können. Drücken Sie dazu bitte so lange die [Tab]-Taste, bis der Button WEITER aktiviert ist, und betätigen Sie danach die [Enter]-Taste.

Wie gut, dass Sie im Vorfeld alle Informationen über Ihre Hardware in Erfahrung gebracht haben, denn SuSE will jetzt explizit von Ihnen wissen, welchen Maustyp Sie an welcher Schnittstelle verwenden. Fortbewegen können Sie sich mit Hilfe der [↑]- und der [↓]-Tasten. Haben Sie Ihre Wahl getroffen, bestätigen Sie sie durch die Tastenkombination [Alt]-[T] und wackeln im Anschluss ein wenig mit Ihrer Maus herum, um zu testen, ob das kleine Biest endlich funktioniert. Folgt der Mauszeiger brav Ihren Bewegungen, haben Sie auch diese Klippe erfolgreich hinter sich gebracht, wenn nicht, müssen Sie wohl oder übel einen weiteren Maustyp ausprobieren. Klicken Sie nach erfolgreicher Auswahl auf WEITER, um fortzufahren.

Nach der Sprache ist die Tastaturbelegung und Ihre Zeitzone an der Reihe. Wohl dem, der die deutsche möchte, denn dann reicht ein Klick auf WEITER, der Rest sucht sich vorher bitte erst noch den passenden Typ aus (Abbildung 1.15).

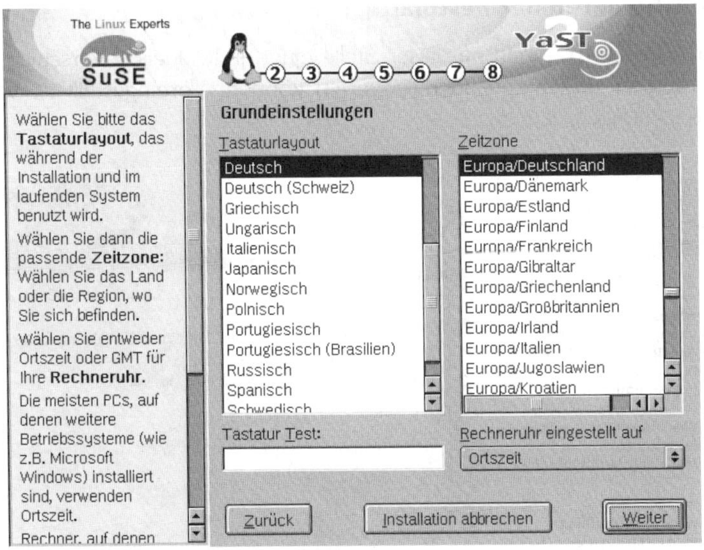


*Abb. 1.15: Die passende Tastatur und Zeitzone für unsere Breiten ist schon voreingestellt*

Okay, langsam wird es ernst. Jetzt sind Entscheidungen gefragt, denn YaST2 möchte von Ihnen wissen, ob Sie Linux neu installieren möchten oder nur ein Update vorhaben.

Entscheiden Sie sich hier bitte für den Punkt NEUINSTALLATION und betätigen Sie danach einmal mehr den WEITER-Button (Abbildung 1.16).

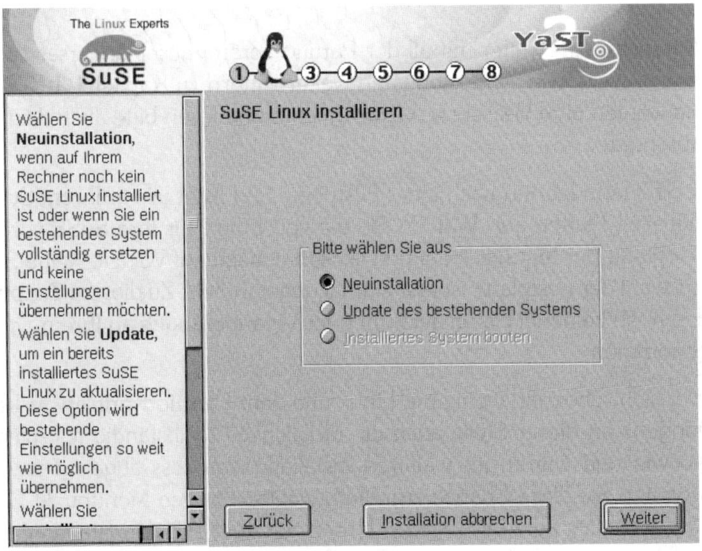


*Abb. 1.16: Wir entscheiden uns für die Neuinstallation*

### Partionieren der Festplatte

YaST2 macht Ihnen an dieser Stelle einen individuellen Vorschlag, den Sie entweder annehmen oder verwerfen können. Voreingestellt ist VORSCHLAG AKZEPTIEREN.

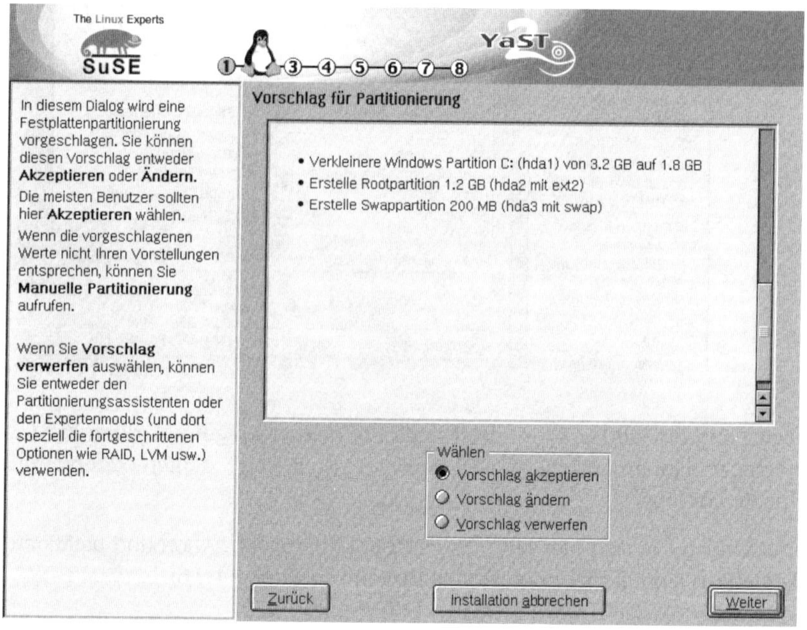


*Abb. 1.17: Vorschlag zur Partitionierung*

Wer sich nicht weiter mit all der Partitioniererei auseinandersetzen möchte, lässt alles so, wie es ist, und kann weiterblättern zu Kapitel 1.1.3. Alle anderen wählen bitte VORSCHLAG VERWERFEN aus und lesen bitte auch die folgenden Abschnitte.

YaST2 fahndet nun nach einer Festplatte und listet alle in Ihrem System verfügbaren Platten auf. Wählen Sie die von Ihnen für Ihre SuSE vorgesehene Festplatte per Mausklick auf und klicken danach auf WEITER. Keine Sorge, die Auswahl der Festplatte ist erst einmal ungefährlich. Zu diesem Zeitpunkt werden noch keinerlei Daten gelöscht oder Veränderungen an Ihrem System vorgenommen.

Wer sich schon ein wenig mit Linux und dem Partitionsprinzip auskennt, hat übrigens an dieser Stelle auch die Möglichkeit, selbständig festzulegen, was wo wie und warum im weiteren Installationsprozess abgelegt werden soll. Möchten Sie diese Chance ergreifen, wählen Sie den Menüpunkt ERWEITERTE EINSTELLUNGEN aus. Im Regelfall fahren Sie aber mit den Standardeinstellungen sehr gut, so dass wir im Folgenden auf diese Option nicht weiter eingehen wollen.

YaST2 zeigt Ihnen nun, welche Partitionen sich auf der von Ihnen vorher ausgewählten Festplatte befinden (Abbildung 1.18). Ihre Rechnerausstattung entscheidet jetzt darüber, wie es weitergeht. Ist freier Platz auf der Platte verfügbar, wird dieser automatisch ausgewählt und mit einem Häkchen gekennzeichnet. Möchten Sie noch zusätzlichen PLATZ FÜR LINUX schaffen, können Sie per Mausklick weitere Partitionen freigeben.

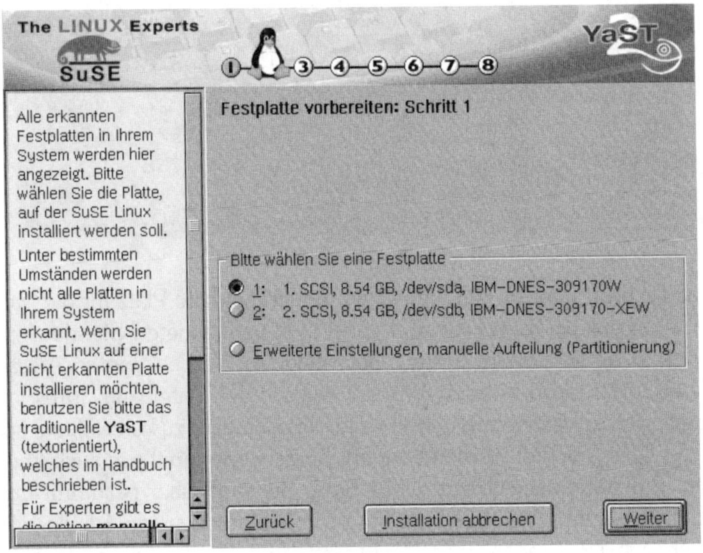


*Abb. 1.18: Welche Partitionen hält die ausgewählte Festplatte für Sie bereit?*

Sie müssen die Partitionen in der Reihenfolge von der letzten bis zur ersten Partition freigeben. Es ist beispielsweise bei drei Partitionen nicht möglich, die zweite Partition neu für Linux freizugeben und die letzte und erste Partition zu erhalten. In diesem Fall müssten Sie den oben erwähnten Punkt ERWEITERTE EINSTELLUNGEN auswählen und die Partitionierung manuell vornehmen.

Alternativ haben Sie die Möglichkeit, den Punkt GESAMTE FESTPLATTE auszuwählen. SuSE verwendet dann im Anschluss alle Partitionen für Ihr Linux-System. Aber Vorsicht: Alle etwaigen Windows-Partitionen auf dieser Platte würden dadurch vollständig gelöscht (Abbildung 1.19).

*Abb. 1.19: Für den Punkt Gesamte Festplatte sollten Sie sich nur entscheiden, wenn Sie auf etwaige Windowspartitionen auf dieser Platte keinen Wert mehr legen*

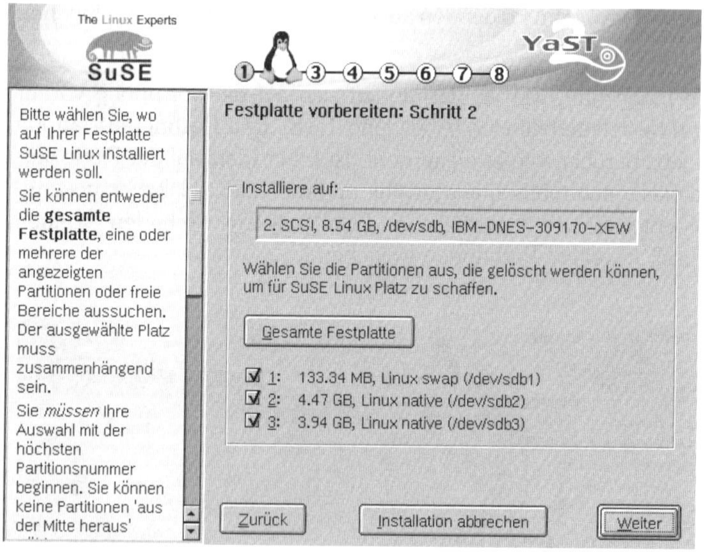


YaST2 prüft nun, ob der von Ihnen freigeschaufelte Platz für die Minimalinstallation ausreicht und die drei von Linux verwendeten Standardpartitionen *boot*, *swap* (entspricht der aus der Windows-Welt bekannten Auslagerungsdatei) und *root* (an dieser »Wurzel« beginnt der Dateibaum Ihres Linux-Systems, sich in Verzeichnisse und Unterverzeichnisse zu verzweigen) später von YaST2 eingerichtet werden können. Sollten sich damit wie auch immer geartete Probleme abzeichnen, weist SuSE Sie sanft aber bestimmt darauf hin. Ändern Sie Ihre Auswahl dann bitte dementsprechend ab. Ist alles okay, speichert YaST2 ohne großes Nachfragen Ihre Einstellungen ab. Klicken Sie unterdessen auf WEITER, um den Umfang Ihrer InstallationInstallation festzulegen.

Ist auf der ausgewählten Festplatte nur eine einzige Partition mit Windows vorhanden – sprich: Sie haben unser Kapitel über das Aufteilen Ihrer Festplatte mit Hilfe von Fips locker übersprungen und auch sonst keinen Platz für Linux geschaffen –, meldet Ihnen SuSE spätestens jetzt, dass für die Installation Ihres Linux-Systems nicht genügend Platz vorhanden ist. Sie können nun zwischen zwei Möglichkeiten auswählen: Entweder löschen Sie Windows ganz von der Platte – wohl eher keine Option – oder Sie verkleinern die Partition so, dass genügend Platz für die Installation entsteht. Verlassen Sie den Dialog-Bildschirm nachdem Sie Ihre Wahl getroffen haben, mit einem Klick auf WEITER. Da ich schwer davon ausgehe, dass Sie Ihre Windows-Daten nicht komplett löschen möchten, kümmern wir uns im Folgenden nur um das Verkleinern einer Partition.

## Die Windows-Partition mit Hilfe von YaST2 verkleinern

Eines vorab: Das Verkleinern funktioniert nur, wenn Ihr Rechner eine Festplatte mit genau einer Windows-Partition besitzt, was jedoch bei fast allen Komplettsystemen mit vorinstalliertem Windows der Fall sein dürfte. In allen anderen Fällen müssen Sie Ihre Festplatte wohl oder übel doch von Hand oder besser gesagt mit Fips oder anderen Werkzeugen verkleinern.

Bevor Sie die Partition verkleinern, sollten Sie auf jeden Fall noch einmal nach Windows booten und – wie im Abschnitt über Fips beschrieben – die beiden Programme Scandisk und Defrag laufen lassen. Fertig? Gut. YaST2 zeigt Ihnen jetzt im ersten Balkendiagramm an (Abbildung 1.20), wie viel Speicherplatz Windows aktuell belegt und wie viel Windows-Speicher noch frei ist.

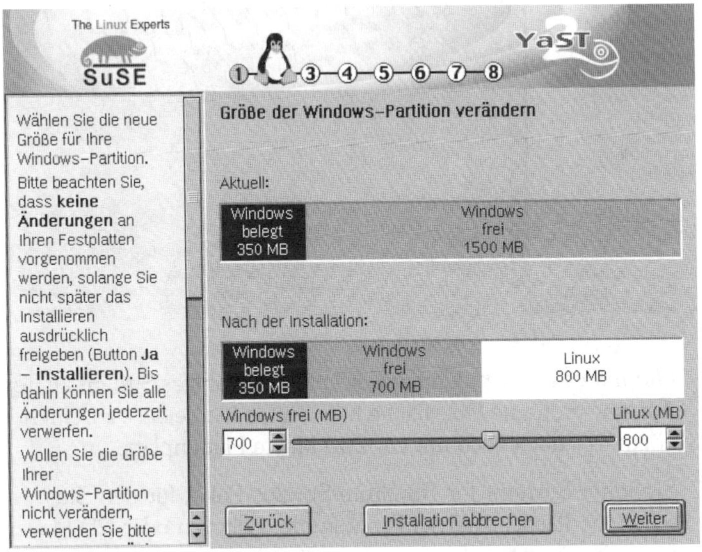


*Abb. 1.20: So viel Platz verschlingt Windows*

Das zweite Diagramm schlägt Ihnen eine passende neue Aufteilung der betreffenden Festplatte vor. Sie können sich der Meinung von YaST2 anschließen oder die Grenzen mit dem Schieber darunter weitgehend frei verändern. Mit einem Klick auf WEITER werden die Eingaben übernommen und später mit dem Beginn der eigentlichen Installation umgesetzt.

### 1.1.3 Die Software-Pakete

Im neu erscheinenden Menü (Abbildung 1.21) müssen Sie sich zuerst für eine Software-Grundausstattung entscheiden. Und was versteckt sich hinter diesen Punkten?

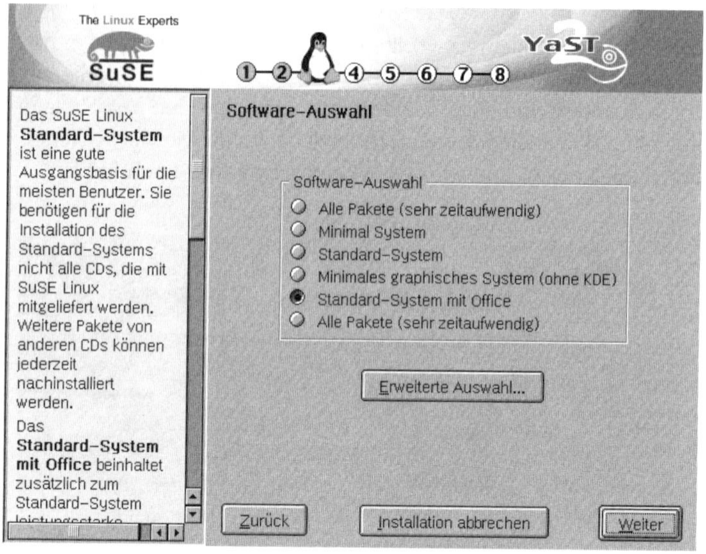


*Abb. 1.21: Wählen Sie Ihre Software-Grundausstattung*

- *Minimales System*: Umfasst ein funktionsfähiges System im Textmodus. Auf eine grafische Oberfläche müssen Sie hier leider verzichten, dafür benötigt es jedoch auch nur ca. 200 Mbyte Plattenplatz.
- *Standard-System*: Ihr Rundrum-Sorglos Paket für den Start – ob grafische Oberfläche, Internet-Programme, Editoren oder CD-Player, alles ist dabei. Benötigt werden etwa ca. 900 Mbyte Festplatten-Platz.
- *Minimales graphisches System (ohne KDE)*: Hier wird zwar eine grafische Oberfläche installiert, allerdings müssen Sie auf den komfortablen KDE-Desktop, der in diesem Buch noch eine große Rolle spielen wird, verzichten.
- *Standard-System mit Office*: Verfügt über Office-Anwendungen. Der Platzbedarf hier liegt bei etwa 1,3 bis 1,4 Gbyte.
- *Alle Pakete* (sehr zeitaufwendig): Hier ist der Name Programm. SuSE offeriert Ihnen die ganze Palette der verfügbaren Linux-Software.

Darauf aufbauend können Sie mit einem Klick auf den Button ERWEITERTE AUSWAHL verschiedene Komponenten hinzufügen oder abwählen. SuSE präsentiert Ihnen die Software netterweise nach Funktionalität in verschiedene Gruppen zusammengepackt. So gibt es beispielsweise die Komponentengruppen KDE KOMPLETT oder MULTIMEDIA. Clever wäre es, KDE auszuwählen, also das KDE Desktop Environment, dessen Konfiguration und Funktionsweise ich Ihnen später im Buch noch ausführlich erläutern werde. SuSE hat hier noch viele kleine nützliche KDE-Programme, die nicht Bestandteil der Hauptpakete sind, hinzugepackt. Sollten Sie nicht über ausreichenden Platz zur Installation dieser Konfiguration verfügen, können Sie alternativ das SUSE-STANDARD-SYSTEM auswählen, da dort zumindest die KDE-Hauptpakete enthalten sind.

Und wer mag, kann es noch genauer haben: Durch einen Klick auf den Button EINZELNE ANWENDUNGEN... erlaubt es Ihnen SuSE in einer weiteren Bildschirmmaske, sich innerhalb einer Gruppe von Softwarepaketen per Mausklick für ein Programm und gegen das andere zu entscheiden. Möchten Sie ein bereits ausgewähltes Softwarepaket doch nicht installieren, können Sie dessen Auswahl durch ein erneutes Anklicken jederzeit wieder rückgängig machen.

YaST2 überprüft dabei permanent, ob durch Ihre An- oder Abwahl noch alle untereinander bestehenden Abhängigkeiten (Abhängigkeiten meint hier einfach die Beziehungen eines Programms zu den von ihm benötigten Bibliotheken) erfüllt sind und schlägt Ihnen gegebenenfalls vor, zusätzliche Pakete zu installieren – ein Ansinnen, auf das Sie eingehen sollten, da es in der Regel zur ordnungsgemäßen Funktion der Software nötig ist, dass alle Abhängigkeiten aufgelöst werden. Haben Sie Ihre Wahl getroffen, klicken Sie auf OK, um in den Software-Hauptbildschirm zurückzugelangen.

Mit einem abschließenden Klick auf WEITER geht es dann zum nächsten Punkt: dem Einrichten des Bootmanagers LILO.

### LILO installieren

Der leichteste Weg, um nach erfolgreicher Installation in Ihr frisch installiertes Linux-System zu gelangen, dürfte über LILO (den Linux Loader) führen. Unsere nächste Aufgabe ist es daher, diesen aufzusetzen.

Meist wird SuSE beim System-Check ganz zu Beginn der Installation über ein weiteres Betriebsystem – Windows – auf Ihrem Rechner gestolpert sein. SuSE schlägt deshalb vor (Abbildung 1.22), LILO auf einer Diskette zu speichern.

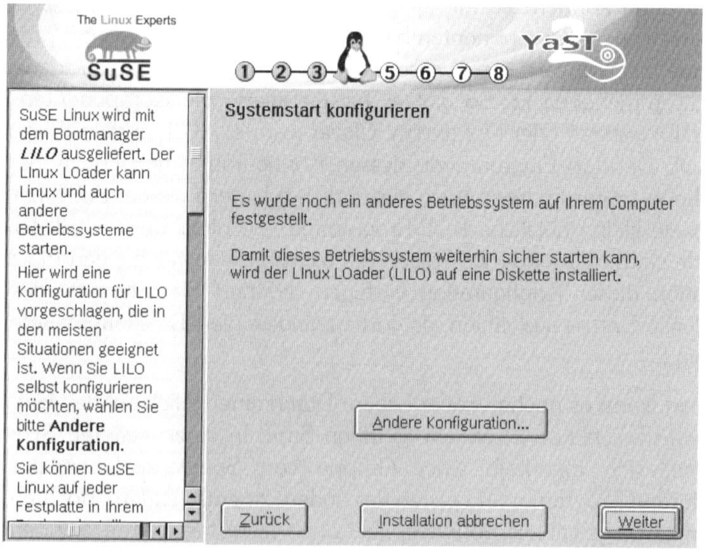


*Abb. 1.22: Soll LILO auf einer Diskette gespeichert werden?*

Entscheiden Sie sich für diese Variante, können Sie, sobald Sie vor dem Einschalten Ihres Rechners diese Bootdiskette ins Laufwerk stecken, Linux starten. Befindet sich die Diskette nicht im Laufwerk, startet weiterhin Windows.

Ist Ihnen das zu lästig, besteht alternativ die Möglichkeit, LILO in den so genannten Master Boot Record (MBR) zu installieren. Der MBR ist ein ganz spezieller Platz auf Ihrer Festplatte, weil er automatisch vom BIOS Ihres Rechners geladen wird und daher der frühestmögliche Punkt ist, an dem LILO die Kontrolle über den Bootprozess übernehmen kann. Wenn Sie sich dazu entschließen, LILO in den MBR zu installieren, so präsentiert Ihnen LILO bei jedem Bootprozess einen `boot:`-Prompt, an dem Sie dann bequem eingeben können, welches Ihrer Betriebssysteme LILO booten soll.

Entscheiden Sie sich für die Disketten-Variante, führt Sie ein Klick auf WEITER zum nächsten Installationsschritt. Möchten Sie LILO lieber in den MBR installieren, klicken Sie statt WEITER bitte den Button ANDERE KONFIGURATION an.

Wählen Sie hier den Punkt AUF C: (im MBR der ersten Festplatte, /DEV/HDA) aus. Die anderen Felder, BOOTPARAMETER und DIE OPTION »LINEAR« VERWENDEN, können Sie in der Regel getrost vernachlässigen.

Ein Klick auf WEITER führt Sie dann zum nächsten Schritt: Username und Passwort festlegen.

### Das root-Passwort ...

... ist etwas sehr Machtvolles. Sie benötigen es, um sich nach erfolgreich abgeschlossener Installation das erste Mal auf Ihrem System einzuloggen. root, manchmal auch Superuser genannt, ist der Benutzer, der auf einem Linux-System schlicht alles tun darf und dessen Fehler daher um so schwerer wiegen. Ich werde Sie im Laufe dieses Buches noch des Öfteren darauf hinweisen, nur als *root* zu arbeiten, wenn es absolut nötig ist. Fehler, die *root* macht, sind meistens unwiderruflich und irreparabel, da bei ihm Sicherheitsmechanismen nicht greifen, die normale User vor dem Schlimmsten bewahren.

Linux geht davon aus, dass root (die Rolle, die dem Systemadministrator zufällt) weiß, was er tut. Achten Sie daher darauf, nur dann als root zu arbeiten, wenn Sie wirklich administrative Aufgaben an Ihrem System vornehmen wollen. Um Mails oder Texte (wie z.B. Bücher über Linux) zu schreiben und im Internet zu surfen, sollten Sie sich nicht als *root* anmelden, sondern als normaler User. Wie Sie einen oder mehrere User-Accounts einrichten, werden Sie noch erfahren – und einen haben Sie gerade eben ja schon angelegt.

Überlegen Sie sich daher gut, welches Passwort Sie als *root* benutzen möchten. Zur Sicherheit verlangt das Installationsprogramm, dass Sie das Passwort zweimal eingeben (Abbildung 1.23).

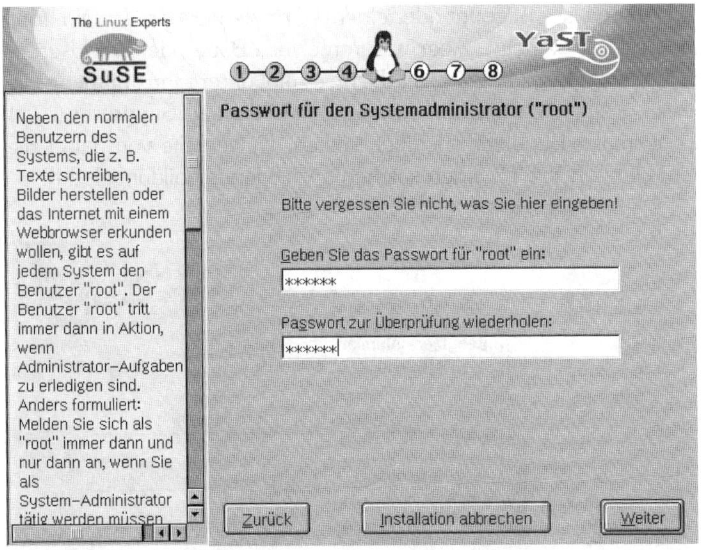


*Abb. 1.23: Überlegen Sie sich gut, welches Passwort root benutzen soll*

Sollten sich die Eingaben unterscheiden, werden Sie gebeten, das Passwort erneut zu tippen. Wählen Sie ein Passwort, das Sie sich gut merken können, aber bitte nicht Ihren Vor- oder Nachnamen, auch Ihre Telefonnummer oder der Name Ihres Wellensittichs oder Hundes sind denkbar schlechte Alternativen, da diese sehr leicht mit Ihnen in Verbindung zu bringen und daher für einen entschlossenen Hacker sehr leicht zu knacken wären. Gute Passwörter setzen sich aus einer Mischung aus Buchstaben und Zahlen zusammen und benutzen Groß- und Kleinbuchstaben, da Linux schon hier *case-sensitive* ist, sprich Groß- und Kleinschreibung unterscheidet.

HINWEIS

Ein sicheres Passwort, das Sie sich zudem noch leicht merken können, generieren Sie so: Merken Sie sich einen Satz und nehmen Sie alle Anfangsbuchstaben, Ziffern und Satzzeichen in Ihr Passwort auf. Der Satz: »Gestern habe ich zum 1. Mal Linux installiert!« führt so z.B. zum Passwort *Ghiz1.MLi!*.

Nachdem Sie das Root-Passwort festgelegt haben, klicken Sie auf das mittlerweile altbekannte Weiter.

## Username und Passwort festlegen

Wer schon mal einen Blick auf eine ältere SuSE geworfen hat, erinnert sich vielleicht an den so genannten »Beispielbenutzer«. Beispielbenutzer war da einer dieser wundervollen eingedeutschten Ausdrücke.

Vielleicht haben Sie schon einmal einen Ihrer Linux-kundigen Freunde etwas von einem User-Account oder einem normalen USER murmeln hören – nichts anderes war gemeint. Aber wie immer das Baby oder der User später auch heißen mag: Legen Sie ihn an. Denn es gibt unter Linux manche Dinge – oder besser gesagt die meisten –, die Sie lieber nicht als Superuser (root), sondern als normaler Benutzer erledigen sollten. Nutzen Sie von daher die Chance, mit Hilfe von YaST2 einen solchen anzulegen (Abbildung 1.24).

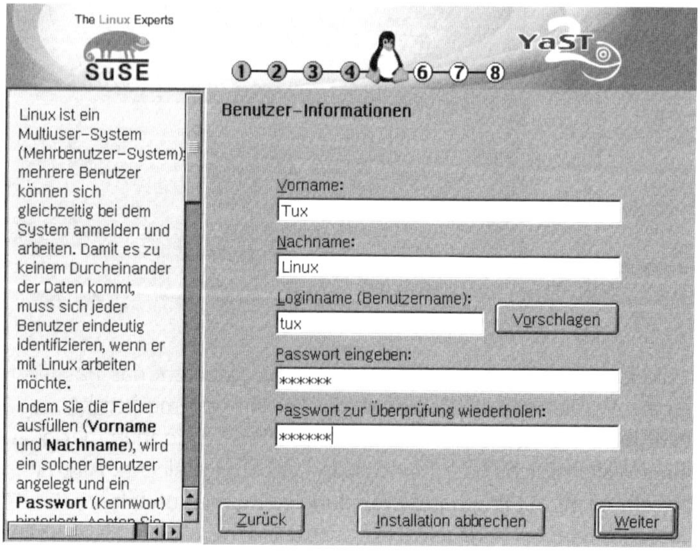


*Abb. 1.24: Legen Sie sich schon vor der Installation einen User-Account an*

Sie sind dabei relativ frei: Als was Sie sich künftig einloggen, ist Linux egal; Ihr System will nur um Ihre Existenz wissen. Wählen Sie also bei LOGINNAME (BENUTZERNAME):, was Ihnen gerade in den Sinn kommt, und sei es *superman*. Ich habe mich an der Stelle zwar für ein schlichtes *stefanie* entschieden, aber Geschmäcker sind bekanntlich verschieden. Außer dem Namen müssen Sie sich an dieser Stelle auch noch für ein Passwort entscheiden. Um sicherzustellen, dass Sie sich bei der Eingabe des Passwortes nicht vertippt haben, müssen Sie es gleich zweimal eingeben. Merken Sie sich das Passwort, da Sie dieses später bei jedem Einloggen unter Ihrem User-Namen eingeben müssen.

Okay, weiter im Text, bald sind wir durch ... aber erst einmal klicken Sie erneut auf den Button WEITER.

### Es ist soweit

Nachdem Sie nun alles Mögliche und Unmögliche angeklickt und eingestellt haben, wird es langsam aber sicher ernst: Die Installationsvorbereitungen treten in die entscheidende Phase. Doch zuvor zeigt Ihnen SuSE nochmals die von Ihnen festgelegten Werte an (Abbildung 1.25) und gibt Ihnen so die Chance, etwaige Fehler zu korrigieren.

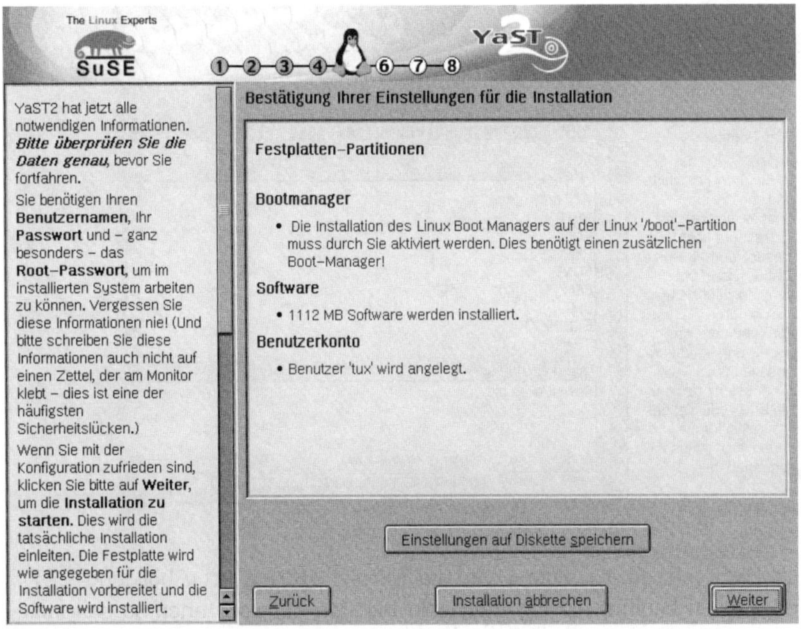


*Abb. 1.25: Alles so, wie es sein soll?*

Nehmen Sie sich die Zeit und schauen Sie alles in Ruhe an. Sind Änderungen nötig, können Sie mittels des ZURÜCK-Buttons zu dem Dialog-Bildschirm zurückgehen, in dem Sie den Fehler entdeckt haben. Außerdem haben Sie jederzeit die Möglichkeit, mit einem Klick auf INSTALLATION ABBRECHEN die Installation zu beenden und Ihren Rechner im Ursprungszustand zu belassen. Aber das wäre schade, denn es trennen Sie wirklich nur noch ein paar Minuten von einem funktionstüchtigen Linux-System. Und um dem noch ein Stückchen näher zu kommen, klicken Sie jetzt bitte erneut auf WEITER.

Es ist soweit: Ein allerletzter Bildschirm erscheint, in dem Sie bitte JA INSTALLIEREN anwählen, und danach fängt SuSE endlich an zu installieren.

Haben Sie YaST2 dazu benutzt, Ihre Windows-Partition zu verkleinern, wird nun die Windows-Partition komplett an den Anfang der Festplatte verschoben. YaST2 zeigt Ihnen dabei den aktuellen Status an. In einem zweiten Fenster werden Ergebnis und etwaige Fehlermeldungen aufgelistet (Abbildung 1.26). Auch hier gilt nach einem Klick auf WEITER: Es ist soweit. Ein allerletzter Bildschirm erscheint, in dem Sie bitte JA INSTALLIEREN anwählen, und danach fängt SuSE endlich an zu installieren.

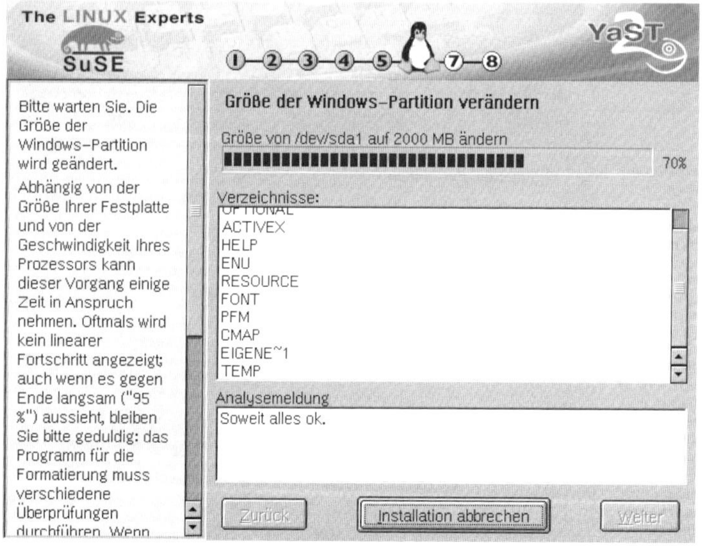


*Abb. 1.26: Hier geht es der Windows-Partition an den Kragen*

Und zwar ganz alleine. Zuerst wird die Festplatte formatiert (Abbildung 1.27), und danach beginnt die eigentliche Installation der von Ihnen so sorgfältig ausgewählten Linux-Software (Abbildung 1.28).

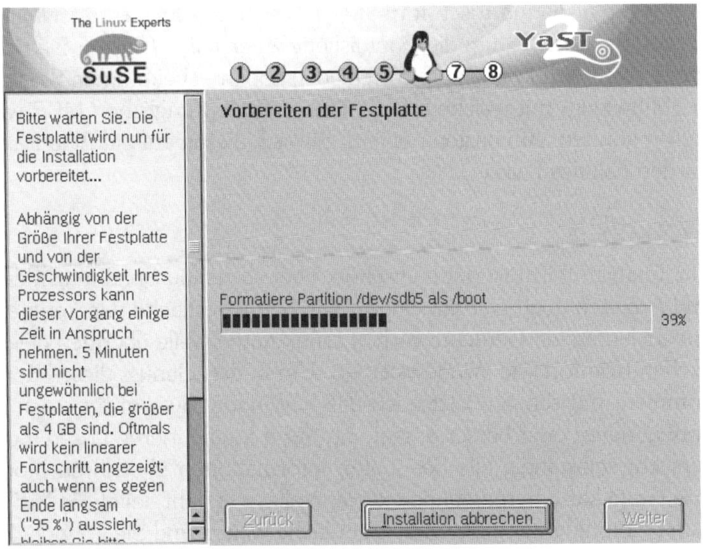


*Abb. 1.27: Die Festplatte wird formatiert...*

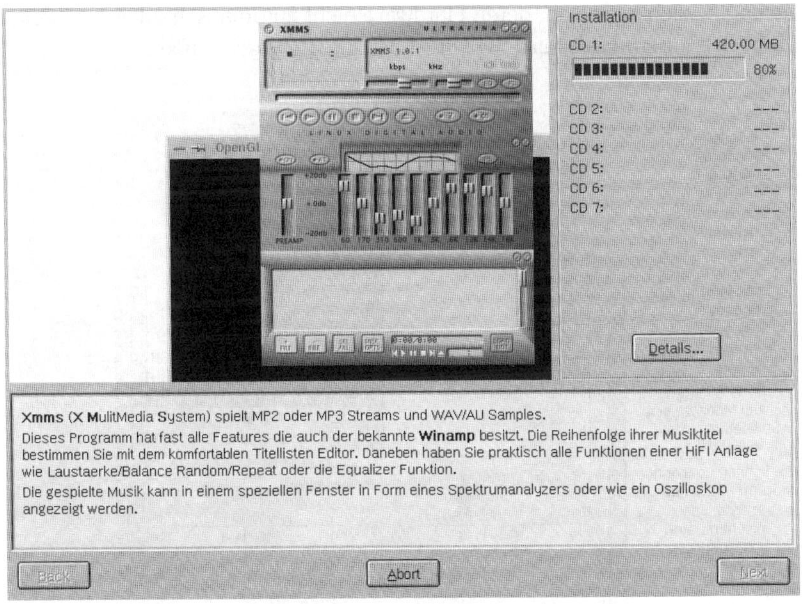


*Abb. 1.28: ... und die Software-Pakete werden installiert*

Lehnen Sie sich jetzt ganz entspannt zurück und warten Sie darauf, dass sich ein neues Fenster öffnet, in dem Ihnen YaST2 begeistert mitteilt, dass es jetzt den Linux-Bootloader LILO (Sie erinnern sich?) auf Diskette schreiben wird.

Legen Sie also eine frisch formatierte Diskette in Ihr Diskettenlaufwerk und klicken Sie auf OK, um die Bootdiskette zu erstellen. Sollten Sie sich für Variante zwei – *LILO* im *MBR* entschieden haben –, bekommen Sie stattdessen die Mitteilung, mit welchem Befehl Sie den ursprünglichen MBR wiederherstellen können. Am besten notieren Sie sich diesen auf ein Blatt Papier – nur für den Fall des Falles ...

## Es werde X

Ein Textbildschirm ist gut und schön, aber so richtig Spaß macht das Surfen und Arbeiten doch erst mit einer grafischen Oberfläche. Und entgegen allen anders lautenden Gerüchte verfügt Linux mittlerweile über den gleichen grafischen Komfort wie Windows & Co. Um in den Genuss dieses Komforts zu kommen, müssen Sie jetzt noch das X Window System bzw. den X-Server konfigurieren oder besser gesagt von SuSE konfigurieren lassen; denn SuSE versucht selbständig alle benötigten Informationen über Ihren Monitor und Ihre Grafikkarte herauszufinden. Wenn alles gut geht, leitet Sie YaST2 direkt zum Feintuning der grafischen Oberfläche weiter, und Sie können die nächsten Zeilen einfach überspringen.

Die unglücklichen Seelen, deren Hardware nicht automatisch erkannt wurde, sehen sich einem Bildschirm wie in Abbildung 1.29 gegenüber.

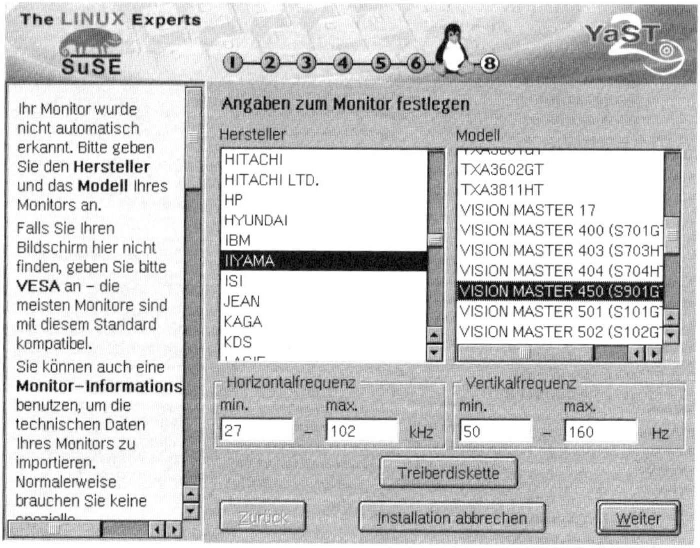


*Abb. 1.29: Fischen Sie sich Ihren Monitor aus der Auswahlliste heraus*

Für Ihr weiteres Vorgehen, bietet Ihnen SuSE an dieser Stelle mehrere Optionen. Schauen Sie als Erstes nach, ob sich das Modell Ihres Monitors in der

Bildschirmliste finden lässt. Wenn ja, sind Sie so gut wie fertig: Einfach per Mausklick Hersteller und Modell auswählen und auf WEITER klicken. Das war's.

Aber Vorsicht bei der Monitor-Wahl aus der Liste: Sollten die Werte des ausgesuchten Bildschirms die Ihren deutlich überschreiten, kann der Monitor irreparabel beschädigt werden. Von daher sollten Sie – wenn Sie sich unsicher sind – auf jeden Fall lieber einen Blick ins Handbuch Ihres Bildschirms werfen, um dort die genauen Werte zu ermitteln. Stellen Sie sich das so vor: Wenn die Grafikkarte z.B. einen Monitor, der nur eine Bildwiederholfrequenz von 60 Hz leisten kann, mit 80 Hz ansteuert, wird es den kleinen Transistoren darin so richtig warm ums Herz. Dummerweise reagieren die Transistoren auch sonst so richtig menschlich. Wenn Sie drei Wochen 41 Grad Fieber haben, erleben Sie die vierte Woche wohl kaum. Genauso geht es den Transistoren, nur dass diese ein wenig schneller dahinschwinden ...

Ihr Monitor findet sich nicht in der Liste? Nicht traurig sein, das ist kein Weltuntergang, sondern nur lästig.

Kramen Sie in diesem Fall die Monitordaten heraus, die ich Sie am Anfang des Buches herauszusuchen bat. Tragen Sie dann bitte in die Felder HORIZONTALFREQUENZ und VERTIKALFREQUENZ die benötigten Werte für die horizontale und vertikale Abtastfrequenz ein.

Aber wie immer sind aller guten Dinge drei – und das gilt auch für die Einstellung des Monitors. Sind Sie im Besitz einer Windows-Treiberdiskette für Ihren Bildschirm, suchen Sie diese aus dem Diskettenstapel auf dem Schreibtisch heraus, klicken danach auf den Button TREIBER-DISKETTE, legen entsprechend dem erscheinenden Dialog die Windows-Treiberdiskette in das Laufwerk ein und bestätigen mit OK. SuSE durchsucht die Diskette anschließend nach einer Datei, die die Monitordaten enthält, und liest sie ein. Falls keine Datei gefunden wird oder die Diskette nicht lesbar ist, erhalten Sie einen entsprechenden Hinweis und müssen wohl oder übel doch im Handbuch nach den Daten fahnden.

Allen drei Lösungen gemeinsam ist, dass Sie der Button WEITER zum Feintuning Ihrer Grafikkarte führt. Also, nichts wie geklickt ...

### Konfiguration der Grafikkarte

Ich sprach nicht umsonst vom Feintuning, denn SuSE hat den Hauptpart schon übernommen und den passenden X-Server bereits für Sie ausgewählt.

Sie müssen nun nur noch die Bildschirmauflösung sowie die Farbtiefe für den Grafikmodus festlegen. Abbildung 1.30 bietet Ihnen zu diesem Zweck eine Liste vordefinierter Auflösungen an. Auflösungen, die aufgrund mangelnden Speichers Ihrer Karte nicht darstellbar sind, können dabei jedoch nicht angewählt werden.

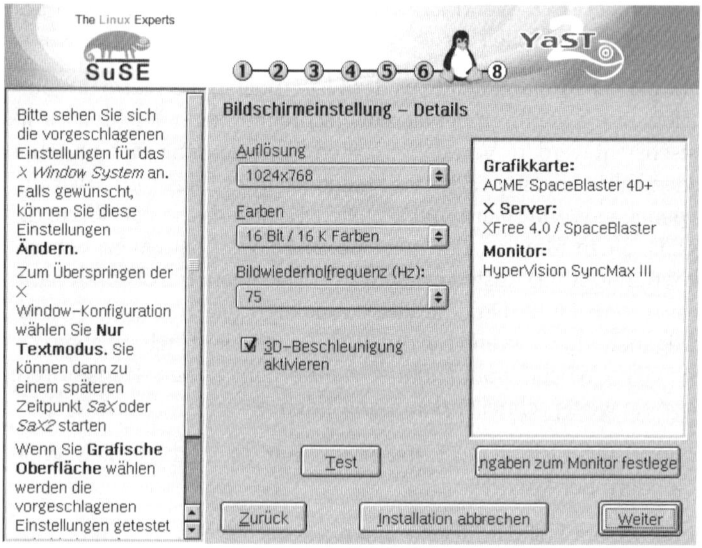


*Abb. 1.30: Ein Vorschlag zur Güte ...*

Haben Sie sich für eine Auflösung entschieden (ich verfahre da gerne nach dem Prinzip je höher, desto besser), wählen Sie bitte im Anschluss daran die von Ihnen gewünschte Farbtiefe aus. Auch hier gilt: Farbtiefen, die das Leistungsvermögen Ihrer Grafikkarte übersteigen, werden zwar angezeigt, können jedoch nicht ausgewählt werden. Sollte Ihre Grafikkarte über einen 3D-Chip verfügen, können Sie zusätzlich noch den Punkt 3D-Beschleunigung aktivieren anklicken.

Probieren geht über studieren, von daher müssen Sie – bevor Ihre Einstellungen festgeschrieben werden – selbige durch einen Klick auf den Button TEST – ja, was wohl ? – testen. Sollten Sie kein ruhiges Bild erhalten, brechen Sie den Test bitte umgehend mittels der Esc-Taste ab und versuchen Sie das Ganze mit anderen Werten erneut. Will gar keine Kombination klappen oder möchten Sie den Grafikmodus erst später konfigurieren, können Sie diesen Dialog jederzeit durch Anwahl von NUR TEXTMODUS – KEINE GRAFISCHE OBERFLÄCHE verlassen. SuSE startet dann später im Textmodus.

ACHTUNG

Nur wenn Sie NUR TEXTMODUS – keine grafische Oberfläche angewählt haben, ist es möglich, den Dialog ohne den Test der gewählten Auflösung zu verlassen.

Et voilà – nachdem Sie nun auch noch die Konfiguration Ihrer Grafikkarte erfolgreich hinter sich gebracht haben ... sind Sie – noch nicht ganz fertig, wie Abbildung 1.31 beweist.

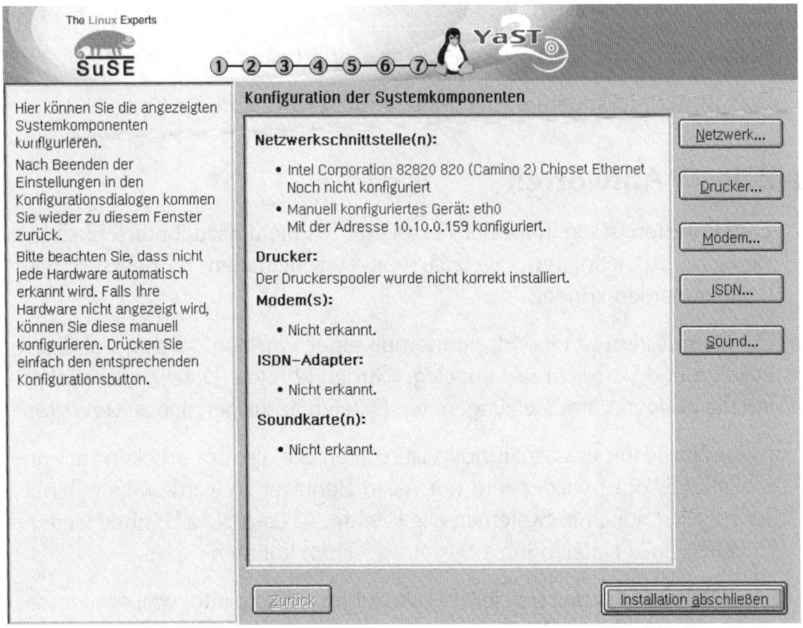


*Abb. 1.31: Was sonst noch so an Hardware im Rechner herumspukt*

Denn hier präsentiert Ihnen SuSE zum guten Schluss noch die weitere, von YaST2 automatisch erkannte und konfigurierbare Hardware Ihres Rechners. Aber einen kleinen Lichtblick gibt es: Sie müssen jetzt nicht auch noch Ihre Soundkarte, den Drucker oder das Netzwerk konfigurieren, wenn Sie das nicht wollen. Diese Arbeiten können Sie getrost auf später verschieben und sich erst einmal mit Ihrem neuen System vertraut machen. Klicken Sie dazu jetzt auf den Button INSTALLATION ABSCHLIEßEN und freuen Sie sich danach über den grafischen Login-Bildschirm. Jetzt gilt es nur noch im Feld BENUTZER Ihren vorhin festgelegten »Standardbenutzer« einzutragen und Sie sind »drin«. Und was Sie so alles unter X respektive KDE veranstalten können erfahren Sie ab Kapitel 4.

## 1.2 Fragen

1. Was ist eine Partition?
2. Was ist ein Dateisystem?
3. Sollten Sie grundsätzlich als Benutzer *root* arbeiten?
4. Was ist mit MBR, dem so genannten *Master Boot Record*, gemeint?

### 1.2.1 Antworten

1. Eine Partition ist ein Teil einer Festplatte. Sie dient dazu, unterschiedliche Bereiche zu definieren, die z.B. von verschiedenen Betriebssystemen benutzt werden können.
2. Ein Dateisystem ist eine Strukturierung einer Partition, so dass auf dieser Dateien und Verzeichnisse angelegt werden können. Dateisysteme schaffen die nötigen Voraussetzungen, um Dateien abzulegen und zu verwalten.
3. Nein! Nur wenn es absolut nötig ist, sollten Sie als root arbeiten, um anschließend sofort wieder zum normalen Benutzer zu werden. Der Benutzer root hat auf Unix-Systemen alle Rechte, so dass Sie z.B. ohne weitere Rückfrage alle Dateien Ihres Systems löschen könnten.
4. Der MBR ist ein ganz spezieller Platz auf Ihrer Festplatte, weil er automatisch vom BIOS Ihres Rechners geladen wird. Sollten Sie noch keinen anderen Bootmanager verwenden, ist es ratsam, LILO in den MBR zu installieren, da es sich dabei um den frühestmöglichen Punkt handelt, an dem LILO die Kontrolle über den Bootprozess übernehmen kann. Wenn Sie sich dazu entschließen, LILO in den MBR zu installieren, so präsentiert Ihnen LILO bei jedem Bootprozess einen `boot:`-Prompt, an dem Sie dann bequem eingeben können, welches Ihrer Betriebssysteme LILO booten soll.

KAPITEL 2

# Das erste Mal ...

... ist aufregend. Sollten Sie sich aus irgendwelchen Gründen erst einmal gegen die Konfiguration der grafischen Oberfläche entschieden oder vielleicht aus Platzmangel gar keine installiert haben, ist Ihnen der in Kapitel 1 von mir so euphorisch angekündigte grafische Login leider entgangen und SuSE startet das erste Mal im Textmodus.

Auch hier müssen Sie sich anmelden, um Ihr neues System zu erforschen. Aber auch für die Grafikfetischisten unter Ihnen hat dieses Kapitel durchaus lesenswerte Seiten, denn hier erkläre ich Ihnen unter anderem, wie Sie Ihr Linux-System nach getaner Arbeit ordnungsgemäß wieder verlassen können oder weitere Benutzer auf Ihrem System einrichten.

## 2.1 Wir loggen uns ein

Die Pflicht liegt hinter Ihnen, und die Kür beginnt. Linux weiß gerne, mit wem es gerade zu tun hat. Daher erwartet es von Ihnen, dass Sie sich als Benutzer anmelden (das nennt sich im Fachjargon *einloggen*). Wer keinen Beispielbenutzer angelegt hat, muss sich beim ersten Mal als *root* einloggen. Wie Sie wissen, sollte man als *root* ausschließlich administrative Aufgaben am System vornehmen und sonst als normaler Benutzer arbeiten. Deswegen lernen Sie als Erstes, wie Sie auf Ihrem Rechner neue Benutzer-Accounts anlegen. Aber loggen wir uns erst einmal ein. Geben Sie dafür am `login:`-Prompt `root` ein und bestätigen Sie dies mit der [↵]-Taste. Daraufhin erscheint:

```
diabolo login: root
Password:
```

Dies ist der Passwort-Prompt, an dem Sie bitte das Passwort eintippen, das Sie während der Installationsroutine festgelegt haben. Ein erneutes Drücken der [↵]-Taste sollte Sie mit folgenden Zeilen in Ihrer Shell belohnen:

```
diabolo: ~ #
```

Um sich wieder auszuloggen, reicht es meist, `Ctrl-D` einzugeben. Eleganter geht es mit dem Kommando `logout`. Sollte dies alles nichts fruchten, versuchen Sie es mit `exit`.

### Konten und Passwörter ...

... gibt es nicht nur bei der freundlichen Hausbank um die Ecke, sondern beides sind Kernbestandteile Ihres Linux-Systems, um die wir uns nun kümmern werden. Da es nicht empfehlenswert ist, dauerhaft als *root* zu arbeiten (hatte ich das schon erwähnt?), besteht Ihre erste Amtshandlung unter Linux folgerichtig darin, sich einen Account als normaler User anzulegen. Gott sei Dank ist das einfacher als bei der Bank: Sie brauchen weder Bürgschaft noch polizeiliches Führungszeugnis, um ein Benutzerkonto bzw. einen User-Account anzulegen. Linux ist bereits zufrieden, wenn Sie als *root* den Befehl `useradd` verwenden.

Um einen User *stefanie* anzulegen, geben Sie bitte Folgendes ein:

```
diabolo: ~ # useradd -m stefanie
```

Falls das nicht klappt, probieren Sie bitte

```
diabolo: ~ # /usr/sbin/useradd -m stefanie
```

Damit alleine werden wir jedoch nicht weit kommen, da die neue Benutzerin *stefanie* ohne Passwort von Linux nicht ins System gelassen wird. Seien Sie großzügig und spendieren Sie dem armen Ding noch ein Passwort.

```
diabolo: ~ # passwd  stefanie
New UNIX password:
Retype new UNIX password:
passwd: all authentication tokens updated successfully
diabolo: ~ #
```

Da nicht jeder mitbekommen soll, mittels welchem Passwort sich *stefanie* künftig einloggen kann, gibt Linux das Passwort nicht auf dem Bildschirm aus. Wie bei der Eingabe des *root*-Passworts müssen Sie es jedoch zur Bestätigung erneut eingeben, um sicherzustellen, dass Ihnen während der Eingabe keine (Tipp-)Fehler unterlaufen sind.

Um sich als User *stefanie* einzuloggen, geben Sie zukünftig am `login:`-Prompt statt `root` `stefanie` ein. Einmal als *stefanie* eingeloggt, steht es Ihnen jederzeit frei, Ihr Passwort zu ändern. Dazu tippen Sie dann einfach den Befehl `passwd` ohne den Account-Namen ein:

```
stefanie@diabolo: ~ > passwd
Changing password for stefanie
(current) UNIX password:
New UNIX password:
Retype new UNIX password:
passwd: all authentication tokens updated successfully
```

Sie werden in diesem Fall aufgefordert, erst Ihr aktuelles Passwort einzugeben und dann das neue, welches Sie durch ein wiederholtes Eintippen erneut bestätigen müssen.

Vielleicht haben Sie sich gewundert, dass wir bei `useradd` noch die Option `-m` hinzugefügt haben? Damit stellen wir sicher, dass, wenn *root* ein neues Benutzerkonto einrichtet, die neue Benutzerin auf dem Rechner sozusagen eine eigene Wohnung, das Home-Verzeichnis, erhält. Dort darf sie ihre Dateien ablegen und dort landet sie automatisch, wenn sie sich einloggt. Betrachten Sie Ihr Passwort also bitte als den Schlüssel zu Ihrer Wohnung auf dem Rechner.

## 2.2 Sag zum Abschied leise »Servus« oder: Wie schalte ich Linux eigentlich aus?

Jetzt haben Sie sich gerade eingeloggt, und ich erzähle Ihnen schon, wie Sie Linux wieder verlassen? Das hat einen guten Grund: Wer länger mit Windows gearbeitet hat, wird einen Schalter seines Computers sehr gut kennen – die Reset-Taste.

Unter Linux sollten Sie diese ganz schnell vergessen und sich angewöhnen, Ihrem Betriebssystem korrekt Ihren Abschied mitzuteilen: Es wird es Ihnen danken. Möchten Sie Ihren Computer herunterfahren, drücken Sie bitte unter gar keinen Umständen die Reset-Taste und schalten Sie den Computer niemals einfach aus, sondern geben Sie als *root* folgendes Kommando ein:

```
diabolo: ~ # shutdown -h now
```

Danach können Sie Ihren Computer unbesorgt ausschalten. Sie können den Rechner abschalten, wenn sich das BIOS wieder meldet. Möchten Sie Ihren Rechner rebooten, können Sie das auch mit

```
diabolo: ~ # shutdown -r now
```

tun. Das `r` steht hier für `reboot`, das `h` oben für `halt`.

Der Befehl `shutdown` kann erst einmal nur vom Superuser root ausgeführt werden. Auf vielen Linux-Systemen – und Ihre SuSE-Version macht da keine Ausnahme – besteht jedoch die Möglichkeit, das System ordnungsgemäß mit der Tastenkombination [Strg]-[Alt]-[Entf] herunterzufahren. Mittels dieses vielleicht noch aus DOS-Zeiten bekannten »Affengriffs« können auch normale Benutzer Linux beenden.

Sollten Sie der Meinung sein, dass dies den Usern nicht gestattet sein sollte, müssen Sie nur folgende Zeilen aus der Datei */etc/inittab* löschen:

```
ca::ctrlaltdel:/sbin/shutdown -r -t 4 now
```

oder besser ein Hash (das heißt ein »#«) an den Anfang der Zeile schreiben, um den Eintrag zwar nicht völlig zu löschen, jedoch aber auszukommentieren, so dass Ihr System ihn künftig nicht mehr beachtet.

Wie Sie Dateien verändern, erfahren Sie in Kapitel 9.

Wenn Ihre Änderung nicht erst nach dem nächsten Reboot wirksam werden soll, geben Sie jetzt ein `init q` ein.

### 2.2.1 Das su-Kommando

Man kann es nicht oft genug betonen – arbeiten Sie als normaler User und nicht als *root*. Allerdings gibt es Tätigkeiten, die nur *root* erlaubt sind. Sind Sie als User eingeloggt und wollen neue Software installieren, so ist spätestens dann Schluss, wenn Sie die zugehörigen Dateien auf Ihrem System an die richtigen Orte setzen wollen. Andererseits wäre es doch sehr lästig, wenn man sich zur endgültigen Installation des Programms ausloggen, als *root* erneut einloggen und dann wieder ausloggen müsste, um sich dann wieder als User anzumelden. Linux will Ihnen die Arbeit erleichtern, nicht erschweren, und kennt für solche und andere Fälle, in denen es gilt, schnell mal seine Identität zu wechseln, das Kommando su.

Geben Sie einfach `su –` ein:

```
stefanie@diabolo:~ > su -
Password:
diabolo: ~ #
```

Wie Sie sehen, fragt Linux Sie nach einem Passwort. Wenn Sie am Prompt das *root*-Passwort eingeben, sind Sie ohne wilde Ein- und Ausloggerei *root* geworden. Um wieder der User *stefanie* zu werden, reicht ein `exit` oder [Strg]-[D].

Nur so am Rande: Sie könnten statt `su –` auch ein `su` eingeben. Beides lässt Sie zum Superuser *root* werden. Wo liegt der Unterschied zwischen `su` und `su -`?

Bei su - wird die gesamte Loginprozedur für *root* durchlaufen. Das heißt, *roots* private Konfigurationsdateien (z.B. *.profile*, denen Sie im Laufe dieses Buchs hin und wieder begegnen werden) werden abgearbeitet, und Sie landen im Home-Verzeichnis von *root*. Das kann manchmal recht lästig sein, wenn man tief im Verzeichnisdschungel steckt und dort nur eben in eine Datei schauen möchte. Nimmt man *su*, bleibt man, wo man war. Ein kleiner Wermutstropfen bleibt: Der User *root* muss jetzt auf seine in mühevoller Kleinarbeit angepasste Arbeitsumgebung verzichten.

Da man als *root* meist nur einen Befehl eingeben muss, sollten Sie auch der Option `-c` einen zweiten Blick gönnen. Mit

```
su -c <Befehl>
```

führt Linux für Sie nur das Kommando aus (allerdings auch hier erst, nachdem Ihr *root*-Passwort abgefragt wurde), das Sie hinter dem `c` angeben, um sie danach wieder als normaler User zurückzulassen.

Mit dem `su`-Kommando können Sie blitzschnell die Identität jedes Users auf Ihrem System annehmen, es braucht nur das Passwort – und als *root* brauchen Sie nicht einmal das ...

# 2.3 Fragen

1. Dass man nicht als root arbeiten sollte, ist bekannt. Was tun Sie, um Ihrem Rechner mitzuteilen, dass auf ihm künftig der User *ruebennase* sein Unwesen treiben wird?
2. Sie sind gerade als *ruebennase* flott auf Ihrem Rechner unterwegs, da entdecken Sie, während Sie so durchs Web surfen, bei *Freshmeat* (*http://freshmeat.net/*) – die Quelle für die neueste Linux-Software im Web) dieses tolle neue Programm, das Sie sofort installieren möchten. Wie gehen Sie vor?

## 2.3.1 Antworten

1. Geben Sie als root Folgendes ein:

   ```
   diabolo: ~ # useradd ruebennase
   ```

   Und da der gute Junge ohne Passwort nicht allzu viel erreichen kann, spendieren Sie ihm eins durch die Eingabe der Zeilen:

   ```
   diabolo: ~ #  passwd ruebennase
   New UNIX password:
   Retype new UNIX password:
   passwd: all authentication tokens updated successfully
   ```

   Was für ein Passwort Sie auswählen, überlasse ich Ihrer Phantasie ...

2. Möchten Sie schnell Ihre Identität von *ruebennase* in *root* verwandeln, geben Sie wahlweise ein `su -` oder ein einfaches `su` ein. Ersteres bringt Sie ins */root*-Verzeichnis, bei der zweiten Variante bleiben Sie, wo Sie sind, müssen jedoch auf die in privaten Konfigurationsdateien wie der *.profile* gesetzten Variablen verzichten. Das kann dazu führen, dass *root* viele Befehle nicht einfach mit dem Befehlsnamen aufrufen kann, sondern den gesamten Pfad dazu eingeben muss, da man mit einer eingeschränkten PATH-Variable leben muss.

Kapitel 3

# Nach der Konfiguration ist vor der Konfiguration

## 3.1 Der Drucker

Wer Texte schreibt, möchte diese auch drucken können. Nur haben wir bisher noch keinen Drucker konfiguriert; lassen Sie uns dies also schnellstens nachholen. Sie erinnern sich daran, dass Ihnen YaST2 nach der Konfiguration Ihrer grafischen Oberfläche anbot, noch weitere Hardware-Komponenten zu konfigurieren. Zu diesem Zeitpunkt haben wir das abgelehnt, jetzt nehmen wir das Angebot an. Zu YaST2 führen unter SuSE viele Wege. Und die meisten zweigen vom K-Menü (sprich das große »K« am linken Rand, das Sie wahrscheinlich nicht nur ein wenig an das Windows-Startmenü erinnern dürfte ...) ab. Nachdem Sie das K-Menü durch einen Klick darauf aufgeklappt haben, präsentieren sich Ihnen dort mehrere Untermenüs. Wählen Sie entweder Kontrollzentrum aus – das werden Sie im Kapitel über KDE noch ausführlich kennen lernen) oder entscheiden Sie sich für SuSE→System→Konfiguration→YaST2. Ich möchte mich an dieser Stelle für diesen Weg entscheiden, um nicht zu viel über das KDE-Kontrollzentrum vorwegzunehmen. Ach ja – da aller guten Dinge drei sind, erreichen Sie die verschiedenen YaST2-Module auch noch über den Menüpunkt Einstellungen→YaST2 Module.

Da das Einbinden neuer Hardware eine Aufgabe ist, die unter Linux dem Systemadminstrator vorbehalten ist, müssen Sie die folgenden Arbeitsschritte als root durchführen. SuSE weiß das auch und bittet Sie vor dem Start von YaST2 in einem Dialogbildschirm wie in Abbildung 3.1 4 um die Eingabe Ihres *root*-Passwortes.

Abb. 3.1: Ohne root-Passwort läuft nichts

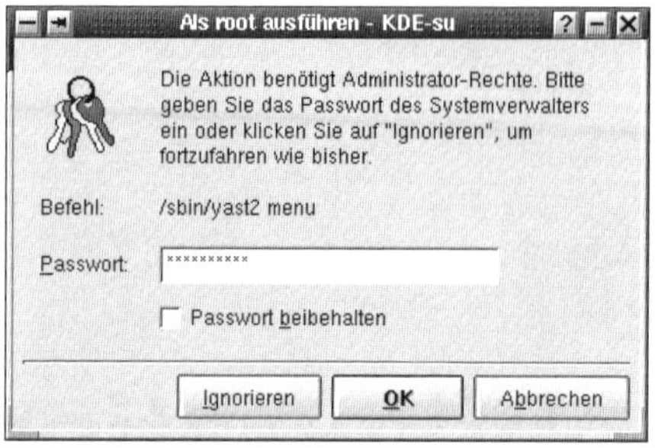


Na bitte, schon erscheint das YaST2 Control Center (Abbildung 3.2). Im linken Bereich finden Sie eine Einteilung in Hardware, Netzwerk/Grundlagen, Netzwerk/fortgeschritten, Sicherheit/Benutzer, Software, System und Sonstiges. Sobald Sie per Mausklick eines der Icons anwählen erscheinen rechts die Inhalte der Sektionen. Wir wollen unseren Drucker konfigurieren, wählen deshalb Hardware→Drucker an und machen uns an die Arbeit.

Abb. 3.2: Die Kommandobrücke Ihres Systems

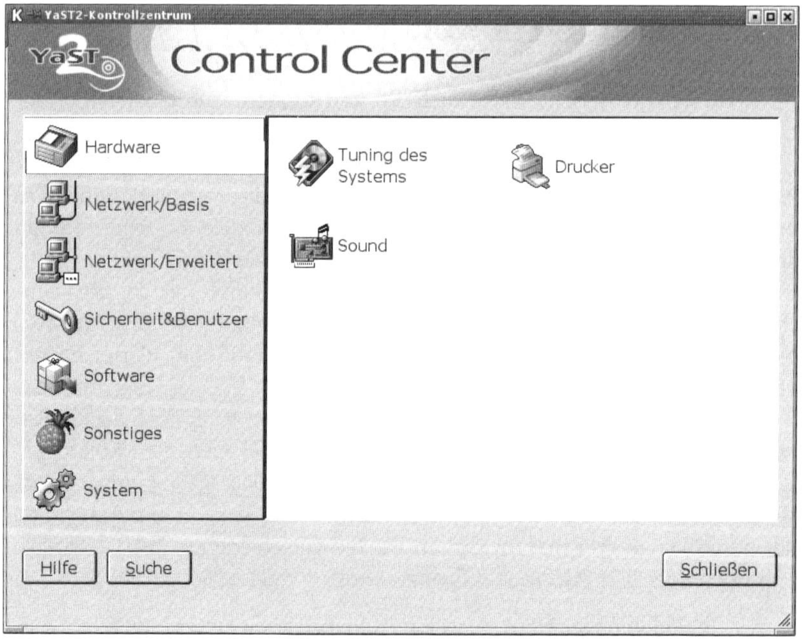

Besser gesagt YaST2 macht sich an die Arbeit, denn Ihr Konfigurationshelferlein versucht mit Hilfe der Druckerdatenbank sofort automatisch Ihren Drucker zu identifizieren (Abbildung 3.3). Und da die Technik auch unter Linux mittlerweile ziemlich ausgereift ist, sollte das in den meisten Fällen auch gelingen.

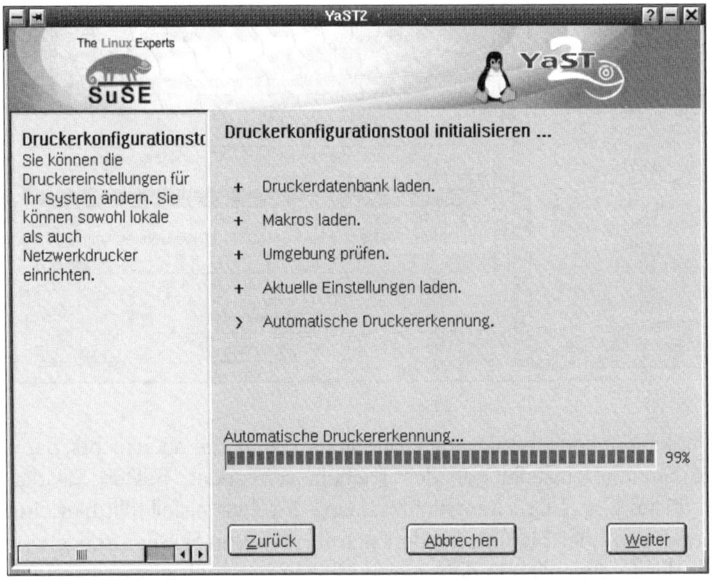


*Abb. 3.3: Wenn Sie nicht allzu viel Pech haben, sollte YaST2 Ihren Drucker gleich gefunden haben*

Besitzen Sie einen Farbdrucker, sollten Sie statt des Menüpunkts Schnelles automatisches Setup auf jeden Fall Normales Setup mit der Option, Werte zu ändern anwählen, da das automatische Setup standardmäßig Ihren Drucker mit der Einstellung Schwarzweiß-Druck installiert. Klicken Sie danach auf den Weiter-Button. Den nächsten Bildschirm können Sie eigentlich unverändert lassen, es sei denn, Ihnen gefällt der von SuSE voreingestellte Name für den Drucker nicht und Sie wollen Ihrer »Druckerei« mit einem neuen Namen eine persönliche Note geben. Klicken Sie dann erneut auf Weiter.

Im nächsten Bildschirm (Abbildung 3.4) sehen Sie im oberen Feld die aktuellen Einstellungen Ihres Druckers hinsichtlich Treiber, Auflösung und Papierformat. Ändern können Sie diese im unteren Feld. In unserem Beispiel – besser gesagt bei meinem Drucker – entscheide ich mich per Mausklick, da ich keine Fotoqualität benötige – für den Farbdruck-Treiber »cdj890«. Sofort springt die Anzeige im oberen Fenster um, und SuSE bietet für den gewählten Treiber das Feintuning an, etwa die Druckqualität oder den verwendeten Papiertyp.

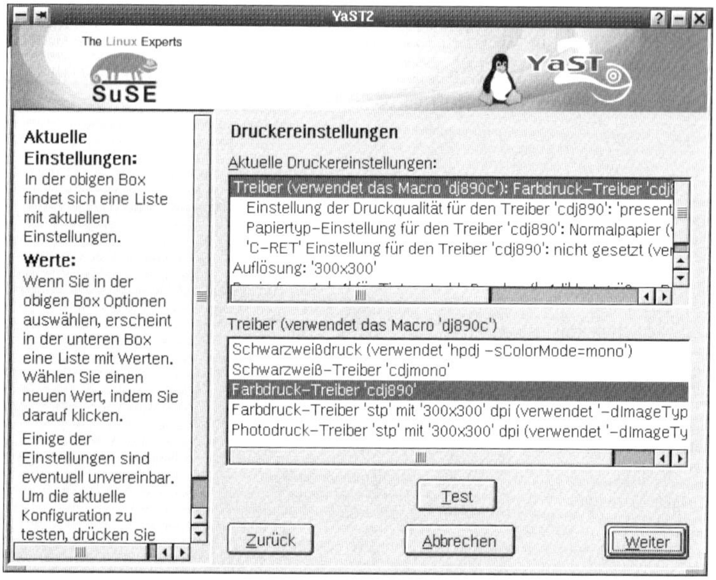


*Abb. 3.4: Wenn Ihnen die Einstellungen nicht passen, ändern Sie sie doch einfach ab!*

Wählen Sie keine bestimmte Option aus, macht das auch nichts, dann werden die Standardeinstellungen des Treibers verwendet. Sollten Sie die richtige Auflösung Ihres Druckers nicht wissen – im Zweifelsfall hilft hier ein Blick ins Handbuch oder Sie entscheiden sich für den von SuSE vorgegebenen Wert; der dürfte eigentlich in den meisten Fällen passend sein. Das in Europa übliche Papierformat ist der von SuSE voreingestellte Wert A4, so dass uns in diesem Dialogbildschirm eigentlich nichts mehr zu tun bleibt. Wer auf Nummer sicher gehen will, kann mit einem Klick auf TEST selbstverständlich noch einen Probelauf starten. Fertig? Dann lassen Sie uns mit einem Klick auf WEITER fortfahren.

Im nächsten Bildschirm (Abbildung 3.5) brauchen Sie eigentlich nichts zu ändern, es sei denn Sie wollen lieber zwei Seiten oder im Querformat drucken etc. Ein erneutes WEITER bringt Sie Ihrem Ziel, den Drucker fertig zu konfigurieren, danach ein ganz Stück näher.

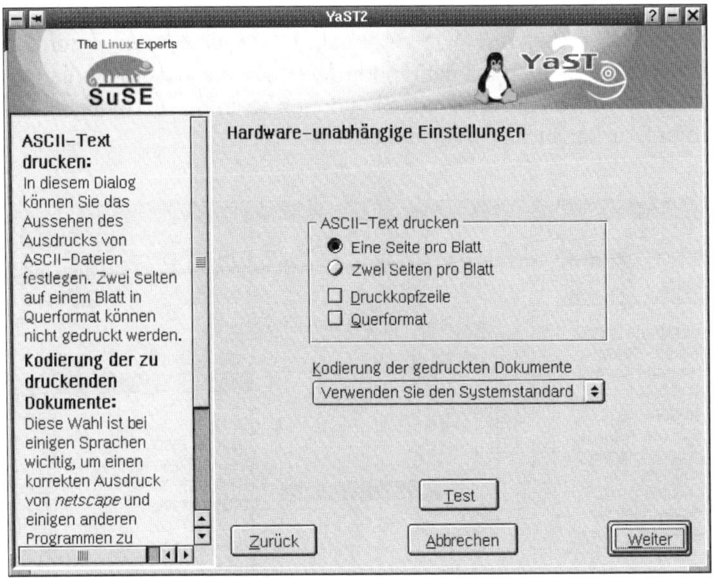


*Abb. 3.5: In dieser Maske finden Sie die Einstellungen, die Modell-unabhängig sind*

Der nächste Schirm gehört der Druckerverwaltung. Wenn Sie nur über einen Drucker verfügen – oder bis dato nur einen konfiguriert haben – müssen Sie sich an dieser Stelle eigentlich um nichts weiter kümmern, da der Drucker automatisch als Standarddrucker eingerichtet wird. Möchten Sie künftig weitere Drucker hinzufügen oder löschen sowie eine bestehende Druckerkonfiguration ändern (etwa weil Sie jetzt doch mal Fotoqualität wollen), können Sie das über diesen Bildschirm tun. Wählen Sie je nach Aktion BEARBEITEN, ALS STANDARD FESTLEGEN, LÖSCHEN oder HINZUFÜGEN an. Da wir allerdings nichts verändern wollen, klicken wir stattdessen auf BEENDEN, um die von uns vorgenommene Druckerkonfiguration von SuSE speichern zu lassen. Beantworten Sie von daher die Frage im daraufhin aufploppenden Fenster (Abbildung 3.6) mit einem Ja. Fertig. Das lief doch wie gedruckt, ähh, geschmiert:).

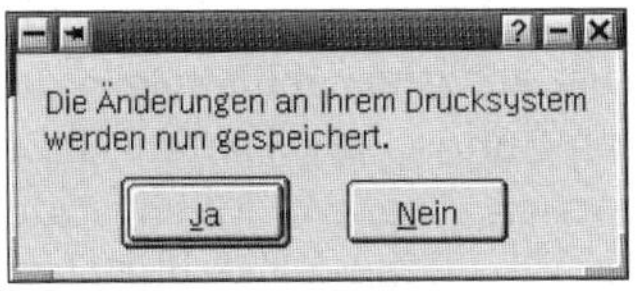


*Abb. 3.6: Speichern Sie Ihre Änderungen*

All diejenigen, deren Drucker nicht automatisch erkannt wurde, müssen auch keinen viel steinigeren Weg zurücklegen. Sie wählen im ersten Bildschirm statt NORMALES SETUP mit der Option, WERTE zu ändern den Punkt ERWEITERTES SETUP MIT MODELLAUSWAHL an. Sie können so in der verfügbaren Liste nach Ihrem Drucker suchen (Abbildung 3.7).

*Abb. 3.7: Die Auswahl an Druckern ist groß*

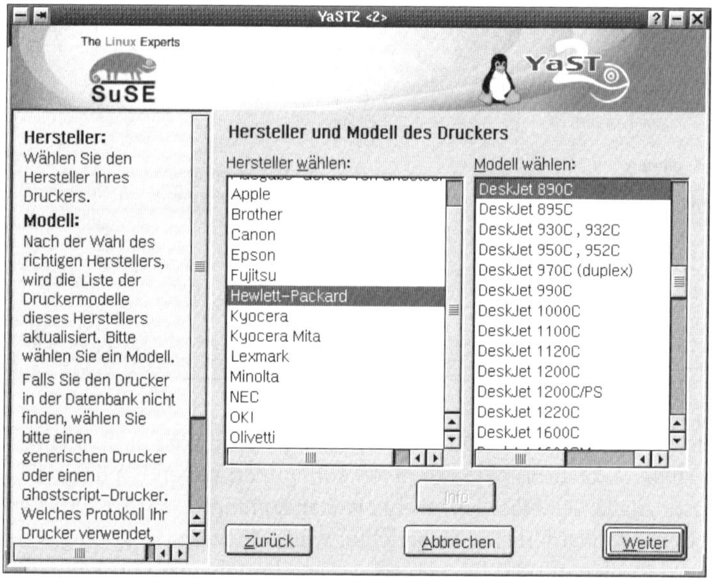


Sollte Ihr Drucker funkelnagelneu sein und von daher noch nicht in der Liste auftauchen – das Vorgängermodell ist sicher dabei. Wählen Sie dann dieses aus; für Ihre Druckerei sollte es keinen Unterschied machen.

## 3.2 Lassen Sie es krachen!

War es früher doch eher knifflig, Linux zum Klingen zu bringen, hat sich die Lage auch hier mittlerweile deutlich entspannt. Nur die allerneuesten Hightech-Karten oder Karten, die onboard ausgeliefert wurden, könnten Zicken machen. Aber wir hoffen jetzt einfach mal das Beste, nämlich, dass SuSE mittels YaST2 Ihren Krachmacher automatisch erkennt. Durch die vorangegangene Druckerkonfiguration befinden Sie sich sogar schon in der Umgebung, in der Sie ein oder mehrere Soundkarten einrichten, konfigurieren oder löschen bzw. deaktivieren können.

Aktivieren Sie YaST2 durch einen Klick auf das Icon SOUND. YaST2 versucht beim Aufruf des Sound-Konfigurationsmoduls sofort Ihre Soundkarte automatisch zu erkennen. Puuh, ich habe Glück gehabt, wie Ihnen Abbildung 3.8 zeigt. Meine Soundkarte wurde erkannt. Falls dies bei Ihnen anders sein sollte – was wir nicht hoffen wollen –, wird Ihnen von SuSE eine Liste von Soundkartenmodellen und -treibern angezeigt, aus denen Sie dann bitte Ihre Auswahl treffen. Wie gut, dass wir am Anfang des Buchs Inventur gemacht haben, nicht wahr?

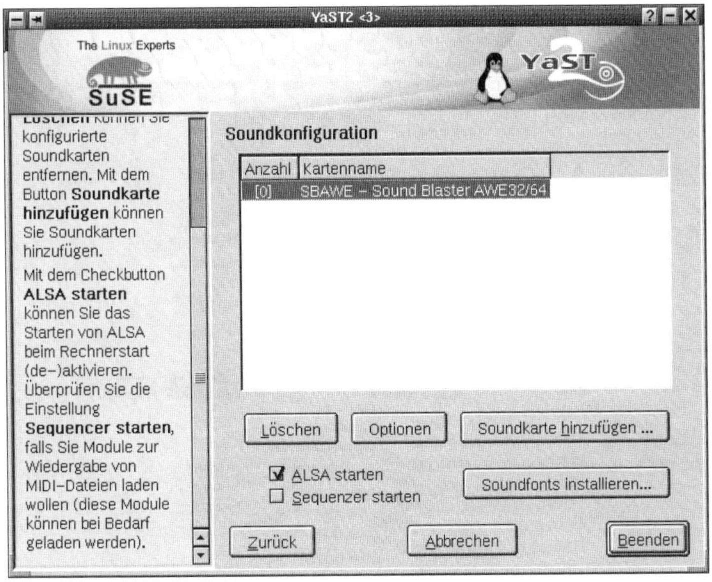


*Abb. 3.8: Glück gehabt – meine Karte wurde erkannt*

Mit Hilfe des Buttons OPTIONEN können Sie die Optionen der Soundmodule anpassen. Die Betonung sollte hier auf »können« liegen. Denn die Standardeinstellungen tun es in der Regel wunderbar, und wer nicht genau weiß, was er tut, sollte das Herumspielen an diesen Werten lieber lassen. Wer wie ich über eine Soundblaster AWE oder Live!-Karte verfügt und noch die Treiberdiskette von Windows, oder besser gesagt Treiber-CD, zur Hand hat, kann mit Hilfe des Buttons SOUNDFONTS INSTALLIEREN, selbiges tun. Weitere Soundfonts finden Sie selbstverständlich auch im Internet, beispielsweise unter *http://www.hammersound.net.*[1]

1. Ach ja, laden können Sie die Soundfonts übrigens mit dem Befehl *sfxload*.

Mit BEENDEN gelangen Sie danach in die Testmaske – hier können Sie die vorher konfigurierten Einstellungen testen. Mit dem Schieberegler lässt sich übrigens die Lautstärke der Soundkarte regeln.

Die Lautstärke-Einstellungen konnte ich so nicht vornehmen; ein Klick auf den BEENDEN-Button hatte eine sofortige Speicherung der Einstellungen – ohne weitere Konfigurationsmöglichkeiten – zur Folge. Wenn es Ihnen ähnlich gehen sollte: Entfernen Sie die von SuSE automatisch erkannte Soundkarte mit dem Button LÖSCHEN. Klicken Sie danach auf SOUNDKARTE HINZUFÜGEN... SuSE bietet Ihnen daraufhin erneut die Liste der automatisch erkannten Soundkarte/n an (Abbildung 3.9).

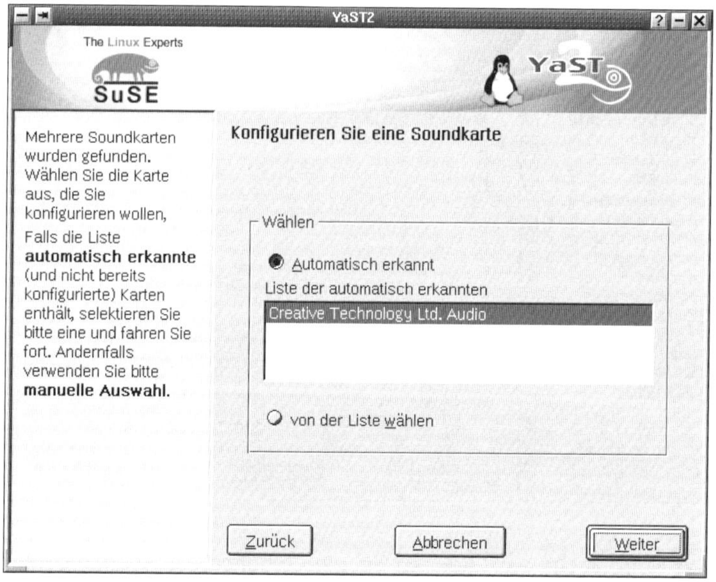


*Abb. 3.9: Diese Karte(n) hat SuSE erkannt*

Nur führt Sie diesmal ein Klick auf den Button WEITER in eine weitere Konfigurationsmaske (Abbildung 3.10), in der Sie sich bitte für den Punkt NORMALES SETUP entscheiden.

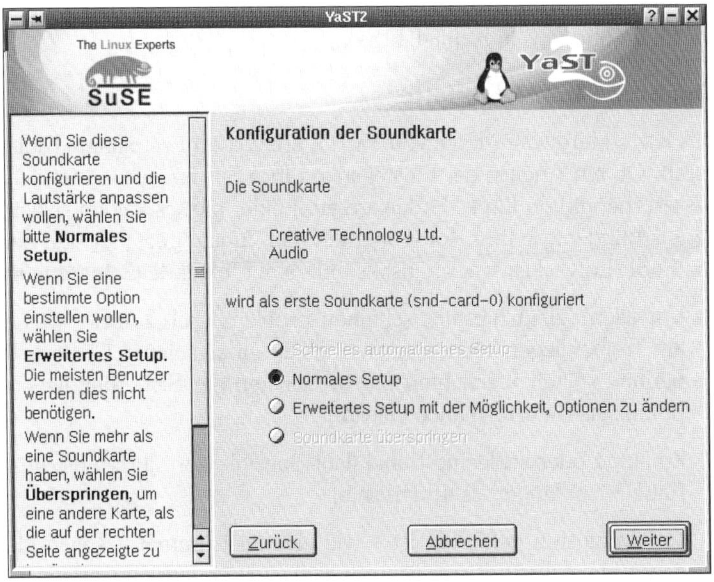


*Abb. 3.10: Entscheiden Sie sich in dieser Maske für Normales Setup*

Et voilà – hier ist er endlich der ersehnte Regler zum Abändern der Lautstärke (Abbildung 3.11). Machen Sie einen Klangtest durch einen Klick auf den Button TEST und klicken Sie auf WEITER, um in den Ausgangsbildschirm zurückzukehren. Endgültig abspeichern können Sie Ihre Einstellungen dann mittels eines Klicks auf BEENDEN.

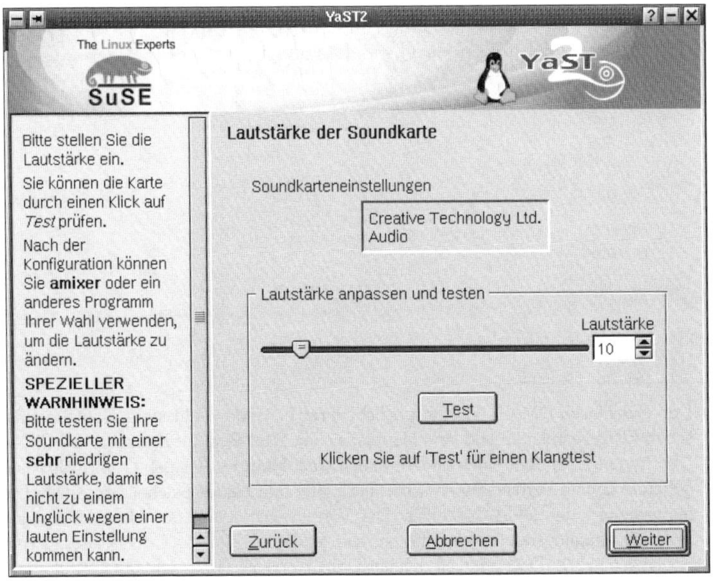


*Abb. 3.11: Testen Sie die Lautstärke*

Multimedia-Tools, die Ihre Soundkarte so richtig zum Klingen bringen, stellen wir Ihnen übrigens in Kapitel 11 vor.

### Tunen Sie Ihre Festplatte

Das letzte Hardware-Modul von YaST2 erlaubt ein Festplatten-Tuning. Eines vorab: Ob ein Ändern der Einstellungen Ihre Systemleistung tatsächlich verbessert, hängt von Ihrer Hardeware ab. Leider gibt es keinen sicheren Weg, herauszufinden, ob Ihre Komponenten fürs Tuning geeignet sind oder nicht. Die SuSE-Entwickler weisen insbesondere auf folgende Gefahrenquellen hin:

- Vor allem VIA-Chipsätze scheinen problematisch zu sein, was eventuell am Treiber liegen könnte. Also – falls Sie einen solchen Chipsatz Ihr Eigen nennen sollten: Verzichten Sie zu Gunsten der Sicherheit lieber auf den potenziellen Performance-Gewinn.
- Zu lange oder schlechte Kabel (laut Spezifikation dürfen die Festplatten-Kabel nicht länger als 45 cm sein)
- Am wenigsten gefährdet ist – wie eigentlich immer – solide Hardware, deren Hersteller die jeweiligen Spezifikationen berücksichtigen.

Nun denn: Wenn Sie die Leistung Ihrer Festplatte durch Ultra-DMA[1] steigern wollen, zu einem gewissen Risiko bereit sind und sich gut auskennen, dann klicken Sie jetzt bitte im YaST2 Control CENTER das Icon TUNING des Systems an. Es begrüßt Sie ein Bildschirm wie in Abbildung 3.12, in dem Sie bitte den Punkt ULTRA-DMA-UNTERSTÜTZUNG FÜR IDE-FESTPLATTEN aktivieren. Im unteren Eingabefeld können Sie festlegen, auf welchen Partitionen Ultra-DMA künftig laufen soll. Wer auf Nummer sicher gehen will, kann hier vorsichtshalber die Partition, auf der die wichtigsten privaten Daten liegen, weglassen. Mit einem BEENDEN schließen Sie danach das Tuning ab.

1. Der Bus-Master-DMA-Modus ermöglicht eine besonders effiziente Datenübertragung zwischen EIDE-Festplatten und dem Hauptspeicher. Statt Byte für Byte über die CPU erfolgt die Übertragung hier über einen DMA-Kanal (Direct Memory Access). Es wird also eine vorübergehende direkte Verbindung zwischen Festplatte und Hauptspeicher hergestellt. Die Übertragung steuert der DMA-Controller. Die Vorteile liegen auf der Hand. Zum einen ist die Datenübertragungsrate deutlich höher, zum anderen sinkt die CPU-Belastung beim Laden/Speichern großer Dateien, weil sich der DMA-Controller und nicht die CPU darum kümmert.

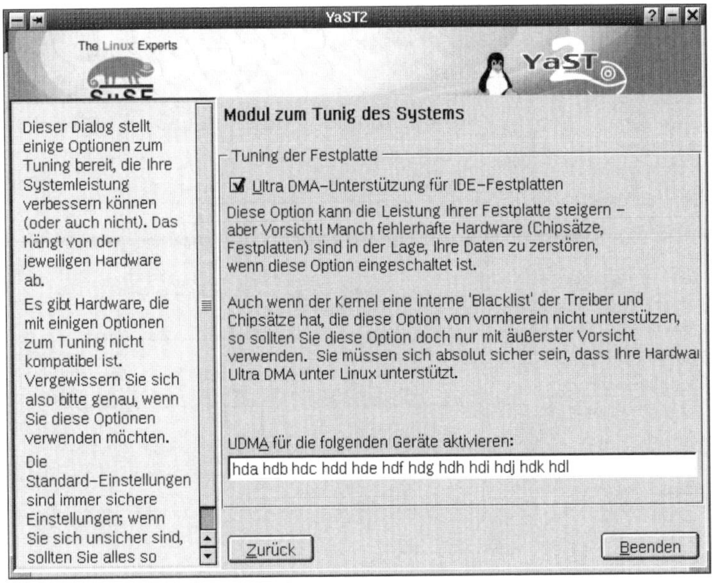


*Abb. 3.12: Nicht nur Autos kann man tunen ...*

## 3.3 Namen sind nur Schall und Rauch?

Sie werden auch in den späteren Kapiteln noch häufiger Ausgaben von meinem Prompt oder Ähnliches sehen und sich vielleicht dort über das *»diabolo«* oder auch *»luzifer«* wundern. Aber die Lösung ist ganz einfach: So heißen meine Rechner, und das zeigt sich auch auf der Konsolen-Ausgabe etc. Sicher werden Sie Ihrem Rechner auch einen Namen geben wollen. Wie das geht und warum man das tut, wollen wir uns jetzt einmal anschauen. Die meisten, wenn nicht eigentlich alle Netzwerk-Applikationen verlassen sich darauf, dass der Name Ihres Computers einen sinnvollen Wert hat. Diesen setzen Sie im Normalfall während der Bootprozedur mit dem Befehl `hostname` .

SuSE macht es Ihnen einfach und lässt Sie mittels YaST2 Ihrem Baby einen Namen geben. Wählen Sie dazu in YaST2 statt Hardware diesmal Netzwerk/Basis und hier den Punkt Hostname & DNS an.

Es öffnet sich eine Maske wie in Abbildung 3.13. Suchen Sie sich bei Hostname etwas Nettes aus. Was dabei nett ist, bestimmen nur Sie selbst.

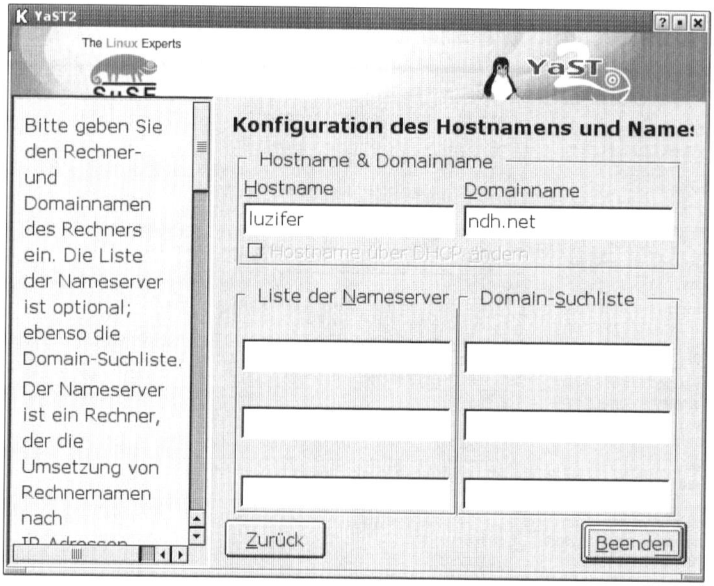


*Abb. 3.13: Einer meiner Rechner heißt luzifer*

In die Tiefen der Netzwerk-Konfiguration einzutauchen, kann dieses Buch nicht leisten. Wer sich näher mit der Materie auseinander setzen möchte, findet auf seinem System eine Menge Literatur. Einfach mal unter */usr/share/doc/HOWTO* nach Howtos wie denen zu Ethernet, Firewall, NIS oder UUCP Ausschau halten. Dort wird auch der Umgang mit Samba und Ähnlichem erklärt.

Wenn Sie an Usenet-Diensten teilnehmen oder einen eigenen Mailserver betreiben wollen, sollten Sie sich von Ihrem Provider einen Namen in seiner Domain zuteilen lassen. Der normale Hostname ist einfach ein Wort mit maximal acht 7-bit-ASCII-Zeichen, also z.B. *diabolo* oder *luzifer.*

Ihr Mail- oder Newsserver will aber einen so genannten FQDN (= full-qualified domain name). Der müsste dann zum Beispiel lauten: *luzifer.ndh.net*. Fragen Sie Ihren Provider, ob er Ihnen einen solchen einräumt. Achtung: Es handelt sich dabei nur um eine Absprache zwischen Ihrem Provider und Ihnen und ersetzt keine Domain-Registrierung. Haben Sie sich bezüglich Rechnername und Domainname festgelegt, bestätigen Sie Ihre Wahl mit der BEENDEN-Taste und warten, bis SuSE mit dem Einlesen Ihrer Daten fertig ist.

Kapitel 4

# KDE – das K Desktop Environment

## 4.1 Was ist KDE?

Einige meinen, KDE sei die beste Erfindung seit geschnittenem Brot, andere behaupten, es sei die Antwort auf alle Fragen frustrierter Windows-Umsteiger; für die dritte Gruppe ist es die derzeit komfortabelste *GUI* (Graphical User Interface = grafische Benutzeroberfläche). Die Antwort liegt wohl irgendwo in der Mitte.

Was KDE nicht ist, ist ein weiterer einfacher Window-Manager wie Afterstep, Window Maker oder der FVWM und seine zahlreichen Klone, der lediglich dafür verantwortlich ist, wie der Rahmen eines Fensters unter dem X Window System aussieht[1]. *KDE – das K Desktop Environment* – stellt dagegen einen voll integrierten Desktop dar, der neben unzähligen anderen kleinen – extra für/auf KDE portierten – Unix-Tools eben auch noch einen Window-Manager enthält.

Das Ende 1996 von Matthias Ettrich, dem deutschen LyX-Entwickler, durch ein Usenet-Posting ins Leben gerufene KDE-Projekt hat eine rasante Entwicklung hinter sich. Mittlerweile ist die Version 2.2 veröffentlicht worden, und immer mehr Entwickler feilen weltweit am Code und der Benutzerfreundlichkeit dieses Mammutprojekts. Die Idee dahinter ist ganz einfach. KDE versucht, die Macht und die Stabilität eines Unix-Systems mit dem grafischen Bedienungskomfort auszustatten, der heutzutage vom normalen Anwender zu Recht erwartet wird. Zwar gibt es im Vergleich zu früheren Tagen schon einige einfach

1. Na ja, ein bißchen mehr können Window-Manager schon.

zu bedienende grafische Benutzerschnittstellen (einige davon lernen Sie in diesem Buch ausführlich kennen), aber bis dato fehlte es den GUIs an einem gemeinsamen »Look&Feel«. Dieses Manko hilft, KDE zu beenden. Kein Hoffen und Beten mehr, ob die rechte Maustaste im neuen Programm auch wirklich tut, was Sie erwarten, sondern eine konsistente Schnittstelle für Ihre Anwendungen.

Für Sie als Linux-Neuling bietet KDE aber noch ungleich mehr, da das KDE-Kontrollzentrum, das ich Ihnen ausgiebig vorstelle, Ihnen die Möglichkeit bietet, den Desktop ohne das Wühlen in kryptischen Konfigurationsdateien einfach mit ein oder zwei Mausklicks Ihren persönlichen Wünschen und Bedürfnissen anzupassen. Also nichts wie los: Stürzen Sie sich gemeinsam mit mir ins Vergnügen, Ihren Desktop dank KDE völlig neu zu verwalten.

## 4.2 Woher bekommt man KDE, was benötigen wir sonst noch, und wie wird KDE installiert?

KDE ist das, was man *work in progress* nennt. Täglich kommen neue Applikationen dazu, und auch am Sourcecode wird ständig gefeilt. Wenn Sie sich einen Überblick über die neuesten Entwicklungen verschaffen möchten oder daran interessiert sind, versionsmäßig stets auf dem allerneuesten Stand zu sein, schauen Sie bei *http://www.kde.org/* und *ftp://ftp.kde.org/* vorbei, dem Hauptquartier der stetig wachsenden KDE-Gemeinde.

Neben der neuesten KDE-Version benötigen Sie noch die Qt-Bibliotheken in der Version 2.3.0. All dies finden Sie auf beiliegender CD; ansonsten können Sie die neueste Qt-Version auch als rpm-Datei oder als *tar.gz-Datei* vom Troll-Tech-Server (der Entwicklerfirma) *ftp://ftp.troll.no/* kostenlos herunterladen.

Welch hohen Stellenwert KDE mittlerweile in der Linux-Welt einnimmt, zeigt sich unter anderem auch daran, dass Ihre SuSE-Distribution standardmäßig mit KDE daherkommt. Sollten Sie KDE installiert haben, was ich Ihnen im Installationskapitel ja ans Herz gelegt hatte, so können Sie direkt mit Kapitel 4.3 loslegen und die Installationsabschnitte überspringen. Ansonsten sollten Sie nun die benötigten KDE-Pakete nachträglich installieren.

### 4.2.1 Die benötigten KDE-Pakete

Die Basisdistribution umfasst mittlerweile neun Pakete, die Sie alle auf beiliegender CD finden. Einige der Pakete sind nötig, andere optional, aber allemal eine Bereicherung für Ihren Desktop. Daher mein Tip – installieren Sie sie alle.

### KDE-Support (kdesupport)

Brauchen Sie nicht unbedingt, aber die Installation ist dennoch zu empfehlen. Dieses Paket enthält Programmierbibliotheken wie *libgif, libjpeg, libmime, libuu* und *libgdbm* in den für KDE benötigten Versionen. Wahrscheinlich befinden sich diese Bibliotheken dank der Linux-Standardinstallation schon auf Ihrem Rechner, aber um auf Nummer sicher zu gehen, sollten Sie das Paket trotzdem installieren.

### KDE-Libs (kdelibs)

Müssen Sie installieren. Es enthält die *shared libraries,* also Bibliotheken, die von allen KDE-Applikationen benötigt und benutzt werden.

### KDE-Base (kdebase)

Ist das Kernpaket der KDE-Distribution, das installiert werden muss. Es enthält die Basisapplikationen von KDE, wie den Window-Manager, den Terminal-Emulator, das schon erwähnte sehr hilfreiche Kontrollzentrum, den Dateimanager und das Panel, welches Ihnen sehr bekannt vorkommen wird.

### KDE-Games (kdegames)

Ist optional und enthält zahlreiche Spiele wie *ktetris* oder das wirklich niedliche *kmahjongg*.

### KDE-Toys (kdetoys)

Enthält nichts, was Sie wirklich benötigen. Aber wird das Leben nicht schöner mit ein paar sinnfreien Gimmicks auf dem Desktop?

### KDE-Graphics (kdegraphics)

Dieses Paket enthält verschiedene auf die KDE-Umgebung adaptierte Grafikprogramme wie *kghostview, kdvi* oder *kpaint* und ist optional.

### KDE-Utils (kdeutils)

All die kleinen Helferlein, die das Leben bequemer, bunter und schöner machen: ein Taschenrechner, *kfloppy,* ein Programm zum Formatieren von Disketten etc. Zwar kein Muss, aber sehr zu empfehlen.

### KDE-Multimedia (kdemultimedia)

Den CD-Player *kscd*, den ich Ihnen in Kapitel 11 vorstelle, einen Mixer und noch ein paar andere Multimedia-Spielereien mehr. Wer mag, kann auch noch *kmidi* installieren, um Midi-Dateien bequem über die Soundkarte abspielen zu können.

### KDE-Network (kdenetwork)

Das KDE-Internet-Paket, das neben einem Mail- und Newsreader (KMail und KNode, die Sie beide noch näher in Kapitel 14 und 18 kennen lernen werden) auch diverse andere Internet-Applikationen enthält.

### KDE-Admin (kdeadmin)

Systemadministrationsprogramme. Zur Zeit enthält es unter anderem *kuser*, eine grafische Schnittstelle zur User-Verwaltung, und *ksysv*, einen Runlevel-Editor.

Außerdem wird Ihnen SuSE netterweise auch noch die Pakete *kdebase-yast2*, *kdebase-nsplugin* sowie *kde-i18n* und *kde-i18n-de* installieren. Mit dem *yast2-Paket* werden die Konfigurationsmodule, die Sie in Kapitel teilweise schon kennen gelernt haben, in das KDE-Kontrollzentrum eingebunden. Das ist ganz praktisch, da Sie dann nicht mehr zwischen verschiedenen Konfigurationsprogrammen hin- und herschalten müssen, sondern im KDE-Kontrollzentrum alles unter einem Dach vereint vorfinden. Wichtig sind auch die *nsplugins*. Dieses Paket sorgt dafür, dass Sie Ihre Netscape-Plugins auch im Konqueror, dem Webbrowser des KDE-Projekts, benutzen können. *i18n* und *i18n-de* versorgen Sie mit Hilfedateien, Screenshots etc. zu den KDE-Programmen – und zwar in Englisch und Deutsch.

Noch nicht erwähnt habe ich KDEs Developer-Pakete. Machen Sie sich keine Sorgen, auch die werden Ihnen in der Regel bei der Standardinstallation mit auf die Platte gepackt. Diese sind wichtig, wenn Sie selbst einmal aus den Quelltexten KDE-Programme übersetzen wollen. Was es damit auf sich hat, erklärt Ihnen Kapitel 6.7.

## 4.2.2 Die Installation der Qt-Bibliothek

Zuallererst müssen wir die Bibliothek *Qt* installieren, da sich ohne diese KDE nicht zur Zusammenarbeit überreden lässt.

Sie haben zwei Installationsmöglichkeiten zur Auswahl: zum einen die Installation mittels rpm-Files, zum anderen das Kompilieren des Quellcodes. Als Anfänger brauchen Sie sich zunächst nur die erste Methode anzuschauen – das Kompilieren der Quelldateien erläutere ich trotzdem, falls Sie es später mal benötigen.

### Die Installation per rpm-Dateien

Wenn Sie nicht die rpm-Pakete von beiliegender CD nehmen, achten Sie bitte darauf, solche rpm-Files zu verwenden, die auf Ihre Distribution passen. SuSE bietet in der Regel auf dem hauseigenen FTP-Server extra für die jeweilige Distributionsversion passende Pakete an. Es ist ratsam, neben der normalen

Qt-Bibliothek noch das Entwicklerpaket *qtdevel* zu installieren, da Sie dieses benötigen, um KDE-Applikationen selbst kompilieren zu können.

Also gut: Einmal tief durchatmen und die CD aus diesem Buch zur Hand genommen! Binden Sie jetzt noch die CD auf Ihrem System wie folgt ein:

```
stefanie@diabolo[~]> mount /cdrom
```

Wechseln Sie ins Verzeichnis mit den Qt-Paketen:

```
stefanie@diabolo[~]> # cd /cdrom/suse/xdev2
```

und machen Sie sich mit `su` zum *root*.

Jetzt geben Sie einfach

```
root@diabolo[RPMS]# rpm -i qt-2.3.0-50.rpm
```

ein, und Sie sind fertig.

Für die Installation der Developer-Version reicht ein:

```
root@diabolo[RPMS]# rpm -i qt-devel-2.3.0-50.rpm
```

Vergessen Sie nicht, jetzt als normaler Benutzer weiterzuarbeiten. Alternativ können Sie selbstverständlich auch die grafische rpm-Installationsvariante über YaST2, die Sie noch in Kapitel 6 kennenlernen, wählen.

### Installation der Quelldateien

Beständig feilen die Entwickler weltweit an neuen Versionen, mit noch mehr Features, neuen Applikationen und weniger Fehlern. Man darf zu Recht behaupten, dass die aktuelle Version nur noch wenig mit der 1.0er Version von KDE zu tun hat, unter der ich noch meine ersten Schritte in Linux unternommen habe.

Wenn Sie also ein klein wenig vorwitzig sind, Mut zum Risiko haben und gerne schon vorher wissen, was in der nächsten Saison die neue Mode auf dem Desktop sein wird, dann installieren Sie sich ja vielleicht die Snapshots der kommenden Versionen, die für solch experimentierfreudige Glücksritter wie mich von den Entwicklern täglich auf dem KDE-Server angeboten werden. Aber wieso erzähle ich das alles in einem Kapitel über Qt? Ganz einfach, genau wie KDE wird auch Qt stetig weiterentwickelt und diesen Umstand machen sich auch die KDE-Entwickler zunutze; denn weshalb auf antiquierter Software entwickeln, wenn die schöne, neue Version nur einen Download entfernt liegt. Einen Haken hat die Sache: Diese Versionen liegen aller Wahrscheinlichkeit nach noch nicht als rpm – zumindest nicht in benötigter Frische – vor. Von daher möchte ich Ihnen noch schnell zeigen, wie man Qt aus den Quellen kompiliert. Natürlich müssen Sie den Namen des Qt-Pakets noch Ihrem anpassen.

Kopieren Sie die tgz-Datei mit

```
root@diabolo[~]# cp qt-x.xx.tar.gz /usr/local
```

ins Verzeichnis */usr/local*, wechseln Sie mit `cd /usr/local` dahin, und entpacken Sie das Paket mit

```
root@diabolo[local]# tar xzf qt-x.xx.tar.gz
```

Es entsteht das Verzeichnis */usr/local/qt-x.xx*, das Sie mit

```
root@diabolo[local]# mv qt-x.xx qt
```

in das Verzeichnis */usr/local/qt* umbenennen. Qt ist ein wenig anspruchsvoll und erwartet, dass Sie Linux mitteilen, wo es sich auf Ihrem System häuslich niedergelassen hat. Und da die Übermittlung dieser Information nicht wie bei der rpm-Installation für Sie ganz automatisch übernommen wird, müssen Sie selber Hand anlegen. Tragen Sie als normaler Benutzer die folgenden Zeilen in Ihre Datei *.profile* ein, wenn Sie als Shell die bash benutzen:

```
QTDIR=/usr/local/qt
export QTDIR
```

oder diese Zeile in Ihre *.login*, falls Sie die tcsh als Login-Shell benutzen:

```
setenv QTDIR /usr/local/qt
```

*.profile* bzw. *.login* befinden sich in Ihrem Home-Verzeichnis, wo Sie jedes Mal automatisch landen, wenn Sie sich einloggen. Um die Dateien zu editieren, benötigen Sie den Befehl `joe .profile` bzw. `joe .login`.

Wechseln Sie, nachdem Sie mit `su` wieder *root* geworden sind, mit `cd /usr/local/qt` ins Verzeichnis */usr/local/qt*, und geben Sie dort `make` ein. Sie werden eine lange Liste von Plattform/Compiler/Bibliotheken-Kombinationen zu sehen bekommen, beispielsweise *linux-gcc-static* oder *solaris-gcc-static*. Wir entscheiden uns für *linux-gcc-shared*, indem wir

```
root@diabolo[qt]# make linux-gcc-shared
```

eingeben. Um die Qt-Bibliothek endgültig zu installieren, ist ein letztes

```
root@diabolo[qt]# make install
```

nötig. Gut, das wäre geschafft. Anschließend fügen Sie mit dem *Joe* oder einem anderem Editor bitte noch die folgende Zeile ans Ende der Datei */etc/ld.so.conf* an:

```
/usr/local/qt
```

und rufen `ldconfig` auf.

### 4.2.3 Die Installation von KDE

Wie Sie sich denken können, haben Sie auch bei den KDE-Paketen die Qual der Wahl zwischen den rpm-Files und den Quelldateien. Sollten Sie es übersehen haben, die KDE-Pakete schon bei der Anfangsinstallation auf Ihre Platte zu schaufeln, so können Sie dieses Versäumnis jetzt schnell nachholen.

#### Installation der rpm-Dateien

Lassen Sie uns mit der komfortableren rpm-Variante beginnen, die für Anfänger sicherlich empfehlenswerter ist, als die Sourcen selbst zu übersetzen.

Mounten Sie die CD, falls Sie das nicht wegen Qt schon getan haben, und wechseln Sie in das Verzeichnis mit den KDE-Paketen. Schon kann's losgehen ...[1]

Bei der Installation der Komponenten ist es nötig, folgende Reihenfolge einzuhalten: zuerst `kdesupport`, falls Sie sich zur Installation dieses Pakets entschlossen haben, danach *kdelibs*, gefolgt von *kdebase*. Den Rest der Pakete können Sie in beliebiger Folge auf Ihrem System installieren.

Zur Installation der Pakete geben Sie nacheinander

```
root@diabolo[RPMS]# rpm -i kdesupport-2.1.1-45.rpm
root@diabolo[RPMS]# rpm -i kdelibs-2.1.2-20.rpm
root@diabolo[RPMS]# rpm -i kdebase-2.1.1-89.rpm
```

ein (Letztere finden Sie übrigens in */suse/kde2/*). Und wenn Ihnen das zu wenig praxisbezogen ist, schauen Sie doch einfach in den letzten Abschnitt dieses Kapitels.

Fertig – wenn Sie mögen, können Sie jetzt analog die übrigen Pakete auf Ihre Platte packen.

#### Installation der tgz-Dateien

Wenn Sie etwas mehr Erfahrung mit Linux gesammelt haben und KDE mal wieder ein Update erfahren hat, können Sie die Pakete auch selbst kompilieren. Dazu entpacken Sie die Pakete in */usr/src*. Kopieren Sie zuerst alle *.tgz-Files*, die Sie installieren möchten, nach */usr/src* mit dem Befehl

```
root@diabolo[~]# cp kde* /usr/src
```

Begeben Sie sich mit `cd /usr/src` in das Verzeichnis. Dort geben Sie folgende Befehle ein:

```
root@diabolo[scr]# tar xzf kdesupport.versionsnr.tar.gz
root@diabolo[scr]# tar xzf kdelibs.versionsnr.tar.gz
root@diabolo[scr]# tar xzf kdebase.versionsnr.tar.gz
```

1. Auch hier können Sie natürlich YaST zur Installation der rpms benutzen.

Es entsteht folgende Verzeichnisstruktur:

```
/usr/src/kdesupport
/usr/src/kdelibs
/usr/src/kdebase
```

Die übrigen Pakete entpacken Sie bei Bedarf gleichermaßen.

Wechseln Sie zur endgültigen Installation mit

```
root@diabolo[scr]# cd kdesupport
```

ins Verzeichnis *kdesupport*. Dort reicht ein

```
root@diabolo[kdesupport]# ./configure
root@diabolo[kdesupport]# make
root@diabolo[kdesupport]# make install
```

Installieren Sie danach auf die gleiche Art erst das Paket *kdelibs* und dann *kdebase*. Die Reihenfolge der restlichen Pakete bleibt Ihnen überlassen, funktioniert jedoch nach dem gleichen Prinzip.

Nach der erfolgreichen Installation können Sie – um Plattenplatz zu sparen – die in */usr/src* entstandenen KDE-Verzeichnisse sofort löschen, da Ihnen die tollen KDE-Installationsskripten netterweise alle wichtigen Dateien selbständig an den richtigen Ort kopiert haben und die Installationsverzeichnisse für den ordnungsgemäßen Gebrauch nicht mehr benötigt werden.

Jetzt müssen wir nur noch ein paar kleine kosmetische Korrekturen an zwei Ihrer Konfigurationsdateien vornehmen, und dann können Sie KDE das erste Mal starten.

Tragen Sie bitte in Ihre *.profile* folgende zwei Zeilen ein:

```
KDEDIR=/Pfad/zu/Ihrem/Verzeichnis/kde
export KDEDIR
```

Falls Sie die tcsh benutzen, müssen Sie Ihre *.login* um folgende Zeile ergänzen:

```
setenv KDEDIR /opt/kde
```

Ergänzen Sie bitte auch den Suchpfad Ihrer Shell um das Verzeichnis */Pfad/zu/Ihrem/Verzeichnis/kde/bin*. Sie müssen Ihrem Linux außerdem mitteilen, dass weitere *Shared Libraries* (Bibliotheken, auf die mehrere Programme gemeinsam zugreifen) dazugekommen sind. Geben Sie dazu diese Verzeichnisse explizit in der Datei *ld.so.conf* an. Dies lässt sich relativ leicht bewerkstelligen, indem Sie mit `cd /etc` in das Verzeichnis */etc* wechseln und mit Ihrem Lieblings-Editor die Datei *ld.so.conf* öffnen. Tragen Sie dort */Pfad/zu/Ihrem/Verzeichnis/kde/lib* ein. Nachdem Sie die Änderungen gespeichert haben, rufen Sie noch

```
root@diabolo[~]# ldconfig
```

auf, und Linux sucht nun auch in diesen beiden Verzeichnissen nach den benötigten Bibliotheken. Sie sehen – das Vorgehen ist das gleiche wie bei der Installation der Qt-Pakete.

# 4.3 Das Spiel beginnt

Fertig: Ein blanker Desktop grinst uns an, der nur darauf wartet, dass Sie ihn Ihren Vorstellungen anpassen. Wenn Sie schon unter Windows gearbeitet haben, wird Ihnen so manches bekannt vorkommen, und Sie fühlen sich schon recht heimisch, stimmt's? Wie Sie sehen, bedeutet Linux nicht, dass Sie auf eine komfortable Oberfläche verzichten müssen. Die Zeiten, in denen es nur schwarzweiße Textbildschirme gab, sind schon lange vorbei.

Nur für den Fall, dass Sie sich am Anfang nicht unbedingt für Deutsch entschieden hatten, irgend etwas schiefgelaufen ist oder Sie vielleicht einmal im laufenden Betrieb die Sprache wechseln wollen, möchte ich Ihnen – bevor wir richtig loslegen – kurz erläutern, wie Sie Deutsch (oder irgendeine andere Sprache) als Sprache Ihrer Wahl einrichten. Klicken Sie dafür mit der Maus auf den K-Button in der linken unteren Ecke. Es erscheint das Menü, indem Sie bitte auf PREFERENCES→PERSONALIZATION→COUNTRY & LANGUAGE wechseln. Wählen Sie dort bei COUNTRY und LANGUAGE beide Mal EUROPE, CENTRAL→GERMANY (DE) oder die Sprache Ihrer Wahl an und bestätigen Sie dies mit einem Klick auf APPLY. KDE wird beim nächsten Start einer Applikation die gewünschte Sprache verwenden (falls die Anwendung das auch schon kann).

## 4.3.1 Kicker – das Panel

Lassen Sie uns die Rundreise mit *Kicker*, dem KDE-Panel beginnen, das Sie am unteren Bildschirmrand sehen. Es sieht der Windows-Taskleiste verblüffend ähnlich, kann aber ungleich mehr, wie Sie sofort sehen werden. Die vier nummerierten Buttons werden auch *Desktop-Buttons* genannt. Jeder dieser Buttons, zwischen denen Sie bequem durch Anklicken der gewünschten Schaltfläche hin- und herwechseln können, steht für einen eigenständigen Desktop. So ist es beispielsweise möglich, auf Schirm 1 Ihrem *Netscape-Webbrowser* oder dem *Konqueror* die volle Bildschirmbreite zu geben, während Sie auf Bildschirm 2 Mails in *KMail* schreiben und Desktop 3 ganz dem Newsreader *KNode* gehört. Keine überlappenden Fenster mehr, durch die Mensch zu fortgeschrittener Stunde nicht mehr durchschaut.

Etwas weiter rechts befinden sich zwei weitere nützliche Knöpfe. Der obere, der mit einem Ausschaltsymbol wie bei anderen technischen Geräten gekennzeichnet ist, bietet Ihnen neben dem Menü, das aus dem K-Button aufklappt, eine weitere Möglichkeit, eine KDE-Sitzung zu beenden. KDE denkt mit und speichert für Anwendungen, die für KDE geschrieben wurden oder dem

X-Window-Standard entsprechen, die relevanten Daten, so dass Sie die Fenster etc. genau an der Stelle wiederfinden werden, an der Sie sie verlassen haben, sobald eine neue KDE-Sitzung beginnt. Dank dieses »Session-Managements« reicht es, die Arbeit in den Fenstern zu speichern, woran KDE Sie erinnert. Es gibt aber leider Programme, die sich nicht an diesen Standard halten und/oder noch nicht für KDE portiert wurden. KDE weist Sie darauf hin und gibt Ihnen die Möglichkeit, den Abmeldeprozess abzubrechen, um die relevanten Daten im jeweiligen Programm abzuspeichern, ehe KDE endgültig beendet wird.

Direkt über dem *Abmeldebutton* befindet sich eine Schalttaste mit einem Schloss darauf, die man als *Bildschirm-Sperren-Button* bezeichnen könnte. Ein Klick darauf, und Ihr Bildschirm wird gesperrt. Keine Kollegen mehr, die mal wieder in der privaten Post herumschnüffeln ...

Mit einem Druck auf den *K-Button*, der wohl nicht zu übersehen ist, klappt ein Menü auf, das Sie als ehemaliger Windows-User ein wenig an das ominöse Startmenü erinnern wird. Hierüber können Sie per Mausklick (linke Taste) die meisten Anwendungen starten, die sich auf Ihrem System befinden. Des Weiteren gelangen Sie hier in das *KDE- Kontrollzentrum*, können das Aussehen Ihres Panels manipulieren oder Ihre KDE-Sitzung beenden.

Neben *K-Menü* und dem *Abmelde-* und dem *Bildschirm-Sperren-Button* finden Sie auf der Kickerleiste eine Liste Ihrer geöffneten Anwendungen und eine eingebaute Uhr mit Datumsanzeige, deren Aussehen Sie Ihren Wünschen anpassen können. Am ganz linken sowie am ganz rechten Ende befinden sicher außerdem jeweils zwei Pfeile, die aus dem Bildschirm herausweisen. Ein Klick darauf und die Leiste saust aus dem Bild in die jeweilige Pfeilrichtung. Übrig bleibt nur ein einzelner Schalter, mit dem Sie sich Ihre Leiste jederzeit zurückholen können. Auch eine Art, Platz zu schaffen ...

Zwischen dem K-Button und dem Block mit den Desktop-Buttons befinden sich noch weitere Icons, darunter ein Folder mit einem kleinen Häuschen, das, wenn Sie mit der linken Maustaste darauf klicken, den *Konqueror* (dazu gleich mehr) öffnet und den Inhalt Ihres Home-Verzeichnisses anzeigt. Mit einem linken Mausklick auf das Rettungsreifen-Icon (wie passend ...) bietet Ihnen Kicker außerdem noch die Möglichkeit, direkt in die Online-Hilfe von KDE zu gelangen, die durch ihre wunderbare Suche-Funktion Problemlösungen nur einen Mausklick entfernt für Sie bereithält. Seien Sie nicht allzu enttäuscht, wenn nicht alle Hilfen in deutscher Sprache vorliegen. Bei einem Mammutprojekt wie KDE kann das Eindeutschen ein wenig länger dauern, zumal dies von Leuten in deren Freizeit geschieht.

In die Suche integriert ist auch das sehr umfangreiche SuSE-Hilfesystem. Hier finden Sie unter anderem Beschreibungen zu allen verfügbaren Software-Paketen Ihrer SuSE-Distribution, eine Volltextsuche über alle vorhandenen Man-Pages (was es mit denen genau auf sich hat, erfahren Sie in Kapitel 8.6) sowie eine Offline-Version der SuSE-Support-Datenbank, in der in mehreren hundert Artikeln alle Probleme, die es je mit SuSE gegeben haben mag, genau abgehandelt werden. Selbstverständlich liefert Ihnen SuSE an dieser Stelle die Lösung der Probleme gratis mit dazu. Eine täglich aktualisierte Version dieser Datenbank finden Sie übrigens unter *http://sdb.suse.de/sdb/de/html/*.

### 4.3.2 Das KDE Kontrollzentrum oder des Desktops neue Kleider ...

Wie eingangs erwähnt, lässt sich in KDE nahezu jedes Feature bequem in Dialogfenstern und per Mausklick Ihren Bedürfnissen anpassen. Die Schaltzentrale ist das *KDE Kontrollzentrum*, dem wir uns nun widmen wollen. Und so problemlos sich die Konfiguration mittels des Kontrollzentrums gestaltet, so einfach ist auch dessen Start: Klicken Sie einfach auf den K-Button, und wählen Sie dort KONTROLLZENTRUM an. Es begrüßt Sie ein Bildschirm wie in Abbildung 4.1.

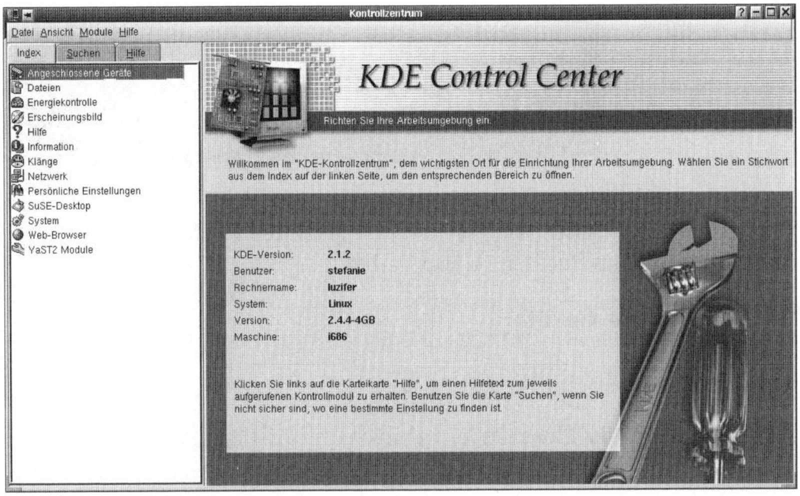


*Abb. 4.1: Ein erster Überblick*

Rechts finden Sie einen gaaaaaaaaanz kurzen Überblick über Ihr System, rechts befinden sich übersichtlich angeordnet die verfügbaren Module des Kontrollzentrums. In der KDE-Voreinstellung ist der Tab INDEX aktiviert, der Ihnen die schon erwähnte Modul-Übersicht bereitstellt. Ein Klick auf das jeweilige Modul und schon öffnen sich weitere Unterverzeichnisse mit weiteren Auswahlmöglichkeiten.

Wer sich nicht sicher ist, mit welchem Modul sich der Änderungswunsch ausführen lässt, für den hält KDE zudem den Tab SUCHEN bereit. Dort können Sie im Feld SUCHEN den von Ihnen gewünschten Begriff eintragen. Lassen Sie uns dies anhand des Begriffs »Tasten« einmal ausprobieren (Abbildung 4.2). Haben Sie »Tasten« eingetragen? Gut. Wie Sie sehen, erscheinen in der Stichwortliste darunter mehrere zu unserem Begriff passende Einträge. Klicken Sie einen der Einträge an, wird/werden Ihnen im Ergebnis-Feld das Modul/die Module angezeigt, in denen Sie Einstellungen zu »Tasten« vornehmen können.

*Abb. 4.2: Was sich so alles an Tasten ändern lässt ...*

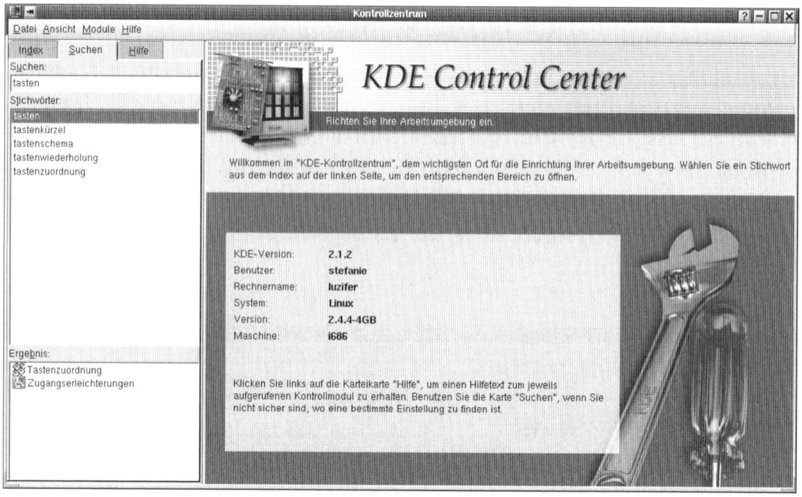


Aber zurück zum INDEX. Lassen Sie uns nun gemeinsam erforschen, was sich hinter den einzelnen Punkten so alles verbirgt.

## Angeschlossene Geräte

### *Maus*

KDE hat ein Herz für Linkshänder wie mich und lässt den Anwender im Tab ALLGEMEIN die Tastenanordnung für »linke Gesellen« umstellen (Abbildung 4.3). Aktivieren Sie das Feld DOPPELKLICK ZUM AKTIVIEREN ODER ÖFFNEN VERWENDEN, verhält sich KDE beim Öffnen einer Datei, einer Anwendung etc. genau wie Windows. Neu-Linuxer sollten sich dieses Feature auf jeden Fall zunutze machen, sonst kann es leicht passieren, dass Sie durch den gewohnten Doppelklick gleich mehrere Fenster öffnen statt nur einem. Entscheiden Sie sich für einen Klick bei dem Feld SYMBOLE AUTOMATISCH AUSWÄHLEN, so wird das jeweilige Symbol nach Ablauf der Verzögerung, die Sie mit dem Schieberegler darunter festlegen können, automatisch angewählt. Lassen Sie das voreingestellte ÄNDERUNG DER ZEIGERFORM ÜBER SYMBOLEN und OPTISCHE RÜCKMELDUNG BEI AKTIVIERUNG eingeschaltet. Sie erfahren so, ob im Falle eines Klicks etwas passiert. Ist Ihnen der Standardzeiger zu winzig, können Sie zusätzlich noch

GROßER CURSOR anwählen; KDE benutzt dann beim nächsten Start einen größeren Mauszeiger. Im Tab ERWEITERT können Sie die Mausbeschleunigung Ihren persönlichen Vorlieben anpassen. Je höher Sie den Wert hier festlegen, desto schneller bewegt sich die Maus – ab einem gewissen Tempo besteht Schwindelgefahr. Mit SCHWELLENWERT ist die Entfernung gemeint, die der Zeiger innerhalb kurzer Zeit zurücklegen muss, bevor eine beschleunigte Bewegung stattfindet. Mit 0 können Sie dieses Verhalten ganz ausschalten. Mit dem DOPPELKLICK-ABSTAND legen Sie fest, wie viel Zeit zwischen zwei Klicks verstreichen darf, damit diese noch als Doppelklick aufgefasst werden.

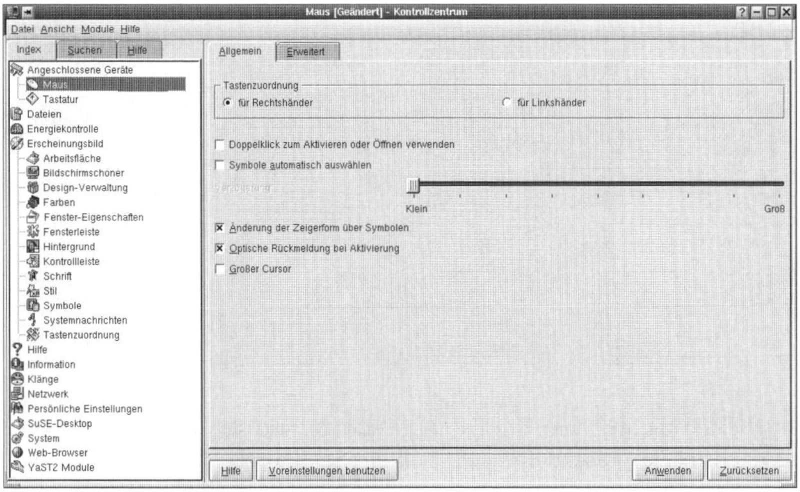


*Abb. 4.3: Passen Sie Ihren Nager den persönlichen Präferenzen an*

*Tastatur*

Bestimmen Sie hier, ob die Tastenwiederholung an- oder ausgeschaltet sein soll. Und überhaupt: Wie laut dürfen die Tasten klicken?

## Dateien

*Dateimanager*

In diesem Modul tummelt sich alles, was mit dem Konqueror als Dateimanager zusammenhängt. Wie Sie im Verlaufe des Buches noch sehen werden, erfüllt der Konqueror als eierlegende Wollmilchsau des KDE-Projekts mehrere Aufgaben, so dass Sie in einem anderen Modul auch noch Angaben darüber machen dürfen, wie er als Webbrowser für Sie arbeiten soll. Aber dazu mehr, wenn es soweit ist. Kümmern wir uns zuerst um Ihren Dateimanager.

Auf dem Tab VERHALTEN stellen Sie den Umgang des Konquerors mit Verzeichnissen ein. Haben Sie das Feld VERZEICHNISSE IN EXTRA FENSTERN ÖFFNEN aktiviert, wird ein neues Konqueror-Fenster geöffnet, sobald Sie ein Verzeichnis öffnen. Mit URL der Startseite legen Sie die Startseite des Konquerors fest. Das kann ein Verzeichnis oder auch eine Webseite sein. In der Standardeinstellung fährt der Dateimanager mit dem persönlichen Verzeichnis des Benutzers hoch (Abbildung 4.4).

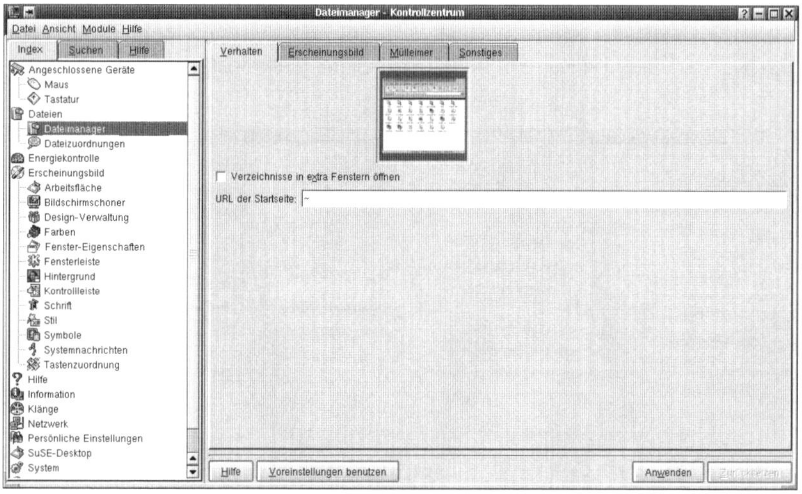


*Abb. 4.4: Wie möchten Sie die Sache mit den Verzeichnissen halten?*

Entscheiden Sie mit dem Tab Erscheinungsbild, wie sich Ihr Dateimanager aussehensmäßig präsentieren soll. Soll die Schriftgröße Klein, Mittel oder doch lieber Groß sein? Welche Standardschrift darf es sein? Die Bedeutung Farbe für Normaltext dürfte eigentlich selbsterklärend sein, mit Symboltext umbrechen bewirken Sie, dass in der Ansicht lange Dateinamen in mehrere Zeilen umgebrochen werden, statt dass Ihnen der Konqueror nur das erste Wort der Datei anzeigt. Lassen Sie das Feld Dateinamen unterstrichen aktiviert, erscheinen diese unterstrichen, sprich die Darstellung ähnelt Links einer Internetseite (Abbildung 4.5).

Mit dem Tab Mülleimer definieren Sie, wie sich der Konqueror beim Löschen einer Datei oder eines Verzeichnisses verhalten soll. In der Voreinstellung fragt er lieber mal bei allen nur denkbaren Aktionen nach. Sicher ist sicher ...

Der letzte Tab kümmert sich um das berühmt-berüchtigte Sonstiges. Legen Sie beispielsweise fest, welches Terminalprogramm Sie starten wollen, wenn es auf die Kommandozeile geht.

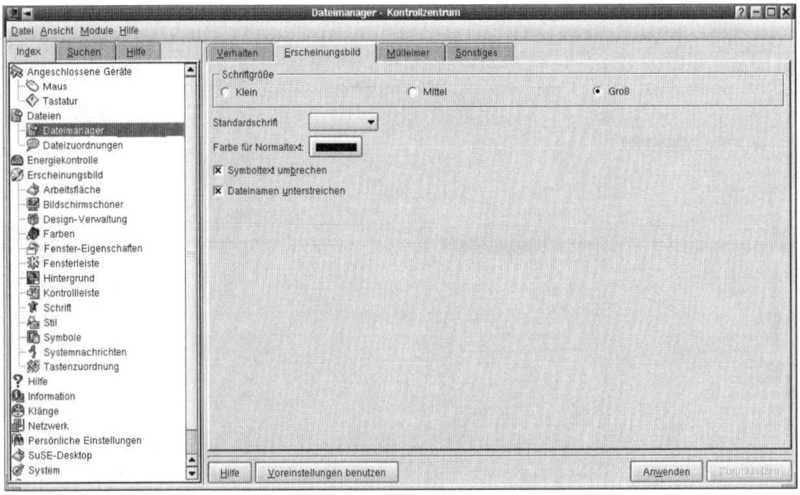


*Abb. 4.5: Verpassen Sie dem Dateimanager einen völlig neuen Look*

*Dateizuordnungen*

In diesem Bereich ist der Name Programm. Hier ordnen Sie bestimmten Dateitypen Programme zu. Eigentlich müssen Sie gar nicht viel tun, da die KDE-Entwickler für Sie schon die meisten Dateientypen/-namen mit dem passenden Programm zum Öffnen oder Bearbeiten versehen haben. Nur wenn Sie ein anderes Programm als das voreingestellte mit der Dateiendung/dem Dateityp verknüpfen wollen, müssen Sie hier tätig werden.

Lassen Sie uns dieses Prinzip an einem Beispiel näher anschauen. Öffnen Sie dazu bitte im Feld Bekannte Typen das Untermenü Text und suchen Sie hier nach der Endung html. Wie Sie in Abbildung 4.6 sehen, ist in der Standardeinstellung nur der Konqueror mit diesem Dateityp verknüpft.

Möchten Sie stattdessen lieber den Netscape benutzen, klicken Sie auf den Button Hinzufügen und wählen aus dem daraufhin erscheinenden Fenster (Abbildung 4.7) unter SuSE work menu Netscape Communicator – World Wide Web Browser aus, um auch diesen mit der Dateiendung zu verknüpfen. Er sollte nun im Feld Bevorzugte Anordnung von Programmen unter dem Eintrag Konqueror erscheinen.

Damit künftig beim Anklicken einer *html*-Datei jedoch tatsächlich der Netscape statt des Konquerors gestartet wird, müssen Sie nun noch den Eintrag Netscape Communicator – World Wide Web Browser anwählen und dann den Button Nach oben anklicken. KDE geht nämlich die verknüpften Programme der Reihe nach durch und benutzt zum Öffnen das erste der Reihe, das auf Ihrem System gefunden wird.

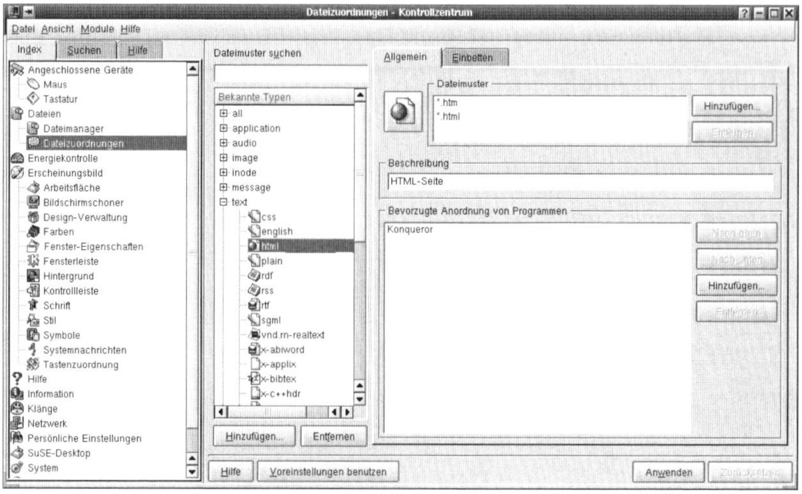


*Abb. 4.6: Noch sind HTML-Seiten nur mit dem Konqueror verknüpft ...*

*Abb. 4.7: ... aber das kann man ja ändern*

Sie können jedoch nicht nur festlegen, mit welchem Programm der Dateityp geöffnet werden soll. Mit dem zweiten Tab EINBETTEN bestimmen Sie zusätzlich, wo die Datei geöffnet wird. Haben Sie DATEI IN EINGEBETTETEM BETRACHTER ANZEIGEN aktiviert, wird die Datei in einem Konqueror-Fenster dargestellt, DATEI IN EXTRA BETRACHTER ANZEIGEN startet das zugehörige Programm in einem Extrafenster.

### Energiekontrolle

Dieses Modul ist in erster Linie für Laptop-Besitzer interessant. Freunde portabler Computer können in den Bereichen BATTERIESTAND KRITISCH und BATTERIESTAND NIEDRIG einstellen, was in diesen Fällen geschehen soll. Sie können etwa einen Warnsound abspielen lassen, einen bestimmten Befehl ausführen oder den Laptop direkt in den Suspend-Modus versetzen. BATTERIEÜBERWACHUNG dient dazu, ein Symbol im Panel zu verankern, das Sie laufend über den Batteriestatus informiert. ENERGIEKONTROLLE FÜR LAPTOPS schließlich verhilft Ihnen zur Kontrolle über Suspend- und Standby-Zeiten. KDE erlaubt es sogar, verschiedene Zeiten und Aktionen für Netz- und Batteriebetrieb festzulegen. Schalten Sie doch beispielsweise den Suspend-Modus aus, wenn der Laptop mit dem Stromnetz verbunden ist.

Für alle diejenigen, deren Bildschirmanzeige Energiesparfunktionen besitzt, ist das Modul ENERGIE interessant. Aktivieren Sie das Kästchen ENERGIESPARFUNKTION FÜR BILDSCHIRM EINSCHALTEN, und Sie haben die Wahl zwischen drei Stufen des Energiesparens: *Bereitschaft* (*standby*), *Aussetzen* (*suspend*) und *Abschalten*. Je höher die Stufe, desto länger dauert es, bis der Bildschirm wieder aktiv wird. Mit den Schiebereglern können Sie den Start der einzelnen Stufen festlegen (Abbildung 4.8).

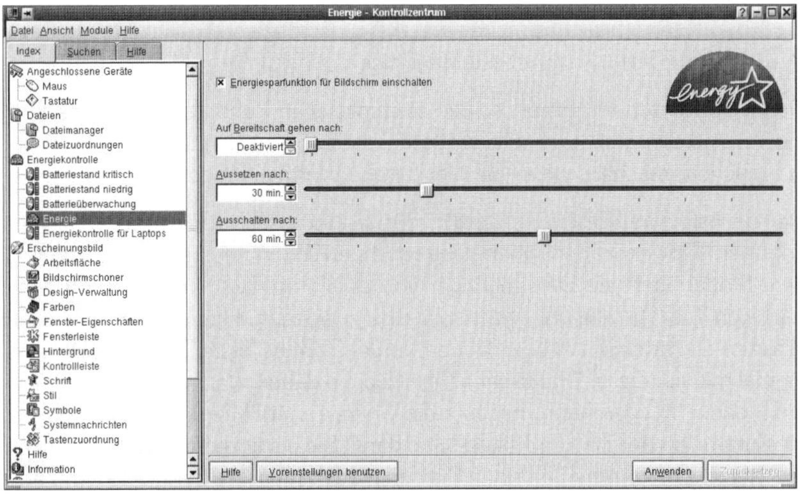


*Abb. 4.8: Sparen Sie Ihre Energien*

## Erscheinungsbild

Willkommen in der Beauty-Abteilung des KDE-Projekts. Lassen Sie Ihre Kreativität spielen, und verpassen Sie Ihrem Desktop das Aussehen, das er verdient.

### *Arbeitsfläche*

Los geht es hier mit einem weiteren Unter-Tab namens ARBEITSFLÄCHE. Stellen Sie hier ein, ob Sie sich auch versteckte Dateien (also Dateien mit einem vorangestellten ».«, in der Regel Konfigurationsdateien) auf dem Desktop anzeigen lassen wollen oder lieber doch nicht? Sollen die Symbole vertikal angeordnet werden – ja oder nein? Wollen Sie sich eine Menüleiste am oberen Bildschirmrand anzeigen lassen oder stört sie diese nur? Ein Klick von Ihnen genügt, und KDE verhält sich so, wie Sie das wollen.

Im zweiten Teilabschnitt Klicks auf die Arbeitsfläche können Sie das Verhalten der drei Mausbuttons festzurren. Sie haben die Wahl zwischen folgenden Aktionen:

- Keine Aktion – egal wie oft Sie auch auf diese Taste klicken mögen – es passiert nichts, einfach gar nichts.
- Fensterleiste – ein Menü mit allen virtuellen Arbeitsflächen (Sie erinnern sich doch noch an unsere virtuellen Desktops?) erscheint. Unter jedem dieser Desktops wird dabei eine Liste der dort vorhandenen Programmfenster angezeigt.
- Arbeitsflächenmenü – Sie erhalten ein Menü mit typischen KDE-Funktionen. Je nach Status können Sie wählen zwischen KDE konfigurieren, Bildschirm sperren, Symbole anordnen, KDE beenden etc.
- Programm-Menü – startet auf Mausklick das K-Menü

Den letzen Abschnitt, Pfade, sollten Sie tunlichst in Ruhe lassen. Erstens sind die Voreinstellungen durchaus vernünftig und zweitens können Sie Ihr System unbrauchbar machen, wenn Sie hier falsche Werte eintragen.

Der nächste Tab, Erscheinungsbild, dürfte Ihnen schon recht bekannt vorkommen. Fast exakt denselben habe ich Ihnen schon im Zusammenhang mit dem Modul über den Dateimanager vorgestellt, so dass wir uns gleich dem nächsten Tab, Anzahl der Arbeitsflächen, zuwenden. Hier dreht sich wieder alles um die virtuellen Arbeitsflächen. In der Voreinstellung kommt KDE erst einmal mit vier dieser praktischen Oberflächen daher. Wer von denen einfach nicht genug kriegen kann, hat hier die Chance, mit Hilfe des Schiebereglers die Summe bis auf 16 zu erhöhen. Und damit Sie bei all diesen Desktops nicht durcheinander kommen, können Sie den Mädels hier statt der trockenen Zahlen auch gleich noch ein paar schrillere Namen à la »Gerd« und »Doris« verpassen.

Im letzten Tab, Ränder, wird es geheimnisvoll, denn hier dreht sich alles um »magische Ränder«. Damit ist nichts anderes gemeint, als dass Sie die Größe der so genannten Einrastzonen definieren können. Wenn Sie im laufenden Betrieb ein Fenster an den Rand des Desktops oder in die Nähe eines anderen Fensters schieben, dockt dieses dann innerhalb des von Ihnen auf diesem Tab festgelegten Bereichs an.

*Bildschirmschoner*

Bildschirmschoner bietet Ihnen KDE zu Hauf. Wann diese starten und wie sie dabei ausschauen sollen, legen Sie in dieser Sektion fest. Mit Hilfe des Prioritätsreglers ist es zudem möglich, einzustellen, wie viel CPU-Zeit sich der Bildschirmschoner abzweigen darf. Im Preis enthalten ist auch ein Vorschaumonitor, in dem Sie das Resultat Ihrer Konfigurationsanstrengungen direkt begutachten können. Und wenn Sie leicht paranoid veranlagt sind, können Sie mit dem Button NACH PASSWORT FRAGEN per Bildschirmschoner Ihren Bildschirm sperren (Abbildung 4.9).

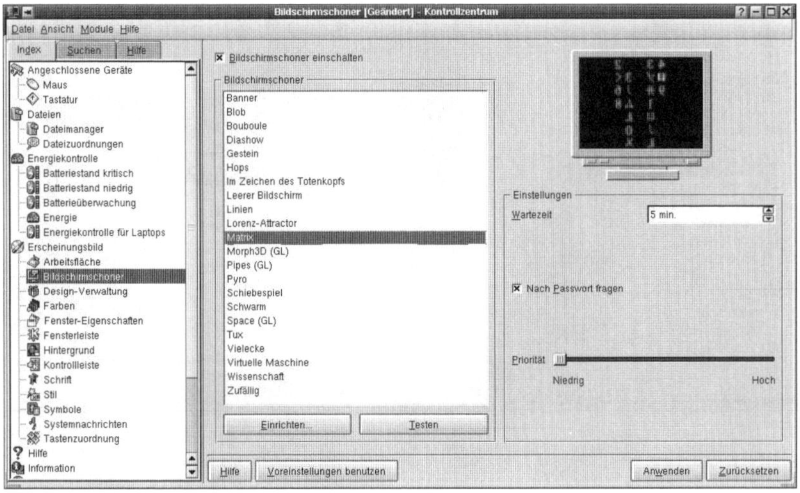


*Abb. 4.9: Verriegeln Sie Ihren Bildschirm mit dem passenden Screensaver*

*Design-Verwaltung*

Hinter diesem Punkt versteckt sich das, was KDE-Veteranen vielleicht noch als *Theme-Manager* kennen. Mit einer neuen Version gab's auch einen neuen Namen, so dass sich das Teil nun lieber vornehm *KDE-Design-Manager* nennt. Alter Wein in neuen Schläuchen. Aber ein guter alter Wein. Denn dieser Manager erlaubt es Ihnen, Ihren Desktop in der aktuellen Winter-/Frühjahrs-/Sommerkollektion einzukleiden. In der Ausgangsausstattung haben Ihnen die Entwickler schon ein paar Themes mitgeliefert, aber mit einem Klick auf den Button HINZUFÜGEN können Sie jederzeit neue Themes integrieren. Eine große Auswahl findet sich auf der Seite *http://kde.themes.org*. Aber Vorsicht: Achten Sie bitte darauf, dass Sie Themes für Ihre KDE-Version (sprich 2.1.2 oder höher) verwenden, denn leider kann der Design-Manager mit älteren Themes nichts anfangen.

Der Manager präsentiert Ihnen netterweise im Vorschaumonitor rechts bereits im Vorfeld das neue Outfit Ihrer Arbeitsoberfläche (Abbildung 4.10). Sobald Sie das für Sie passende Theme gefunden haben, auf ANWENDEN klicken – fertig. Einfach, aber wirkungsvoll.

*Abb. 4.10: Thematisch*

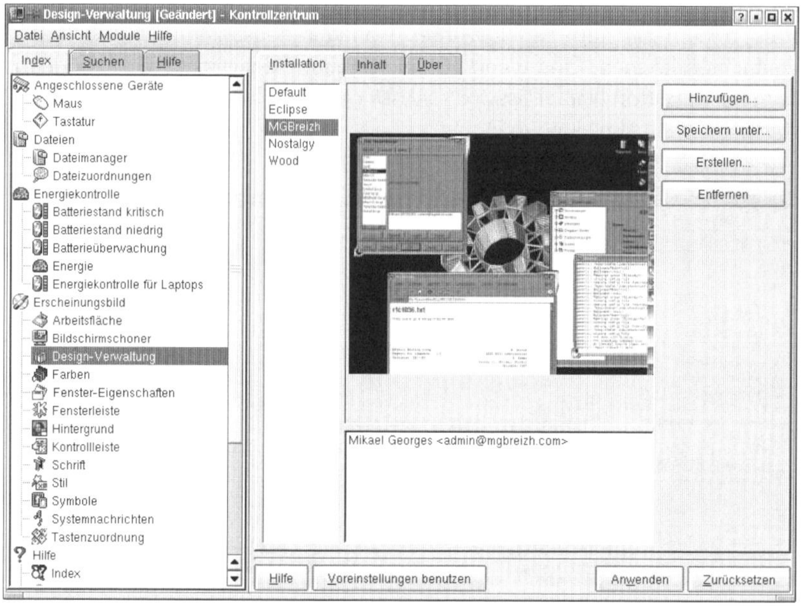


### *Farben*

Mittels FARBEN bestimmen Sie die Farbschemata Ihres Desktops. Bestimmen Sie selbst, welche Farben die Titelleiste, der Fensterhintergrund etc. haben sollen, oder wählen Sie aus dem reichhaltigen Angebot an Farbschemata, die KDE Ihnen mitliefert, einfach eines aus. Selbstverständlich können Sie auch eigene Farbschemata entwerfen und sie den vorhandenen hinzufügen. Hilfestellung erhalten Sie dabei in der Sektion ELEMENTFARBE auf der rechten Seite, in der Sie jedem Fensterelement etc. eine Farbe zuweisen können.

### *Fenster-Eigenschaften*

In diesem Bereich dreht sich erst einmal alles um das Zusammenspiel der Fenster mit Tastatur und Maus. Im Tab AKTIVIERUNG bestimmen Sie im Bereich STANDARDS FÜR AKTIVIERUNG, durch welche Mausaktion das aktive Fenster wechselt. Was Sie hier einstellen, ist Geschmacksache. Ich mag die Kombination AKTIVIERUNG UNTER MAUSZEIGER und AUTOMATISCH NACH VORNE, durch die das Fenster aktiviert und in den Vordergrund geholt wird, über dem mein

Mauszeiger liegt. Das Nach-vorne-Rücken können Sie dabei über den Schieberegler zeitlich verzögern. Probieren Sie aus, mit was Sie am besten zurechtkommen. Ihre Traumeinstellung ist so oder so nur einen Mausklick entfernt ...

Möchten Sie mittels der Tastenkombination [Strg]-[⇆] zwischen den verschiedenen Desktops hin- und herwechseln, reicht es, das Feld STRG-TABULATOR FÜR WECHSEL ZWISCHEN ARBEITSBEREICHEN VERWENDEN in der Sektion TASTATUR aktiviert zu lassen. Wer mit der zweiten Wahlmöglichkeit in diesem Bereich, dem ALT-TABULATOR-MODUS, nichts anfangen kann: Generell können Sie in KDE mit gleichzeitigem Drücken der [Alt]- und der [⇆]-Taste durch die geöffneten Fenster zirkulieren und diese so reihum in den Vordergrund holen. Aber damit nicht genug: Sie können das Verhalten sogar noch weiter differenzieren und bestimmen, ob Sie den *Alt-Tabulator-Modus* KDE- oder CDE-like haben wollen. Bei KDE wird beim Drücken von [Alt]-[⇆] ein Icon-Menü wie bei Windows angezeigt, in dem alle laufenden Programme aufgeführt sind. Mit jedem weiteren Druck auf [Alt]-[⇆] wandert man in der Liste weiter und hebt damit das jeweilige Programm in den Vordergrund. Bei CDE (dem in der Welt der kommerziellen Unix-Betriebssysteme verbreiteten Common Desktop Environment) wechselt man mit [Alt]-[⇆] zwischen den Fenstern, die auch wirklich auf dem Desktop zu sehen sind, hin und her.

Unter AKTIONEN legen Sie fest, welche Aktionen mit welcher Maustaste verbunden werden sollen. KDE unterscheidet dabei zwischen aktiven und inaktiven Fenstern, inneren Fenstern etc. und bietet in einem Pull-down-Menü die verschiedensten Reaktionen an, die mit der linken, rechten oder mittleren Maustaste verbunden werden können. Wie Sie das im Einzelnen organisieren, bleibt Ihrem persönlichen Geschmack überlassen (Abbildung 4.11). Vielleicht noch ein Wort zum Punkt DOPPELKLICK AUF DIE TITELLEISTE. Lassen Sie hier ruhig den Punkt FENSTERHEBER stehen, der voreingestellt ist. Falls Sie mit diesem Begriff als Windows-Benutzer erst einmal nichts anfangen können: bei zweimaligem Klicken fährt hier das Fenster wie ein Rollladen hoch, so dass nur die Fensterleiste bleibt. Das ist unheimlich praktisch, um sich kurz einen Überblick auf den Desktops etc. zu verschaffen. Sie werden sehen, dass Sie bald genau wie ich auch unter Windows auf die Titelleiste doppelklicken, in der Hoffnung, dass sich das Fenster hebt ...

Auch beim sonstigen »Fensterln« setzt KDE Ihrer Gestaltungswut kaum Grenzen. Im letzten Tab ERWEITERT können Sie etwa einstellen, ob KDE beim Verschieben der Fenster mit der Maus den Fensterinhalt anzeigen soll oder ob nur der Umriss dargestellt wird. Gleiches gilt für Fensterinhalte bei Größenänderungen.

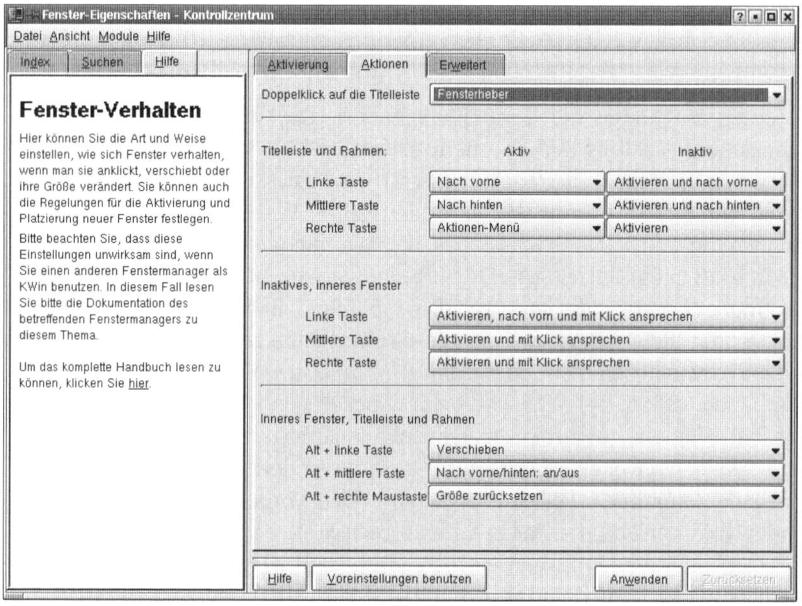


*Abb. 4.11: Wie Sie die Tasten belegen, bleibt Ihrem Geschmack überlassen*

Diese Aktionen sind Ressourcenfresser. Besitzer schmalbrüstiger Rechenknechte sollten dieses Feature lieber deaktivieren.

Recht praktisch ist auch die Option, die sich hinter dem Menüpunkt PLAZIERUNG verbirgt: Ich habe z.B. ÖKONOMISCH eingestellt. Das sorgt dafür, dass Fenster, die geöffnet werden, von KDE dergestalt auf dem Desktop angeordnet werden, dass sie sich gegenseitig so wenig wie möglich überdecken. Sie können sich die Fenster natürlich auch GESTAFFELT anordnen oder dies alles rein ZUFÄLLIG geschehen lassen.

*Fensterleiste*

Sobald Sie den Punkt KNOPF FÜR DIE FENSTERLEISTE ANZEIGEN aktivieren, erscheint in Ihrer Kontrollleiste ein kleines Pfeilsymbol, das auf Mausklick dann eine Liste mit den derzeit von Ihnen geöffneten Fenstern ausklappt. Mit ALLE FENSTER ANZEIGEN bewirken Sie, dass in der Fensterleiste alle geöffneten Fenster auf allen virtuellen Arbeitsflächen erscheinen. Ist die Option deaktiviert, erscheinen nur die Fenster des jeweils aktuellen Desktops.

*Hintergrund*

Treiben Sie es so bunt, wie Sie wollen, und zwar auf allen Arbeitsflächen in unterschiedlicher Weise. Wenn Sie jedem Ihrer virtuellen Oberflächen ein anderes Outfit verpassen wollen, müssen Sie nur das Feld Gemeinsamer Hintergrund deaktiviert lassen.

KDE akzeptiert eine Farbe als Hintergrund oder zeigt Farbabstufungen zwischen zwei Farben an. Sie können sich in diesem Fall im Feld Modus für einen Verlauf entscheiden – sei es nun ein senkrechter Farbverlauf, ein waagrechter oder vielleicht doch lieber ein pyramidaler? In dem kleinen Vorschaumonitor in der rechten oberen Ecke können Sie jederzeit Ihre Einstellungen im Vorfeld überprüfen. Haben Sie die passende gefunden, drücken Sie einfach Anwenden. Wollen Sie lieber ein Muster oder ein Programm für den Hintergrund aktivieren? Auch gut. Wählen Sie dann statt der Farbverläufe Muster oder Programm für Hintergrund an. Klicken Sie danach auf den Button Einrichtung und treffen Sie im aufploppenden Bildschirm Ihre Wahl. *kdeworld* beispielsweise baut dann alle zehn Minuten für Sie die Zeitzonen der Erde auf. Bedenken Sie dabei jedoch, dass solche Spielereien Ressourcenfresser sind. Ihr Rechner kann sich dadurch deutlich verlangsamen.

Neben Farben oder Mustern können Sie natürlich genauso gut Bilder Ihres Kanarienvogels oder Ihrer Freundin als Hintergrund wählen. Die genaue Lage des Bildes teilen Sie KDE auf dem Tab Hintergrundbild mit. Meist hat man das Pech, dass das Bild der Wahl nicht auf den Bildschirm passt. Keine Panik – wenn das Bild oder Muster zu klein ist, wählen Sie bei Modus Gekachelt. Damit wird das Bild so oft wie nötig kopiert, um den Bildschirm auszufüllen (Abbildung 4.12).

Zentriert platziert das Bild in die Mitte des Schirms und füllt den Rest mit der Farbe aus, die vorher ausgewählt werden kann. Als letzte Möglichkeit bleibt Ihnen immer noch Skaliert, bei dem das Bild so lange verzerrt wird, bis es von der Größe her auf den Bildschirm passt. Seien Sie nicht zu enttäuscht, wenn die Qualität leidet; das liegt nicht an Ihrer Hardware, sondern daran, dass sich Bilder nur bis zu einem bestimmten Grad aufblähen lassen.

Auch hier gilt: Fotos als Hintergrund sind Speicherfresser, da sie im Arbeitsspeicher verbleiben müssen, um angezeigt zu werden. Wenn Sie ein wenig knapp mit RAM sind, ist eine einfache Farbe oder ein kleines Muster empfehlenswert.

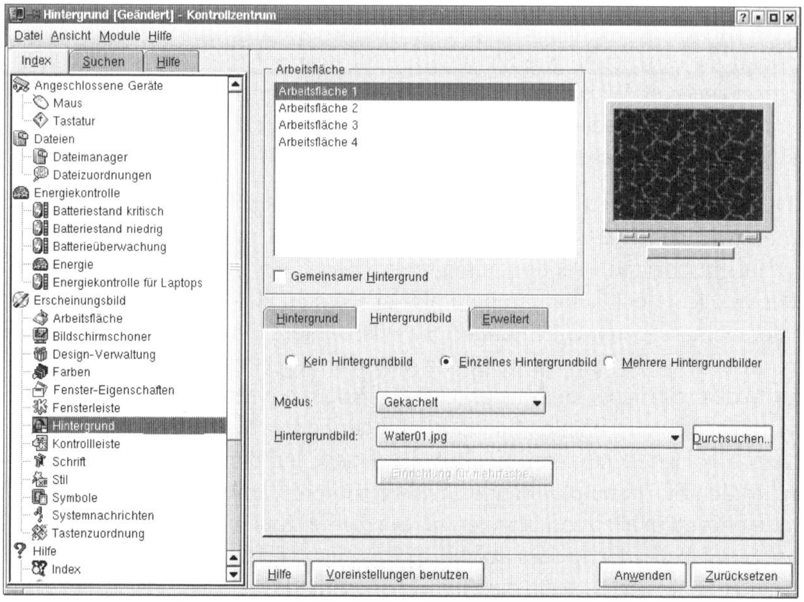


*Abb. 4.12: Nicht kleinkariert, sondern großzügig gekachelt*

### *Kontrollleiste*

Im Gegensatz zur Windows-Taskleiste kann das KDE-Panel frei konfiguriert werden – und zwar mit Hilfe der Sektion KONTROLLLEISTE, die wir uns nun gemeinsam ein wenig näher anschauen wollen.

Direkt mit dem ersten Tab, ALLGEMEIN, stellen Sie die Platzierung der Kontrollleiste ein. Sie haben die Wahl zwischen oben, unten, linkem, oberem oder rechtem Bildschirmrand. Probieren Sie aus, was Ihnen am besten gefällt, indem Sie die verschiedenen Möglichkeiten unter POSITION DER KONTROLLLEISTE anklicken. Wer im laufenden Betrieb daran etwas ändern möchte – kein Problem. Genau wie unter Windows lässt sich das Panel per Drag&Drop an jeden Rand des Desktops ziehen.

Entscheiden Sie sich direkt daneben für die passende Größe Ihres Panels. Möchten Sie, dass die Leiste automatisch ausgeblendet wird, müssen Sie das Feld AUTOM. AUSBLENDEN AKTIVIEREN anwählen. Mit dem Schieberegler stellen Sie ein, nach wie vielen Sekunden das geschehen soll. Natürlich erscheint das Panel sofort wieder, wenn Sie die Maus an den Bildschirmrand bewegen, an der er sich bei Ihnen befindet.

Erinnern Sie sich daran, dass ich Sie bei Ihrer ersten Begegnung mit dem Panel Kicker auf die beiden Pfeiltasten hingewiesen habe, mit denen Sie die Leiste einklappen können? Wollen Sie darauf verzichten, deaktivieren Sie auf dem nächsten Reiter, ERSCHEINUNGSBILD, den Punkt KNÖPFE ZUM AUSBLENDEN AKTIVIEREN. Ist Ihnen Kickers Farbe zu trist, können Sie im Bereich HINTER-

GRUNDBILD durch einen Klick auf HINTERGRUNDBILD AKTIVIEREN einen Hintergrund für das Panel festlegen. Wählen Sie über DURCHSUCHEN den passenden aus.

MENÜS legt die Arbeitsweise des K-Menüs und die Panelmenüleisten fest. Sagen Sie KDE mit Hilfe von Layout des K-Menüs, welche Menüs Sie im Start-Menü vorfinden wollen und welche nicht. Sollen Ihnen die zuletzt benutzen Elemente angezeigt werden oder doch lieber die meistgenutzten? Probieren Sie es aus. Auf dem Reiter KNÖPFE können Sie die Schaltflächen der Standardprogramme im Panel farbig unterlegen.

Erwähnenswert ist noch der Reiter MINI-PROGRAMME (Abbildung 4.13). KDE bietet Ihnen die Möglichkeit, die Funktionalität der Kontrollleiste mit so genannten Mini-Programmen zu erweitern. Das kann ein Mixer, ein Newsticker oder eine abgefahrene Uhr sein.

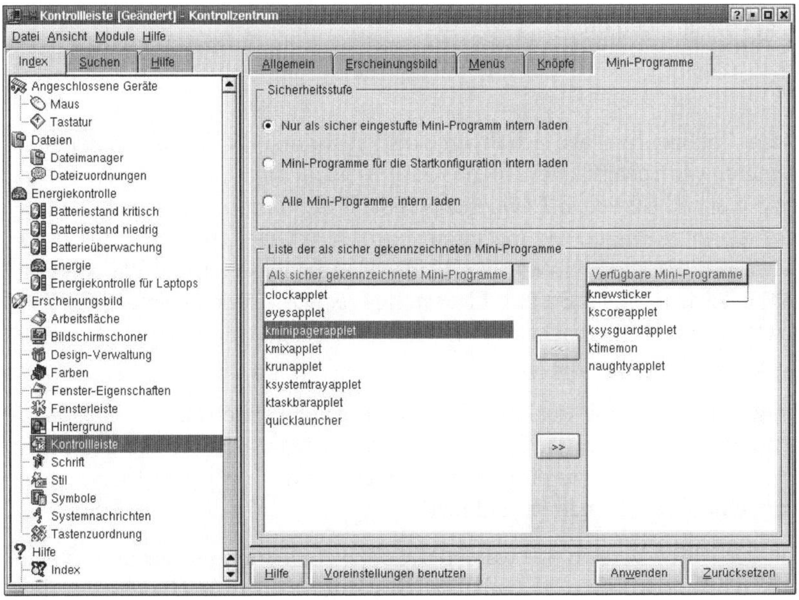


*Abb. 4.13: Sichern Sie Ihre Mini-Programme besser ab*

Diese Minis werden entweder intern oder extern gestartet. Zwar geht der interne Start merklich flotter vonstatten, aber bei schlecht programmierter Software kann damit die Stabilität des Panels gefährdet werden. Sie haben daher in diesem Bereich mehrere Einstellungsmöglichkeiten:

1. NUR ALS SICHER EINGESTUFTE MINI-PROGRAMME INTERN LADEN – als nicht sicher eingestufte Minis werden durch ein spezielles externes Start-Programm geladen

2. MINI-PROGRAMME FÜR DIE STARTKONFIGURATION INTERN LADEN – alle Mini-Programme, die beim Start von KDE mit hochgeladen werden, werden intern gestartet, alle weiteren extern
3. ALLE MINI-PROGRAMME INTERN LADEN – egal, ob sicher oder nicht, die Minis werden intern geladen

Am besten fahren Sie mit Variante eins oder zwei. Wer mag, kann bei Variante eins ja die Liste der als sicher gekennzeichneten Programme um seinen Liebling erweitern.

*Schrift*

Diese Sektion gehört, wie der Name fast schon vermuten lässt, den Schriften. Bestimmen Sie selbst, welche Schrift Sie für welchen Zweck in welcher Größe und Stärke benutzen wollen. KDE liefert Ihnen im unteren Teil eine kleine Vorschau des Schriftbilds mit, was die Entscheidungsfindung ein kleines bisschen vorantreiben dürfte.

*Stil*

Dieser Tab legt fest, wie sich Ihnen die so genannten *Widgets,* also Kontrollelemente wie Schaltflächen, Menüs oder Bildlaufleisten, präsenstieren. Möchten Sie auch Nicht-KDE-Anwendungen die KDE-»Corporate Identity« verpassen? Dann aktivieren Sie in diesem Bereich SCHRIFTARTEN UND FARBEN AUF NICHT-KDE-PROGRAMME ANWENDEN. Und wollen Sie lieber alles im Windows-Stil halten, klicken Sie im Bereich ELEMENTSTIL- UND DESIGN doch einfach QT-WINDOWS an. Mit MENÜLEISTE AM OBEREN BILDSCHIRMRAND WIE BEI MACOS kommen stattdessen Mac-Gefühle auf.

Ein wirklich wichtiger Punkt für die Ästheten unter Ihnen ist der Punkt Anti-Aliasing FÜR SCHRIFTEN UND SYMBOLE VERWENDEN. Aktivieren Sie ihn. Um davon jedoch auch wirklich zu profitieren, müssen wir noch ein paar kleine Änderungen an Ihrem System vornehmen.

Seit der XFree-Version 4.0 werden *TrueType-Schriften* wie *Arial* oder *Verdana* direkt vom X-Server unterstützt. Das ist schon nett. Noch netter ist, dass seit der Version 4.0.1 diese auch geglättet werden können; denn diese Version hat die Unterstützung für das Glätten der Schriften, im Fachjargon *Anti-Aliasing* genannt, integriert. Und genau dieser Sachverhalt kommt Ihnen bei KDE zugute, da die QT-Bibliothek, auf der KDE basiert, dies auch unterstützt. Von daher nutzen sämtliche KDE- und QT-Programme AA-Fonts, sofern Sie das wünschen. In Gnome, Window Maker und anderen Window-Managern ist Anti-Aliasing im Moment noch nicht implementiert.

Da viele TrueType-Schriftarten nicht frei von Urheberrechten sind, kann SuSE die weit verbreiteten Schriften, wie Arial, Times New Roman oder Verdana, nicht mit der Distribution ausliefern. Sie müssen daher leider etwas nachsitzen, um unter KDE künftig in den Genuss glatter Schriften zu kommen.

Wer nur die wichtigsten Schriftarten wie Arial, Arial Black, Times New Roman, Verdana usw. benötigt – und davon gehe ich im Folgenden einfach mal aus –, der kann sich mit Hilfe eines kleinen Programms diese Schriften direkt vom Microsoft-Server herunterladen. Für diese muss dann lediglich die Lizenz von Microsoft anerkannt werden. Einverstanden? Dann los. Laden Sie sich bitte folgendes Update-Paket vom SuSE-Server herunter:

*ftp://ftp.suse.com/pub/suse/i386/update/7.2/x1/xf86tools.rpm*

Sie können dies übrigens wunderbar über das Online-Update von SuSE erledigen, das Sie in Kapitel 6.5 kennenlernen werden. Installieren Sie das Paket mit einem fröhlichen

```
root@diabolo[~]#  rpm -Uhv xf86tools.rpm --nodeps --force
```

und führen Sie danach folgenden Befehl aus. Achtung, Sie müssen dazu online sein, alldieweil Sie mittels des Programms direkt mit dem Microsoft-Server verbunden werden.

```
root@diabolo[~]# fetchmsttfonts
```

Folgen Sie dann einfach nur noch den Anweisungen (wie das aussieht, zeigt Abbildung 4.14), führen Sie anschließend den Befehl `SuSEconfig` aus und starten Sie Ihren X-Server neu. Et voilà – der Bildschirm dürfte nun um einiges glatter sein, denn nun müssten die Schriften verfügbar sein.

Wer sein eigenen Augen nicht traut und sich lieber ohne jeden Zweifel davon überzeugen will: Der Befehl `xmag` vergrößert beliebige Stellen Ihres Desktops. Rufen Sie aus einer Konsole heraus *xmag* auf und klicken Sie die kleine Ecke über einen beliebigen Text, z.B. ein KDE-Menü. Wenn Sie im *xmag*-Fenster zwischen den Pixeln der normalen Schrift noch Pixel in verschiedenen Graustufen bzw. Farbabstufungen der entsprechenden Schriftfarbe sehen, ist Font Anti-Aliasing aktiviert.

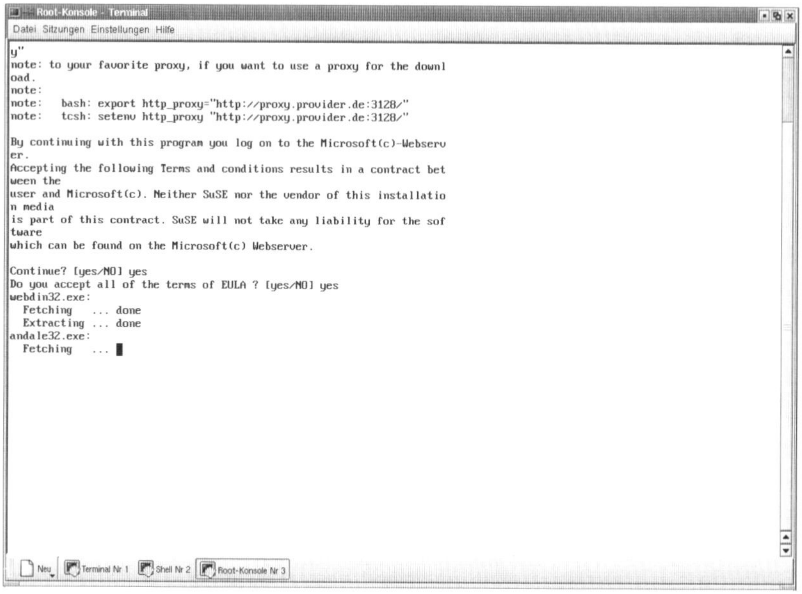


*Abb. 4.14: Lassen Sie sich automatisch mit dem Microsoft-Server verbinden*

Denn das Geheimnis von Anti-Aliasing besteht darin, dass die Augen mittels zusätzlich »hinzugemogelter« Pixel an den Kanten der Objekte oder Buchstaben den Eindruck vermittelt bekommen, diese wären glatter. Im Bild sind die zusätzlichen Pixel an den diversen Grauschattierungen zu erkennen. Eigentlich werden die Kanten letzten Endes nicht wirklich schärfer und glatter. Die zusätzlichen Pixel weichen lediglich die scharfen Kontraste zwischen Objekt und Umgebung auf. Je nach Vergrößerung der entsprechenden Bildausschnitte lässt sich auch gut nachvollziehen, dass die scheinbare Kantenglättung auf Kosten der Schärfe geht. Manche Nutzer mögen dieses Feature daher nicht, weil Sie das Schriftbild auf Ihrem Bildschirm nach dem Glätten als irgendwie schwammig oder besser gesagt verschwommen empfinden.

### *Symbole*

Icons, Icons, Icons – um nichts anderes geht es hier. Auf dem Tab DESIGN können Sie sich zuerst einmal zwischen zwei verschiedenen Symbol-Ausgestaltungen entscheiden. Wer keine gar zu alte Grafikkarte besitzt, sollte beim voreingestellten Schema KDE-ECHTFARBEN 64000-FARBEN DESIGN bleiben. True Color-Icons sehen einfach hübscher aus. Mit Hilfe des Tabs ERWEITERT können Sie zudem an der Größe Ihrer Icons herumfeilen und sie mit coolen Effekten belegen (Abbildung 4.15). Wie Sie so dem Konqueror das Outfit des Netscape Communicator oder des Internet Explorers verpassen können, verrate ich Ihnen im Abschnitt über den *Konqueror*.

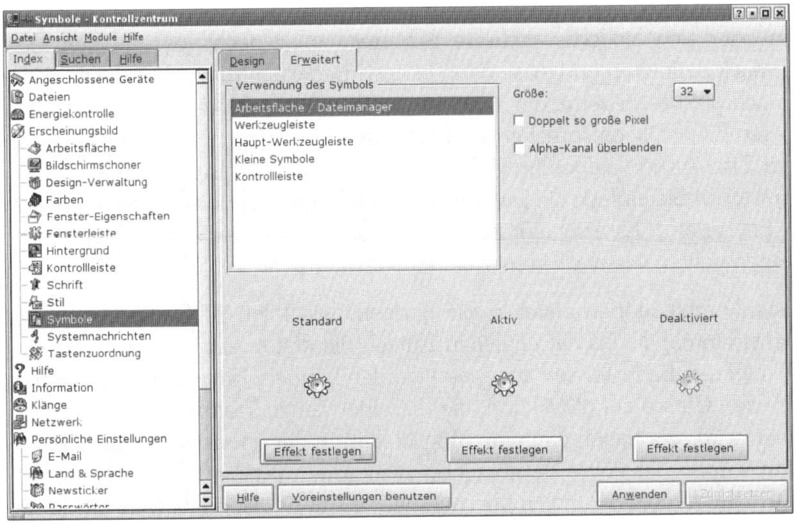


*Abb. 4.15: Wem die Standardsymbole zu winzig erscheinen, der kann ihnen hier per Mausklick zu wahrer Größe verhelfen*

*Systemnachrichten*

Soll Sie KDE über das Eintreten eines bestimmten Ereignisses informieren? Hier stellen Sie es ein. Derzeit finden sich in dem Bereich fünf Gruppen. Am interessantesten dürften die Systemnachrichten von KDE sein. Öffnen Sie die entsprechende Gruppe und klicken Sie sich zu dem jeweiligen Ereignis vor. Sie haben dann die Wahl, durch einfaches Ankreuzen das Ereignis mit folgenden Aktionen zu belegen:

1. In Logdatei schreiben
2. Klang abspielen
3. Benachrichtigungsfeld anzeigen
4. Standardfehlerausgabe

Angaben zu den Textnachrichten und den Sounddateien machen Sie dabei im Feld Dateiname. Wenn Sie den genauen Namen nicht parat haben, können Sie sich zu der Datei auch über das Verzeichnissymbol hinklicken.

*Tastenzuordnung*

Frei konfigurierbare Tastenkürzel gab es in den früheren Versionen von KDE noch nicht, und manch einer hat sie dort schmerzlich vermisst. Grund genug für die Entwickler, mittlerweile gleich mit zwei Tastenbelegungen aufzuwarten: Allgemeine Tastenkürzel und Tastenkürzel für Einzelprogramme. Und genauso heißen auch die Tabs, auf denen Sie diese einstellen können.

Dabei kann man entweder das mitgelieferte KDE-STANDARD-SCHEMA verwenden oder sich ein oder mehrere Schemata ganz nach dem eigenen Geschmack definieren und diese dann je nach Bedarf aufrufen: Man klickt dazu einfach auf das Schema der Wahl in der Box TASTATURSCHEMA in der linken oberen Ecke. Die entsprechenden Kürzel des Schemas werden in der Box mit dem Titel AKTION aufgeführt. Wollen Sie ein eigenes Tastenschema definieren, stellen Sie einfach die jeweiligen Tastenkombis ein und klicken auf SCHEMA SPEICHERN... Es erscheint eine Dialog-Box, in der Sie Ihrem Baby einen Namen geben, wie auch immer der lauten mag ...

Tastenkombinationen erstellen Sie übrigens wie folgt: KDE übernimmt zunächst einmal die bis dato gültigen Kürzel, die erst in einem zweiten Schritt den eigenen Bedürfnissen angepasst werden können. Bewegen Sie dazu einfach den Cursor auf die Aktion, die mit einer neuen Tastenkombination versehen wird. Sie haben dann die Möglichkeit, in der untersten Sektion dieser Aktion entweder keine Kombination zuzuordnen (Keine TASTE wählen), die KDE-Standardeinstellung zu übernehmen, so es sie denn gibt (Standardtaste anwählen), oder auf BENUTZERDEF. TASTEN zu klicken und mit den darunter liegenden Tasten [⇧], [Strg], [Alt] etc. eine Kombination Ihrer Wahl zu definieren (Abbildung 4.16).

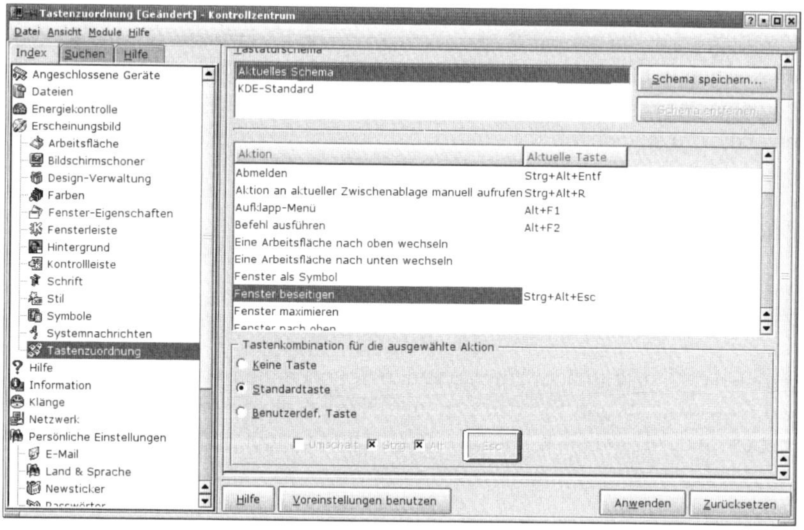


*Abb. 4.16: Definieren Sie bei Bedarf eigene Tastenkombinationen*

## Hilfe

*Index*

Für das Stöbern in der Dokumentation verwendet KDE das Programm *Ht://dig*, dessen Arbeitsweise mit der von Suchmaschinen aus dem Internet vergleichbar ist. Keine Bange, um den Bereich PROGRAMM-POSITIONEN etc. brauchen Sie sich gar nicht erst zu kümmern, das haben die Jungs und Mädels von SuSE schon für Sie übernommen. Ich möchte Ihnen dennoch erklären, warum Sie mit diesem Tool nicht die *Info-* oder *Handbuchseiten* durchsuchen können, obwohl sie Ihnen in der Sektion BEREICH angeboten werden. Der Grund ist einfach der, dass *Ht://dig* nur HTML-Seiten durchsucht. Haben sich jedoch im Laufe der Zeit weitere HTML-Dokumentationen auf Ihrer Platte angesammelt, so können Sie diese problemlos über den Button HINZUFÜGEN im Bereich ZUSÄTZLICHE SUCHPFADE in das Suchsystem integrieren. Ebenso können Sie hier die Spracheinstellungen der Suche verändern, wenn Sie z.B. nicht in Deutsch, sondern in der englischen Dokumentation suchen wollen. Benutzen Sie nach Abschluss Ihrer Änderungen in jedem Fall den Button STICHWORTVERZEICHNIS ERSTELLEN..., sonst sehen Sie nichts von den neu hinzugekommenen Dateien.

*Suse*

Dieser Bereich zeigt die bereits eingebundenen Quellen des SuSE-Hilfesystems.

## Information

Mit Hilfe dieses Bereichs können Sie sich einen kompletten Überblick über das Innenleben Ihres Rechners verschaffen. Was darf es sein: Speicher oder Prozessorenleistung, Interrupts oder IO-Ports, X-Server, Soundkarte oder SCSI-Geräte? Ein Klick auf den jeweiligen Menüpunkt, und KDE präsentiert Ihnen grafisch aufbereitet die gewünschten Informationen.

## Klänge

Die »Soundfactory« des Kontrollzentrums. Besonders interessant ist die Unterabteilung SOUNDSERVER, auf die ich ein wenig näher eingehen möchte. Hier können Sie Einstellungen zum KDE-Soundserver *aRts* vornehmen. Dieser Soundserver erlaubt es, mit mehreren Multimedia-Programmen auf einmal zu hantieren. So ist es gar kein Problem mehr, mit Systemklängen die gewünschten Benachrichtigungen zu erhalten, während im Hintergrund trotzdem weiter das neue MP3-File abgespielt wird. Lassen Sie von daher ruhig die Voreinstellung ARTS-SOUNDSERVER BEIM KDE-START HOCHFAHREN aktiviert. Wer kein kleines Netz sein Eigen nennt, kann das Feld NETZWERK-TRANSPARENZ AKTIVIEREN ruhig vernachlässigen, da Sie hiermit nur bewirken, dass auch Sound-Abfragen aus dem Netzwerk bearbeitet werden. SOUNDSERVER MIT ECHTZEIT-PRIORITÄT BETREIBEN sollten Sie dann aktivieren, wenn Sie Ihrem Soundserver oberste Priorität einräumen wollen. Es werden dann die Klänge nicht durch andere Anwendungen unterbrochen.

Werfen wir noch kurz einen Blick auf den Reiter SOUND-EIN/AUSGABE. Betreiben Sie Internet-Telefonie, sollten Sie VOLLE DUPLEX-FÄHIGKEIT AKTIVIEREN auswählen, um gleichzeitig aufnehmen und abspielen zu können. Mit dem Schieberegler können Sie hier zudem die Audio-Puffer-Größe festlegen. Diese bestimmt, wie viel Ressourcen dem Soundserver zur Verfügung stehen sollen. Als Faustregel können Sie sich merken: Je kürzer die Reaktionszeit, desto größer ist die CPU-Last. Verlängern Sie die Reaktionszeit, entlastet dies zwar Ihre CPU, aber eventuell bezahlen Sie dies mit einer schlechteren Klangqualität.

### Netzwerk

Dies Bereich deckt alle Einstellungen ab, die mit dem Netzwerkeln zu tun haben. Da wir in diesem Buch Netzwerke nur am Rand streifen (so im Kapitel 13, wenn es ins Internet geht), wollen wir nicht näher auf diesen Punkt eingehen.

### Persönliche Einstellungen

Eigentlich sagt ja schon der Titel einiges darüber aus, was Sie in dieser Sektion serviert bekommen. KDE wird persönlich. Also, fangen wir doch gleich damit an, KDE Ihre persönlichen Präferenzen mitzuteilen.

*E-Mail*

Tragen Sie hier alle Informationen über Ihren E-Mail-Zugang ein. Was im oberen Bereich BENUTZERINFORMATION einzutragen ist, wissen Sie wohl besser als ich. Möchten Sie ein bestimmtes E-Mail-Programm zum Senden und Empfangen Ihrer elektronischen Korrespondenz einsetzen, können Sie KDE dieses im Bereich BEVORZUGTES E-MAIL-PROGRAMM mitteilen. Das kann entweder das hausinterne *KMail* sein oder auch ein textbasiertes E-Mail-Programm wie *Mutt*, das wir in diesem Buch auch ausführlich vorstellen. Entscheiden Sie sich für Letzteres, müssen Sie zusätzlich IM TERMINAL AUSFÜHREN aktivieren. Die Angaben zum Mail-Server Ihres Providers tragen Sie dann bitte im Bereich POSTEINGANG und POSTAUSGANG ein.

*Land & Sprache*

... haben Sie ja schon ganz zu Anfang dieses Kapitels kennen gelernt, als wir versucht haben, KDE deutsche Töne beizubringen (Abbildung 4.17). Also lieber weiter im Text.

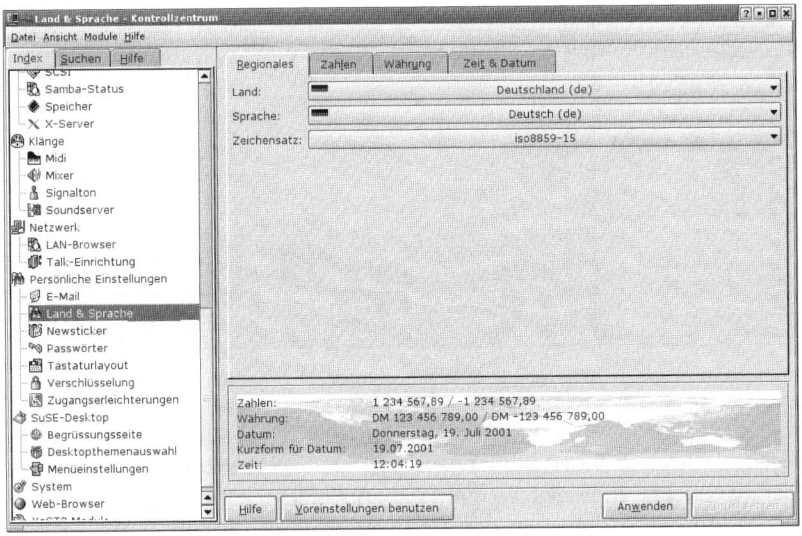


*Abb. 4.17: KDE spricht immer noch Deutsch*

*Newsticker*

Eines vorneweg: Um tatsächlich in den Genuss der Newsticker zu gelangen, die Sie hier einrichten können, benötigen Sie einen Zugang zum Internet. Der Bereich selbst ist wieder in zwei Tabs aufgeteilt. Bei Allgemein bestimmen Sie beispielsweise die Zeiträume, innerhalb derer nach neuen Nachrichten geschaut werden soll, oder ob Sie alle oder nur die aktuellen Schlagzeilen sehen möchten. Das Outfit der Tickertexte können Sie direkt darunter im Bereich Lauftext-Einstellungen ganz Ihrem eigenen Geschmack anpassen. Im zweiten Reiter, Nachrichtenquellen, legen Sie die Ticker fest, die KDE für Sie abklappern soll. Sie können den voreingestellten Quellen jederzeit eigene hinzufügen. Klicken Sie dazu auf Hinzufügen und tragen zum Beispiel für den Heise-Newsticker bei Name »Heise-Newsticker« und bei Quelldatei *http://www.heise.de/newsticker/heise.rdf* ein (Abbildung 4.18).

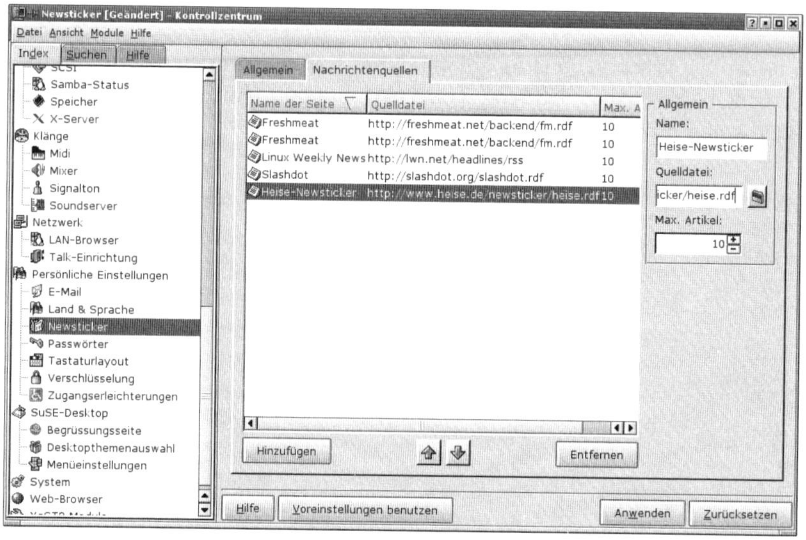

*Abb. 4.18: Nachrichten-Junkies werden den Newsticker lieben*

*Passwörter*

Legen Sie fest, ob Ihnen bei Eingabe eines Passwortes ein Stern, mehrere oder gar nichts angezeigt werden soll. Außerdem können Sie sich dazu äußern, ob die Speicherung von Passwörtern Ihrer Meinung nach zeitlich begrenzt sein sollte. Ach ja, damit kein falscher Eindruck entsteht – diese Einstellungen gelten nur für Passwörter innerhalb der KDE-Familie.

*Tastaturlayout*

Wählen Sie Ihr Tastaturmodell sowie die landesspezifische (primäre) Tastaturbelegung. Sie können neben der primären Belegung zusätzliche Belegungen aktivieren. Zwischen denen schalten Sie dann mit der Tastenkombination um, die Sie im Tab KURZBEFEHL festlegen können.

*Verschlüsselung*

Hier nehmen Sie Einstellungen zu SSL vor und können Zertifikate und Zertifizierungsstellen verwalten.

*Zugangserleichterungen*

Dieser Bereich betrifft alle Einstellungen, die Nutzer unterstützen sollen, die akustische Signale schlecht hören oder Schwierigkeiten mit der Tastatur- oder Mausbedienung haben.

## System

*Anmeldungsmanager*

Wenn Sie als normaler User eingeloggt sind, werden Sie feststellen, dass Sie hier so erst einmal nichts ändern dürfen. Kein Wunder, denn in diesem Bereich dürfen Sie nur als Superuser *root* rumkonfigurieren. Hintergrund ist, dass Sie mittels dieses Punktes systemweite Änderungen durchführen, wozu – wie Sie ja schon wissen – nur der Superuser *root* berechtigt ist. Den Schritt, *root* zu werden, hat SuSE schon durch den Button ROOT in der rechten unteren Ecke für Sie vorbereitet. Nach einem Klick darauf erscheint ein Bildschirm in dem Sie nur Ihr root-Passwort eingegeben müssen (Abbildung 4.19). Danach kann es weitergehen.

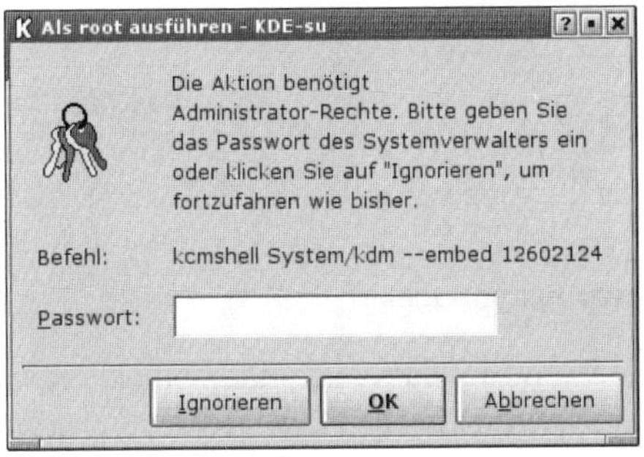


*Abb. 4.19: Werden Sie zum Superuser*

Sie können frei bestimmen, welches Logo, welche Schrift, welche Sprache oder Hintergrundbild etc. Ihr Login-Fenster verwenden soll. Interessant ist noch der Tab SITZUNGEN. KDE gibt Ihnen hier die Möglichkeit, festzulegen, welchem User außer *root* der Shutdown-Reboot-Befehl etc. gestattet sein soll.

*Datum & Zeit*

Sie möchten die Zeitzone, das Datum oder einfach nur die Systemzeit ändern – das ist der richtige Ort dafür.

*KDE-Systemkontrolle*

Ein vertrauter Anblick? Jep, sehe ich ähnlich. Sieht dem Gerätemanager von Windows verblüffend ähnlich und erfüllt dieselbe Aufgabe: Ihnen einen Überblick über Ihr System zu verschaffen (Abbildung 4.20). Ändern können Sie in diesem Bereich allerdings nichts.

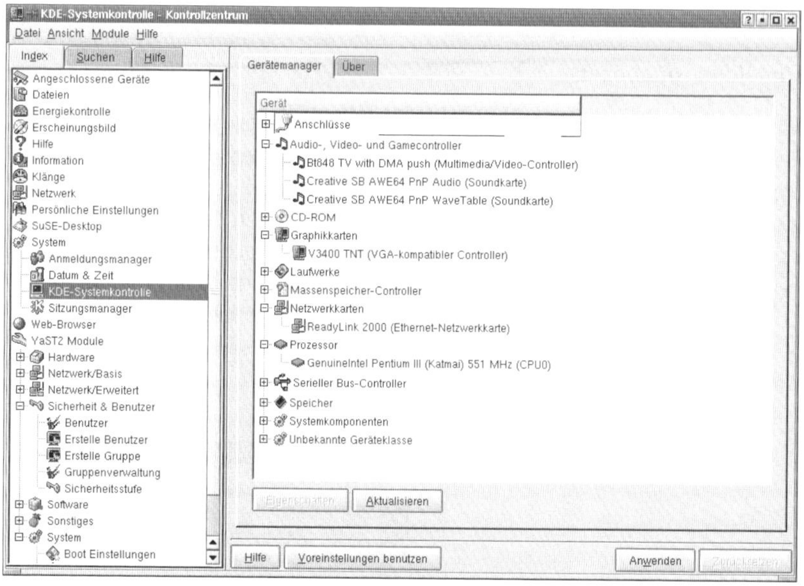


*Abb. 4.20: Was so alles in einem Rechner steckt …*

*Sitzungsmanager*

Möchten Sie, dass nach der Abmeldung von KDE eine Bestätigung erfolgt? Dann lassen Sie den Punkt ABMELDUNG BESTÄTIGEN aktiviert. Und mit einem aktivierten VORIGE SITZUNG BEI ANMELDUNG WIEDERHERSTELLEN tut KDE genau dies für Sie.

Konqueror ist nicht nur ein Datei-Manager, sondern gleichzeitig ein schneller und schlanker Webbrowser. Seinen Browser-Bezug sieht man auch am Tab FARBE: Hier können Sie die Hintergrundfarbe festlegen oder auch die Farbnuance einstellen, in der ein URL-Link erscheinen soll. Wer mag, kann außerdem den Button CURSOR ÜBER LINKS ÄNDERN aktivieren, dann wird man mit einem veränderten Cursor daran erinnert, dass es sich bei den Verbindungen im Konqueror um Hyperlinks handelt. Wem das nicht passt, der aktiviert UNTERSTREICHE LINKS, und schon werden diese zur besseren Kenntlichkeit UNTERSTRICHEN.

WEBBROWSER

Ich habe – glaube ich – schon erwähnt, dass der Konqueror neben seiner Eigenschaft als Dateimanager auch als Webbrowser eine durchaus gute Figur macht. Und wie genau er dabei ausschaut und sich benimmt, bestimmen Sie mit Hilfe dieser Sektion.

*Cookies*

In den neuen Versionen kümmert sich der Konqueror auch um *Cookies*[1]. Die KDE-Entwickler haben für Sie COOKIES ZULASSEN voreingestellt, wobei Sie von Ihrem Konqueror dann jedesmal höflich gefragt werden, ob Sie die Cookies auch akzeptieren möchten. Alternativ können Sie den Konqueror auch jedwede Cookies akzeptieren oder zurückweisen lassen. Um die Sache nicht allzu pauschal werden zu lassen, haben Sie im darunter liegenden Punkt Domain-spezifische Regelungen die Möglichkeit,

*Erweitertes Web-Browsen*

Was ein wenig kompliziert und umständlich klingt, ist eigentlich dazu da, Ihnen das virtuelle Leben zu erleichtern. Mit diesem Punkt können Sie zum einen die so genannten *Stichwörter* aktivieren, zum anderen die vordefinierten Web-Kurzbefehle starten und verwalten. Klingt wenig einleuchtend? Dann lassen Sie mich Ihnen anhand von zwei Beispielen das Prinzip näher erklären.

Im Bereich SUCHEN (Abbildung 4.21) sehen Sie einige der wichtigsten Suchmaschinen und Datenbanken aufgeführt. Jedem dieser Einträge ist ein Kurzbefehl zugeordnet. Geben Sie dieses Kürzel und einen oder mehrer Begriffe statt einer URL im Konqueror ein, so wird dieser automatisch Ihre Anfrage an die hinter dem Kürzel steckende Suchmaschine, Datenbank etc. senden. Mit einem *gg: hutzelpuh* durchsucht z.B. sofort *Google* das Web nach Seiten, die sich mit dem wichtigen Thema »hutzelpuh« beschäftigen.

---

1. *Cookies* – die Kekse des Internet – oder besser gesagt die Cookie-Technik erlaubt es einem Web-Server, auf Ihrem PC Informationen zu hinterlegen. Sie können sich diese Informationen als elektronische Krümel vorstellen, die ein Cookie (Keks) hinterlässt. Da der Web-Server nicht direkt auf die Datenträger der Anwender Zugriff hat, muss er hierfür den Browser bitten. Der Server kann hierbei allerdings nur das schreiben lassen, was er sowieso schon weiß (z.B. aktuelle Adresse, Anwenderrechner, Anwendereingaben). Bei Netscape wird hierfür beispielsweise eine Datei *cookies.txt* angelegt. Beim nächsten Aufruf eines solchen Web-Servers werden die für ihn gültigen Daten aus der Cookie-Datei übertragen. Bei einigen Web-Servern können deren Angebote nur dann genutzt werden, wenn man die Annahme von Cookies zulässt.

   Ein Urteil über eine solche Technik sei jedem selbst überlassen. Und was haben Sie von solchen Cookies? Wenn Sie einen Rechner besucht haben, der auf der Festplatte einen Cookie hinterlässt, ist es möglich, dass Sie beim nächsten Besuch dieses Rechners gewisse persönliche Voreinstellungen (z.B. E-Mail-Adresse, Name, Themenschwerpunkte oder Auswahlen) wieder vorfinden, ohne sie erst erneut eingeben zu müssen. Dies spart neben der Arbeit Online-Zeit und damit Kosten. Aber umsonst ist nur der Tod, und von daher müssen Sie auch diesen Luxus bezahlen. Leider erlauben es diese Cookies, ein Profil über die Surfgewohnheiten des Anwender zu erstellen. Der eine oder andere von Ihnen wird vielleicht schon einmal das Stichwort »gläserner Anwender« gehört haben. So ist es denkbar, dass der Web-Server-Betreiber, vom Anwender unbemerkt, Protokoll über seine Interessen führt. Wer schon einmal eine persönlich zugeschnittene Werbe-E-Mail (Junk-Mail) erhalten hat: Daran könnte die Cookie-Technik nicht ganz unschuldig sein. Darüber hinaus erfordert das Übertragen von Cookies natürlich auch eine gewisse Zeit. Sollte es ein Web-Server-Betreiber übertreiben, belastet er damit das Netz, die Kapazität Ihrer Festplatte und Ihren Geldbeutel.

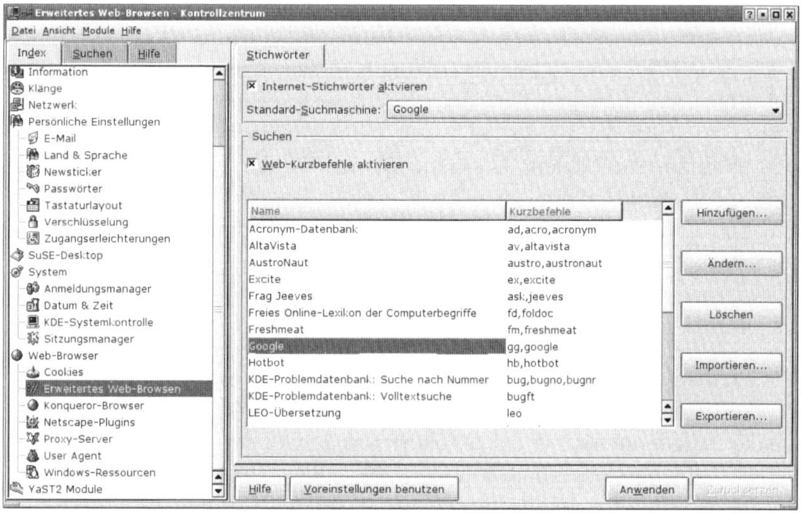


*Abb. 4.21: Schöner browsen mit dem Konqueror*

Die Stichwörter funktionieren im Prinzip ähnlich, sind aber eher dazu da, im Internet Markennamen wie Firmen, Persönlichkeiten oder Organisationen etc. zu finden. So können Sie etwa statt *http://www.kde.org* einfach *K Desktop Environment* eintippen. Der Konqueror übersetzt dies dann in eine URL und ruft diese für Sie auf.

*Konqueror-Browser*

Nach all den Präliminarien geht's jetzt ans Eingemachte: den Konqueror selbst. Unter HTML legen Sie fest, wie Ihr Browser künftig mit dem HTML-Code der angesurften Webseiten umgehen soll. Soll er Bilder automatische laden oder nicht? Hätten Sie die Links lieber unterstrichen oder eher die aus dem Internet-Explorer bekannte *Hover-Darstellung?* Der Name des Tabs ERSCHEINUNGSBILD ist vielleicht ein wenig hoch angesetzt, denn eigentlich stellen Sie hier nur das Schriftbild ein. Mit den Reitern JAVA und JAVASCRIPT bestimmen Sie, ob der Konqueror auf Internetseiten eingebettete Java- oder JavaScript-Programme ausführen soll. Auch hier können Sie – ähnlich wie bei den Cookies – domainabhängige Einstellungen treffen. Da aktive Inhalte wie Java-/JavaScript-Programme immer ein Sicherheitsrisiko darstellen, sollten Sie dieses Feature auf jeden Fall nutzen und obskuren Domains lieber im Vorfeld die Java-Hand abdrehen. Unter PLUGINS aktivieren selbige global.

*Netscape-Plugins*

Die neueren Versionen des Konquerors sind in der Lage, Netscape-Plugins zur Darstellung spezieller Inhalte zu verwenden. So gibt es mittlerweile auch für Linux ein *Flash-Plugin* von *Shockwave* selbst. Damit der Konqueror die

Plugins verwenden kann, müssen diese in der Registerkarte PLUGINS eingetragen sein (Abbildung 4.22). Haben Sie also Netscape ein paar neue Plugins spendiert, sollten Sie auf jeden Fall im Tab SUCHEN den Button NACH NEUEN PLUGINS SUCHEN anklicken, um diese Plugins für den Konqueror nutzbar zu machen. Noch cleverer ist es, hier direkt das Feld BEIM START VON KDE NACH NEUEN PLUGINS SUCHEN zu aktivieren; KDE macht sich dann bei jedem KDE-Start selbständig auf die Suche.

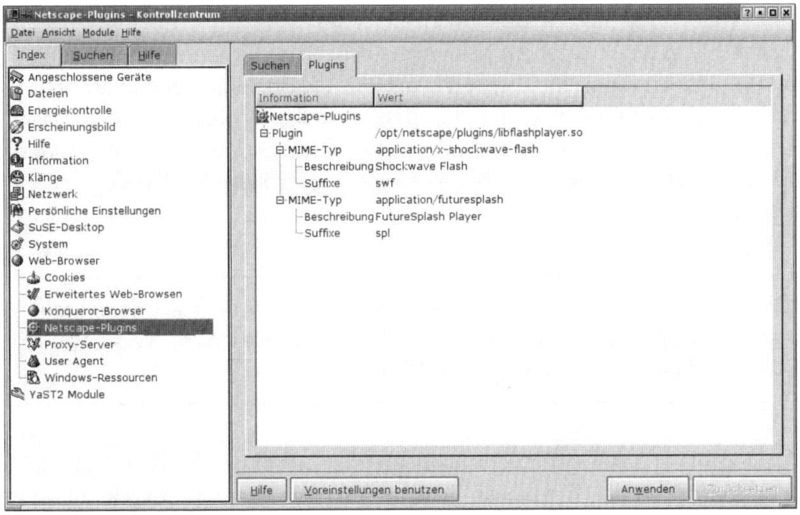


*Abb. 4.22: Teilen Sie Ihre Netscape-Plugins mit dem Konqueror*

*Proxy-Server*

Sollte Ihr Internet-Provider mit einem Zwangsproxy arbeiten – was sehr wahrscheinlich ist –, richten Sie Ihr Augenmerk bitte auf diesen Bereich. Aktivieren Sie PROXY-SERVER VERWENDEN, und tragen Sie in die dafür vorgesehenen Felder HTTP- und FTP-Proxy samt Portnummer ein.

*User-Agent*

Auch die Option USER AGENT verdient Beachtung. Jeder Browser sendet einen so genannten *»User-Agent«-String* aus. Manche Web-Server werten diesen aus und senden abhängig davon, welchen String sie empfangen, unterschiedliche Seiten zurück. Ein Schelm, der Böses dabei denkt ...

Möchten Sie auf Nummer sicher gehen, so gibt Ihnen dieser Bereich die Möglichkeit, statt des Konqueror-Strings »Mozilla/5.0 *(compatible; Konqueror/ 2.1.2;X11)«* Nettigkeiten wie *»SM-Imploder«* oder *»Internet Explorer«* auszusenden. Und dabei geht der Konqueror sogar so weit, Sie diese Aktionen auf bestimmte Server beschränken zu lassen.

*Windows-Ressourcen*

Ermöglicht die Verwaltung des *Samba*-Client, mit dem Sie über das SMB (Server-Message-Block-)Protokoll auf die Ressourcen eines Windows-Rechners zugreifen können. Sie können in diesem Bereich den Benutzernamen, das Passwort und die Arbeitsgruppe eintragen.

## 4.4 Wir arbeiten mit Fenstern

Klicken Sie in die linke obere Ecke eines beliebigen Fensters – ja, genau auf diese ... nennen wir sie mal *Fensterbearbeitungs-Buttons*. Sehen Sie? Schon erscheint ein Menü mit Kommandos, denen Sie Ihr Fenster unterwerfen können (das gleiche Menü erhalten Sie übrigens, wenn Sie mit der rechten Maustaste in die Titelleiste klicken). Mit MAXIMIEREN vergrößern Sie das Fenster auf die maximale Größe.

HINWEIS: KDE wählt für MAXIMIEREN die Größe des von Ihnen definierten *virtuellen* Desktops. Sollte dieser größer sein als Ihr realer Bildschirm, verschwinden Teile Ihres Fensters damit aus Ihrem Blickfeld.

MINIMIEREN lässt das Fenster verschwinden oder besser gesagt, KDE legt dafür einen Button auf der Taskbar an, so dass man mit einem Mausklick auf denselben das Fenster zurück in den Vordergrund holen kann. Ein Blick auf die Taskbar zeigt Ihnen, dass der Fenstertitel nun in Klammern angezeigt wird. Sobald Sie mit der Maus darauf klicken, wird das Fenster zurück in den Vordergrund geholt.

VERSCHIEBEN hält das, was es verspricht. Ziehen Sie das Fenster mit der Maus an den Ort Ihrer Wahl. Einfach linke Maustaste gedrückt halten und ziehen. Am Ziel der Reise lassen Sie einfach die Maustaste los.

GRÖSSE eröffnet die Möglichkeit, mit Hilfe der Maus die Größe des Fensters zu manipulieren.

Eine interessante Option ist auch die Möglichkeit, Ihre Fenster quasi an den Desktop festzukleben. Wie Sie schon gesehen haben, erlaubt KDE den fliegenden Desktop-Wechsel. Sobald ein Fenster an den Desktop angeheftet wurde, macht es sich beim Wechsel brav mit auf die Reise. Stellen Sie sich vor, Sie unterhalten sich gerade via Internet Relay Chat (siehe Kapitel 17) angeregt mit dem Rest der Welt – diese Diskussion will man doch nicht mutterseelenallein im anderen Desktop zurücklassen! Achtung: Für diese Aktion gibt es im Gegensatz zu den anderen Punkten keinen Menüeintrag. Klicken Sie stattdessen auf das Icon in Pinform in der linken oberen Ecke.

Auf Arbeitsfläche ermöglicht es Ihnen, Fenster auf einen anderen Desktop zu legen (Ihre Gesprächspartner haben Sie geärgert? – weg mit ihnen auf Desktop 4). Wählen Sie den Desktop, auf dem Sie das Fenster parken wollen, und schon ist es weg. Um es wiederzusehen, können Sie entweder auf den entsprechenden Desktop wechseln oder mit der Maus auf den entsprechenden Eintrag in der Taskbar klicken.

Fensterheber schließt Ihr Fenster wie ein Rollo – nur die Titelleiste bleibt übrig. Sie erinnern sich? Diese Option habe ich Ihnen bereits im Abschnitt über die Fenster-Eigenschaften im Kontrollzentrum vorgestellt. Auch die Einträge des Punkts Dekoration dürften Ihnen bekannt vorkommen, denn dahinter verbergen sich die Outfits, die wir gemeinsam unter Stil im Kontrollzentrum erkundet haben. Wer also mal die Nase vom Windows-Look voll hat, einfach nur eine andere Dekoration fürs Fenster aussuchen und gut ist.

Immer im Vordergrund reserviert dem speziellen Fenster einen Platz an der Sonne. Es bleibt so lange im Vordergrund Ihres Desktops, bis Sie die Option entweder wieder ausschalten oder das Fenster schließen.

Die Bedeutung der Optionen Schließen und Einstellungen speichern überlasse ich Ihrer Phantasie.

Die meisten dieser Optionen präsentieren sich auch noch in Icon-Form in Ihrer Titelleiste. In der Regel führt ein Mausklick auf das Icon schneller zum Ziel als der Umweg über die Menüleiste, da dabei weniger Schritte zur Bedienung benötigt werden.

# 4.5 Der Konqueror als Dateimanager

## 4.5.1 Ansichtssache

In Ihrem Panel befindet sich – wie Sie sich erinnern – dieses kleine Folder-/Ordner-Icon, das Ihr Home-Verzeichnis symbolisiert. Wenn Sie es mit der linken Maustaste anklicken, öffnet sich ein Fenster mit dem Inhalt Ihres Home-Verzeichnisses. Et voilà – damit haben Sie soeben ganz nebenbei den Konqueror in seiner Funktion als KDE-Dateimanager gestartet.

Eines vorweg: Wer sich unter Windows den Doppelklick angewöhnt hat, sollte versuchen, sich das schnell wieder abzugewöhnen. Der Konqueror kennt zum Öffnen keinen Doppelklick und macht stattdessen beim zweiten Klick nur ein weiteres Fenster auf.

KDE ist flexibel (man kann das nur gebetsmühlenhaft wiederholen), und auch der Konqueror lässt sich weitgehend den persönlichen Wünschen des Users anpassen. Farben, Schriften lassen sich – wie in den vorangegangenen Abschnitten vorgestellt – im Kontrollzentrum einstellen. Aber auch im Konqueror selbst besteht über den Punkt EINSTELLUNGEN in der Menüleiste mehr als nur eine Konfigurationsmöglichkeit. Außerdem können Sie hier einstellen, welche Leisten der Konqueror in der Regel anzeigen soll. Durch einen Klick auf KONQUEROR EINRICHTEN gelangen Sie in die schon bekannte Dialog-Box des Kontrollzentrums.

Was sich nicht im Kontrollzentrum einstellen lässt, aber unter Umständen doch von Bedeutung sein könnte, ist die Art und Weise, wie der Konqueror Verzeichnisse und Dateien präsentieren soll. Dies lässt sich unter dem Menüpunkt ANSICHT konfigurieren.

Klicken Sie nun mit der linken Maustaste einmal auf diesen Menüpunkt. Wie Sie sehen, lässt Ihnen der Konqueror hier die freie Wahl zwischen verschiedenen Darstellungsmöglichkeiten. Ich habe mich beispielsweise für die Optionen VERSTECKTE DATEIEN ANZEIGEN (das heißt, der Konqueror führt auch Verzeichnisse und Dateien mit einem führenden Punkt im Namen auf) und für ANZEIGEMODUS→BAUMANSICHT (entspricht dem *tree*) sowie VORSCHAU→BILDER (betrifft die Verzeichnisse, die Bilder enthalten; diese werden dann in Miniaturform angezeigt) entschieden. Wenn Sie mögen, können Sie unter Vorschau auch noch Text- und HTML-Dateien in diese Miniaturanzeige mit einbeziehen. Die Baumansicht ist für mich immer dann der Geheimtipp, wenn man beim Verschieben von Dateien an unterschiedliche Stellen innerhalb des Verzeichnisbaums den Überblick behalten möchte, denn sie zeigt für alle geöffneten Ordner gleichzeitig die Verzeichnisstruktur und die genauen Dateieigenschaften an.

So schön die Baumansicht auch sein mag, Abwechslung muss sein. KDE bietet Ihnen daher unter ANSICHT weitere Darstellungsformen wie SYMBOL-ANSICHT, TEXT-ANSICHT UND DETAILLIERTE VERZEICHNIS-ANSICHT an (Abbildung 4.23).

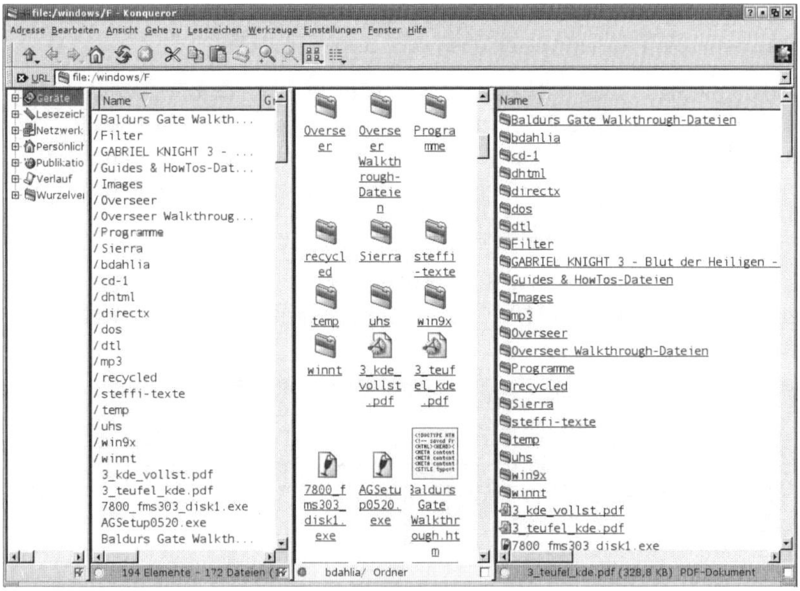


Abb. 4.23: *Der Konqueror (von links nach rechts) mit Text-Ansicht, Symbol-Ansicht und detaillierter Verzeichnis-Ansicht*

Haben Sie unter ANSICHT den Punkt INDEX.HTML BENUTZEN aktiviert und in dem von Ihnen gerade angewählten Verzeichnis befindet sich zufällig eine *index.html-Datei,* so stellt der Konqueror diese automatisch dar, ohne dass Sie dazu irgendetwas zu tun bräuchten. Dies ist vor allem dann praktisch, wenn Sie auf der Festplatte die Dokumentenstruktur eines HTML-Servers oder Ähnliches betrachten möchten oder sich gerade mit einer Dokumentation in HTML-Format beschäftigen.

Sie sehen, der Konqueror lässt sich auf keine Ansicht festnageln. Probieren Sie ein wenig herum, welche Darstellung Ihnen am meisten zusagt. Klicken Sie dazu mit der linken Maustaste auf den jeweiligen Menüeintrag. KDE wechselt die Einstellungen *on the fly*, also zur Laufzeit – kein Reboot ist notwendig.

## 4.5.2 Teile und herrsche

Fans des Klassikers Norton Commander vielleicht schon vertraut ist ein weiteres erwähnenswertes Feature: die Möglichkeit, Fenster aufzuteilen, und zwar in beliebig viele vertikale und horizontale Fenster. Die verfügbaren Spielarten finden Sie fein säuberlich aufgelistet im Menüpunkt FENSTER. Die Abbildung 4.24 zeigt den Konqueror z.B. zweigeteilt in vertikaler Richtung. Dazu wählen Sie ANSICHT IN LINKE UND RECHTE HÄLFTE TEILEN. Das kann sehr praktisch sein, wenn Sie Dateien verschieben oder kopieren wollen.

Und damit Sie in diesem Fensterdschungel nicht den Überblick verlieren, hat der Konqueror ein LED-Lämpchen unten links eingebaut. Im aktiven Fenster leuchtet dieses grün. Auch die Checkbox unten rechts hat einen tieferen Sinn und ist nicht einfach nur zu Dekorationszwecken vorhanden. Mit ihr können Sie die verschiedenen Fenster/Ansichten aneinander koppeln. Die verschiedenen Teilfenster zeigen dann stets den gleichen Inhalt an. Ein Teilfenster entfernen können Sie, in dem Sie mit der rechten Maustaste in den grauen unteren Rand klicken und im Kontext-Menü ANSICHT ENTFERNEN anwählen.

*Abb. 4.24: Gleichverteilt*

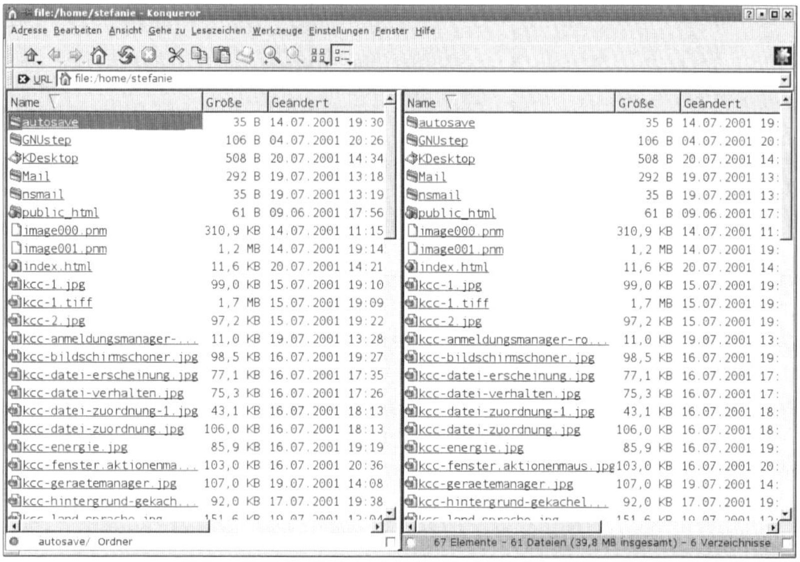

Merken sollten Sie sich auch den Unterpunkt TERMINAL-EMULATOR ANZEIGEN. Haben Sie diesen aktiviert, wird im Konqueror ein Terminalfenster eingeblendet (Abbildung 4.25), in dem Sie wie auf der Konsole Befehle eintippen und ausführen können – das alles, ohne das Konqueror-Fenster verlassen zu müssen. Und sollte Ihnen der Platz im Fenster mal zu klein werden, legen Sie den Konqueror doch einfach auf einen eigenen virtuellen Desktop und wählen dann FENSTER→VOLLBILDMODUS an.

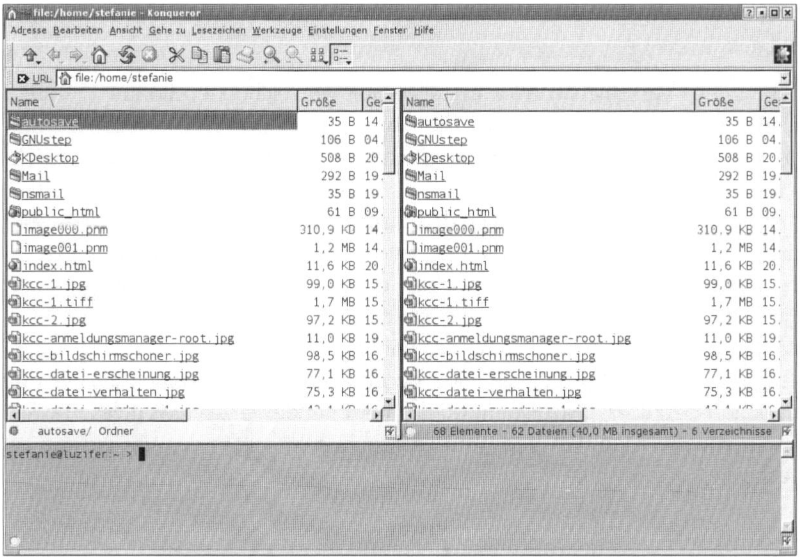


*Abb. 4.25: Konsole trifft grafischen Dateimanager – das Beste aus beiden Welten*

## 4.5.3 Und was macht der Konqueror jetzt so?

Nun eigentlich alles, was man – und frau natürlich auch – so von einem vollwertigen Dateimanager erwartet. Das heißt, Sie können mit ihm Verzeichnisse und Dateien anlegen, verschieben, verknüpfen oder löschen und zudem eben auch noch durchs Web surfen oder Programme per FTP herunterladen. Aber dazu gleich noch mehr. Fangen wir erst einmal mit den Basisaufgaben des Konquerors an.

Möchten Sie ein neues Verzeichnis anlegen, wählen Sie den Menüpunkt BEARBEITEN→NEU ERSTELLEN→VERZEICHNIS an. Der Konqueror präsentiert Ihnen daraufhin eine kleine Dialogbox, in der Sie den gewünschten Namen eingeben. Diesen einfach nur mit OK bestätigten. Fertig, das Verzeichnis ist angelegt. Sie möchten dieses Verzeichnis nun verschieben, an einen anderen Ort kopieren oder eine Verknüpfung erstellen – wer weiß, was Sie alles mit dem armen Ding so vorhaben. Ziehen Sie es dann einfach mit gedrückter linker Maustaste an seinen neuen Bestimmungsort, und lassen Sie dort die Maustaste los. KDE fragt Sie dann automatisch, ob Sie das Verzeichnis verschieben, kopieren oder eine Verknüpfung erstellen wollen.

Beim Eliminieren von Verzeichnissen stehen Ihnen zwei Möglichkeiten zur Verfügung: Klicken Sie mit der rechten Maustaste auf das zu löschende Verzeichnis, und wählen Sie LÖSCHEN aus dem Kontextmenü. Damit entfernen Sie das Verzeichnis unwiderruflich von der Festplatte. Die zweite Variante ist die unter Windows verbreitete. Wählen Sie nämlich IN MÜLLEIMER WERFEN, so verschiebt KDE das Verzeichnis nur in den Papierkorb und löscht es nicht endgültig.

Neben dem Verschieben oder Erstellen von Verzeichnissen können Sie mit Hilfe des Konquerors auch deren Eigenschaften ändern. Dazu klicken Sie auf ein Verzeichnis und wählen im Kontextmenü EIGENSCHAFTEN an. Okay, ich gebe zu, der Tab ALLGEMEIN ist jetzt noch nicht soooooooo aussagekräftig. Hier können Sie nur nachträglich den Namen des Verzeichnisses korrigieren. Interessant sind jedoch sicherlich die Informationen, die Ihnen dort angeboten werden: So erfahren Sie etwa die letzte Zugriffs- und Bearbeitungszeit. Die Zugriffsrechte selbst ändern Sie im Tab BERECHTIGUNGEN (Abbildung 4.26). Der Konqueror ermöglicht es hier sowohl für die Besitzer des Verzeichnisses als auch für die Mitglieder der Gruppe des Verzeichnisbesitzers und für die restlichen Benutzer, festzulegen, ob das betreffende Verzeichnis gelesen oder beschrieben werden darf und wem es erlaubt sein soll, in das Verzeichnis zu wechseln.

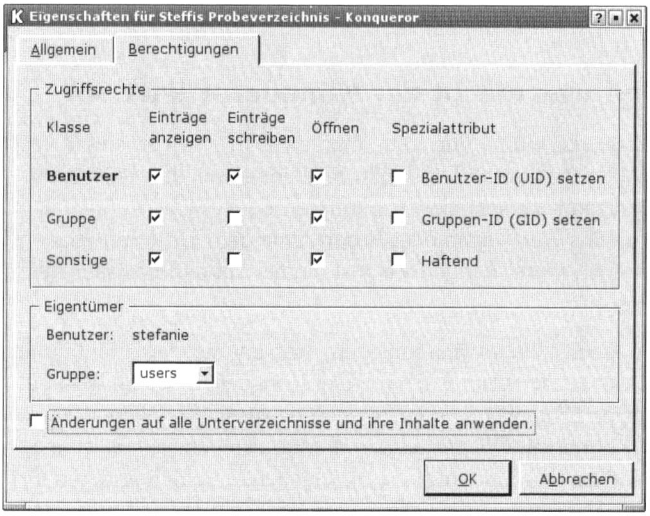


*Abb. 4.26: Bequemer geht's nicht – die Zugriffsrechte einfach per Mausklick ändern*

Die Dateiverwaltung funktioniert analog zu der von Verzeichnissen. Egal ob Sie Dateien kopieren, verschieben oder löschen wollen: das Verfahren ist analog zum im vorangegangenen Abschnitt beschriebenen.

### 4.5.4 Drag&Drop oder: zwei links, zwei rechts und eine fallen lassen

Dateien kopieren oder verschieben kann auf die Dauer ziemlich mühselig werden. Die KDE-Entwickler wissen das auch und haben daher das wunderschöne Drag&Drop implementiert, von dem etwas weiter vorne schon einmal die Rede war und mit dem das Verschieben und Kopieren von Dateien spielend leicht wird.

Öffnen Sie zwei Dateimanager-Fenster. Am leichtesten geht das, wenn Sie ganz rechts auf das weiße sich drehende Zahnrad klicken. Öffnen Sie in Fenster 1 das Verzeichnis */tmp* und in Fenster 2 Ihr Home-Verzeichnis. Suchen Sie sich nun eine beliebige Datei aus dem */tmp-Verzeichnis,* die Sie in Ihr Heimatverzeichnis kopieren möchten. Klicken Sie dazu auf die Datei, halten Sie die linke Maustaste gedrückt, und ziehen Sie die Datei in Ihr Home-Verzeichnis (*drag*). Lassen Sie dort die linke Maustaste los (*drop*). Ihnen werden nun drei Möglichkeiten angeboten: AN DIESE STELLE KOPIEREN, AN DIESE STELLE VERSCHIEBEN und HIERMIT VERKNÜPFEN. HIERMIT VERKNÜPFEN erzeugt einen symbolischen Link, also einen Verweis auf die Datei, während die anderen beiden ausnahmsweise einmal das tun, was ihre Namen versprechen.

### 4.5.5 Der Konqueror kann FTP

Normalerweise wird der Konqueror bei der Eingabe einer URL in Form von *ftp://ftp.kde.org/* ein so genanntes *anonymous login* versuchen. Dies ist weit verbreitet und wird von den meisten FTP-Servern unterstützt. Das bedeutet, dass als Login-Name entweder *ftp* oder *anonymous* an den Server geschickt wird und als Passwort Ihre E-Mail-Adresse. Haben Sie auf einem FTP-Server ein eigenes Login, geben Sie die URL im Konqueror bitte wie folgt ein:

```
ftp://username@ftp.überallistlummerland.com
```

Der Konqueror wird Sie dann nach Ihrem Passwort fragen und mit dem Server verbinden.

### 4.5.6 Virtuelle Eselsohren

Genau wie jeder andere Browser kennt auch der Konqueror Lesezeichen (Bookmarks), die virtuellen Eselsohren des neuen Jahrtausend. Klicken Sie dafür entweder in der Menüleiste auf den Eintrag LESEZEICHEN oder – es lebe die rechte Maustaste und die daran hängenden Kontextmenüs – im Popup-Menü, das durch Anklicken der rechten Maustaste erscheint, auf den Eintrag ZU LESEZEICHEN HINZUFÜGEN. Auch hier zeigt sich wieder, dass KDE im Gegensatz zu z.B. Windows nicht zwischen lokalen Dateien und solchen unterscheidet, die auf einem fremden Rechner liegen. KDE ist, wenn Sie so wollen, stets Internet-bereit. Wenn Sie online gehen und die KDE-Homepage besuchen wollen, um sich dort über die neuesten Features zu informieren, reicht es, auf ADRESSE→URL ÖFFNEN zu klicken und dann die URL *http://www.kde.org/* einzugeben. Genauso erlaubt es Ihnen der Konqueror, interessante FTP-Adressen oder einfach nur Lieblingsverzeichnisse aus Ihrem Home-Verzeichnis in die Liste aufzunehmen, so dass diese stets über die Abkürzung LESEZEICHEN schnell zu erreichen sind.

Auch Ihre Netscape-Bookmarks bleiben Ihnen erhalten. Der Konqueror hat für diese sogar ein eigenes Verzeichnis unter LESEZEICHEN vorgesehen, das originellerweise NETSCAPE-LESEZEICHEN heißt und nicht nur die Bookmarks aus Netscape übernimmt, sondern auch die Verzeichnisstruktur, in der Sie diese unter Umständen geordnet haben. Und das Ganze funktioniert sogar in die andere Richtung. Haben Sie sich mit dem Konqueror tapfer interessante Bookmarks ersurft, wollen Sie diese doch bestimmt auch im Netscape nutzen können, gelle? Kein Problem, denn wenn Sie über LESEZEICHEN→LESEZEICHEN BEARBEITEN den Bookmark-Editor öffnen, findet sich dort untern dem Menüpunkt DATEI ein Eintrag namens ALS NETSCAPE-LESEZEICHEN EXPORTIEREN, mit dem Sie genau dies tun können.

Haben Sie absolute Lieblingsseiten, die wirklich nur einen Mausklick entfernt sein sollen, so können Sie diese über LESEZEICHEN→LESEZEICHEN LEISTE→LESEZEICHEN HINZUFÜGEN in die Lesezeichen-Leiste aufnehmen. Nun müssen Sie nur noch EINSTELLUNGEN→LESEZEICHEN-LEISTE ANZEIGEN aktivieren und schon sind Ihre Lieblinge stets in Griff- oder besser gesagt Mausweite.

### 4.5.7 Verwandlungskünstler

So schön der Konqueror auch ist, Sie haben sich an *Netscape* gewöhnt und würden ein ähnliches Outfit beim KDE-Browser zu schätzen wissen? Gar kein Problem. Klicken Sie sich doch einfach mit ein paar Mausklicks im *KDE-Kontrollzentrum* Ihr Netscape-Look-Alike zusammen.

Öffnen Sie dazu das Kontrollzentrum, und wählen Sie dort den Menüpunkt ERSCHEINUNGSBILD→SYMBOLE. Sie erinnern sich, auch diesem Punkt haben wir im Abschnitt über das Kontrollzentrum einen Besuch abgestattet, allerdings habe ich Sie dort hinsichtlich der Bedeutung des Tabs ERWEITERT auf später vertröstet. Dieses Versprechen will ich jetzt einlösen. Wählen Sie also zunächst einmal dieses Tab an. Um von den Effekten so richtig was zu haben, sollten Sie zunächst im Bereich GRÖẞE die Zahl auf mindestens 32 heraufsetzen.

Um dem Konqueror endgültig ein neues Outfit zu verpassen, klicken Sie zuerst den Punkt HAUPT-WERKZEUGLEISTE im Bereich VERWENDUNG DES SYMBOLS mit der Maus an. Fertig? Dann richten Sie Ihren Blick auf den unteren Teil des Fensters. Wählen Sie zunächst den Punkt STANDARD an und klicken Sie sodann auf den Button EFFEKT FESTLEGEN. Im daraufhin aufploppenden Fenster wählen Sie EINFÄRBEN. Das war es auch schon fast. Denn auch bei den beiden anderen Punkten, AKTIV und DEAKTIVIERT, müssen Sie EINFÄRBEN auswählen. Mit einem kleinen Unterschied: Beim letzten Punkt sollten Sie das Feld HALBTRANSPARENT aktivieren. Beim nächsten Start erstrahlt Ihr Konqueror dann in völlig neuem Glanz

Netscape hat Ihnen nie wirklich gefallen, und als Dateimanager hängen Sie immer noch am *Internet-Explorer?* Auch hier müssen Sie nicht auf Vertrautes verzichten. Denn mit ein paar kleinen Änderungen tummelt sich der Konqueror gerne auch im Explorer-Look auf Ihrem Desktop. Wählen Sie in diesem Fall bei STANDARD statt EINFÄRBEN KEIN EFFEKT an. Gleiches gilt für den Punkt AKTIV. DEAKTIVIERT erhält den Wert NACH GRAU, und schon sieht Ihr Dateimanager guten alten Bekannten verblüffend ähnlich.

# 4.6 Der Autostart-Ordner

Dieser Ordner sollte Ihnen, wenn Sie schon mit Windows gearbeitet haben, bekannt vorkommen. Programme, die einen Eintrag im Autostart-Ordner haben, werden automatisch mit KDE gestartet.

Öffnen Sie den Autostart-Ordner – bei SuSE finden Sie ihn unter */home/ihr-user-name/.kde2/Autostart* – durch einen Klick mit der Maus. Öffnen Sie daraufhin im Dateimanager das Verzeichnis, in welchem sich das Programm befindet, das Sie hinzufügen möchten. Jetzt kommt uns wieder Drag&Drop zugute, da es reicht, das gewünschte Programm aus seinem Quellverzeichnis mit der Maus in den Autostart-Ordner zu ziehen und hier die linke Maustaste loszulassen. Wählen Sie im Auswahlmenü, welches daraufhin erscheint, HIERMIT VERKNÜPFEN und erstellen Sie so einen symbolischen Link (spart Plattenplatz!). Beim Neustart wird das Programm zusammen mit KDE gestartet.

# 4.7 Programme und Icons im Panel hinzufügen

Standardmäßig kommt KDE nur mit dem Hilfe-Icon, dem K-Button, der Fensterliste und dem Icon für das Home-Verzeichnis daher – sowie den kleinen Nettigkeiten, die SuSE schon mal für Sie eingefügt hat. Wäre es nicht schön, wenn sich auch ein Icon für die Lieblingsprogramme im Panel befände, so dass deren Start nur einen Mausklick kostet? Kein Problem – wie das geht, lernen Sie jetzt.

Am schnellsten kommen Sie zum gewünschten Icon über das Panel selbst. Klicken Sie mit der rechten Maustaste auf die Leiste und wählen Sie dann HINZUFÜGEN→ÄLTERES PROGRAMM. Nicht irritieren lassen, selbstverfreilich können Sie auch ein brandaktuelles Programm auf diese Weise in Ihre Kontrollleiste integrieren. Es öffnet sich daraufhin ein Dateimenü, in dem Sie sich gemütlich bis zum Wunschprogramm vorklicken können. Achten Sie darauf, das Binary, sprich das ausführende Programm, anzuwählen. Dieses finden Sie in der Regel meist in den */bin-Verzeichnissen.*

HINWEIS

Es ist möglich, den Startbefehlen in der Zeile BEFEHLSZEILE Optionen der Kommandozeile mitzugeben. So starte ich beispielsweise der Bequemlichkeit halber meinen Xemacs immer mit einer gewissen Fenstergröße, indem ich im Feld BEFEHLSZEILE folgende Zeile eingegeben habe: *xemacs -geometry 108x47-17+2.*

Handelt es sich bei dem Programm um eine textbasierte Anwendung, die normalerweise auf einer Konsole betrieben wird, müssen Sie zusätzlich das Feld IN TERMINAL STARTEN aktivieren. Ob mit oder ohne Option, in jedem Fall erscheint nach Beendigung der Prozedur in Ihrem Panel ein Zahnrad-Icon, über das Sie künftig per Mausklick die gewünschte Anwendung starten können.

Falls Sie das Zahnrad als Symbol genauso »aussagekräftig« finden wie ich, ändern Sie es. Klicken Sie dazu mit der Maus auf das Icon. Es erscheint ein Fenster mit den unterschiedlichsten Icons, aus denen Sie sich das passende mit einem einfachen Mausklick auswählen können. Auf OK drücken, und KDE ändert das Icon. Wir müssen nun nur noch mit der Maus das beschriftete Icon per Drag&Drop auf das Panel ziehen und sind fertig. In Zukunft reicht ein Mausklick auf das Icon, um das Programm zu starten. Diese Prozedur können Sie mit allen Programmen Ihrer Wahl durchführen.

Stolpern Sie bei Ihrem Surfen durch die Dateisysteme über ein interessantes Programm, das Sie künftig gerne in der Leiste klickbereit hätten, brauchen Sie noch nicht einmal mehr den Umweg über das Panel zu gehen. Ziehen Sie in diesem Fall die Datei einfach per Drag&Drop auf das Panel. Fertig!

Sie können die im Panel verankerten Icons jederzeit austauschen, löschen oder ihre Position verschieben. Ein Klick mit der rechten Maustaste auf das Icon genügt, alles Weitere ist selbsterklärend. Probieren Sie es aus!

## 4.8 Dateien und Links auf dem Desktop ablegen

Das Gefummel durch die Verzeichnisbäume im Konqueror kann ganz schön lästig sein, so übersichtlich dieser auch gestaltet sein mag. Daher bietet KDE die Möglichkeit, wichtige Dateien, ftp- und http-Links oder Verzeichnisse, auf die man schnell zugreifen möchte, auf dem Desktop abzulegen. Dateien auf dem Desktop zu parken, ist so simpel, dass ich mich fast nicht traue, es Ihnen zu erklären. Klicken Sie einfach im Konqueror auf die entsprechende Datei, ziehen Sie diese auf den Desktop, und lassen Sie die Maustaste Maustaste sein. Ob Sie eine Kopie oder eine Verknüpfung erzeugen, bleibt Ihnen überlassen. Platzsparender sind Verknüpfungen allemal. Und wenn es sich bei dem Objekt um eine Datei mit der Endung *gif, jpg* oder einem anderen Bildformat handelt, bekommen Sie sogar noch die Option ALS HINTERGRUNDBILD verwenden angeboten. Wie Sie sehen, denkt KDE in jeder Lebenslage mit.

Es gibt jedoch noch einen anderen, offizielleren und vor allem allgemeingültigeren Weg. Die KDE-Entwickler haben für die wichtigsten Anwendungen und Dateitypen *Vorlagen* für Sie vorbereitet. Vorlagen lassen sich für verschiedenste Dinge einsetzen. Besonders nützlich sind sie, wenn man Links für Webseiten oder Adressen von Ftp-Servern griffbereit auf dem Desktop platzieren möchte. Die Grundidee der Vorlagen ist, bestimmte Dateinamenerweiterungen mit bestimmten Anwendungen zu verknüpfen. Endet eine Datei mit einer bestimmten Erweiterung und wird sie mit einem Doppelklick angewählt, so wird sie automatisch gestartet. Dieses Prinzip machen wir uns im Folgenden zunutze. Lassen Sie uns als Beispiel erneut ein Icon für die KDE-Homepage erstellen, so dass Sie immer im Blick haben, was die Programmierer um Matthias Ettrich und Kalle Dalheimer so alles treiben.

Klicken Sie also mit der rechten Maustaste auf Ihren Desktop, wählen Sie dort NEU ERSTELLEN an und danach VERKNÜPFUNG MIT ADRESSE (URL)... Diese kann dazu verwendet werden, einen Link zu einer FTP-Site oder gar zu einem bestimmten Verzeichnis dieses FTP-Servers zu erstellen. Sie können z.B. eine Verknüpfung geradewegs zum KDE-Server oder einem Mirror Ihrer Wahl erstellen ...

Aber wir wollten ja Kontakt zur KDE-Seite aufnehmen. Geben Sie also im daraufhin erscheinenden Fenster die URL der KDE-Homepage ein (wer es nicht weiß, sie lautet *http://www.kde.org)* und bestätigen Sie Ihre Wahl mit OK. Das war's auch schon. Nach dem gleichen Schema können Sie so ganz leicht Verknüpfungen zu Programmen, Verzeichnissen etc. erstellen. KDE hat für alle diese Fälle schon vorgesorgt.

## 4.9 Der Papierkorb

Generell gilt unter Linux die Devise »Was weg ist, ist weg«, sprich: gelöschte Dateien sind unwiderruflich verloren, was bei der Diplomarbeit oder einem wichtigen Vertrag zwei Tage vor Abgabe, nun, sagen wir euphemistisch ausgedrückt, »unangenehm« sein kann. KDE hält deshalb den Ordner *Mülleimer* für Sie bereit. Dateien, die auf diese Weise gelöscht werden, lassen sich jederzeit wiederherstellen. Denken Sie allerdings daran, den Mülleimer in regelmäßigen Abständen zu leeren, indem Sie das Icon mit der rechten Maustaste anklicken und dann MÜLLEIMER LEEREN wählen; Ihnen könnte sonst irgendwann der Plattenplatz ausgehen, da die Dateien im Papierkorb immer noch Platz belegen.

# 4.10 Klipper – ein Clipboard auf KDE-Art

*Klipper* nennt sich die deutlich aufgepeppte Zwischenablage (Clipboard), die Ihnen KDE netterweise zur Verfügung stellt. In der Regel wird Klipper automatisch mit dem Start von KDE in Gang gesetzt. Sie erkennen das an dem kleinen Klemmbrett-Icon im Panel. Sollte das bei Ihnen ausnahmsweise nicht der Fall sein, starten Sie Klipper via K-Button→Dienstprogramme→Ausschneiden/Einfügen: Verlauf. Markieren Sie jetzt einen beliebigen Absatz in einem X-Terminal Ihrer Wahl, dann noch einen. Wenn Sie nun auf das »angedockte« Klipper-Icon klicken, können Sie jeweils die zuletzt markierten Absätze auswählen, um sie später irgendwo wieder einzufügen. Merken Sie sich jedoch lieber das Tastenkürzel Strg-Alt-V, damit können Sie sich das lästige Angeklicke im Panel ersparen.

Konfigurieren können Sie Klipper natürlich auch. Klicken Sie dazu auf das Panel-Icon und wählen Sie dann Persönliche Einstellungen. Ich möchte Sie hier vor allem auf zwei Optionen aufmerksam machen. Die erste befindet sich direkt auf dem Tab Allgemein. Haben Sie Kontextmenü an Mausposition öffnen aktiviert, erscheint nach Eingabe von Strg-Alt-V das Kontextmenü immer dort, wo sich Ihr Mauszeiger gerade befindet.

Noch spannender ist der Tab Aktionen. Klipper ist in der Lage, selbständig Aktionen auf seine Inhalte anzuwenden. Ein paar dieser Aktionen sind schon vordefiniert. Kopieren Sie beispielsweise einen Textstring ins Clipboard der ein *http://* enthält, interpretiert Klipper das zu Recht als URL und präsentiert Ihnen ein Menü mit möglichen Aktionen, unter anderem Open with Konqueror oder Open with Netscape sowie Nichts ausführen. Klicken Sie Letzteres an, passiert gar nichts. Bei den ersten beiden Varianten öffnet sich wahlweise der Konqueror oder der Netscape mit der im Clipboard enthaltenen Adresse. Sollten Sie diese Verhaltensweisen eher als störend denn als nützlich empfinden, können Sie sie abschalten, und zwar indem Sie im Kontextmenü Aktionen aktiviert deaktivieren.

Hinweis: Auch die Tastenkombination zum Öffnen des Kontextmenüs können Sie noch verändern, und zwar auf dem Tab Tastenkürzel. Das Prinzip folgt dem, was Sie beim Kontrollzentrum in der Sektion Erscheinungsbild→Tastenzuordnung kennen gelernt haben. Wer mag, kann übrigens auch hier die Tastenbelegung von Klipper ändern.

# 4.11 Laufwerke per Icon auf dem Desktop mounten/umounten

An anderer Stelle in diesem Buch werden Sie sehen (Kapitel 10.3), dass es unter Linux beim Mounten und Umounten von Floppy- oder CD-ROM-Laufwerken ein klein wenig mehr zu beachten gibt als beim Zugriff auf externe Datenträger unter Windows. KDE eröffnet Ihnen die Chance, per Mausklick auf ein auf dem Desktop platziertes Icon Ihre Laufwerke in Ihren Dateibaum einzubinden und auch wieder freizugeben. Und das Netteste: In Ihrer SuSE-Version ist dies sogar schon vorkonfiguriert, so dass Sie die Icons noch nicht einmal selbst zu erstellen brauchen.

Falls Sie auf Ihrem Desktop aus irgendwelchen Gründen keine Disketten- und CD-Icons finden, klicken Sie mit der rechten Maustaste auf den Desktop und wählen im Kontextmenü NEU ERSTELLEN→CD-ROM aus. Es handelt sich dabei übrigens wieder um eine der vordefinierten Vorlagen, die ich in vorangegangenen Abschnitten schon angesprochen habe. Ich verrate Ihnen jetzt schon mal, was Sie im GERÄT ausfüllen müssen. Sie sollten jedoch trotzdem kurz im Kapitel 10.4 nachlesen, weshalb Sie das tun. Tragen Sie im Geräte-Feld bitte /DEV/CDROM ein (oder welche Bezeichnung sonst auf Ihr CD-ROM zutrifft). Aktivieren Sie zusätzlich das Nur-lesen-Feld und geben Sie schließlich bei MOUNT-PUNKT `/media/cdrom` ein – dies ist der Mountpoint, den SuSE für CD-ROM-Laufwerke vorgesehen hat. Sonst müssen Sie nichts weiter ausfüllen. OK bestätigen und fertig ist die Laube. Ach ja – sollte Ihnen das voreingestellte Icon für gemountete Laufwerke oder das Icon für *umounted* nicht gefallen, tauschen Sie es aus. KDE liefert Ihnen beispielsweise für CD-ROM-Laufwerke zwei Icons mit, bei denen ein grünes »Lämpchen« neben dem CD-ROM-Symbol das gemountete Medium und das Icon ohne »Lämpchen« das nicht gemountete symbolisiert.

Möchten Sie künftig auf Ihr CD-ROM-Laufwerk zugreifen, heißt es: rein mit dem Ding und mit der Maus auf das passende Desktop-Icon geklickt: Et voilà – es erscheint ein Konqueror-Fenster mit dem Inhalt Ihrer CD-ROM. Um dies wieder zu entfernen, klicken Sie mit der rechten Maustaste auf Ihr Icon und wählen aus dem Kontextmenü LAUFWERK-EINBINDUNG LÖSEN. Fertig. Und ein Klick auf AUSWERFEN fungiert sogar also virtuelle Reject-Taste ...

HINWEIS

Sollte das wider Erwarten nicht funktionieren, klicken Sie mit der rechten Maustaste einmal auf das Icon und wählen *Eigenschaften* im Kontextmenü. Vielleicht liegt der Fehler nämlich darin begründet, dass das im Tab *Gerät* voreingetragene /DEV/CDROM nicht mit Ihrem System übereinstimmt. Wenn dem so ist – ändern Sie es Ihren Gegebenheiten entsprechend ab.

# 4.12 Shortcuts oder: »Wie sag ich's mit der Tastatur?«

Zwar ist es ja mittlerweile möglich, seine ganz persönlichen Tastaturkombinationen zu definieren, aber auch KDE kennt Tastenkürzel für die wichtigsten Aktionen. Die möchte ich Ihnen nicht vorenthalten:

| Tastenkombination | Bedeutung |
|---|---|
| Alt-Esc, Strg-Esc | Zeigt die aktuelle Prozessliste |
| Alt-Tab, Alt-⇧-Tab | Holt bei mehreren geöffneten Fenstern das angezeigte Fenster in den Vordergrund |
| Alt-F1 | K-Menü aufklappen |
| Strg-Tab, Strg-⇧-Tab | Wechselt zwischen den Desktops |
| Alt-F2 | Öffnet eine Kommandozeile, in der sich per Hand Programme etc. starten lassen |
| Alt-F3 | Klappt das Menü des aktuellen Fensters auf |
| Alt-F4 | Schließt das aktuelle Fenster |
| Strg-F1 bis Strg-F12 | Schaltet auf den korrespondierenden Desktop um |
| Strg-Alt-Esc | Der »Window(s)killer«. Jedes Fenster, auf das Sie klicken, wird zerstört |
| Strg-Alt-← | Beendet Ihr X Window System auch unter KDE |
| Strg-Alt-Numpad + | Wechselt zur nächsten Bildschirm-Auflösung |
| Strg-Alt-Numpad - | Wechselt zur vorangegangen Bildschirm-Auflösung |

# 4.13 Zeigen Sie Format!

Wie Sie in Kapitel 10.5 noch lesen werden (nicht umsonst steht dieses Kapitel weiter hinten), ist das Formatieren von Disketten unter Linux mitunter eine etwas anstrengende Angelegenheit. Es wird Sie daher sicher freuen zu hören, dass es unter KDE mit *Kfloppy* ein nettes grafisches Tool gibt, das Ihnen diese Mühsal erspart und das Formatieren von Disketten per Mausklick ermöglicht. Starten Sie Ihr praktisches kleines Helferlein per K-BUTTON→DIENSTPROGRAMME→DISKETTEN-FORMATIERER, um künftig grafisch Format zu zeigen (Abbildung 4.27).

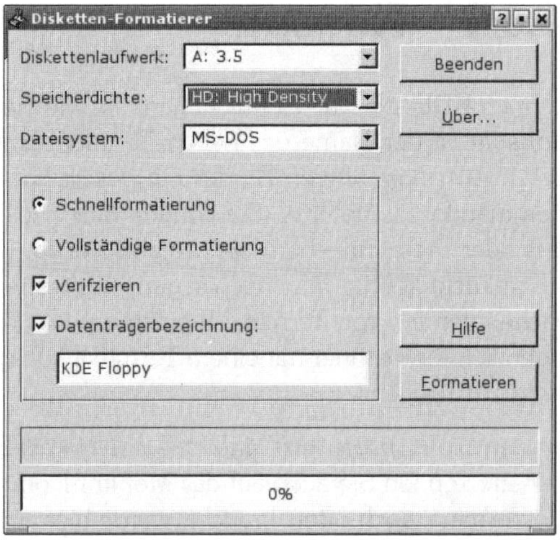


*Abb. 4.27: Kfloppy – KDEs grafischer Formatierer*

Bevor Sie loslegen: Stellen Sie sicher, dass die Diskette nicht gemountet ist. Kfloppy ist nicht in der Lage, gemountete Disketten zu formatieren.

Das Programm selbst ist relativ selbsterklärend. Legen Sie einfach die zu formatierende Diskette in Ihr Floppy-Laufwerk ein, und starten Sie dann durch. Im Pull-down-Menü von DISKETTENLAUFWERK können Sie anklicken, ob es sich bei der Diskette um eine *3.5*- oder *5.25-Zoll-Diskette* handelt und ob Ihr Floppy-Laufwerk Laufwerk *a:* oder *b:* ist. Meist dürften Sie mit der voreingestellten Kombination A:3.5 wohl richtig liegen. Bei SPEICHERDICHTE wählen Sie HD: HIGH-DENSITY – es sei denn, Sie benötigen aus irgendeinem Grund DD: DOUBLE DENSITY. Bei DATEISYSTEM geben Sie jetzt noch an, ob Sie Ihre Diskette im Linux-Dateiformat oder für Windows formatieren wollen. VERIFIZIEREN anzuwählen, kann auch nicht schaden. Sie zwingen Kfloppy so zu überprüfen, ob die Formatierung korrekt durchgeführt wurde, und eventuelle defekte Speicherblöcke zu markieren. Schließlich bleibt Ihnen noch die Wahl zwischen SCHNELLFORMATIERUNG und VOLLSTÄNDIGE FORMATIERUNG, und wer mag, aktiviert die Option DATENTRÄGERBEZEICHNUNG und gibt den passenden – oder unpassenden – Namen ein. Klicken Sie danach auf den Button FORMATIEREN, und beobachten Sie in der Prozessleiste die Fortschritte.

# 4.14 Konsole

... unter KDE? Na klar. Nur nicht ganz so, wie Sie jetzt vielleicht denken. Denn *Konsole* ist der Name des neuen Terminal-Emulators, der sich ab Version 1.1.1 zu seinem älteren Bruder *kvt* gesellt hat. Betrachten Sie *Konsole* als Kommandozeile unter X. Sie können hier Shell-Kommandos wie *ls*, *locate*, *less* oder *more* eingeben, die Sie alle hier im Buch kennen lernen. Anders ausgedrückt könnte man auch sagen, dass es in den Zeiten grafischer Oberflächen der Job von Terminal-Emulatoren wie *konsole* ist, Programmen, die eigentlich für Rechner mit einem Terminal konzipiert sind, unter X eine neue Heimat zu geben.

Starten Sie *Konsole* jetzt einfach einmal via K-BUTTON SYTEM→TERMINAL. Alternativ können Sie auch auf das Monitor-Icon im Panel klicken. Da man so ein Terminal doch öfters braucht, wurde hier ein Icon schon für Sie vorkonfiguriert. Auch diese Version des X-Terminals lässt sich – einmal gestartet – nahezu vollständig per Menüleiste konfigurieren. Klicken Sie dazu auf EINSTELLUNGEN. Wie Sie sehen, können Sie hier entscheiden, ob Konsole einen Rahmen haben soll, auf welcher Seite sich die Rollbalken ansiedeln sollen, und Zeichensatz und Größe lassen sich auch mittels eines einfachen Mausklicks verändern. Unter FARBSCHEMA werden Ihnen vorkonfigurierte Schemata angeboten. So abgehoben das vielleicht klingen mag – dahinter verbergen sich einfach nur voreingestellte farbige Hintergründe und Schriftarten/ -größen, mit denen Sie per Klick das Aussehen Ihrer Konsole ändern können. In Abbildung 4.28 sehen Sie Konsole im Linux-Look.

*Abb. 4.28: Ihre Konsole trägt hier »Linux-Farben«*

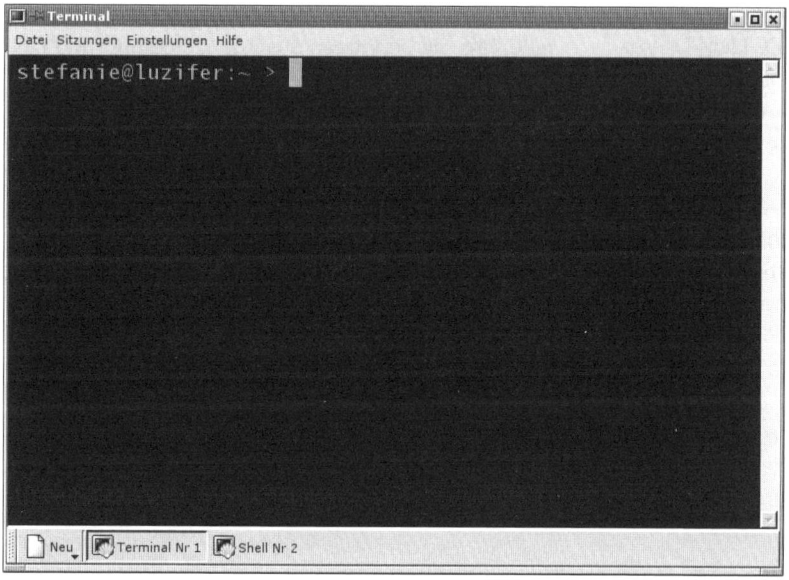

Alle oben erwähnten Einstellungen gelten erst einmal für die laufende Sitzung von Konsole. Möchten Sie die vorgenommenen Änderungen dauerhaft speichern, so wählen Sie abschließend EINSTELLUNGEN SPEICHERN an.

Praktisch ist der Menüpunkt *Datei*. Hier wurden Ihnen von den Programmierern unterschiedliche Verwendungszwecke von Konsole schon voreingestellt. Wählen Sie beispielsweise MIDNIGHT COMMANDER an, so wird automatisch der mc (den Sie in Kapitel 12 ausführlich erklärt finden) in Konsole gestartet, ROOT-KONSOLE führt für Sie – wenn Sie so wollen – das *su*-Kommando aus: Nach Abfrage des *root-Passwortes* können Sie als *root* in Konsole tätig werden.

# 4.15 Wo hab' ich das nur hingepackt? – Verlorene Dateien in KDE suchen

Das kennt wohl jeder: Man hat irgendein cooles Programm oder eine Webseite heruntergeladen und am nächsten Tag vergessen, wie sie hieß oder wo zum Himmel man sie geparkt hat ... KDE hat dafür *Kfind* implementiert, das das Suchen nach den »Wo-hab-ich-das-Teil-bloß-hingepackt?«-Dateien erheblich vereinfacht.

Starten Sie Kfind entweder über den K-Button und DATEIEN SUCHEN, oder geben Sie im gerade vorgestellten X-Terminal *konsole* `kfind &` ein.

*Kfind* verfügt über drei Karteikartenreiter: NAME/PFAD, DATUMSBEREICH und ERWEITERT. Können Sie sich noch an einen Teil des Dateinamens erinnern, dann ist NAME/PFAD Ihr Freund. Geben Sie im dafür vorgesehenen Feld den Dateinamen ein, Wildcards, also Jokerzeichen, werden akzeptiert. Versuchen Sie es als Test einmal mit **gif*. kfind startet seine Suche nach den Dateien, deren Namen auf »gif« enden, zunächst in Ihrem Home-Verzeichnis. Sie können jedoch jedes beliebiges Verzeichnis angeben. Klicken Sie dafür bei SUCHEN IN nur auf die Schaltfläche AUSWÄHLEN und dann auf SUCHEN. Nach kurzer Zeit wird Ihnen das Suchergebnis in einem Fenster ausgegeben (Abbildung 4.29).

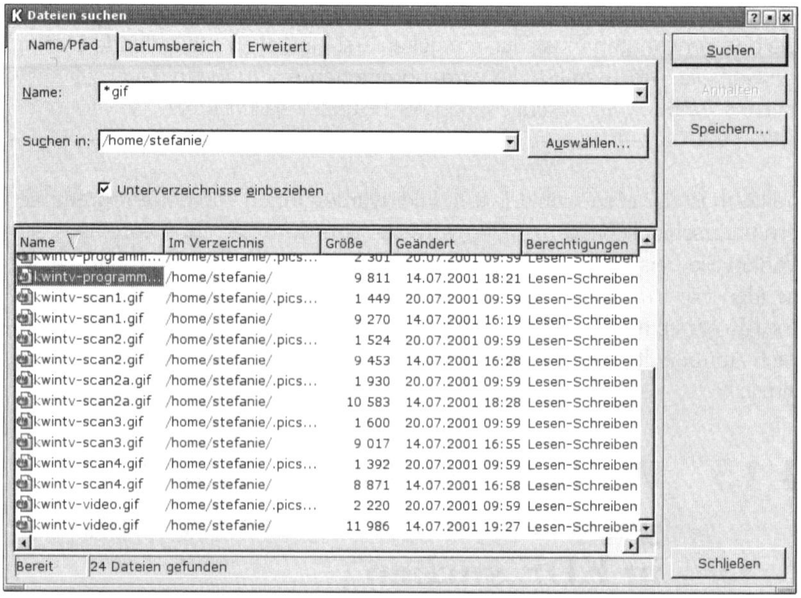


*Abb. 4.29: Kfind ist fündig geworden*

Eine weitere Möglichkeit ist die Suche nach dem Änderungsdatum der Datei (Abbildung 4.30).

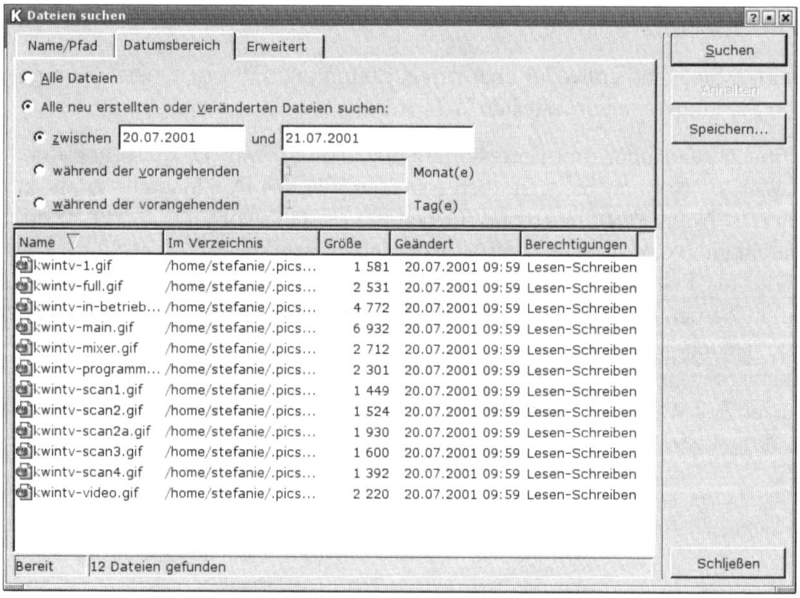


*Abb. 4.30: Wo sind nur all die gestern geänderten Dateien hin?*

Die Suche lässt sich so auf Dateien einengen, die zuletzt in einer von Ihnen definierten Zeitspanne oder vor einer angegebenen Anzahl von Tagen erstellt oder verändert wurden. Kfind kennt neben Name, Pfad und Änderungsdatum noch Typ und Größe als Suchfilter.

## 4.16 Ich bin root – ich darf das ...

Diese Einstellung ist zwar sicherlich richtig, aber nicht immer gesund für Ihr System und damit für Ihre Nerven und Ihre Dateien. Aus diesem Grund habe ich es schon erwähnt, erwähne es hier nun wieder und werde es wohl auch im Laufe des gesamten Buches immer wieder einfließen lassen: Arbeiten Sie nur dann als *root*, wenn es sich nicht vermeiden lässt. Vor allem unter X gibt es in der Regel kaum Veranlassung dazu, als *root* durchs System zu geistern. Für den Fall, dass Sie doch einmal als *root* arbeiten müssen oder als *root* an den Konqueror heran wollen, kennt KDE das Programm `KDE-su`. Starten können Sie dieses Programm via K-BUTTON SYSTEM→DATEI-MANAGER (ADMINISTRATOR-MODUS), wobei der Name eigentlich schon sehr schön beschreibt, was dieses Programm tut. Nach dem Start per Mausklick öffnet sich ein Fenster wie in Abbildung 4.31.

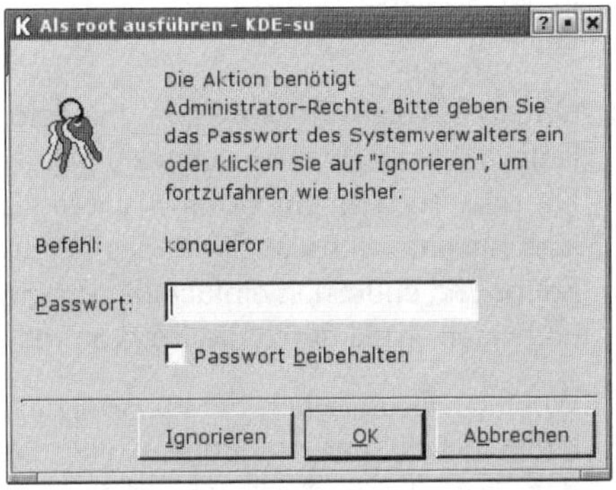


*Abb. 4.31: Autorisation ist gefragt!*

Geben Sie dort bitte Ihr *root-Passwort* ein. Danach öffnet sich der Konqueror mit dem *root-Heimatverzeichnis.*

# 4.17 Fragen

1. Dummerweise hat sich Ihre Kontrollleiste verabschiedet, und da es Tage gibt, an denen alles gegen einen ist, lässt sich auch kein X-Terminal mehr öffnen. Mit welchem Trick verhilft Ihnen KDE doch noch zur heißbegehrten Kommandozeile?
2. Die KDE-Entwickler haben Ihnen mit dem Skript *startkde* eine kleine Starthilfe gegeben und lassen Sie automatisch die wichtigsten Programme starten. Nun ja, das heißt nicht, dass Sie diese Programme genauso wichtig finden. Wie tauschen Sie sie aus?
3. Sie starten Ihren Konqueror und sehen statt Ihrer gewohnten Ordner und Verzeichnisse mit einem Mal irgendeine obskure Webseite. Woran kann das liegen?
4. Wie kann Ihnen KDE dabei helfen, herauszufinden, welchen X-Server Sie betreiben?

## 4.17.1 Antworten

1. Die Tastenkombination [Alt]-[F2] lässt eine Kommandozeile aufploppen, in der Sie versuchen können, die benötigten Programme »zu Fuß« zu starten.
2. Öffnen Sie die Datei *startkde* mit dem Editor Ihres Herzens. Wo sich die Datei auf Ihrem System versteckt hält, finden Sie mit einem `locate startkde` oder auch einem `which startkde` leicht heraus. Sobald Sie sie lokalisiert haben, wechseln Sie in das Verzeichnis, öffnen die Datei mit Ihrem Editor und entfernen einfach die Programme, deren Start Ihnen lästig ist, und ersetzen sie durch die Programme Ihrer Wahl.
3. Wahrscheinlich haben Sie im Ansichtsmenü den Punkt INDEX.HTML BENUTZEN aktiviert, und im angewählten Verzeichnis befindet sich eine *index.html-Datei*. Ist selbige vorhanden, so stellt der Konqueror diese statt Ihrer Ordner und Dateien dar.
4. Klicken Sie im KDE Kontrollzentrum auf INFORMATION→X-SERVER.

KAPITEL 5

# Editieren ist ja schön und gut, aber wo ist mein Notepad?!

Wer die Wahl hat, hat die Qual ... Dieser alte Spruch beschreibt recht treffend die Situation, der man sich bei der Editorenwahl unter Linux gegenübersieht. Für nahezu jeden Geschmack oder jede Aufgabe lässt sich der passende Editor (oder auch nicht) finden. Wir wollen Ihnen im Folgenden eine kleine – sehr subjektive – Auswahl vorstellen. *Joe* ist mein Favorit für die Kommandozeile, da er schnell und seine Bedienung dabei meiner Meinung nach relativ einfach zu erlernen ist. Der *vi* ist ein Mörderding, aber manchmal der einzige Editor, der Ihnen zur Verfügung steht. Aus diesem Grund sollte man zumindest die wichtigsten Befehle kennen. *XEmacs* ist mein persönlicher Liebling und das, was man die eierlegende Wollmilchsau unter den Editoren nennt. In diesem Buch können von daher nur die rudimentärsten Fähigkeiten dieses Alleskönners beschrieben werden. Aber entscheiden Sie nach der Lektüre dieses Kapitels am besten selbst, wer von den vorgestellten Editoren Ihr ständiger Begleiter werden soll.

## 5.1 Der Editor Joe

Joe vereint mehrere Editoren in einem. Sie können Joe z.B. im *WordStar-Modus* betreiben, ihm das Benehmen eines anderen einfachen Editors namens *Pico* antrainieren oder ihm *Emacs-Manieren* beibringen. In erster Linie ist der Joe aber eines, weswegen ich ihn Ihnen vorstellen möchte – schnell und leicht zu bedienen. Er mag nicht so mächtig sein wie der XEmacs und auch nicht so bunt wie Jed oder Fte, aber es gibt kaum einen anderen Editor, der so flugs zu erlernen ist wie der Joe.

### 5.1.1 Die Konfiguration

Ihre SuSE-Installation enthält den Joe, so dass Sie ihn nicht mehr extra installieren müssen, sondern sich direkt der Konfiguration zuwenden können. Ich möchte mich auf die Konfiguration der normalen *joerc*-Datei beschränken, die sich in */usr/lib/* befindet. Wenn Sie Joe im Emacs-Modus oder WordStar-Modus etc. betreiben möchten, müssen Sie die Dateien *jmacsrc* bzw. *jstarrc* anpassen, die Sie im gleichen Verzeichnis finden.

HINWEIS

*rc*-Dateien entsprechen den *.ini-Dateien* unter Windows. Sie enthalten Einstellungen für die entsprechenden Programme, die immer beim Start des jeweiligen Programms von diesem automatisch eingelesen werden und gewisse Voreinstellungen vornehmen.

Joe sucht nach den Konfigurationsdateien erst in dem Verzeichnis, in dem Sie sich gerade befinden, anschließend im Home-Verzeichnis des jeweiligen Benutzers und dann systemweit. Kopieren Sie also bitte die Datei *joerc* in Ihr Home-Verzeichnis

```
stefanie@diabolo[~]>cp /usr/lib/joerc .joerc
```

und öffnen Sie sie mit einem beherzten

```
stefanie@diabolo[~]>joe .joerc
```

Damit Joe Ihnen künftig Umlaute korrekt darstellt, entfernen Sie bitte in Zeile 28 eventuelle Leerzeichen vor `-asis`, so dass der Bindestrich das erste Zeichen in der Reihe bildet.

HINWEIS

Dies ist eine Eigenart von Joe – nicht ein Hash (#), wie sonst unter Linux üblich, kommentiert Zeilen aus, sondern ein Einrücken.

Wenn Sie ständige Backups Ihrer Ausgangsdateien verhindern wollen, sollten Sie mit dem Ausdruck `-nobackups` in Zeile 32 genauso verfahren. Die leicht störende stets sichtbare Versionsnummer entfernen Sie, indem Sie `-nonotice` in Zeile 50 an den Rand rücken. Inwieweit Sie eine der anderen Optionen nutzen wollen, können Sie selbst entscheiden, nachdem Sie die Datei durchgelesen haben.

Für den Anfang bietet es sich vielleicht an, die Option `-help` zu aktivieren, die Ihnen einen Hilfeschirm mit den wichtigsten Tastenkürzeln einblendet, während Sie im Joe arbeiten. Sobald Sie sicherer geworden sind, können Sie dies ja jederzeit wieder auskommentieren.

Wenn Sie Joe als Standard-Editor in Ihren Mail- oder News-Programmen einsetzen wollen, sollten Sie unbedingt vom so genannten *Wordwrap-Modus* Gebrauch machen. Bei diesem können Sie einstellen, ab welcher Position in der Zeile Joe diese automatisch umbrechen soll, ohne dass Sie etwas tun müssen. Ich empfehle Ihnen, den Wert auf 72 Zeichen einzustellen. Hierzu rücken Sie bitte den Ausdruck `-wordwrap` an den Zeilenanfang (dieser sollte sich in etwa in Zeile 157 befinden) und tragen direkt in der Zeile darunter `-rmargin 72` (wieder am Zeilenanfang) ein.

Auf der Konsole zickt Joe bei den *Backticks* (manche nennen diese auch *Hochkommata,* aber auch die Bezeichnung *Backquotes* ist gängig) und stellt sie nicht richtig dar. Um ihm diese Unart abzugewöhnen, sollten Sie in Zeile 436 das Zeichen »'« bei `quote` in ein »« umändern.

## Die wichtigsten Kommandos

Sollten Sie sich gegen das automatische Einblenden der Hilfe entschieden haben, so ist das vielleicht wichtigste Kommando [Strg]-[K]-[H], mit dem Sie das Hilfemenü im Joe einblenden (Abbildung 5.1). Diesem können Sie eigentlich alle wichtigen Kommandos mit ihren Abkürzungen entnehmen. Lassen Sie sich von den vielen »^« nicht irritieren; damit wird im Joe die Taste [Strg] abgekürzt. Mit einem erneuten [Strg]-[K]-[H] können Sie das Hilfemenü wieder ausblenden, falls es Sie stören sollte. Eine Datei mit Joe zu öffnen, ist sehr einfach. Geben Sie einfach

```
stefanie@diabolo[~]> joe Sesamoeffnedich
```

ein, um die Datei *Sesamoeffnedich* zu bearbeiten.

Die Grundkommandos, die Sie sich auf jeden Fall merken sollten, sind folgende: Mit [Strg]-[K]-[X] sichern Sie in Joe eine Datei und verlassen ihn dann automatisch. Mit [Strg]-[C] verlassen Sie Joe, ohne die Datei vorher zu sichern. [Strg]-[K]-[D] sichert die Datei, beendet Joe aber nicht. Mit [Strg]-[K]-[F] lässt Sie Joe die Datei durchsuchen, die Sie gerade bearbeiten, und [Strg]-[K]-[J] formatiert einen Absatz – ein schönes Feature, wenn Sie den Joe als Editor in Ihrem Mail- oder Newsreader benutzen.

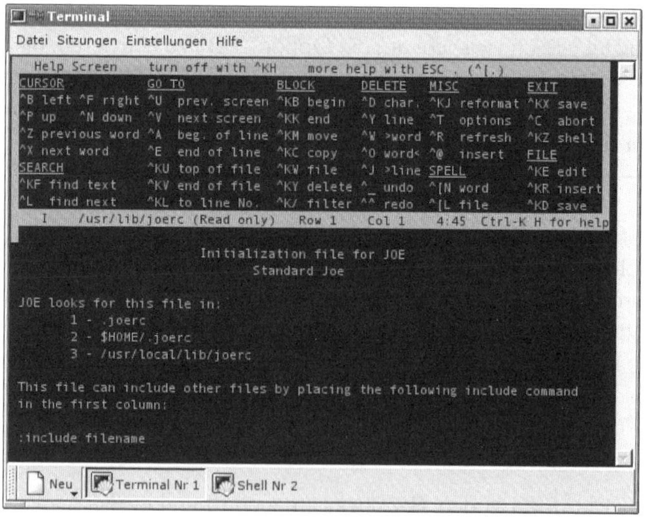


*Abb. 5.1: Ihr Editor Joe zeigt sich im gesamten oberen Fensterbereich doch recht »Hilfe«-reich, oder?*

Eine ganze Zeile löschen Sie mit der Kombination [Strg]-[Y]. Möchten Sie dies oder eine Eingabe im Joe rückgängig machen, betätigen Sie die Tastenkombination [Strg]-[_]. Alles Weitere überlasse ich Ihrer Neugier und der Online-Hilfe.

Und zur besseren Übersicht hier noch einmal die wichtigsten Befehle in einer Tabellenübersicht:

| | |
|---|---|
| [Strg]-[K]-[H] | Hilfsmenü ein- und ausblenden |
| [Strg]-[K]-[X] | Datei sichern und Joe beenden |
| [Strg]-[C] | Joe beenden ohne vorherige Sicherung der Datei |
| [Strg]-[K]-[D] | Datei sichern, ohne Joe zu beenden |
| [Strg]-[K]-[F] | Datei durchsuchen |
| [Strg]-[K]-[J] | Absatz formatieren |
| [Strg]-[Y] | Zeile löschen |
| [Strg]-[K]-[R] | Eine Datei in die aktuelle Datei einfügen |
| [Strg]-[_] | Letzte Aktion rückgängig machen |
| [Strg]-[D] | Zeichen löschen |
| [Strg]-[K]-[E] | Neue Datei laden |

## 5.2 Der vi

Einer der meistgefürchtetsten und dennoch sehr häufig benutzten Editoren ist der *vi*. Die Abkürzung kommt von *visual*, weil er der erste unter Unix verfügbare Editor war, der die Dateien in einem ganzen Bildschirm anzeigen konnte. Alle anderen Editoren hatten bis dato gerade mal die zu bearbeitende Zeile à la *edlin* angezeigt. Sie merken schon: Das Ding ist aus der Steinzeit der Computerei. Und Sie fragen sich jetzt sicher zu Recht: Was *soll* ich mich mit diesem Faustkeil unter den Editoren beschäftigen? Nun ja, der Grund ist der, dass es Ihnen einfach mal passieren kann, dass Sie ihn aus Versehen aufrufen oder dass ein Programm den vi als Standard-Editor eingestellt hat und sich nicht davon beeindrucken lässt, dass Sie eigentlich den Joe wollten. Außerdem könnten Sie ja einmal in die Verlegenheit kommen, an einem Unix-System arbeiten zu dürfen, das nicht so komfortabel ist wie Linux. Eigentlich können Sie nämlich nur davon ausgehen, dass der vi installiert ist (und noch viel archaischere und unbenutzbarere Editoren, die ich hier gnädigerweise mit dem Mantel des Vergessens bedecken will).

Der vi unterscheidet sich zuerst einmal grundlegend von den Ihnen bisher bekannten Editoren: Er hat nämlich drei unterschiedliche Modi. Sobald er aufgerufen wird, ist er im *Befehlsmodus*: Sie können keine Eingaben machen, sondern müssen erst mit dem Befehl (genauer: dem Tastendruck) `i` (für *insert)* in den *Einfügemodus* wechseln. In diesem können Sie zwar beliebig Eingaben vornehmen, aber nicht mit den Cursor-Tasten hin- und herfahren. Das geht nur im Befehlsmodus[1]. Um den Eingabemodus zu verlassen und wieder im Befehlsmodus zu landen, müssen Sie die [Esc]-Taste drücken.

Um den vi zu verlassen, müssen Sie in den *Doppelpunktmodus* wechseln. Das erreichen Sie durch die Eingabe eines – richtig: eines Doppelpunkts! Der Cursor springt dann in die letzte Bildschirmzeile und zeigt einen Doppelpunkt an. Verlassen können Sie den vi nun, indem Sie `q` eingeben. Haben Sie etwas am Text geändert, wird vi Sie darauf aufmerksam machen, dass Sie Änderungen am Text verlieren, und sich beharrlich weigern, diese Änderungen zu verwerfen. Machen Sie ihm also klar, dass Sie schon wissen, was Sie tun, indem Sie statt `:q` einfach ein `:q!` Eingeben – vi wird sich so still und heimlich von Ihnen verabschieden. Wollen Sie die gemachten Änderungen aber sichern, dann empfiehlt sich ein `:wq` oder ggf. ein `:wq!`, falls er sich aus irgendwelchen Gründen weigern sollte. Die mit dem SuSE-Linux mitgelieferte vi-Version hat auch eine sehr gute Online-Hilfe, die Sie mit dem Doppelpunkt-Befehl `:help` aufrufen und mit `:q` wieder verlassen können. Mit einer kleinen Tabelle, die die wichtigsten `vi`-Befehle darstellt, soll es dann genug sein.

| Befehl | Bedeutung |
|---|---|
| `i` | Wechsel aus dem Befehls- in den Einfügemodus; es wird vor der aktuellen Cursor-Position eingefügt |
| `I` | Wechsel aus dem Befehls- in den Einfügemodus; es wird am Anfang der aktuellen Zeile eingefügt |
| `a` | Wechsel aus dem Befehls- in den Einfügemodus; es wird nach der aktuellen Cursor-Position eingefügt |
| `A` | Wechsel aus dem Befehls- in den Einfügemodus; es wird am Ende der aktuellen Zeile eingefügt |
| `x` | Löschen des Zeichens unter dem Cursor |
| `xp` | Vertauschen des Zeichens unter dem Cursor mit dem direkt rechts daneben stehenden |
| `dd` | Zeile löschen |
| `:w` | Aktuell bearbeitete Datei speichern |
| `:w!` | Aktuell bearbeitete Datei speichern, auch wenn das Original schreibgeschützt ist (vi versucht es zumindest) |
| `:wq` | Aktuell bearbeitete Datei speichern und `vi` verlassen |
| `:wq!` | Aktuell bearbeitete Datei speichern, auch wenn das Original schreibgeschützt ist (vi versucht es zumindest), und `vi` verlassen |
| `:q` | `vi` verlassen |
| `:q!` | Änderungen verwerfen und `vi` verlassen |

## 5.3 Escape Meta Alt Control Shift – der Emacs

Eigentlich kommt der Name ja von *Editor MACroS*. Da die ganzen Befehle aber durch (manchmal etwas wilde) Kombinationen von Funktions- mit normalen Tasten eingeleitet werden, gibt es (neben noch böseren Interpretationen) auch die in der Überschrift angeführte.

Der *Emacs* ist die eierlegende Wollmilchsau unter den Editoren: Man kann mit ihm Mail und News lesen und verschicken, dem Turm von Hanoi zuschauen, wie er von einer Stange auf die andere transferiert wird, man kann sich von ihm therapieren lassen (kennen Sie Eliza?) etc. Ach ja – so ganz nebenbei kann man mit ihm auch noch editieren. Gerüchten zufolge kommt demnächst eine Erweiterungsdatei, mit der er dann endlich auch Kaffee kochen kann.

Möglich ist dies alles durch die Fähigkeit des Emacs, dass man ihn mit mehr oder minder kleinen Programmen in einer speziellen Programmiersprache erweitern kann. Die moderneren Versionen des Emacs kommen sowohl mit einem grafischen als auch mit einem Konsolen-Frontend. Im Unterschied zum vi ist es beim Emacs problemlos möglich, gleich draufloszutippen und mit den Cursor-Tasten ungehemmt über den Text zu fahren. Es kann nur passieren, dass Sie in Ihrer Freude einmal zufällig eine Tastenkombination erwischen, mit der Sie eine Funktion auslösen.

Wie beim Joe und beim vi werde ich Ihnen auch hier die gängigsten Befehle und Tastenkombinationen vorstellen.

Viele der Befehle, die über Tastenkombinationen erreichbar sind, können sie bei ihm auch über eine Menüleiste erreichen. Was ihn jedoch wirklich auszeichnet, ist die Tatsache, dass Sie ihn weitgehend über die Menüleiste konfigurieren können – Sie müssen nicht mehr in irgendwelchen wilden Konfigurationsdateien herumwühlen oder gar eine Programmiersprache lernen, um den XEmacs zu konfigurieren. All diese Konfigurationsherrlichkeiten finden Sie unter OPTIONS→CUSTOMIZE. Wollte ich Ihnen alle Möglichkeiten vorstellen, würde dieses Buch leider den Umfang der Encyclopaedia Britannica annehmen. Ich erspare Ihnen das. Nehmen Sie sich einfach einmal ein paar Minütchen (unter uns gesagt: Stündchen wäre passender) Zeit, und klicken Sie sich durch die verschiedenen Möglichkeiten. Haben Sie eine Option/Einstellung gefunden, die Ihnen zusagt, so können Sie diese per Klick auf die entsprechenden Buttons entweder für die aktuelle XEmacs-Sitzung oder permanent speichern. Der XEmacs kümmert sich dann schon selbst darum, diese Einstellungen in die richtige Konfigurationsdatei einzutragen.

Um eine Datei zu editieren, rufen Sie den Emacs oder den XEmacs (wenn Sie ihn installiert haben) ganz analog zum Joe auf:

```
stefanie@diabolo [~] > emacs Sesamoeffnedich
```

Sollten Sie den XEmacs benutzen, müssen Sie `emacs` einfach durch `xemacs` ersetzen (Abbildung 5.2). XEmacs können Sie unter *www.rpmfind.net* suchen und herunterladen.

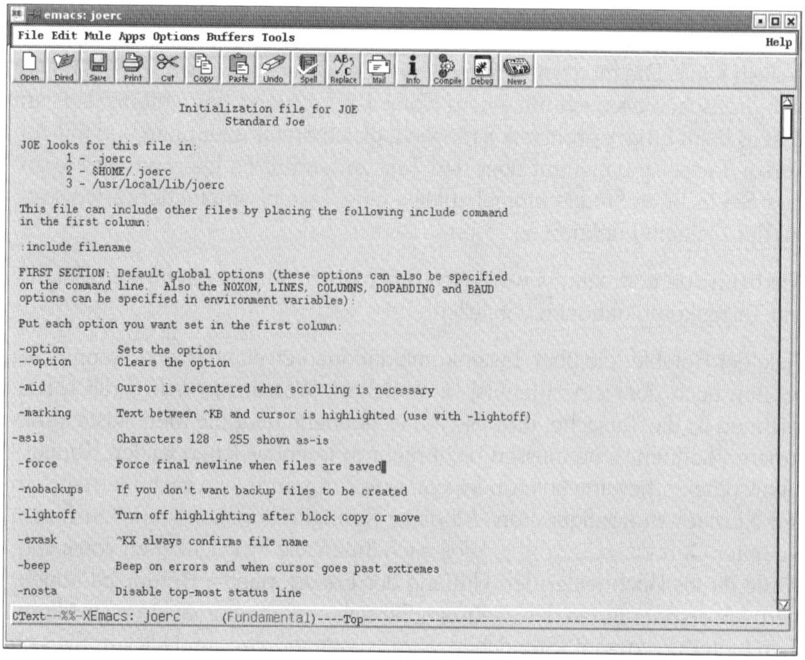


Abb. 5.2: Der XEmacs in Aktion

Ist der XEmacs schon geöffnet, wenn Sie eine Datei darin aufrufen bzw. editieren wollen, so reicht die Eingabe von Strg-x Strg-f. Ihnen wird dann unten im XEmacs die Chance gegeben, den Namen der Datei einzugeben. Haben Sie zu Ende editiert, speichern Sie die Datei unter aktuellen Namen mittels Strg-x Strg-s ab; mit Strg-x Strg-w können Sie Ihrem Baby beim Speichern gleich noch einen neuen Namen verpassen. Mit einem beherzten Strg-x i können Sie eine Datei in die derzeit geöffnete Datei einfügen. Wen jetzt angesichts all dieser etwas schrägen Tastenkürzel der blanke Horror packt: Entwarnung! Benutzen Sie den XEmacs, finden Sie all diese Befehle in der Menüleiste unter FILE und EDIT. Sie können diese dann ganz bequem per Mausklick verwenden. Genau wie alle anderen Editoren auch können Sie Ihre Irrtümer im XEmacs rückgängig machen. Die so genannte »*Undo*«-Funktion finden Sie entweder in der Menüleiste unter EDIT, oder Sie merken sich das Kürzel Strg-x u. Möchten Sie einen Befehl bzw. eine Kommandoeingabe abbrechen, hilft Ihnen ein Strg-g weiter. Löschen können Sie mit dem XEmacs natürlich auch. Mit Strg-k vernichten Sie beispielsweise das Zeilenende ab der Cursor-Position. Mit Strg-y fügen Sie den zuletzt gelöschten Text an der aktuellen Cursor-Position wieder ein.

Auch für den Emacs stelle ich Ihnen hier kurz die wichtigsten Tastenkürzel tabellarisch vor:

| Tastenkürzel | Bedeutung |
|---|---|
| Strg-x Strg-f | Liest eine Datei zum Bearbeiten ein |
| Strg-h | Ruft die Online-Hilfe auf |
| Strg-h i | Wechselt in den so genannten Infomodus; das ist eine Online-Hilfe |
| Strg-h a | Ruft die Online-Hilfe im Apropos-Modus auf. Sie geben ein Wort ein, und Emacs wirft Ihnen alles um die Ohren, was ihm zu diesem Wort einfällt. |
| Strg-s | Ruft die Suchfunktion auf |
| Strg-g | Abbrechen von Funktionen im Emacs |
| Strg-x u | Rückgängig machen |
| Strg-x Strg-c | Beenden des Emacs |
| Alt-q | Formatieren des aktuellen Absatzes |
| Strg-x Strg-s | Datei speichern |
| Strg-x Strg-w | Datei unter neuem Namen speichern |
| Strg-x Strg-f | Datei öffnen |
| Strg-x i | Datei einfügen |
| Strg-g | Kommandoeingabe abbrechen |
| Strg-k | Zeilenende ab Cursor-Position löschen |
| Strg-y | Zuletzt gelöschten Text an aktueller Cursor-Position wieder einfügen |

## 5.4 KWrite, der hauseigene KDE-Editor

Selbstverfreilich hat auch das KDE Desktop Environment, das in diesem Buch eine große Rolle spielt, einen Editor mit im Gepäck, und zwar *KWrite*. Nun ja, um ehrlich zu sein, hat KDE sogar zwei Editoren im Angebot, denn KWrites Vorgänger *KEdit* befindet sich auch noch auf Ihrer Platte.

Hervorstechendes Merkmal von KWrite ist – wie könnte es anders sein – seine perfekte Einbettung in die restlichen Applikationen von KDE. So brauchen Sie sich noch nicht einmal die Mühe zu machen, eine Datei per Menüleiste oder Tastenkombination zu öffnen. Ziehen Sie die betreffende Datei einfach per Drag&Drop von der Arbeitsoberfläche, aus dem Konqueror, oder einer

FTP-Seite, die in einem Konqueror-Fenster geöffnet ist, auf den geöffneten Editor – das war's auch schon. Offen ist die Datei.

Aber auch sonst hat er im wahrsten Sinne einige »Highlights« zu bieten, denn er kommt mit vielen Möglichkeiten des »highlighting« daher oder umgangssprachlich ausgedrückt: er erlaubt die farbige Darstellung von Quelltext, angepasst für viele verschiedene Programmiersprachen wie C/C++, Java, Python, Perl oder HTML, eine Eigenschaft, die ihn neben einem reinen Texteditor auch noch zu einem gar nicht so üblen Programmierwerkzeug macht.

Öffnen können Sie KWrite via K-BUTTON→EDITOREN→KWRITE: ERWEITERTER EDITOR, aber auch über die Kommandozeile. Das kann ganz nützlich sein, wenn Sie beispielsweise eine Datei direkt aus dem Internet öffnen wollen. Geben Sie dann auf der Kommandozeile – bei bestehender Internetverbindung – ein:

```
stefanie@luzifer [~] > kwrite ftp://ftp.kde.org/pub/kde/Welcome.msg
```

Nett ist in diesem Zusammenhang übrigens auch der Kommandozeilen-Befehl `kwrite --help-kde`, der Ihnen sämtliche Möglichkeiten für die Einstellung der Zusammenarbeit von KWrite mit KDE anzeigt.

Ihre persönlichen Präferenzen hinsichtlich den Farbdarstellungen der zu bearbeitenden Dateien, dem Einrücken etc. teilen Sie KWrite über den Menüpunkt EINSTELLUNGEN→KWRITE EINRICHTEN... mit (Abbildung 5.3).

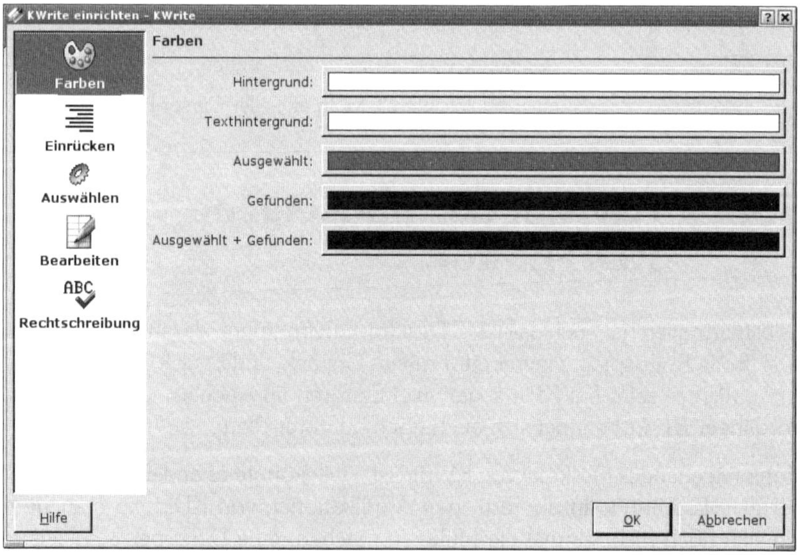


*Abb. 5.3: Welche Farben soll KWrite für Sie tragen?*

Noch spannender ist der Punkt EINSTELLUNGEN→HERVORHEBUNGSMODUS EINRICHTEN. Das Dialog-Fenster besteht hier aus zwei Reitern: STANDARDS und HERVORHEBUNGSMODI. STANDARDS bietet Ihnen unter anderem folgende Einstellungsmöglichkeiten: STANDARD-ELEMENTSTILE legt das Standardaussehen für bestimmte Elemente fest. In welcher Schrift, Größe sollen Ihnen Kommentare, Zeichenketten etc. dargestellt werden? Eine durchdachte Ausgestaltung kann beim Programmieren das Erkennen verschiedener (Typen von) Elemente(n) im Quelltext deutlich erleichtern.

Die Einstellungselemente auf dem HERVORHEBUNGSMODI-TAB erlauben Ihnen weitreichende Einstellungen, abhängig von der ausgewählten Programmiersprache. Keine Bange, Sie müssen nicht alle vorhandenen Optionen einstellen. Elemente die nicht eingestellt sind, behalten die Standardeinstellung. Im Bereich AUSWAHL EINRICHTEN wählen Sie den Elementtyp (Element) und die Programmiersprache (Hervorhebung) aus, deren Einstellungen Sie verändern wollen. Alle anderen Einstellungen werden auf die hier ausgewählte Sprache angewendet.

Klingt wirr? Dann ein Beispiel: Wollen Sie beispielsweise verändern, wie KWrite Ihnen die Kommentare in HTML anzeigen soll, wählen Sie HTML im Feld HERVORHEBUNG und KOMMENTAR im Feld ELEMENT aus (Abbildung 5.4).

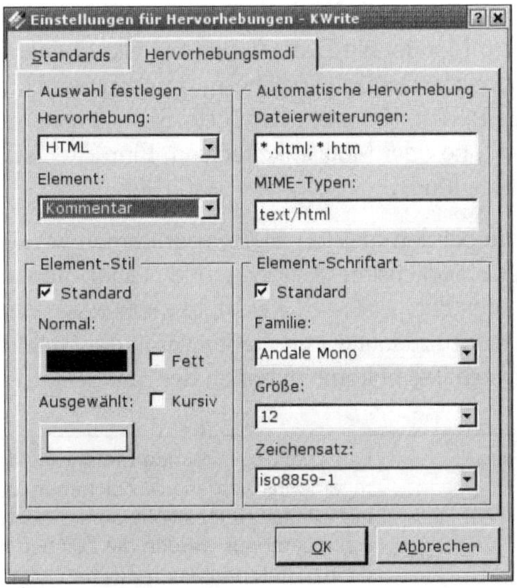


*Abb. 5.4: Wie sollen sich Ihnen Kommentare in HTML-Dokumenten künftig präsentieren?*

Zwischen den einzelnen Hervorhebungsmodi können Sie später im laufen den Betrieb über den Menüpunkt EINSTELLUNGEN→HERVORHEBUNGSMODUS→ MODUS Ihrer Wahl fröhlich hin- und herschalten. Abbildung 5.5 zeigt KWrite mit einem geöffneten HTML-Dokument.

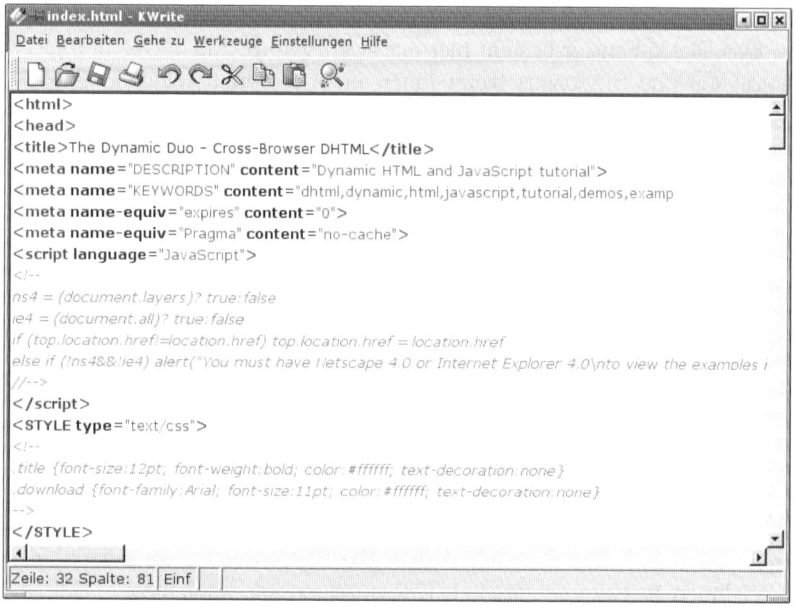


*Abb. 5.5: Farbenfroh: KWrite mit einem geöffnetem HTML-Dokument*

Das Arbeiten mit KWrite gestaltet sich nicht viel anders als mit anderen Editoren. Sie können umgestalten, einfügen, kopieren, was das Zeug hält. Unter dem Menüpunkt Datei finden Sie alle nötigen Vorrichtungen, um die jeweils geladene Datei zu speichern, drucken etc. Hinter Bearbeiten verstecken sich die Punkte Kopieren, Einfügen, Suchen usw. und wer nach der Rechtschreibprüfung oder Möglichkeiten zum Einrücken sucht, wird bei dem Punkt Werkzeuge fündig.

Wie bei den meisten KDE-Programmen können Sie auch in KWrite den unterschiedlichsten Aktionen und Tätigkeiten eigene Tastenkürzel zuordnen (unter Einstellungen→Tastenzuordnungen vornehmen...). Für all diejenigen, die dazu zu faul waren, haben wir in der nachfolgenden Tabelle kurz die wichtigsten Tastenkombinationen der Standardeinstellung zusammengefasst.

| | |
|---|---|
| Einfg | Umschaltung zwischen Einfüge- und Überschreibemodus. Im Einfügemodus werden alle Zeichen an der Cursorposition eingefügt und alle Zeichen rechts vom Cursor nach rechts verschoben. Im Überschreibemodus werden die Zeichen rechts vom Cursor sofort durch die neu geschriebenen Zeichen ersetzt |
| ← | Bewegt den Cursor ein Zeichen nach links |
| → | Bewegt den Cursor ein Zeichen nach rechts |
| ↑ | Bewegt den Cursor um eine Zeile nach oben |
| ↓ | Bewegt den Cursor um eine Zeile nach unten |

| | |
|---|---|
| Bild↑ | Bewegt den Cursor um eine Seite nach oben |
| Bild↓ | Bewegt den Cursor um eine Seite nach unten |
| ← | Löscht das Zeichen links vom Cursor |
| Pos 1 | Setzt den Cursor an den Zeilenanfang |
| Ende | Setzt den Cursor an das Zeilenende |
| Entf | Löscht das Zeichen rechts vom Cursor (oder den markierten Text) |
| ⇧-← | Markiert Text ein Zeichen nach links |
| ⇧-→ | Markiert Text ein Zeichen nach rechts |
| F1 | Hilfe |
| Strg-F | Suchen... |
| F3 | Weitersuchen |
| Strg-C | Kopiert den markierten Text in die Zwischenablage |
| Strg-M | Marker hinzufügen |
| Strg-N | Neue Datei |
| Strg-P | Drucken... |
| Strg-Q | Aktives Editorfenster schließen |
| Strg-R | Ersetzen... |
| Strg-S | Führt den Befehl SICHERN aus. |
| Strg-V | Inhalt der Zwischenablage einfügen. |
| Strg-X | Markierten Text löschen und in die Zwischenablage kopieren |
| Strg-Z | Letzten Schritt rückgängig machen |
| Strg-⇧-Z | Letzten Schritt wiederholen |

## 5.5 Fragen und Aufgaben

1. Auch, wenn Sie den vi erst einmal nicht mögen – manche Programme rufen ihn einfach als Standard-Editor auf. Sie können das Verhalten zwar ändern, wie Sie später sehen werden, aber wenn Sie einmal von einem Programm überlistet wurden, nützt Ihnen das auch nichts, denn erst mal müssen Sie aus dem vi raus.

   Beugen Sie Panikattacken vor, indem Sie jetzt eine Datei namens *blafasel.txt* mit dem vi erstellen, »blafasel« schreiben und abspeichern. Erfinden Sie dann noch ein, zwei Sätzchen dazu, und entscheiden Sie sich, diese Änderungen nicht mit abzuspeichern, wenn Sie den vi jetzt endgültig verlassen. Überprüfen Sie anschließend mit Joe, ob in der Datei *blafasel.txt* tatsächlich nur »blafasel« steht.

2. Welchen Befehl hätten Sie dem vi geben müssen, um Ihre verworfenen Geistesblitze mit abzuspeichern?

3. Sie haben sich mit dem XEmacs nun schon lange genug rumgeschlagen und können meine Leidenschaft für diesen Editor immer weniger verstehen. Wie verlassen Sie ihn?

   a) Ich suche ein wenig, finde nichts und denke mir beim Griff zum Reset-Knopf: »Das Biest hat es nicht anders verdient.«

   b) Da war doch irgend so eine blöde Tastenkombination! Wie ging die noch? Das steht hier doch irgendwo im Buch ...

   c) Ich öffne mit der Maus den Menüpunkt *File* und freue mich über den Eintrag Exit XEmacs.

   d) Menüs sind für Warmduscher. Außerdem ist Strg-x Strg-c auch so viel schneller.

## 5.5.1 Antworten und Lösungen

1. Es gibt mehrere Wege, wie man zum Ziel kommt – wenn Ihr Ergebnis stimmt, ist alles in Ordnung. Ich demonstriere Ihnen hier eine Möglichkeit, falls es nicht geklappt hat:

```
stefanie@diabolo[~]> vi blafasel.txt
```

Da wir etwas schreiben wollen, müssen wir zunächst in den Schreibmodus des vi wechseln. Das geht z.B. mit `i` (für insert, einfügen). Dann tippen Sie »blafasel« ein. Sie sind fürs erste fertig mit der Schreiberei und wollen abspeichern. Dazu müssen wir in den Kommandomodus wechseln, und das geht durch Betätigen der Esc-Taste. Jetzt geben wir den Befehl zum Abspeichern:

```
:w
```

Jetzt geht's wieder zurück in den Schreibmodus, richtig, z.B. mit `i`. Produzieren Sie etwas verbalen Nonsens, und wieder ab in den Kommandomodus Esc. Diesmal speichern Sie aber nicht ab ( `:w`), sondern Sie verwerfen die Änderungen mit

```
:q!
```

und geben gleichzeitig dem vi seinen Abschied. Überprüfen Sie Ihre Datei mit

```
stefanie@diabolo[~]> joe blafasel.txt
```

Übrigens: Bei SuSE ist ein etwas komfortablerer vi dabei, bei dem Sie sogar mit der Maus in Menüs rumklicken können. Wenn Sie das X Window System gestartet haben, können Sie ihn mit

```
stefanie@diabolo[~]> gvim blafasel.txt
```

testen.

2. `:wq`

   (w für *write*, *q* für *quit*). Oder auch einzeln hintereinander:

```
:w
:q
```

3. a) Bitte tun Sie es nicht, so sauer Sie auch sein mögen. Linux mag es nicht, wenn man ihm einfach den Saft abdreht. Fahren Sie in einem solchen Fall Ihr System zumindest noch ordnungsgemäß mit dem »shutdown«-Befehl herunter. Linux kann doch nichts dafür ...

   b) Nicht wirklich falsch. Sollten Sie mein Buch jedoch nicht griffbereit haben, bietet Ihnen XEmacs eine wunderbare Online-Hilfe und ein deutsches Tutorial, in dem die Basiskommandos erklärt werden. Öffnen Sie dazu mit der Maus den Menüpunkt HELP→BASICS→TUTORIALS→GERMAN. Alternativ hilft auch der Info-Mode phantastisch weiter, den Sie durch einen Mausklick auf INFO oder über die Tastenkombination [Strg]-[h] [i] betreten.

   c) & d) sind beide richtig.

KAPITEL 6

# Daten komprimieren, installieren und dekomprimieren

## 6.1 tar: Pech ...

*tar* ist *das* Archivierungsprogramm der Unix-Welt. Mit tar können Sie ein Dateiarchiv erstellen, das viele Verzeichnisse und Dateien enthält. Die Version, die mit Linux-Distributionen wie SuSE geliefert wird, verfügt außerdem über die Option z, so dass man das Programm *gzip* (welches gleich noch erläutert wird) zur Datenkompression benutzen kann und nicht extra aufrufen muss. tar kennt eine unglaubliche Menge verschiedenster Optionen. Lassen Sie sich davon jedoch nicht abschrecken, denn für den Hausgebrauch ist es mehr als simpel. Am besten schauen wir uns an Hand eines Beispiels an, wie leicht sich mittels tar ein Archiv Ihres Wunschverzeichnisses erstellen lässt.

Erstellen wir erst einmal ein Probeverzeichnis mit drei Dateien und ein Unterverzeichnis, das wiederum Dateien enthält:

```
stefanie@diabolo[~]> mkdir sinnlos
stefanie@diabolo[~]> cd sinnlos
stefanie@diabolo[sinnlos]> touch trash1 trash2 trash3
stefanie@diabolo[sinnlos]> mkdir sinnlos2
stefanie@diabolo[sinnlos]> cd sinnlos2
stefanie@diabolo[sinnlos2]> touch trash11 trash22 trash33
stefanie@diabolo[sinnlos2]> cd
stefanie@diabolo[~]> tree sinnlos
```

```
sinnlos
|-- sinnlos2
|   |-- trash11
|   |-- trash22
|   '-trash33
|-- trash1
|-- trash2
'-trash3
1 directory, 6 files
```

Lassen Sie uns nun aus diesem so albernen wie schlichten Verzeichnis noch etwas Sinnvolles machen und ein tar-Archiv mit folgendem Kommando erstellen:

```
stefanie@diabolo[~]> tar cf sinnlos.tar  sinnlos
```

Der tar-Befehl lässt bei dieser Transaktion das Ursprungsverzeichnis unberührt. Erscheint Ihnen das alles ein wenig undurchsichtig? Sie möchten gerne sehen, was auf Ihrem Rechner passiert? Kein Problem. Rufen Sie den tar-Befehl dafür einfach mit der Option v (verbose) auf, und beobachten Sie, was passiert:

```
stefanie@diabolo[~]> tar cvf sinnlos.tar sinnlos

sinnlos/
sinnlos/trash1
sinnlos/trash2
sinnlos/trash3
sinnlos/sinnlos2/
sinnlos/sinnlos2/trash11
sinnlos/sinnlos2/trash22
sinnlos/sinnlos2/trash33
```

Wie sich unschwer erkennen lässt, wird tar geschwätzig und zeigt Ihnen, welche Verzeichnisse und Dateien dem Archiv hinzugefügt werden. Bis dato schaut es so aus, als ob sich nur ganze Verzeichnisse gleichzeitig zu einem Archiv schnüren ließen. Ärgerlich, den ganzen Mail-Ordner sichern zu müssen, wenn Sie doch nur vorsichtshalber die Liebesbriefe der Freundin archivieren möchten. Keine Bange, auch hier hat tar vorgesorgt. Mit -w (der *interactive*-Option) fragt Sie tar brav bei jeder Datei, ob Sie diese tatsächlich dem Archiv hinzufügen wollen oder nicht.

```
stefanie@diabolo[~]> tar cwf sinnlos.tar sinnlos
add sinnlos?y
add sinnlos/trash1?n
add sinnlos/trash2?y
add sinnlos/trash3?n
add sinnlos/sinnlos2?y
add sinnlos/sinnlos2/trash11?y
```

```
add sinnlos/sinnlos2/trash22?n
add sinnlos/sinnlos2/trash33?y
```

Nun ja, ehrlich gesagt, lohnt es sich natürlich nicht, auch nur eine dieser Dateien für die Nachwelt aufzuheben, aber rein zu Übungszwecken habe ich mich für *trash2*, *trash11* und *trash33* entschieden, die anderen mussten leider draußen bleiben. Aber können wir uns da wirklich sicher sein? Ich weiß nicht, wie es Ihnen geht, aber ich halte es immer mit *Vertrauen ist gut, Kontrolle ist besser.* In diesem Fall heißt das, dass tar die beiden Optionen `t` (listet den Archivinhalt auf) und `f` (spezifiziert das tar-Archiv, das benutzt werden soll) gebrauchen soll.

```
stefanie@diabolo[~]> tar tf sinnlos.tar
sinnlos/
sinnlos/trash2
sinnlos/sinnlos2/
sinnlos/sinnlos2/trash11
sinnlos/sinnlos2/trash33
```

Bei manchen tar-Befehlen ist die Reihenfolge der Optionen entscheidend. Dieser ist so einer. Wenn `f` nicht als letzte Option aufgerufen wird, meckert tar nur einmal kurz und lässt Sie danach alleine weitermachen.

Es gibt noch eine weitere Besonderheit bei tar. Wenn Sie, wie bei Unix-Befehlen eigentlich üblich (und wie Sie es unter Linux auch problemlos dürfen), ein »-« vor die Parameter setzen, verhält tar sich unter anderen Unix-Betriebssystemen etwas anders. Wir lassen das »-« einfach weg.

Nachdem Sie nun ganz wunderbar Dateien und Verzeichnisse archivieren können, sollten wir uns auch noch damit befassen, wie Sie dieselben wieder extrahieren. tar lässt Ihnen dabei die Wahl, ob Sie alles oder lieber nur einzelne Dateien extrahieren wollen. Um alles zu »enttaren«, benutzt man `x` in Verbindung mit der Option `f`, und um sicherzugehen, dass auch alles seine Richtigkeit hat, schauen wir uns das Spektakel mit `v` lieber noch mit an:

```
stefanie@diabolo[~]> tar xvf sinnlos.tar
sinnlos/
sinnlos/trash2
sinnlos/sinnlos2/
sinnlos/sinnlos2/trash11
sinnlos/sinnlos2/trash33
```

Mit der Option `-w` extrahiert man nur ausgesuchte Dateien des Archivs:

```
stefanie@diabolo[~]> tar xvwf sinnlos.tar
extract sinnlos/?y
sinnlos/
extract sinnlos/trash2?y
sinnlos/trash2
```

```
extract sinnlos/sinnlos2/?y
sinnlos/sinnlos2/
extract sinnlos/sinnlos2/trash11?y
sinnlos/sinnlos2/trash11
extract sinnlos/sinnlos2/trash33?y
sinnlos/sinnlos2/trash33
```

Wie Sie sehen, ließ uns tar an jeder Stelle die Chance, »Nein« zu sagen.

## 6.2 ... und Schwefel: gzip und gunzip

Anders als Archivierungsprogramme der DOS-Welt komprimiert tar nicht automatisch die Daten während des Archivierungsprozesses. Wenn Sie mit tar zwei 10 Mbyte große Dateien archivieren, ist das entstehende tar-Archiv dann auch 20 Mbyte groß. Kein Byte mehr, aber auch kein Byte weniger. Nun ja. Doch: einige Bytes für den Tar-Header mehr. Möchten Sie die Daten komprimiert auf Ihrer Festplatte archivieren, was vor dem Hintergrund begrenzten Plattenplatzes[1] der Fall sein dürfte, benutzen Sie das Kommando *gzip*.

Um unser oben erstelltes tar-File *sinnlos.tar* zu komprimieren, ist folgender Befehl nötig:

```
stefanie@diabolo[~]> gzip -9 sinnlos.tar
```

gzip komprimiert *sinnlos.tar* und lässt Sie mit *sinnlos.tar.gz*, einer gepackten und komprimierten Version der Datei, zurück. Die Option -9 weist gzip dabei an, den höchsten Kompressionsfaktor zu benutzen.

Entpacken und dekomprimieren müssen Sie solche Dateien des Öfteren, wenn Sie sich zur Installation der Quellen bei den in diesem Buch vorgestellten Programmen entscheiden. Der Vollständigkeit halber sei hier jedoch noch einmal der Befehl gezeigt, der die Datei *sinnlos.tar.gz* entpackt und dekomprimiert:

```
stefanie@diabolo[~]> tar xzf sinnlos.tar.gz
```

Sollte es sich bei der betreffenden Datei nur um eine *.gz-Datei* handeln, sprich: ist diese nicht getart, so reicht ein

```
stefanie@diabolo[~]> gzip -d  sinnlos.gz
```

um die Daten zu dekomprimieren.

1. Festplatten sind irgendwie alle gleich groß: Es sind immer nur sieben Mbyte frei, finden Sie nicht?

# 6.3 bzip2

In letzter Zeit wird mehr und mehr das Programm *bzip2* zur Komprimierung von Daten verwendet, da sich damit höhere Kompressionsstufen erreichen lassen. Auf Ihrem SuSE-System ist dieses Programm schon installiert, aber wie verwendet man es? Dateien, die mit diesem Programm komprimiert wurden, können Sie leicht an der Dateiendung *.bz2* erkennen. Prinzipiell entpacken sie sich ähnlich wie die *.gz-Dateien*, nur die Syntax der Befehle unterscheidet sich etwas.

Nehmen wir an, *sinnlos.tar.gz* läge als Datei *sinnlos.tar.bz2* vor. Der Befehl

```
stefanie@diabolo[~]> bzip2 -d  sinnlos.tar.bz2
```

entkomprimiert das Paket zu *sinnlos.tar*, welches Sie dann mit den schon bekannten Befehlen weiter entpacken können. Und auch tar kann in den neueren Versionen mit bzip2 umgehen: Schreiben Sie einfach die Option `I` anstelle des von gzip gewohnten `z`.

# 6.4 rpm: Pakete verwalten

Was ist *rpm*? Ganz platt gesagt, erst einmal die Abkürzung für *Red Hat Package Manager*. Dies umreißt eigentlich schon ganz gut, was Ihnen mit rpm eigentlich an die Hand gegeben wird: nämlich ein Tool, mit dem Sie Ihre installierten Programmpakete wunderbar verwalten können, was weitere Installationen und Deinstallationen selbstverständlich nicht ausschließt.

Lange Zeit war es üblich, die Pakete einer Distribution als tar-Archive (die Sie ja gerade kennen gelernt haben) unters Volk zu bringen. Nachteil war, dass es nur schwer möglich war, einen Überblick über die auf dem System installierten Pakete und deren Versionen zu behalten. Außerdem fehlten Abhängigkeitsinformationen. Es konnte also durchaus Paket a installiert werden, obwohl das zur Funktion nötige Paket b fehlte.

Red Hat entwickelte daraufhin mit dem rpm-Format ein eigenes Paketformat, das sich mittlerweile als Quasistandard durchsetzen konnte und mit dem auch die hier erklärte SuSE-Distribution arbeitet.

Die Paketdatei enthält in dieser Variante außer den zu installierenden Dateien noch zahlreiche Verwaltungsinformationen: eine kurze Paketbeschreibung, Informationen über die Versionsnummer, Abhängigkeiten von anderen Paketen etc. rpm verwaltet dabei eine Datenbank (unter */var/lib/rpm*) über alle installierten Binärpakete. Bitte verändern Sie die Dateien der rpm-Datenbank nicht selbst. Und damit die Dateien aktuell bleiben, dürfen Sie Pakete auch nicht einfach herauslöschen, sondern müssen sie mit Hilfe des Befehls `rpm -e` (den ich gleich noch ein wenig genauer erläutere) deinstallieren.

### 6.4.1 Pakete installieren (Installationsmodus)

Ganz allgemein installieren Sie Pakete mit einem einfachen

```
root@diabolo[/]# rpm -i <installiermich>.rpm
```

Dabei wird dieses Paket nur dann installiert, wenn die nötigen Abhängigkeiten erfüllt sind. Sollten sich Konflikte zwischen Programmen ergeben (beispielsweise darf eine Datei nur einem Paket angehören) oder Pakete fehlen, meldet rpm Ihnen dies, fordert die benötigten Pakete per Fehlermeldung an und bricht die Installation erst einmal ab.

Möchten Sie im Blick behalten, welche Fortschritte rpm bei der Installation der Pakete macht, so geben Sie zusätzlich den Parameter `hv` mit an, um sich eine Fortschrittsanzeige ausgeben zu lassen:

```
root@diabolo[/]># rpm -ihv ASBeautifier-0.8.2-1.i386.rpm
ASBeautifier                ####################################
```

Ganz allgemein werden so die im Paket enthaltenen Dateien installiert und das Paket wird in der Datenbank registriert. Davor wird jedoch zuerst geprüft, ob das zu installierende Päckchen schon in der Datenbank enthalten ist, insbesondere, ob sich vielleicht schon eine ältere Version des Pakets auf Ihrem Rechner rumtreibt.

```
root@diabolo[/]># rpm -i ASBeautifier-0.8.2-1.i386.rpm
package ASBeautifier-0.8.2-1 is already installed
error: ASBeautifier-0.8.2-1.i386.rpm cannot be installed
```

### 6.4.2 Pakete deinstallieren (Deinstallationsmodus)

Ich habe weiter oben schon angedeutet, dass man Pakete nicht einfach löscht, sondern sie deinstallieren muss. Dies können Sie recht leicht mit Hilfe des Parameters `e` (e für erase = löschen)

```
root@diabolo[/]# rpm -e <deinstalliermich>.rpm
```

erledigen. Hiermit werden die Dateien des Pakets von Ihrem Rechner entfernt und das Paket wird aus der rpm-Datenbank ausgetragen. Auch hier checkt rpm für Sie, ob durch die Deinstallation des betreffenden Pakets Abhängigkeiten gestört werden, und bricht in einem solchen Fall die Deinstallation des Pakets ab.

### 6.4.3 Pakete aktualisieren

Wie Sie im Verlauf dieses Buches bemerken werden, sind Linux und all seine Applikationen *work in progress*. Das heißt, es dürfte kaum ein Tag vergehen, an dem nicht eine neue – verbesserte – Version eines der von Ihnen installierten Pakete erhältlich ist. Haben Sie sich ein solches Paket besorgt, müssen Sie nicht erst das alte deinstallieren, sondern Sie machen sich den Aktualisierungmodus von rpm über den Parameter `U` (u für upgrade) zunutze:

```
root@diabolo[/]# rpm -U <aktualisiermich>.rpm
```

rpm versucht in diesem Fall, sorgsam mit Ihren Konfigurationsdateien umzugehen. Haben Sie irgendwann einmal eine Konfigurationsdatei dieses Pakets als *root* verändert, so installiert rpm zwar die aktuelle Datei, sichert aber gleichzeitig die von Ihnen geänderte Datei mit der Endung *.rpmorig* (falls die Datei der rpm-Datenbank noch nicht bekannt war) oder *.rpmsave* (beim Update von Paket-alt auf Paket-neu). Falls erforderlich, können Sie die darin enthaltenen Änderungen auf Ihre neue Konfigurationsdatei übertragen und im Anschluss daran die Sicherungskopien löschen.

### 6.4.4 rpm-Abfragemodus

Was nützen die tollsten Informationen, wenn man Sie nicht abrufen kann? rpm bietet Ihnen über den Parameter `q` (q für query = abfragen) einen Abfragemodus, der kaum einen Wunsch offen lassen sollte.

Ganz banal können Sie mit `q` alleine erst einmal die Versionsnummer eines installierten Pakets abfragen:

```
stefanie@diabolo[~]>rpm -q  xsnow
xsnow-1.40.93
```

Hmm, und was steckt in diesem Paket? Welche Dateien gehören dazu? Diese Informationen erhalten Sie durch das bloße Hinzufügen eines `l`:

```
stefanie@diabolo[~]>rpm -ql  xsnow
usr/X11R6/bin/xsnow
/usr/X11R6/man/man1/xsnow.1x.gz
/usr/doc/packages/xsnow
/usr/doc/packages/xsnow/README
```

Schön. Aber was macht dieses Programm eigentlich? Ergänzen Sie Ihr `q` um ein `i`, und lesen Sie es nach:

```
stefanie@diabolo[~]>rpm -qi  xsnow
Name        : xsnow          Relocations: (not relocateable)
Version     : 1.40           Vendor: SuSE GmbH, Nuernberg, Germany
Release     : 93             Build Date: Tue Nov  9 00:58:00 1999
```

```
Install date: Sat Dec  4 10:57:20 1999      Build Host: Baire.suse.de
Group        : unsorted             Source RPM: xsnow-1.40-93.src.rpm
Size         : 32942                License: 1984 - 1994 Rick Jansen
Packager     : feedback@suse.de
Summary      : Happy X-Mas!
Description :
A really nice animation. Santa clause drives across the screen,
pulled by his reindeer. It snows, and the snow accumulates on top
of the windows :-)
Documentation: man xsnow

Authors:
--------
    Rick Jansen <rick@sara.nl>
```

Möchten Sie ermitteln, zu welchem Paket eine Datei gehört, dann ist der Parameter `f` das, was Sie suchen. Eine kleine Einschränkung gibt es allerdings: Sie müssen hier den kompletten Pfad der jeweiligen Datei angeben:

```
stefanie@diabolo[~]>rpm -qf  /usr/X11R6/man/man1/xsnow.1x.gz
xsnow-1.40-93
```

Möchten Sie Informationen zu einem noch nicht installierten Paket erfragen, ergänzen Sie `q` um ein `p`. Als Parameter müssen Sie in diesem Fall den Dateinamen einer rpm-Datei verwenden.

Und wenn Sie einmal wissen wollen, welche rpm-Pakete eigentlich auf Ihrem System herumlungern, geben Sie `rpm -qa` ein. Ihnen wird dann eine Liste aller installierten rpm-Pakete ausgegeben.

Sollte Ihr Rechner Ihnen dabei böswillig Fehlermeldungen à la *unable to open ...* ausgeben, versuchen Sie bitte, diesem Umstand mit einem `rpm --rebuilddb` Herr zu werden. Mit diesem Befehl bringen Sie Ihr System dazu, Ihre rpm-Datenbank neu einzulesen.

# 6.5 rpms mit YaST2 verwalten

SuSE wäre nicht SuSE, wenn YaST2 zu all der rpm-Frickelei nicht eine nette grafische Alternative bieten würde. Und tatsächlich lässt ein Blick in YaST2 hoffen, wenn auch der Punkt, den wir suchen, sich ein wenig schmachvoll im Bereich SOFTWARE hinter SOFTWARE INSTALLIEREN/LÖSCHEN versteckt.

Was der Bildschirm in Abbildung 6.1 vielleicht noch nicht auf den ersten Blick verrät: Dieses YaST2-Modul ermöglicht es Ihnen, per Mausklick zusätzliche Software auf Ihrem Rechner zu installieren und in Ungnade gefallene Programme ebenso schnell wieder zu entfernen.

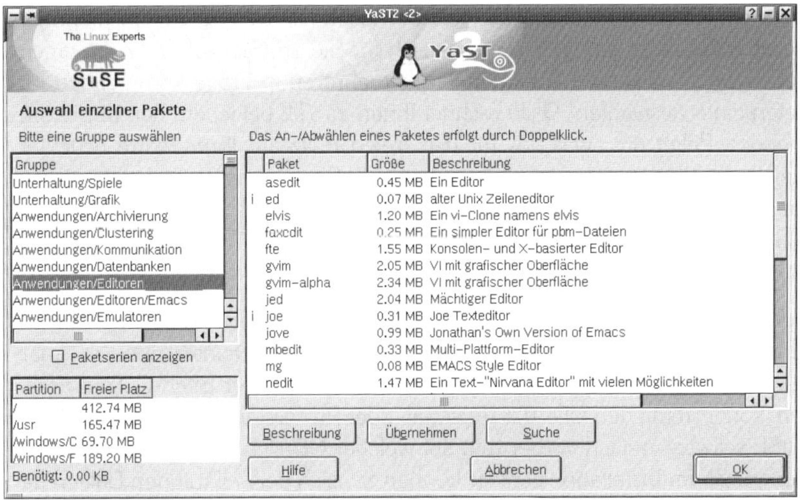


*Abb. 6.1: Pakete lassen sich mit YaST2 sehr einfach nachinstallieren*

Dabei ist der Aufbau der Maske eigentlich recht logisch: Auf der linken Seite werden die verschiedenen Anwendungsgruppen oder die Paketserien (wenn Sie das Feld PAKETSERIEN ANZEIGEN aktivieren) angezeigt, rechts daneben alle zur jeweils angewählten Gruppe/Serie gehörenden Pakete. Bereits auf Ihrem Rechner installierte Pakete sind mit einem I gekennzeichnet. Möchten Sie nähere Informationen über das betreffende Programm einholen – bitte, kein Problem: einfach das Programm anwählen, den Button BESCHREIBUNG betätigen, und YaST2 wird geschwätzig (Abbildung 6.2).

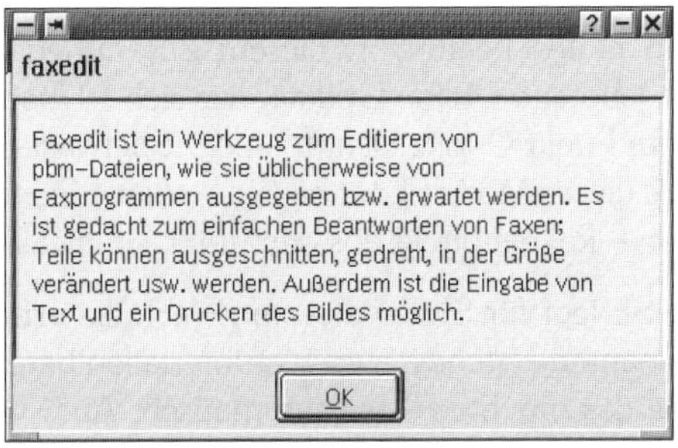


*Abb. 6.2: YaST2 verrät Ihnen gerne, was so alles in dem Paket steckt*

Das Installieren oder Deinstallieren eines Programmpäckchens erfolgt durch einen Doppelklick auf das Paket gefolgt von einem Klick auf den Button ÜBERNEHMEN. Zur Installation ausgewählten Programmen wird dann ein X vorangestellt, Programme, die Sie entfernen wollen, bekommen ein D mit auf den Weg.

Falls ein Paket zum einwandfreien Betrieb noch weitere Pakete benötigt, wählt SuSE diese entweder automatisch für Sie an (Sie sehen das an einem vorangestellten A) oder Sie können aus mehreren in Frage kommenden Paketen eines auswählen. Dazu rechnet Ihnen YaST2 bei jedem neu hinzukommenden Paket aus, was das für den freien Platz auf Ihrer Platte bedeutet. Reicht der Plattenplatz nicht aus, weist Sie SuSE in einem Warnfenster darauf hin; Sie müssen sich dann wohl oder übel von dem einen oder anderen Paket trennen. Aber wer weiß, vielleicht denken Sie auch ernsthaft über den Kauf einer größeren Festplatte nach ...

Verlassen Sie die Maske mit einem ABBRECHEN, passiert gar nichts. Nur mit einem Klick auf den Button OK wird die Installation/Deinstallation der markierten Pakete in Gang gesetzt. Sollten Sie nicht von der Buch-CD aus arbeiten, sondern mit den CDs der Personal- oder Professional-Version, teilt Ihnen SuSE selbstverfreilich vorher mit, auf welcher CD sich diese befinden (Abbildung 6.3). Im Installationsfenster können Sie sich derweil mit den Balken der Fortschrittsanzeige unterhalten.

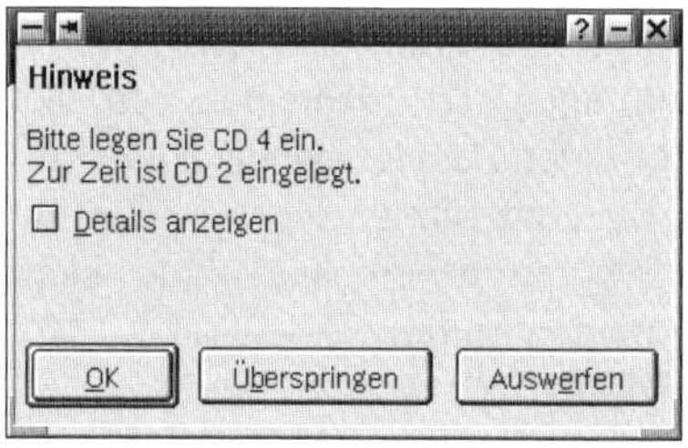


*Abb. 6.3: Das gewünschte Paket befindet sich leider auf CD 4 und nicht auf CD 2 – also einmal wechseln, bitte!*

Ein nettes Feature in diesem Zusammenhang ist übrigens das von SuSE angebotene Online-Update, das sich – Überraschung, Überraschung – hinter dem Punkt ONLINE-UPDATE in der SOFTWARE-Sektion von YaST2 verbirgt. Mittels dieses Moduls können Sie – sofern Sie über einen Internet-Zugang verfügen – Pakete direkt aus dem Internet installieren (Abbildung 6.4).

SuSE legt für Sie zu diesem Zweck die erneuerten, verbesserten Pakete, so genannte *Patches*, zum Herunterladen bereit. Die Installation erfolgt – wenn Sie das möchten – vollautomatisch. Aber vielleicht wollen Sie ja nicht jedes Paket updaten; deswegen haben Sie die Wahl, auch ein manuelles Update vorzunehmen, bei dem *Sie* bestimmen, welche Pakete aufgefrischt werden sollen und welche nicht. Wählen Sie in diesem Fall den Punkt MANUELLES UPDATE statt AUTOMATISCHES UPDATE an. Ein Klick auf DETAILS liefert Ihnen Informationen über das letzte Update und die für Sie bereitgestellten Pakete (Abbildung 6.5).

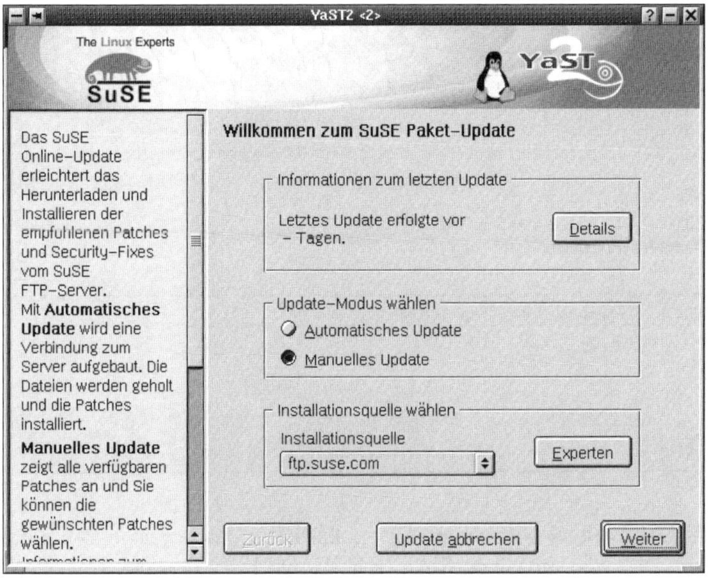


Abb. 6.4: *Updates können Sie sich mit Hilfe von YaST2 auch online beschaffen*

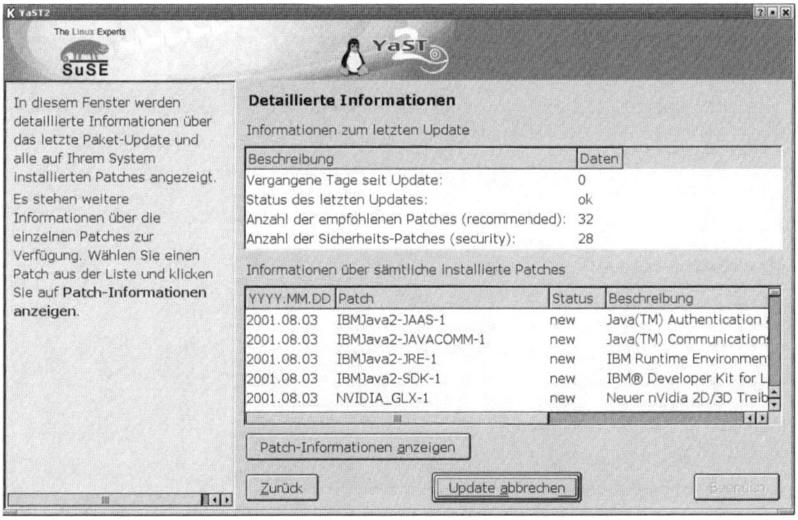


Abb. 6.5: *Detaillierte Informationen*

Deren Inhalt erfahren Sie übrigens, wenn Sie auf den Button PATCH-INFORMATIONEN anzeigen klicken (Abbildung 6.6).

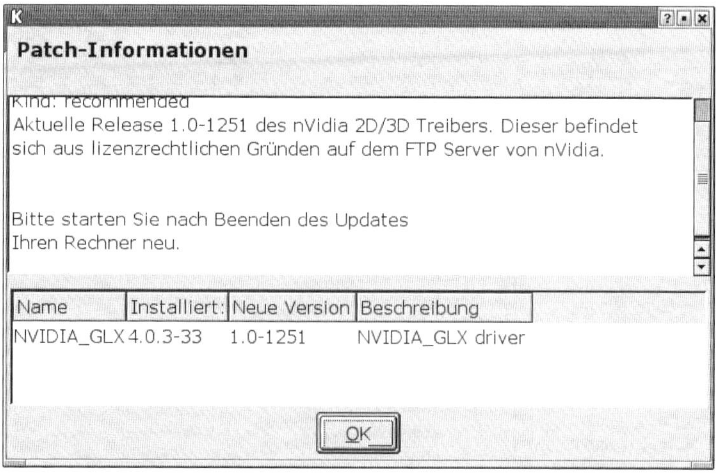


*Abb. 6.6: Was es mit diesem speziellen Patch auf sich hat ...*

Mit ÜBERNEHMEN oder einem Doppelklick auf das jeweilige Patch-Paket aktivieren Sie die einzelnen Teile, mit WEITER bzw. BEENDEN schließen Sie das Update ab (Abbildung 6.7).

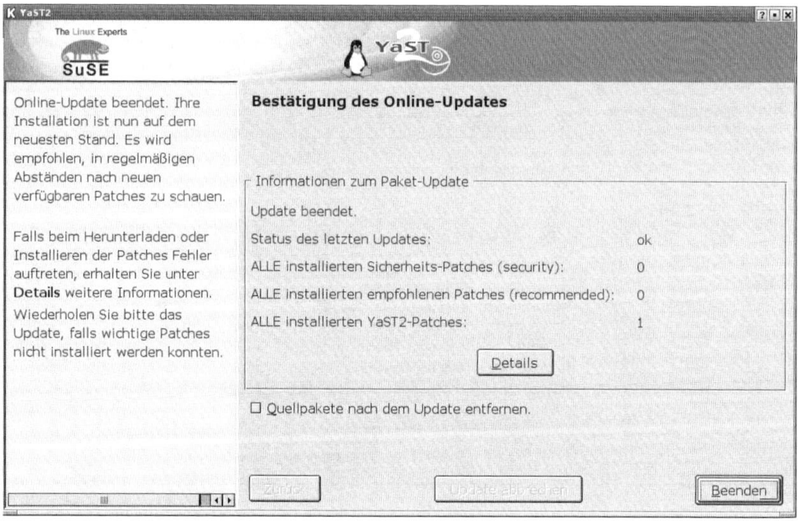


*Abb. 6.7: Schließen Sie das Online-Update durch einen Klick auf Beenden endgültig ab*

Und wenn Ihre Internet-Anbindung zu schleppend sein sollte, können Sie das Update jederzeit mit einem UPDATE ABBRECHEN unterbrechen und es zu einem günstigeren Zeitpunkt erneut versuchen.

# 6.6 All das Pack

So schön das Installieren mit YaST2 auch sein mag: Was tun, wenn das Paket nicht vom SuSE-Server oder der SuSE-CD kommt? Keine Angst, Linux lässt Sie auch hier nicht im Stich. Mittlerweile gibt es einige grafische Paketmanager, die diese Lücke gerne füllen helfen. Da im Mittelpunkt des Buches KDE steht, möchte ich Ihnen aus der Vielzahl der angebotenen Programme *KPackage*, den Paket-Manager des KDE-Projekts, vorstellen.

Rufen Sie KPackage via K-MENÜ→SYSTEM→PAKETMANAGER auf. Schon der erste Blick zeigt, was in KPackage steckt (Abbildung 6.8). Links erhalten Sie – schön übersichtlich – je nach Voreinstellung entweder eine Liste aller Pakete, oder der installierten, der aktualisierten oder der verfügbaren Pakete oder aber aller auf Ihrem System vorhandenen rpm-Pakete.

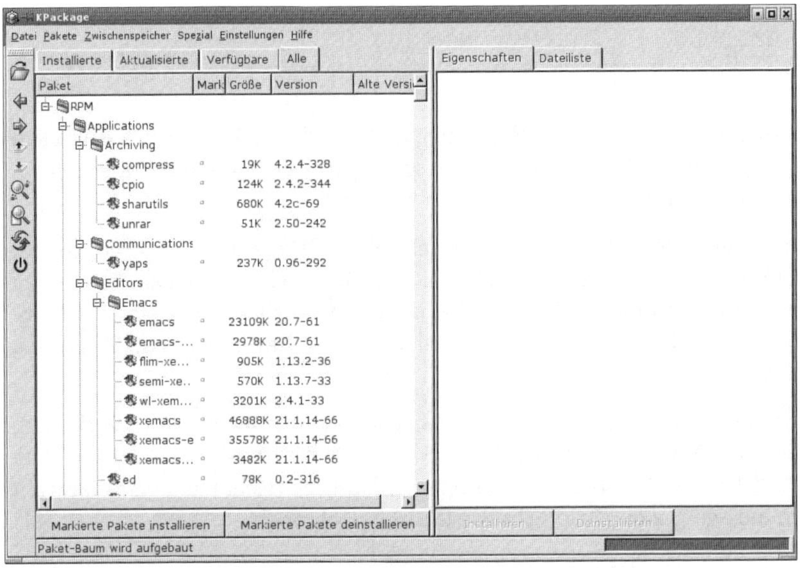


*Abb. 6.8: Ein erster Blick auf KPackage*

Netterweise werden Ihnen dabei gleich noch Angaben über Versionsnummer, Größe etc. mitgeliefert. Auf der rechten Seite äußert sich KPackage dann genauer: Sobald Sie ein Paket auf der linken Seite per Mausklick ausgewählt haben, zeigt es Ihnen dort, was so alles darin steckt. Sobald Sie eines per Mausklick ausgewählt haben, wird diese Liste auf der rechten Seite mit der genauen Paketbeschreibung ergänzt, so dass Sie sofort sehen können, was Sie installieren oder deinstallieren wollen (Abbildung 6.9).

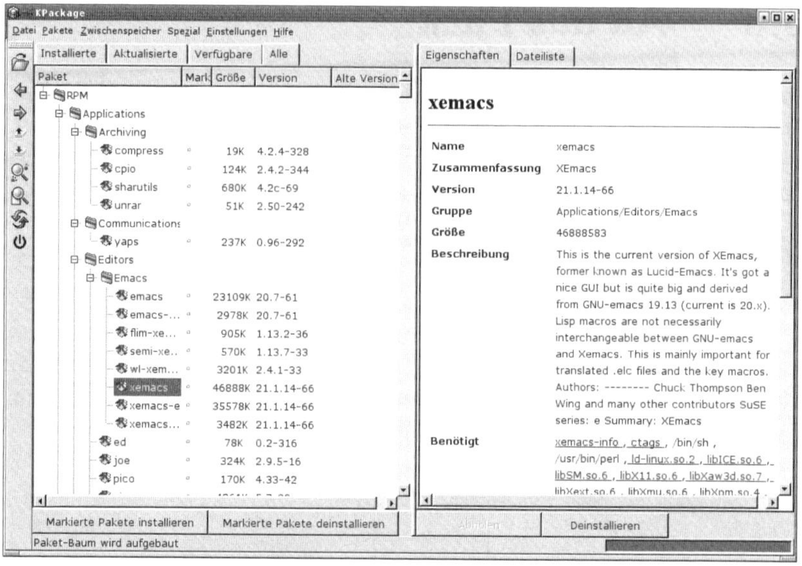


*Abb. 6.9: Hier wird KPackage doch gleich viel detaillierter in den Angaben*

Einzelne Dateien aus dem Paket können Sie sich durch einfaches Anklicken anzeigen lassen. KPackage ruft dann schon ganz von selbst das passende Programm zum Betrachten der Datei für Sie auf.

Außerdem erlaubt KPackage es, die einzelnen Pakete zu *verifizieren*, sprich: auf Vollständigkeit und Unversehrtheit zu prüfen. Wählen Sie dazu im rechten Fenster in der Einzelansicht den Tab DATEILISTE. Vorhandene Dateien bekommen einen Haken vorangestellt, fehlende ein Kreuz verpasst (Abbildung 6.10).

Um neue Pakete auf Ihr System zu spielen und unerwünschte zu entfernen, reicht ein Mausklick auf den Button MARKIERTE PAKETE INSTALLIEREN bzw. MARKIERTE PAKETE DEINSTALLIEREN. Okay, ein Mausklick reicht nicht ganz, auswählen müssen Sie die Teile selbstverständlich doch noch ...

Versuchen Sie diese Aktion als normaler User auszuführen, fragt Sie KPackage erst noch nach Ihrem *root*-Passwort, da solche Tätigkeiten dem Superuser vorbehalten sind. Bei der Deinstallation werden Sie zudem per PopUp-Window mit verschiedenen Optionen versorgt.

Da sich KPackage als echte KDE-Applikation auch in Sachen Drag&Drop nicht lumpen lässt, wird die Installation von rpm-Paketen mit diesem Tool zum Kinderspiel. Zieht einfach das entsprechende Paket aus dem Konqueror (alles über diese eierlegende Wollmilchsau erfahren Sie in Kapitel 4) auf das geöffnete KPackage-Fenster. Das war es auch schon; um den Rest kümmert sich Ihr Paketmanager. Ach ja, wundern Sie sich nicht, dass bei einer solchen Aktion die Ansicht des Programms ein wenig anders ausschaut. KPackage zeigt

Ihnen in diesem Fall nur die Eigenschaften bzw. die Dateiliste des zu installierenden Pakets an, nicht wie sonst eine Baumansicht der kompletten auf Ihrem Rechner versammelten Programmpäckchen.

Aber KPackage kann noch mehr. Wenn Sie eine beliebige Datei in den DATEI SUCHEN-Dialog ziehen (selbiger lässt sich mit einem simplen Mausklick auf DATEI→ DATEI SUCHEN öffnen), so versucht KPackage, für Sie das Paket herauszufinden, das die betreffende Datei enthält. Gehört die Datei zu keinem der vorhandenen Pakete, gibt Ihnen KPackage ein NICHTS GEFUNDEN aus. Sie sehen, mit KPackage macht das Päckchen Auspacken unter Linux endlich genauso viel Spaß und Mühe wie sonst nur unter dem Weihnachtsbaum ...

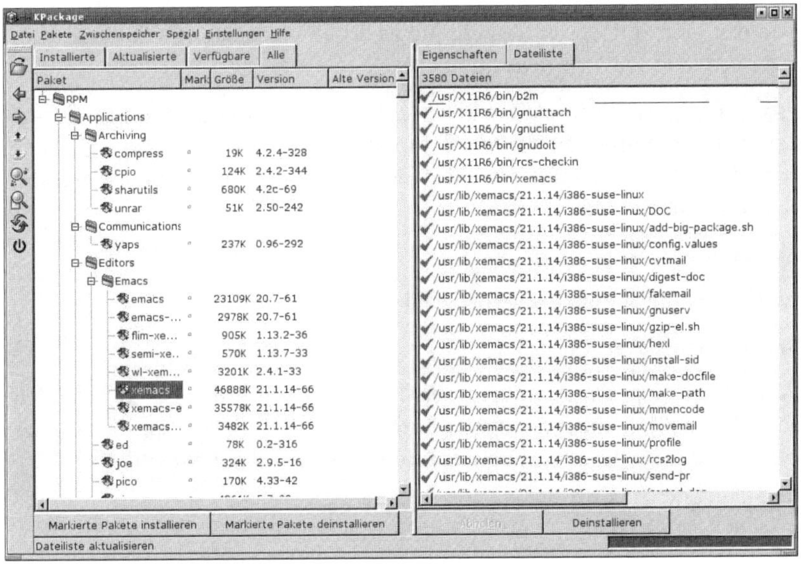


*Abb. 6.10: Alle Mann an Bord!*

# 6.7 Übersetz mir

Auch wenn heute durch aktuelle Distributionen wie die diesem Buch beiliegende SuSE die große Zeit der Quelltext-Archive vorbei ist, gibt es doch den einen oder anderen sturen Programmierer, der sein neuestes Schmuckstück an Software partout nicht als rpm-Paket anbieten will. In diesen Fällen bleiben nur zwei Möglichkeiten: Entweder warten Sie ungeduldig darauf, dass SuSE sich erbarmt und Pakete des Programms für Sie bereitstellt (was eigentlich nach kurzer Zeit erfolgen dürfte), oder Sie wählen die kompliziertere und abenteuerlichere Variante, Software auf Ihrem System zu installieren: Sie kompilieren selbst. In solchen Fällen liegt das Programm als Quelltext-Archiv vor und muss vor dem Gebrauch noch mit Hilfe eines *Compilers* übersetzt werden.

Ziel der Installation eines Programms aus einem tar.gz-Quelltext-Archiv ist es immer, mit Hilfe eines Compilers ausführbare Programme zu erzeugen. Was brauchen wir also? Richtig, einen Compiler. Da es bei Linux in der Regel um C- oder C++-Programme geht, sollte sich der passende C-Compiler eigentlich schon auf Ihrer Platte befinden. Haben Sie sich bei der Installation für die Standardvariante entschieden, tut er das auch. Mit dem Compiler alleine kommen Sie allerdings nicht wirklich weiter; denn beim Kompilieren wird ein so genanntes *Makefile* verwendet, das die Anweisungen enthält, mit denen die Programme übersetzt werden. Damit dieses ausgeführt werden kann, muss sich auch das Dienstprogramm *make* auf Ihrem Rechner befinden. Und wo versteckt sich das? Richtig: im rpm-Paket gleichen Namens.

Bevor Sie ein Programm kompilieren können, müssen Sie die lieben Quelltexte erst einmal noch entpacken. Möglichst an geeigneter Stelle. Wie wäre es zum Anfang mit */usr/local/src/*?

Also, auf geht es. Wechseln Sie in dieses Verzeichnis, werden Sie zum Superuser *root* und entpacken dort das Programm-Archiv. Archive, die auf .tar.gz oder .tgz enden, entpacken Sie – wie Sie schon weiter vorne in diesem Kapitel gelernt haben – mit

```
tar xzf pfad/paket.tar.gz
```

und Pakete, die auf .tar.bz2 enden, mit

```
tar xIf pfad/paket.tar.bz2
```

Wechseln Sie danach mit `cd verzeichnisname` (alles über den Befehl `cd` finden Sie in Kapitel 8.1) ins neu entstandene Verzeichnis. Jetzt folgt endlich der berühmt-berüchtigte Linux-Dreisatz *»configure/make/make install«*:

```
[root@diabolo ihrprogamm-1.1.0]# ./configure
```

[...]

```
[root@diabolo ihrprogamm-1.1.0]# make
```

[...]

```
[root@diabolo ihrprogamm-1.1.0]# make install
```

Nicht erschrecken, wenn sich im Anschluss an die Eingaben der Bildschirm mit Unmengen »seltsamer« Systemmeldungen füllt. Das muss so sein, denn schließlich tut sich da so einiges. Und was?

`./configure` (wichtig: bei der Eingabe nie den Punkt und Schrägstrich vor dem Wort »configure« vergessen) startet das im aktuellen Verzeichnis liegende Shell-Skript namens *configure*: Dies hat der Programmierer für Sie erstellt (wenigstens etwas, wenn er schon keine Pakete für Sie packt, gelle?), und es hat die Aufgabe, sich auf Ihrem Linux-System genau umzusehen. Es prüft, welches Betriebssystem und welche Version Sie verwenden (wundern Sie sich darüber nicht, da sich das gleiche Quelltext-Archiv in der Regel auch auf anderen Unix-Varianten verwenden lässt), welcher Compiler installiert ist (unter Linux meistens der GNU C Compiler) und ob alle benötigten Programmbibliotheken in ausreichend aktuellen Versionen vorliegen. Ist alles zur vollen Zufriedenheit von *configure* vorhanden, erzeugt das Skript ein so genanntes *Makefile*.

Und das brauchen Sie für die nächsten beiden Etappen. Wenn Sie im Anschluss das Dienstprogramm make aufrufen, arbeitet dieses klaglos das soeben frisch erstellte *Makefile* der Reihe nach ab: Das Makefile enthält dabei eine Rezept-ähnliche Auflistung, was alles in welcher Reihenfolge geschehen muss, um ein fertiges (binäres) Programm zu erzeugen. Die beiden Schritte `./configure` und `make` können je nach Umfang des Programms recht lange dauern. Und währenddessen werden Sie dann eben mit den schon erwähnten kryptischen Systemmeldungen unterhalten. Ist doch auch was.

Zum krönenden Abschluss werden mit `make install` alle erstellten Dateien an die vorgesehenen Stellen im Dateisystem kopiert: Programme selbst landen meist unter */usr/bin* oder */usr/local/bin*, Hilfe-Seiten (man pages) unter */usr/man* oder */usr/local/man*, Konfigurationsdateien unter */etc* usw. Damit ist die Installation abgeschlossen: Wenn das gerade erstellte Programm dann auch noch tut, was es soll, können Sie das Verzeichnis, in dem Sie die Übersetzung durchgeführt haben, getrost wieder von der Platte putzen.

Kapitel 7

# Ist das etwa alles?! Oder: die Shell – unendliche Weiten

So, nun haben Sie schon jede Menge Kommandos eingetippt, Dateien editiert etc., jetzt sollen Sie auch einige Grundzüge der Kommandozeilenschnittstelle von Linux erfahren und vor allem, wie Sie sich das Abschicken von Befehlen erleichtern können. Unter Windows nennt man das Ding, von dem wir hier reden, *MS-Eingabeaufforderung* (eine unsägliche Eindeutschung des englischen *Prompt*) oder schlicht *DOS-Box*, unter Linux und anderen Unix-Betriebssystemen schlicht *Shell*. Auch das ist ein englischer Begriff und heißt übersetzt »Muschel«.

Die unter Linux übliche Shell hat den Namen *bash* (»bourne *again shell*«). Sie ermöglicht den Aufruf von Programmen, die Interaktion mit dem Betriebssystem und stellt ausgefeilte Programmiermöglichkeiten zur Verfügung. Sie ermöglicht die Einstellung von diversen Eigenschaften (wie dem Prompt, also dem Bereitzeichen, mit dem sich die Shell bei Ihnen meldet), Befehlswiederholfunktionen und vieles andere mehr.

Üblicherweise meldet sich bei SuSE die bash mit einem schlichten »>«. Das ist ihre Art, sich mit einem »Ja, Chefin?« gehorsam zur Stelle zu melden. Dass sich das – wie fast alles auf einem Linux-System – ändern lässt, sehen Sie daran, dass meine Befehlszeilen im Buch ab und an auch einmal anders eingeleitet werden. Wenn Sie als *root* arbeiten, werden Sie jedoch stets mit einem # konfrontiert.

Die einfachste Möglichkeit, die Shell jetzt links liegen zu lassen, wäre, den Namen eines Programms oder Befehls einzutippen und mit der ↵-Taste zu bestätigen. Die bash wird dann geschäftig nach dem Befehl suchen und ihn ausführen, wenn sie ihn findet. So weit, so gut. Bis hierher unterscheidet sie sich in nichts von der von Windows sattsam bekannten `command.com`. Den Beweis für ihre Mächtigkeit tritt die bash erst dann an, wenn es darum geht, häufig wiederkehrende Befehle zu wiederholen, Abkürzungen für Befehle mit vielen Optionen zu definieren oder einfach die natürliche Bequemlichkeit des Benutzers zu unterstützen, indem sie für ihn einen angefangenen Befehlsnamen vervollständigt.

## 7.1 Editiermöglichkeiten in der Befehlszeile

Hoppla! Da haben Sie gerade eine Latte von Befehlen eingegeben und stellen fest, dass im zweiten ein kleiner, aber gemeiner Tippfehler steckt.

Sie könnten jetzt mit der [←]-Taste alles bisher Getippte wieder löschen, den Fehler korrigieren und den ganzen Rest neu eintippen. Können Sie – müssen Sie aber nicht.

Die bash hat eine schöne Möglichkeit, solche Kleinigkeiten mit etwas weniger Arbeitsaufwand zu erledigen, indem Sie einfach mit den [←]- und [→]-Tasten praktisch beliebig in der Befehlszeile hin- und herfahren und an der Ihnen genehmen Stelle die Änderungen einfügen. Abgesehen von den Pfeiltasten gibt es noch einige andere Tastenkommandos, die zum Editieren praktisch sind. Die wichtigsten stelle ich Ihnen hier noch kurz vor:

| Tastenkombination | Wirkung |
|---|---|
| ^A [Strg]-[A] | Sprung zum Anfang der Zeile |
| ^E [Strg]-[E] | Sprung zum Ende der Zeile |
| ^K [Strg]-[K] | Löscht die Zeile von der aktuellen Cursor-Position bis zum Ende |
| ^U [Strg]-[U] | Löscht die Zeile von der aktuellen Cursor-Position bis zum Anfang |
| ^T [Strg]-[T] | Vertauscht das Zeichen unter dem Cursor mit dem links davon stehenden. Sehr praktisch bei Tippfehlern, die entstehen, wenn die Finger mal wieder schneller als die Augen und das Hirn waren |

## 7.2 Aliase

Wenn Sie sich einige Male mit dem Befehl `ls` den Inhalt eines Verzeichnisses anzeigen lassen, werden Sie feststellen, dass es doch eigentlich schöner wäre, wenn dieses verflixte Werkzeug Ihnen automatisch kennzeichnen würde, ob es sich bei den angezeigten Dingen um ein Directory, eine gewöhnliche Datei, ein ausführbares Programm etc. handelt. Da Sie dieses Buch vermutlich aufmerksam gelesen haben, wissen Sie, dass `ls` das gerne macht, wenn man ihm die Option `-F` übergibt. Außerdem ist die Anzeige platzsparender, wenn man noch die Option `-C` dazunimmt, und wo wir doch gerade dabei sind, hätten wir auch noch gerne eine bunte Ausgabe. Also packen wir noch die Option `--color` dazu. Die Eingabezeile lautet damit `ls -C -F --color`. Und das sollen Sie jetzt jedes Mal eintippen, wenn Sie wissen wollen, was sich in diesem Verzeichnis befindet?

Mitnichten – wir reden hier schließlich über Linux! Für genau diesen Zweck erlaubt es die bash, so genannte *Aliase* einzurichten. Ein Alias ist quasi eine Abkürzung oder ein anderer Name für einen Befehl. Wie Sie einen Alias erzeugen? Ganz einfach, indem Sie den Aliasnamen mit dem gewünschten Befehl gleichsetzen:

```
stefanie@diabolo[~]> alias ls="ls -C -F --color"1
```

Fürderhin weiß die Shell, dass Sie nicht etwa die spartanische Version von `ls` benutzen möchten, und ersetzt das von Ihnen getippte `ls` durch ein `ls -C -F --color`. Und wenn Sie einmal statt des erweiterten `ls` das originale, spartanische verwenden möchten, können Sie das gerne: einfach vor den Befehl einen *Backslash* \ (manchmal nennt man das Ding auch *Rückwärtsschrägstrich*) »\« setzen. In unserem konkreten Beispiel sieht das also so aus:

```
stefanie@diabolo[/etc]> \ls
DIR_COLORS          ftphosts            mailcap.vga
HOSTNAME            ftpusers            man.config
Muttrc              gettydefs           mib-v2.txt
TextConfig          gpm-root.conf       mime.types
X11                 group               minicom.users
adjtime             group-              motd
...
```

Aliase sind selbstverständlich nicht auf `ls` beschränkt. Sie können sie einsetzen, wo immer Sie möchten. Weitere für Neueinsteiger – besonders wenn sie aus der DOS-Welt kommen – sinnvolle Aliase sind:

```
alias copy="cp"
alias remove="rm"
alias delete="rm"
alias del="rm"
alias move="mv"
alias cls="clear"
alias cd..="cd .."
alias dir="ls -la"
alias less="less -r"
```

Die folgenden Aliase sorgen für ein bisschen mehr Sicherheit bei den »gefährlichen« Befehlen, also dem Kopieren, Umbenennen/Verschieben und dem Löschen von Dateien. Wenn Sie einen dieser drei Befehle eingeben, wird automatisch von der bash die Option `-i` dazugesetzt, was den Befehl wiederum veranlasst, sich bei Ihnen vorsichtshalber noch mal zu erkundigen, ob Sie auch wirklich das machen möchten, was Sie machen möchten. Da das auf Dauer lästig sein kann, können Sie diese Aliase später gerne wieder löschen.

```
alias cp="cp -i"
alias rm="rm -i"
alias mv="mv -i"
```

## 7.3 Shell-Initialisierungsdateien

»Diese Aliase sind ja schön und gut«, werden Sie sich jetzt sagen, »aber irgendwie hab' ich ja keine Lust dazu, die Dinger jedes Mal einzutippen, wenn ich mich beim System anmelde!« Recht haben Sie! Hat aber auch niemand gesagt, dass Sie das müssen. Beim Start schaut die bash nämlich nach, ob diverse Dateien existieren, und führt, falls dem so ist, die darin enthaltenen Befehle aus.

Die bash unterscheidet dabei zwischen der Shell, die geöffnet wird, wenn Sie sich anmelden (die so genannte *Login-Shell*), und einer, die Sie im laufenden Betrieb eröffnen (z.B. in einem Terminalfenster wie der *konsole* – siehe dazu auch Kapitel 6). Eine Login-Shell schaut dabei zuerst in die Datei */etc/profile*, dann in die *.bash_profile* in Ihrem Home-Directory. Wenn *.bash_profile* nicht existiert, sucht sie nach *.bash_login*, existiert auch das nicht, sucht sie nach der Datei *.profile* in Ihrem Home-Verzeichnis. Am sinnvollsten ist es allemal, alle eigenen Befehle in *.profile* einzutragen.

Eine *interaktive Shell* (also eine Nicht-Login-Shell) führt die Befehle in der Datei *.bashrc* in Ihrem Home-Directory aus, falls diese existiert. Wenn Sie die oben angeführten Aliase und die weiter unten im Text noch folgenden Dinge dann im File *.bashrc* in Ihrem Home-Verzeichnis ablegen, können Sie sich freuen, die bash zu Ihrem gehorsamen Privatsklaven erzogen zu haben.

Und wenn Sie möchten, dass Ihre Umgebung immer gleich aussieht, ob Login-Shell oder nicht, fügen Sie ihrer Datei *.profile* folgende Zeilen hinzu:

```
if test -f ~/.bashrc; then
        . ~/.bashrc
fi
```

und geben Änderungen, die überall gelten sollen, nur noch in die Datei *~/.bashrc* ein.

# 7.4 History

Eine äußerst praktische Eigenschaft der bash ist es, die letzten Befehle einfach wiederholen zu können. Dazu müssen Sie lediglich die [↑]-Taste benutzen. Drücken Sie sie einmal, erscheint wie durch Zauberhand der zuletzt von Ihnen eingetippte Befehl in der Kommandozeile. Drücken Sie sie zweimal, taucht der vorletzte Befehl auf usw. Wollen Sie vom vorletzten Befehl wieder zum letzten vorspringen, müssen Sie nur die [↓]-Taste betätigen. Diese Eigenschaft wird *Befehls-History* oder *Command-History* genannt (engl. *history*, Geschichte). Wie viele Befehle sich die bash merkt, ist mit einer Shell-Variablen namens `HISTSIZE` einstellbar; dazu aber im nächsten Abschnitt gleich mehr.

# 7.5 Shell-Variablen

Wie eben erwähnt, kann man mit einer *Shell-Variablen* die Anzahl der Befehle einstellen, die in der History gespeichert werden.

Das ist längst nicht alles: Sie können mit solchen Variablen die Verzeichnisse festlegen, in denen die bash nach ausführbaren Programmen sucht, Sie können die Eingabeaufforderung Ihrer Shell, den Prompt, verändern, so dass er z.B. das Verzeichnis anzeigt, in dem Sie sich momentan befinden, etc. Die Shell-Variablen bestimmen aber nicht nur Eigenschaften der bash. Wenn Sie Variablen setzen oder ihnen Werte zuweisen, für die sich die Shell nicht im geringsten interessiert, ist das Ihre Privatangelegenheit. Manchmal verlangen auch andere Programme wie z.B. Newsreader nach Variablen. Der Newsserver Leafnode (Kapitel 18) interessiert sich z.B. für den Wert von NNTPSERVER.

Dabei gibt es zwei unterschiedliche Arten von Variablen: die so genannten *Environment-Variablen* und die gewöhnlichen Variablen. Erstere unterscheiden sich von den letzteren durch die Tatsache, dass sie auch für Programme sichtbar sind, die von der aktuellen Shell aus gestartet wurden. Normale Variablen sind das nämlich nicht.

Genug der trockenen Theorie – jetzt setzt es was (nämlich Variablen)! Nehmen wir mal an, Sie möchten Ihrem Newsreader sagen, dass er ab sofort seine News vom Newsserver *news.ndh.net* lesen soll. Dann müssen wir der Variablen `NNTPSERVER` den entsprechenden Wert zuweisen. Dies geht wie folgt:

```
stefanie@diabolo[~]$ NNTPSERVER=news.ndh.net
stefanie@diabolo[~]$ export NNTPSERVER
```

Gratuliere! Sie haben soeben Ihre erste Environment-Variable gesetzt, indem Sie den `export-Befehl` in der zweiten Zeile eingegeben haben. So machen Sie aus einer gewöhnlichen Variablen eine Environment-Variable. Um zu überprüfen, ob alles geklappt hat, lassen Sie sich den Inhalt der Variablen anzeigen. Geben Sie dazu ein:

```
stefanie@diabolo[~]$ echo $NNTPSERVER
news.ndh.net
```

Hat also funktioniert. Auf den Inhalt von Variablen können Sie immer mit dem Dollarzeichen, gefolgt vom Variablennamen, zugreifen.

Die wichtigsten Shell-Variablen führe ich hier in einer kleinen Tabelle auf:

| Variable | Bedeutung |
|---|---|
| `HOME` | Enthält das Home-Directory des Benutzers |
| `PATH` | Enthält den Suchpfad für Programme, also die Verzeichnisse, die die bash durchsucht, wenn Sie einen Befehl eingetippt haben |
| `PS1` | Enthält den Prompt, also das oder die Zeichen, die die Shell ausspuckt, wenn sie bereit ist, Ihre Aufträge entgegenzunehmen |
| `PWD` | Enthält das Verzeichnis, in dem Sie sich momentan befinden |
| `HISTSIZE` | Anzahl der Befehle, die sich die bash für später merkt |
| `INPUTRC` | Enthält den Dateinamen für ein besonderes File, das Tastatureinstellungen für die bash vornimmt |
| `EDITOR` oder `VISUAL` | Legt den Editor fest, den Programme aufrufen sollen, wenn sie möchten, dass Sie etwas editieren. Manche Programme definieren allerdings intern noch einen eigenen Editor für sich |
| `MAIL` | Enthält den Verzeichnispfad, in dem ankommende E-Mail abgespeichert wird |
| `HOSTNAME` | Enthält den Host-Namen, also den Namen Ihres Rechners |
| `CDPATH` | Suchpfad für das cd-Kommando |

HINWEIS

Noch ein Wort zur `PATH`-Variablen: Anders als unter Windows durchsucht Linux nicht automatisch das aktuelle Verzeichnis, sondern Sie müssen es ausdrücklich dazu auffordern. Fragt sich nur wie. Die Frage nach dem »Wie« ist eigentlich sehr einfach, die Frage nach dem »Ob« schon schwerer zu beantworten. Möchten Sie, dass auch Ihr aktuelles Verzeichnis von Ihrer Shell durchsucht wird, müssen Sie die Reihe der Pfadnamen nur (am besten ganz am Ende) um einen einfachen Punkt, also einen ».«, ergänzen. Das »Ob« ist schwerer zu beantworten, da ein solcher Eintrag durchaus ein Sicherheitsproblem darstellen kann, vor allem, wenn es sich um den Suchpfad des Superusers *root* handelt. Stellen Sie sich vor, was ein Cracker, der in Ihr System eindringt, unter diesen Voraussetzungen so alles anstellen könnte ...

# 7.6 Befehlszeilenergänzung

Sie haben das wundervolle Programm *ProgrammMitUnsaeglichLangemNamen* installiert und verzweifeln regelmäßig dabei, diesen ellenlangen Aufruf einzutippen. Klar, mit dem, was Sie bisher in diesem Kapitel gelernt haben, können Sie problemlos die Fehler, die Sie beim Eintippen machen, korrigieren. Aber umständlich ist das schon, nicht wahr?

Aus diesen (und einigen anderen) Gründen haben die Entwickler der bash die so genannte Befehlszeilenergänzung eingebaut. Tippen Sie mal spaßeshalber die [Tab]-Taste, wenn Sie einen Befehl teilweise eingegeben haben:

```
stefanie@diabolo[~]> net [Tab]
```

Hm. Es piepst. Und wenn Sie noch mal die [Tab]-Taste drücken?

```
stefanie@diabolo[~]> net [Tab] [Tab]
netcfg     netreport     netscape-communicator
netconf    netscape      netstat
stefanie@diabolo[~]> net
```

Hoppla! Die bash wirft Ihnen plötzlich irgendwelche Namen an den Kopf, die mit *net* beginnen? Richtig – das sind sämtliche Befehle, die die bash gefunden hat und die mit *net* beginnen. Offensichtlich weiß die bash nicht, welchen Befehl Sie eigentlich aufrufen wollten. Also tippen Sie ein bisschen mehr, damit Ihr kleiner Helfer ein paar Hinweise mehr bekommt:

```
stefanie@diabolo[~]> netsc [Tab]
```

und schon steht da:

```
stefanie@diabolo[~]> netscape
```

So können Sie in Windeseile häufig auftretende Befehle antippen und von der Shell vervollständigen lassen. Sie können so auch nach allen Befehlen suchen, die mit einer bestimmten Sequenz beginnen (wie im Beispiel oben gerade). Die Shell vervollständigt immer so weit, wie sie es eindeutig kann.

# 7.7 Ein- und Ausgabeumlenkung und Pipes

Die Shell bietet außerdem die Möglichkeit, die Ausgabe eines Befehls in eine Datei umzulenken, anstatt sie auf dem Bildschirm auszugeben. Das funktioniert so:

```
stefanie@diabolo[~]> ls > /tmp/sonstwas
```

Das Größer-als-Zeichen »>« bedeutet hier: Gib die Ausgabe nicht auf den Bildschirm, sondern in die Datei */tmp/sonstwas* aus. Falls die Datei existiert, wird sie gnadenlos überschrieben (wenn die Berechtigungen stimmen); falls sie noch nicht existiert, wird sie neu generiert. Möchten Sie die Ausgabe an eine bestehende Datei anhängen, ohne diese zu überschreiben, so müssen Sie das Umlenkungszeichen verdoppeln:

```
stefanie@diabolo[~]> ls >> /tmp/sonstwas
```

Jetzt wird die Ausgabe an die Datei */tmp/sonstwas* angehängt, falls diese existiert, ansonsten wird sie neu erzeugt.

Was für die Ausgabe gilt, gilt natürlich genauso für die Eingabe: Wenn Sie einen Befehl zwanzigmal aufrufen und er will immer die gleichen Eingaben haben, können Sie die Eingaben auch in eine Datei schreiben und dann Folgendes eingeben:

```
stefanie@diabolo[~]> mein_Befehl < /tmp/meineEingabe
```

Wenn Sie ob der Größer- und Kleiner-als-Zeichen etwas verwirrt sein sollten, betrachten Sie sie einfach als Pfeile, die zum Ziel hin zeigen. Wollen Sie also die Ausgabe eines Befehls in eine Datei lenken, zeigt die Pfeilspitze vom Befehl weg auf die Datei:

```
Befehl > Datei.
```

# 7.8 Und sonst?

Über die Shell könnte man noch so manches schreiben, aber Sie wollen Linux lernen und keine Doktorarbeit über die bash und ihre Brüder lesen. Lassen Sie mich dennoch eine oder zwei Kleinigkeiten erwähnen, die Sie unter Umständen ganz hilfreich finden könnten.

## 7.8.1 Jeden Tag eine andere Shell

Ihr freundlicher Linux-Guru um die Ecke arbeitet nicht mit der bash und hätte lieber eine andere Shell wie z.B. die *tcsh*, wenn er sich an Ihren Rechner setzt? Nun ja, sicherlich kann er die ganz schnell selbst einstellen, aber netter wäre es doch, wenn Sie ihm das abnehmen könnten, um ihm zu zeigen, dass Sie sich langsam, aber sicher immer besser mit Ihrem neuen Betriebssystem verstehen. Nichts leichter als das. Geben Sie einfach auf der Kommandozeile oder in einem X-Terminal das Kommando `chsh` ein. `chsh` verändert die Standard-Shell (bei Linux die bash, wie Sie ja mittlerweile wissen), also die Shell, die nach dem Einloggen aufgerufen wird. Nach Eingabe dieses Befehls können Sie oder notfalls auch erst Ihr Linux-Guru aus allen in der Datei */etc/shells* eingetragenen Shells wählen. Bei mir sind das unter anderem folgende:

```
stefanie@diabolo[~]>cat /etc/shells
/bin/ash
/bin/bsh
/bin/bash
/bin/sh
/bin/csh
/bin/ksh
/bin/tcsh
```

Zwar kann jeder User nach Lust und Laune seine eigene, ganz persönliche Muschelorgie veranstalten und fröhlich zwischen den diversen Shells hin- und herhüpfen, die Shell eines anderen Anwenders kann nur der Superuser *root* ändern.

## 7.8.2 Den Bootprompt einfärben

Sie erinnern sich – als *root* zu arbeiten, kann gefährlich sein. Wäre es da nicht schön, wenn Sie auch Ihre Shell durch eine, nun sagen wir, aggressivere Farbe hinsichtlich des Status warnen würde? Wenn Sie die unten anstehenden Zeilen in der Datei *.bashrc* in Ihr Home-Verzeichnis eintragen, wird Ihnen zum einen am Prompt der volle Pfad Ihres aktuellen Verzeichnisses angegeben (nie wieder `pwd` (siehe Kapitel 8.2) eingeben müssen ...). Zum anderen – und hier wird es erst richtig interessant – erscheint der Account, in dem Sie eingeloggt sind, in Blau, was sich sofort ändert, wenn Sie als *root* unterwegs sind. Dies erscheint als sanfte Erinnerung nämlich in einem leuchtenden Rot.

```
if [ "$TERM" = "linux" ]
   then
if [ $USER = 'root' ] ; then
COLOUR=41  # red
else
COLOUR=44  # blue
fi
STYLE='m'  # Default grey text.
 export PS1="\[\033[$COLOUR;37$STYLE\]$USER:\[\033[37;40$STYLE\]\w\\$ "
 fi
```

## 7.8.3 Sprücheklopfer

Sollten Sie das Paket *fortune* auf Ihrem System installiert haben – das können Sie ganz leicht durch die Eingabe eines

```
stefanie@diabolo[~]>rpm -qa |grep fortune
fortune-1.0-315
```

überprüfen – erreichen Sie durch den Eintrag

```
# Das Fortune-Programm aufrufen, soweit möglich:
if [ -x /usr/bin/fortune ] ; then
  echo ; /usr/bin/fortune ; echo
fi
```

in Ihrer */etc/profile*, dass jeder User beim Einloggen durch einen zufällig ausgewählten Spruch aus dem *fortune*-Paket begrüßt wird.

# 7.9 Fragen

1. Sie möchten, dass Ihnen die Eingabe von `dir` das Gleiche ausgibt wie `ls -l -C -F --color`. Wie können Sie dies bewerkstelligen?
2. Wie können Sie erreichen, dass Sie dies nicht bei jedem Anmelden neu eintippen müssen?
3. Wie finden Sie heraus, welche ausführbaren Programme auf Ihrem Rechner installiert sind, deren Name mit »r« beginnt?
4. Wozu dient der Suchpfad in der Variablen `PATH`? Wie können Sie ihn sich anschauen?
5. Welche Zuweisungen zur Umgebungsvariablen `PATH` sind sinnvoll?

   a) `PATH=joe`

   b) `PATH = /usr/bin`

   c) `setenv PATH /usr/bin:/usr/local/bin:/opt/kde/bin:/home/stefanie/bin`

   d) `PATH=$PATH:/home/stefanie/bin; export PATH`

   e) `PATH $PATH:/home/stefanie/bin; export PATH`

## 7.9.1 Antworten

1. Sie definieren einen Alias für den Befehl `ls` mit seinen Optionen:

   ```
   stefanie@diabolo[~]> alias dir="ls -lCF --color"
   ```

2. Sie setzen diese Alias-Definition in Ihre Shell-Initialisierungsdatei *$HOME/.bash_profile*. Dazu öffnen Sie diese mit Ihrem Lieblingseditor und fügen einfach die oben stehende Zeile ein:

   ```
   alias dir="ls -lCF --color"
   ```

   Wenn Sie möchten, können Sie den Alias natürlich auch `Erna` oder `Fritzchen` nennen.

3. Tippen Sie am Shellprompt `r`, und drücken Sie zweimal die [Tab]-Taste. Die bash spuckt Ihnen dann eine Liste der Befehle aus, die mit »net« beginnen.

4. In der Variablen `PATH` ist der Suchpfad für die Shell abgelegt, in dem sie nach ausführbaren Programmen sucht. Das heißt, wenn Sie den Namen eines Befehls eingeben, wird die Shell jedes Verzeichnis abklappern, das im Suchpfad steht, und nach dem Befehl suchen. Die einzelnen Verzeichnisse werden dabei durch Doppelpunkte voneinander abgetrennt. Wie Ihr Suchpfad aussieht, können Sie sich durch die Eingabe des Befehls

   ```
   stefanie@diabolo[~]> echo $PATH
   ```

   anschauen. Die Ausgabe sollte bei der SuSE ungefähr so aussehen:

   ```
   /usr/local/bin:/usr/bin:/usr/X11R6/bin:/bin:/bin:/usr/games/bin:/
   usr/games/opt/gnome/bin:/opt/kde/bin
   ```

   Das bedeutet, dass die Shell zuerst im Verzeichnis */usr/local /bin* nach dem gewünschten Programm sucht, danach im Verzeichnis */bin,* dann im Verzeichnis */usr/bin* usw., bis sie alle Verzeichnisse durchsucht hat. Existiert eines der Verzeichnisse nicht (mehr), überspringt die bash es heimlich, still und leise.

5. a) Die Umgebungsvariable `PATH` enthält per definitionem alle Verzeichnisse, in denen die Shell nach ausführbaren Programmen sucht. Joe ist aber ein Editor und damit kein geeigneter Wert für `PATH`.

   b) Das Verzeichnis */usr/bin* wäre durchaus ein geeigneter Wert für `PATH`. Allerdings ist die bash etwas eigen und akzeptiert Leerzeichen vor und hinter dem Gleichheitszeichen nicht, wenn Sie eine Variable setzen wollen.

   c) Dies ist ein völlig korrekt gesetzter Pfad, wenn Sie mit der *tcsh* arbeiten. Alle Programme, die sich in */usr/bin, /usr/local/bin, /opt/kde/bin* und */home/stefanie/bin* befinden, können Sie nunmehr einfach mit ihrem guten Namen aufrufen. Wie Sie sehen, muss zwischen zwei Verzeichnisangaben jeweils ein Doppelpunkt »:« als Trennzeichen eingefügt werden.

   d) So weisen Sie der Variablen `PATH` in der bash einen korrekten Wert zu. Der Ausdruck `$PATH` besagt, dass an dieser Stelle der bisherige Wert von `PATH` eingesetzt werden soll. Dieser wird nun durch das Verzeichnis */home/stefanie/bin* ergänzt.

   Unix-Shells gehen übrigens ganz stur der Reihenfolge nach: Wenn sie ein Programm suchen, fangen sie im ersten in `PATH` eingetragenen Verzeichnis an – in */home/stefanie/bin* würden sie als Allerletztes suchen. Das hat durchaus Folgen: Gäbe es in */home/stefanie/bin* ein

Programm namens `cp`, so würde es die Shell niemals finden, weil sie schon vorher das bekannte Kopierkommando `cp` gefunden hätte. Stünde dagegen */home/stefanie/bin* am Anfang des Pfades, hätte der Befehl `cp` keineswegs den gewünschten Kopiervorgang zur Folge, sondern würde jedes Mal das machen, was `cp` aus Stefanies *bin-Verzeichnis* anstellt.

e) Die bash besteht auf einem Gleichheitszeichen zwischen Variable und zugehörigem Wert – dieser Befehl führt also nicht zu dem gewünschten Ergebnis.

KAPITEL 8

# Kommandodschungel

Jetzt haben wir schon so viel installiert und rumkonfiguriert und auch mit unverständlichen Befehlen um uns geworfen, dass es Zeit wird, uns tatsächlich um einige Kommandozeilenbefehle zu kümmern. Und mit der schönen, leicht zu bedienenden *Konsole* der KDE-Familie macht das auch gleich viel mehr Spaß.

## 8.1 Wir wechseln das Verzeichnis mit cd

Das Kommando `cd` (von *change directory)* ist *das* Basiskommando, mit dem man sich durch das recht verschachtelt wirkende Linux-Dateisystem hangelt[1]. Dabei bietet es verschiedene Möglichkeiten, um von einem Verzeichnis zum anderen zu springen. So kann man zum einen *direkt* in ein Verzeichnis wechseln, indem man `cd`, gefolgt vom Verzeichnisnamen, angibt.

Nehmen wir an, Sie wollen ins Verzeichnis */usr/bin* wechseln, so müssten Sie Folgendes in Ihre Shell eingeben:

```
stefanie@diabolo[~]> cd /usr/bin
```

Ist man dann im Verzeichnis */usr/bin* gelandet und merkt, dass man eigentlich ins Verzeichnis */usr* möchte, so kann man nun alternativ mit

1. Ganz am Ende des Buches (in Kapitel 24), wenn Sie sich im Umgang mit Linux schon recht sicher fühlen, gehen wir noch auf Entdeckungsreise durchs Dateisystem.

```
stefanie@diabolo[bin]> cd ..
```

oder mit

```
stefanie@diabolo[bin]> cd /usr
```

ans Ziel seiner Wünsche gelangen. Die zwei Punkte `..` stehen dabei für das übergeordnete Verzeichnis dessen, wo man sich selbst gerade befindet.

`cd` bei Linux handelt nach der Devise Home, Sweet Home, so dass Sie alleine die Eingabe von

```
stefanie@diabolo[usr]> cd
```

wieder zurück in Ihr Home-Verzeichnis bringt, in dem sich gewöhnlich Ihre wichtigsten Files/Dateien befinden werden. Der Befehl `cd ~` täte übrigens dasselbe, weil die Tilde ~ eine Abkürzung für das Home-Verzeichnis ist.

## 8.2 Wo bin ich eigentlich?

Hat man durch all die Streifzüge durchs Filesystem vergessen, an welcher Stelle des Verzeichnisbaums man sich eigentlich befindet, wird man schnell das Kommando `pwd` (print *working directory*) schätzen lernen. Dieses Kommando gibt Ihnen Auskunft darüber, in welchem Verzeichnis Sie sich im Moment befinden.

Nehmen wir an, Sie haben Folgendes eingegeben:

```
stefanie@diabolo[~]> cd /usr/bin
```

dann klingelt das Telefon. Sie erzählen Ihrer Freundin ein wenig über die Vorzüge Ihres neuen Betriebssystems und haben bei Ihrer Rückkehr vergessen, in welchem Verzeichnis Sie sich zur Zeit befinden. Die Eingabe von

```
stefanie@diabolo[bin]> pwd
```

wird Ihnen folgende Information liefern:

```
/usr/bin
```

Und Sie werden sich erinnern, dass Sie augenblicklich im */usr/bin-Verzeichnis* zu Gast sind.

# 8.3 Hilfe! Ich habe meine Files und mein Directory verloren!

Zuallererst: KEINE PANIK (genau: in großen, freundlichen Buchstaben)!

## 8.3.1 find

Mit dem Befehl `find` steht Ihnen ein sehr mächtiges Werkzeug zur Verfügung, mit dem Sie Dateien auf Ihrer Festplatte aufspüren können. Dafür brauchen Sie nur eine ganz einfache Kommandozeile in Ihre Shell einzugeben:

Möchten Sie z.B. nach dem Kommando `ispell` im Verzeichnis */usr* suchen, müssten Sie folgende Zeile eingeben:

```
stefanie@diabolo[~]> find /usr -name ispell -print
```

Es kann wichtig sein, `-print` mit anzugeben, weil das Programm nur so bereit sein wird, Ihnen auch den vollständigen Pfadnamen anzuzeigen. Sonst ist `find` zwar fündig geworden, aber Sie haben nichts davon. Einschränkend sollte man dazu sagen, dass Linux meist auch ohne `-print` die gewünschte Information ausgibt, aber andere Unix-Dialekte sind da etwas störrischer. Geben Sie es daher mit an, so sind Sie, wann immer Sie es mit einem Unix-System zu tun haben, auf der sicheren Seite.

`find` kann noch viel mehr, als einfach nur namentlich nach einer Datei suchen. Sie können dieses Kommando auch dazu benutzen, Files dem Datum nach zu suchen, oder sogar einen Zeitraum dabei angeben.

Möchten Sie beispielsweise einen Blick auf alle Dateien werfen, die sich in Ihrem */usr/bin-Verzeichnis* befinden und seit weniger als einem Tag verändert wurden, so erhalten Sie die gewünschte Information durch Eingabe folgender Kommandozeile:

```
stefanie@diabolo[~]> find /usr/bin -type f -mtime -1 -print
```

Hierbei besagt `-type f`, dass Sie nach normalen Dateien (den so genannten *ordinary files*) suchen, und `-mtime -1` schränkt die Suche auf solche ein, die seit weniger als einem Tag modifiziert wurden.

Wie schon erwähnt, ist `find` unglaublich vielseitig, so dass es auch *Jokerzeichen* (Wildcards) akzeptiert (die Ihnen später im Buch noch wiederholt begegnen werden). Nehmen wir der Einfachheit halber an, Sie möchten sich sämtliche *.gz-Files* anzeigen lassen, die Sie in Ihrem Home-Verzeichnis gespeichert haben. Dann wäre folgendes Kommando einzugeben:

```
stefanie@diabolo[~]> find  /home/stefanie -name "*.gz" -print
/home/stefanie/humorix.tar.gz
/home/stefanie/columbo-0.1.tar.gz
/home/stefanie/ksysctrl-0.1.6.tar.gz
/home/stefanie/MagiCapture-0.2.1.tar.gz
/home/stefanie/LavaLamp.tar.gz
/home/stefanie/wmsound-0.9.4.tar.gz
/home/stefanie/audiofile-0.1.7.tar.gz
/home/stefanie/dejasearch164.tar.gz
/home/stefanie/asclock-xlib-2.0.10.tar.gz
/home/stefanie/asr-manpages.tar.gz
/home/stefanie/bbdate-0.2.1.tar.gz
/home/stefanie/Sky.tar.gz
/home/stefanie/vacation.tar.gz
/home/stefanie/tkftp-1.0.2.tar.gz
/home/stefanie/gip-0.2.tar.gz
/home/stefanie/MetalEdge.tar.gz
/home/stefanie/SmoothBlue.tar.gz
/home/stefanie/SteelSky.tar.gz
/home/stefanie/SkyatNight.tar.gz
/home/stefanie/gnome-faq-html.tar.gz
/home/stefanie/Mp3Maker.app-1.0.pre-2.19990827.tar.gz
/home/stefanie/pac.tar.gz
```

HINWEIS

Da `find` selber Wildcards kennt, muss verhindert werden, dass die Shell sie auswertet; aus diesem Grunde müssen Sie `*.gz` oder `\*.gz` eingeben.

Eine sehr nützliche Option ist `-xdev`. Wäre nicht in den vorangegangen Beispielen jeweils ein Verzeichnis angegeben worden, in dem sich `find` auf die Suche machen soll, so würden mit der Eingabe dieses Kommandos sämtliche verfügbaren Verzeichnisse, Partitionen und Datenträger durchsucht werden. Haben Sie in so einem Fall zum Beispiel Ihr CD-ROM-Laufwerk gemountet und mit einer Daten-CD bestückt, so würde auch diese von `find` mit durchsucht werden, was die Suche natürlich deutlich und sinnlos verlängern würde. Mit `-xdev` wird die Suche auf das aktuelle Filesystem, in unserem Falle also unsere Linux-Partition, beschränkt, und etwa gemountete Windows-Partitionen oder CD-ROMs werden bei der Suche ausgespart.

HINWEIS

`find` kennt noch viele komplizierte Suchoptionen, die Sie bei Bedarf in der Manpage nachlesen können.

Die *Manual Pages*, kurz *Manpages*, geben zu fast jedem Unix-Kommando eine sehr ausführliche, allerdings oftmals sehr trockene Referenz ab. Vermutlich geht es Ihnen am Anfang wie mir: Sie werden sich erst mal überfordert fühlen. Aber wenn Sie hartnäckig bleiben, werden Sie sich bald eingelesen haben und im Kommando `man` *`Programmname`* einen hilfreichen Begleiter finden (siehe auch Abschnitt 6 dieses Kapitels).

Die Manpage zu `find` rufen Sie mit `man find` auf, und Sie beenden sie mit `q`.

Man kann `find` auch dazu benutzen, eine Datei zu finden und an dieser dann ein Kommando auszuführen. Die Kommandozeile dazu lautet ganz allgemein

```
stefanie@diabolo[~]> find Pfadname -name Dateiname -print -exec command
{}\;
```

Da solche Aktionen immer mit Vorsicht zu genießen sind, sollten Sie die zweite Variante wählen, die Sie vor dem Ausführen des Kommandos um Bestätigung bittet:

```
stefanie@diabolo[~]> find Pfadname -name Dateiname -print -ok command
 {}\;
```

Sehr nützlich kann diese Funktion z.B. sein, wenn Sie auf einen Schwung die *Backup-Dateien* Ihres Systems, die sich im Laufe der Zeit angesammelt haben, löschen wollen. Geben Sie dafür bitte folgendes Kommando ein:

```
stefanie@diabolo[~]> find . -name "*~" -print -ok rm {} \;
```

Dabei werden keine Backups Ihrer (versteckten) *Punkt-Dateien* gelöscht. Um auch die Sicherungskopien dieser mit einem Punkt beginnenden Dateien ins Datengrab zu schicken, müssten Sie

```
stefanie@diabolo[~]> find . -name ".*~" -print -ok rm {} \;
```

eingeben.

---

Viele Programme, die auf eine Datei losgelassen werden (z.B. Editoren), legen erst einmal eine Sicherungskopie der zu bearbeitenden Datei an. Diese erkennt man oftmals daran, dass an den Originalnamen eine Tilde »~« angehängt wurde.

---

Bevor wir uns anderen nützlichen Kommandos zuwenden, möchte ich Ihnen zumindest noch einen kleinen Dreh verraten, wie Sie besonders leicht nach Dateien bzw. Bestandteilen suchen können – dieser findet auch an anderer Stelle im Buch noch einmal seine Verwendung. Wie Sie in den vorangegangen Abschnitten gesehen haben, zeigt Ihnen `find Verzeichnisname` alle Dateien im angegebenen Verzeichnis und allen Unterverzeichnissen mit vollem Dateinamen an. Um hierbei Dateien herauszufiltern, die einen bestimmten

Namensbestandteil haben, bietet es sich an, zusätzlich noch das Kommando `grep` zu benutzen und dieses mittels einer so genannten *Pipe* zu verbinden.

Möchten Sie beispielsweise sämtliche Dateien unterhalb */usr/local* auffinden, in deren Datei- oder Pfadname das Wort »kde« vorkommt, verwenden Sie etwas in der Art wie

```
stefanie@diabolo[~]>find /usr/local |grep kde
/usr/local/bin/wkdemenu.pl
/usr/local/share/pixmaps/mc/i-blockdev.png
/usr/local/include/gtk/gtkdebug.h
```

Das Ergebnis von `find` wird `grep` als Kommandozeile übergeben. Sollte `find` sehr viel finden, wird `grep` dies mit »commandline too long« abweisen. Dafür gibt es das Programm *xargs*. xargs teilt die übergebenen Parameter in passende Häppchen auf und verfüttert sie an `grep`.

HINWEIS

So vielseitig und mächtig `find` auch sein mag, so kann es, wenn Sie z.B. Ihr gesamtes Root-Verzeichnis durchsuchen wollen, ganz schön lange dauern. Eine Methode, Ihre Suche zu beschleunigen, bietet das Programm `locate`. Dieses durchsucht nicht Ihre gesamte Festplatte mit den ganzen Verzeichnissen, sondern benutzt eine gesonderte Datenbank mit Dateinamen und ihren Verzeichnissen. `locate` erspart Ihnen bei der Suche nach Files etc. viel Zeit, da das Programm lediglich die Datenbank nach passenden Dateinamen durchsucht und diese ausgibt.

### locate

locate selbst ist sehr einfach zu bedienen. Möchten Sie z.B. alle *PostScript-Dateien*, die sich auf Ihrem System befinden, angegeben bekommen, so geben Sie einfach

```
stefanie@diabolo[~]> locate "*.ps"
```

ein.

Allerdings hat die Sache einen Pferdefuß: Während Sie `find` sofort nach der Installation benutzen können, müssen Sie für `locate` zuerst eine Datenbasis mit allen auf Ihrem System vorhandenen Dateien erstellen. Keine Angst, das klingt schlimmer als es ist, da die ganze Prozedur sich fast automatisch erledigen lässt.

Um besagte Datenbank zu erstellen, genügt es, den Befehl `updatedb` aufzurufen. Stellen Sie sicher, dass Sie als *root* eingeloggt sind, oder verwenden Sie das `su`-Kommando, und geben Sie am Shellprompt Folgendes ein:

```
root@diabolo[~]# updatedb
```

Diese Prozedur kann ein kleines Weilchen in Anspruch nehmen, aber wenn Ihr Linux-System mit dem Abarbeiten dieses Befehls fertig ist, verfügen Sie über eine vollständige Datenbasis für `locate`, die *locatedb*, die sich im */var/lib-Verzeichnis* befindet. Einen kleinen Nachteil hat `locate`: Sollten Sie viele neue Programme oder sonstige Dateien auf Ihrem System installieren oder alte Programme löschen, die Sie einfach nur noch langweilen, so ist die erstellte *locatedb* nicht mehr auf dem aktuellen Stand und liefert falsche Suchergebnisse. Denken Sie daher bitte daran, ab und an mit dem Kommando `updatedb` Ihre Datenbank aufzufrischen. Sie können dies mit einem *Cronjob* (der in Kapitel 22 ausführlicher erklärt wird) auch automatisch zu festgesetzten Zeiten erledigen lassen, so dass Sie sich damit gar nicht weiter herumplagen müssen. Das macht Linux schon für Sie.

## 8.3.2 whereis

Eine dritte Möglichkeit, sich auf die schnelle Suche nach Dateien zu begeben, stellt das Kommando `whereis` dar. Als zusätzliches Schmankerl zeigt Ihnen dieses Kommando noch an, wo sich das zur Datei gehörende *Binary* (das ausführbare Programm), der Quellcode und die Manpage befinden.

Beispielsweise zeigt Ihnen der folgende Befehl:

```
stefanie@diabolo[~]>whereis find
find: /usr/bin/find /usr/man/man1/find.1
```

dass sich das Kommando `find` im Verzeichnis */usr/bin* befindet und die dazugehörige Manpage im Verzeichnis */usr/man/man1.*

Wie schon erwähnt, können Sie mit `whereis` auch nur nach dem ausführbaren Programm suchen:

```
stefanie@diabolo[~]> whereis -b find
find: /usr/bin/find
```

Sollte `whereis` die Datei nicht finden, nach der Sie so verzweifelt suchen, so wird nichts ausgegeben:

```
stefanie@diabolo[~]> whereis foo
foo:
```

Dies kann zwei Ursachen haben: Entweder haben Sie sich das Vorhandensein dieser Datei nur eingebildet, oder aber – der wahrscheinlichere Grund – die Datei befindet sich nicht im Suchpfad des `whereis`-Kommandos. Im Gegensatz zu den meisten anderen Linux-Programmen sind die Suchpfade bei `whereis` im Programm selbst explizit verankert und können von Ihnen nicht abgeändert werden. Das mag Ihnen als Nachteil erscheinen, sorgt aber dafür, dass durch das Eingrenzen der Suche auf die Verzeichnisse */usr/man, /usr/bin/* und */usr/sbin* die Suche nach Dateien merklich an Tempo gewinnt.

### 8.3.3 which

Als recht nützlich kann sich auch das Kommando `which` erweisen. Dies hilft Ihnen dabei, ausführbare Programme aufzufinden. Nehmen wir den Befehl `apropos`. Können Sie mir auf Anhieb sagen, in welchem Verzeichnis sich dieser befindet? Nein? Nun, `which` kann das. Geben Sie dazu einfach Folgendes ein:

```
stefanie@diabolo[~]>which apropos
/usr/bin/apropos
```

Und schon wissen Sie, dass sich *apropos* im Verzeichnis */usr/bin* herumtreibt. Bitte denken Sie jedoch immer daran, dass sich mit Hilfe von `which` nur ausführbare Programme, also Dateien, die im Pfad (gemäß der Pfadvariablen `$PATH` siehe Kapitel 7) liegen und ausführbar sind, finden lassen. Alle anderen Dateien können Sie zumindest mit diesem Kommando nicht aufstöbern.

## 8.4 Was steckt eigentlich in den Verzeichnissen?

### 8.4.1 Der ls-Befehl

Das Kommando `ls` (list *directory)* wird schnell eines der Programme werden, die Sie am meisten benutzen. In der einfachsten Ausgestaltung zeigt Ihnen `ls` beinahe alles an, was sich an Dateien im aktuellen Verzeichnis befindet.

```
stefanie@diabolo[~]> ls
...                                    ...
Gliederung                             elisp
Gliederung.neu                         ema-keys.gui
Gnus.FAQ.html                          emacs
INBOX                                  font-latex.tex
Kochbuch-Standalone-Paket.tar.gz       html
LinuxGuide                             isolatin1.tex.Z
Mail                                   b32.patch
Netscape.kdelnk                        zeuchs
News
Steffi.Text
Terminal.kdelnk
XEmacs.kdelnk
bbdb-letter-1.0.tar.gz
bk-a4-d.ps.gz
cookbook
cron
```

Sie sehen: `ls` sortiert seine Ausgabe von oben nach unten und dann von links nach rechts. Sollten Sie es bevorzugen, die Dateien von links nach rechts und von oben nach unten sortiert angezeigt zu bekommen, geben Sie einfach ein `-x` mit an, und `ls` macht, was Sie verlangen.

Sollte Ihnen die Darstellung so nicht gefallen: kein Problem. Mit der Option `-m` zeigt Ihnen `ls` auch gerne alles als eine einzige Zeile an.

Mit `ls` wird Ihnen jedoch nicht angezeigt, ob es sich um Dateien oder Verzeichnisse handelt. Eine Möglichkeit, dies herauszufinden, bietet die Option `-F`. `ls -F` zeigt Ihnen so alle Verzeichnisse mit einem angehängten Schrägstrich »/« versehen auf. Mit einem »*« werden ausführbare Programme gekennzeichnet.

```
stefanie@diabolo[~]> ls -F
...
font-latex.tex
html/
isolatin1.tex.Z
ktop-0.01a-linux.tar.gz
l2e-ONL.300-1.95.ps
lyx-im-koma.tar.gz
mail/
mouseclock*
news/
nsmail/
patch-xemacs.sh
quickref.ps.gz
refcard.ps.gz
stefanie/
...
```

Wenn Sie sich wirklich *alle* Dateien und Verzeichnisse anschauen wollen, so können Sie zusätzlich zur Option `-F` noch ein `-a` anfügen. Damit werden Ihnen auch die Dateien mit einem führenden Punkt angezeigt, die `ls` sonst schamhaft verschweigt.

HINWEIS

Dateien, deren Namen mit einem Punkt beginnen, sind üblicherweise Konfigurationsdateien (denken Sie an die bereits erwähnten Dateien *.Xclients* oder *.Xdefaults*). Die Idee dahinter ist, dass man solche Dateien in der Regel während des normalen Arbeitens in Dateisystemen nicht zu verändern wünscht; außerdem machen sie die Ausgabe unübersichtlich, da es nach einiger Zeit des Linux-Gebrauchs mindestens ebenso viele davon gibt wie Initialisierungsdateien unter Windows.

Falls Sie über einen Farbmonitor verfügen, so können Sie sich mit der Option `--color` Dateien, Verzeichnisse oder ausführbare Programme in unterschiedlichen Farben anzeigen lassen. In der Wahl der Farbe sind Sie frei. Sie können diese ganz nach Belieben Ihren Bedürfnissen anpassen. Wechseln Sie dazu in das Verzeichnis */etc*. Dort befindet sich eine Datei namens *DIR_COLORS*; kopieren Sie diese Datei (wie das geht, erfahren Sie noch) in Ihr Home-Verzeichnis, und benennen Sie sie in *.dir_colors* um. Diese Datei können Sie jetzt ganz nach Belieben Ihren individuellen Farbvorstellungen anpassen.

## Noch mehr Informationen mit dem »langen« ls-Befehl

```
stefanie@diabolo[~]>ls -la
total 15896
 ...
-rwxr-xr-x 1 stefanie stefanie   151 Mar 22 03:29 .Xclients
-rw-r--r-- 1 stefanie stefanie  3768 Mar 17 21:05 .Xdefaults
-rw-r--r-- 1 stefanie stefanie 60588 Mar 27 01:09 .bbdb
-rw-r--r-- 1 stefanie stefanie  1642 Mar 28 00:43 .cshrc
-rw-r--r-- 1 stefanie stefanie  1641 Mar 26 14:02 .cshrc~
-rwx-----  2 stefanie stefanie  1024 Mar 18 01:17 .elm
-rw-r--r-- 1 stefanie stefanie  3988 Mar 19 00:10 Gliederung
-rw-r--r-- 1 stefanie stefanie 10161 Mar 17 22:11 INBOX
drwxr-xr-x 3 stefanie stefanie  6144 Mar 22 00:59 Mail
drwxr-xr-x 2 stefanie stefanie  1024 Mar 27 01:53 News
-rw-r--r-- 1 stefanie stefanie  9618 Mar 28 00:43 Steffi.Text
```

Wie Sie sehen, erscheinen nach der Eingabe von `ls -al` neun verschiedene Spalten. Bei der ersten handelt es sich um einen *Typenbezeichner*, der die Art der Datei angibt. Ein `d` steht hier für ein Verzeichnis (das ja im Englischen *directory* heißt).

Dann folgen dreimal je drei Zeichen, die die Zugriffsrechte des Besitzers, seiner Gruppe und die aller anderen Benutzer angeben (Zugriffsrechte werden wir noch ausführlicher behandeln).

Verfügt der Besitzer, seine Gruppe oder der ganze Rest der Welt nicht über eine bestimmte Berechtigung (z.B. die Ausführberechtigung), erscheint an dieser Stelle ein Strich »-«. Die Datei *Steffi.Text* ist also les- und schreibbar für die Benutzerin *stefanie*. Mitglieder ihrer Gruppe *stefanie* und alle anderen Benutzer im System dürfen die Datei nur lesen, aber nicht verändern.

Anschließend werden in je einer Spalte noch

- ✗ der Name des Besitzers (hier *stefanie*),
- ✗ die Gruppe des Besitzers (wieder *stefanie*),
- ✗ die Größe der Datei,

- Datum und Zeit der letzten Änderung und
- der Name der Datei

angezeigt.

Die Zahl nach der Rechtemaske bezeichnet man als »Linkcount«.

Steht er bei einer normalen Datei auf 2, dann gibt es einen so genannten harten Link von ihr – wie in unserem Beispiel bei der Datei *.elm*. Bei einem Verzeichnis gibt der Linkcount einfach nur die Anzahl der Einträge darin wieder.

HINWEIS

Wenn Sie viele Verzeichnisse und Dateien haben, fliegt die `ls`-Liste womöglich über Ihren Bildschirm, ohne dass Sie die benötigten Informationen so schnell mitschreiben oder verarbeiten können. Ist das der Fall, können Sie sich mit der Eingabe von

```
stefanie@diabolo[~]> ls -la | more
```

wundervoll behelfen. Den vertikalen Strich nennt man *Pipe* (in Kapitel 7.7 haben Sie mehr über Pipes erfahren). Das Kommando `more` nach dem Befehl `ls` teilt Ihrem Linux-System mit, dass es bitte mit dem Auflisten von Informationen aufhören möge, sobald die Bildschirmseite voll ist. Drücken Sie dann die Leertaste, um die nächste Bildschirmseite mit Datei- und Verzeichnisnamen zu sehen.

Bisher haben wir uns nur den Inhalt unseres Home-Verzeichnisses anzeigen lassen. Sie können sich jedoch mit dem `ls`-Befehl den Inhalt jedes beliebigen Verzeichnisses auflisten lassen, indem Sie den absoluten Pfad zu diesem Verzeichnis in der Kommandozeile angeben. Ein `ls /usr/bin` würde Ihnen so beispielsweise erlauben, einen Blick auf das Innenleben dieses Verzeichnisses zu werfen.

### ls und die Wildcards

Genau wie `find` erlaubt Ihnen auch `ls` den Einsatz von so genannten *Wildcards*. Nehmen wir an, Sie möchten sich sämtliche auf *.txt* endende Textdateien im aktuellen Verzeichnis auflisten lassen, dann könnten Sie einen Befehl wie

```
stefanie@diabolo[~]> ls *.txt
```

auf der Kommandozeile eingeben. Das Sternchen steht für eine beliebige Anzahl beliebiger Zeichen, auch für gar kein Zeichen.

Eine weitere Option, die Sie im Zusammenhang mit `ls` noch interessieren könnte, ist die Option `-R`. Diese Option bringt `ls` dazu, rekursiv alle Verzeichnisse Ihres Systems mitsamt ihrem Inhalt anzuzeigen. Allerdings dauert das je nach der Tiefe des Verzeichnisbaums eine gehörige Zeit, so dass Sie dazu wahrscheinlich lieber das Kommando `tree` benutzen möchten, das ich Ihnen im Folgenden vorstelle.

### 8.4.2 Der tree-Befehl

Steve Bakers Programm `tree` gibt Ihnen in Ihrer Shell einen grafischen Überblick über jedes von Ihnen angegebene Verzeichnis. Es verfügt über einige praktische Eigenschaften, die die Arbeit mit diesem Programm deutlich erleichtern. Zum einen ähneln sich die Optionen von `tree` und `ls` sehr. Ebenso wie bei `ls` werden auch Wildcards und Farben unterstützt. Sehr hilfreich ist auch die Option `-x`, die ähnlich der Option `-xdev` des `find`-Befehls die Darstellung auf das aktuelle Filesystem beschränkt.

Das `tree-Kommando` ist sehr einfach zu benutzen. Möchten Sie sich beispielsweise den Inhalt Ihres */var/lib-Verzeichnisses* anschauen, versuchen Sie folgende Eingabe:

```
stefanie@diabolo[~]> tree /var/lib
/var/lib
|-- apachecfg
|-- dosemu
|   '-hdimage
|-- ext2ed
|   |-- ext2.deskriptors
|   '-ext2ed.conf
|-- games
|   |-- trojka.scores
|   |-- xbill
|   |   |-- bitmaps -> /usr/lib/xbill/bitmaps
|   |   |-- pixmaps -> /usr/lib/xbill/pixmaps
|   |   '-scores
|   |-- xboing.score
|   |-- xgalscores
|   |-- xhextris-scores
|   |-- xjewel.scores
|   |-- xscrabble.scores
|   '-xtrojka.score
|-- locatedb
|-- logrotate.status
|-- news
|   |-- active
....
```

```
|   |     '-cmu12.mf
|   '-tfm
|     '-jknappen
|       '-ec
|         |-- ecrm1000.tfm
|         '-ecrm1095.tfm
'-texfonts
35 directories, 207 files
```

Eine sehr nützliche Option von `tree`, die ich Ihnen noch vorstellen möchte, ist `-d`, mit der Ihnen `tree` nur Verzeichnisse anzeigt und keine Dateien. Dies ist eine sehr gute Möglichkeit, sich einen Überblick darüber zu verschaffen, wie sich Ihr Linux-Dateisystem aus Verzeichnissicht darstellt. Sie können sich damit auch bequem anzeigen lassen, wie die Verzeichnisstruktur von Software aufgebaut ist, die Sie zusätzlich installiert haben.

Möchten Sie sich z.B. anschauen, welche Verzeichnisse Netscape in Ihr System eingebracht hat, geben Sie Folgendes ein:

```
stefanie@diabolo[~]> tree -d  /usr/lib/netscape
/usr/lib/netscape
|-- dynfonts
|-- java
|   '-classes
|-- movemail-src
|-- nethelp
|   '-netscape
|     |-- collabra
|     |-- composer
|     |-- confernc
|     |-- home
|     |-- messengr
|     |-- navigatr
|     |-- netcastr
|     |-- nscal
|     '-shared
|-- plugins
'-spell
17 directories
```

## 8.4.3 Wir listen und kombinieren Dateien mit cat

Das Kommando `cat` wird in der Regel dazu benutzt, den Inhalt von Dateien auf Ihrem Bildschirm anzuzeigen. Sie können es jedoch auch dazu verwenden, den Inhalt einer Datei in eine andere zu kopieren.

Obwohl cat sehr dienlich dabei sein kann, wenn Sie kurze Dateien lesen möchten, so wird es doch im Allgemeinen dazu benutzt, Dateien entweder zu kombinieren, zu überschreiben oder an andere Dateien anzuhängen.

Wenn Sie cat dazu benutzen möchten, eine kurze Datei zu lesen, geben Sie einfach Folgendes ein:

```
stefanie@diabolo[~]> cat test.txt
Dies ist ein ziemlich dämliches Textfile, das ich nur geschrieben
habe, um Ihnen die Funktionsweise des cat-
Kommandos zu verdeutlichen. Gott sei Dank ist das cat-
Kommando um einiges nützlicher als dieser Text.
```

Auch cat verfügt über die unterschiedlichsten Optionen. Möchten Sie Ihre Textdatei z.B. mit nummerierten Zeilen ausgeben, können Sie die Option -n übergeben:

```
stefanie@diabolo[~]> cat -n test.txt
1 Dies ist ein ziemlich dämliches Textfile, das ich nur
2 geschrieben habe, um Ihnen die Funktionsweise des cat-
3 Kommandos zu verdeutlichen. Gott sei Dank ist das cat-
4 Kommando um einiges nützlicher als dieser Text.
```

Sie können cat auch ganz einfach dazu bringen, sich verschiedene Dateien auf einmal anzuschauen, indem Sie Wildcards benutzen:

```
stefanie@diabolo[~]> cat -n test*
1 Dies ist ein ziemlich dämliches Textfile, das ich nur
2 geschrieben habe, um Ihnen die Funktionsweise des cat-
3 Kommandos zu verdeutlichen. Gott sei Dank ist das cat-
4 Kommando um einiges nützlicher als dieser Text.
5 Auch dieses Textfile dient nur dazu, Ihnen cat
6 näherzubringen. Es ist mindestens so dämlich wie
7 das erste, wenn nicht noch alberner ...
```

Wie Sie in obigem Beispiel sehen können, hat cat in seiner Ausgabe eine zweite Datei berücksichtigt und dann jede Zeile der Ausgabe nummeriert, nicht jede Datei. Um diese beiden Dateien mit cat anschauen zu können, hätten Sie auch cat test.txt test2.txt auf der Kommandozeile eingeben können. Sie hätten die gleiche Ausgabe erhalten wie bei Gebrauch der Wildcard.

Wie schon eingangs erwähnt, können Sie cat auch dazu verwenden, Dateien miteinander zu kombinieren. Dabei hilft Ihnen »>« als Richtungsweiser. Möchten Sie beispielsweise unsere beiden Testtexte *test.txt* und *test2.txt* in einer dritten Datei, *test3.txt,* zusammenfassen, geben Sie folgendes Kommando ein:

```
stefanie@diabolo[~]> cat test* > test3.txt
```

Das Ergebnis lässt sich mit

```
stefanie@diabolo[~]> ls -l test*
-rw-r--r-- 1 stefanie stefanie  215 Mar 30 00:11 test.txt
-rw-r--r-- 1 stefanie stefanie  136 Mar 30 00:13 test2.txt
-rw-r--r-- 1 stefanie stefanie  351 Mar 30 03:49 test3.txt
```

überprüfen.

Wie Sie sehen, ist eine größere Datei, *test3.txt,* entstanden. Sie hätten alternativ jedoch auch die beiden Dateien miteinander kombinieren können, ohne dazu eine neue, dritte Datei zu schaffen. In diesem Fall müssen Sie sich erst entscheiden, ob Sie lieber den Inhalt von *test.txt* an den der Datei *test2.txt* anhängen möchten oder umgekehrt. Dann können Sie mit Hilfe von »>>« die beiden Dateien leicht ineinander überführen. Das Kommando

```
stefanie@diabolo[~]> cat test.txt >> test2.txt
```

fügt beispielsweise den Inhalt von *test.txt* an das Ende der Datei *test2.txt* an. Um das Ergebnis zu überprüfen, benutzen Sie noch einmal das Kommando `cat`:

```
stefanie@diabolo[~]> cat test2.txt
Auch dieses Textfile dient nur dazu Ihnen cat
näherzubringen. Es ist mindestens so dämlich wie
das erste, wenn nicht noch alberner...
Dies ist ein ziemlich dämliches Textfile, das ich nur geschrieben
habe, um Ihnen die Funktionsweise des cat-
Kommandos zu verdeutlichen. Gott sei Dank ist das cat-
Kommando um einiges nützlicher als dieser Text.
```

Zum Abschluss noch ein kleiner Trick, wie Sie `cat` dafür einsetzen können, eine kleine Textdatei zu erstellen, ohne dafür eine Textverarbeitung oder einen Editor zu starten. Da das `cat-Kommando` dazu in der Lage ist, die *Standardeingabe*, was meistens die Tastatur ist, zu lesen, können Sie es wie folgt dafür einsetzen, eine neue kleine Textdatei zu erstellen.

Geben Sie ein:

```
stefanie@diabolo[~]> cat > meinedatei.txt
```

Und tippen Sie nun den Text, den die Datei enthalten soll. Mir sind beispielsweise folgende geistreiche Zeilen eingefallen:

```
stefanie@diabolo[~]> cat > meinedatei.txt
Wir benutzen cat als Textverarbeitung. Und nun ist auch schon wieder
Schluss damit.
```

Sind Sie mit der Eingabe fertig, drücken Sie [Strg]-[D], um die Datei zu schließen. Ob alles geklappt hat, können Sie ganz einfach mit

```
stefanie@diabolo[~]> ls -l meinedatei.txt
-rw-r--r-- 1 stefanie stefanie 85 Mar 30 04:06 meinedatei.txt
```

und

```
stefanie@diabolo[~]> cat meinedatei.txt
Wir benutzen cat als Textverarbeitung. Und nun ist auch schon wieder
Schluss damit.
```

überprüfen.

Obwohl wir in den Beispielen `cat` nur in Verbindung mit Textdateien verwendet haben, so ist es doch in der Lage, den Inhalt aller Dateiarten anzuzeigen, seien es nun Shell-Skripts, Konfigurationsdateien oder gar Binärdateien (was auch immer das für einen Sinn haben mag).

Wie Sie sehen, lassen sich mit `cat` kurze Dateien bequem anzeigen, für längere Dateien eignet es sich jedoch weniger; dafür kennt Linux die so genannten *Pager*, die ich Ihnen in Abschnitt 7 dieses Kapitels näher vorstellen werde. Sie erleichtern Ihnen das Lesen langer Dateien erheblich.

## 8.5 Warum in die Ferne schweifen, ...

... wenn die Hilfe ist so nah? Dies ist einer der Grundsätze, die Sie schnell verinnerlichen sollten, da er Ihnen einiges an Kopfschmerzen ersparen wird. Wie die meisten Unix-Implementationen kommt auch Linux mit so genannten *Manpages* (einer Art Online-Handbuch) daher, in denen ausführlich nahezu jedes Programm oder jeder Befehl erklärt ist. Selbst `man` hat eine eigene Manpage, wie Sie durch Eingabe von

```
stefanie@diabolo[~]> man man
```

schnell selbst herausfinden können.

Jede Manpage ist traditionsgemäß aus einer Anzahl verschiedener Sektionen aufgebaut, die ich im Folgenden kurz erklären möchte:

1. NAME

   Gibt den Namen des Kommandos sowie eine kurze Beschreibung desselben an.

2. SYNOPSIS

   Beschreibt, wie das Kommando zu benutzen ist, und gibt einen Überblick über die Optionen der Kommandozeile.

3. DESCRIPTION

   Bietet eine Erklärung des Programms und seiner Optionen. Bei Befehlen mit vielen Optionen kann die Beschreibung gern mal ein paar Seiten lang sein. Gewöhnlich werden Optionen mit Erklärung aufgelistet; leider gibt es nicht zu jeder Erklärung Beispiele.

4. FILES

   Listet die Dateien auf, die das Kommando benutzt, und gibt deren Lage auf Ihrem System an.

5. SEE ALSO

   Gibt eine Liste verwandter Manpages an.

6. DIAGNOSTICS

   Beschreibungen ungewöhnlichen Outputs.

7. BUGS

   Bekannte Probleme/Fehler des Programms.

8. AUTHOR

   Der Hauptautor des Programms sowie andere wichtige Personen, die zur Entstehung des Programms beigetragen haben.

### Wie benutzt man man?

Um sich eine Manpage anzuschauen, geben Sie einfach folgendes Kommando ein:

```
stefanie@diabolo[~]> man kommando
```

wobei Sie `kommando` durch den Namen des Sie interessierenden Befehls ersetzen. Jetzt macht `man` etwas sehr Hinterhältiges: Es ruft hinter Ihrem Rücken ein *Pager-Programm* auf, das Ihnen dann die Manpage präsentiert. Sie müssen also die Bedienung eines Pager wie `less` erlernen, um sich durch eine Manpage zu hangeln. Aber keine Panik – das lernen Sie schon im nächsten Kapitel.

Findet sich keine Manpage (beispielsweise gibt es auf verschiedenen Systemen keine Manpage für das Kommando `tar`, das Sie in Kapitel 6 kennen gelernt haben), so lässt sich durch den Befehl `apropos` vielleicht doch noch eine verwandte Manpage auftreiben.

Ein

```
stefanie@diabolo[~]> apropos kommando
```

spuckt Ihnen vielleicht sogar mehr Einträge aus, als Ihnen lieb ist.

Sollte Sie der Output überwältigen und Sie möchten sich die Sachen lieber in Ruhe und gedruckt schwarz auf weiß anschauen, so bietet es sich an, die betreffende Manpage auszudrucken, was sich ganz einfach durch den Befehl

```
stefanie@diabolo[~]> man kommando | lpr
```

realisieren lässt.

HINWEIS

Sollte die Manpage sehr umfangreich sein, interessiert Sie vielleicht nur ein Bruchteil von dem, was Ihnen Ihr Linux-System brav ausgibt. Kopieren Sie in einem solchen Fall einfach die Manpage in eine Datei, entfernen Sie die überflüssigen Teile, und drucken Sie die Datei dann erst aus. Es reicht, mit dem Befehl

```
stefanie@diabolo[~]> man kommando > Loeschmich
```

die Datei *Loeschmich* zu erstellen, in der Sie mit dem Editor Ihrer Wahl erbarmungslos allen für Sie unnötigen Ballast entsorgen können.

Das *man*-Äquivalent zu *apropos* ist die Option `-k`. Wenn Sie den genauen Namen des zu suchenden Programms oder der Manpage vergessen haben, sich aber noch an ein Stichwort/Schlüsselwort erinnern, versuchen Sie dieses einfach einmal einzugeben. Nehmen wir als Beispiel den Mail Transport Agent (MTA) Sendmail , mit dem wir uns hier im Buch noch öfters herumschlagen werden.

```
stefanie@diabolo[~]> man -k sendmail
aliases (5)          - aliases file for sendmail
makemap (8)          - create database maps for sendmail
sendmail (8)         - an electronic mail transport agent
smrsh (8)            - restricted shell for sendmail
aliases (5)          - aliases file for sendmail
forward (5)          - aliases file for sendmail
makemap (8)          - create database maps for sendmail
ns_sendmail (n)      - Send a mail message
sendmail (1)         - Postfix to Sendmail compatibility interface
smrsh (8)            - restricted shell for sendmail
```

Möchten Sie sich also umfassend über Sendmail informieren, stehen Ihnen außer der direkten Manpage von Sendmail noch die Manpages *aliases* und *makemap* zur Verfügung, in denen Sie Infos über die Alias-Datei von Sendmail und die Funktionsweise von `makemap` erhalten.

Für X gibt es mit *xman* die grafische Version des Kommandos `man`. Dieses kleine, aber dafür um so hilfreichere Programm lässt sich – sofern es installiert ist – durch die Eingabe eines simplen `xman` starten (Abbildung 8.1). Neben einzelnen Manpages gibt es unter dem Punkt MANUAL PAGE→SECTIONS einen Überblick aller auf Ihrem System vorhandenen Manpages.

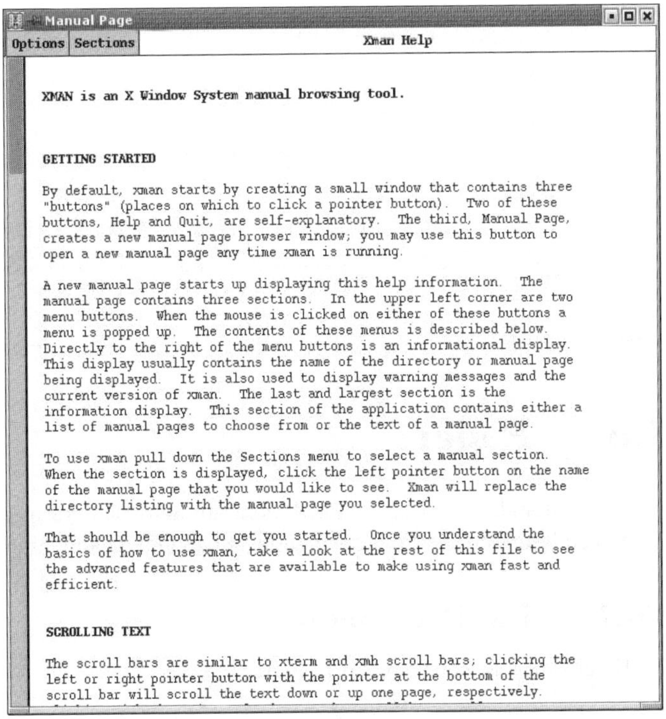


*Abb. 8.1: Manpages lassen sich unter X dank xman recht bequem konsumieren*

Starten Sie `xman` mit der Option `--bothshown`, so werden Ihnen Manpages samt Verzeichnis bzw. Themenliste angezeigt, was das Zurechtfinden im »Man«-Dschungel vielleicht ein wenig erleichtert.

Noch bequemer als mit `xman` gestaltet sich das Blättern in den Manpages mit dem *Konqueror.* Geben Sie dazu einfach nur im URL-FELD unseres Lieblingsbrowsers ein *man: kommandoihrerwahl* ein, und schon stellt er Ihnen die Manpage dar, wie Sie es sonst nur von HTML-Seiten gewohnt sind (Abbildung 8.2)

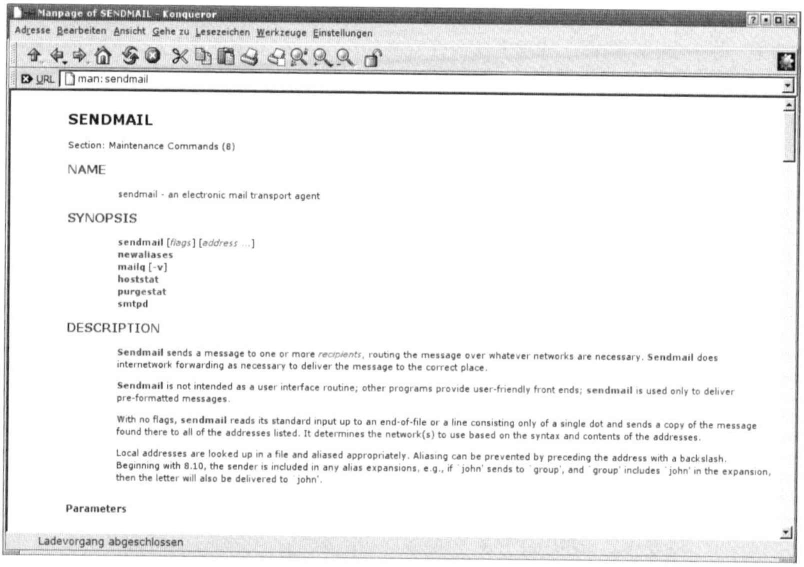


*Abb. 8.2: Nie war das Blättern in Manpages so schön wie im Konqueror*

# 8.6 Pager

Pager-Kommandos ermöglichen es Ihnen, auf dem Bildschirm auch längere Dateien zu lesen, da man mit der Leertaste bequem weiterblättern kann.

## 8.6.1 Der Pager more

Der Befehl `more` ist sehr einfach zu bedienen: Ein

```
stefanie@diabolo[~]> more Eine.sehr.lange.Datei.txt
```

bringt Ihnen den Dateiinhalt auf den Bildschirm. Mit der Leertaste können Sie jeweils eine Seite weiterblättern, mit `b` können Sie wieder eine (Bildschirm-) Seite zurückblättern. Brauchen Sie Hilfe zu `more`, drücken Sie `h`, und das Hilfsmenü erscheint. Mit `q` verlassen Sie `more`, wenn Sie genug haben.

Das `more`-Kommando kennt wie die meisten Unix-Werkzeuge eine Reihe von Optionen, mit denen Sie es aus der Kommandozeile starten können. `more -d` beispielsweise ist etwas geschwätziger und zeigt Ihnen nicht nur an, wie viel Prozent der Datei Sie schon gelesen haben, sondern auch noch eine kleine Bedienhilfe. Sie können `more` auch vorgeben, wie groß Sie sich die Bildschirmseite wünschen (damit können Sie die Anzahl der Zeilen bestimmen, die `more` anzeigt, wenn Sie durch Ihre Datei vor- oder zurückblättern).

Geben Sie

```
stefanie@diabolo[~]> more -5 Eine.sehr.lange.Datei.txt
```

ein, so werden Sie sehen, dass Ihnen `more` auch nur jeweils fünf Zeilen auf dem Bildschirm ausgibt.

Mit der Eingabe von `!` können Sie aus `more` heraus auch jedes beliebige andere Kommando starten. Gelangen Sie an das Ende des Dokuments, das sie gerade betrachten, beendet sich `more` selbständig, und Sie können weiterarbeiten.

Wenn Sie lange Dokumente oder Dateien lesen möchten, wird Ihnen `more` schon sehr viel komfortabler erscheinen als `cat`. Es ist aber dennoch nicht das mächtigste Werkzeug, das Ihnen Ihr Linux-System zu diesem Zweck zur Verfügung stellt. Wenn Sie `more` mögen, werden Sie `less` lieben.

## 8.6.2 less is more

In den Grundzügen sind sich `less` und `more` sehr ähnlich, sind sie doch beide *Pager-Kommandos*. Allerdings hat der Autor Mark Nudelman eine ganze Reihe der Möglichkeiten des `more`-Kommandos verbessert sowie noch eine Menge andere hinzugefügt.

Daher bietet das `less`-Kommando eine Reihe von Vorteilen gegenüber `more`:

1. Sie können mit den Cursor-Tasten im Text vor- und zurückblättern.
2. Sie können innerhalb der Datei an wichtigen Stellen Lesezeichen setzen und sich mit Angabe von Prozentzahlen oder Zeilennummern durch die Datei vorwärts oder rückwärts bewegen.
3. Mit `/Suchbegriff` können Sie die Datei vorwärts nach Schlüsselwörtern absuchen, mit `?Suchbegriff` können Sie rückwärts nach dem Begriff Ihrer Wahl suchen.
4. `less` kennt für seine Kommandos verschiedene Tastenkürzel, so unter anderem Emacs-kompatible. Das kann sehr praktisch sein, wenn Sie sich für diesen Editor entschieden haben, da Sie sich so nicht an neue Tastenkombinationen gewöhnen müssen.
5. Das Kommando `less` beendet sich nicht selbst wie `more`, wenn Sie das Dateiende erreicht haben.
6. Der Informationsprompt am Fuß der Bildschirmseite lässt sich in weit größerem Maß Ihren Bedürfnissen anpassen als sein Pendant bei `more` und bietet auch mehr Informationen. Ganz generell lässt sich die Statusmeldung (Prompt genannt) über die Option `-P` frei definieren.

In der Anwendung sind sich `less` und `more` sehr ähnlich. So lässt sich auch mit `less` die Datei *Eine.sehr.lange.Datei.txt* mit der Eingabe von

```
stefanie@diabolo[~]> less Eine.sehr.lange.Datei.txt
```

auf dem Bildschirm anzeigen.

HINWEIS

`less` wird standardmäßig von den meisten Linux-Programmen als Pager benutzt: Wenn Sie mit `less` klarkommen, werden Sie z.B. keine Probleme mehr damit haben, sich durch Manpages zu navigieren – `man` ruft `less` auf, damit es Ihnen die Hilfeseite anzeigt. Sie können *alle* Programme, die Pager benutzen, zum Gebrauch von `less` zwingen, indem Sie eine so genannte *Umgebungsvariable* namens `PAGER` setzen. Wenn Sie die bash als Shell benutzen, tragen Sie als *root* die Zeile `PAGER=less; export PAGER` in die Datei */etc/profile* ein. Für tcsh-Benutzer muss *root* die Datei */etc/csh.cshrc* um den Eintrag `setenv PAGER less` ergänzen.

Auch komprimierte Dateien (sprich: solche mit einer *.gz-Endung,* siehe dazu Kapitel 6) lassen sich mit Hilfe von `zless` bequem lesen, ohne dass Sie sie vorher entpacken müssen.

Falls Sie einen Befehl oder eine Option nachschauen wollen, gibt es bei `less` eine schöne Online-Hilfe, deren Aufruf leider von System zu System variieren kann. Generell zeigt `less -?` einen Hilfebildschirm. Mitunter reicht auch ein einfaches »h«.

## 8.6.3 Die Kommandos head und tail

Wenn `head` und `tail` auch keine Pager im klassischen Sinne sind, so können die beiden Kommandos Ihnen das Leben doch sehr erleichtern, wenn Sie bei großen Dateien einfach nur mal an den Anfang oder das Ende der Datei schauen möchten, ohne direkt das gesamte File zu laden. Wie viele andere Linux-Kommandos auch sind diese Programme dazu entwickelt worden, nur eine Aufgabe zu übernehmen, diese jedoch mehr als zufrieden stellend.

`head` zeigt Ihnen jeweils nur den Anfang der angegebenen Dateien an, wobei als Vorgabe zehn Zeilen eingestellt sind. Diesen Wert können Sie beliebig mit der Option `-n` Ihren Bedürfnissen anpassen.

Geben Sie

```
stefanie@diabolo[~]> head -22 Eine.sehr.lange.Datei.txt
```

ein, so werden Ihnen die ersten 22 Zeilen dieser Datei ausgegeben. Wie das Kommando `cat` ist auch `head` in der Lage, *Binaries* anzuzeigen. Die Option `-c` oder `--bytes` ermöglicht es Ihnen dabei, `head` mitzuteilen, wie viele Zeichen es konkret für Sie in der Shell ausgeben soll.

Das Kommando `tail` werden Sie sehr lieben lernen, wenn Sie des Öfteren mit Dateien zu tun haben, wo das Wichtigste mal wieder erst ganz am Schluss steht. `tail` (englisch für *Schwanz)* zeigt nur das Ende der angegebenen Dateien an. Die Vorgabe ist wie bei `head` zehn Zeilen.

HINWEIS

Auch als Systemverwalter Ihres Linux-Systems werden Sie dieses Kommando recht schnell schätzen lernen. Eine gute Hilfe bietet Ihnen `tail` z.B., wenn Sie Ihre Systemmitteilungen nach Fehlern durchsuchen wollen. Die Datei *messages*, die in */var/log* zu finden ist, enthält Details zu den verschiedenen Systemoperationen. Dummerweise wird dieses *Logfile* von *hinten* ergänzt – sprich, die jeweils aktuellsten Meldungen werden an den Schluss der Datei angehängt. Hier kann Ihnen `tail` viel Sucherei und Blätterei ersparen. Geben Sie einfach als Superuser *root* die folgende Zeile ein:

```
root@diabolo[/root]# tail -12 /var/log/messages
```

Ein kleines Beispiel:

```
stefanie@diabolo[~]>su root
Password:
stefanie@diabolo[/home/stefanie]>tail -12 /var/log/messages
Nov 27 10:12:48 diabolo pppd[14210]: Serial connection established.
Nov 27 10:12:48 diabolo pppd[14210]: Using interface ppp0
Nov 27 10:12:48 diabolo pppd[14210]: Connect: ppp0 <--> /dev/modem
Nov 27 10:12:49 diabolo pppd[14210]: local  IP address 62.40.8.254
Nov 27 10:12:49 diabolo pppd[14210]: remote IP address 195.94.65.41
Nov 27 10:13:14 diabolo in.identd[14254]: started
Nov 27 10:37:26 diabolo pppd[14210]: Terminating on signal 15.
Nov 27 10:37:26 diabolo pppd[14210]: Connection terminated.
Nov 27 10:37:26 diabolo pppd[14210]: Connect time 24.7 minutes.
Nov 27 10:37:26 diabolo pppd[14210]: Sent 290247 bytes, received 6109
272 bytes.
Nov 27 10:37:26 diabolo pppd[14210]: Exit.
Nov 27 10:48:59 diabolo PAM_pwdb[14411]: (su) session opened for user
 root by (uid=500)
```

Es werden Ihnen nur die letzten zwölf Meldungen angezeigt. Dies stellt einen sehr bequemen Ansatz dar, diese Datei zu lesen – vor allem, wenn Sie sich vor Augen führen, dass dieses Logfile recht schnell eine Größe von mehreren 10.000 Zeilen erreichen kann.

## 8.7 Fragen

1. Sie sind in Ihrem Home-Verzeichnis.
   a) Wie können Sie dies überprüfen?
   b) In welchem Verzeichnis befindet sich die Datei *lilo.conf*? Wie finden Sie heraus, wo sie sich befindet?
   c) Wie kommen Sie in das Verzeichnis, in dem sich die Passwortdatei befindet?
2. Lassen Sie sich den Inhalt des Verzeichnisses anzeigen, in dem sich die Datei *lilo.conf* befindet.
   a) Welchen Befehl müssen Sie dazu benutzen?
   b) Mit welchen Optionen zeigt Ihnen der Befehl auch versteckte Dateien an?
   c) Mit welcher Option zeigt Ihnen der Befehl auch Größe und Eigentümer der Dateien an?
   d) Können Sie mehrere Optionen kombinieren?
3. a) Mit welchem Befehl erhalten Sie Online-Hilfe? Angenommen, Sie möchten wissen, wie Sie sich ein Verzeichnislisting in Farbe anzeigen lassen können. Wie geht das?
   b) Sie möchten wissen, welche Hilfeseiten zum Thema *passwd* existieren. Wie erhalten Sie einen Überblick über die Online-Hilfeseiten zu diesem Schlüsselwort?
4. Was tut der Befehl `ls -alr /home`? Ziehen Sie die Manpage von `ls` zu Rate!
   a) Er listet alle Dateien und Verzeichnisse im Verzeichnis */home* auf und ordnet sie zufällig (random) in einer Zeile an.
   b) Er listet alle Dateien und Verzeichnisse unter Ausschluss der Punktdateien im Verzeichnis */home* auf, und zwar von Z bis A und z bis a geordnet.
   c) Er listet die Namen, Größen und Eigentümer aller Dateien/Verzeichnisse in */home* auf und ordnet sie der Größe nach.
   d) Er listet alle Dateien und Verzeichnisse im Verzeichnis */home* in einer Spalte auf, und zwar geordnet von Z bis A und z bis a.

e) Er zeigt ein langes Listing (inklusive der Dateizugriffsrechte) aller Dateien/Verzeichnisse in */home,* zufällig angeordnet.

f) Er listet alle Dateien und Verzeichnisse in */home* rekursiv (also in Baumstruktur) auf, und zwar so, dass lediglich eine Unterebene angezeigt wird.

5. Stöbern Sie das Programm `locate` auf Ihrem System auf!

## 8.7.1 Antworten

1. a)
```
stefanie@diabolo[~]> pwd
/home/stefanie
```

b) Im Verzeichnis */etc.* Dies können Sie z.B. mit dem Befehl `locate` überprüfen:

```
stefanie@diabolo[~]> locate lilo.conf
      /etc/lilo.conf
      /usr/man/man5/lilo.conf.5
```

`locate` liefert Ihnen also zwei Dateien zur Auswahl: eine, die den Namen *lilo.conf* hat, sowie eine, *die lilo.conf.5* heißt. Da Sie *lilo.conf* suchen und nicht *lilo.conf.5,* wissen Sie nun, dass sich die gesuchte Datei im Verzeichnis */etc* befindet.

Dabei handelt es sich bei der Datei *lilo.conf* um die Konfigurationsdatei für den *Bootloader* des Systems; *lilo.conf.5* ist die Manpage dazu.

c) In das Verzeichnis */etc* wechseln Sie mit dem Kommando `cd`:

```
stefanie@diabolo[~]> cd /etc
```

2. a) Der Befehl lautet `ls`. Um sich den Inhalt des Verzeichnisses */etc* anzeigen zu lassen, können Sie entweder in das Verzeichnis wechseln und dann `ls` aufrufen:

```
stefanie@diabolo[~]> cd /etc
stefanie@diabolo[/etc]> ls
```

Oder Sie geben direkt das Verzeichnis mit an:

```
stefanie@diabolo[~]> ls /etc
```

b) Die Option, um auch versteckte Dateien (also Dateien mit einem Punkt als erstem Zeichen im Namen) anzuzeigen, lautet `-a`. Der gesamte Befehl lautet damit:

```
stefanie@diabolo[~]> ls -a /etc
```

c) Um sich die Größe der Dateien und ihre Eigentümer anzeigen zu lassen, geben Sie bitte die Option `-l` an:

```
stefanie@diabolo[~]> ls -l /etc
```

d) Selbstverständlich können Sie die Optionen auch kombinieren, und zwar entweder so:

```
stefanie@diabolo[~]> ls -l -a /etc
```

Oder so:

```
stefanie@diabolo[~]> ls -la /etc
```

Achtung: Die zweite Variante funktioniert nicht bei jedem Befehl!

3. a) Der Befehl lautet `man`. Um sich die Manpage zum Befehl `ls` anzeigen zu lassen, müssen Sie also Folgendes eingeben:

```
stefanie@diabolo[~]> man ls
```

b) Um herauszufinden, welche Hilfeseiten zum Schlüsselwort *passwd* existieren, können Sie entweder `apropos passwd` eingeben oder `man -k passwd`.

4. Die Option `-a` steht für »Zeige mir alle Dateien und Verzeichnisse«, `-1` für »Führe deren Namen in einer Spalte einen unter dem anderen auf« und `-r` für »Sortiere sie in umgekehrter (reverser) alphanumerischer Reihenfolge«.

Normalerweise sortiert `ls` in folgender Reihenfolge:

1. Sonderzeichen (z.B. Dateien, die mit einem Punkt beginnen)
2. Ziffern, numerisch sortiert
3. Großbuchstaben von A-Z
4. Kleinbuchstaben von a-z

Die Option `-r` dreht diese Reihenfolge um. Richtig ist folglich nur d.

Für ein langes Listing ist die Option `-l` zuständig; ein Verzeichnis mit allen Unterverzeichnissen in Baumstruktur stellt `ls -R` dar. Nach der Größe ordnet `-S`.

5. Dazu eignet sich `locate` natürlich hervorragend selbst. Also einmal auf der Kommandozeile `locate locate` gesagt – hmm, da werden ja eine ganze Menge Dateien aufgeführt! Welche davon ist nun das Programm `locate`?

Nun, ein Programm ist auf gut Neudeutsch ein *Binary* – was liegt näher, als dass es in einem Verzeichnis namens *bin* lagert? Und schon haben wir es gefunden: */usr/bin/locate*.

Weil es schon mal passieren kann, dass Ihnen `locate` mehr ausspuckt, als Ihre Konsole/Ihr Terminalfenster Zeilen hat, wäre es geschickt, wenn man sich die Ausgabe in einem Pager wie *less* betrachten und mit den Pager-Kommandos darin navigieren könnte.

```
stefanie@diabolo[~]> locate locate | less
```

tut genau das. Der senkrechte Strich heißt *Pipe* und leitet die Ausgabe des `locate`-Programms so um, dass es zur Eingabe für `less` wird. Falls Sie bei der Eingabe von `locate locate` eine Fehlermeldung über eine nicht vorhandene Datenbank bekommen haben, ist das auch nicht tragisch. Führen Sie als *root* das Kommando

```
root@diabolo[~]# updatedb &
```

aus, und die fehlende Datenbank wird erstellt. Das `&` am Ende des Befehls sorgt dafür, dass das Programm im Hintergrund laufen soll, um Ihre Kommandozeile nicht zu blockieren.

KAPITEL 9

# Wir spielen mit unseren Verzeichnissen und Dateien

Sie haben im letzten Kapitel gelernt, wie Sie sich in Ihrem System zurechtfinden, wie Sie sich durch die Verzeichnisse und Dateien hangeln und diese auflisten und lesen. In diesem Abschnitt lernen Sie, Ihr System zu manipulieren, Dateien und Verzeichnisse anzulegen, zu verschieben, zu kopieren und umzubenennen.

Haben Sie keine Scheu: Auch wenn Sie mittlerweile KDE kennen, wo Sie Ihre Dateien mit Drag&Drop umherschieben können, sollten Sie sich die Zeit nehmen und dieses Kapitel durcharbeiten, um sich die wichtigsten Shell-Kommandos anzueignen, da sie Ihnen viel Zeit sparen können, wenn Sie sie einmal beherrschen.

## 9.1 Neue Dateien mit touch anlegen

Das Kommando `touch` ist sehr einfach zu verwenden und wird generell für zwei Dinge benutzt. Zum einen können Sie mit diesem Kommando eine (leere) Datei anlegen, zum zweiten das Zugriffsdatum der Datei ändern.

Um eine Datei mit `touch` zu erzeugen, geben Sie bitte Folgendes ein:

```
stefanie@diabolo[~]> touch NeueDatei
stefanie@diabolo[~]> ls -l Neue*
-rw-r--r-- 1 stefanie stefanie    0 Apr 10 00:45 NeueDatei
```

Wie Sie sehen, hat `touch` eine leere Datei angelegt, die Sie nun mit einem Editor Ihrer Wahl mit Inhalt füllen können.

Das wirklich Pfiffige an `touch` ist jedoch, dass Sie damit die Zugriffszeit Ihrer Dateien manipulieren können. Sie können mit `touch` sogar das Erstelldatum Ihrer Dateien auf einen willkürlichen Zeitpunkt setzen. Lassen wir es beispielsweise Weihnachten werden. Geben Sie dazu ein:

```
stefanie@diabolo[~]>touch -t 0112241100 NeueDatei
```

Die merkwürdige Zahl entpuppt sich bei näherem Hinschauen als Monat, Tag, Stunden, Minuten und Jahr hintereinander geschrieben. Wenn Sie sich nun mit der Option `--full-time` und dem Ihnen schon bekannten Befehl `ls --l` die Datei anzeigen lassen, sehen Sie, dass Ihre Datei ...

```
stefanie@diabolo[~]>ls -l --full-time NeueDatei
-rw-r--r-- 1 stefanie stefanie 0 Mon Dez 24 11:00:00 2001 NeueDatei
```

... tatsächlich das Datum von 11 Uhr am Heiligen Abend des Jahres 2001 trägt, der ein Montag zu sein scheint und auch tatsächlich ist, wie ein misstrauischer Blick auf den Kalender bestätigt.

HINWEIS

Darüber hinaus können Sie mit `touch` wunderbar die Vernichtung oder das Sichern von *Logfiles* kontrollieren, wenn Sie diese Aufgabe sonst einem Dienstprogramm wie `cron` (das in Kapitel 22 ausführlich dargestellt wird) überlassen. Verhelfen Sie einem Logfile zu einem ausreichend alten Zugriffsdatum, wird es gelöscht; frischen Sie das Zugriffsdatum hingegen auf, wird es bei der automatischen Vernichtung alter Logdateien durch `cron` nicht gelöscht, sondern verschont.

## 9.2 Dateien mit dem rm-Kommando löschen

Das `rm`-Kommando löscht Dateien.

HINWEIS

Der `rm`-Befehl ist ein gutes Beispiel dafür, weshalb man auch auf einem Single-User-System die normalen Tätigkeiten nicht als Superuser *root* verrichten sollte.

Mit den folgenden sechs Zeichen löschen Sie nämlich sämtliche Daten auf Ihrer Festplatte:

```
root@diabolo[~]# rm -rf /*
```

Mit diesem Befehl löschen Sie ohne Nachfrage (`-f` für *force*, gewaltsam) und *rekursiv* (`r` = *recursiv*) sämtliche Dateien und Verzeichnisse, mit dem Root-

oder /-Verzeichnis angefangen. Und machen Sie sich bitte eines klar – Dateien, die mit rm gelöscht wurden, sind für immer von Ihrer Platte verschwunden. Die neuesten Versionen des Midnight Commander, den ich Ihnen in Kapitel 12 vorstelle, bieten zwar eine *undelete*-Funktion, aber diese kann nur teilweise eine Garantie für die Wiederherstellung Ihrer Daten bieten. Wenn Sie aus irgendwelchen Gründen dauerhaft als *root* arbeiten müssen, sorgen Sie bitte für regelmäßige Backups Ihrer Daten – nur für den Fall des Falles ...

Prinzipiell löscht das Kommando rm eine oder mehrere Dateien von der Kommandozeile aus. Sie können dafür wahlweise einen der folgenden Befehle benutzen:

```
stefanie@diabolo[~]> rm Loeschmich.Datei
stefanie@diabolo[~]> rm Loeschmich.Datei Michauch.Datei
stefanie@diabolo[~]> rm *.Datei
```

Sie sehen, dass Sie auf einen Schlag sowohl eine einzelne Datei als auch mehrere löschen und zum Angeben mehrerer Dateien natürlich auch Wildcards verwenden können.

Die Option -i macht das Arbeiten mit dem Kommando rm ein wenig sicherer, da Sie hierbei jedes Mal explizit gefragt werden, ob Sie die betreffende Datei wirklich löschen möchten oder nicht:

```
stefanie@diabolo[~]> rm -i *.Datei
rm: remove 'Loeschmich.Datei'? y
rm: remove 'Michauch.Datei'? y
```

HINWEIS

Um auf Nummer sicher zu gehen, sollten Sie anfangs dafür sorgen, dass Sie rm immer mit der Option -i aufrufen. Dies erledigen Sie am besten dadurch, dass Sie in der Initialisierungsdatei Ihrer Standard-Shell einen Alias rm -i für rm definieren. So sind Sie gezwungen, jedes Löschen einer Datei explizit zu bestätigen, und erst einmal vor fatalen Vertippern bewahrt. Wer schon einmal ein zehn Seiten umfassendes Skript unbeabsichtigt in den Hades geschickt hat, weiß, was ich meine ...

Sie können genauso das sofortige Löschen einer Datei erzwingen, indem Sie die Option -f (von englisch *force*, erzwingen) benutzen:

```
stefanie@diabolo[~]> rm -f *.Datei
```

Dabei wird diese Datei ohne Rückfrage gelöscht.

Das gilt allerdings nur für Dateien. Findet rm ein Verzeichnis, wird es dieses nicht einfach löschen, selbst wenn es leer ist. Im Gegenteil – das freche Programm beschwert sich bei Ihnen noch darüber, dass Sie ihm ein Directory zu futtern geben wollten,

```
stefanie@diabolo[~]> rm -f zeuchs*
rm: zeuchs: is a directory
```

und das Verzeichnis erst einmal leben lassen. Sie können sich dieses Verzeichnisses dennoch entledigen, wenn Sie folgenden Befehl eingeben:

```
stefanie@diabolo[~]> rm -fr zeuchs*
```

Die Kombination von `-f` und `-r` ermöglicht es Ihnen, die gewünschten (und auch die versehentlich angegebenen – daher Vorsicht mit dieser Option!) Verzeichnisse mit allen Unterverzeichnissen und Dateien zu löschen.

## 9.3 Verzeichnisse erstellen mit dem mkdir-Befehl

Mit Hilfe des Befehls `mkdir` (*mkdir* kommt von *make directory*) lassen sich ein oder mehrere Verzeichnisse erstellen. Aber `mkdir` kann noch mehr: So können Sie sogar mit nur einem einfachen Aufruf eine ganze Verzeichnishierarchie mit diversen Unterverzeichnissen erstellen. `mkdir` gehört damit neben den Kommandos `cp` und `mv` (die Sie im Folgenden noch kennen lernen werden) zu den grundlegenden Befehlen, mit deren Hilfe Sie Ihr Dateisystem untergliedern, umschichten und organisieren können.

Mit dem Kommando

```
stefanie@diabolo[~]> mkdir temp
```

legen Sie ein Verzeichnis *temp* an. Sie können jedoch mit `mkdir` auch wie oben bereits erwähnt mehrere Verzeichnisse gleichzeitig anlegen:

```
stefanie@diabolo[~]> mkdir temp2 temp3 temp4
stefanie@diabolo[~]> ls -la temp*
temp: total 7
drwxr-xr-x   2 stefanie stefanie   1024 Apr 10 10:40 ./
drwxrwxrwx  28 stefanie stefanie   6144 Apr 10 10:45 ../
temp2: total 7
drwxr-xr-x   2 stefanie stefanie   1024 Apr 10 10:45 ./
drwxrwxrwx  28 stefanie stefanie   6144 Apr 10 10:45 ../
temp3: total 7
drwxr-xr-x   2 stefanie stefanie   1024 Apr 10 10:45 ./
drwxrwxrwx  28 stefanie stefanie   6144 Apr 10 10:45 ../
temp4: total 7
drwxr-xr-x   2 stefanie stefanie   1024 Apr 10 10:45 ./
drwxrwxrwx  28 stefanie stefanie   6144 Apr 10 10:45 ../
```

Wie Sie sehen, wurden zusätzlich zu unserem zuerst mit `mkdir temp` geschaffenen Verzeichnis noch die Verzeichnisse *temp2, temp3, temp4* erstellt. Möchten Sie nun ein Verzeichnis *Kind* unter *temp* anlegen, geben Sie einfach die Befehlszeile

```
stefanie@diabolo[~]> mkdir temp/Kind
```

ein. Dies ist möglich, weil das Verzeichnis *temp* schon existierte.

```
stefanie@diabolo[~]> mkdir temp5/Kind
mkdir: cannot make directory 'temp5/Kind': No such file or directory
```

Sie sehen, dass sich Ihr Linux-System diesmal strikt weigert, das Verzeichnis *Kind* anzulegen. Wieso? Nun, `mkdir` beschwert sich, weil das Verzeichnis *temp5* nicht existiert. Um mit `mkdir` eine Verzeichnishierarchie anzulegen, müssen Sie `mkdir` mit der Option `-p` (*parent* = Elternteil) aufrufen.

```
stefanie@diabolo[~]> mkdir -p temp5/Eltern/Kind
stefanie@diabolo[~]> tree temp5
temp5
 '-Eltern
   '-Kind
2 directories, 0 files
```

Wie die grafische Darstellung mit dem Ihnen schon bekannten `tree`-Kommando zeigt, hat Ihr System diesmal ohne zu meckern das Verzeichnis *temp5* mit dem Unterverzeichnis *Eltern* angelegt und unter diesem noch das Verzeichnis *Kind*.

Nachdem Sie nun wissen, wie Sie Verzeichnisse erstellen können, fragen Sie sich sicher, wie Sie die erstellten auch wieder loswerden. Dafür kennt Linux das Kommando `rmdir`, das ich Ihnen im folgenden Abschnitt vorstellen werde.

## 9.4 Verzeichnisse mit dem rmdir-Befehl löschen

Verzeichnisse löscht man mit `rmdir`. Das geht sehr einfach: Um ein Verzeichnis zu löschen, geben Sie bitte folgenden Befehl ein:

```
stefanie@diabolo[~]> rmdir temp
```

Und unser eben erstelltes Verzeichnis *temp* hat sein Leben ausgehaucht. Allerdings müssen Sie eines beachten – das Verzeichnis muss leer sein. Sollten Sie versuchen, ein Verzeichnis zu löschen, das irgendwelche Dateien oder Unterverzeichnisse enthält, wird Ihnen `rmdir` folgende Fehlermeldung präsentieren:

```
stefanie@diabolo[~]> rmdir temp5
rmdir: temp5: Directory not empty
```

In diesem Beispiel enthält *temp5* noch Unterverzeichnisse, die wir ja mit der Option `mkdir -p` angelegt hatten. `rmdir` meckert auch, wenn das zu löschende Verzeichnis nur Dateien und keine Verzeichnisse enthält. In einem solchen Fall können Sie mit dem Ihnen schon bekannten Befehl `rm` erst die Dateien löschen, oder Sie können diese Dateien mit dem Kommando `mv`, das Sie im Anschluss kennen lernen werden, an eine andere Stelle Ihres Linux-Systems verschieben.

`rmdir` kennt genauso wie das `mkdir`-Kommando die Option `-p`. Sie können diese Option dazu benutzen, um Verzeichnishierarchien zu löschen, zum Beispiel

```
stefanie@diabolo[~]> rmdir -p temp5
rmdir: temp5: Directory not empty
```

Hmmm, das hat nicht funktioniert. Wie schaut es aus mit

```
stefanie@diabolo[~]>rmdir -p temp5/Eltern/
rmdir: temp5/Eltern: Directory not empty
```

Funktioniert auch nicht. Lassen Sie es uns mit *Wildcards* versuchen:

```
stefanie@diabolo[~]>rmdir -p temp5/*
rmdir: temp5/Eltern: Directory not empty
```

Langsam wird es frustrierend. Wir wollen dieses Verzeichnis loswerden. Ein letzter Versuch:

```
stefanie@diabolo[~]>rmdir -p temp5/Eltern/Kind
```

Und? Lassen Sie uns überprüfen, ob dieses zähe Verzeichnis endgültig von der Festplatte verschwunden ist:

```
stefanie@diabolo[~]>ls -la temp5
ls: temp5: No such file or directory
```

Endlich. Wie Sie sehen, müssen Sie den kompletten Verzeichnisstamm angeben, um eine Verzeichnishierarchie zu löschen.

ACHTUNG

Ohne die Angabe der Option `-p` würde Linux bei Angabe der gleichen Kommandozeile nur das Verzeichnis *Kind* löschen und die Verzeichnisse *Eltern* und *temp5* nicht antasten.

Sie wissen jetzt, wie man Verzeichnisse anlegen und wieder löschen kann. Nun lassen Sie uns schauen, wie man mit dem Kommando `mv` Dateien und Verzeichnisse umbenennen und verschieben kann.

# 9.5 Verzeichnisse und Dateien mit dem Kommando mv umbenennen oder verschieben

Eigentlich ist mv ein Kommando, das Dateien umbenennt; weithin bekannt ist es allerdings als *move*, sprich als Kommando zur Verlagerung von Dateien, obwohl rein technisch gesehen die Dateien oder Verzeichnisse gar nicht wirklich in Ihrem Dateisystem verschoben werden.

In seiner einfachsten Form benennt mv Dateien einfach um. Geben Sie

```
stefanie@diabolo[~]> touch Sinnlos
stefanie@diabolo[~]> mv Sinnlos Sinnlos1
```

ein.

```
stefanie@diabolo[~]> ls -la Sinnlos*
-rw-r-r-- 1 stefanie stefanie    0 Apr 10 13:58 Sinnlos1
```

Wie sich unschwer erkennen lässt, hat mv Ihre Datei *Sinnlos* in *Sinnlos1* umbenannt. Aber mv kann nicht nur Dateien umbenennen, sondern auch ganze Verzeichnisse. Dabei spielt es keine Rolle, ob diese leer sind oder nicht.

```
stefanie@diabolo[~]> mkdir -p temp/temp2/temp3
stefanie@diabolo[~]> tree temp
temp
 '-temp2
   '-temp3
2 directories, 0 files
```

Versuchen Sie jetzt bitte Folgendes:

```
stefanie@diabolo[~]> mv temp temp.neu
stefanie@diabolo[~]> tree temp.neu/
temp.neu/
 '-temp2
   '-temp3
2 directories, 0 files
```

Sie haben mit diesem Kommando das Ausgangsverzeichnis *temp* in *temp.neu* umbenannt; die Unterverzeichnisse wurden davon nicht beeinflusst.

ACHTUNG

Denken Sie bitte bei der Arbeit mit mv daran, dass der Gebrauch dieses Kommandos Folgen haben kann, die Sie so gar nicht beabsichtigt haben. Da Sie keine zwei Dateien mit gleichem Namen im gleichen Verzeichnis haben können, wird mv – wenn Sie bereits eine Datei mit dem Namen, den Sie eingeben, haben – diese Datei sofort hilfreich überschreiben und damit auch diejenigen Ihrer Daten, die in dieser Datei enthalten sind ...

Neben anderen kennt das Kommando mv daher die Optionen -b und -i, die das Arbeiten deutlich sicherer machen. -b erstellt ein Backup jeder Datei oder jedes Verzeichnisses, die/das Sie mit einem Namen belegen wollen, der so schon existiert. Zum Beispiel

```
stefanie@diabolo[~]> touch Tux1 Tux2 Tux3
stefanie@diabolo[~]> ls Tux*
Tux1  Tux2  Tux3
stefanie@diabolo[~]> mv Tux1 Tux2
stefanie@diabolo[~]> ls Tux*
Tux2  Tux3
```

Sie sehen: Ohne die Option -b benennt mv nicht nur *Tux1* in *Tux2* um, sondern *Tux2* wird während dieses Prozesses vernichtet. Wenn *Tux2* wichtige Daten enthält, ist das sehr, sehr ärgerlich.

Versuchen wir nun die Option -b:

```
stefanie@diabolo[~]> touch Tux1
stefanie@diabolo[~]> ls Tux*
Tux1  Tux2 Tux3
stefanie@diabolo[~]> mv -b Tux1 Tux2
stefanie@diabolo[~]> ls Tux*
Tux2 Tux2~ Tux3
```

Durch die Option -b wurde zwar *Tux1* in *Tux2* umbenannt und hat *Tux2* ersetzt, aber es wurde eine Backup-Datei von *Tux2* erstellt, die in der Regel durch den Zusatz einer Tilde »~« gekennzeichnet wird.

Sie können, wie bei rm auch, bestimmen, wie geschwätzig sich mv verhalten soll. Durch den Zusatz der Option -i führt mv nicht nur so schweigend wie klaglos Ihre Kommandos aus, sondern fragt Sie stattdessen, was es tun soll. Geben Sie Folgendes zur Übung ein:

```
stefanie@diabolo[~]> mv -i Tux2 Tux3
mv: replace 'Tux3'?
```

Nun fragt Sie mv höflich, ob Sie Ihre Datei *Tux3* durch *Tux2* ersetzen möchten. Antworten Sie ihm mit »y« für *yes* oder »n« für *no*.

Ergeben sich aus der Eingabe Ihres Kommandos keine Folgen für schon existierende Dateien, bleibt `mv` still, auch wenn Sie es mit dem Zusatz `-i` benutzen. Natürlich lassen sich die Optionen `-b` und `-i` auch kombinieren, und es kann ein Kommando wie

```
stefanie@diabolo[~]>mv -ib Tux2 Tux3
```

verwendet werden.

Sie wissen nun, wie man Dateien löscht, umbenennt oder verschiebt, aber wie kopiert man Dateien? Dafür kennt Linux das Kommando `cp`, welches wir uns jetzt näher anschauen wollen.

# 9.6 Dateien und Verzeichnisse mit dem Kommando cp kopieren

Das Kommando `cp` (von *copy*) kennt beinahe *40* Kommandozeilen-Optionen, die wir hier nicht alle durchackern wollen, aber Sie sollen die wichtigsten bzw. am häufigsten benutzten Optionen kennen lernen, die Ihnen das Arbeiten mit Dateien erleichtern und viel Zeit sparen können.

Schauen wir uns zuerst die einfachste Methode an, das `cp`-Kommando zu verwenden. Geben Sie folgenden Befehl ein:

```
stefanie@diabolo[~]>cp Tux1 Tux2
stefanie@diabolo[~]>ls -la Tux*
-rw-r--r-- 1 stefanie stefanie    0 Apr 10 15:38 Tux1
-rw-r--r-- 1 stefanie stefanie    0 Apr 10 15:39 Tux2
```

So sehen Sie, dass dadurch die Datei *Tux2* entsteht, aber anders als bei `mv` die Datei *Tux1* erhalten bleibt.

---

ACHTUNG

Auch bei `cp` ist Vorsicht geboten, da Sie eine Datei in eine andere kopieren können und diese dadurch effektiv ersetzen. In dieser Hinsicht verhält sich `cp` also genauso wie `mv`.

---

Um sich das klarzumachen, versuchen Sie einmal, drei Dateien anzulegen, die alle eine Zeile Text enthalten. Am einfachsten geht das mit dem Kommando `cat`, das Sie ja schon kennen gelernt haben (Sie erinnern sich – zum Abspeichern des Textes drücken Sie [Strg]-[D]):

```
stefanie@diabolo[~]> cat > Datei1
Das ist Datei1
stefanie@diabolo[~]> cat > Datei2
Das ist Datei2
```

```
stefanie@diabolo[~]> cat > Datei3
Das ist Datei3
stefanie@diabolo[~]> ls -l Datei*
-rw-r--r-- 1 stefanie stefanie   14 Apr 10 16:14 Datei1
-rw-r--r-- 1 stefanie stefanie   14 Apr 10 16:15 Datei2
-rw-r--r-- 1 stefanie stefanie   14 Apr 10 16:17 Datei3
```

Nun kopieren Sie versuchsweise eine Datei über eine andere und überprüfen danach die Dateigröße und den Inhalt der neu entstandenen Datei:

```
stefanie@diabolo[~]> cp Datei1 Datei2
stefanie@diabolo[~]> ls -l Datei*
-rw-r--r-- 1 stefanie stefanie   14 Apr 10 16:14 Datei1
-rw-r--r-- 1 stefanie stefanie   14 Apr 10 16:22 Datei2
-rw-r--r-- 1 stefanie stefanie   14 Apr 10 16:17 Datei3
stefanie@diabolo[~]> cat Datei2
Das ist Datei1
```

Augenscheinlich wurde die *Datei2* durch *Datei1* ersetzt. Um dies zu vermeiden (es sei denn, Sie möchten die betreffende Datei wirklich überschreiben), können Sie analog zum Kommando `mv` die Optionen `-i` und `-b` benutzen.

Das hat folgenden Effekt:

```
stefanie@diabolo[~]> cp -i Datei1 Datei2
cp: overwrite 'Datei2'? n
stefanie@diabolo[~]> cp -bi Datei1 Datei2
cp: overwrite 'Datei2'? y
stefanie@diabolo[~]> ls -l Datei*
rw-r--r-- 1 stefanie stefanie   14 Apr 10 16:14 Datei1
rw-r--r-- 1 stefanie stefanie   14 Apr 10 16:27 Datei2
rw-r--r-- 1 stefanie stefanie   14 Apr 10 16:22 Datei2~
rw-r--r-- 1 stefanie stefanie   14 Apr 10 16:17 Datei3
```

Beachten Sie, dass *Datei2*, welche überschrieben wurde, vorher in einem Backup-File gesichert wurde (*Datei2~*).

Sie können mit dem Kommando `cp` auch Dateien eines Verzeichnisses in ein anderes kopieren:

```
stefanie@diabolo[~]> ls -la tempverz1
total 7
drwxr-xr-x   2 stefanie stefanie   1024 Apr 10 16:41 ./
drwxrwxrwx  26 stefanie stefanie   6144 Apr 10 16:41 ../
-rw-r--r--   1 stefanie stefanie      0 Apr 10 16:41 temp1
-rw-r--r--   1 stefanie stefanie      0 Apr 10 16:41 temp2
stefanie@diabolo[~]> cp tempverz1/* tempverz2/
stefanie@diabolo[~]> tree tempverz2
tempverz2
|-- temp1
'-temp2
0 directories, 2 files
```

Genau wie das Kommando `rm` kennt auch `cp` die Option `-r` (oder *rekursiv*). Diese lässt sich sinnvoll einsetzen, um ein Verzeichnis in ein anderes zu kopieren. Möchten Sie beispielsweise das Verzeichnis *tempverz1* mitsamt seinen Dateien in das Verzeichnis *tempverz2* kopieren, geben Sie auf der Kommandozeile bitte Folgendes ein:

```
stefanie@diabolo[~]> cp -r tempverz1 tempverz2
stefanie@diabolo[~]> tree tempverz2
tempverz2
|-- temp1
|-- temp2
'-tempverz1
   |-- temp1
   '-temp2
1 directory, 4 files
```

Eine letzte nützliche Option von `cp` bildet `-P`, die der `-p`-Option des `mkdir`-Kommandos sehr ähnlich ist. Normalerweise, wenn Sie eine Datei innerhalb verschiedener Verzeichnisse in ein anderes Verzeichnis kopieren, wird ausschließlich diese Datei kopiert. Nachstehendes Beispiel kopiert so auch nur *temp1* in das Verzeichnis *tempverz3*:

```
stefanie@diabolo[~]> cp tempverz2/tempverz1/temp1 tempverz3
stefanie@diabolo[~]> tree tempverz3
tempverz3
'-temp1
0 directories, 1 file
```

Möchten Sie die Datei einschließlich ihrer Verzeichnisstruktur in ein anderes Verzeichnis kopieren, so empfiehlt es sich, die Option `-P` zu benutzen:

```
stefanie@diabolo[~]> cp -P tempverz2/tempverz1/temp1 tempverz3
stefanie@diabolo[~]> tree tempverz3
tempverz3
'-tempverz2
  '-tempverz1
    '-temp1
2 directories, 1 file
```

Sie sehen, dass nicht nur die Datei *temp1* kopiert, sondern auch die gesamte Verzeichnisstruktur übernommen wurde.

# 9.7 Das Erstellen von harten und symbolischen Links mit Hilfe des ln-Kommandos

Bei Linux werden sowohl *harte* als auch *symbolische* Links unterstützt. Obwohl Sie nicht haargenau wissen müssen, wie Links, also Verweise auf Dateien, in Linux genau funktionieren, sollten Sie sich doch den Unterschied zwischen diesen beiden Link-Arten klarmachen sowie wissen, auf welche Art man Links benutzt. Um harte oder symbolische Links zu erstellen, benutzt man das Kommando `ln` (*ln = link*).

Wenn Sie das `ln`-Kommando dazu benutzen möchten, einen *Hardlink* zu erstellen, so müssen Sie eine zweite Datei angeben, auf die das Original verweisen soll. Einfach ausgedrückt, geben Sie `ln` immer zwei Informationen mit auf den Weg: zum einen den aktuellen Namen der Datei bzw. Dateien, für die Sie Links erstellen wollen, zum zweiten den neuen Namen.

Machen wir uns das an einem Beispiel klar, und nehmen wir an, Sie wollen einen Link auf die Datei *Datei1* erstellen.

```
stefanie@diabolo[~]> cat > Datei1
Das ist Datei1
stefanie@diabolo[~]> ln Datei1 Datei2
stefanie@diabolo[~]> ls -l Datei*
-rw-r--r-- 2 stefanie stefanie   14 Apr 10 18:06 Datei1
-rw-r--r-- 2 stefanie stefanie   14 Apr 10 18:06 Datei2
stefanie@diabolo[~]> cat Datei2
Das ist Datei1
```

Bei einer solchen Operation sagt Linux nach Eingabe von `ln Datei1 Datei2` erst einmal gar nichts, sondern zeigt Ihnen nur wieder den Prompt, was Sie nicht beunruhigen sollte, da bei Linux im besonderen der Spruch »*No news is good news*« gilt. Allerdings haben Sie durch diesen einfachen Befehl einen *Link* (wenn Sie so wollen, einen zusätzlichen neuen Namen für die schon vorhandene Datei) erstellt. Dabei sind *Datei1* und *Datei2* exakt die gleichen Dateien. Wenn Sie die *Datei1* löschen, bleibt *Datei2* jedoch bestehen, ändern Sie die *Datei1* (indem Sie beispielsweise Text anfügen), so werden diese Änderungen auch in *Datei2* erscheinen; das Gleiche gilt umgekehrt.

ACHTUNG

Sie sollten sich klarmachen, dass, obwohl Sie zwei Dateien mit einer Größe von 14 Zeichen angezeigt bekommen, auf Ihrer Festplatte doch nur einmal 14 Zeichen verbraucht werden, da es sich bei der *Datei2* um einen Link und nicht um eine Kopie der *Datei1* handelt.

Um einen *symbolischen Link* zu erstellen, geben Sie dem Kommando `ln` ein `-s` mit auf den Weg:

```
stefanie@diabolo[~]> ln -s Datei1 Datei2
stefanie@diabolo[~]> ls -l Datei*
-rw-r--r-- 1 stefanie stefanie 14 Apr 10 18:51 Datei1
lrwxrwxrwx 1 stefanie stefanie  6 Apr 10 18:51 Datei2 -> Datei1
```

Wie Sie sehen, ist eine *Datei2* entstanden, die jedoch mit einem Pfeil auf *Datei1* verweist. Dieser Pfeil gibt an, dass es sich bei *Datei2* um einen symbolischen Link auf *Datei1* handelt. Sie können auch erkennen, dass *Datei2* eine geringere Größe aufweist als *Datei1*. Symbolische Links unterscheiden sich von harten Links dadurch, dass es sich dabei um bloße Pfadangaben (oder man könnte auch sagen einen Alias) zur Ursprungsdatei handelt. Löschen Sie den Link, so hat das keinerlei Einfluss auf die Originaldatei. Umgekehrt schaut das anders aus. Wenn Sie die Originaldatei löschen, hat das für Ihren symbolischen Link düstere Auswirkungen:

```
stefanie@diabolo[~]> rm -f Datei1
stefanie@diabolo[~]> cat Datei2
cat: Datei2: No such file or directory
```

Da das Original, die *Datei1*, nicht mehr existiert, können Sie auch nicht mehr durch den symbolischen Link *Datei2* auf ihren Inhalt zugreifen. Allerdings haben symbolische Links einen Vorteil gegenüber harten Links, da Sie sie dazu benutzen können, einen Verweis auf jedes Verzeichnis Ihres Systems zu erstellen. Versuchen Sie z.B., in Ihrem Home-Verzeichnis einen harten Link auf das Verzeichnis */usr/local/games* zu erstellen, wird sich das Kommando `ln` mit folgender Fehlermeldung weigern:

```
stefanie@diabolo[~]> ln /usr/local/games play
ln: /usr/local/games: hard link not allowed for directory
```

Geben Sie stattdessen Folgendes ein:

```
stefanie@diabolo[~]> ln -s /usr/local/games play
stefanie@diabolo[~]> ls -l play
lrwxrwxrwx 1 stefanie stefanie  16 Apr 10 19:04 play -> /usr/local/
games/
```

Sie können nun statt des deutlich längeren Kommandos

```
stefanie@diabolo[~]> cd /usr/local/games
```

einfach ein

```
stefanie@diabolo[~]> cd play
```

eingeben, um sich ins Verzeichnis */usr/local/games* zu begeben.

# 9.8 Wem gehört das eigentlich alles?

Linux als Multi-User-System unterscheidet sehr genau, wer überhaupt die diversen Dateien und Programme lesen, beschreiben oder ausführen darf. Das ist wichtig, oder hätten Sie es gern, dass jeder in Ihren privaten Dateien rumschmieren darf? Wichtig sind in diesem Zusammenhang die Befehle `chmod` und `chown`, die Sie im Folgenden kennen lernen werden.

### chmod – wer darf hier was?

Sollten Ihnen bei Ihren letzten Versuchen, sich mit `ls -al` den Inhalt von Verzeichnissen auflisten zu lassen, die Zeichen zwei bis zehn in einer Zeile Respekt eingeflößt haben, so ist das sicher erst einmal verständlich – es muss aber nicht so bleiben. Diese neun Zeichen, die *Permission Flags* oder *Zugriffsbits*, kennzeichnen, wer in welchem Umfang Zugriff auf die jeweilige Datei hat. Wir lernen jetzt, wie Sie entschlüsseln können, was sie bedeuten. Schauen wir uns dazu erst einmal eine Datei näher an:

```
stefanie@diabolo[~]> ls -l Wemgehoertdas
-rw-r--r-- 1 stefanie stefanie 0 Aug 23 07:33 Wemgehoertdas
```

Am leichtesten lassen sich die Zugriffsbits enträtseln, wenn wir diese neun Buchstaben in drei Gruppen à drei Buchstaben aufteilen. In jeder dieser Dreiergruppen steht zunächst ein `r` oder ein `-` dann kommt ein `w` oder ein `-` und als Letztes ein `x` oder ein `-`. Diese Zeichen bedeuten Folgendes:

`r: (r=read)`Diese Datei darf gelesen werden.

`w: (w=write)`In diese Datei kann geschrieben werden.

`x: (x=execute)`Diese Datei kann ausgeführt oder – sollte es sich um ein Verzeichnis handeln – durchsucht werden.

Das *erste* Zeichentrio zeigt dabei an, welche Rechte der Besitzer dieser Datei hat, das *zweite*, was die Gruppe darf, der die Datei zugeordnet wurde, und das *letzte* Trio beschreibt, was die Benutzer dürfen, die nicht Besitzer der Datei sind und auch nicht der Eigentümergruppe angehören.

Unsere Beispieldatei *Wemgehoertdas* lässt sich also von mir als Userin *stefanie* lesen und beschreiben, während die Gruppe und andere auf diese Datei nur lesend Zugriff haben.

Mit dem Kommando `chmod` können Sie diese Zugriffsrechte ändern, indem Sie für diese drei Benutzertypen ein Recht addieren (+) bzw. subtrahieren (-).

Dabei werden Sie folgende Kürzel verwenden:

u: user
g: group
o: others
a: all

Möchten wir also, dass allen Benutzern das Lesen und Ausführen der Datei *Wemgehoertdas* gestattet ist, so hilft uns dabei folgender Befehl weiter:

```
stefanie@diabolo[~]> chmod a+rx Wemgehoertdas
stefanie@diabolo[~]> ls -l Wemgehoertdas
-rwxr-xr-x 1 stefanie stefanie    0 Aug 23 07:33 Wemgehoertdas*
```

Wie Sie sehen können, haben nun neben dem User *stefanie* auch die Gruppe und alle anderen Ausführrechte auf diese Datei.

Allgemein erfolgt die Änderung der Zugriffsbits durch die Zeichenkombination `Benutzertyp +/- Zugriffstyp`. Möchten wir demnach anderen Benutzern das Ausführrecht auf unsere Beispieldatei wieder entziehen, müssen wir folgenden Befehl in die Shell eingeben:

```
stefanie@diabolo[~]> chmod o-x Wemgehoertdas
```

Lassen Sie uns das Ergebnis überprüfen:

```
stefanie@diabolo[~]> ls -l Wemgehoertdas
-rwxr-xr-- 1 stefanie stefanie    0 Aug 23 07:33 Wemgehoertdas*
```

Tatsächlich können andere Benutzer unsere Datei *Wemgehoertdas* nun zwar noch lesen, aber nicht mehr ausführen. Merken Sie sich bitte: Mit einem + können Sie eine Berechtigung hinzufügen, mit einem - diese Berechtigung genauso leicht wieder entziehen.

## chown – ich schenk dir eine Datei!

`chown` ändert den Besitzer einer Datei. Das darf nicht jeder, sondern nur der Superuser *root*. Lassen Sie uns das testen:

```
stefanie@diabolo[~]> chown test:test Wemgehoertdas
chown: Wemgehoertdas: Die Operation ist nicht erlaubt
```

Sie sehen, dass es mir als User *stefanie* nicht erlaubt ist, *test* und die Gruppe *test* als neuen Besitzer der Datei *Wemgehoertdas* zu bestimmen. Wie schaut es nun als *root* aus?

```
root@diabolo[/home/stefanie]# chown test:test Wemgehoertdas
root@diabolo[/home/stefanie]# ls -l Wemgehoertdas
-rwxr-xr-- 1 test test    0 Aug 23 07:33 Wemgehoertdas*
```

Das hat geklappt. Das Prinzip ist dabei immer gleich. Geben Sie als *root* den neuen Besitzer und den Dateinamen an, um die »*Eigentumsfragen*« neu zu regeln.

# 9.9 Und es druckt doch

Wie Sie sich erinnern, haben wir während der Installation Ihres Linux-Systems einen Drucker konfiguriert. Aber wie druckt man nun bestimmte Dokumente aus? Programme wie Netscape machen es Ihnen einfach und bieten Ihnen Buttons zum Anklicken an, wenn Sie ein bestimmtes Dokument oder eine Webpage ausdrucken wollen. Doch auch auf der Kommandozeile ist es einfach, Linux zum Drucken zu bringen.

Wie Sie wissen, ist Linux ein Multiuser-Betriebssystem, d.h. es ist möglich, dass mehrere Leute zur gleichen Zeit einen Druckauftrag an den Drucker schicken. Wenn sie das jetzt tatsächlich täten, gäbe es einen großen Datensalat auf dem Papier: Ihr Kochrezept und mein Buchkapitel würden einfach wild durcheinander gewürfelt. Deshalb sprechen Sie unter Linux nie direkt den Drucker selbst an, sondern benutzen das Hilfsprogramm `lpr`, das den Druckauftrag in einem so genannten *Spool*-Verzeichnis zwischenlagert. Wenn der Drucker frei ist, kommt dann der Druckerdaemon *lpd* an und schiebt die Datei auf den Drucker. Alles, was Sie zu tun haben, ist also, den Befehl

```
stefanie@diabolo[~]> lpr Datei
```

zu geben. Wenn Sie sich nicht sicher sind, welche Dateien im Spool-Verzeichnis herumlungern und auf ihren Ausdruck warten, so können Sie sich mit dem Befehl

```
stefanie@diabolo[~]> lpq
```

einen Überblick über die wartenden Druckaufträge verschaffen. `lpq` spuckt dabei neben dem Dateinamen auch die Jobnummer aus, die dem jeweiligen Druckauftrag von Ihrem System zugeteilt wurde. Möchten Sie nun den Ausdruck einer bestimmten Datei verhindern, weil Sie es sich anders überlegt haben oder Ihnen einmal mehr das Papier oder die Tinte ausgegangen ist (das passiert mir andauernd), so reicht es,

```
stefanie@diabolo[~]> lprm Jobnummer
```

einzugeben, und Linux stoppt den Druck der betreffenden Datei. Geben Sie `lprm` alleine ein, werden alle noch ausstehenden Druckaufträge im Spool-Verzeichnis gelöscht – natürlich nur die, die Ihnen gehören, nicht die anderer Benutzer.

Obwohl Sie mit den Befehlen `lpr`, `lpq`, `lprm` eigentlich alle nötigen Werkzeuge zum Druck von Dateien zur Verfügung haben, möchte ich Sie doch noch auf `lpc` aufmerksam machen. Geben Sie das Kommando einmal ein:

```
stefanie@diabolo[~]>lpc

lpc>
```

Wie Sie sehen, finden Sie sich jetzt in einer eigenen Arbeitsumgebung wieder, in der Sie einiges an Kommandos ausführen können. Was ich damit nun schon wieder meine? Ganz einfach; ein

```
lpc> help
Commands may be abbreviated.  Commands are:

abort   enable  disable help    restart status  topq    ?
clean   exit    down    quit    start   stop    up
```

bringt Licht in die Sache. Wie Sie sehen, haben Sie deutlich mehr Möglichkeiten als bei den vorangegangen Befehlen. Die Eingabe von `status` gibt Ihnen einen Überblick über die vorhandenen wartenden Jobs:

```
lpc> status
lp:
        queuing is enabled
        printing is enabled
        no entries
        no daemon present
```

Nun, da ich derzeit keine Druckaufträge an mein System weitergegeben habe, hat mir `status` wenig zu erzählen. Das ändert sich, wenn Aufträge lauern. Mit `disable` stoppen Sie die Annahme neuer Aufträge, mit `enable` geben Sie die Warteschlange wieder frei, und besonders interessant ist `topq`, mit dem Sie – als *root* – bestimmte Druckaufträge in der Warteschlange nach vorne mogeln können. Mit `help <befehl>` gibt es jeweils noch einen kurzen Text zum entsprechenden Befehl.

Wem das alles wenig verlockend erscheint, dem sagt vielleicht *Klpq,* KDEs grafisches Frontend für `lpq`, `lprm` und `lpc` deutlich mehr zu (Abbildung 9.1). Sie finden dieses praktische Helferlein jederzeit, wenn Sie beim K-Button den Punkt DIENSTPROGRAMME→VERWALTUNG VON DRUCKAUFTRÄGEN anwählen. Nicht wundern, wenn Klpq beim ersten Start investigative Fragen nach Ihrem Drucker-Spool-System stellt, das voreingestellte *BSD* tut auf den meisten Linux-Rechnern ganz wunderbar.

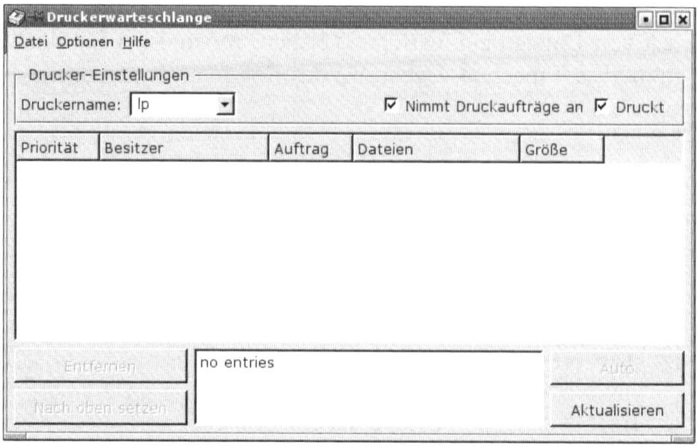


*Abb. 9.1: Eine ziemlich leere Druckerwarteschlange …*

Netterweise unterstützt Ihr grafischer Druckschlangenverwalter auch das KDE-eigene Drag&Drop-Protokoll, das Sie ja in Kapitel 4 ausgiebig kennen gelernt haben, so dass Sie einfach eine Datei aus Ihrem Konqueror mit der Maus herausziehen und ganz nebenbei über dem *Klpq*-Fenster fallen lassen müssen: et voilà – es druckt! Das gilt sogar für URLs, die Sie im Internet aufgestöbert haben.

Der Rest erklärt sich praktisch von selbst: Möchten Sie Druckaufträge löschen, wählen Sie Ihr Opfer im *Klpq*-Fenster aus und klicken im Anschluss auf den ENTFERNEN-Button. Mit dem NACH OBEN SETZEN-Button ändern Sie die Prioritäten der Druckaufträge.

ACHTUNG

Denken Sie daran, dass Sie dabei mit *root*-Rechten ausgestattet sein müssen, sollten Sie andere Aufträge als Ihre eigenen aus dem *Spool* entfernen wollen. Gleiches gilt, wenn Sie die Prioritäten der wartenden Druckaufträge ändern möchten.

## 9.10 Zusammenfassung

Linux-Kommandos werden am Prompt eingegeben. Anschließend müssen Sie die [↵]-Taste drücken.

Kommandos können aus einem einzelnen Wort bestehen oder aber aus einem Wort, dem Optionen, die in der Regel durch Voranstellung eines »-« gekennzeichnet sind, mitgegeben werden. Dem Kommando können auch noch ein oder mehrere Argumente folgen:

| | |
|---|---|
| `ls` | Kommando *ohne* Optionen und Argumente |
| `ls -l` | Kommando mit einer *Option* |
| `ls -l *.txt` | `*.txt` ist das *Argument* zum Kommando |

Die wichtigsten Befehle sind:

| | |
|---|---|
| `ls` | listet die Dateien innerhalb eines Verzeichnisses auf |
| `cp` | kopiert den Inhalt einer Datei |
| `mv` | ändert den Namen einer Datei oder verschiebt diese |
| `cat` | zeigt den Inhalt einer Datei an |
| `more` | zeigt den Inhalt einer Datei seitenweise an |
| `less` | zeigt den Inhalt einer Datei seitenweise an, mehr Optionen als `more` |
| `rm` | löscht eine Datei |
| `pwd` | zeigt den Namen des aktuellen Verzeichnisses an |
| `mkdir` | erstellt ein neues Verzeichnis |
| `cd` | wechselt in ein neues Verzeichnis |
| `rmdir` | löscht ein Verzeichnis |
| `chmod` | ändert die Zugriffsrechte |
| `lpr` | schickt einen Druckauftrag los |
| `lprm` | löscht einen Druckauftrag |

KAPITEL 10

# Wir werden administrativ oder: Tipps, Tricks und Schliche

## 10.1 Die Klaviatur der Tastatur

Früher war es eine ziemliche Qual, als deutschsprachiger Anwender mit den doch recht eigenwillig ausgestalteten Tastaturbelegungen zurechtzukommen. Gottlob hat sich das geändert, und mit der diesem Buch beiliegenden SuSE-Evaluationsversion 7.2 sollte eigentlich nahezu alles so funktionieren, wie Sie es von Ihren früheren Erfahrungen mit Rechnern gewohnt sind. Bei der Installation haben wir uns um den Tastaturtyp gar nicht so groß gekümmert und SuSEs Vorgabe *de-latin1-nodeadkeys* erst mal so stehen lassen. Nun ja, eines nach dem anderen, und in jenem Kapitel wollten wir Ihnen ja erst einmal ein funktionstüchtiges Linux verschaffen, gell?

Neben dem schon erwähnten, etwas seltsam klingenden *de-latin1-nodeadkeys* gibt es eine zweite für unsere Breiten passende Tastaturtabelle *de-latin1*. Die beiden unterscheiden sich nur darin, dass bei der von Ihnen derzeit eingesetzten *nodeadkeys*-Variante Sonderzeichen wie ^, ' oder ~ direkt eingegeben werden können und nicht erst durch ein nachfolgendes Leerzeichen. Was aber, wenn Sie es nun doch lieber anders hätten? Nichts ist für die Ewigkeit, und beim Einstellen einer anderen Tastaturtabelle geht Ihnen YaST gerne zur Hand. Bei SuSE verstecken sich die Tabellen im Verzeichnis */usr/lib/kbd/keymaps/i386/qwertz*. Das *qwertz* erklärt sich recht einfach; schauen Sie sich doch mal in die oberste Buchstabenreihe Ihrer Tastatur ...

Das mag zwar furchtbar kompliziert klingen, sollte Sie aber auch nicht weiter stören, da in YaST die relevanten Pfade sowieso voreingestellt sind. Für die

Konfiguration greifen wir diesmal auf den Vorgänger von YaST2, YaST[1], zurück. Starten Sie YaST als *root* in einem Terminalfenster Ihrer Wahl. Entscheiden Sie sich hier für EINSTELLUNGEN ZUR INSTALLATION→TASTATURBELEGUNG AUSWÄHLEN (Abbildung 10.1), und weiter geht's.

*Abb. 10.1: So sieht es aus, wenn man in YaST die Tastaturbelegung ändern will*

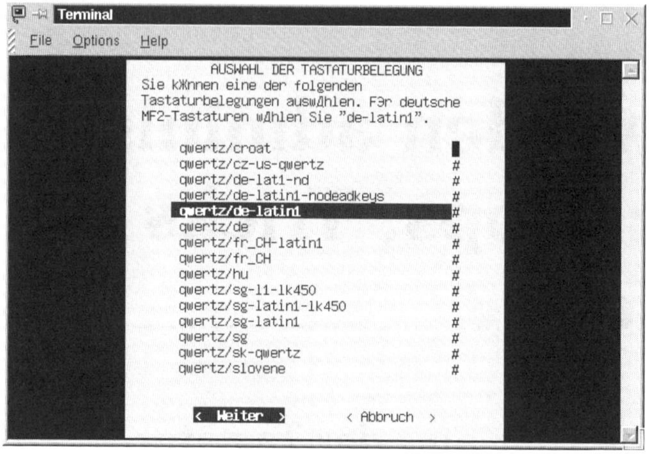


Die »Katze im Sack zu kaufen« macht keinen Spaß. Auch SuSE weiß das. Aus genau diesem Grund dürfen Sie in YaST mit Ihrer neuen Tastaturbelegung auch erst einmal ein bisschen rumprobieren, bis Sie sich endgültig entscheiden müssen, wie Abbildung 10.2 zeigt. Probieren Sie also ruhig herum, bis Sie die Ihnen genehme Einstellung gefunden haben, und geben Sie die Sonderzeichen Ihrer Wahl ein etc. Sobald Sie sich Ihrer Sache sicher sind, reicht ein freundliches BEIBEHALTEN, und die neue Tastaturbelegung wird endgültig festgeschrieben.

Wer es lieber auf die harte Tour versuchen will: bitte. Möchten Sie eine andere Tastaturbelegung ausprobieren, reicht es, auf der Konsole das Kommando

```
Loadkeys /usr/lib/kbd/keymaps/i386/qwertz/tastenbelegungihrer-
wahl.map.gz
```

einzugeben. Die Tastentabellen liegen – wie Sie an der Endung »gz« erkennen können – in komprimierter Form vor, was Sie aber nicht weiter stören sollte, da diese beim Laden automatisch dekomprimiert werden.

1. Wir könnten zwar auch YaST2 einsetzen, aber zum einen wollte ich Ihnen gerne einmal YaST präsentieren und zum andern bietet nur YaST die Möglichkeit, die Tastatureinstellungen vor dem Ändern zu testen. Wer doch auf YaST2 zurückgreifen möchte: Die nötigen Änderungen nehmen Sie unter SONSTIGES→RC.CONFIG-EDITOR→BASE-ADMINISTRATION→CONSOLE→KEYTABLE vor.

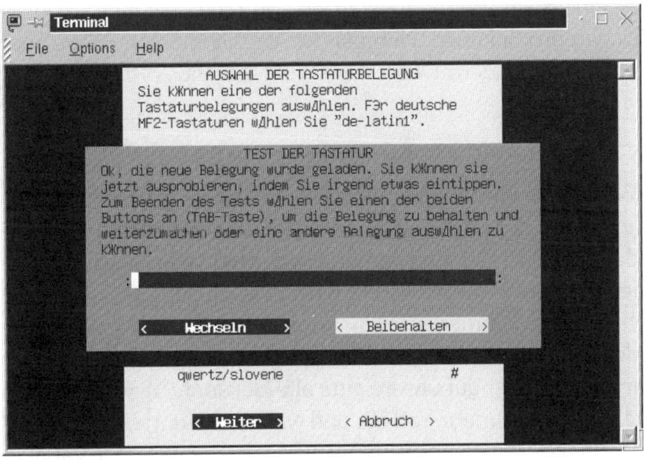


*Abb. 10.2: Probieren geht über studieren*

Wer diesen Eintrag dauerhaft vornehmen will, muss das seinem System jetzt natürlich noch kundtun. Begeben Sie sich dafür in das Verzeichnis */etc* und halten Sie dort Ausschau nach der Datei *rc.config,* der zentralen Konfigurationsdatei Ihres SuSE-Systems. Hier müssen Sie als *root* bei `KEYTABLE` den Namen Ihrer Wunschtabelle eintragen.

HINWEIS

Noch ein paar Takte zu der Datei */etc/rc.config*. Letztlich können Sie bei SuSE die Konfiguration Ihres gesamten Systems mit Hilfe dieser Datei vornehmen. Innerhalb dieser Datei wird eine ganze Reihe von Variablen gesetzt, von denen Sie einige im Verlauf dieses Buches schon kennen gelernt haben oder noch kennen lernen werden. Diese Variablen werden von einer ganzen Reihe anderer Skripten ausgewertet, darunter auch den *Init-Skripten.* Ändern Sie also Einträge in */etc/rc.config,* sollten Sie danach immer das Programm `SuSEconfig` aufrufen (einfach als *root* `SuSEconfig` auf der Kommandozeile eingeben), um sicherzustellen, dass Ihre Einstellungen auch an allen anderen relevanten Stellen wirksam werden. Haben Sie diese Veränderungen via YaST vorgenommen (wie z.B. eben die Tastaturänderung), brauchen Sie sich nicht darum zu kümmern, da YaST ganz automatisch SuSEconfig startet, wodurch die betroffenen Dateien auch ohne Ihr Zutun auf den aktuellen Stand gebracht werden.

### 10.1.1 Wiederholraten

Möchten Sie die Geschwindigkeit und Verzögerung beim Wiederholen von Zeichen durch die Tastatur abändern, so ist der Befehl `kdbrate` das Richtige für Sie. Wenn Sie keine Optionen mit angeben, wird die Wiederholrate auf 10,9 Zeichen pro Sekunde und die Default-Verzögerung auf 250 Millisekunden eingestellt. Beim Hochfahren von Linux gilt eine Wiederholrate von 30 Zeichen pro Sekunde. Nehmen wir an, Sie möchten diese auch im normalen Betrieb verwenden. Dann wäre wohl folgendes Kommando das richtige für Sie:

```
/sbin/kbdrate -r 30 -d 250
```

Möchten Sie auch die Verzögerung abändern, geben Sie den entsprechenden Wert hinter der Option `d` ein. Möglich sind 250, 500, 750 und 1000, wobei jedes Mal Millisekunden gemeint sind. Nun ja, aber wer möchte schon immer wieder dasselbe auf der Kommandozeile eingeben? Soll diese Änderung dauerhaft vorgenommen werden, können Sie – genau wie eben bei der Tastaturbelegung – die Datei *rc.config* gut gebrauchen. Und in diesem Fall können wir sogar wieder auf unsere gute alte Bekannte YaST2 zurückgreifen. Starten Sie also einmal mehr YaST2, und wählen Sie dort SONSTIGES→RC.CONFIG-EDITOR→HARDWARE→KEYBOARD. Suchen Sie dort nach der Variablen KBD_RATE und tragen Sie im dazugehörigen Feld ein freundliches »30« ein, und gut ist's (Abbildung 10.3).

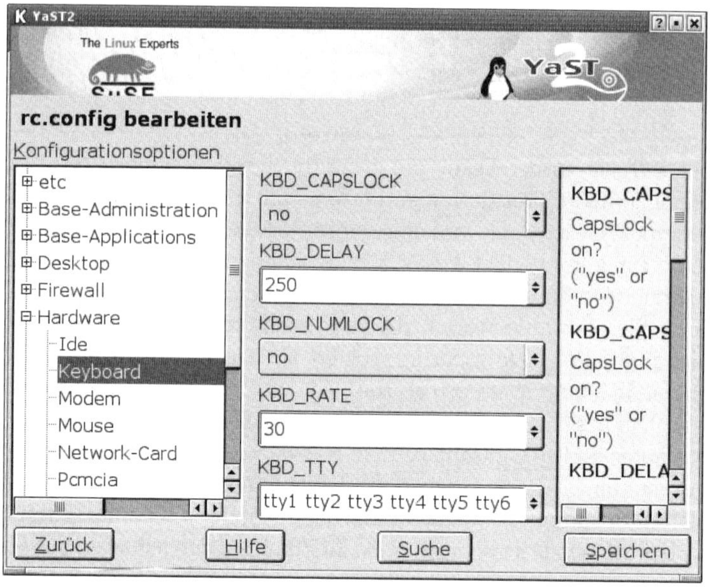


*Abb. 10.3: So schnell lassen sich Verzögerungen schaffen oder beheben ...*

Und weil wir schon einmal dabei sind, ändern wir doch gleich noch die Verzögerung ab, was meinen Sie? Fahnden Sie im gleichen Menü einfach noch nach der Variablen KBD_DELAY und geben Sie, nachdem Sie sie mit dem Kursor angewählt haben, den neuen Wert ein – um bei unserem Beispiel zu bleiben z.B. »250«. Das war's. Außerdem können Sie hier noch festlegen, ob bei Ihrer Tastatur Capslock (KBD_CAPSLOCK) und Numlock

(KBD_NUMLOCK) eingeschaltet werden sollen. CAPS_LOCK zu aktivieren, macht für uns wenig Sinn, wer will schon nur mit Großbuchstaben operieren. KBD_NUMLOCK ist da schon sinnvoller. Per default funktioniert der Ziffernblock wie die Kursortasten; mit einer 8 bewegen sie sich hoch usw. Aktivieren Sie NUMLOCK ist die 8 wieder eine schlichte 8.

Wem das alles zu kompliziert erscheint, der kann die Datei *rc.config* natürlich auch mit Hilfe seines Lieblings-Editors per Hand ändern. Suchen Sie in der Datei einfach nach folgendem Eintrag:

```
#
# keyboard repeat rate (2.0 - 30.0)
# keyboard delay time in ms (250, 500, 750, 1000)
# (If you want "kbdrate" to be executed, you have to set both of them
.)
#
KBD_RATE=""
KBD_DELAY=""
```

und ergänzen Sie innerhalb der Anführungsstriche die betreffenden Werte. Nicht vergessen: Nach einer solchen Änderung sollten Sie `SuSEconfig` aufrufen.

## 10.1.2 Windows-Tasten neu belegen

Die meisten neuen Keyboards weisen mittlerweile eine Windows-Taste auf, die Ihnen unter Linux herzlich wenig nützt. Aber das kann man ändern, denn wenn man den *Keycode* einer Taste kennt, ist es sehr leicht, dieser Taste eine neue Funktion zuzuweisen. Die linke Windows-Taste hat den Keycode »125«, die rechte »126«, und der Kontextmenü-Taste ist der Keycode »127« zugeordnet. Nachdem Sie den Keycode der betreffenden Tasten kennen, müssen Sie ihnen in einem zweiten Schritt einen *Keynamen* zuordnen. Nehmen Sie z.B. »F100«, da dieser in aller Regel nicht anderweitig benutzt wird. Nun müssen wir diese Informationen in eine neue Tastaturtabelle eintragen. Am leichtesten geht das mit Hilfe des *Midnight Commander*, dessen Bedienung Sie in Kapitel 12 näher erläutert finden. Begeben Sie sich in das Verzeichnis */usr/lib/kbd/keymaps/i386/qwertz*, und kopieren Sie mit einem

```
# cp diemapihrerwahl.gz namenihrerneuenmap.gz
```

erst einmal die Tabelle, die wir gleich ergänzen möchten. An dieser Stelle mit dem *Midnight Commander* zu arbeiten ist deshalb so verführerisch, weil dieser komprimierte Dateien öffnen kann und Sie sich so die lästige Ent- und Wiederverpackerei ersparen. Öffnen Sie die kopierte Tastaturtabelle – ich habe meine z.B. *meine.map.gz* getauft – und tragen Sie am Ende der Tabelle ein `keycode 125 = F100` ein. Jetzt müssen wir dieser Taste nur noch eine Funktion zuweisen. Dies erreichen Sie mit der Syntax `string name ="`*`programm`*`\n`.

Diese Funktion gibt einfach nur einen *String* aus, wenn eine bestimmte Taste gedrückt wird. Das `\n` steht für *newline*, was wie das Drücken der [↵]-Taste wirkt. Nehmen wir an, Sie möchten die Taste dahingehend nutzen, dass beim Betätigen derselben X gestartet wird. In einem solchen Fall müssten Sie nach der Zeile `keycode 125 = F100` in der nächsten Zeile noch `string F100 = "startx\n"` ergänzen. Das könnte dann in etwa so aussehen:

```
keycode 125 = F100
string F100 = "startx\n"
```

Wenn Sie jetzt mit

```
# loadkeys meine.map.gz
```

diese Tastaturtabelle laden, können Sie auf der Konsole via der linken Windows-Taste X starten. Natürlich können Sie der Taste jederzeit auch eine andere Verwendung, einen Befehl etc. zuordnen, z.B. `reboot\n`, um über diese Taste Ihr System zu rebooten etc. Selbstverständlich ist es auch möglich, diese Tastatur via YaST oder per Hand dauerhaft als Tastaturtabelle zu laden; statt z.B. *qwertz/de-latin1* würden Sie dann einfach im Fall von *meine.map.gz* im YaST-Menü *qwertz/meine* anwählen. Wie Sie sehen werden, lässt YaST beim Abbilden der Namen die Endung »map.gz« großzügig unter den Tisch fallen, die Dateien bleiben nichtsdestotrotz dieselben.

## 10.2 Konsole, Konsole wechsle dich

Linux ist ein Multiuser-System, sprich: es können gleichzeitig mehrere Benutzer unter Linux arbeiten, ohne sich zu stören. Bildschirm und Tastatur bilden dabei das aus der Frühgeschichte des Computerzeitalters bekannte *Terminal*. Aufgrund des Multiuser-/Multitasking-Charakters von Linux muss dieses eine Terminal als Standardein- und -ausgabe für viele Programme dienen. Um all diese Terminals auseinander halten zu können, kennt Linux das Konzept der *virtuellen Terminals*. Jedes Programm/jeder Prozess kann ein eigenes virtuelles Terminal anfordern. Tastatur und Bildschirm sind immer nur mit einem virtuellen Terminal verbunden. Sie können aber zwischen diesen verschiedenen Terminals beliebig hin- und herschalten. Den Textbildschirm mit dem Prompt, den Sie die ganze Zeit hoffentlich nicht allzu verzweifelt anstarren, bezeichnet man dabei auch als *Konsole*. Linux stellt Ihnen – sobald es sich im Multiuser-Modus befindet (davon können Sie ausgehen) – standardmäßig sechs dieser Konsolen zur Verfügung (Sie können das bei Bedarf auf bis zu 63 Stück aufstocken). Mit den Tastenkombinationen [Alt]-[F1] bis [Alt]-[F6] können Sie von Konsole 1 bis Konsole 6 wechseln. Das ist eine sehr praktische Eigenschaft von Linux, da Sie so beispielsweise auf der Konsole 1 als *root* eingeloggt sein können, um administrative Tätigkeiten auszuführen, während Sie auf den Konsolen 2 bis 6 ganz normal als User Mails schreiben oder News lesen.

Eine kleine Sonderstellung nimmt die Konsole Nummer 7, manchmal auch die Nummer 8 ein. Na ja, um genau zu sein, ist es immer die erste freie Konsole, die in der Datei */etc/inittab* nicht belegt ist – in unserem Fall ist das eben die Nummer 7. Sie ist X vorbehalten. Sollten Sie das X Window System gestartet haben, erhalten Sie durch das Umschalten auf Konsole 7 die für viele sehr wichtige grafische Oberfläche. Um aus dieser wieder auf eine Textkonsole zu wechseln, müssen Sie zusätzlich zu der [Alt]- und der Funktionstaste noch die [Strg]-Taste gedrückt halten.

---

HINWEIS

Auch die Konsole Nummer 8, sofern unbenutzt, lässt sich mittels eines kleinen Kniffs mehr als gewinnbringend nutzen. Durch eine kleine Ergänzung der Datei */etc/syslog.conf* werden sämtliche Mitteilungen, Fehlermeldungen etc. auf Konsole 8 ausgegeben, so dass Sie diese leicht durch ein Umschalten auf diese Konsole einsehen können. Begeben Sie sich als *root* in das Verzeichnis */etc,* öffnen Sie mit einem Editor Ihrer Wahl die Datei *syslog.conf,* und ergänzen Sie sie um die Zeilen

```
# Dump everything on tty8
*.*    /dev/tty8
```

wobei Sie bitte zum Abrücken von */dev/tty8* die [⇆]-Taste benutzen. Der *syslog-Dämon*, das Dienstprogramm, das sich um die Mitteilungen und Fehlermeldungen des Systems kümmert, kann mit Leerzeichen nämlich nichts anfangen.

---

## 10.3 Welche Partition hätten's denn gern? Oder: Was heißt eigentlich »mounten«?

Das Kommando `mount` ist ein sehr wichtiges Programm, das dazu benutzt wird, Dateisysteme zu mounten, das heißt, sie in das Linux-Dateisystem einzuhängen und damit den Zugriff auf sie zu ermöglichen. Windows gestattet es Ihnen nicht, unter Windows auf Ihre Linux-Partitionen zuzugreifen. Linux ist da großzügiger. So können Sie ohne weiteres von Linux aus auf Ihre Dateien auf den Windows-Partitionen zugreifen, wenn die Unterstützung für *vfat* und *vfat32* in den Kernel einkompiliert wurde (keine Angst, das ist beim SuSE-Standard-Kernel der Fall). Dazu müssen Sie die Partitionen gemountet haben. Während des Boot-Prozesses mountet Linux automatisch die primäre Linux-

Partition (die wir ja gemeinsam angelegt haben) in das Root-Dateisystem (auch */-Verzeichnis* genannt).

Sie können Linux auch dazu bringen, beim Start neben der Root-Partition noch andere Dateisysteme automatisch zu mounten.

Alternativ können Sie die Befehle `mount` und `umount` benutzen, um Dateisysteme in den Verzeichnisbaum ein- und aus dem Verzeichnisbaum auszuhängen, während Sie arbeiten.

Beim Start Ihres Linux-Systems wird ein Skript (genauer: das Skript */sbin/init.d/boot*) abgearbeitet, welches die eingangs erwähnte Root-Partition mountet, nachdem sie auf Fehler untersucht wurde. Wenn alles in Ordnung ist, werden dadurch zusätzlich alle Partitionen gemountet, die in der Tabelle der Dateisysteme, der *fstab*, eingetragen sind. Soll also eine Partition (beim nächsten Booten automatisch) hinzugefügt oder nicht mehr berücksichtigt werden, müssen Sie die Datei *fstab* im Verzeichnis */etc* editieren.

Lassen Sie uns das mittels eines Beispiels ein wenig transparenter machen: Nehmen wir an, Sie möchten künftig auch auf Ihre Windows-Partition zugreifen, die sich auf der ersten Partition der ersten IDE-Festplatte befindet, also auf *hda1*. Um dies zu erreichen, ist es erst einmal nötig, für die Partition einen so genannten Mountpoint zu schaffen, also ein Verzeichnis, in das das Dateisystem eingehängt oder gemountet werden kann.

Erstellen Sie mit dem `mkdir`-Kommando

```
root@diabolo[/root]# mkdir dos
```

den Mountpoint für die Windows-Partition. Wie Sie diesen nennen, ist egal, wir hätten ihn auch »Desaster« taufen können. Begeben Sie sich dann mit dem Kommando `cd /etc` ins */etc-Verzeichnis*, öffnen Sie dort mit einem Editor Ihrer Wahl die Datei *fstab*, und ergänzen Sie sie um folgenden Eintrag

```
/dev/hda1 /dos      vfat    defaults    0 0
```

Mit `/dev/hda1` teilen Sie Linux die zu mountende Partition mit, `/dos` gibt den Mountpoint an, und mit `vfat` tun Sie kund, dass es sich bei dem Dateisystem um eine Windows-Partition handelt.

Sollten Sie noch irgendwo eine Windows-Partition auf Ihrem Rechner herumlungern haben, können Sie mit Linux selbstverständlich auch darauf zugreifen. Gehen Sie analog vor, tauschen Sie jedoch `vfat` gegen ein freundliches `msdos` aus.

## 10.4 Die Crux mit dem CD-ROM-Laufwerk und dem Floppy-Laufwerk

In Hinblick auf das CD-ROM-Laufwerk ist bei ehemaligen Windows-Benutzern meist ein klein wenig Gewöhnung und Umdenken angesagt. Da Linux ein Multiuser-System ist, kann man nicht einfach nach Gutdünken Daten-CDs einlegen und wieder entfernen. (Stellen Sie sich nur vor, Sie würden gerade etwas von CD installieren, und ein anderer User entfernt die CD aus dem Laufwerk, weil er es nicht bemerkt. Linux geht davon aus, dass Sie sich nicht alleine auf dem Rechner befinden, und handelt danach.)

Generell darf nur der Superuser *root* CDs einlegen und herausnehmen. Nun möchten wir es ja vermeiden, dauerhaft als *root* zu arbeiten. Aus diesem Grund gibt es neben dem `su`-Kommando auch die `user`-Option des `mount`-Kommandos, die es auch normalen Usern erlaubt, am CD-ROM-Laufwerk das `mount`- und `umount`-Kommando auszuführen. Die netten Leutchen von SuSE haben Ihnen diese Aufgabe schon abgenommen und die Datei */etc/fstab* entsprechend ergänzt.

---

Sollten Sie sich jedoch einmal auf einem System tummeln, bei dem dies noch nicht geschehen ist, editieren Sie bitte die Datei *fstab* im Verzeichnis */etc*. Suchen Sie die Zeile

```
/dev/cdrom /cdrom iso9660noauto,ro 0 0
```

und ergänzen Sie sie wie folgt um den Eintrag `user`:

```
/dev/cdrom /cdromiso9660noauto,ro,user 0 0
```

---

Sie sind nun auch als normaler User in der Lage, CD-ROMs in Ihr System einzubinden, indem Sie folgenden Befehl eingeben, um auf den Inhalt der CD im Verzeichnis */cdrom* zugreifen zu können:

```
stefanie@diabolo[~]> mount /cdrom
```

Das Verzeichnis */cdrom* müssen Sie nicht extra erstellen, es wird während des Installationsprozesses (wie auch das Verzeichnis */floppy* für das Diskettenlaufwerk) automatisch angelegt. Genauer gesagt, steht in der *fstab* der Eintrag */media/floppy* und */media/cdrom,* aber da die SuSE-Macher jeweils einen Link nach */floppy* und */cdrom* eingerichtet haben, muss uns das nicht weiter kümmern. Wenn Sie die CD wieder aus dem Laufwerk entfernen möchten, müssen Sie vorher in die Shell

```
stefanie@diabolo[~]> umount /cdrom
```

eingeben, sonst lässt sich das CD-ROM-Laufwerk nicht öffnen, um die CD zu entnehmen.

HINWEIS

Sollte sich die CD nicht unmounten lassen und sich Linux mit der Meldung *device busy* beschweren, so greift entweder noch ein Prozess auf die CD-ROM zu, oder Sie befinden sich in einer Shell noch in einem Verzeichnis auf der CD. Überprüfen Sie Ihre Prozesse (CD-Spieler), und geben Sie in jede Shell ein `cd` ein. Lässt sich die CD-ROM immer noch nicht unmounten, booten Sie am besten das System (das ist zwar nicht elegant und eigentlich völlig unnötig, aber gerade für Anfänger einfacher, als die ganzen Fehlermöglichkeiten zu überprüfen). Wer sich nicht so schnell geschlagen geben will, kann jedoch einmal mit einem `lsof /cdrom` versuchen herauszubekommen, wer da Dateien blockiert.

HINWEIS

Aus Sicherheitsgründen ist das Ausführen von Programmen direkt von einer CD auf Linux-Systemen generell nicht vorgesehen. Das kann zu Schwierigkeiten führen, wenn Sie beispielsweise die Office-Suite StarOffice installieren möchten, da diese das Installationsprogramm direkt von CD ausführen will. Sie haben in diesem Fall die Wahl, die Dateien erst einmal auf die Festplatte zu kopieren und dann von dort aus die Installation vorzunehmen. Nicht ganz so cool, was? Aber `mount` hilft Ihnen auch aus dieser Zwangslage heraus. Ergänzen Sie einfach die Datei */etc/fstab* neben der Option `user` noch um `exec`, oder geben Sie zum Mounten dieser speziellen CD einfach auf der Kommandozeile ein `mount -t iso9660 -o exec /dev/cdrom /cdrom` ein. Dabei teilen Sie Linux mittels `-t` und dem nachfolgenden `iso9660` mit, dass es sich dabei um das den CD-ROMs eigene standardisierte Dateisystem »iso9660« handelt. Mit `-o` können dem `mount`-Befehl Optionen wie »exec« mit auf den Weg gegeben werden.

Für Ihr Diskettenlaufwerk gilt in etwa das Gleiche wie für Festplatten und CD-ROM-Laufwerke auch. Möchten Sie darauf zugreifen, müssen Sie es mounten. Ich habe etwas weiter vorne schon erwähnt, dass Ihnen Ihr SuSE-System bei der Installation automatisch das Verzeichnis */floppy (/media/floppy)* erstellt, das sich vortrefflich zum Mounten Ihres Diskettenlaufwerks nutzen lässt. Unter Linux sprechen Sie dabei Ihr Floppy-Laufwerk mit */dev/fd0* (oder */dev/*

*fd1)* an. Möchten Sie nun z.B. eine DOS-Diskette mounten, geben Sie Folgendes ein:

```
root@diabolo[~]# mount -t msdos  /dev/fd0 /floppy
```

Handelt es sich bei der Diskette um Daten im Linux-Dateiformat, modifizieren Sie den Befehl wie folgt:

```
root@diabolo[~]# mount -t ext2  /dev/fd0 /floppy
```

Da diese Methode alles andere als bequem ist, gibt es für den Umgang mit DOS-Disketten die *mtools*, die ich Ihnen im nächsten Abschnitt noch ein wenig näher vorstellen werde.

## 10.5 Disketten formatieren und Linux-Dateisysteme erstellen

Um eine handelsübliche 3,5-Diskette unter Linux zu formatieren, geben Sie bitte den Befehl

```
root@diabolo[~]# fdformat /dev/fd0H1440
```

ein. Hierbei wird vorausgesetzt, dass Ihr Floppy-Laufwerk A: ist!

Genau wie auf einer Festplatte lässt sich auch auf einer Diskette ein Linux-Dateisystem erstellen, und zwar mittels

```
root@diabolo[~]# mke2fs /dev/fd0 1440
```

Hierbei bezeichnet */dev/fd0* ihr Diskettenlaufwerk, und *1440* spezifiziert die Dateigröße, also im Falle einer 3,5-Zoll-Diskette 1440 Blöcke oder 1,44 Mbyte. Die Größe des zu erstellenden Dateisystems anzugeben ist wichtig, da sie vom System nicht automatisch bestimmt werden kann.

Wie kann man nun auf die neu erstellte Diskette oder das Diskettenlaufwerk an sich zugreifen? Ganz einfach: Sie verwenden auch hier das `mount`-Kommando, wie Sie es eben ja schon gelernt haben:

```
root@diabolo[~]# mount -t ext2 /dev/fd0 /floppy
```

Möchten Sie nur mit DOS-Disketten arbeiten, dürfte der Umgang mit dem *mtools*-Paket eine enorme Erleichterung für Sie darstellen. Mit den Werkzeugen dieses Pakets können Sie so ziemlich alle bekannten Operationen an DOS-Disketten vornehmen Ich möchte mich hier auf `mformat`, `mdir` und `mcopy` beschränken.

Eines der nettesten Features von `mformat` ist, dass Sie die von Windows bekannten Laufwerksbezeichnungen verwenden können und sich z.B. nicht daran zu erinnern brauchen, dass `A:` unter Linux mit */dev/fd0* bezeichnet wird. Um eine Diskette im Laufwerk `A:` zu formatieren, reicht es,

```
stefanie@diabolo[~]> mformat a:
```

einzugeben, und die Diskette wird automatisch formatiert. Nachdem die Formatierung beendet ist, können Sie mit dem Befehl `mcopy` Dateien von und auf Ihre Festplatte kopieren. Ein

```
stefanie@diabolo[~]> mcopy *.txt a:
```

beispielsweise kopiert alle Dateien mit der Endung *.txt* auf Ihre Diskette. Wollen Sie umgekehrt Dateien von Ihrer Diskette auf die Festplatte kopieren, drehen Sie den Befehl einfach um und geben ein:

```
stefanie@diabolo[~]> mcopy a:*.txt
```

Um zu sehen, was sich auf der Diskette befindet, benutzen Sie den Befehl `mdir`. Zum Beispiel listet Ihnen

```
stefanie@diabolo[~]> mdir a:x*.*
```

nur die Dateien auf der Diskette auf, die mit *x* beginnen und später noch einen Punkt im Namen haben.

Möchten Sie Dateien auf der Diskette löschen, ist das `mdel`-Kommando von Nutzen. Ein

```
stefanie@diabolo[~]> mdel a:*.txt
```

vernichtet z.B. alle Dateien mit der Endung *.txt* auf Ihrer Diskette.

## 10.6 Wie man sich einen neuen Kernel strickt

Der Betriebssystemkern oder *Kernel*, den SuSE während der Installationsroutine auf Ihrem System installiert hat, umfasst alle wichtigen Gerätetreiber und Optionen, die für den Betrieb und die Funktionstüchtigkeit Ihres Rechners mit Linux benötigt werden. Aufgrund dieser Tatsache ist er jedoch auch ziemlich groß und benötigt aller Wahrscheinlichkeit nach während des Boot-Prozesses länger als ein Kernel, der genau auf Ihr System zugeschnitten ist. Sie sollten daher überlegen, ob Sie nicht einen neuen Kernel bauen, der nur die für Ihr System wirklich nötigen Komponenten enthält. Am besten erledigen Sie dies, sobald Sie ein wenig sicherer im Umgang mit Linux geworden sind.

Um einen neuen Kernel zu kompilieren, begeben Sie sich bitte als *root* ins Verzeichnis */usr/src/linux*. Sie können entweder das grafische Frontend `xconfig` benutzen oder auf der Konsole mit `make menuconfig` arbeiten.

Wenn Sie sich für die grafische Variante entschlossen haben, geben Sie bitte im Verzeichnis */usr/src/linux*

```
root@diabolo[/usr/src/linux]# make xconfig
```

ein. Es erscheint ein grafisches Frontend, das in etwa ausschauen sollte wie in Abbildung 10.4.

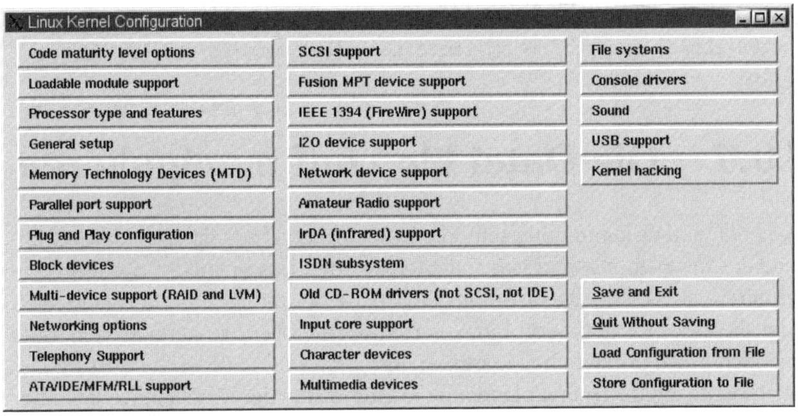


*Abb. 10.4: Konfigurieren Sie Ihren Kernel grafisch mit Hilfe von xconfig*

Klicken Sie sich durch die verschiedenen Kernel-Optionen, und wählen Sie die von Ihnen benötigten Komponenten aus. Sollten Sie sich über die Bedeutung einer der Komponenten im Unklaren sein, lesen Sie über deren Bedeutung in der sehr guten Online-Dokumentation nach, die Sie durch einen Mausklick auf den Menüpunkt HELP einsehen können. Sind Sie mit dem Ergebnis zufrieden und wollen den neuen Kernel installieren, wählen Sie bitte SAVE AND EXIT an. Wollen Sie das Ergebnis nicht speichern, ist QUIT WITHOUT SAVING der Menüpunkt Ihrer Wahl. Um den Kernel endgültig zu installieren, geben Sie nun in Ihre Shell bitte folgenden Befehl ein:

```
root@diabolo[/usr/src/linux]# make dep clean modules modules_install
zlilo
```

Ich gehe dabei davon aus, dass Sie Linux über den Boot-Manager LILO booten, sonst müssen Sie in dieser Befehlszeile `zlilo` durch `zImage` ersetzen. Sollten Sie, nachdem Sie mit `zImage` einen Kernel gebaut haben, beim Booten die Meldung: »*Kernel too big*« erhalten, verwenden Sie stattdessen die Option `bzImage`.

Sollten Sie lieber mit der Kommandozeile auf einer Konsole arbeiten, so geben Sie bitte im Verzeichnis */usr/src/linux* den Befehl

```
root@diabolo[/usr/src/linux]# make menuconfig
```

ein. Linux startet daraufhin einen Textbildschirm ähnlich denen, die Sie schon während des Installationsprogramms kennen gelernt haben. Auch hier können Sie durch das Betätigen des HELP-BUTTONS jederzeit die Online-Hilfe einsehen. Speichern Sie den neuen Kernel, und geben Sie Folgendes ein:

```
root@diabolo[/usr/src/linux]> make dep clean modules modules_install
zlilo
```

# 10.7 Die Datei lilo.conf manipulieren

Generell wird es kaum nötig sein, die Datei *lilo.conf* zu editieren, da sie während des Installationsprozesses so erstellt wurde, dass sie auf Ihr System zugeschnitten ist. Sollten Sie allerdings eine neue bootfähige Partition einbinden oder die Boot-Partition von Linux verschieben wollen, so kann es sein, dass Sie doch in die Verlegenheit kommen, Ihre *lilo.conf* editieren zu müssen. Daher möchte ich Ihnen im Folgenden die Grundzüge der Datei ein wenig näher erläutern:

```
stefanie@diabolo[~]> cat /etc/lilo.conf
boot=/dev/hda
prompt
timeout=50
compact
image=/boot/vmlinuz# Lage des Kernels
label=linux # Name des Betriebssystems (Eingabe
          # am Prompt)
root=/dev/hda8# Lage der Root-Partition
read-only# Root-Partiton wird zuerst
        # read-only gemountet
other=/dev/hda1# Lage der DOS-Partition
label=dos# Ihre Bezeichnung für das
        # Betriebssystem
table=/dev/hda# Lage der Partitionstabelle
```

Die `boot-Zeile` gibt den Geräte- bzw. Partitionsnamen an, in dessen Boot-Record sich LILO selbst installieren soll. In meinem Fall ist das die erste Nicht-SCSI-Platte, also */dev/hda*. Sollten Sie über eine SCSI-Platte verfügen, ändern Sie den Eintrag in */dev/sda* um. `image` ist eine Besonderheit der Linux-Variante und gibt die Lage des Kernels an. `read-only` bewirkt, dass die Root-Partition zuerst nur les-, aber nicht schreibbar gemountet wird. So kann während des Boot-Prozesses das Dateisystem kontrolliert und wenn nötig repariert werden, bevor es im Read-Write-Modus neu und endgültig gemountet wird. `Prompt` lässt LILO den Prompt anzeigen, an dem Sie auswählen können, welches System Sie booten möchten, `timeout` bezeichnet dabei die Zeit, nach der Linux selbständig das als Standard eingestellte Betriebssystem bootet. Bei meiner Konfiguration wäre das *linux*, da es sich dabei um den ersten Eintrag handelt. Sie können daran anschließend weitere Einträge mit anderen Betriebssystemen anfügen, die immer mit einem eigenen `label` gekennzeichnet werden müssen. Dessen Wert gibt der jeweiligen Variante den Namen, der bei der manuellen Auswahl am Prompt einzugeben ist.

Um Ihre neu erstellte *lilo.conf* endgültig zu installieren, müssen Sie nun noch

```
root@diabolo[/etc]# lilo
```

eingeben. Es muss sich Ihnen in etwa folgendes Bild bieten:

```
Added linux *
Added dos
```

Das Asterisk (»*«) hinter Linux zeigt Ihnen dabei an, dass Linux gebootet wird, sollten Sie kein anderes Label eingeben oder am Lilo-Prompt nur die ↵-Taste betätigen. Wichtig ist, dass für jedes Label, das Sie in die *lilo.conf* eingetragen haben, nach dem Aufruf von `lilo` eine Zeile mit *Added ...* erscheint.

HINWEIS

Wenn Sie rebooten und dabei z.B. Windows booten wollen, ohne auf den Prompt von Lilo warten zu müssen, bietet sich `lilo -R dos` an. Es setzt – nur für den nächsten Boot-Vorgang – den Default-Eintrag um.

## 10.8 »Big brother is watching you«

Als Administrator auf Ihrem eigenen System sollten Sie immer über den aktuellen Zustand im Bilde sein. Linux stellt Ihnen dazu eine Reihe von Werkzeugen zur Verfügung, die ich im Folgenden nur kurz anreißen kann. Genauere Beschreibungen liefert Ihnen ein Blick in die so genannte Manpage des betreffenden Programms, eine ausführliche, wenngleich nicht immer leicht verdauliche Beschreibung, die Sie mit `man` *`Programmname`* aufrufen können. Aber was rede ich – die Manpages habe ich Ihnen ja schon öfters ans Herz gelegt ...

### 10.8.1 df oder: Wie viel Platz bleibt mir?

Das Kommando `df` ist so einfach wie effektiv. Um einen Überblick über den verbrauchten und freien Plattenplatz der gemounteten Partitionen zu bekommen, reicht es, folgenden Befehl einzugegeben:

```
stefanie@diabolo[~]>df
Filesystem            1024-blocks   Used Available Capacity Mounted on
/dev/hda8                  948372  719596   179780      80%  /
/dev/hda1                  513776  421816    91960      82%  /dos/c
/dev/hda5                  513776  460344    53432      90%  /dos/d
/dev/hda6                  513776  466088    47688      91%  /dos/e
/dev/hdc5                 1137184  914112   223072      80%  /dos/f
/dev/hdc1                 1438210  934366   427046      69%  /var
/dev/hdc2                 1486182 1198630   210752      85%  /usr
/dev/hda10                 995115  707134   236575      75%  /opt
/dev/hda7                  497667  399778    72187      85%  /mnt2
```

`df` spuckt sofort über Betriebssysteme und Plattengrenzen hinweg den belegten und freien Platz der Partitionen mitsamt der zugeordneten *Mountpoints* aus.

Wem das wenig lesbar erscheint, der sollte nicht versäumen, `df` einmal wie folgt »human readable« aufzurufen:

```
stefanie@diabolo[~]>df -h
Filesystem            Size  Used  Avail  Capacity Mounted on
/dev/hda8             926M  703M   176M      80%  /
/dev/hda1             502M  412M    90M      82%  /dos/c
/dev/hda5             502M  450M    52M      90%  /dos/d
/dev/hda6             502M  455M    47M      91%  /dos/e
/dev/hdc5             1.1G  893M   218M      80%  /dos/f
/dev/hdc1             1.4G  912M   417M      69%  /var
/dev/hdc2             1.4G  1.1G   206M      85%  /usr
/dev/hda10            972M  691M   231M      75%  /opt
/dev/hda7             486M  390M    70M      85%  /mnt2
```

Na? Sieht das nicht gleich viel netter aus? Kein Wunder, denn `-h` steht in diesem Fall auch für `--human-readable`.

Und wenn Ihnen das immer noch zu kryptisch erscheint: KDE greift Ihnen auch in diesem Bereich grafisch unter die Arme, und zwar mit dem Programm *KDiskFree* (auch *kdf genannt*) aus Abbildung 10.5.

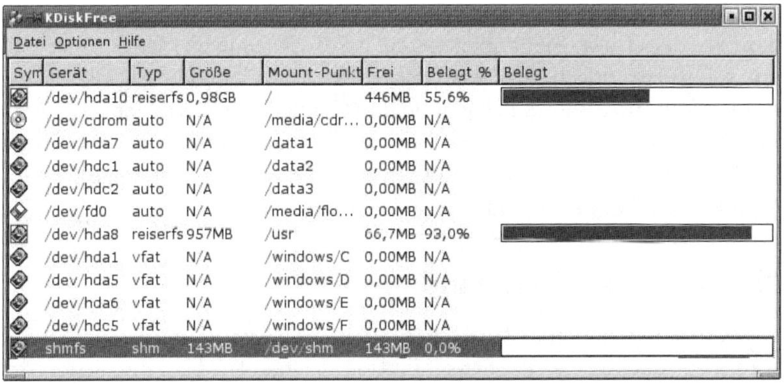


*Abb. 10.5: Wird der Platz langsam knapp?*

Eigentlich besteht das Programm, das Ihnen den Überblick über den vorhandenen Plattenplatz verschafft, aus zwei Programmen: dem eigentlichen *KDiskFree,* das Sie jederzeit via K-BUTTON→SYSTEM→KDF: FREIER PLATTENPLATZ sowie über das *KDE-Kontrollzentrum* in der Sektion INFORMATION→BLOCKORIENTIERTE GERÄTE starten können (selbstverständlich reicht auch die Eingabe eines einfachen `kdf &` in einem X-Terminal), und dem *KwikDisk, das die Entwickler Ihnen netterweise noch* mit dazu gepackt. Der Start erfolgt analog via K-BUTTON→SYSTEM – nur dass Sie diesmal bitte nach *KwikDisk* Ausschau halten. *KwikDisk* hat den Vorteil, dass es sich auf Kommando in Ihrem Panel andockt und bei einem beherzten Klick auf das Klötzchen-Icon sofort alle gemounteten Platten, Laufwerke sowie deren freien Platz anzeigt. Keine Ausreden mehr, Sie hätten nichts vom Platzmangel gewusst ... (Abbildung 10.6)

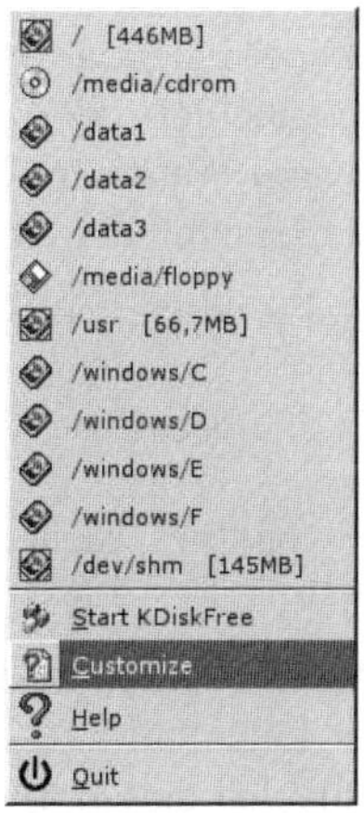


*Abb. 10.6: Keine Ausreden mehr, Sie hätten nichts vom Platzmangel gewusst*

Aber auch *KDiskFree* hat seine Stärken. Denn neben der allgemeinen Plattengröße, dem freien Plattenplatz sowie der Auslastung werden Sie hier noch ganz selbstverständlich über das Dateisystem (oder neudeutsch File-System) und die Mountpoints Ihrer Festplatten und Geräte informiert. Und weil wir gerade von Mountpoints sprechen: *KDiskFree* erlaubt es Ihnen – ähnlich den CD-ROM und Floppy-Icons auf Ihrem KDE-Desktop –, per Mausklick Ihre eingehängten Geräte zu mounten und zu umounten.

## 10.8.2 Das Kommando mount ...

... haben Sie an anderer Stelle schon kennen gelernt. Ohne Argumente am Prompt einzugeben, verschafft es Ihnen einen Überblick über Ihre augenblicklich gemounteten Partitionen:

```
stefanie@diabolo[~]>mount
/dev/hda8 on / type ext2 (rw)
/dev/hda1 on /dos/c type vfat (rw)
/dev/hda5 on /dos/d type vfat (rw)
/dev/hda6 on /dos/e type vfat (rw)
/dev/hdc5 on /dos/f type vfat (rw)
/dev/hdc1 on /var type ext2 (rw,noatime)
/dev/hdc2 on /usr type ext2 (rw)
/dev/hda10 on /opt type ext2 (rw)
/dev/hda7 on /mnt2 type ext2 (rw)
```

wobei außerdem der Typ der Dateisysteme (*ext2* für Linux und *vfat* für Windows) und der Modus (Read-Write-Modus) mitgeliefert werden.

## 10.8.3 free und Ihr Arbeitsspeicher

Bei der Eingabe von `free` gibt Ihnen Linux eine genaue Auflistung des freien, gebrauchten oder gecachten Arbeitsspeichers Ihres Rechners inklusive der Swap-Partition in Kbyte. Sollten Sie die Ausgabe in Mbyte bevorzugen, rufen Sie `free` mit der Option `-m` auf.

```
stefanie@diabolo[~]>free

       total      used       free      shared    buffers      cached
Mem:   127812     124844     2968      33252       2620       38652
-/+ buffers/cache:      83572      44240
Swap:        136512     14440     122072
```

Wie Sie sehen, ist nahezu der gesamte Arbeitsspeicher in Gebrauch – das ist für Linux ein typisches Bild. Machen Sie sich darüber keine Sorgen: Linux schaufelt diesen in den Cache und cached eingelesene Daten, um sie bei einem erneuten Zugriff darauf schnell liefern zu können. Anders ausgedrückt: Linux hält Programme und Daten so lange im Speicher, wie Platz dafür vorhanden ist. Danach werden sie in den Memorycache verschoben. Erst wenn der Speicherplatz ausgeht, lagert Linux diese in den Swap aus.

Geschriebene Daten werden auch nicht gleich auf die Platte geschrieben, sondern erst, wenn kein RAM mehr frei oder eine bestimmte Zeitspanne abgelaufen ist. Das ist auch der Hauptgrund, weshalb man seinen Rechner nicht einfach ausschalten darf.

## 10.8.4 Top oder Flop?

Das Kommando `top` gibt darüber Auskunft, wie Linux Arbeitsspeicher, Swap-Speicher und Prozesse verwaltet. Durch die simple Eingabe von `top` auf der Kommandozeile erfahren Sie außerdem, wie lange Linux bereits läuft, den Status Ihrer CPU (oder besser: die Be-/Auslastung Ihrer CPU), die Größe der Prozesse und einiges mehr (Abbildung 10.7). `top` beinhaltet eine Online-Hilfe, die Sie durch Eingabe von [h] oder [H] erreichen. Neben `top` haben Sie unter der grafischen Oberfläche von X auch noch die Möglichkeit, mit dem Programm *xload* Informationen über den Status Ihres Systems in Form von Graphen zu gewinnen. Geben Sie dafür in die KDE-Konsole einfach `xload` ein (Abbildung 10.8).

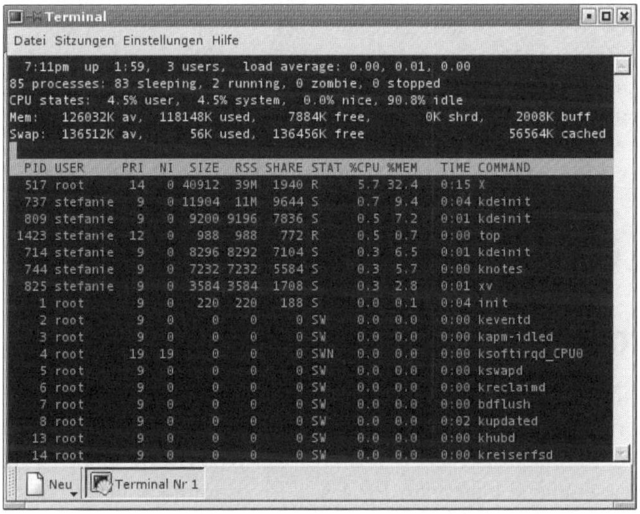


*Abb. 10.7: Tip-Top*

*Abb. 10.8: xload zeigt, was auf Luzifer so alles los ist ...*

### 10.8.5 uptime und das Kommando w

`Uptime` gibt Auskunft darüber, wie lange Linux schon läuft, wie viele User eingeloggt sind, und über die Durchschnittsbelastung Ihres Systems der letzten 1, 5 und 15 Minuten.

```
stefanie@diabolo[~]> uptime
4:36pm  up 20:23,  5 users,  load average: 0.00, 0.02, 0.01
```

Die gleichen Informationen erhalten Sie auch bei der Eingabe von [w], jedoch noch ergänzt um eine Liste der Tätigkeiten der eingeloggten User.

```
4:37pm  up 20:25,  5 users,  load average: 0.00, 0.01, 0.00
USER     TTY   FROM  LOGIN@  IDLE  JCPU  PCPU  WHAT
stefanie tty1         4:32pm  0.00s  0.21s  0.03s  w
stefanie tty2        Tue 8pm  3.00s  0.30s  0.08s  joe TOOLS
root     tty3        Tue 8pm  3:06   0.36s  0.28s  -tcsh
stefanie tty4        Tue 8pm 24:26   0.22s  0.11s  -tcsh
stefanie tty5        Tue11pm  8:19m  0.25s  0.13s  tcsh
```

## 10.9 Wir werden resolut

### 10.9.1 Prozesse oder Programme »killen«

Sollten Sie doch einmal auf die Schnelle ein wenig mehr Speicher brauchen, dann hält das Kommando `kill` das, was es verspricht. Um ein bestimmtes Programm abzuschießen, sollten Sie sich das Kommando `ps` zunutze machen, das sämtliche laufenden Prozesse/Programme auflistet. Aus diesen können Sie die entbehrlichen heraussuchen und dann mit `kill` in den Hades befördern. Standardmäßig listet `ps` alle Prozesse auf, die Ihnen gehören und die Sie somit killen können.

```
stefanie@diabolo[~]> ps
PID TTY  STAT  TIME COMMAND
  338 2  SW    0:00 (login)
  340 4  SW    0:00 (login)
  341 5  SW    0:00 (login)
  435 2  S     0:00 -tcsh
  504 4  S     0:00 -tcsh
  842 5  SW    0:00 (tcsh)
 3278 p1 S     0:00 -csh
 5337 2  S     0:00 joe TOOLS
 5848 4  R     0:00 ps
```

ps listet die laufenden Programme mit ihrer *Prozessnummer* (abgekürzt *PID)* auf, die wiederum von kill dazu benutzt wird, ein Programm ebenso konsequent wie endgültig zu beenden.

Am schnellsten geht das mit dem berüchtigten Befehl kill -9, der ein Programm sofort abschießt. Die Eingabe von

```
stefanie@diabolo[~]> kill -9 5337
```

beispielweise beendet den Editor Joe und setzt den durch den Prozess gebundenen Speicher frei. Sie sollten jedoch in solchen Fällen lieber erst einmal ein kill 5337 versuchen, weil dann das jeweilige Programm (hier Joe) noch versucht, die gerade editierte Datei abzuspeichern oder die Daten in eine Datei wie *DEADJOE* zu retten. Der Befehl kill -9 sollte als letzte Notbremse für die störrischsten Programme vorbehalten bleiben. Für die zahlreichen Kommandooptionen von ps und kill konsultieren Sie die Manpages der beiden Programme (man ps und man kill).

HINWEIS

Ein wenig vereinfachen können Sie die Suche nach der richtigen Prozessnummer, wenn Sie nach dem gesuchten Programmnamen *greppen*. Nehmen wir an, Sie suchen wieder nach »joe«. In diesem Fall können Sie per

```
stefanie@diabolo[~]>ps aux | grep  joe
stefanie  2201  0.0  0.5  1136   668   3 S   20:15   0:00 joe irgendwas
```

den Output Ihrer Suche doch gewaltig einschränken.

Textbasierte Programme (also auch solche wie ps) lassen sich zudem meist leicht im laufenden Betrieb durch die Tastenkombination [Strg]-[C] abbrechen, so dass Sie sich den Umweg über den kill-Befehl ersparen können. Und sollten Sie mal keine Lust haben, die *PID* des betreffenden Programms aufzustöbern, können Sie auch ein

```
killall programmname
```

andenken. Hier ist jedoch Vorsicht geboten, denn Ihr Linux-System unterscheidet hier nicht mehr großartig zwischen Prozessen, sondern beendet rigoros alle Prozesse mit diesem Programmnamen. So würde beispielsweise ein KILLALL KONSOLE alle gerade geöffneten *konsoles* von Ihrer Desktop-Oberfläche wischen.

Und weil ich Ihnen das Stöbern in den Manpages ein wenig vereinfachen möchte, hier noch ein Listing der wichtigsten Optionen des Kommandos `ps`:

| | |
|---|---|
| a | Zeigt neben den eigenen Prozessen auch die anderer Nutzer an |
| l | Versorgt Sie mit zusätzlichen Prozessinformationen wie Speicherbedarf etc. |
| u | Auch diese Option sorgt für Zusatzinformationen, insbesondere denkt ps dann an die Namen der jeweiligen Prozess-Benutzer |
| x | Auch Daemons (also Linux-interne Prozesse zur Verwaltung des Systems) werden mitausgegeben |

### 10.9.2 Prozesse und Programme unterbrechen oder im Hintergrund ausführen

Eben haben wir gekillt: Aber wer wird denn gleich so rabiat sein? Neben dem »Killen« eines Prozesses gibt es unter Linux auch die Möglichkeit, einen Prozess/ein Programm, den/das Sie in einer Shell (sprich auf der Konsole oder in einer Terminal-Emulation) gestartet haben, mit Hilfe der Tastenkombination Strg-Z zu unterbrechen:

```
stefanie@diabolo[~]>xemacs
[1]+  Stopped                 xemacs
```

Ihr Editor XEmacs wird sofort angehalten, aber vorher sehen Sie – bevor in der Shell wieder der Befehlsprompt erscheint – eine Zeile mit dem »Stopped«. Nach der Unterbrechung können Sie in der Shell normal weiterarbeiten, als ob XEmacs nie gestartet worden wäre.

Möchten Sie den unterbrochenen Prozess – in unserem Beispiel den XEmacs – fortsetzen, können Sie dies mittels der Eingabe eines simplen

```
stefanie@diabolo[~]>fg
xemacs
```

erreichen. Der Befehl `fg` steht dabei für »foreground« (Vordergrund). Wer den ein oder anderen Befehl auf diese Art und Weise aus seinem Sichtfeld verbannt hat, verliert vielleicht ein wenig den Überblick. Keine Angst, mit Hilfe des Befehls `jobs` kriegen Sie von Ihrem System direkt mitgeteilt, wie viele Prozesse derzeit ein solches Schattendasein führen.

Bei manchen Prozessen ist von Ihrer Seite aus keinerlei Interaktion vonnöten, sprich Sie müssen hierbei weder Ein- noch Ausgaben tätigen. Möchten Sie beispielsweise in einer Terminal-Emulation Netscape, einen CD-Player oder eben den XEmacs starten, so empfiehlt es sich, dem Programmnamen ein `&`, also das kaufmännische Und, anzuhängen. Dies sorgt dafür, dass der Prozess direkt in den Hintergrund geschoben wird, sofort wieder Ihr Prompt erscheint und Sie in der Shell normal weiterhantieren können. Um bei unserem Beispiel zu bleiben, würden Sie also clevererweise in einer *Konsole* nicht einfach nur `xemacs`, sondern ein

```
stefanie@diabolo[~]>xemacs &
```

eingeben.

Loggen Sie sich auf der Konsole, auf der Sie auf diese Art und Weise ein Programm gestartet haben, aus, so wird gleichzeitig das Programm bzw. der Prozess beendet, auch wenn seine Arbeit/Aufgabe vielleicht noch gar nicht beendet war. Dies können Sie verhindern, indem Sie Ihrem Shell-Kommando zusätzlich den Befehl `nohup` (*no hangup*, nicht aufhängen) voranstellen, also ein

```
nohup programmname &
```

eingeben. In diesem Fall bleibt das Programm auch über das Abmelden auf der Konsole aktiv.

Kapitel 11

# Krach ...

... machen nicht nur Kinder gerne. Aus diesem Grunde stelle ich Ihnen in diesem Kapitel das ein oder andere Programm vor, mit dem es sich auch unter Linux ganz vortrefflich herumlärmen lässt.

Und war es früher doch eher knifflig, Linux zum Klingen zu bringen, hat sich die Situation mit den neuen Kerneln doch merklich entspannt, da diese eine recht nette Plug&Play-Unterstützung mit sich bringen. Wie Sie Ihre Soundkarte konfigurieren, haben Sie schon in Kapitel 3 erfahren, so dass wir uns sofort in multimediale Vergnügen stürzen können. Und da man Krach auch mit anderen Dingen außer Musik machen kann, stelle ich Ihnen in diesem Kapitel zusätzlich ein TV-Programm vor und zeige Ihnen, wie Sie Audiotracks auf CD bannen können. Also – lassen wir es krachen:)!

## 11.1 KSCD: ein CD-Player für alle Fälle

*kscd* oder – ein wenig offizieller – *The KDE Project's small/simple CD Player* ist, wie der Name verrät, der CD-Player des KDE-Projekts und von daher – wenn Sie sich bei der Installation Ihrer SuSE nicht gegen KDE entschlossen haben – auf Ihrem System schon vorhanden. So brauchen wir uns um seine Installation gar nicht mehr zu kümmern. Sollten Sie KDE nicht installiert haben und das Programm doch benutzen wollen, installieren Sie bitte mittels *rpm* die Pakete *kdelibs* und *kdemultimedia* nachträglich auf Ihrem Rechner. Danach sollten auch die Nachzügler den Eintrag CD-Spieler im Multimedia-Abschnitt des K-Menüs finden.

An sich ist zumindest die Bedienung dieses Players relativ selbsterklärend, wie Ihnen ein Blick auf Abbildung 11.1 verraten dürfte.

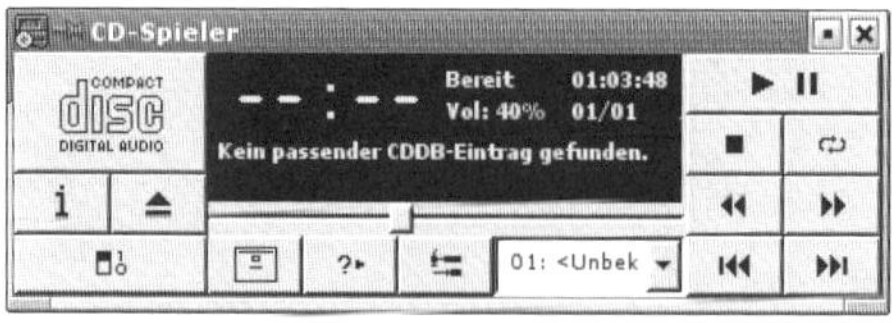


*Abb. 11.1: Das kscd-Hauptfenster*

Mit dem obersten Schalter wechseln Sie zwischen dem Abspielen und dem Pausieren Ihrer CD. Der linke Button der zweiten Reihe stoppt die Wiedergabe, während der rechte das so genannte *looping* in Gang setzt – wer also bestimmte Tracks immer und immer wieder hören möchte ...

Die Buttons darunter spulen jeweils 30 Sekunden vor oder zurück, während die Knöpfe in der letzten Reihe *kscd* dazu veranlassen, zum nächsten Song oder zum Vorgänger zu springen.

Mittels des Buttons Compact Disc verstellen Sie die Statusanzeige Ihres CD-Players. Standardmäßig zeigt *kscd* die Laufzeit des aktuellen Tracks an oder --.– wie in Abbildung 11.1, sollten Sie gerade keine CD abspielen. Durch einen Klick auf besagten Button stellt *kscd* radikal um und zeigt Ihnen statt der Laufzeit entweder die noch verbleibende Laufzeit des aktuellen Titels, die komplett verbleibende Zeit der CD oder die komplett verstrichene Laufzeit an. Entscheiden Sie selbst, was Ihnen da am sinnvollsten erscheint.

Wer sich gerne musikalisch überraschen lässt, klickt bitte auf den Fragezeichen-Button, da dieser das so genannte *Random-Play* in Gang setzt, bei dem *kscd* selbständig einen beliebigen Titel der eingelegten Audio-CD abspielt.

Nicht jeder spielt gerne »Lass Dich überraschen«, und von daher bietet Ihnen der Schalter *Track-Auswahl* die Möglichkeit, einen ganz bestimmten Song der CD auszusuchen. Ist die CD in der lokalen *CDDB-Datenbank* schon mit einem Eintrag vorhanden (zur *CDDB*[1] gleich noch mehr), erscheint im Pulldown-Menü die Liste der Titel inklusive ihrer Interpreten. Findet sich kein Eintrag, erscheinen in dem Menü allerdings nur schnöde Nummern.

1. CDDB ist die Abkürzung für *Compact Disk Database*, eine CD-Titel-Datenbank im Internet. Diese Datenbank enthält alle Informationen zu einer Audio-CD, die auf den Markt gekommen ist. CDDBs werden entweder lokal gehalten oder man holt sich die Daten aus dem Internet. Bei einem Audio-Player, der das CDDB-Format unterstützt, wird bereits beim Einlegen der CD überprüft, ob die CD schon bekannt ist. Wenn nein, versucht der CD-Player eine Verbindung ins Internet aufzubauen und dort die Daten auf einem CDDB-Server zu finden. CDDB-Programme greifen auf die TOCs (*Table of Contents*) einer CD zu, also das Inhaltsverzeichnis, das jede CD enthält.

### 11.1.1 Die Konfiguration

Das Konfigurationsmenü Ihres CD-Players versteckt sich hinter dem Icon, auf dem sich mit viel Phantasie ein Hammer und eine Sichel erkennen lassen. Das Aussehen und die Aussage der Konfigurations-Tabs selbst sind da gottlob schon etwas aussagekräftiger, wie Abbildung 11.2 zeigt.

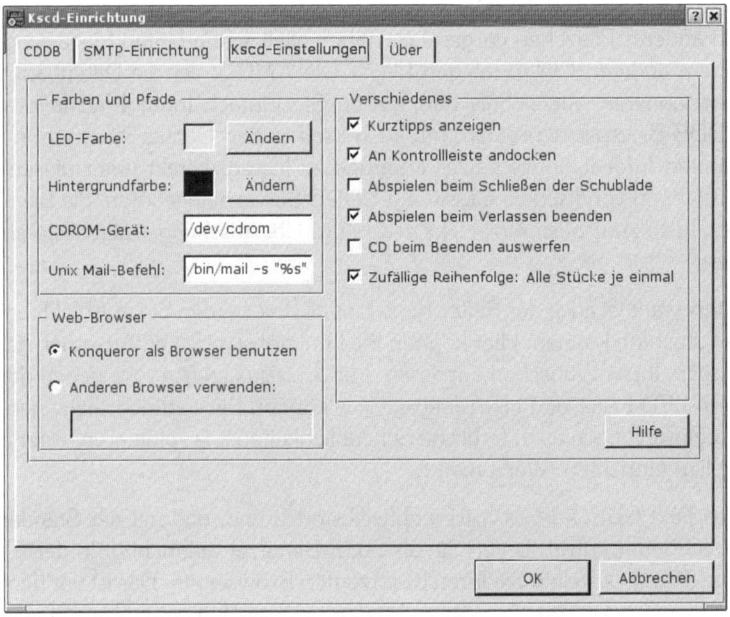


*Abb. 11.2: Konfigurationsvielfalt*

Mittels des Tabs CDDB nehmen Sie Einstellungen zur Compact *Disc Data Base* oder kurz CDDB vor.

Mit diesem Kürzel bezeichnet man die wirklich sehr nützliche über das Internet erreichbare CD-Datenbank, in der sich Informationen zu nahezu allen CDs finden lassen. Wer über einen Internet-Anschluss verfügt, sollte in der Regel kaum noch Songtitel per Hand eingeben müssen.

Ist nämlich der CDDB-Zugriff einmal ordentlich konfiguriert, lädt *kscd* künftig die *Playlist* der CD, die sich gerade im Laufwerk befindet, ein, sobald Sie online gehen. Ihr CD-Player zeigt Ihnen, nachdem die Playlist das erste Mal geladen wurde, im Display Interpret und Songtext an. Diese online »gefetchte« Titelliste lässt sich dann heimlich, still und leise in der lokalen CDDB-Datenbank abspeichern, so dass Sie auf die darin enthaltenen Informationen auch offline nicht verzichten müssen.

Aber nun zur Konfiguration. Die Option CDDB-Zugriff über Internet des CDDB-Tabs bestimmt, ob *kscd* online in der CDDB-Datenbank nachschauen soll oder lieber nicht. Sollte Ihr Provider einen Proxy-Server einsetzen (was in der Regel der Fall ist), aktivieren Sie das darunter liegende Feld Http-Proxy für CDDB-Zugriff und tragen dort die Adresse Ihres Proxys ein.

In Ihrer SuSE-Version ist standardmäßig */opt/kde2/share/apps/kscd/cddb/* als Pfad der lokalen CDDB-Datenbank eingestellt. Sollten Sie für Ihre Datenbank ein anderes Plätzchen vorgesehen haben (vielleicht arbeiten Sie ja schon mit einem anderen CDDB-fähigen Player wie *XMCD*, der die Datenbank in einem anderen Verzeichnis hat), geben Sie einfach Ihren Pfad in das Feld CDDB Basisverzeichnis ein, um auch *kscd* in den Genuss Ihres schon angehäuften Informationsschatzes kommen zu lassen. Direkt unter diesem Feld wird Ihnen von *kscd* eine Liste mit CDDB-Servern angeboten, die Sie mittels der Taste *Akutalisieren* – Überraschung, Überraschung – aktualisieren können.

Interessant ist auch der Reiter Kscd-Einstellungen, den Sie in Abbildung 11.2 begutachten können. Hier können Sie Funktionsweise und Aussehen des CD-Players Ihren Wünschen anpassen. Mit den Ändern-Buttons neben den Feldern LED-Farbe und Hintergrundfarbe können Sie statt der relativ neutralen Voreinstellungen auch farbliche Scheußlichkeiten à la »pink-grün« oder »orange-lila« einrichten. Wer's mag ...

Das Feld CDROM-Gerät ist wohl selbsterklärend, und mit der Standardeinstellung */dev/cdrom* liegen Sie als SuSE-Benutzer goldrichtig. In der Sektion Web-Browser stellen Sie Ihren bevorzugten Browser ein. Das ist vor dem Hintergrund interessant, dass Ihnen *kscd* unter dem Button i im Hauptfenster die Chance bietet, thematisch passende Webseiten anzusteuern. Ein Klick auf Konqueror als Browser benutzen aktiviert den Web-Browser des KDE-Projekts; bevorzugen Sie Netscape, klicken Sie auf Anderen Browser verwenden und geben in dem Feld darunter das Netscape-Startkommando an. Dies sollte – wie bei mir – ein schlichtes `netscape` sein ...

Kurztipps anzeigen aktiviert das nette Feature der so genannten Ballon-Hilfe, die sich bei den meisten KDE-Programmen finden lässt. Ein kleines Verweilen mit der Maus über einem bestimmten Button animiert *kscd* dazu, Ihnen schriftlich in einer Art Sprechblase mitzuteilen, was Sie mit dem jeweiligen Feld so alles treiben können. Benutzen Sie *kscd* zusammen mit KDE, besteht die Möglichkeit, Ihren CD-Player im Panel anzudocken. Sie müssen dazu nur das Feld An Kontrollleiste andocken aktivieren.

## 11.1.2 kscds CD-Datenbank-Editor

Links neben der ?-Taste finden Sie im Hauptfenster ein Icon mit einem Quadrat. Ein Klick darauf, und es öffnet sich der CD-Datenbank-Editor, den Abbildung 12.6 zeigt.

Mit Hilfe Ihres Datenbank-Editors können Sie sich hinsichtlich Ihrer CDDB so richtig austoben. Ob Sie CDDB-Einträge ändern, herunterladen, speichern, mit Bemerkungen versehen oder eigene Einträge an die Web-Datenbank versenden wollen: Alles ist möglich.

Ist die Audio-CD, die Sie gerade im Laufwerk stecken haben, in Ihrer lokalen Datenbank enthalten oder sollten Sie gerade online sein, so zeigt Ihnen *kscd* den Namen des oder der Künstler samt der Titel in den Feldern KÜNSTLER/TITEL und STÜCK/ZEIT/TITEL an, wie Sie auch in Abbildung 11.3 sehen können. Findet *kscd* keinen Eintrag, wird Ihnen nur eine Liste mit Nummern und Spielzeit ohne Titel angezeigt.

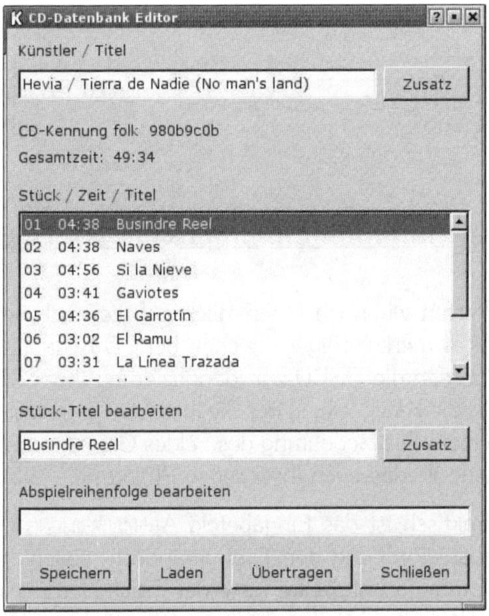


*Abb. 11.3: Archivieren Sie Ihre Titel mit dem Datenbank-Editor*

Sobald Sie die Nummer eines Tracks auswählen (einfach mit der Maus auf den korrespondierenden Eintrag klicken), bei dem ein Titelname vorhanden ist, erscheint dieser sofort im Feld STÜCK-TITEL BEARBEITEN. An diesem können Sie sich nun austoben und ihn nach Herzenslust abändern, sollten Sie nichts Besseres vorhaben. Sollte der ausgewählte Titel noch namenlos sein Dasein fristen, können Sie dieses tragische Einzelschicksal ändern, indem Sie in dem Feld Stück-Titel bearbeiten den entsprechenden Eintrag vornehmen und die ↵-Taste betätigen. Sofort erscheint der richtige Text in der Auswahlbox.

Die Speichern- und Laden-Buttons tun selbiges: Möchten Sie eine Titelliste für die betreffende CD einlesen lassen, klicken Sie auf Laden. Möchten Sie diese in Ihrer lokalen Datenbank abspeichern (wer will die leidige Ladeprozedur jedes Mal online wiederholen?), dann klicken Sie auf Speichern. *kscd* lässt Ihnen dann in einem Fenster unter vorhandenen Kategorien (*rock*, *blues* etc.) die Wahl, unter welcher Musikrichtung Sie Ihre Liste abspeichern möchten (Abbildung 11.4).

*Abb. 11.4: Welche Kategorie darf es sein?*

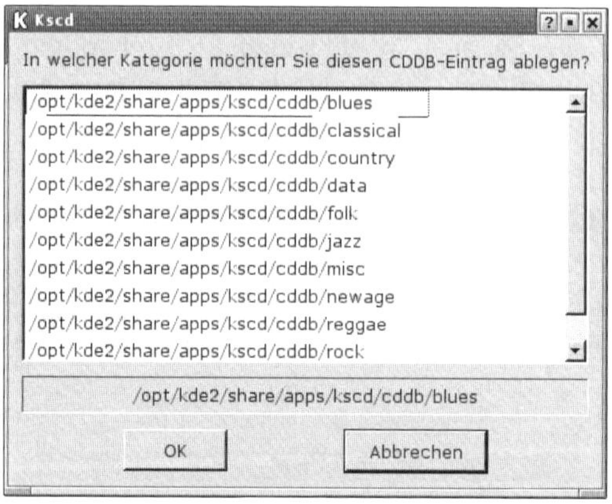


Werfen wir noch einen Blick auf die restlichen Optionen bzw. Felder: Die leicht merkwürdigen Zeichen bei CD-Kennung stellen einen 32-Bit-ID-Code dar, den die CBBD zur Identifizierung Ihrer CD verwendet. Daneben finden Sie die Kategorie, in der Sie Ihre CD – passend oder unpassend – eingeordnet haben. Die Bedeutung des Feldes Gesamtzeit, das Sie irgendwo darunter finden, überlasse ich Ihrer regen Phantasie.

Praktisch ist das Eingabefeld Abspielreihenfolge bearbeiten. Sollten Sie die Abspielordnung der Titel verändern wollen, geben Sie einfach eine durch Kommata unterteilte Liste der Track-Nummern ein. *kscd* wird künftig Ihre, und nur Ihre, Reihenfolge der Songtitel beachten.

## 11.2 Der MP3-Player xmms

Das *MP3*-Format ist derzeit in aller Munde. Mit MP3 oder MPEG 1 Audio Layer 3 bezeichnet man den im Moment wohl besten Komprimierungsalgorithmus von Tondaten, der am deutschen Fraunhofer-Institut entwickelt wurde. Mittels dieser Methode lassen sich Sample-Daten um den Faktor 12 komprimieren, ohne das störender Qualitätsverlust auftritt. Aber was hat man von all der Herrlichkeit, wenn man seine MP3-Dateien nicht abspielen kann? Wer das unter Windows schon mit Begeisterung und dem populären *Winamp* getan hat, wird sich freuen zu hören, dass es mit *xmms* unter Linux einen nahezu identischen Krachmacher gibt, der sich sogar die so genannten *Skins* des Windows-Players anziehen lässt.

Besorgen Sie sich am besten das rpm-Paket und installieren Sie es wie gewohnt. Wer auch in diesem Bereich stets up-to-date sein möchte, findet auf der Homepage des Projekts unter *http://www.xmms.org* stets die aktuellen Versionen zum Herunterladen bereitgestellt.

Zum Start von *xmms* reicht es, in einem X-Terminal den Befehl

```
xmms &
```

einzugeben. Sie erinnern sich? Das & sorgt einfach nur dafür, den Prozess in den Hintergrund zu schicken, so dass Sie in der Shell wie gewohnt weiterarbeiten können. Alternativ können Sie den MP3-Player auch über den K-BUTTON→SUSE→MULITMEDIA→SOUND→XMMS anschmeißen. Einmal gestartet, lacht Ihnen *xmms* mit einem Fenster wie in Abbildung 11.5 entgegen.

*Abb. 11.5: xmms sagt Guten Tag*

Na? Kommt das dem einen oder anderen Windows-Benutzer ein wenig bekannt vor? Die drei Buttons in der rechten oberen Ecke sorgen – von links nach rechts betrachtet – dafür, Ihren MP3-Player zu minimieren, nur die Titelleiste anzuzeigen, ihn zu schließen.

Am unteren Rand finden Sie die Elemente, die Sie von jedem herkömmlichen CD-Player kennen: Play-, Stop-Tasten etc. Klicken Sie auf die EJECT-Taste, öffnet sich in xmms eine Art Datei-Manager, den Sie in Abbildung 11.6 sehen. Mit diesem können Sie bequem die MP3s aussuchen, die Sie abdudeln wollen.

Wie bei vielen Programmen hat auch im xmms die rechte Maustaste so einiges zu bieten. Klicken Sie bitte einmal mit der rechten Maustaste auf Ihren MP3-Player, und schauen Sie sich an, was sich dort so alles hinter dem Menüpunkt OPTIONEN versteckt.

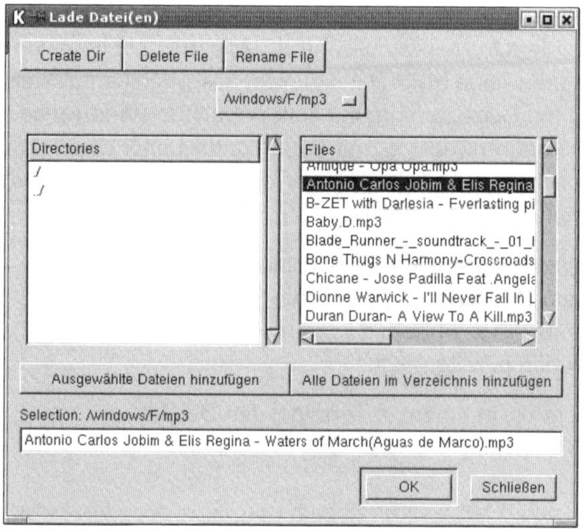


*Abb. 11.6: Welches MP3-File hätten's denn gern?*

Ihnen sollte sich in etwa ein Menü wie in Abbildung 11.7 bieten. Spielen Sie ein wenig damit herum. Wem beispielsweise das Fensterchen von *xmms* arg klein erscheint, kann z.B. einmal den Menüpunkt DOPPELTE GRÖSSE ausprobieren, um den MP3-Player zu wahrer Größe heranwachsen zu lassen.

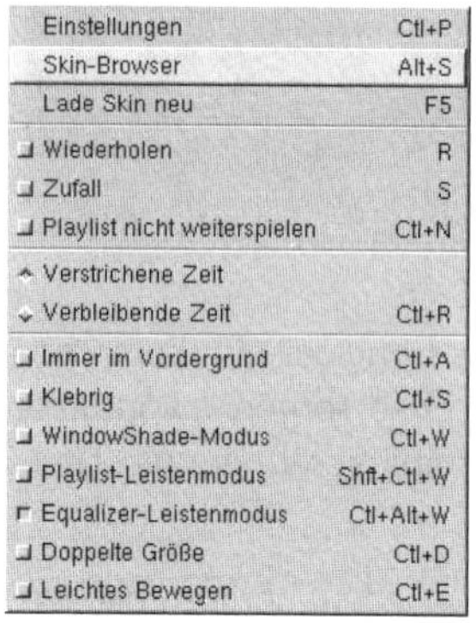


*Abb. 11.7: Optionen*

Mit [Alt]-[S] oder per Mausklick auf die entsprechende Option starten Sie den *Skin-Browser*. Ich erwähnte eingangs, dass xmms genau wie sein Bruder aus der Windows-Welt mit Skins klarkommt. Mit Skins bezeichnet man eine Anzahl (10 an der Zahl) von Bildern im BMP-Format, die das Aussehen Ihres Players bestimmen. Beim ersten Start von xmms wird automatisch das Verzeichnis *~/.xmms/Skins/* angelegt. In dieses können Sie Ihre Skins packen.

Wer mag, aktiviert das Feld WÄHLE ZUFÄLLIGEN SKIN BEIM SPIELEN, damit xmms bei jedem neuen Klick des PLAY-BUTTONS sein Outfit wechselt. Sofern Sie auf demselben Rechner unter Windows *WinAmp-Skins* installiert haben, bietet es sich an, die *SKINSDIR-Variable* auf das entsprechende Verzeichnis auf der Windows-Partition zu setzen. In der bash erreichen Sie das mit folgendem Eintrag:

```
export SKINSDIR=/Pfad/zu/den/Skins
```

tcsh-User kommen mit

```
setenv SKINSDIR /Pfad/zu/den/Skins
```

zum selben Ergebnis.

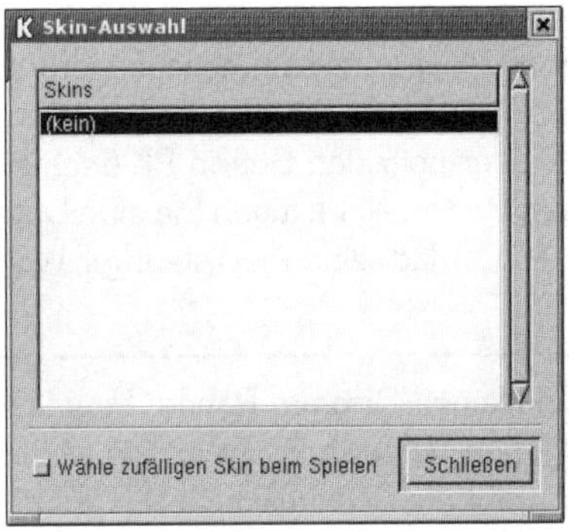


*Abb. 11.8: Der Skin-Browser*

Ein großer Vorteil ist, dass die Linux-Variante mit Zip-Archiven umzugehen weiß, so dass Sie diese noch nicht einmal entpacken, sondern im Download-Format (*skinwieauchimmer.zip*) in das Verzeichnis stecken und sofort verwenden können. Skins aller Couleur finden Sie z.B. auf der Seite *http://www.winamp.com/skins/index.html*. Einmal in dem passenden Verzeichnis abgelegt, können Sie diese nun mit Hilfe Ihres Skin-Browsers (Abbildung 11.8) auswählen.

Neben grafischen Raffinessen verhilft Ihnen das Kontextmenü aber auch noch zum bequemen Abspielen Ihrer MP3-Dateien. Sie haben neben Vorwärts- und Rückwärtshüpfen auch die Möglichkeit, zu einer bestimmten Zeitstelle zu gehen (SPRINGE ZU ZEITPUNKT) oder fünf Sekunden vor oder zurück etc. Das alles und noch einiges mehr versteckt sich hinter dem Punkt WIEDERGABE (Abbildung 11.9).

Abb. 11.9: Playback mal ganz anders

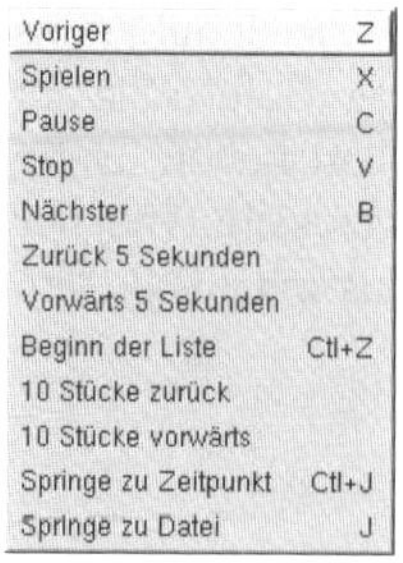


## 11.2.1 Der Playlist-Editor

Erwähnenswert ist auch der so genannte *Playlist-Editor*(Abbildung 11.10). Mit diesem ist es möglich, MP3-Dateien aus verschiedenen Verzeichnissen zu einer Playliste zusammenzufassen und die Liste für den späteren Gebrauch abzuspeichern. Sie öffnen diesen entweder via rechter Maustaste, per [Alt]-[E] oder über den Button PL (rechts außen) im Hauptfenster von xmms. Mit dem Button +FILE fügen Sie eine Datei hinzu, mit -FILE entfernen Sie Dateien, LOAD LIST lädt eine Playliste Ihrer Wahl.

Ein kleiner Tipp am Rande: Verwalten Sie Ihre *MP3-Dateien* doch in einem eigenen Verzeichnis. Denn ein weiterer Klick auf +FILE verschafft Ihnen Zugriff auf die Schaltfläche +DIR. Einmal angewählt, und schon wird der Inhalt des Verzeichnisses in den Playlist-Editor geladen. Das erspart Ihnen eine Menge Klickerei beim Zusammenstellen Ihrer persönlichen Hitparade ...

Abb. 11.10: Der Playlist-Editor

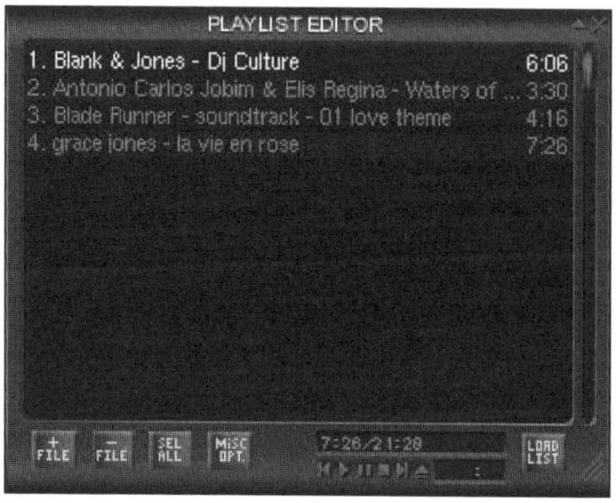

Und wenn Ihnen das Herumsuchen in den verschiedenen Verzeichnissen mit dem Browser auf der Jagd nach dem verlorenen Schatz bzw. MP3 zu dämlich ist, geben Sie einfach mal folgenden Befehl in ein X-Terminal oder auf der Konsolen-Kommandozeile ein:

```
stefanie@luzifer[~]> locate .mp3 > hierkönnteihrlistennamestehen
```

So werden erst einmal alle MP3s in eine Datei gepackt. Diese können Sie dann immer noch mit einem Editor von den Dateien befreien, die Sie jetzt nicht so unbedingt darin stehen haben müssen.

Neben Point&Click versteht sich Ihr xmms auch vortrefflich mit der Kommandozeile. Ein bescheidenes

```
stefanie@luzifer[~]>./xmms dersongihrerwahl.mp3
```

et voilà: Let the music play ... Wenn Sie Ihren Playlisten das Suffix *.m3u* verpassen, wird xmms auch diese klaglos von der Kommandozeile aus laden. Sollten Sie sich dergestalt auf der Kommandozeile austoben, während xmms schon vor sich hindudelt, werden die dort ausgewählten Lieder durch das über die Kommandozeile definierte ersetzt. Suboptimal? Mogeln Sie xmms einfach noch ein *-e* unter, und die Playliste wird nicht entfernt, sondern der Kommandozeilen-Song wird an die existierende Playliste angehängt.

Die wichtigsten Kommandozeilen-Optionen im Überblick:

| | |
|---|---|
| `-r --rew` | In der Playliste rückwärtshüpfen |
| `-e --enqueue` | Playliste nicht löschen |
| `-f --fwd` | In der Playliste vorwärtsspringen |
| `-p --play` | Aktuelle Playliste starten |
| `-s --stop` | Aktuellen Song stoppen |

## 11.2.2 Die Plugins

Ein besonderes Feature des xmms ist seine Erweiterungsfähigkeit durch die Integration diverser Plugins. Um sich erstmals mit dem Prinzip der Plugins vertraut zu machen, müssen Sie noch nicht einmal weitere Programme installieren, denn xmms bringt bereits in der Standard-Installation eine Reihe Erweiterungen mit, die Sie über den Menüpunkt OPTIONEN→EINSTELLUNGEN oder die Tastenkombination [Strg]-[P] erreichen.

Dieser Voreinstellungsbereich gliedert sich in die fünf Punkte AUDIO I/O PLUGINS, EFFEKT-/ALLGEMEINE PLUGINS, VISUALISIERUNGS-PLUGINS und OPTIONEN und SCHRIFTARTEN (Abbildung 11.11).

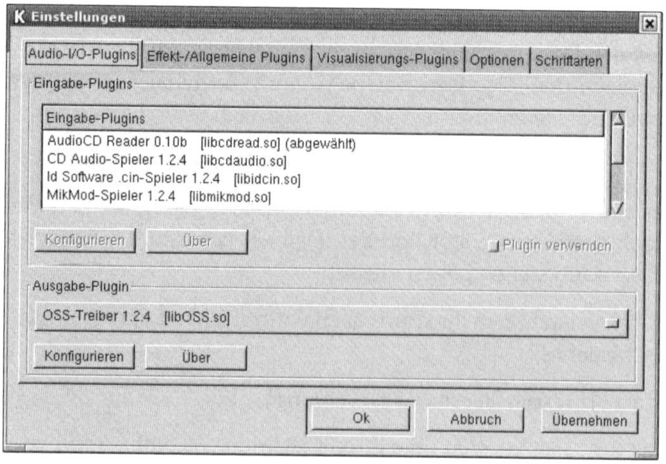


*Abb. 11.11: Eine Übersicht der xmms-Plugins*

Audio-Plugins helfen Ihnen dabei, unterschiedliche Medien und Formate im xmms abzuspielen. Sie können verschiedene EINGABE-PLUGINS wählen und konfigurieren. Möchten Sie eines der Plugins außer Betrieb nehmen, wählen Sie es mit der Maus an und deaktivieren den Punkt PLUGIN VERWENDEN. Das betroffene Plugin bekommt dann ein (ABGEWÄHLT) angehängt.

Auch die AUSGABE-PLUGINS sind interessant. Diese versorgen Ihre Sound-Karten mit den nötigen Audio-Daten. Hier gilt: Sie müssen sich auf ein einziges Ausgabe-Plugin zur Zeit beschränken. Das Abspielen von *MP3-Dateien* und ihre zeitgleiche Umwandlung ins *wav-Format* ist somit ein Ding der Unmöglichkeit.

Mit den EFFEKT-PLUGINS des Tabs EFFEKT/ALLGEMEINE PLUGINS verändern Sie das Klangverhalten der Sound-Ausgabe, während ALLGEMEINE PLUGINS Ihnen dabei helfen, xmms mit einem Joystick oder einer Fernbedienung zu steuern. Dass Sie das Verhalten mittels des KONFIGURIEREN-BUTTONS jeweils völlig Ihren Wünschen anpassen können, versteht sich dabei von selbst

Unter dem Dach der VISUALISIERUNGS-PLUGINS lassen sich wiederum Helferlein finden, die Ihre Songs auch grafisch richtig zur Geltung zu bringen. Alles, was Sie sonst noch immer schon an Ihrem MP3-Player de luxe verändern wollten, finden Sie unter dem Tab OPTIONEN versteckt, ob es nun um das Zusammenspiel zwischen einer Wheel-Maus und dem xmms geht oder ob Sie die Länge einer Pause zwischen zwei Songs festlegen möchten: Hier stellen Sie es ein.

Lassen Sie mich nun noch ein paar Takte zu den wichtigsten Input- und Output-Plugins verlieren. Alle vorzustellen, würde diesen Abschnitt sprengen, aber die nützlichsten sollen Sie kennen lernen.

Fangen wir mit dem CD AUDIO-SPIELER 1.2.4-PLUGIN an. Dieses sorgt dafür, dass *kscd* auf Ihrem Rechner vielleicht schon bald arbeitslos wird. Denn dieses Audio-Input-Plugin, ermöglicht es, in xmms Audio-CDs abzuspielen. Geben Sie im Konfigurationsdialog (per Klick auf den KONFIGURIEREN-BUTTON im Reiter AUDIO I/O PLUGINS) das Gerät an, an dem Ihre CD-ROM angeschlossen ist. Fügen Sie danach in der Playlist die entsprechende Gerätedatei (meist */dev/cdrom)* hinzu – fertig. Mit dem Tab CD INFO können Sie xmms dazu überreden, sich die Anzeige der Titel auf der CD automatisch über einen der freien CDDB-Server im Netz zu holen. Das setzt natürlich eine laufende Internet-Verbindung voraus.

Ein weiteres, standardmäßig mitgeliefertes Audio-Input-Plugin namens MPEG LAYER 1/2/3-SPIELER 1.2.4 kümmert sich um alles, was mit Ihren *MP3-Dateien* zu tun hat, und setzt auf dem Klassiker *mpg123* auf. Dieses Plugin ist auch dafür verantwortlich, dass Sie xmms in Verbindung mit den Internet-Radios von *Shoutcast* benutzen können. Wer hierbei einen Proxy verwendet, kann ihn (inklusive Port, Usernamen und Passwort) im Tab STREAMING einstellen.

Möchten Sie die Streams auf der Festplatte speichern, bitten Sie xmms im gleichen Tab durch das Aktivieren des Feldes SPEICHERE STREAM AUF PLATTE darum.

Mit ein paar kleinen Änderungen erreichen Sie, dass Netscape xmms automatisch benutzt, wenn Sie unter *http://www.shoutcast.com/* einen Radiokanal anwählen. Öffnen Sie bei Netscape 4.x den Menüpunkt BEARBEITEN → EINSTELLUNGEN→NAVIGATOR→PROGRAMME, und stellen Sie sicher, dass dem MIME-Type *audio/x-scpls* der Eintrag `xmms %s` als verantwortliche Applikation beigeordnet ist.

Unter den mitgelieferten Standard-Ausgabe-Plugins findet sich z.B. das DISK WRITER PLUGIN 1.24. Damit lassen sich nicht nur *MP3-Dateien,* sondern alle Formate, für die es ein Input-Plugin gibt, ins *wav-Format* konvertieren, um sie anschließend beispielsweise auf eine Audio-CD zu brennen (das passende Brennprogramm erläuterte ich in diesem Kapitel).

Das grundlegendste Standard-Plugin dürfte allerdings der OSS-TREIBER 1.2.4 sein. Verfügt Ihr Rechner über mehrere Soundkarten, stellen Sie nach einem Klick auf den KONFIGURIEREN-BUTTON ein, welche davon xmms benutzen soll. Auch die Größe des von xmms verwendeten Datenpuffers beim Streaming ändern Sie an dieser Stelle.

Haben Sie den *esd* (Enlightened Sound Daemon – das ist bei Gnome in etwa das, was bei KDE der arts-Soundserver ist) installiert, können Sie das ESOUND-AUSGABE-PLUGIN 1.2.4 benutzen. So dürfen andere Programme weiterhin Soundeffekte verwenden, während Sie im xmms Musik hören.

# 11.3 TV Total

Ich glotz' TV – was früher nur unter Windows ohne größere Verrenkungen möglich war, ist mittlerweile auch unter Linux der ganz alltägliche Luxus. Besitzen Sie eine Soundkarte und eine TV-Karte, stehen zwischen Ihnen und Ihrer virtuellen Flimmerkiste nur noch ein paar Konfigurationsschritte, die ich Ihnen im Folgenden samt passendem TV-Anwendungsprogramm *kWinTV* kurz vorstellen möchte. In meinem Beispiel beziehe ich mich auf eine Karte mit einem *bttv-Chipsatz,* der auf den meisten Karten/Rechnern werkeln dürfte.

## 11.3.1 Wie Sie Ihre TV-Karte zum Flimmern bringen

Überprüfen Sie als Erstes, ob Ihre Karte an der PCI-Schnittstelle gefunden wurde. Geben Sie dazu als *root* den Befehl `lspci` ein. In der Ausgabe sollte eine Anzeige wie die folgende auftauchen:

```
luzifer:~# lspci
....
00:09.0 Multimedia video controller: Brooktree Corporation Bt848 TV
with DMA push (rev 12)
...
```

Zu Ihrer Beruhigung: Die Ausgabe muss nicht identisch sein, sondern kann sich von System zu System – je nach Karte – unterscheiden. Linux unterstützt neben dem *Bt848 Chipsatz* auch die Chipsätze *Bt849/878/879.*

SuSE hat für Sie die *BTTV-Treiber* schon so weit wie möglich vorbereitet, sprich: die erforderlichen Gerätedateien */dev/bbtv** und */dev/video** sind bereits erstellt, Programme und Kernel-Module kompiliert. In der Regel erkennt der BTTV-Treiber die TV-Karte auch automatisch. Überprüfen Sie das bitte, indem Sie *kWinTV* über das *K-Menü/Multimedia/kwintv* starten. Nur wenn Sie hier trotz korrekt eingestellter Videoquelle im wahrsten Sinne des Wortes lediglich eine Mattscheibe sehen, ist die im Folgenden beschriebene Konfiguration vonnöten.

Bei einigen Karten – so auch bei meiner *MiroVideo PCTV (pro)* – müssen die vorbereiteten Module noch mit den für die jeweilige Karte angepassten Parametern geladen werden. Um diesen Vorgang zu automatisieren (wer will das schon ständig neu machen?), können Sie die nötigen Angaben in die Datei */etc/modules.conf* eintragen.

Die relevanten Zeilen hat SuSE für Sie in der Datei */etc/modules.conf* schon vorgefertigt:

```
# options bttv pll=1 radio=0 card=0
# options tuner        type=0
# options msp3400 once=1 simple=1
# post-install bttv /sbin/modprobe  "-k" tuner; \
#                   /sbin/modprobe  "-k" msp3400
```

In diesem Bereich müssen Sie tätig werden, wenn Ihre Karte von alleine nicht will. Öffnen Sie dazu als *root* mit einem der Editoren, die ich Ihnen in diesem Buch vorgestellt habe, die Datei */etc/modules.conf* und löschen Sie das # (hash – das Kommentarzeichen unter Linux). Die Glückskinder unter Ihnen sollten damit schon über eine laufende TV-Karte verfügen, die Pechvögel müssen nachsitzen und dem Treiber noch eine so genannte Parameterangabe mit auf den Weg geben. Klingt furchtbar? Ich weiß, aber so schlimm ist es gar nicht.

Der Hintergrund ist simpel. Beim Modul *bttv* ist der Kartentyp auf *Auto-Detect* voreingestellt. Mit dem Parameter *card=Nr* geben Sie stattdessen einen bestimmten Kartentyp an. Da die ausführliche BTTV-Dokumentation sonst unter */usr/share/doc/packages/bttv/CARDLIST* aus Platzgründen standardmäßig nicht mehr mit installiert wird, anbei die Liste der verfügbaren Karten inklusive der Nummern:

```
card=0 -  *** UNKNOWN ***
card=1 - MIRO PCTV
card=2 - Hauppauge old
card=3 - STB
card=4 - Intel
card=5 - Diamond DTV2000
card=6 - AVerMedia TVPhone
card=7 - MATRIX-Vision MV-Delta
card=8 - Fly Video II
card=9 - TurboTV
card=10 - Hauppauge new (bt878)
card=11 - MIRO PCTV pro
card=12 - ADS Technologies Channel Surfer TV
card=13 - AVerMedia TVCapture 98
card=14 - Aimslab VHX
card=15 - Zoltrix TV-Max
card=16 - Pixelview PlayTV (bt878)
card=17 - Leadtek WinView 601
card=18 - AVEC Intercapture
card=19 - LifeView FlyKit w/o Tuner
card=20 - CEI Raffles Card
card=21 - Lucky Star Image World ConferenceTV
card=22 - Phoebe Tv Master + FM
card=23 - Modular Technology MM205 PCTV, bt878
card=24 - Askey/Typhoon/Anubis Magic TView CPH051/061 (bt878)
card=25 - Terratec/Vobis TV-Boostar
```

```
card=26 - Newer Hauppauge WinCam (bt878)
card=27 - MAXI TV Video PCI2
card=28 - Terratec TerraTV+
card=29 - Imagenation PXC200
card=30 - FlyVideo 98
card=31 - iProTV
card=32 - Intel Create and Share PCI
card=33 - Terratec TerraTValue
card=34 - Leadtek WinFast 2000
card=35 - Chronos Video Shuttle II
card=36 - Typhoon TView TV/FM Tuner
card=37 - PixelView PlayTV pro
card=38 - TView99 CPH063
card=39 - Pinnacle PCTV Studio/Rave
card=40 - STB2
card=41 - AVerMedia TVPhone 98
card=42 - ProVideo PV951
card=43 - Little OnAir TV
card=44 - Sigma TVII-FM
card=45 - MATRIX-Vision MV-Delta 2
card=46 - Zoltrix Genie TV/FM
card=47 - Terratec TV/Radio+
card=48 - Dynalink Magic TView
card=49 - GV-BCTV3
card=50 - Prolink PV-BT878P+4E (PixelView PlayTV PAK)
card=51 - Eagle Wireless Capricorn2 (bt878A)
card=52 - Pinnacle PCTV Studio Pro
card=53 - Typhoon TView RDS / FM Stereo
card=54 - Livetec 9415 TV
card=55 - BESTBUY Easy TV
card=56 - FlyVideo '98/FM
card=57 - GrandTec 'Grand Video Capture'
card=58 - Phoebe TV Master Only (No FM)
```

Mit der Option *radio=0* oder *radio=1* geben Sie an, ob sich auf Ihrer Karte ein Radio-Chip befindet oder nicht. Die PLL[1]-Unterstützung erfolgt über den Parameter *pll,* wobei *0 keine PLL-Unterstützung, 1 28-MHz-Kristall-Chip* und *2 35-MHz-Kristall-Chip* bedeutet. Mit dem bttv-Modul werden automatisch weitere Module mitgeladen, darunter das Tuner-Modul, das Sie auch noch konfigurieren können. Hier sind folgende Parameter möglich:

```
type=0 - Temic PAL (4002 FH5)
type=1 - Philips PAL_I
type=2 - Philips NTSC
type=3 - Philips SECAM
type=4 - NoTuner
type=5 - Philips PAL
type=6 - Temic NTSC (4032 FY5)
```

```
type=7 - Temic PAL_I (4062 FY5)
type=8 - Temic NTSC (4036 FY5)
type=9 - Alps HSBH1
type=10 - Alps TSBE1
type=11 - Alps TSBB5
type=12 - Alps TSBE5
type=13 - Alps TSBC5
type=14 - Temic PAL_I (4006FH5)
type=15 - Alps TSCH6
type=16 - Temic PAL_DK (4016 FY5)
type=17 - Philips NTSC_M (MK2)
type=18 - Temic PAL_I (4066 FY5)
type=19 - Temic PAL* auto (4006 FN5)
type=20 - Temic PAL (4009 FR5)
type=21 - Temic NTSC (4039 FR5)
type=22 - Temic PAL/SECAM multi (4046 FM5)
type=23 - Philips PAL_DK
type=24 - Philips PAL/SECAM multi (FQ1216ME)
```

Meist ist jedoch hierbei keine Angabe von Parametern nötig, so dass Sie das Kommentarzeichen vor der Zeile `# options tuner type=0` nicht entfernen müssen. Verfügt Ihre Karte über einen Soundprozessor, müssen Sie noch die Zeile `# options msp3400 once=1 simple=1` Ihren Bedürfnissen anpassen. Entfernen Sie hier bitte das Hash-Zeichen. In der Regel dürfte der voreingestellte Wert *msp3400* passen, für andere Sound-Chipsätze konsultieren Sie bitte die Dokumentation.

---

1. Ein PLL-Empfänger hat die Eigenart, sich auf eine einmal gefundene Frequenz »festzulegen«. Wenn der Empfänger z.B. bei 850,00 MHz ein Signal empfängt und dieses Signal sich ein wenig ändert, z.B. nach 850,02 MHz, dann ändert auch der Empfänger seine Einstellung und läuft dem Sender quasi hinterher. Wie weit das geht, hängt von der Konstruktion des PLL-Empfängers ab. Man macht das, weil jeder Sender und (in noch stärkerem Maße) jeder Empfänger ungenau ist und seine Einstellung nicht exakt beibehält. Temperaturschwankungen und Luftdruckänderungen sind die Hauptursache. Bei billigen Radios und alten Röhrenradios kann man dieses Phänomen leicht beobachten. Wird das Gerät warm, verschlechtert sich der Empfang. Dreht man den Sucher etwas nach links oder rechts, ist der Empfang wieder gut. PLL unterdrückt also einfach ausgedrückt Abweichungen der Frequenz vom Soll-Wert. Und jetzt kommt der Nachteil: Da PLL-Empfänger sich bemühen, auf dem letzten Signal zu bleiben, dürfen die Kanäle nicht so dicht beieinander liegen wie ohne PLL; denn sonst kann es sein, dass man einzelne Sender gar nicht empfangen kann, weil der Empfänger darüber hinweg springt oder weil er ständig zwischen zwei dicht benachbarten Kanälen hin- und her-springt. Was bei Ihrer TV Karte mit PLL gemeint ist, ist die Option, die PLL-Eigenschaft an-oder auszuschalten früher auch oft AFC genannt (Automatische Frequenz Kontrolle). Bei der aktuellen Belegung der Kanäle gibt es keinen Grund, auf PLL zu verzichten. Die Sender haben genug Abstand zueinander, sofern der Empfang gut ist. Wenn Sie einen schwachen Sender empfangen wollen, der zwischen zwei starken Sendern liegt, kann PLL störend wirken. Da in unseren Breitengraden jedoch fast jeder über SAT- oder Kabelempfang verfügt, dürfte das nicht mehr sehr oft vorkommen. Sollte Ihre Karte also PLL (Phase Locked Loop) unterstützen, können Sie bei Empfangsproblemen einmal damit experimentieren. In der Regel dürfte es jedoch keine Rolle spielen, ob PLL »on« oder »off« geschaltet ist.

Haben Sie die Datei */etc/modules.conf* Ihren Bedürfnissen angepasst – bei meiner Karte lauten die Werte beispielweise `options bttv card=11 pll=0 radio=0` – dürfen Sie nicht vergessen, den Befehl `depmod -a` aufzurufen. Damit die geänderten Parameter auch wirksam werden, müssen im Anschluss die Module neu initialisiert werden. Listen Sie dazu die derzeit geladenen Module mit dem Befehl `lsmod` auf. Sollten die Module `bttv tuner msp3400` in der Liste auftauchen, entladen Sie sie mit einem `rmmod -r bttv tuner msp3400`. Nun müssen Sie nur noch mit einem `modprobe bttv` die Module neu laden. Durch den Befehl `modprobe` werden dabei sämtliche benötigten Module automatisch mitgeladen.

Anbei noch ein paar Beispielskonfigurationen für die Modelle recht beliebter TV-Karten:

WinTV-old:

```
options bttv pll=0 radio=0 card=2
options tuner         type=0
```

WinTV-new:

```
options bttv pll=1 radio=1 card=10
options tuner         type=5
options msp3400once=1 simple=1
```

WinTV-GO:

```
options bttv pll=1 radio=0 card=10
options tuner         type=5
```

## 11.3.2 Fernsehen mit kWinTV

Nachdem Ihre Karte läuft, brennen Sie sicher darauf, endlich fernzusehen. Doch davor müssen Sie nach dem Start von *kWinTV* dem Programm erst einmal die richtigen TV-Kanäle vermitteln. KWinTV verfügt dafür über einen *Senderscan*. Rufen Sie dazu in der Menüleiste den Punkt PROGRAM→WIZARD auf (Abbildung 11.12).

Klicken Sie auf den NEXT-BUTTON, um fortzufahren. Im nächsten Bildschirm bleibt für Sie nichts zu tun, da als Fernsehnorm schon PAL und damit die in Deutschland übliche Norm eingestellt ist. Klicken Sie daher erneut NEXT an.

In der folgende Maske entscheiden Sie, ob alle verfügbaren Frequenzen nach Fernsehkanälen durchsucht werden sollen oder ob sich der Wizard auf bestimmte Frequenzen beschränken soll. Voreingestellt ist das Scannen aller Frequenzen. Ändern Sie diese Einstellung ruhig ab, indem Sie das Feld SCAN WHOLE FREQUENCY BAND deaktivieren und im sich darunter befindlichen Pull-down-Menü als Region EUROPE WEST angeben. Das Ergebnis ist gleich, aber diese Methode ist schneller.

*Abb. 11.12: Der Scan-Wizard*

Klicken Sie ein weiteres Mal auf den NEXT-BUTTON und im nächsten Schirm auf den START, um mit der Suche zu beginnen. Fertig gescannt? Mit einem letzten Klick auf NEXT finden Sie sich in einem abschließenden Bildschirm wieder, in dem Sie die Prozedur mit einem Klick auf den FINISH-BUTTON beenden.

So. Die Kanäle sind da. kWinTV dankt Ihnen das mit einem Bild wie in Abbildung 11.13. Wem das zu klein erscheint: Auch Vollbilder sind möglich. Sie erreichen dies entweder über den Menüpunkt TELEVISION→FULL SCREEN oder über einen Klick mit der rechten Maustaste auf das kWinTV-Fenster. Möchten Sie in den normalen Modus zurückkehren – ein rechter Mausklick genügt, und Sie können das Häkchen bei FULL SCREEN wieder entfernen. Außer dem Fullscreen-Modus bietet Ihnen das Programm auch noch andere Bildschirmgrößen, die Sie über den Punkt TELEVISION→SET SIZE→WUNSCHGRÖßE einstellen.

*Abb. 11.13: kWinTV in Betrieb*

Ist erst einmal alles konfiguriert, schalten Sie jederzeit entweder mit der [↑]- oder der [↓]-Taste zwischen den Programmen hin- und her. Außerdem haben Sie die Möglichkeit, über die Pfeil-Buttons neben der Programmzahl den Sender zu wechseln. Den Ton können Sie über die Lautstärke im Menü Audio regeln.

Möchten Sie das laufende Programm für die Nachwelt in einem Screenshot oder Video erhalten – kein Thema: kWinTV fungiert gerne als Fotoapparat oder Videokamera. Möchten Sie einen Screenshot schießen, klicken Sie entweder auf das kleine Kamera-Icon in der Menüleiste oder wählen den Menüpunkt TeleVision→Snap Shot. Die Videoaufnahme starten Sie über TeleVision →Video Clip.

# 11.4 Selbstgebrannt

Für viele Kompaktsysteme gehört mittlerweile ein Brenner zur Grundausstattung. Dass Selbstgebranntes heutzutage zum guten Ton gehört, weiß auch das KDE-Projekt und stellt Ihnen gleich mehrere Brennprogramme zur Verfügung, die sich im Look&Feel oft an Ihren Brüdern aus der Windows-Welt orientieren. In der Entwicklung wohl am weitesten fortgeschritten ist *KOnCD,* das ich Ihnen in den nächsten Abschnitten vorstellen möchte. Dabei handelt es sich um ein grafisches Frontend für die zwar sehr funktionalen, aber leider unkomfortablen Kommandozeilen-Programme *cdrecord* und *mkisofs.*

Starten Sie das Programm über das K-Menü→Multimedia→KOnCD. Doch bevor es losgeht, sollten Sie noch die eine oder andere Stolperfalle ausschließen, die zwischen Ihnen und den selbstgebrannten CDs stehen könnte.

Möchten Sie KOnCD auch als normaler User benutzen, werden Sie aller Wahrscheinlichkeit nach an mangelnden Rechten für *cdrecord* scheitern. Denn dieses Programm darf erst einmal nur *root* ausführen. Ändern Sie die Rechte – als Superuser – wie folgt ab:

```
luzifer:~# chown root /usr/bin/cdrecord
luzifer:~# chmod 4711 /usr/bin/cdrecord
```

Testen Sie lieber auch noch, ob *cdrecord* Ihren Brenner und das CD-ROM-Laufwerk erkennt. Geben Sie dazu in einer Terminal-Emulation Folgendes ein:

```
luzifer:~# cdrecord -scanbus
```

*cdrecord* sollte daraufhin einen Output wie folgt fabrizieren:

```
Cdrecord 1.9 (i686-pc-linux-gnu) Copyright (C) 1995-2000 Jörg Schilling
Linux sg driver version: 2.1.38
Using libscg version 'schily-0.1'
scsibus0:
    0,0,0    0) *
    0,1,0    1) *
    0,2,0    2) 'TEAC    ' 'CD-ROM CD-532S  ' '1.0A' Removable CD-ROM
    0,3,0    3) 'YAMAHA  ' 'CRW4260         ' '1.0j' Removable CD-ROM
    0,4,0    4) 'EXABYTE ' 'EXB-8200        ' '2600' Removable Tape
    0,5,0    5) *
    0,6,0    6) *
```

Sollten Sie keine SCSI-Geräte verwenden, sondern versieht ein *ATAPI-Brenner* auf Ihrem Rechner die Dienste als Haus- und Hofbrennerei, müssen Sie zum Brennen die *ATAPI-SCSI-Emulation* des Kernels aktivieren. Bei den gängigen Distributionen – auch bei Ihrer SuSE – liegt diese als Modul vor, so dass Sie sie einfach mit dem Befehl

```
luzifer:~# modprobe -k ide-scsi
```

nachladen können.

Das Hauptfenster des Brenntools ist wenig spektakulär, aber das Programm hat es trotzdem in sich. Mit *KOnCD* können Sie nicht nur kopieren oder Audio-CDs brennen, sondern auch CDs mastern, Multisession- und bootfähige CDs erstellen, on-the-fly brennen sowie CD-RWs löschen.

Überprüfen Sie erst einmal mit einem Klick auf den Button EINSTELLUNGEN, ob der Brenner (Schreiber) und das CD-Laufwerk (Leser) richtig eingestellt sind. Wenn nein, ändern Sie dies über das Pulldown-Menü. Alle Optionen des Brennprogramms durchzuexerzieren würde mir zwar Spaß machen, aber leider ist die mir zur Verfügung stehende Seitenzahl begrenzt, so dass ich mich darauf beschränken muss, Ihnen zu erklären, wie Sie eine CD kopieren.

Klicken Sie dazu im Eingangsfenster auf den Button KOPIERE CD. Sie sehen danach ein Fenster wie in Abbildung 11.14. Eine Menge Optionen, und ich sage Ihnen, was sie bedeuten.

Das Schaltfeld LÖSCHE CDRW betrifft Sie nur dann, wenn Sie wiederbeschreibbare CDs verwenden können. Mit NICHTS passiert genau das, sprich, die CD wird nicht gelöscht. Die Einstellung ALLE löscht die komplette CD, was – je nach Geschwindigkeit des Brenners – etwas dauern könnte. Mit SCHNELL löschen Sie nur das TOC, also das Inhaltsverzeichnis (»Table of Content«) der CD, SPUR entfernt die erste Spur der CD, und OFFEN LASSEN schließt die letzte Session nicht ab.

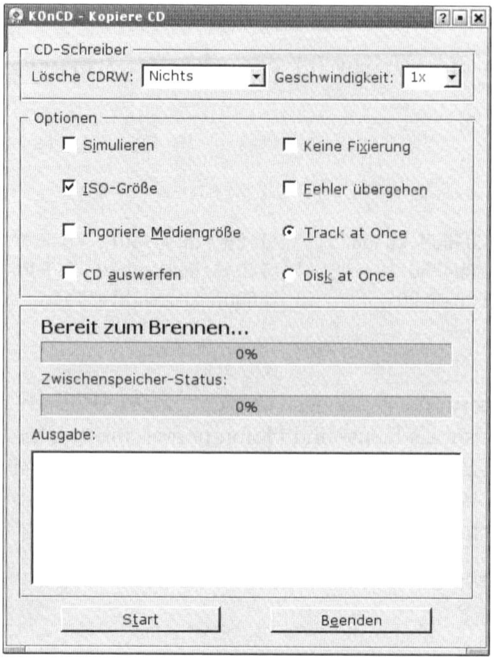


*Abb. 11.14: Alles optional*

Im Pulldown-Menü GESCHWINDIGKEIT machen Sie Angaben zur gewünschten Brenngeschwindigkeit.

ACHTUNG

Vor allem beim Brennen von Audio-CDs sollten Sie nicht das Maximum aus Ihrem Brenner herauskitzeln. Der Grund: Je schneller Sie brennen, desto ungenauer wird die Spur, und schlimmstenfalls kann es passieren, dass Sie statt Musik nur Knackser hören.

Widmen wir uns nun aber endlich dem Bereich OPTIONEN: Aktivieren Sie SIMULIEREN, wird der Brennvorgang nicht wirklich ausgeführt. KOnCD probt dann nur den Ernstfall; der Laserstrahl des Brenners bleibt ausgeschaltet. Mit ISO-GRÖSSE verwendet KOnCD die Größenangaben der Norm-CD, IGNORIERE MEDIENGRÖSSE bewirkt das Gegenteil. Das kann mitunter beim Überbrennen sinnvoll sein. CD AUSWERFEN wirft die CD nach Abschluss des Brennvorgangs automatisch aus. Mit KEINE FIXIERUNG wird kein Inhaltsverzeichnis erstellt. Bedenken Sie hierbei jedoch bitte, dass nicht fixierte Multisession-CDs von einigen CD-ROM-Laufwerken nicht gelesen werden können. Bei FEHLER ÜBERGEHEN brennt KOnCD selbst dann munter weiter, wenn während des Brennvorgangs Fehler auftreten.

Nun müssen Sie nur noch auf den Button START klicken, um den Brennvorgang zu starten. Die erste Statusanzeige zeigt dabei die Fortschritte an, während Status 2 sich dem Zwischenspeicher des Brenners widmet. Fällt dieser auf 0 Prozent, wird der Brennvorgang abgebrochen. Versuchen Sie es in diesem Fall mit einer niedrigeren Brenngeschwindigkeit.

# 11.5 Fragen

1. Sie möchten Ihrem xmms ein neues »Häutchen« verpassen. Wie starten Sie Ihre Ankleideaktion?
2. Welche Aufgabe hat der Playlist-Editor?
3. Was ist bloß mit »CD-Datenbank-Editor« gemeint?
4. Wie docke ich *kscd* ins Panel?
5. Woran kann es liegen, dass Sie als normaler Benutzer mit *KOnCD* trotz allen guten Willens keine CDs brennen können?
6. Was müssen Sie beachten, wenn Sie die Datei */etc/modules.conf* geändert haben.

## 11.5.1 Antworten

1. Bedienen Sie sich dazu am besten des so genannten Skin-Browsers, den Sie entweder über die RECHTE MAUSTASTE→OPTIONEN→SKIN-BROWSER oder mittels der Tastenkombination [Alt]-[S] öffnen. Hier können Sie dann bequem unter den im Verzeichnis *~/.xmms/Skins/* abgespeicherten Skins wählen.
2. Mit Hilfe des Playlist-Editors können Sie MP3-Dateien aus verschiedenen Verzeichnissen zu einer Playliste zusammenfassen, um die Liste bei Bedarf für den späteren Gebrauch abzuspeichern.
3. Mit dem im *kscd* integrierten Datenbank-Editor können Sie CDDB-Einträge ändern, herunterladen, speichern, mit Ihren ganz persönlichen Bemerkungen versehen oder eigene Einträge an die Web-Datenbank versenden. Sollte sich für die aktuelle CD ein Eintrag in Ihrer lokalen Datenbank befinden oder sind Sie gerade online und *kscd* wurde im Web fündig, so werden Ihnen von *kscd* sehr schnell der Name des Künstlers und der Titel der CD im Feld KÜNSTLER/TITEL und eine Liste der auf der CD enthaltenen Titel in der Auswahl-Box STÜCK/ZEIT/TITEL angezeigt. Findet sich weder lokal noch im Web ein Eintrag, präsentiert Ihnen *kscd* nur eine Liste mit Nummern und Spielzeit ohne Titel.

4. Klicken Sie dazu auf das Icon mit Hammer & Meißel, wählen Sie dort den Tab KSCD-EINSTELLUNGEN, und aktivieren Sie AN KONTROLLLEISTE ANDOCKEN.

5. Hier machen Ihnen die mangelnden Rechte für *cdrecord* einen Strich durch die Rechnung. In der Regel darf nur *root* dieses Programm ausführen. Wollen Sie trotzdem als normaler User brennen, ändern Sie die Rechte – als Superuser – wie folgt ab:

```
luzifer:~#  chown root /usr/bin/cdrecord
luzifer:~#  chmod 4711 /usr/bin/cdrecord
```

6. Haben Sie die Datei */etc/modules.conf* Ihren Bedürfnissen angepasst, dürfen Sie nicht vergessen, den Befehl `depmod -a` aufzurufen. Damit die geänderten Parameter auch wirksam werden, müssen im Anschluss die Module neu initialisiert werden. Listen Sie dazu die derzeit geladenen Module mit dem Befehl `lsmod` auf. Sollten die Module `bttv tuner msp3400` in der Liste auftauchen, entladen Sie sie mit einem `rmmod -r bttv tuner msp3400`. Nun müssen Sie nur noch mit einem `modprobe bttv` die Module neu laden. Durch den Befehl `modprobe` werden dabei sämtliche benötigten Module automatisch mitgeladen.

KAPITEL 12

# Der Dateimanager Midnight Commander

Dieser Dateimanager wird Ihnen bekannt vorkommen, wenn Sie ein wenig Erfahrung aus der DOS-Welt mitbringen, da er sich als *Norton-Commander-Klon* präsentiert. Er ist sehr einfach zu bedienen und erleichtert gerade Linux-Anfängern das Leben, weshalb ich Ihnen seine wichtigsten Funktionen und Features ein wenig näher vorstellen möchte.

## 12.1 Wo bekomme ich den mc her und wie installiere ich ihn?

Bei den meisten Installationen ist der *Midnight Commander* (oder auch wie im Folgenden abgekürzt *mc*) Bestandteil der Distribution, so auch bei der diesem Buch beiliegenden SuSE-Evaluationsversion. Der *mc* wird jedoch ständig unter Mithilfe vieler Freiwilliger verbessert und um Features erweitert. Wenn Sie Nutznießer dieser Bestrebungen sein wollen, können Sie auf der Homepage *http://www.gnome.org/mc/* stets die neueste Version als *tar.gz-Dateien* herunterladen.

Neben der Textversion enthält der mc auch eine grafische Version. Allerdings ist diese eng mit dem Gnome-Projekt verknüpft, da der mc in dieser Version auch dessen Datei-Manager bildet. Vielleicht erinnern Sie sich dunkel daran, dass Sie während der Installation Ihres Grundsystems neben KDE, das Sie in Kapitel 4 ja zur Genüge kennen gelernt haben, auch Gnome zur Auswahl hatten. Sollten Sie sich zu diesem Zeitpunkt gegen die Installation der Gnome-Pakete entschieden haben, müssen Sie das nun nachholen, wenn Sie den mc zur Abwechslung künftig einmal grafisch betreiben wollen.

Sie können den *Midnight Commander* jederzeit durch die Eingabe eines `mc` auf der Kommonadozeile oder in einem X-Terminal starten. Das Startkommando für die grafische Version lautet `gmc`.

## 12.2 Aufbau und Konfiguration des Midnight Commander

Das Midnight-Commander-Fenster ist in mehrere Teile untergliedert. Den meisten Platz nehmen die zwei Fenster ein, in denen Sie stets einen Überblick über die Verzeichnis(-bäume) haben, wobei der Teil, in dem sich der Cursor befindet, das aktuelle Verzeichnis abbildet (Abbildung 12.1).

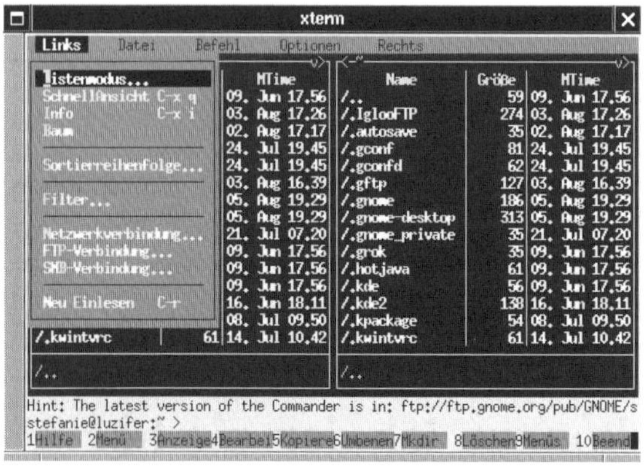


*Abb. 12.1: Verzeichnisfenster, Kommandozeile, Menü- und Shortcut-Leiste: die Bestandteile des Midnight-Commander-Fensters*

Sehen Sie in der vorletzten Zeile den Prompt? Das nennt sich auch im mc *Kommandozeile*. In der letzten Zeile finden Sie die Belegungen der Funktionstasten aufgelistet. Ganz oben sehen Sie die Menüleiste. Der *Midnight Commander* bietet sowohl in einem Terminal-Fenster als auch auf der Konsole volle Mausunterstützung. Mit einem Linksklick wählen Sie eine Datei aus, ein Klick mit der rechten Maustaste markiert die Datei, und ein Doppelklick führt das Kommando aus, wenn es sich um eine ausführbare Datei handelt.

Wenn Sie statt der Maus lieber mit der Tastatur arbeiten – kein Problem. Für fast jeden Befehl gibt es im mc ein Tastenkürzel; einige korrespondieren mit den Tastenkombinationen aus dem Emacs. Alle Tastenkürzel vorzustellen, würde den Rahmen dieses Buches sprengen. Sie werden zwar die wichtigsten kennen lernen, für einen vollständigen Überblick möchte ich Ihnen jedoch die Online-Hilfe ans Herz legen, die Sie mit [F1] erreichen.

Die Hilfe benutzt folgende Abkürzungen: [C] symbolisiert die [Strg]-Taste. Wenn eine Tastenkombination wie [C]-[f] angegeben ist, bedeutet dies, dass Sie die [Strg]-Taste gedrückt halten und [f] tippen.

[M] ist die Abkürzung für die Metataste. Welche das ist, variiert von System zu System; bei SuSE ist es in der Regel die linke [Alt]-Taste. Wenn Sie das Tastenkürzel [M]-[f] sehen, so müssen Sie zum Ausführen des dahinter stehenden Kommandos die Metataste und gleichzeitig die [f]-Taste drücken.

## 12.2.1 Die wichtigsten Tastenkürzel

### Verzeichnispanel

| Tastenkürzel | Bedeutung |
|---|---|
| [⭾], [Strg]-[i] | Lässt Sie das aktuelle Verzeichnispanel wechseln |
| [Einfg], [Strg]-[t] | Markiert Dateien, nochmaliges Betätigen der Tasten entfernt die Markierungen wieder |
| [↓], [Strg]-[p] | Bewegt den Cursor zum vorherigen Eintrag im Panel |
| [↓], [Strg]-[n] | Bewegt den Cursor zum nächsten Paneleintrag |

### Kommandozeile

| Tastenkürzel | Bedeutung |
|---|---|
| [M]-[⭾], [C]-[↵] | Bewirkt die Ihnen aus der Shell bekannte Namensergänzung |
| [M]-[↵] | Kopiert den Dateinamen, auf dem sich der Cursor befindet, in die Kommandozeile |
| [Strg]-[x] [t] | kopiert die markierten Datei(en) des aktuellen Panels in die Kommandozeile |
| [Strg]-[x] [p] | kopiert den aktuellen Pfadnamen in die Kommandozeile |

### Die Menüs

Der mc klappt seine Menüs auf, wenn Sie die Funktionstaste [F9] betätigen oder mit der Maus in die oberste Zeile klicken. Es gibt die Menüs LINKS, DATEI, BEFEHL, OPTIONEN und RECHTS, deren Geheimnisse wir gleich gemeinsam ein wenig näher ergründen wollen.

*Die Menüs Links und Rechts*

Diese lassen die beiden Verzeichnispanels nach Ihrer Pfeife tanzen.

HINWEIS

Kurz vorweg: Sämtliche Menüeinträge können Sie durch ein Klicken mit der Maus erreichen, so dass ich das im Folgenden nicht mehr explizit erwähne und Ihnen stattdessen die benötigten Tastenkürzel angebe.

Drücken Sie [F9], um die Menüs aufzuklappen, und begeben Sie sich ins Menü LINKS. Sie können sich mit Hilfe der [←], [→]-Tasten von Menü zu Menü bewegen. Ganz oben sehen Sie den Menüeintrag LISTENMODUS. Bewegen Sie mit Hilfe der [↑], [↓]-Tasten den Cursor auf diesen Eintrag, und drücken Sie [↵]. Der mc bietet Ihnen verschiedene Möglichkeiten, Ihre Dateien anzuzeigen bzw. aufzulisten. Experimentieren Sie ruhig ein wenig damit herum, bis Sie die Ihnen angenehmste Art gefunden haben, und drücken Sie dann OK. Ich persönlich mag KOMPLETTE DATEILISTE, bei der Name, Größe und letztes Änderungsdatum der Dateien ausgegeben werden. Neben dem Listing können Sie in diesen beiden Menüs auch die Kriterien einstellen, nach denen die Dateien sortiert werden sollen. Probieren Sie ein bisschen herum; alle acht möglichen Optionen finden sich unter SORTIERREIHENFOLGE. Ich habe mich für NAME entschieden und GROß-/KLEINSCHREIBUNG aktiviert, was bedeutet, dass der mc nach Groß- und Kleinschreibung unterscheidet.

*Das Datei-Menü*

Der mc benutzt für das Aktivieren seiner Kommandos die Funktionstasten [F1]-[F10], deren Belegung Sie der untersten Zeile entnehmen können:

| Tasten | Belegung |
|---|---|
| [F1] | Bringt Sie in das Hypertext-Hilfemenü des `mc`, in dem Sie sich mit der [↹]-Taste von Link zu Link bewegen können. Mit der [↵]-Taste können Sie den Inhalt des Links näher betrachten; die [Leertaste] und die [←]-Taste blättern im Hilfemenü vor und zurück. Beenden Sie die Hilfe durch zweimaliges Drücken der [Esc]-Taste. |
| [F2] | Startet das Usermenü, in dem sich Extra-Features im `mc` verankern lassen. |
| [F3] | Startet standardmäßig den Dateibetrachter, der im `mc` implementiert ist. Sie werden gleich noch sehen, wie Sie stattdessen leicht einen externen Pager wie *less* an dieses Kommandos binden, obwohl der `mc`-Dateibetrachter völlig ausreicht. |
| [F4] | Lädt die ausgewählte Datei in den Editor, um das Bearbeiten derselben zu ermöglichen. Sie können sich für den mitgelieferten *mcedit* oder einen Editor Ihrer Wahl entscheiden. Wie, erfahren Sie im nächsten Abschnitt. |
| [F5] | Klappt ein Dialogfeld auf und kopiert die ausgewählten Datei(en) in das von Ihnen im Dialogfeld spezifizierte Verzeichnis. |

Der *mc* erlaubt es Ihnen, mit dem Kommando [Strg]-[x] [s], einem Systemlink, auf die markierte/ausgewählte Datei zu setzen. Was symbolische Links sind, haben Sie in Kapitel 9.7 erfahren. Zur leichteren Unterscheidung kennzeichnet der mc symbolische Links mit dem @-Zeichen, während die Originaldatei, auf die der Link verweist, in der Ministatusleiste erscheint. Mit der Tastenkombination [Strg]-[x] [Strg]-[s] können Sie den Pfad des aktuellen symbolischen Links editieren.

| Tasten | Belegung |
|---|---|
| [F6] | Aktiviert ähnlich wie [F5] ein Dialogfeld, in dem Sie das Verzeichnis angeben können, in das die markierte(n) Datei(en) verschoben werden sollen. |
| [F7] | Startet ein Dialogfeld, in das Sie das neu anzulegende Verzeichnis eingeben. |
| [F8] | Löscht die markierten Dateien. |
| [F9] | Klappt die Menüleisten aus, wie Sie schon weiter oben gesehen haben. |
| [F10] | Beendet den mc. |

*Schnelles cd*

Mit [Meta]-[c] aktiviert mc das Kommando `schnelles cd`, das ein Dialogfeld aufklappt, in dem Sie das Zielverzeichnis angeben, in das Sie wechseln wollen. Falls Sie sich doch anders entschieden haben, schließt ein zweimaliges [Esc] die Dialogbox.

*Der Verzeichnisbaum*

Der Eintrag VERZEICHNISBAUM zeigt Ihnen Ihre Verzeichnisse in der Baumstruktur an, die Sie bereits vom Kommando `tree` kennen. Sie können das Kommando entweder über das Menü BEFEHL und den Eintrag VERZEICHNISBAUM aktivieren oder indem Sie in LINKS oder RECHTS BAUM anwählen. Sie können sich mit den Pfeiltasten durch den Verzeichnisbaum bewegen und durch die [↵]-Taste Ihr ausgewähltes Verzeichnis betreten.

*Datei Suchen*

Sollten Sie mal eine Datei verschlampt haben, so lässt Sie der mc auch in einem solchen Fall nicht hängen. Unter dem Menü BEFEHL befindet sich der Eintrag DATEI SUCHEN. Klicken Sie ihn an, und ein Dialogfeld erscheint, in dem Sie der `mc` nach dem Startpunkt Ihrer Suche und der gesuchten Datei fragt. Ein schlichtes OK genügt, und er macht sich auf die Suche.

*Suffixdaten bearbeiten*

Startet den Editor Ihrer Wahl mit der Datei *~/.mc/ext*. In dieser können Sie näher spezifizieren, welches Programm mc starten soll, wenn Sie eine Datei mit Mausdoppelklick oder [↵] anwählen. Standardmäßig ist beispielsweise schon `gzip` für komprimierte Dateien festgelegt. Bei der Bildbetrachtung müssen wir dagegen ein wenig nachhelfen.

HINWEIS

Wählen Sie unter Befehl den Punkt Suffixdaten bearbeiten an. Sie werden ziemlich am Ende der Datei Einträge wie die folgenden finden:

```
type/GIF\      pictureOpen=ee%f      Icon=gif.xpm
type/JPEG\     pictureOpen=ee%f      Icon=jpeg.xpm
```

Ersetzen Sie hier das `ee` z.B. durch `xv` oder `display`[1]. Damit binden Sie ein Grafikprogramm an diesen Dateityp. Es ist ganz clever, hinter `%f` noch ein kaufmännisches Und (`&`) anzufügen, da sonst der mc so lange blockiert ist, wie das externe Programm läuft. Das Anhängen von `&` schiebt das gesamte Kommando in den Hintergrund.

HINWEIS

Sollte mc trotz dieser Änderungen beim Anklicken einer *.jpg-Datei* schlicht und ergreifend gar nichts tun, so empfiehlt es sich, einmal

```
stefanie@diabolo[~]>file Hiscore2.jpg
```

einzugeben, wobei Sie *Hiscore2.jpg* durch den Übeltäter bei Ihnen auf dem Rechner ersetzen. Bei mir zeigt sich folgendes Bild:

```
stefanie@diabolo[~]>file Hiscore2.jpg
Hiscore2.jpg: JPEG image data, JFIF standard
```

Der mc benutzt das Programm `file`, um den Dateityp zu bestimmen. In meinem Fall ist JPEG mit `image` verbunden und nicht mit `picture`. Es genügt, dass Sie `picture` durch `image` ersetzen, und der mc macht brav, was er soll.

```
type/JPEG\    image    Open=xv    %f    Icon=jpeg.xpm
```

## Das Optionenmenü

Wenn Ihnen der mc mit den Standardeinstellungen einfach nicht gefallen will, so bietet sich Ihnen hier die Chance, etwas dagegen zu unternehmen (Abbil-

1. Testen Sie vorher mit `which xv` bzw. `which display`, ob Sie überhaupt eines dieser Programme installiert haben.

dung 12.2). Die meisten Optionen dieses Dateimanagers lassen sich unter dem Menüpunkt KONFIGURATION ganz einfach per Mausklick oder ↵-Taste an- und ausschalten.

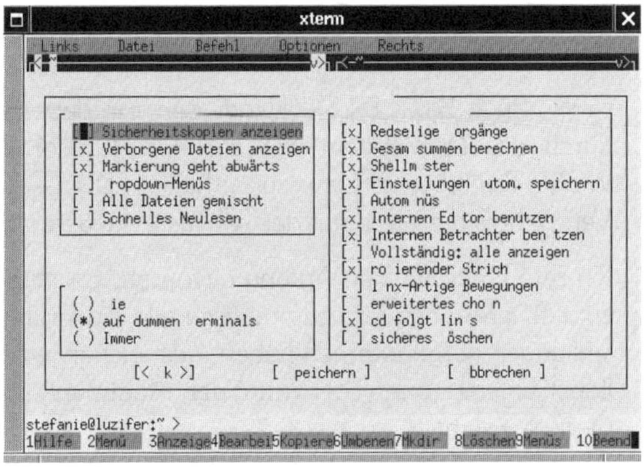


*Abb. 12.2: Das Konfigurationsmenü des Midnight Commander*

Aktivierte Optionen sind mit einem x gekennzeichnet. Die Optionen sind dabei weitgehend selbsterklärend. SICHERHEITSKOPIEN ANZEIGEN legt fest, ob Ihre mit dem ~ gekennzeichneten Sicherungskopien sichtbar sein sollen oder nicht. VERBORGENEN DATEIEN ANZEIGEN sorgt dafür, dass auch die so genannten Punktdateien angezeigt werden (also Ihre Konfigurationsdateien wie die *.muttrc* etc.). Aktivieren Sie ruhig beide, um sich einen besseren Überblick über die auf Ihrem Rechner tatsächlich vorhandenen Dateien zu verschaffen. Wählen Sie vielleicht noch MARKIERUNG GEHT ABWÄRTS und DROPDOWN-MENÜS aus, was zum einen den Cursor nach Markieren einer Datei automatisch eine Datei weiterspringen lässt und zum anderen bei Betätigen der Taste F9 direkt die Menüs der Menüleiste aufklappt.

Unter WEITERE OPTIONEN empfehle ich Ihnen, folgende Felder zu aktivieren:

- ✗ REDSELIGE VORGÄNGE, was den mc geschwätzig werden lässt. Nur wenn Ihr Rechner extrem langsam ist, sollten Sie von dieser Option Abstand nehmen.
- ✗ Für den Anfang empfiehlt es sich auf jeden Fall, SICHERES LÖSCHEN zu benutzen. Dies bewirkt, dass im Dialog, in dem der mc den Anwender fragt, ob die Datei wirklich und wahrhaftig gelöscht werden soll, die vorgegebene Antwort standardmäßig auf *Nein* steht. Sie müssen also explizit angeben, dass Sie eine Datei löschen wollen. Das dürfte den unbeabsichtigten Datenverlust minimieren.
- ✗ Ganz nützlich ist auch die Option ROTIERENDER STRICH, wodurch bei längeren Operationen ein rotierender Strich in der rechten oberen Ecke ange-

zeigt wird, durch den Sie kontrollieren können, ob der mc auch brav weiterarbeitet, während Sie warten.

- In diesem Abschnitt legen Sie darüber hinaus fest, ob der Midnight Commander für die Kommandos Anzeige (F3 – Sie erinnern sich) und Bearbeiten (F4) den eigenen Editor *mcedit* oder den von Ihnen in der bash oder tcsh festgelegten Editor benutzen soll.
- lYnx-artige Bewegungen zwingt den mc dazu, sich bei der Navigation durch das Dateisystem wie der bei Hardcore-Linuxern sehr beliebte WWW-Textbrowser Lynx zu verhalten. Die →-Taste lässt Sie dann ein Verzeichnis betreten, mit der ←-Taste verlassen Sie es wieder.
- Ich rate Ihnen für den Anfang davon ab, Einstellungen autom. speichern zu aktivieren, bei dem automatisch alle Änderungen, die Sie an den Einstellungen vorgenommen haben, gespeichert werden. Benutzen Sie dazu lieber Einstellungen Speichern, den Menüpunkt, der ganz unten im Menü Optionen steht

Optionen→Layout bestimmt das äußere Erscheinungsbild Ihres mc. Ich mag horizontale Fenster und möchte lieber die verschiedenen Dateitypen farbig hervorgehoben haben, statt die Zugriffsberechtigungen zu sehen. Als Anfänger empfiehlt es sich außerdem, Mini-Status zeigen, kommando-Prompt, Tastenleiste sichtbar und IdeenleIste sichtbar sowie menüzeile sichtbar anzuwählen, da man damit alle wichtigen Informationen direkt ohne Eingabe eines Tastenkürzels oder eines Mausklicks auf dem Schirm hat.

In der Rubrik Optionen→Darstellungsbits aktivieren Sie die Option ISO-8859-1, da sonst im mc keine deutschen Umlaute dargestellt werden.

Bei Optionen→Nachfragen bestimmen Sie, welche Aktionen Sie dem mc vor der Ausführung bestätigen sollen. Etwas weiter vorne hatten wir ja schon das Löschen von Dateien bestätigen lassen. Hier können Sie zusätzlich das Überschreiben und Ausführen von Dateien sowie das Verlassen des mc angeben.

### Datei

Der Menüpunkt Datei bietet Ihnen die Möglichkeit, mit dem mc die meisten Kommandos, mit denen man Dateien manipulieren, kopieren, löschen etc. kann, einfach per Mausklick auszuführen. Für Anfänger besonders vorteilhaft sind die Kommandos `chmod` und `chown`, mit denen sich ohne kryptische Shell-Kommandos die Besitzrechte und Zugriffsrechte auf Dateien ändern lassen. Sie können hier beispielsweise als *root* bestimmte Dateien auch für andere User ausführbar machen, indem Sie die Dateien markieren und dann die betreffenden User (die mc für Sie auflistet) einfach mit der Maus anklicken. Jetzt nur noch abspeichern, und Sie sind fertig. Diese Funktionalität dürfte Ihnen am Anfang so manches graue Haar ersparen.

### 12.2.2 Ein paar Extras mehr ...

Wäre es nicht nett, wenn man in eine *tar.gz-Datei* (die Sie vielleicht im Laufe dieses Buches schon hassen gelernt haben), auch ohne sie auszupacken, einen kurzen Blick riskieren könnte? Geht nicht? Wir müssen dafür Kommandos wie `tar -tzf blafasel.tar.gz` verinnerlichen? Das mag vielleicht mal so gewesen sein, aber dafür kennt der mc das Prinzip der *VFS*, der *Virtual File Systems*, und hierbei insbesondere *tarfs*, welches er dazu benutzt, komprimierte und unkomprimierte *tar-Dateien* zu manipulieren.

Es reicht, wenn Sie den Cursor auf eine *tar-* oder *tar.gz-Datei* bewegen. Betätigen Sie die [↵]-Taste, und mc ermöglicht Ihnen einen Blick in die Verzeichnisstruktur, die nach dem Entpacken entsteht, sowie sämtliche in diesem *Tarball* (wie man *tar-Files* auch nennt) enthaltenen Dateien. Es ist sogar möglich, einzelne Dateien mit dem KOPIEREN-Befehl in ein anderes Verzeichnis zu kopieren (auch aus rpm-Dateien), ohne dass Sie diese dazu auf Ihrem Rechner entpacken oder installieren müssten.

Das VFS macht den mc über das *ftpfs* auch zu einem vollwertigen *FTP-Client*. Der Midnight Commander stellt Ihnen mit Hilfe des *FTP File System* die Files auf dem ausgewählten FTP-Server in der gleichen Weise dar wie auf Ihrem lokalen System. Sie können sich dort mit den gewohnten Tastenkombinationen durch das Verzeichnissystem bewegen.

Die einfachste Art, mit dem mc einen FTP-Server Ihrer Wahl anzusteuern, ist, im Menüpunkt LINKS oder RECHTS den Punkt FTP VERBINDUNG anzuklicken. Es erscheint ein Dialogfeld, in dem Sie die Adresse des FTP-Servers angeben. Dies funktioniert natürlich nur, wenn Sie online sind. Die Eingabe von

```
stefanie@diabolo[~]>ftp://linux.a2000.nl/gnome/gnome-1.0/sources/
```

auf der `mc`-Kommandozeile bringt Sie so bequem in das Verzeichnis, in dem sich immer die neueste Version des Midnight Commander finden lässt. Möchten Sie mit dem `mc` einen FTP-Server kontaktieren, auf dem Sie einen User-Account besitzen und mit dem Sie nicht auf *anonymous ftp* angewiesen sind, so geben Sie stattdessen

```
stefanie@diabolo[~]> ftp://ihrusername@hostname
```

ein.

### 12.2.3 Wir werden grafisch ...

Wie eingangs erwähnt, kommt der mc in der neueren Version mit einer grafischen Variante daher. Vom Funktionsumfang her entspricht diese vollständig dem etwas spartanischer aussehenden Textbruder. Nur sieht es eben alles ein wenig hübscher und bunter aus, wie Abbildung 12.3 zeigt.

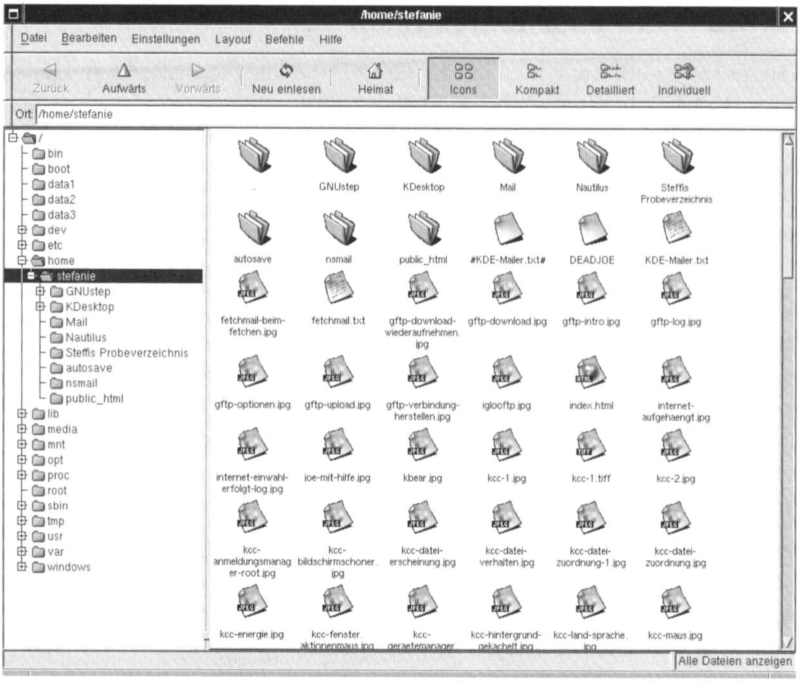


*Abb. 12.3: Doch um einiges bunter als sein Zwilling von der Kommandozeilen-Zunft ...*

Bei dieser Variante können Sie schon via Buttons in der Menüleiste das eine oder andere hinsichtlich des Layouts des mc festlegen. Ich habe mich für die Anzeige der Dateien und Verzeichnisse per Icons entschieden. Sie können auch eine kurze oder detaillierte Darstellung erhalten: einfach den entsprechenden Button anklicken. Unter EINSTELLUNGEN→EINSTELLUNGEN finden Sie die meisten der Einstellungen wie SICHERHEITSKOPIE ANZEIGEN etc. wieder (Abbildung 12.4), die ich Ihnen ja schon bei der Textvariante erläutert haben. Schneidern Sie sich auch hier Ihren mc ganz nach Ihren Wünschen zusammen.

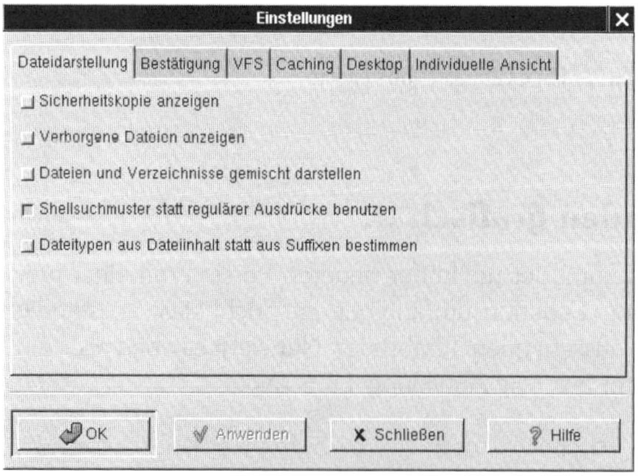


*Abb. 12.4: Man muss Präferenzen setzen ...*

## 12.2.4 Ganz schön maritim

Eines vorneweg: Allzu schwachbrüstig sollte Ihr Rechner nicht sein, denn der *Nautilus* bietet zwar gegenüber dem doch ein wenig in die Jahre gekommenen *GNU Midnight Commander Gmc* einige Vorteile, stellt aber höhere Ansprüche an die Hardware des Rechners. Wer in dieser Hinsicht nichts zu befürchten hat, möchte jetzt vielleicht mal mit einem `nautilus &` in einem X-Terminal die neue eierlegende Wollmilchsau des Gnome-Projekts in Gang setzen.

Ein wenig skurril gestaltet sich die Eindeutschung, die ich auf der SuSE 7.2 vorfand. Ob ich mein Home-Verzeichnis wirklich als Icon mit der Aufschrift »Heim *von Stefanie*« erreichen möchte ... nun ja, Geschmäcker sind verschieden.

Ansonsten überzeugt der funkelnagelneue Gnome-Dateimanager durch eine unglaubliche Anpassungsfähigkeit. Die mitgelieferten *Themes* sind da nur die Spitze des grafischen Eisbergs. Wie der Konqueror erlaubt auch Nautilus eine Vorschau für Bilder und Texte – nicht nur in der Seitenleiste, sondern als Icon im Hauptfenster. Doch Nautilus glänzt hier mit einem zusätzlichen Feature, denn diese Bilder- und Text-Icons lassen sich stufenlos vergrößern. Klicken Sie dazu mit der rechten Maustaste auf eine Datei und wählen Sie dort ICON STRECKEN aus dem Kontextmenü. Danach erscheint eine Art Kasten mit vier Angriffspunkten, mit deren Hilfe Sie das jeweilige Objekt nach Belieben nach außen ziehen können. Abbildung 12.5 zeigt die daraufhin völlig neuen Ansichten ...

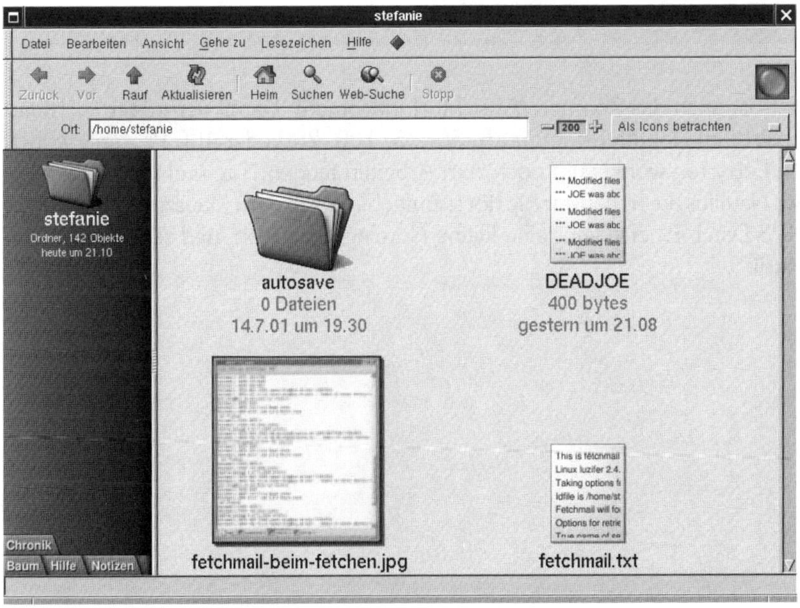


*Abb. 12.5: Großflächig ...*

Aber wichtige Dateien können Sie noch auf eine andere Art aus der grauen Masse herausheben. Öffnen Sie dazu den Menüpunkt BEARBEITEN und wählen Sie dort HINTERGRÜNDE UND EMBLEME→EMBLEME. Hier können Sie sich ein passendes Bildchen auswählen und dieses per Drag&Drop auf die Datei pappen. Besonders niedlich-albern sind die Herzchen (Abbildung 12.6). Wer weiß, vielleicht bekommt so das JPEG der Freundin bald einen völlig neuen Rahmen ...

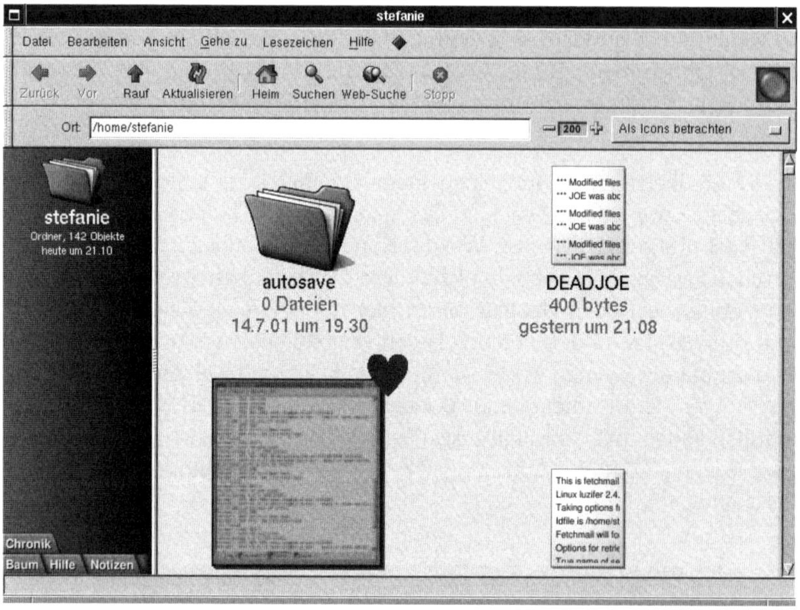


*Abb. 12.6: Einfach herzig!*

Nett ist auch das Zoomen (Ansicht→Einzoomen). Damit vergrößert sich die Ansicht im Hauptfenster um 25, 50, 75, 100, 200 oder 400 Prozent, wobei die Letzteren wohl kaum noch zum Arbeiten taugen. Tja, und musikalisch ist der Nautilus auch. Fahren Sie doch einfach mal mit dem Mauszeiger über eine MP3-Datei. Es erscheint eine kleine Note auf dem Icon, und schon spielt die Musik ...

## 12.3 Fragen und Aufgaben

1. `chmod` und `chown` sind gut und schön, aber geht es nicht auch bequemer? Ja, und zwar mit dem `mc`.

   Versuchen Sie es. Legen Sie dafür mit

   ```
   stefanie@diabolo [~]> touch Baeumchenwechseldich
   ```

   eine Datei an, und wandeln Sie diese mit Hilfe des mc in eine ausführbare Datei um.

2. Wie aktiviert man im `mc` den betriebseigenen Editor *mcedit*?

3. Bringen Sie den `mc` zum Reden. Wie erfahren Sie im Midnight Commander Näheres über bestimmte Dateien Ihrer Wahl?

### 12.3.1 Antworten und Lösungen

1. Sie haben das sicherlich ganz toll alleine geschafft, aber da ich redselig bin, hier noch mal kurz mein How-to: Bewegen Sie den Cursor auf die neu erstellte Datei *Baeumchenwechseldich*. Klicken Sie mit der Maus auf den Menüpunkt DATEI und dort auf CHMOD. In der daraufhin erscheinenden Dialogbox reicht es, mit der Maus das Kästchen von AUSFÜHREN/SUCHEN DURCH OWNER zu aktivieren und per Mausklick auf SETZEN zu bestätigen. Et voilà – unsere Datei *Baeumchenwechseldich* ist künftig ausführbar.

2. Sie können den im mc enthaltenen Editor mcedit sowohl zum Betrachten als auch zum Editieren von Dateien verwenden. Dazu reicht es, mit der Maus das Menü OPTIONEN→KONFIGURATION anzuklicken und dort die Kästchen INTERNEN EDITOR BENUTZEN und INTERNEN BETRACHTER BENUTZEN im Feld WEITERE OPTIONEN zu aktivieren.

3. Bewegen Sie den Cursor auf die Datei, die Sie ausspionieren wollen, und klicken Sie mit der Maus dann den Menüpunkt LINKS oder RECHTS an (je nachdem, auf welcher Seite des Panels Sie sich befinden). Aktivieren Sie INFO, und der mc verrät Ihnen sofort die gewünschten Details.

Kapitel 13

# Ab ins Netz

Wo? Tja, genau bei *dieser* Frage kann ich Ihnen auch nicht helfen. Der nächste Internet-Provider ist nicht immer der günstigste und der günstigste nicht immer der beste. Am besten, Sie erkundigen sich bei einer Linux-Usergruppe in Ihrer Umgebung. Und wenn das alles nichts fruchtet, ist T-Online immer zum Ortstarif zu erreichen ...

Doch wenn ich Ihnen schon beim »Wo« nicht helfen kann, das »Wie« zumindest werde ich auf den nächsten Seiten beantworten. Kümmern wir uns also wieder um die technischen Dinge.

## 13.1 Was brauchen Sie fürs Internet?

Nun, da die wenigsten Privatpersonen direkt per Ethernetkarte am Netz hängen (es sei denn, Sie gehören zu den glücklichen Vorreitern der ADSL-Technolgie), sollten Sie über ein Modem oder eine ISDN-Karte verfügen. Letztere nützt Ihnen natürlich nur etwas, wenn Sie auch einen ISDN-Anschluss haben oder sich zulegen wollen. Linux bringt ansonsten schon alles mit, was Sie für den Zugang brauchen.

Haben Sie die lästige Providerwahl hinter sich gebracht, erhalten Sie von Ihrem Provider einige Informationen, die Sie zwingend brauchen:

- die *Telefonnummer*, unter der Sie sich beim Provider einwählen
- einen *Account* und ein *Passwort* (u.U. dürfen Sie Letzteres selbst wählen)
- eine oder mehrere Adressen von *Nameservern*; mehr dazu folgt etwas später

Jetzt kommt es darauf an, was für einen Standard Ihr Provider einsetzt – eigentlich hat sich als »Sprache« zwischen Provider und Kunden mittlerweile *das Point-to-Point Protocol* (kurz: *PPP*) durchgesetzt. Wenn das der Fall ist, brauchen Sie gegebenenfalls noch ein *PAP*- oder *CHAP*-Secret.

PAP und CHAP sind Authentisierungsmechanismen, über die Sie Ihrem Provider klarmachen, dass wirklich *Sie* den Zutritt zu den heiligen Hallen des Internet wünschen und kein Unberechtigter. Im Gegensatz zu Passwörtern gehen PAP- und CHAP-Secrets nicht unverschlüsselt über die Leitung, sind also etwas sicherer.

Im Folgenden werde ich also die Einwahl über PPP erläutern und was Sie dazu bei Ihrem Linux-Rechner einstellen müssen. Sollte die Konfiguration nicht auf Anhieb klappen, seien Sie bitte nicht böse: Es gibt so viele verschiedene Modemtypen und Möglichkeiten, wie ein Provider den Einwählvorgang ablaufen lassen kann, dass ich hier unmöglich alle Eventualitäten aufzählen kann. Bei Problemen fragen Sie bitte Ihren Provider, oder wenden Sie sich an eine Linux-Usergruppe in Ihrer Nähe. Eine Liste finden Sie z.B. über die Homepage der *German Unix Users Group GUUG* unter *http://www.guug.de/*.Um sich diese Informationen zu besorgen, müssen Sie natürlich einen funktionierenden Internet-Zugang unter Windows oder an Ihrem Arbeitsplatz haben.

Sie haben verschiedene Möglichkeiten, Ihr PPP zu konfigurieren. Beginnen wir mit der sowohl für Modem- als auch ISDN-Nutzer komfortabelsten Lösung: YaST2.

## 13.2 Die Einwahl à la SuSE

Wie bei so vielen Konfigurationsmaßnahmen spielt auch bei der Einwahl ins Internet YaST2 eine entscheidende Rolle. Öffnen Sie also bitte als *root* die Kommandozentrale Ihrer Linux-Distribution, um bald mit Boris im Chor sagen zu können: »Ich bin drin«. Richten Sie danach bitte Ihr Augenmerk auf den Punkt NETZWERK/BASIS→KONFIGURATION DES MODEMS. Keine Bange, die ISDN-Nutzer unter Ihnen kommen gleich danach dran.

Sollten sich nicht sämtliche Götter des Internet gegen Sie verschworen haben, dürfte YaST2 Ihr Modem automatisch erkennen und Ihnen einen Maske wie in Abbildung 13.1 präsentieren. Falls die automatische Kennung fehlschlägt – was aber wirklich nur in den seltensten Fällen passiert – können Sie das Modem manuell einrichten. Klicken Sie dann auf den Button MODEM EINRICHTEN (Abbildung 13.2).

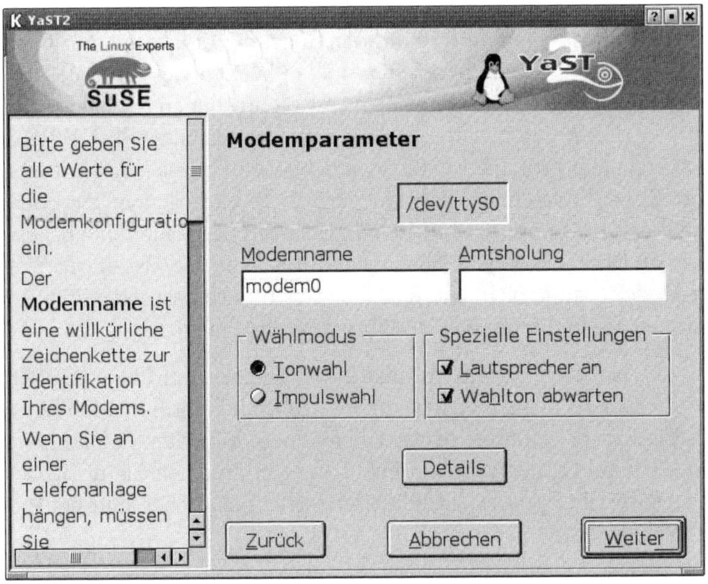


*Abb. 13.1: In den meisten Fällen erkennt SuSE das Modem von ganz alleine ...*

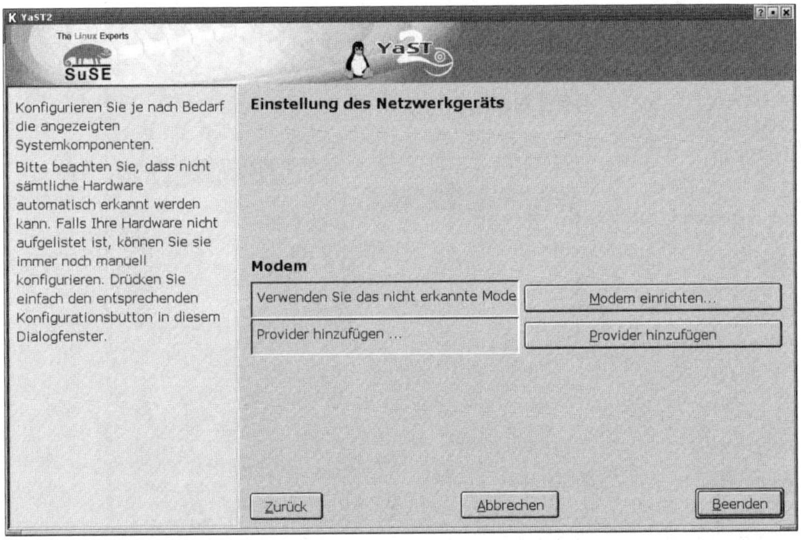


*Abb. 13.2: ...alle anderen müssen leider per Hand ein wenig nachhelfen ...*

Aber zurück zur Eingabemaske – inwieweit Sie sich die Mühe machen wollen, sich einen schmissigeren Namen für das Modem zu überlegen, bleibt Ihnen überlassen. An der Funktionstüchtigkeit des Modems ändert es nichts, ob im Feld MODEMNAME ein *modem0* oder ein *dial-me-up-baby* steht. Haben Sie eine Telefonanlage zwischengeschaltet, müssen Sie je nach Ausgestaltung die Vorwahl für die *Amtsholung* (in der Regel die 0) in das dafür vorgesehene Feld eintragen. Mit dem voreingestellten Wählmodus TONWAHL dürften Sie meist richtig liegen, und ob der Modemlautsprecher angeschaltet oder Ihr Modem auf den Wahlton warten soll, entscheiden Sie bitte selbst. Wie? Ganz einfach im Feld SPEZIELLE EINSTELLUNGEN neben dem Bereich WÄHLMODUS. Vorwitzige Klicker finden hinter dem Button DETAILS Einstellungen zur Baudrate und Initialisierungsstrings für ihr Modem. Belassen Sie es hier bitte bei einem neugierigen Blick und ändern Sie nichts, es sei denn, Sie wissen was Sie tun oder Ihr Modem wurde nicht automatisch erkannt. Die passenden Init-Strings entnehmen Sie in diesem Fall bitte Ihrem Modemhandbuch.

Klicken Sie nach diesem Ausflug in die technischen Eingeweide Ihres Modems lieber schnell auf WEITER, um im nächsten Schirm mit den Einstellungen zur Einwahl bei Ihrem Provider zu beginnen. Ein guter Auftakt hierzu dürfte ein Klick auf DEUTSCHLAND im Feld LAND sein, meinen Sie nicht? SuSE zeigt dann sofort im Feld PROVIDER die wichtigsten heimischen Internet-Provider an (Abbildung 13.3).

*Abb. 13.3: Ich wähle mich über einen deutschen Provider ins World Wide Web ein. Wie steht es mit Ihnen?*

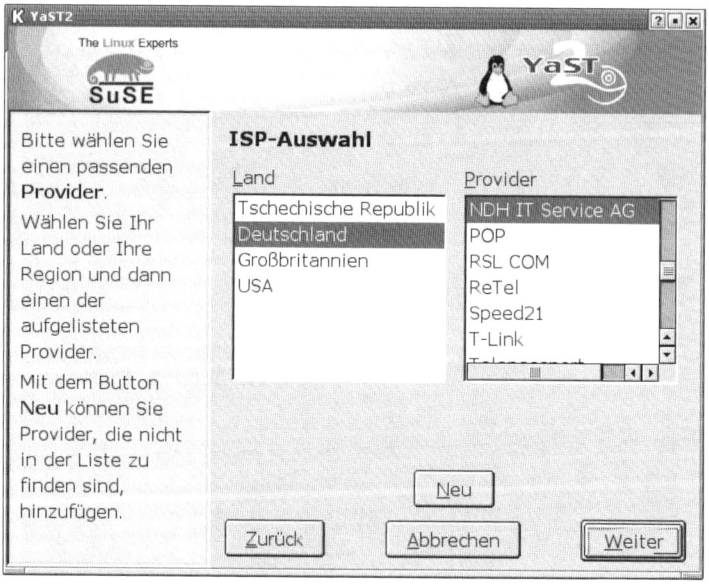


Fischen Sie sich Ihren Provider aus der Liste heraus und wählen danach WEITER. Wie Sie in Abbildung 13.4 sehen, hat SuSE die meisten Daten – eigentlich alle außer Ihrem Benutzernamen und Passwort – für Sie eingetragen. Unglücksraben, deren Provider nicht vorkonfiguriert war, gelangen übrigens in dieselbe Maske, wenn Sie im vorangegangen Schirm den Button NEU anwählen – nur müssen sie die Daten selber einstellen. Sollte Ihre Paranoia nicht allzu ausgeprägt sein und Sie nicht permanent ungebetene Besucher an Ihrem Rechner haben, lassen Sie das Feld BITTE IMMER FRAGEN im Bereich PASSWORTABFRAGE deaktiviert, um das Passwort nicht stets aufs Neue eingeben zu müssen.

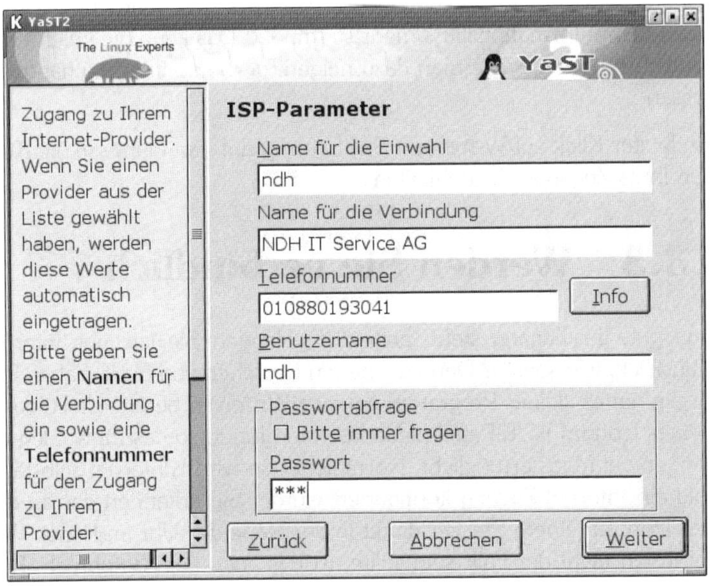


*Abb. 13.1: Viele deutsche Provider hat SuSE in seiner Datenbank für Sie schon vorkonfiguriert*

Bedenken Sie bei dieser Speicherei jedoch bitte, dass Sie sich dadurch zwar möglicherweise manche Tipperei ersparen, andererseits jedoch in Kauf nehmen, dass Ihr Passwort auf Ihrer Festplatte abgespeichert wird. Und wenn der Rechner dann einmal in falsche Hände gerät oder aus Versehen Lese- oder gar noch mehr Rechte für die lieben Mitbenutzer aktiviert sind, könnte sich eine deutlich erhöhte Internet-Rechnung auf diese Weise ganz von selbst erklären lassen ...

In der nächsten Maske können Sie den von Ihnen gerade eingetragenen Provider als Standard festlegen. Außerdem können Sie hier Ihre ganz eigene *Firewall* aktivieren (und zwar in dem Sie das gleichlautende Feld auswählen), um es Eindringlingen von außen schwer oder unmöglich zu machen, während einer Internet-Sitzung auf Ihren Rechner zuzugreifen. Denn mit der Aktivierung der Firewall lehnt Ihr Rechner jegliche Verbindungsanfragen von außen ab. Wer möchte, kann über den Bereich Nach Verbindung ausführen festlegen, ob SuSE ein bestimmtes Programm – beispielsweise Netscape oder den Konqueror – starten soll, sobald eine Verbindung ins Internet hergestellt wurde. Wer auf diesen Automatismus keinen Wert legt, belässt es beim voreingestellten Nichts. Ein Klick auf Details erlaubt es Ihnen, weitere Verfeinerungen Ihres künftigen Internet-Zugangs vorzunehmen. Legen Sie hier beispielsweise fest, nach wie vielen Sekunden die Verbindung abgebrochen werden soll, wenn kein Informationsfluss mehr stattfindet. Das kann die Telefonrechnung deutlich schonen, sollte man dazu neigen, gerne mal das Aufhängen zu vergessen ...

Ein letzter Klick auf Weiter ruft *SuSEconfig* auf den Plan, um die Konfiguration Ihres Zugangs abzuschließen.

## 13.3 Werden Sie verbindlich

Nun gut, Ihr Zugang steht, aber wie gelangen Sie jetzt ins Internet? Per Mausklick, wie sonst:)? Denn die netten Leutchen von SuSE haben Ihnen dafür ein nettes kleines Programm namens *KInternet* bereitgestellt, das sich als kleines Icon im KDE-Panel niederlässt und Ihnen so das Einwählen und Einhängen via Maus ermöglicht. Normalerweise wird KInternet selbständig, sobald ein Internet-Zugang konfiguriert wurde. Sie erkennen das an dem kleinen Icon mit einem Stecker direkt in der Nähe der Uhr im Panel. Wenn das bei Ihnen nicht der Falls sein sollte, ist das auch kein Beinbruch. Rufen Sie dann das Programm über den K-Button→SuSE→Internet→kleine Werkezeuge→KInternet auf. Danach sollte jeder das Stecker-Icon sehen können. Mir persönlich war der graue Icon-Hintergrund nicht kontrastreich genug. Anscheinend stehe ich mit meiner Meinung nicht alleine da, denn mit einem rechten Mausklick auf das Icon können Sie im Kontextmenü unter dem Punkt Einstellungen Farbiger Hintergrund auswählen, und schon wird das Steckerchen in ein wunderhübsches Giftgrün eingebettet, das sich nicht mehr übersehen lässt. Und netterweise wechselt dieser grüne Hintergrund zu Feuerrot, so dass Sie mit einem Blick auf das Icon feststellen können, ob Sie noch online sind oder nicht.

Möchten Sie künftig eine Verbindung ins Internet herstellen, brauchen Sie lediglich mit der rechten Maustaste auf das KInternet-Icon zu klicken und Einwählen anzuwählen. Jetzt heißt es nur noch, den Einwahlvorgang im daraufhin aufploppenden Log-Fenster zu beobachten (Abbildung 13.5).

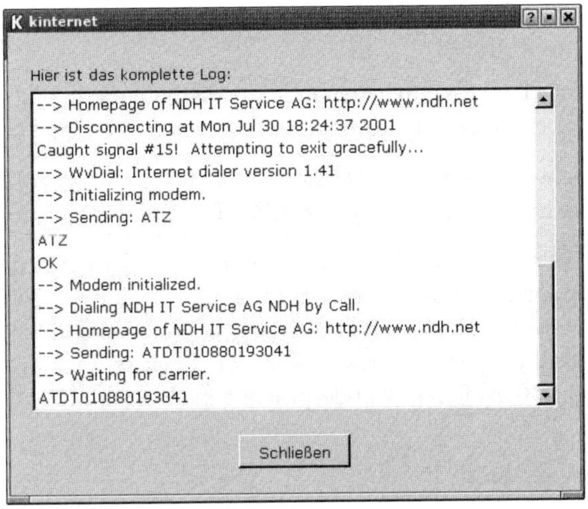


*Abb. 13.5: Einwahl erfolgt!*

Möchten Sie die Verbindung trennen, so wählen Sie aus dem Kontextmenü AUFLEGEN. Ein Blick ins Log (Abbildung 13.6) zeigt, dass KInternet auch hierbei brav Ihren Anweisungen folgt.

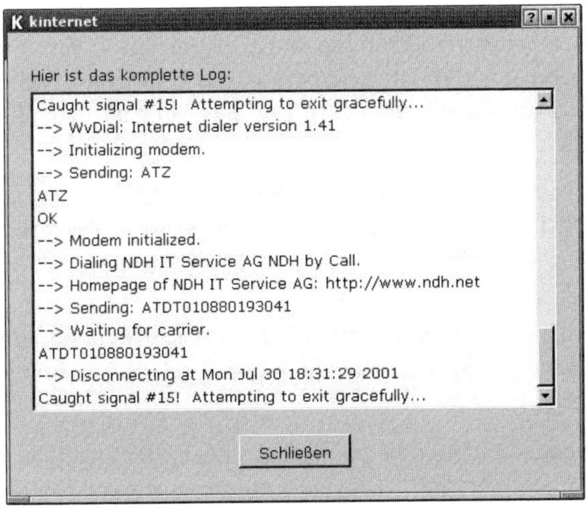


*Abb. 13.6: Und schon wieder eingehängt ...*

## 13.4 PPP von Hand konfigurieren

Wer Handarbeit bevorzugt, kann auch auf die hübsche grafische Oberfläche verzichten und die Konfigurationsdateien von Hand editieren.

Die wichtigste dieser Dateien ist zweifellos */etc/ppp/options*. Dort müssen Sie alle Einträge vornehmen, die YaST2 sonst für Sie verwaltet.

In der Datei ist jede Option kommentiert. Um eine der Optionen zu aktivieren, muss nur das #, also das Hash, am Anfang der Zeile entfernt werden. Um Ihnen einen kleinen Eindruck zu geben, wie eine funktionsfähige Optionsdatei aussehen kann, werfen Sie einen Blick in meine, die mich mit meinem 56.000er-Modem wunderprächtig ins Netz bringt:

```
lock
noipdefault
modem
crtscts
defaultroute
deflate 15,15
bsdcomp 15,15
asyncmap 00000000
refuse-chap
```

Des Weiteren müssen Sie, um erfolgreich eine Verbindung ins Internet aufzubauen, ggf. die Datei */etc/pap-secrets* bearbeiten (und zwar genau dann, wenn Ihr Provider mit dem PAP-Protokoll arbeitet, wovon eigentlich auszugehen ist).

```
# Secrets for authentication using PAP
# client         server      secret      IP addresses
Ihr_User-Name    *           Ihr_Passwort
*                *           ""
```

Ergänzen Sie diese Datei um Ihren User-Namen und Ihr Passwort, und vergessen Sie auch nicht die Sternchen und die Anführungsstriche. Abspeichern. Fertig.

Was Sie nicht vergessen sollten, ist, in der Datei */etc/resolv.conf* die IP des Nameservers Ihres Providers einzutragen, weil Sie sonst beim Surfen nicht sehr weit kommen dürften. Bei mir schaut das beispielsweise so aus:

```
stefanie@diabolo[~]>cat /etc/resolv.conf
search ndh.net
nameserver 194.97.97.10
```

# 13.5 Per ISDN ins Internet

Wer es bis dato noch nicht getan hat: Bauen Sie die ISDN-Karte ein und schließen Sie sie an eine ISDN-Dose an – sonst geht hier gar nüscht:). Nachdem der Rechner wieder läuft, können Sie mit einem vorsichtigen

```
stefanie@diabolo[~] # lspci
00:0b.0 Network controller: AVM Audiovisuelles MKTG & Computer System
GmbH
```

nachsehen, ob die Karte auch erkannt wurde.

Sie läuft? Wunderbar. Dann trennen Sie ja nur noch die passenden Treiber vom Internet und dem hemmungslosen Surfvergnügen. Um diese erfolgreich einzubinden, rufen Sie jetzt bitte erst einmal – als *root* – YaST2 auf und wählen dort den Punkt NETZWERK/BASIS→KONFIGURATION VON ISDN an. Normalerweise dürfte SuSE Ihre ISDN-Karte im darauf erscheinenden Menü schon links anzeigen, wenn nicht, haben Sie die Chance, sie über den Button ISDN EINRICHTEN (den finden Sie direkt neben dem Feld mit dem dann leider so frustrierenden Eintrag NICHT ERKANNTE KARTE VERWENDEN) aufpoppenden Menü wird normalerweise links ihre Karte schon angezeigt. Klicken Sie danach auf WEITER. Es erscheint jetzt eine Dialogbox, in der Sie in der Regel bei AUSWAHL DES ISDN-PROTOKOLLS mit der Voreinstellung EURO-ISDN (EDSS1) goldrichtig liegen dürften. Sollte die automatische Kennung Ihrer Karte vorher schief gelaufen sein, müssen Sie selbstverständlich erst noch im oberen Bereich WÄHLEN SIE DIE ISDN-KARTE Ihre Wahl aus dem reichhaltigen Angebot treffen (Abbildung 13.7).

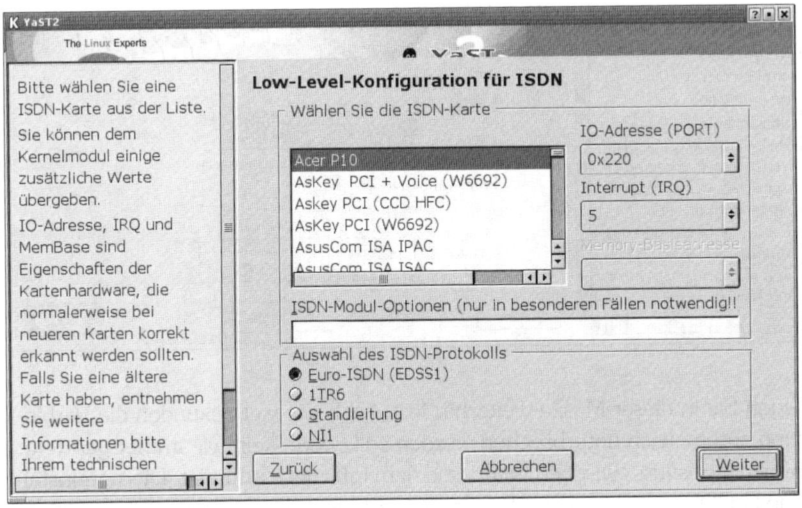


*Abb. 13.7: Konfigurieren Sie Ihre ISDN-Karte mit ein paar Mausklicks*

Im nächsten Menü können Sie Ihren Provider auswählen. Fischen Sie sich Ihren Provider aus der Liste heraus und wählen Sie danach Weiter. SuSE hat die meisten Daten – eigentlich alle außer Ihrem Benutzernamen und Passwort – für Sie eingetragen. Unglücksraben, deren Provider nicht vorkonfiguriert war, gelangen übrigens in dieselbe Maske, wenn Sie im vorangegangen Schirm den Button Neu anwählen – nur müssen sie die Daten selber einstellen. Die Verbindungsparameter in der nächsten Maske (Abbildung 13.8) lassen Sie dabei weitgehend so, wie sie sind. Bei Eigene Telefonnummer möchte YaST2 die so genannte *MSN* wissen – also eine der Telefonnummern (unbedingt ohne Vorwahl eingeben!), die Sie von der Telekom für Ihren Anschluss bekommen haben. Bei Wählmodus sollten Sie sich für das voreingestellte Manuell entscheiden. Sie können sich dann nachher bequem mit Hilfe von *KInternet* ins Netz einwählen, dessen Funktionsweise im dritten Abschnitt dieses Kapitels erklärt wird. Auf der Konsole stellen Sie mit einem `/usr/sbin/isdnctrl dial ippp0` eine Verbindung her und hängen mit `/usr/sbin/isdnctrl hangup ippp0` wieder auf. Wer keine Flatrate hat, sollte die Finger vom Wählmodus Automatisch lassen. Denn hier kann es passieren, dass durch Prozesse, die im Hintergrund ablaufen (z.B. Sendmail & Co, das ich Ihnen in Kapitel 14 hoffentlich näher bringe), öfters, als Sie wollen, eine Verbindung ins Internet hergestellt wird. Was in Deutschland ja bekanntlich ziemlich teuer werden kann.

*Abb. 13.8: Die Parameter für Ihre ISDN-Verbindung*

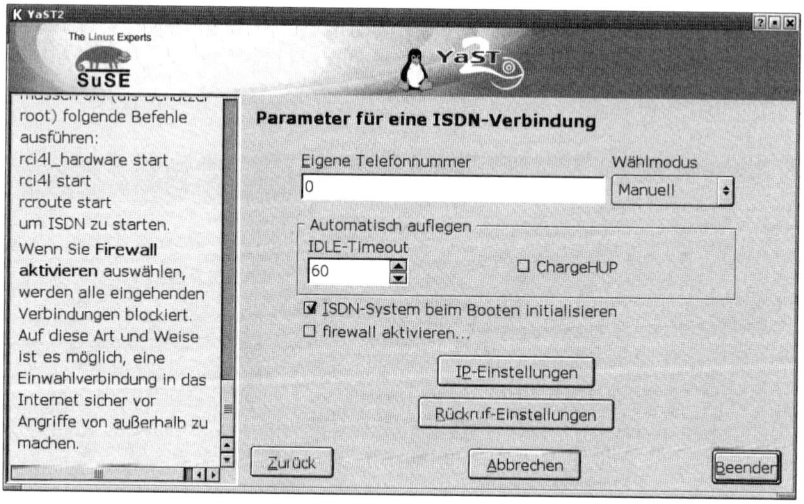


Legen Sie in dieser Maske weiterhin fest, nach wie viel Sekunden die Verbindung automatisch unterbrochen werden soll, wenn kein wie immer gearteter Informationsfluss zwischen Ihnen und dem Internet stattfindet. Die Voreinstellung bei IDLE-Timeout von 60 Sekunden ist nicht das Schlechteste ... In diese

Richtung zielt auch der Punkt direkt daneben – CHARGEHUP, dessen Aktivierung bewirken soll, dass das automatische Auflegen erst vor der nächsten zu zahlenden Gebühreneinheit erfolgt. Vorsicht – das funktioniert nicht bei jedem Provider. Und lassen Sie in jedem Fall den Punkt ISDN-SYSTEM BEIM BOOTEN INITIALISIEREN aktiviert. Dieser sorgt dafür, dass die von Ihnen benötigten Treiber korrekt beim Booten geladen werden. Keine Bange, dadurch wird noch keine Verbindung ins Internet aufgebaut. Unter IP-EINSTELLUNGEN müssen Sie in aller Regel nichts verändern. YaST2 schlägt Ihnen hier eine lokale und eine entfernte IP-Adresse vor, die Sie am besten einfach übernehmen. Und für alle diejenigen, die es interessiert: Die voreingestellten Punkte DYNAMISCHE IP-ADRESSENVERGABE und DYNAMISCHE DNS-VERGABE sorgen dafür, dass während der Verbindung die vom Provider zugewiesene IP-Adresse und der Name-Server übermittelt werden. Bei RÜCKRUF-EINSTELLUNGEN belassen Sie es bei RÜCKRUF NICHT KONFIGURIERT. Alle anderen Möglichkeiten sind für den privaten Gebrauch irrelevant. Beenden Sie den fröhlichen Konfigurationsreigen danach mit einem Klick auf BEENDEN.

## 13.6 ... auch für die glücklichen ADSL-Nutzer weiß SuSE Rat ...

Diese Konfiguration ist sogar noch simpler als die für Ihre ISDN-Karte. Wählen Sie zur Konfiguration in YaST2 das Modul NETZWERK/BASIS→ADSL aus. Nutzer einer T-DSL von T-Online wählen stattdessen T-DSL IN DEUTSCHLAND. Die Einstellungen sind hier übrigens bis auf die zusätzliche T-ONLINE-NUMMER und die ANSCHLUSSKENNUNG gleich.

Sie werden nach Username und Passwort gefragt und wählen bei ETHERNETKARTE die Netzwerkkarte an, die zu Ihrem DSL-Modem führt. Sollten Sie Ihre Netzwerkkarte noch nicht konfiguriert haben, blättern Sie schnell zum nächsten Abschnitt dieses Kapitels, denn ohne konfigurierte Karte ist hier sonst leider nichts zu holen. DIAL-ON-DEMAND ist auch hier nur empfehlenswert, wenn Sie über eine Flatrate verfügen, sonst kann die Sache teuer werden. Wie schon bei ISDN können Sie Voreinstellung bei IDLE-ZEIT von 60 Sekunden ruhig so stehen lassen. Die Verbindung wird dann unterbrochen, wenn eine Minute lang keine Daten mehr geflossen sind.

# 13.7 Die Konfiguration der Netzwerkkarte

Auch für die Konfiguration der Netzwerkkarte können Sie das Modul von YaST2 Netzwerk/Basis verwenden. Wählen Sie jedoch diesmal den Unterpunkt Konfiguration der Netzwerkkarte (Abbildung 13.9). Sie werden sich freuen zu hören, dass die Konfiguration sich in einem Absatz – nämlich dem nächsten – zusammenfassen lässt.

YaST2 erkennt in der Regel die Karte selbständig. Bei der Konfiguration haben Sie die Wahl zwischen der automatischen Adressvergabe mit DHCP oder der Konfiguration einer statischen Adresse. Fällt Ihre Wahl auf die statische Variante, tragen Sie in die gleichnamigen Felder bitte noch die IP-Adresse und Subnetzmaske ein. Das Netzwerk-Interface wird eigentlich sofort in Betrieb genommen, das heißt nach Abschluss des Dialogs sollte alles funktionieren.

*Abb. 13.9: Voll vernetzt*

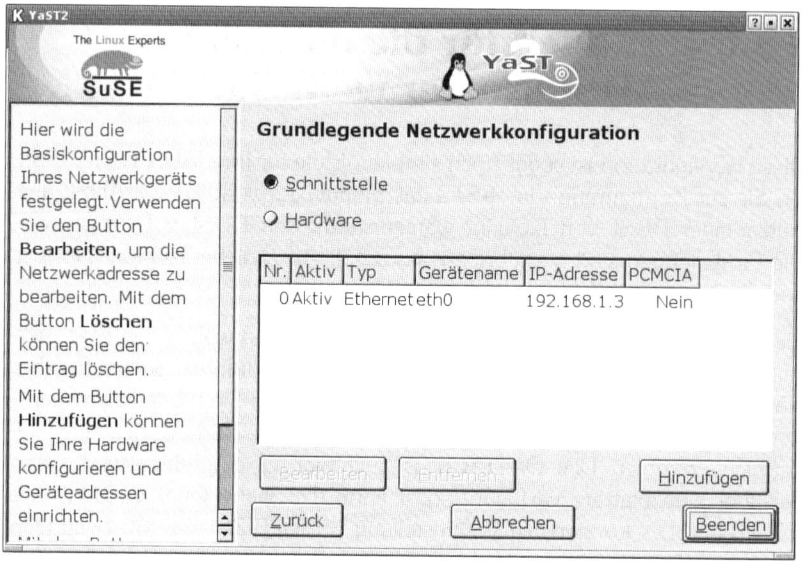

KAPITEL 14

# Was ist eigentlich eine E-Mail?

Manche behaupten: die einzige Rettung vor der deutschen Post. Etwas ernsthafter betrachtet ist eine Mail oder E-Mail (= elektronische Post) im Wesentlichen eine Datei, die den Text Ihres Briefes enthält. Mit E-Mails lassen sich schnell wichtige Memos, Daten oder einfach nur der neueste Klatsch an jede Person übertragen, die ebenfalls über eine E-Mail-Adresse verfügt.

Grob kann man den Aufbau einer E-Mail mit zwei Teilen beschreiben. Jede Mail verfügt über einen Teil, der die administrativen Daten enthält und den man auf Deutsch entweder als *Kopf* oder – da gerade im Netz Anglizismen sehr beliebt sind – auf Neudeutsch als *Message Header* oder einfach nur *Header* bezeichnet. Später im Kapitel wird noch öfter von Headern die Rede sein. Damit sind dann stets diese zu einer ordnungsgemäßen Mail gehörenden Kopfzeilen gemeint.

Den eigentlichen Text einer Mail nennt man *Rumpf* oder auch *Body*.

Eine vollständige E-Mail sieht – mit allen Headern – in etwa folgendermaßen aus:

```
From owner-humorix@humbolt.nl.linux.org  Mon Jul 26 07:27:08 1999   g-Game
Return-Path: <owner-humorix@humbolt.nl.linux.org>
Received: from localhost (stefanie@localhost [127.0.0.1])
        by diabolo.ndh.net (8.8.8/8.8.8) with ESMTP id HAA03458
        for <stefanie@localhost>; Mon, 26 Jul 1999 07:27:07 +0200
Received: from mail.ndh.net
        by localhost with POP3 (fetchmail-4.7.8)
        for stefanie@localhost (single-drop); Mon, 26 Jul 1999 07:27:08 +0200
(CEST)
Received: from humbolt.geo.uu.nl (root@humbolt.geo.uu.nl [131.211.28.48]) by
public.ndh.com (8.8.7/8.8.0) with ESMTP id GAA02590 for
+<s.teufel@ndh.net>; Mon, 26 Jul 1999 06:38:52 +0200 (MET DST)
```

```
Received: by humbolt.nl.linux.org id <S92205AbPGZEee>; Mon, 26 Jul 1999 06:34:34
+0200
Received:from hermes.ldd.net ([209.16.220.10]:26044 "EHLO hermes.ldd.net" smtp-
auth: <none>) by humbolt.nl.linux.org with ESMTP id
+<S92184AbPGZEd6>; Mon, 26 Jul 1999 06:33:58 +0200
Received: from ldd.net ([209.16.222.109]) by hermes.ldd.nettml#Linux-Censorship
 (Post.Office MTA v3.1.2 release (PO203-101c)
 ID# 108-40871U20000L20000S0) with ESMTP id AAA25648
for <humorix@humbolt.nl.linux.org>;
Sun, 25 Jul 1999 23:29:53 -0500
Message-ID: <379BE632.331E00CA@ldd.net>
Date:   Sun, 25 Jul 1999 23:38:10 -0500
From: James Baughn <jbaughn@ldd.net>
Organization: http://i-want-a-website.com
X-Mailer: Mozilla 4.07 [en] (X11; I; Linux 2.0.36 i586)
MIME-Version: 1.0
To: humorix@humbolt.nl.linux.org
Subject: [humorix] One Year of Humorix
Content-Transfer-Encoding: 7bit
X-Orcpt: rfc822;humorix@humbolt.nl.linux.org
Sender: owner-humorix@humbolt.nl.linux.org
Precedence: bulk
Reply-To: humorix@humbolt.nl.linux.org
Content-Type: text/plain; charset=us-ascii
X-UIDL: 247e0c41777750cb988ac147b1f520b6
Status: RO
Content-Length: 7703
Lines: 216

One Year of Humorix
July 25, 1999
[...sehr viel mehr Text...]
James S. Baughn
http://i-want-a-website.com/about-linux/
--
Humorix:      Linux and Open Source(nontm) on a lighter note
Archive:      http://humbolt.nl.linux.org/lists/
Web site:     http://www.i-want-a-website.com/about-linux/
```

Die meisten der Header-Zeilen spielen für den normalen Anwender keine große Rolle. Beispielsweise können Sie anhand der Zeilen, die mit `Received:` beginnen, den Weg zurückverfolgen, den die Mail genommen hat. Solange die Mail wohlbehalten ankommt, wird es die meisten User kaum interessieren, welchen Weg sie zurückgelegt hat. Engagierte Spam-Bekämpfer (*Spam* ist das elektronische Pendant zu Postwurfsendungen und eine *der* Seuchen des Netzes) versuchen jedoch beispielsweise mit Hilfe dieser Zeilen, die Urheber der ungewollten Werbung herauszufinden, die meist versuchen, ihre Header so zu fälschen, dass man sie nicht ermitteln kann[1].

1. Wer sich ein wenig näher mit dieser Materie auseinander setzen möchte, der sollte der FAQ »E-Mail-Header lesen und verstehen« von Thomas Hochstein einen zweiten Blick gönnen, deren neueste Version stets unter *http://www.rhein-neckar.de/~ancalgo/headerfaq.html* zu finden ist. In dieser FAQ werden auch das Thema »Spam« sowie Wege, sich dagegen zur Wehr zu setzen, abgehandelt.

Für den normalen User sind meist nur folgende Header von Interesse:

Die `To`-Zeile: Hier erscheint der Adressat der Nachricht.

Die `From`-Zeile: Hier steht der Absender der Mail .

Die `Cc`-Zeile: `Cc` steht für *Carbon copy*, was wörtlich *Durchschlag* bedeutet (das kommt wirklich noch aus der Zeit des Kohlepapiers!). Adressaten, die in der `Cc`-Zeile stehen, erhalten bzw. erhielten eine Kopie dieser Mail.

Die `Bcc`-Zeile: `Bcc` heißt *Blind carbon copy* und bedeutet, dass Sie so hinterlistig sind, den einzelnen Adressaten nicht zu verraten, dass die vertrauliche Nachricht zeitgleich an Ihre anderen hundert besten Freunde geht.

`Subject:` Das ist der Betreff der Nachricht.

Beim Rest der Header handelt es sich meist um optionale Zeilen wie das Mail-Programm oder die beliebten *X-Header*, die eher mehr oder minder nutzlose persönliche Informationen enthalten.

## 14.1 E-Mails adressieren

Genau wie bei normaler Post müssen Sie auch Ihre E-Mails adressieren. Jeder, der am elektronischen Austausch von Nachrichten teilnehmen möchte, muss über eine gültige E-Mail-Adresse verfügen. In den meisten Fällen erhalten Sie diese bei der Anmeldung bei Ihrem Internet-Provider.

In der Regel sehen die meisten E-Mail-Adressen in etwa aus wie beispielsweise meine:

```
s.teufel@ndh.net
```

Der Teil vor dem `@` ist mein Benutzername. Der Teil hinter dem `@` besteht aus dem Systemnamen und weiteren Informationen darüber, wo der Rechner sich befindet. Er entspricht in etwa der Hausnummer, dem Straßen- und Ortsnamen und der Postleitzahl bei einer herkömmlichen Adresse. Diese Systemnamen, Firmennamen und Computernamen werden in der Regel mit Punkten verbunden. Das irgendwie seltsame Zeichen `@` findet sich in jeder E-Mail-Adresse. Man nennt es *at* oder auch *Klammeraffe*. Sie können es auf den meisten Tastaturen durch gleichzeitiges Drücken der rechten [Alt]- und der [q]-Taste erzeugen.

Achten Sie bitte bei der Eingabe der E-Mail-Adresse auf die genaue Schreibweise. Viele E-Mails kommen als unzustellbar zurück (man nennt diesen Vorgang auch *bouncen*), weil sich ein Leerzeichen oder ein überflüssiger Punkt in die Adresse eingeschlichen hat. Achten Sie auch auf Groß- und Kleinschreibung. Um Fehler zu vermeiden, sind die meisten E-Mail-Adressen durchweg kleingeschrieben. Sollten Sie einmal über eine Mail-Adresse stolpern, die Großbuchstaben enthält, so behalten Sie diese unbedingt bei. E-Mail-Adressen sind in dem Bereich, der vor dem `@` steht, potenziell *case-sensitive*, das heißt, Sie sind auf der sicheren Seite, wenn Sie Groß- und Kleinschreibung beachten.

## 14.2 Von MIME und anderen Besonderheiten

Mailen geht schnell. So schnell, dass Sie sicherlich in die Situation kommen werden, auch mal etwas anderes als simple, kleine Nachrichtentexte verschicken zu wollen. Wer will seiner Freundin schon länger als nötig das Bild vom Chef in Unterhosen vorenthalten? Die meisten E-Mail-Programme kennen daher mittlerweile Befehle, um Dateien, Bilder oder Ähnliches an Mails anzuhängen. Man spricht dabei auch von so genannten *Attachments* (Anhängseln). Nun sind Mail-Systeme normalerweise nicht darauf eingerichtet, etwas anderes als Texte zu versenden, doch haben sich ein paar Schleichwege herauskristallisiert, mit denen man dem Mail-System vorgaukeln kann, es verschicke normalen Text.

Die beiden am weitesten verbreiteten sind: Man kodiert die Datei mit `uuencode` oder man benutzt die moderneren und komfortableren *Multipurpose Internet Mail Extensions (MIME)* .

Bei Ersterem müssen Sie die Binärdatei zuerst mit dem Programm `uuencode` in eine Textdatei verwandeln. Das Ergebnis können Sie wie eine normale Text-Mail an den Empfänger der Nachricht schicken. Ein Beispiel sollte das verdeutlichen:

```
stefanie@diabolo[~]> uuencode Laestig anhaenglich > shit.happens
```

Dieser Befehl erstellt eine mit `uuencode` kodierte Datei mit dem Namen *shit.happens*, die, wenn sie dekodiert wird, eine Datei mit dem Namen *anhaenglich* und demselben Inhalt wie die Datei *Laestig* erstellt. *Laestig* könnte dabei beispielsweise ein Bild der Schwiegermutter sein. Die Datei *shit.happens* enthält jetzt nur noch ASCII-Zeichen, wie Sie mit dem Editor Ihrer Wahl überprüfen können.

Erhalten Sie eine so kodierte Nachricht, so müssen Sie die Nachricht als Datei speichern und mit `uudecode` zurück ins Binärformat verwandeln.

```
stefanie@diabolo[~]> uudecode shit.happens
```

würde beispielsweise das reizende Antlitz der Schwiegermama klar erkennbar werden lassen.

*MIME* ist die Abkürzung für *Multipurpose Internet Mail Extensions*. Dies ist ein Standard, der mittlerweile von den meisten Mail-Readern automatisch unterstützt wird. Auch Mutt und KMail, die in diesem Buch vorgestellt werden, haben MIME-Unterstützung implementiert. Wollen Sie eine Binärdatei verschicken, so wandelt sie Ihr Mail-Programm beim Versenden automatisch in MIME um, die umgekehrte Richtung gilt für MIME-Attachments, die Sie empfangen. Sie sollten sich dennoch beim Empfänger erkundigen, bevor Sie eine größere MIME-Mail verschicken, ob dessen Mail-Programm mit MIME umgehen kann, da er sonst gegebenenfalls nicht viel Freude an Ihrem Anhängsel haben wird.

## 14.3 Ein paar Interna der Mail-Verwaltung ...

Auf einem SuSE-System, von dem wir hier im Buch ausgehen, werden Mails mit dem Programm `sendmail` versendet. Behalten Sie das bitte im Hinterkopf, wenn Sie sich an den Verzeichnisnamen orientieren, da diese sich ändern, falls Sie alternativ ein Programm wie `smail` einsetzen.

Haben Sie bisher nur mit Windows gearbeitet, sollten Sie sich hinsichtlich der Mail-Verwaltung eines Linux-Systems eines klarmachen: Linux unterscheidet wie jedes Unix-System klar zwischen *Mail User Agents* und *Mail Transport Agents*. *Mail User Agents*, kurz *MUAs* genannt, sind die Mail-Programme, mit denen Sie tatsächlich Ihre Mails schreiben. In diesem Buch werden Sie Mutt für die Konsole und KMail für die X-Oberfläche kennen lernen. Davon deutlich zu trennen ist der *Mail Transport Agent*. Ihr Mail-Programm reicht an diesen *MTA* die fertige Mail weiter. Erst durch den Mail Transport Agent wird der Transport der Mail zum Zielsystem (also zur Mailbox des Empfängers) eingeleitet. Dabei sind Sendmail und Smail die populärsten *MTAs* auf modernen Linux-Rechnern.

Welche Transport-Software eingesetzt wird, hängt ganz von der Art der Netzverbindung ab. Ich gehe in diesem Buch davon aus, dass Sie über eine TCP/IP-Verbindung ins Netz gelangen, was heute bei den meisten Heimanwendern auch der Standard sein dürfte. Bei einer TCP/IP-Verbindung kommt in aller Regel *SMTP* zum Einsatz. *SMTP* steht für *Simple Mail Transfer Protocol*.

Hier wird eine direkte Verbindung zum Zielrechner aufgebaut und die Nachricht an den SMTP-Dämon der anderen Seite übertragen.

Das sieht dann in der Regel so aus: *irgendwer@nirgendwo.com* schreibt Ihnen eine Mail. Diese landet auf dem Server seines Providers. Dieser wiederum ist – im Gegensatz zu Ihrem Rechner – natürlich fest mit dem Netz verbunden. Der dort laufende *MTA* empfängt die Mail, schaut in den Header und schickt die Mail zum Mail-Server Ihres Providers. Diese Nachricht landet dann in Ihrer Mailbox auf dem Mail-Server des Providers und kann von dort via *POP3* mit dem passenden Programm auf den heimischen Rechner transferiert werden. Eines dieser Programme, die diese Arbeit für Sie erledigen, werden Sie gleich mit *Fetchmail* kennen lernen.[1]

Das klingt jetzt alles furchtbar kompliziert, aber die Konfiguration der jeweiligen Programme ist nicht schwer, und einmal eingerichtet, wird alles so gut wie automatisch erledigt. Also keine Sorge.

## 14.4 Sendmail

Zwischen Ihnen und dem erfolgreichem Versand Ihrer Mail steht jetzt nur noch `sendmail`. Sendmail nimmt, wie schon erwähnt, von Ihrem *MUA* fertige Post entgegen und sendet diese bereitwillig weiter. Problematisch wird die Sache dadurch, dass die meisten privaten Anwender über keine eigene Internet-Domain verfügen. Das äußert sich dahingehend, dass Sendmail dummerweise als Absenderadresse automatisch *loginname@hostname.Domainname* einsetzt. Bei mir wäre das *stefanie@diabolo.net*. Hässlich, denn *Replies*, also Antworten, an diese Adresse würden niemals den Weg zu mir finden, da diese Adresse bei meinem Provider unbekannt ist.

Eine Internet-Domain (oder kurz *Domain* genannt) entspricht ungefähr der Straße und dem Ort bei einer herkömmlichen Adresse. Die Dinger sind hierarchisch aufgebaut, das heißt, wenn Sie die Adresse von hinten nach vorne lesen, wissen Sie (zumindest ungefähr), wo Ihre Gegenstelle liegt. Ein Beispiel: Die Domain *informatik.uni-koeln.de* liegt in Deutschland (*.de*), gehört zur Universität Köln (*.uni-koeln*) und dort wieder zur Fakultät für Informatik (*informatik*). Es gibt auch Adressen, denen man es nicht ansicht, dass sie in Deutschland liegen (wie z.B. *ndh.net*). Keine Sorge, auch wenn *Sie* und *ich* das diesen Adressen nicht ansehen können – unsere Rechner können das.

1. Die mittlerweile wichtigste Alternative zu POP3 lautet IMAP – die Abkürzung für Internet Message Access Protocol. Der wohl bedeutendste Unterschied besteht darin, dass bei IMAP die Nachrichten auf dem Server Ihres Internet-Providers verbleiben, ein Vorteil für Leute, die auf Ihre elektronische Post von den unterschiedlichsten Orten aus zugreifen müssen. In einem solchen Fall ist es von Vorteil, wenn die Mails zentral verwaltet werden und nicht leicht planlos auf den unterschiedlichsten Rechnern, Partitionen oder Ähnlichem landen.

Um Sendmail dazu zu bringen, dass er die korrekte E-Mail-Adresse automatisch einträgt, kann man sich seine Maskierungs- (wörtlich: die *Masquerade*-)Funktion zunutze machen. In die Tiefen der Sendmail-Konfiguration hinabzusteigen, erspare ich Ihnen und mir. Es gibt Bücher zu diesem Thema, deren Umfang das New Yorker Telefonbuch vor Neid erblassen lässt.

Öffnen Sie bitte als *root* YasT2 und wählen Sie dort erst einmal den Punkt NETZWERK/ERWEITERT→KONFIGURATION VON SENDMAIL an. Aus der langen Reihe vorgegebener Konfigurationseinstellungen entscheiden wir uns für KEINE MODIFIKATION VON /ETC/SENDMAIL.CF, da wir an dieser Datei gleich selber ein wenig tätig werden wollen.

Nehmen wir uns also meine *suse.mc* als Beispiel. Das normale Sendmail-Paket von SuSE kommt zwar mit eigenen *sendmail.mc-Dateien* daher, aber damit Sie etwas besser nachvollziehen können, worüber ich hier eigentlich brabbele, haben wir Ihnen eine von mir abgeänderte Datei auf der Homepage des Markt&Technik-Verlags zum Herunterladen bereitgestellt[1]. Kopieren Sie diese in das Verzeichnis */usr/share/sendmail/m4/,* und weiter geht es. Meine *suse.mc* schaut folgendermaßen aus:

```
divert(-1)
include('../m4/cf.m4')
define('confDEF_USER_ID', "8:12")
OSTYPE('linux')
undefine('UUCP_RELAY')
undefine('BITNET_RELAY')
FEATURE(redirect)
FEATURE(always_add_domain)
FEATURE(local_procmail)

FEATURE(accept_unqualified_senders)
FEATURE(accept_unresolvable_domains)
define('confUSERDB_SPEC', '/etc/mail/userdb.db')
define('confPRIVACY_FLAGS', 'needmailhelo, needvrfyhelo, needexpnhelo
, authwarnings')
MASQUERADE_AS(ndh.net)
FEATURE(masquerade_envelope)
MAILER(smtp)
MAILER(procmail)
```

Wichtig sind vor allem diese beiden Zeilen:

```
define('confUSERDB_SPEC', '/etc/mail/userdb.db')
MASQUERADE_AS(ndh.net)
```

1. Geben Sie auf *www.mut.de* einfach *Jetzt lerne ich SuSE Linux* im *Suchen*-Feld ein – der Link zum Herunterladen der Datei findet sich dann auf der Katalogwebseite zu diesem Buch.

Damit werden der From-Header (also die Adresse auf dem Briefumschlag) und der From:-Header (in der Mail selbst) umgeschrieben, falls der *MUA* es nicht bereits richtig gemacht hat. Ersetzen Sie hier bitte *ndh.net* durch das Anhängsel Ihres Providers.

Nun weiß Sendmail noch nichts von seinem Glück. Wir müssen ihm unsere Wünsche also irgendwie kundtun. Das funktioniert ganz ausgezeichnet mit dem Programm m4. Geben Sie bitte im Verzeichnis */usr/share/sendmail/m4* Folgendes ein:

```
root@diabolo[/usr/share/sendmail/m4]# m4 suse.mc > /etc/sendmail.cf
```

Unser Ziel bei der Aktion »Wir überlisten Sendmail« ist es, die E-Mail-Adresse so anzugeben, dass ein *Reply* (also eine Antwort) zuverlässig wieder zurückkommt. Dazu muss die From:-Zeile im E-Mail-Header auf unseren Account beim Provider lauten. Das wird einerseits durch die Zeile *MASQUERADE_AS* im m4-Skript erledigt, andererseits durch eine E-Mail-Nutzer-Datenbank (*/etc/mail/userdb*), in die die Mail-Namen der User eingetragen werden, sichergestellt. Da diese bisher zwar existiert, aber noch leer ist, sollten wir Sie schleunigst füllen, finden Sie nicht? Öffnen Sie dazu mit Ihrem Lieblings-Editor die Datei */etc/mail/userdb*, und tragen Sie dort die Mail-Namen der User auf Ihrem System nach folgendem Muster ein:

```
root@diabolo[~]# cat /etc/mail/userdb
# /etc/mail/userdb
# maps incoming and outgoing email - in many cases it may
# work better if you use virtusertable and genericstable !
# bar:mailname                      foo.name@domain.com
# foo.name@domain.com:maildrop  bar
# (separate with tabs         ^^ !!)
# eigener_Login-Name:mailname        Providerlogin
root:mailname                       s.teufel@ndh.net
```

Dies muss nun mit folgendem Befehl in ein für Sendmail lesbares Format umgesetzt werden:

```
root@diabolo[~]# makemap btree  /etc/mail/userdb.db < /etc/mail/userdb
```

Meine */etc/mail/userdb* sieht so aus:

```
stefanie@diabolo[~]> cat /etc/mail/userdb
root:mailname s.teufel@ndh.net
stefanie:mailname s.teufel@ndh.net
postmaster:mailname s.teufel@ndh.net
```

Nach einem Reboot (da werden Windows-Reminiszenzen wach, nicht?) oder – eleganter – nach dem Neustart von Sendmail mit dem Befehl */etc/rc.d/init.d/ sendmail restart* (und zwar ganz ohne Reboot) besitzen Sie einen funktionstüchtigen Posthamster.

Sendmail läuft wie viele der eifrigen Helfer Ihres Linux-Systems als *Dämon* im Hintergrund. Man kann ihn dazu bringen, alle offline geschriebenen Mails im Zwischenlager */var/spool/mqueue* zu sammeln. Welche Mails auf den Versand warten, überprüfen Sie durch Eingabe von

```
stefanie@diabolo[~]> mailq
```

Sobald Sie online gegangen sind (d.h. eine Telefonverbindung zu Ihrem Provider hergestellt haben), können Sie die Mails auf einen Rutsch mit dem Kommando

```
stefanie@diabolo[~]> sendmail -q
```

auf die Reise schicken. Sollten Sie Sendmail die ersten Male nicht über den Weg trauen (bei Dämonen weiß man ja nie ...), so geben Sie als zusätzliche Option `-v` (*verbose*) an. Sendmail zeigt Ihnen dann in der Shell an, was er gerade macht.

Und hier noch ein kleines Beispiel, was ein `sendmail -v s.teufel@ndh.net` von einem fremden Rechner im Netz so macht:

```
rigel:/u/kg > /usr/sbin/sendmail -v s.teufel@ndh.net
fgffgg
.
s.teufel@ndh.net... Connecting to mail2.ndh.net. via esmtp...
220 passat.pironet-ndh.com ESMTP Sendmail 8.9.3/8.9.3; Sun, 5 Aug 2001
10:19:59
+0200 (MET DST)
>>> EHLO rigel.kgr.de
250-passat.pironet-ndh.com Hello p3EE1DCE4.dip.t-dialin.net
[62.225.220.228], pleased to meet you
250-EXPN
250-VERB
250-8BITMIME
250-SIZE 25000000
250-DSN
250-ONEX
250-ETRN
250-XUSR
250 HELP
>>> MAIL From:<kg@rigel.kgr.de> SIZE=7
250 <kg@rigel.kgr.de>... Sender ok
>>> RCPT To:<s.teufel@ndh.net>
250 <s.teufel@ndh.net>... Recipient ok
>>> DATA
354 Enter mail, end with "." on a line by itself
>>> .
250 KAA08325 Message accepted for delivery
s.teufel@ndh.net... Sent (KAA08325 Message accepted for delivery)
```

```
Closing connection to mail2.ndh.net.
>>> QUIT
221 passat.pironet-ndh.com closing connection
```

Und das heißt um Himmels willen was?

Die Eingabe war `/usr/sbin/sendmail -v s.teufel@ndh.net` und danach ein paar Buchstaben. Dann eine Zeile die nur einen . enthält. Eine klägliche Mail, aber eine Mail. Der Punkt signalisiert Sendmail übrigens das Ende der E-Mail. Was so unspektakulär daherkommt, hat im Hintergrund so manchen Prozess losgetreten, von denen ich Ihnen zumindest die Grundzüge in den nächsten Zeilen erläutern möchte.

Zuerst hat *rigel.kgr.de* bei einen Nameserver gefragt, wer bei *ndh.net* denn wohl für Mails zuständig ist. Die Antwort lautete: *mail2.ndh.net.*

Dass *mail2.ndh.net* noch einen Alias-Namen hat, der *passat.pironet-ndh.com* heißt, soll uns und Sendmail nicht weiter stören.

```
s.teufel@ndh.net... Connecting to mail2.ndh.net. via esmtp...
220 passat.pironet-ndh.com ESMTP Sendmail 8.9.3/8.9.3; Sun, 5 Aug 2001
10:19:59
+0200 (MET DST)
>>> EHLO rigel.kgr.de
```

... bedeutet, dass *rigel* – nachdem er weiß, mit wem er es zu tun hat – ein freundliches *Hallo* (`EHLO`) an *passat.pironet-ndh.com* verschickt.

```
250-passat.pironet-ndh.com Hello p3EE1DCE4.dip.t-dialin.net
[62.225.220.228], pleased to meet you
```

Unseren Passat freut das, und er antwortet mit einem freundlichen: »`pleased to meet you`«. Und wo kommt auf einmal das `p3EE1DCE4.dip.t-dialin.net` her?

Ganz einfach, wenn *rigel.kgr.de* über DSL ins Netz geht, bekommt er eine dynamische IP-Adresse. Er ist dann nicht mehr *rigel.kgr.de*, sondern *p3EE1DCE4.dip.t-dialin.net.*

Nun treffen unsere beiden kommunikationsfreudigen Mailserver ein paar Absprachen:

```
250-EXPN
250-VERB
250-8BITMIME
250-SIZE 25000000
250-DSN
250-ONEX
250-ETRN
250-XUSR
250 HELP
```

Und ab diesem Punkt fängt der Sendmail auf *rigel* an, dem auf dem Mailserver *Passat* werkelnden Sendmail Arbeit zuzuweisen. Als Erstes sagt er ihm, von wem die Mail kommt

```
>>> MAIL From:<kg@rigel.kgr.de> SIZE=7
250 <kg@rigel.kgr.de>... Sender ok
```

Das hat *Passat* überprüft und ist damit einverstanden.

```
>>> RCPT To:<s.teufel@ndh.net>
```

RCPT (*recipient,* also der Empfänger) ist `s.teufel@ndh.net`

```
250 <s.teufel@ndh.net>... Recipient ok
```

Auch damit ist Passat einverstanden, er kennt schließlich seine Pappenheimer und damit auch den User `s.teufel`.

```
>>> DATA
354 Enter mail, end with "." on a line by itself
>>> .
```

Nach DATA kommt dann der hier nicht sichtbare Text und die eben erwähnte Zeile mit dem Punkt.

```
250 KAA08325 Message accepted for delivery
s.teufel@ndh.net... Sent (KAA08325 Message accepted for delivery)
```

Besagt, dass Passat die Mail akzeptiert.

```
Closing connection to mail2.ndh.net.
```

Rigel deutet an, dass er die Verbindung beenden möchte.

```
>>> QUIT
221 passat.pironet-ndh.com closing connection
```

Et voilà – sie haben sich getrennt.

Was Sie in den letzten Zeilen gesehen haben, ist/war ein Teil des so genannten *SMTP-Protocols*, die Sprache, in der Mailserver sich unterhalten. Wer noch tiefer einsteigen möchte, kann, wenn er Sendmail richtig konfiguriert hat und online ist, einfach mal ein `telnet localhost 25` eingeben. `25` ist der Port, an dem Sendmail auf Arbeit lauert. Sie erhalten dann einen *SMTP-Prompt* und können ein bisschen herumspielen. Ein guter Start ist die Eingabe eines schlichten `help` ...

## 14.5 Was man beim Mailen beachten sollte

Wie im wirklichen Leben gibt es auch in der großen, weiten virtuellen Welt (auch *das globale Dorf* genannt) gewisse Regeln, an die man sich halten sollte. Im Internet sind sie in der so genannten *Netiquette* zusammengefasst, einer Wortschöpfung aus *Internet* und *Etikette* (Benimmregeln).

Obwohl die Netiquette-Regeln nicht die in Stein gehauenen Gesetzestafeln Mose sind, sollten Sie sich weitgehend daran halten. Es gibt ein paar Dinge, die man Ihnen verübelt: Vermeiden Sie z.B. überlange Signaturen (darunter sind automatisch erzeugte Fußzeilen unter einer Mail zu verstehen). So witzig Sie den neuesten 25-zeiligen Ostfriesenwitz auch finden mögen – vergessen Sie nie: Ihr virtuelles Gegenüber sieht das vielleicht ganz anders (unter Umständen auch, weil er Ostfriese ist).

- Trennen Sie Ihre Signatur immer mit der Zeichenfolge »-- « (Minus-Minus-Leerzeichen oder auch *dash-dash-space*) ab. Die meisten Linux-Mail-Programme und Newsreader sind damit in der Lage, Signaturen auf Verlangen auszublenden oder im Reply nicht zu *quoten*.
- Zitieren (*quoten*) Sie keine Signaturen, das gilt in den meisten Fällen als unhöflich. Die einzige Ausnahme ist, wenn Sie sich in Ihrer Antwort explizit auf die Signatur beziehen.
- Benutzen Sie normale Groß- und Kleinschreibung und normale Satzzeichen. SCHREIBEN SIE NICHT ALLES IN GROSSBUCHSTABEN, das sieht aus (und gilt), als würden Sie schreien. Und Hand aufs Herz – möchten Sie von mir den Rest des Buches angeschrieen werden?
- Haben Sie sich über eine E-Mail geärgert, atmen Sie erst einmal zehn Minuten tief durch, bevor Sie antworten. Das Internet ist eine seltsame Mischung aus Distanz und Direktheit, die es leicht macht, richtig ausfallend zu werden, ohne direkt mit ernsten Konsequenzen rechnen zu müssen. Eine rotzige E-Mail ist schnell verschickt, aber anders als bei normaler Post lässt sie sich nicht mehr aus dem Briefkasten fischen. Vergessen Sie nie: Am anderen Ende der Leitung sitzt ein Mensch. Ein guter Grundsatz ist, sich zu überlegen, bevor man ein so genanntes *Flame* (eine wütende, beleidigende oder auch unsachliche E-Mail) abschickt, ob man der betreffenden Person den genauen Wortlaut auch genauso ins Gesicht sagen würde. Sie werden sehen – viele Flames wandern danach direkt ins Datengrab.
- Das geschriebene Wort ist anders als eine Unterhaltung. Sarkasmus und kleine Witzchen wirken niedergeschrieben oft viel harscher und oberlehrerhafter als in einem Gespräch; oder Ihrem Gegenüber entgeht sogar ganz, dass es sich dabei um einen Witz handelt, da er Ihr breites Grinsen

nicht sieht, und er fühlt sich furchtbar auf den Schlips getreten. Um die fehlende Mimik ein wenig auszugleichen, hat sich im Netz die Verwendung so genannter *Emoticons* oder *Smileys* durchgesetzt – dazu gleich noch mehr.

✗ Geben Sie sich nicht der Illusion hin, dass es sich bei E-Mails um private Angelegenheiten handelt. Sie können sich nie sicher sein, ob der Empfänger Ihrer Nachricht diese nicht vielleicht an den Chef weiterleitet, über den Sie gerade so schön gehetzt haben ... Einige E-Mail-Adressen können auch Adresslisten darstellen (so genannte *Mailinglisten*), die Ihre Mail simultan an viele verschiedene Menschen weiterleiten, die auf der betreffenden Liste stehen. Es gibt den schon legendären Fall, dass eine Nachricht aufgrund einer falschen Mail-Adresse an eine Liste ging und mit den Worten begann: »Schatz, endlich haben wir einen Weg gefunden, ungestört private Nachrichten auszutauschen ...«

# 14.6 Die wichtigsten Abkürzungen und Emoticons

:-) Legen Sie bitte einmal den Kopf auf die linke Schulter. Sie werden sehr schnell sehen, was mit den schon erwähnten *Emoticons* (in Deutsch gruseligerweise manchmal auch *Gefühlsikone* genannt – sind diese Eindeutschungen nicht etwas ganz Wundervolles ...) gemeint ist.

Emoticons sind kleine Bildchen aus Buchstaben und Satzzeichen, die Smiley-Gesichter bilden. Diese wahlweise lachenden oder traurigen Gesichtchen werden von einigen Schreibern in der meist trügerischen Hoffnung eingesetzt, ihre Texte damit unmissverständlich als ironisch oder ernst kenntlich zu machen.

Von einem übermäßigen Gebrauch ist dringend abzuraten, da eine E-Mail, in der jeder Satz von sieben Smileys untermauert wird, nicht mehr ironisch wirkt, sondern nur noch albern. Die Basis-Emoticons möchte ich Ihnen doch nicht vorenthalten, da sie zum Standardrepertoire der meisten Netzteilnehmer gehören:

| | | |
|---|---|---|
| ;-) | Zwinker-Smiley | Sie haben eine sarkastische oder boshafte Bemerkung gemacht und bitten um Nachsicht. |
| :-) | Standard-Smiley | Sie wollen einen Witz oder eine ironische Bemerkung kennzeichnen oder andeuten, dass Sie sich über etwas freuen. |
| :-/ | Schiefes Grinsen | Das Gesicht verziehen. |

| | | |
|---|---|---|
| :-> | Teuflischer Smiley | Sie haben eine wirklich, wirklich böse Bemerkung in Ihrer Mail losgelassen. |
| :-( | Trauriger oder saurer Smiley | Sie sind stinkig über die letzte Bemerkung oder wegen etwas anderem traurig oder deprimiert. |

Manche Schreiber benutzen statt der Smileys auch **grins**, *<grins>*, *<g>* oder ähnliche Abkürzungen, um Emotionen auszudrücken. Wie Sie es halten wollen, bleibt gänzlich Ihnen überlassen. Beide oder auch keine der beiden Varianten sind möglich.

Eine wirkliche Unsitte, die gerade für Neulinge (im Netzslang auch *Newbies* genannt) sehr verwirrend ist, ist die Unart der meisten Schreiber, für alles und jedes Akronyme – Abkürzungen – zu benutzen. Das geht so weit, dass ein neues Akronym gerne mit einem *YABA! – Yet Another Bloody Acronym* (schon wieder so eine verfluchte Abkürzung) – kommentiert wird. Nein, ich habe nie behauptet, dass Internet-User logisch handeln ...

Da Sie ohne einen Grundstock an Abkürzungen leider nicht sehr weit kommen werden – die Abkürzungsmanie ist wirklich weit verbreitet –, hier die wichtigsten in Kürze:

| | | |
|---|---|---|
| IMHO | in my humble opinion | meiner bescheidenen Meinung nach |
| BTW | by the way | übrigens, nebenbei gesagt |
| FAQ | frequently asked questions | häufig gestellte (und immer wiederkehrende) Fragen (plus Antworten) |
| ASAP | as soon as possible | so bald wie möglich |
| FYI | for your information | zu Ihrer Information |
| AFAIK | as far as I know | soweit ich weiß |
| AKA | also known as | auch bekannt als/unter |
| LOL | laughing out loudly | lauthals loslachen |
| OTOH | on the other hand | andererseits |
| THX | thanks | danke |
| TIA | thanks in advance | danke im Voraus |
| HTH | hope that helps | (ich) hoffe, das hilft (Ihnen) |
| YMMV | your mileage may vary | du magst das anders sehen, du könntest zu anderen Ergebnissen kommen |
| ROTFL | rolling on the floor laughing | sich vor lachen auf dem Boden rollen |
| RTFM | read the f*** manual | lies das verd** Handbuch |

# 14.7 Wir leeren unseren Briefkasten

Nachdem Sie nun so viel über den Aufbau und das Verschicken von E-Mail gehört haben, fragen Sie sich sicherlich, wie Sie möglichst schnell und einfach an Ihre eigene elektronische Post gelangen. Linux kennt dafür einige Programme. Ich möchte Ihnen im Folgenden `fetchmail` vorstellen – meiner Meinung nach eines der mächtigsten und dabei verhältnismäßig einfach zu konfigurierenden Programme.

## 14.7.1 Was ist Fetchmail, und wo finde ich es?

Fetchmail ist ein kleines Programm, das – einmal konfiguriert – automatisch die Post aus Ihrer Mailbox bei Ihrem Internet-Provider abholt. Die meisten von Ihnen werden, wie ich auch, über keine Standleitung ins Internet verfügen, sondern sich über eine PPP-Verbindung (die Sie schon kennen gelernt haben) bei Bedarf ins Internet einwählen. Fetchmail holt in diesem Fall die Post vom Mail-Server des Providers ab und liefert sie via SMTP aus. Hier übernimmt dann Ihr lokaler *MDA (Mail Delivery Agent)* und liefert sie an Ihre lokale Maildatei (i.d.R. */var/spool/mail/loginname*) aus.

Bei den Standarddistributionen handelt es sich beim *MDA* ebenfalls um Sendmail, dessen Geheimnisse Bücher vom Umfang von *Krieg und Frieden* füllen. Nicht wenige sind der Ansicht, dass dabei das Hauptgewicht auf Krieg liegt. Sie haben jedoch die wichtigsten Kniffe für Sendmail in diesem Buch kennen gelernt.

Eine automatische Zustellung Ihrer E-Mail bis zu Ihrem Rechner ist leider nicht möglich, da die PPP-Verbindung nicht dauerhaft aufrechterhalten bleibt. Fetchmail organisiert diesen Vorgang jedoch so, als ob Sie über eine Standleitung verfügen würden, so dass sämtliche zusätzlichen Filterprogramme oder *Forward-* (Nachsende-)Mechanismen (wie etwa `procmail`, das Sie im weiteren Verlauf dieses Kapitels noch kennen lernen werden) einwandfrei funktionieren.

Mutt, der Mailuser-Agent (MUA), den ich Ihnen hier im Buch ausführlich vorstelle, oder auch Pine kann ebenfalls so konfiguriert werden, dass Sie Ihre Mails via POP bei Ihrem Provider abholen. Es bietet sich dennoch an, ein Programm wie Fetchmail zu verwenden, da dieses über einige nützliche Features verfügt, die reine *MUAs* nicht kennen.

*POP* steht dabei für *Post Office Protocol* und stellt einen der Standards für Mail-Systeme dar. Es gibt zwei POP-Varianten, *POP2* und *POP3*, die beide von Fetchmail unterstützt werden. Allerdings hat POP2 an Bedeutung verloren, und fast alle Provider verwenden heute POP3. Aber auch die vielleicht weniger verbreiteten Authentifizierungsvarianten von POP wie RPOP, APOP,

KPOP werden unterstützt. Darüber hinaus versteht sich Fetchmail auch mit sämtlichen *IMAP*-Geschmacksrichtungen.

Sollte Ihr Provider noch POP2 unterstützen, so müssen Sie Fetchmail leider von Hand kompilieren, da diese Option per Default nicht mehr aktiviert ist.

Die neueste Version von Fetchmail finden Sie stets auf der Homepage des Autors unter *http://www.tuxedo.org/~esr/fetchmail/*. Und eine aktuelle Version des Programms ist selbstverständlich auch auf Ihrer SuSE vorhanden und wird bei der Standard-Installation direkt mit auf die Platte geschaufelt.

## 14.7.2 Wie konfiguriere ich Fetchmail?

Einer der großen Vorteile von Fetchmail ist seine relativ problemlose Konfiguration. In den neuen Versionen gibt es mit dem mitgelieferten `fetchmailconf` sogar ein grafisches Frontend zur Konfiguration, auf dessen Erläuterung ich hier allerdings verzichte, da die Konfiguration der Datei *.fetchmailrc* »zu Fuß« deutlich schneller geht und meines Erachtens auch weniger verwirrend ist.

Fetchmail bezieht seine Informationen aus der Datei *.fetchmailrc*, welche es im Home-Verzeichnis des Anwenders erwartet, und sucht dementsprechend auch nur dort danach. Wir müssen daher als Erstes eine Datei *.fetchmailrc* in Ihrem Home-Verzeichnis anlegen.

Sie können Fetchmail mit verschiedenen Optionen auf der Kommandozeile starten, die dann das in der *.fetchmailrc* festgelegte Standardverhalten überschreiben. Die wichtigsten stelle ich Ihnen später vor.

Erstellen Sie die Datei mit dem Editor Ihrer Wahl, also mit *joe/jed/emacs .fetchmailrc*.

```
stefanie@diabolo[~]> joe .fetchmailrc
poll mail.ndh.net proto pop3 user s.teufel pass nixda:-) to stefanie
```

Oben sehen Sie meine *.fetchmailrc*. Die Syntax ist relativ einfach:

```
poll servername protocol protocol username name password password to User
Mein Mail-Server ist:mail.ndh.net
ndh benutzt das Protokoll:pop3
Mein Username ist:s.teufel
Mein Passwort ist:... nicht wirklich nixda:-)
```

Sie können `protocol` zu `proto` abkürzen. `to stefanie` spezifiziert meinen Login-Namen und leitet die Post an die richtige Stelle weiter.

HINWEIS

Fetchmail ist in der Lage, mehrere Mail-Server und damit Mail-Accounts auf einen Rutsch abzugrasen. Das kann sehr praktisch sein, wenn Sie nicht nur über einen Account verfügen, da Sie mit einem Aufruf des Programms Ihre Post auf den verschiedenen Servern abholen können. Ergänzen Sie in so einem Fall einfach Ihre *.fetchmailrc* um die betreffenden Mail-Server und die anderen benötigten Angaben:

```
poll Ihr.provider1.net proto pop3 user Ihr.Login-Name1 pass geheim1
poll Ihr.provider2.net proto pop3 user Ihr.Login-Name2 pass geheim2
```

Fetchmail kennt auch einige Kommandozeilen-Optionen, die teilweise von großem Nutzen sein können. In der folgenden Tabelle stelle ich Ihnen noch kurz die wichtigsten dieser Optionen vor:

| | | |
|---|---|---|
| `-c` | `--check` | Wird Fetchmail mit `-c` oder `-check` aufgerufen, so wird keine Mail vom Server geholt oder gelöscht, sondern es wird Ihnen nur angezeigt, wie viele Nachrichten bei Ihrem Provider auf Sie warten. |
| `-v` | `--verbose` | Verbose-Modus: Fetchmail wird geschwätzig. Es werden Ihnen sämtliche Kontrollnachrichten in der Shell angezeigt, das heißt, Sie können mitverfolgen, welche Nachrichten Fetchmail gerade für Sie holt. Es empfiehlt sich für den Anfang, Fetchmail mit dieser Option zu starten, um etwaige Fehler checken zu können. |
| `-a` | `--all` | Hierbei werden alle Nachrichten vom Server geholt. Normalerweise merkt sich Fetchmail, welche Nachrichten es schon gefetcht hat, und holt nur die unmarkierten Nachrichten. Mit dieser Option werden noch einmal alle Mails geholt. Beziehen Sie Mails über POP2, so benimmt sich Fetchmail, als sei die Option `--all` permanent aktiviert. |
| `-k` | `--keep` | Starten Sie Fetchmail mit dieser Option, so werden die empfangenen Nachrichten auf dem Mail-Server Ihres Providers nicht gelöscht. Normalerweise löscht Fetchmail diese automatisch nach dem Empfang, damit Ihre Mailbox beim Provider nicht überläuft. Diese Option kann ganz sinnvoll sein, wenn Sie beispielsweise Ihre privaten Mails auf der Arbeit abrufen wollen, diese jedoch später noch einmal auf Ihren eigenen Rechner herunterladen möchten. |
| `-F` | `--flush` | Diese Option löscht alte Nachrichten, die auf dem Server verblieben sind, bevor die neuen Mails heruntergeladen werden. Sie können damit beispielsweise die Nachrichten löschen, die Sie mit der Option `--keep` erst einmal auf dem Mail-Server des Providers stehen gelassen haben. |

| | | |
|---|---|---|
| -B | --fetchlimit | Mit dieser Option können Sie die Mails auf eine bestimmte Anzahl beschränken, die innerhalb eines Herunterladens (Polls) gezogen werden. |
| -l | --limit | Auch mittels dieser Option legen Sie Fetchmail Beschränkungen auf. Sie können mit »limit« eine Maximum-»octet size« festlegen. Überschreitet eine Mail diese Größe, wird sie nicht heruntergeladen, sondern verbleibt auf dem Mail-Server, wobei sie jedoch nicht als gelesen gekennzeichnet wird. Diese Option bietet sich an, wenn man während der teuren Tagestarife nicht unbedingt eine 1 Mbyte große Bitmap von Tante Finchens Kanarienvogel Hansi im Vogelbad herunterladen möchte ... |

## 14.7.3 Wie starte ich Fetchmail?

Zuallererst stellen Sie bitte eine Verbindung zu Ihrem Internet-Provider her.

Wenn Fetchmail in Ihrem Suchpfad liegt, was nach einer Standardinstallation der Fall sein dürfte, geben Sie bitte in der Shell auf der Kommandozeile

```
stefanie@diabolo[~]> fetchmail
```

ein. Möchten Sie Fetchmail mit einer der oben erwähnten Optionen aufrufen, ergänzen Sie einfach die Kommandozeilen-Eingabe um diese Option. Ein -k wäre für den Anfang gar nicht schlecht, nur für den Fall, dass etwas schief geht ...

Überprüfen Sie nun, ob die Installation und Konfiguration reibungslos geklappt hat. Geben Sie dazu `fetchmail -V` ein:

```
stefanie@luzifer[~]> fetchmail -V
This is fetchmail release 5.8.0+POP2+RPA+NTLM+SSL+NLS
Linux luzifer 2.4.4-4GB #1 Wed May 16 00:37:55 GMT 2001 i686 unknown
Taking options from command line and /home/stefanie/.fetchmailrc
Idfile is /home/stefanie/.fetchids
Fetchmail will forward misaddressed multidrop messages to stefanie.
Options for retrieving from s.teufel@mail.ndh.net:
True name of server is mail.ndh.net.
Protocol is POP3.
All available authentication methods will be tried.
Server nonresponse timeout is 300 seconds (default).
```

Es sollte sich Ihnen ein in etwa vergleichbares Bild zeigen. Fertig. Nun sind Sie in der Lage, bequem Ihre Post abzuholen. Halt, eines noch: Da das Passwort in der *.fetchmailrc* im Klartext abgespeichert wird, müssen Sie diese Datei mit

```
root@luzifer[~]# chmod 600 .fetchmailrc
```

nur für den Besitzer (also Sie) lesbar machen.

Eine Option möchte ich Ihnen noch gerne separat vorstellen, und zwar `-d` bzw. die `daemon`-Option. Diese versetzt Fetchmail in den *Daemon-Mode*. Die Daemon-Option verlangt ein numerisches Argument, das das *Poll*-Intervall in Sekunden spezifiziert. Einfacher ausgedrückt, verklickern Sie Fetchmail mit dieser Zahl, innerhalb welchen Zeitraums er denn nun bitteschön Ihre Postfächer nach neuen Nachrichten abklappern soll. Im Daemon-Mode ist Fetchmail nämlich so freundlich, sich selbst in den Hintergrund zu packen, dabei allerdings weiterzulaufen und wie selbstverständlich die in Ihrer *.fetchmailrc* definierten Mailboxen im angegebenen Intervall nach neuen Mails zu durchforsten. Starten Sie Fetchmail beispielsweise mit

```
stefanie@diabolo[~]>fetchmail -d 900
```

so prüft Fetchmail alle 15 Minuten, ob neue Post da ist, ohne dass Sie das Programm vorher auf der Kommandozeile hätten aufrufen müssen. Wer mag, kann in der *.fetchmailrc* auch ein `set daemon <interval>` (bei »interval« bitte die gewünschte Zahl angeben) eintragen. Dadurch wird Fetchmail permanent im Daemon-Mode gestartet, außer Sie überschreiben diese Eingabe durch die Angabe der Kommondozeilen-Option `-d0` oder `--daemon 0`. Ist Fetchmail einmal im Daemon-Mode zugange und Sie hätten ihn doch wieder lieber im Vordergrund, so können Sie den Daemon jederzeit durch den Aufruf

```
stefanie@diabolo[~]>fetchmail -d 900
```

stoppen.

## 14.8 Der Mailreader Mutt

### 14.8.1 Was ist Mutt?

Mutt ist ein sehr schneller textbasierter Mailreader (auch *Mail User Agent* oder *MUA* genannt), der eine sehr schöne *MIME*- und *PGP*-Unterstützung eingebaut hat. Sollte Mutt nicht schon automatisch bei der Installation Ihres Systems dabei gewesen sein, so können Sie die neueste internationale Version bei *ftp://ftp.guug.de/pub/mutt/.* bekommen. Achten Sie darauf, sich die internationale Version zu besorgen (erkennbar am Zusatz `i` für international im Namen), da nur diese PGP unterstützt. Die offizielle Mutt-Homepage findet sich mittlerweile nicht mehr unter *http://www.cs.hmc.edu/~me/mutt/index.html*, sondern unter *http://www.mutt.org/*.

Und bevor wir so richtig in medias res gehen, möchte ich Ihnen zuerst noch die wichtigsten Dateien und Verzeichnisse für Mutt vorstellen:

| | | |
|---|---|---|
| Muttrc | Systemweite Konfigurationsdateien | Einstellungen in dieser Datei gelten für alle User des Systems. In der Regel liegt sie in /usr/local/lib/Muttrc oder /etc/Muttrc. |
| *.muttrc* | Das persönliche Konfigurationsfile im Home-Verzeichnis der einzelnen Benutzer | Änderungen gelten nur für den Nutzer selbst und betreffen keinen anderen Anwender des Systems. Diese Datei wird in der Regel den individuellen Bedürfnissen angepasst. |
| *MAIL* | Umgebungsvariable | Diese Variable enthält Pfad und Namen der Mailbox der einzelnen User. |

HINWEIS

Überprüfen Sie mit der Eingabe von `mutt -v` die Versionsnummer und die einkompilierten Spezifika. Es sollte sich Ihnen in etwa folgendes Bild zeigen:

```
stefanie@diabolo[~]>mutt -v
Mutt 1.3.16i (2001-02-27)
Copyright (C) 1996-2000 Michael R. Elkins and others.
Mutt comes with ABSOLUTELY NO WARRANTY; for details type `mutt -vv'.
Mutt is free software, and you are welcome to redistribute it
under certain conditions; type `mutt -vv' for details. System: Linux
2.4.4-4GB [using ncurses 5.2]
Compile options:
-DOMAIN
+DEBUG
-HOMESPOOL  -USE_SETGID  +USE_DOTLOCK  -DL_STANDALONE
+USE_FCNTL  -USE_FLOCK
+USE_POP  +USE_IMAP  -USE_GSS  +USE_SSL  -USE_SASL
+HAVE_REGCOMP  -USE_GNU_REGEX
+HAVE_COLOR  +HAVE_START_COLOR  +HAVE_TYPEAHEAD  +HAVE_BKGDSET
+HAVE_CURS_SET  +HAVE_META  +HAVE_RESIZETERM
+HAVE_PGP  -BUFFY_SIZE -EXACT_ADDRESS  -SUN_ATTACHMENT
+ENABLE_NLS  -LOCALES_HACK  +COMPRESSED  +HAVE_WC_FUNCS
+HAVE_LANGINFO_CODESET  +HAVE_LANGINFO_YESEXPR
+HAVE_ICONV  -ICONV_NONTRANS  +HAVE_GETSID  +HAVE_GETADDRINFO
ISPELL="/usr/bin/ispell"
SENDMAIL="/usr/sbin/sendmail"
MAILPATH="/var/mail"
SHAREDIR="/usr/share/mutt"
SYSCONFDIR="/etc"
EXECSHELL="/bin/sh"
-MIXMASTER
To contact the developers, please mail to <mutt-dev@mutt.org>.
To report a bug, please use the flea(1) utility.
```

### 14.8.2 Basics

Sie starten Mutt ganz einfach durch die Eingabe

```
stefanie@diabolo[~]>mutt
```

Mutt kennt – wie viele andere MUAs auch – zwei Modi, in denen Sie Mails lesen können. Da haben wir zum einen die Übersicht aller Nachrichten, die sich in der Mailbox befinden. Dieser Modus, in dem Sie sich nach dem Start des Mailreaders befinden, wird bei Mutt originellerweise *Index* genannt. Der zweite Modus zeigt tatsächlich die jeweilige Mail bzw. ihren Inhalt an. Dieser Modus nennt sich *Pager*. In beiden Modi können Sie durch Betätigen der [?]-Taste eine Online-Hilfe einsehen, in der alle Funktionen mit Tastenbelegungen aufgelistet sind. Wenn im Folgenden von der aktuellen Nachricht die Rede ist, so wird damit die Nachricht bezeichnet, auf der der Cursor steht. Bei Mutt ist der Cursor ein Pfeil oder eine bunt unterlegte Zeile.

#### Die wichtigsten Funktionen des Nachrichten-Index

| | |
|---|---|
| [c] | wechselt in eine andere Mailbox |
| [C] | kopiert die aktuelle Nachricht in einen anderen Mail-Ordner |
| [D] | löscht alle Nachrichten, die dem von Ihnen angegebenen Muster entsprechen |
| [d] | löscht die aktuelle Nachricht |
| [F] | markiert die Nachricht als wichtig |
| [N] | markiert die Nachricht als neu |
| [o] | wechselt die Art, in der die Mails sortiert sind |
| [Esc]-[V] | Thread aufklappen bzw. einklappen |
| [Esc]-[C] | erstellt eine entschlüsselte Kopie der verschlüsselten Ursprungsmail im Ordner Ihrer Wahl |
| [V] | zeigt die Versionsnummer und das aktuelle Datum an |
| [c] | wechselt in eine andere Mailbox |
| [O] | kehrt die Sortierung um |
| [q] | speichert Änderungen und beendet Mutt |
| [s] | speichert die Mail |
| [u] | hebt Löschmarkierungen auf |
| [v] | zeigt die Attachments an |
| [x] | beendet Mutt, ohne Änderungen zu speichern |
| [↵] | öffnet die aktuelle Mail und zeigt ihren Inhalt an |
| [Tab] | springt weiter auf die nächste neue Nachricht |
| [@] | zeigt die vollständige E-Mail-Adresse des Autors |

| | |
|---|---|
| [$] | speichert Änderungen in der Mailbox |
| [/] | startet die Suche nach von Ihnen angegebenen Begriffen |
| [Esc]-[/] | startet die Suche rückwärts |

**Die wichtigsten Funktionen, um Mails aus Mutt zu versenden**

| | | |
|---|---|---|
| [f] | forward-message | Sie können eine Mail an jemand anderen weiterschicken und vorher noch bearbeiten |
| [g] | group-reply | Reply geht an alle Adressaten der Mail |
| [L] | list-reply | Reply geht an die Mailingliste |
| [m] | mail | neue Mail erstellen |
| [Esc]-[k] | mail-key | einen PGP-Public-Key mailen |
| [Tab] | next-new | auf die nächste neue E-Mail springen |
| [r] | reply | eine Mail beantworten |
| [b] | bounce | sofortiges Weiterschicken einer Mail ohne Änderungen |

## 14.8.3 Eine Nachricht in Mutt erstellen

Um eine Mail in Mutt zu erstellen, drücken Sie einfach `m`. Sie werden von Mutt dann in der Statuszeile nach Empfänger und Betreff gefragt. Danach finden Sie sich in Ihrem Editor wieder und können beliebig Text eingeben. Speichern Sie den Text, sobald Sie damit fertig sind (wie, variiert je nach Editor).

HINWEIS

Mutt hat standardmäßig den *vi* als Editor voreingestellt. Sollten Sie davon nicht ganz so begeistert sein, bietet sich folgender Eintrag in Ihrer *~/.bash_profile* an, um künftig den *Joe* als Editor auch in Mutt benutzen zu können. Selbstverständlich können Sie statt Joe auch jeden anderen Editor benutzen.

```
EDITOR=joe; export EDITOR
```

Wenn Sie Ihre Mail abgespeichert haben, finden Sie sich im so genannten *Compose*-Menü wieder. Das *Compose*-Menü ist das Menü, das Sie vor dem endgültigen Absenden der Mail sehen. Hier können Sie nochmals die Empfänger der Nachricht oder den Betreff abändern. Außerdem zeigt es Ihnen eine Liste der in der Mail enthaltenen Attachments, die Sie auch noch beliebig bearbeiten können.

Lassen Sie sich nicht irritieren, auch Ihr Nachrichtentext erscheint im *Compose*-Menü als Attachment.

Attachments haben im Compose-Menü folgendes Aussehen:

```
===== Attachments =====
1 [text/plain, 7bit, 0.1K]  /tmp/mutt-diabolo-4318-0 <no description>
2 [applica/x-gunzip, base64, 659K] ~/jed0.98-7.tar.gz <no description>
```

Wobei Attachment Nummer 1 Ihr Nachrichtentext ist, während es sich bei Nummer 2 tatsächlich um ein in dieser Mail verschicktes Dateichen handelt.

Auch im *Compose*-Menü können Sie durch Drücken der ?-Taste eine Online-Hilfe einsehen, in der sämtliche Funktionen aufgeführt sind. Ich möchte mich daher nur auf die wichtigsten beschränken:

| | | |
|---|---|---|
| a | attach-file | lässt Sie eine beliebige Datei an Ihre Mail anhängen |
| Esc-k | attach-key | hängt Ihren Public PGP Key an die Mail an |
| i | ispell | startet die Rechtschreibhilfe ispell |
| p | pgp-menu | zeigt Ihnen die PGP-Optionen an; hier können Sie dann entscheiden, ob Sie die Mail verschlüsseln, signieren etc. wollen |
| P | postpone-message | sichert die Nachricht zum späteren Versand |
| l | print-entry | drucken des aktuellen Eintrags |
| y | send-message | sendet die Mail |

Im *Index*-Menü zeigen Ihnen so genannte *Status Flags* die Spezifika der Nachrichten an. Die wichtigsten Flags sind hier in aller Kürze abgedruckt:

| | |
|---|---|
| D | Nachricht wurde zum Löschen vorgesehen |
| K | Mail enthält einen PGP Public Key |
| N | neue Nachricht |
| O | alte, ungelesene Nachricht |
| P | Nachricht ist verschlüsselt |
| R | Mail wurde beantwortet |
| S | Nachricht ist mit PGP signiert |

### 14.8.4 Jedem sein Mutt

Die große Stärke von Mutt ist, dass sich eigentlich fast sämtliche Eigenschaften den persönlichen Vorlieben des Anwenders anpassen lassen – seien es Tastenkombinationen, die farbliche Darstellung oder das Verhalten des Pagers. Alle Konfigurationsmöglichkeiten vorzustellen, würde den Rahmen dieses Buches sprengen. Es sei daher auf die vorzügliche Dokumentation von Mutt verwiesen, die Sie im Unterverzeichnis */doc* im Installationsordner finden. Außerdem lohnt ein `man mutt`.

Lassen Sie uns nun den Mutt-Konfigurationsdateien eine persönliche Note verleihen.

#### Konfigurationsmöglichkeiten innerhalb der .muttrc

Wie schon erwähnt, lässt Mutt so ziemlich alles mit sich machen, um genau so zu sein und auszusehen, wie Sie wollen. Klingt zu schön, um wahr zu sein? Im richtigen Leben ist das anders? Vergessen Sie nie, dies ist Linux, hier geht fast alles. Um die Sache ein wenig zu vereinfachen, möchte ich Ihnen nun die wichtigsten Variablen und Features von Mutt anhand von Ausschnitten meiner *.muttrc* erläutern.

Kommentare werden in der *.muttrc* durch ein *Hash* (oder deutsch: mit dem Rautenzeichen #) eingeleitet. Jede Zeile, der ein Hash vorangestellt ist, wird von Linux einfach nicht zur Kenntnis genommen, so geistreich der Kommentar auch sein mag.

Aber lassen Sie uns nicht allzu viel theoretisieren, sondern stattdessen Mutt die persönliche Note verpassen, die es verdient hat. Los geht's:

```
#Die Abteilung Header:
my_hdr From: Stefanie Teufel <s.teufel@ndh.net>
my_hdr Priority: normal my_hdr Organization: In Teufels Kueche
my_hdr URL: http://linux01.gwdg.de/~steufel
set edit_hdrs
```

Mutt erlaubt es Ihnen, Ihre Headerzeilen beliebig zu gestalten. Hier können Sie bestimmen, welcher Header jeder Ihrer Nachrichten angefügt werden soll. Wie Sie meinen Einstellungen entnehmen können, ist das Schema immer das gleiche: An den Anfang einer Zeile schreiben Sie `my_hdr`, drücken einmal die Leertaste, fügen den Namen des Headers gefolgt von einem Doppelpunkt ein, dann folgt der Text, der in dieser Zeile erscheinen soll.

Bitte tragen Sie für jede Headerzeile eine eigene Zeile in Ihre *.muttrc* ein.

Auf diese Art können Sie auch die im Usenet und in Mails so beliebten *X-Header* einfügen, z.B.:

```
my_hdr X-Excuse: Constantly Confused
```

X-Header sind eine in den Newsgruppen weitverbreitete überflüssige Spielerei. Man kann dort eintragen, wozu man Lust und Laune hat. Viele Autoren bringen beispielsweise mit einem X-Header `X-URL:` die Adresse ihrer Homepage unters Volk. Beliebt sind auch Nonsense-Sprüche wie unser Beispiel eines zeigt.

HINWEIS

Achten Sie bitte darauf, zwischen dem Schlüsselwort (in unserem Beispiel also `X-Excuse`) und dem Doppelpunkt ein Leerzeichen einzufügen. Der Standard für E-Mails gebietet dies, und Mutt zwingt Sie zur Beachtung dieser Regel. Außerdem sollten Sie es mit der X-Headerei auch nicht übertreiben. So verführerisch diese Dinger sein mögen: Mehr als zwei oder drei sind meist nicht mehr witzig, sondern nur noch albern.

Fügen Sie die Zeile `set edit_hdrs` in Ihre *.muttrc* ein. Das erlaubt es Ihnen, Ihre Header bei Bedarf zu modifizieren, wenn Sie eine Mail erstellen.

`unmy_hdr` tut das genaue Gegenteil von `my_hdr`: Es verbietet Mutt, diesen Header zu verwenden.

### Mutt treibt es bunt

Mutt kann auch auf der Konsole Farbe verwenden. Dies hebt ihn wohlwollend von älteren Standard-Mail-Programmen wie Pine ab, die durch ihre monotone Schwarzweißdarstellung das Lesen gequoteter Mails doch recht unbequem gestalten.

Ich mag es bunt, wie Sie meinen Settings entnehmen können. Wenn Sie eher der minimalistische Typ sind, der es elegant und gediegen liebt – kein Problem, passen Sie dann einfach die unten vorgestellten Variablen Ihren Vorstellungen an.

Ganz allgemein können Sie Farben in der *.muttrc* durch die Angabe des Objekts, einer Hintergrundfarbe und der Farbe, in der die Schriftzeichen erscheinen sollen, festlegen.

Folgende Objekte können Sie nach Ihrem Geschmack einfärben:

```
attachment, body, bold, error, header, hdrdefault, indicator,
markers, message, normal, quoted, quoted1, ..., quotedN, search,
signature, status, subject, tilde, tree, underline
```

Und diese Farben stehen Ihnen dafür zur Verfügung:

```
white black green magenta blue cyan yellow red
```

Sie können diese noch durch das Hinzufügen eines `bright` aufhellen. Wie Sie sehen, ist Ihrer farblichen Gestaltungswut so gut wie keine Grenze gesetzt.

```
#Let's play around with colors:foreground/background – aka ich mag
#Farben

color attachment  green          black
color tree        brightmagenta  black
color error       cyan           black
color normal      white          black
color indicator   brightyellow   blue
color signature   blue           black
color status      yellow         blue
color tilde       green          black
color message     cyan           black   # info messages
color search      brightyellow   red     # search matches
color markers     red            black   # + at beginning
                                         # of wrapped lines
color underline   brightblue     black   # hiliting
                                         # underlined
                                         # patterns in
                                         # body
```

Zur Erklärung:

`color attachment green black`

Bestimmt die Farbe, in denen eventuelle Dateien erscheinen, die an die jeweilige Mail angehängt sind. In diesem Fall werden sie in grüner Schrift auf schwarzem Hintergrund angezeigt.

`color treebrightmagentablack`

Wie Sie gleich noch sehen werden, erlaubt Mutt ein *Threading* der Mails in tree-Form. Hier können Sie einstellen, in welcher Farbe dies geschehen soll.

`color errorcyanblack`

In welcher Farbe wollen Sie sich am liebsten über Fehlermeldungen ärgern?

`color normal white black`

Hier stellen Sie das normale Schriftbild ein.

`color indicatorbrightyellowblue`

Die Farbe des Pfeils/Cursors, der die aktuelle Zeile markiert.

`color signaturebLueblack`

Welche Farbe wird für die Signatur verwendet?

`color status yellowblue`

Hiermit bestimmen Sie das Erscheinungsbild der Statuszeilen, in denen Ihnen Mutt Informationen über die betreffende Mail oder Mailbox liefert.

`color tildegreenblack`

Falls Sie einen Pager benutzen, der das Ende einer Nachricht durch Tilden anzeigt, werden diese in der hier angegebenen Farbe dargestellt.

`color message cyan black`

Diese Einstellung färbt die herzigen, kleinen Meldungen ein, mit denen sich Mutt ab und an sanft, aber bestimmt Ihrer Aufmerksamkeit versichert.

`color search brightyellow red`

Wenn Sie meine Einstellungen übernehmen, werden Ihnen die Treffer Ihrer Suche zukünftig gelb auf rot angezeigt.

`color markers red  black`

Mitunter werden Sie Leuten begegnen, die es einfach nicht hinkriegen, ihre Zeilenlänge auf weniger als 72 Zeichen zu begrenzen. Mutt wird solche ab einer bestimmen Länge selbst umbrechen und den Beginn einer solchen Zeile bei meinen Einstellungen durch ein rotes »+« kennzeichnen.

`color underlinebrightblueblack`

Mutt ist in der Lage, Wörter farbig darzustellen, die von Sonderzeichen wie * oder _ umrahmt sind. Dies wird gerne zum Hervorheben wichtiger Passagen in Texten eingesetzt. Durch diese Konfiguration werden Wörter, die von Unterstrichen umrahmt sind, hellblau dargestellt.

So, hier kommt noch meine Einfärbung der Header:

```
#Header/X-Header
color hdrdefault brightred   black
color header     brightblue  black  ^From:
color header     green       black  ^Cc:
color header     magenta     black  ^X
color header     brightblue  black  ^Subject:
color header     brightblue  black  ^Organization:
color header     brightblue  black  ^Reply
color header     brightblue  black  ^To:
color header     green       black  ^Date:
```

Die farbige Gestaltung ist relativ selbsterklärend. Die Syntax lautet immer `color header`, Hintergrundfarbe und die Farbe, in der die Schrift erscheinen soll. Durch den Zusatz von z.B. `^Organization` können Sie die einzelnen Header dann noch unterschiedlich bunt gestalten. Nicht näher spezifizierte Header werden durch `color hdrdefault` eingefärbt.

```
##Quoted
color quoted    blue    black
color quoted1   magenta black
color quoted2   red     black
color quoted3   green   black
...
```

Eines der wirklich angenehmen Features von Mutt ist die farbige Darstellung der unterschiedlichen *Quote*-Ebenen. Diese wird durch `color quoted` bis `color quotedn` festgelegt. Mit *Quotes* bezeichnet man im Netzjargon die Textstellen, die aus vorangegangen Mails von den Autoren übernommen bzw. zitiert wurden.

Sie haben in diesem Kapitel schon von Smileys oder den Abkürzungen wie <g> etc. gelesen. Ich mag es ganz gerne, wenn mir diese in Mutt in einer anderen Farbe dargestellt werden. Dies können Sie ganz leicht mit folgenden Einträgen erreichen:

```
# Die Smileys ein wenig bunter machen ...
color body blue red "<[Gg]>"                    # <g>
color body blue red "<[Bb][Gg]>"                # <bg>
color body blue yellow " [;:]-*[)>(<|]"         # :-) etc...
```

Möchten Sie auch URLs und E-Mail-Adressen in den Mails farbig unterlegt dargestellt bekommen, sollten Sie zusätzlich folgende Zeilen in Ihre *.muttrc* aufnehmen:

```
# URLs
color body brightblue  red "(http|ftp|news|telnet|finger)://[^ ]*"
color body brightblue  red "mailto:[-a-z_0-9.]+@[-a-z_0-9.]+"
# E-Mail-Adressen
color body brightblue  red "[-a-z_0-9.%$]+@[-a-z_0-9.]+\\.[-a-z][-a-
z]+"
```

## Die Variablen von Mutt

Im Folgenden werde ich Ihnen die – zugegebenermaßen sehr subjektiv ausgesuchten – wichtigsten Variablen in Mutt vorstellen, die Ihnen ein angenehmes Arbeiten mit diesem Mailer ermöglichen. Werfen wir erst einmal einen Blick auf den relevanten Teil meiner *.muttrc:*

```
#Variablen:
set sendmail="/usr/sbin/sendmail -t -oi -oem -fs.teufel@ndh.net"
set dsn_notify="failure,delay,success"
set editor=joe
set auto_tag
set sort=threads
set signature=~/.signature
set arrow_cursor
##don't save attachements in own CC-folder
```

```
unset fcc_attach
set sig_dashes
set alternates=s.teufel@ndh.net|teufel@hoelle.org| stefanie@xemacs.org
## Formate der Header, Statuszeilen etc.
set hdr_format=%Z %3C %{%b %d} %-17.17F (%3l) %s
set status_format="%v: %f (%s) [%M/%m;%l] [N=%n,*=%t,post=%p] "
##PINE has different defaults for this variables
set folder=~/mail
set record=+sent-mail
set nosave_name
set postponed=~/postponed-msgs
```

Keine Angst, Sie werden im Folgenden sehr schnell merken, dass das komplizierter aussieht, als es ist. Ganz allgemein werden Variablen in Mutt mit

```
set variable=Wert
```

definiert.

---

Für einen vollständigen Überblick der in Mutt frei konfigurierbaren Variablen sei noch einmal auf das wirklich vorzügliche Handbuch von Mutt verwiesen. Außerdem wird nach der Konfiguration von Mutt jeder dieser Variablen automatisch ein Wert zugewiesen, der in den meisten Fällen – gerade für neue Benutzer – sinnvoll ist. Ihre selbst definierten Einstellungen überschreiben diese Voreinstellungen dann.

---

Aber lassen Sie uns nun beginnen:

```
set sendmail="/usr/sbin/sendmail -t -oi -oem -fs.teufel@ndh.net"
```

Der Standard-Sendmail-Befehl lautet gemäß Anleitung `/usr/sbin/sendmail -t -oi -oem`. Und so schreiben wir das einfach ab. Das anschließende `-fs.teufel@ndh.net` weist Sendmail an, den Envelope-Absender auf `s.teufel@ndh.net` zu setzen und nicht auf `loginname@rechnername.domainname` (also auf `s.teufel@ndh.net` statt auf `stefanie@diabolo.ndh.net`).

---

Envelope-Absender und Envelope-Empfänger haben nichts mit den `From:`- und `To:`-Headern in Mails zu tun. Man kann sie sich als Beschriftung eines Briefumschlags vorstellen, in dem die eigentliche Mail transportiert wird. `From:`- und `To:`-Header stehen also nur in der Mail im Umschlag und sind für die Zustellung irrelevant. Nur so ist es z.B. möglich, dass Sie Mails erhalten, bei denen Sie gar nicht in irgendeinem Header erwähnt sind (kommt bei Mailinglisten, aber auch bei Werbe-E-Mails vor).

---

-t weist Sendmail an, den bzw. die Envelope-Empfänger aus den To:-, Cc:- usw. Headern zu übernehmen. -f sorgt dafür, dass Sendmail nicht Ihren Login-Namen, sondern den Parameter dahinter als Envelope-Absender verwendet. Das ist für Fehlermeldungen und Bounces wichtig, da diese immer an den Envelope-Absender gehen (wie im richtigen Leben: Der Briefträger öffnet keine Post, nur weil sie unzustellbar ist). Manche MUAs (Pine, Netscape) verwenden beim Abschicken immer -f<from-header> und machen es daher automatisch richtig. Andere (mutt) können dazu überredet werden (s.o.).

```
set dsn_notify="failure,delay,success"
```

Diese Variable lässt Sie bestimmen, ob und in welchem Fall Sie über den Auslieferungsprozess Ihrer versandten Mails informiert werden wollen. never bedeutet, dass Sie in keinem Fall benachrichtigt werden wollen. Ich weiß gerne, was aus meiner Post geworden ist, und lasse mir daher mit failure Übertragungsfehler mitteilen, mich mit delays über verspätete Auslieferung informieren und mit success über die erfolgreiche Auslieferung meiner Mails benachrichtigen.

ACHTUNG

Aktivieren Sie diese Variable nur, wenn Sie über eine Sendmail-Version von 8.8.x oder höher verfügen. Eigentlich sollte das bei einer neueren Distribution der Fall sein, aber da man nie weiß, testen Sie dies mit:

```
stefanie@diabolo[~]> rpm -q sendmail
```

```
set auto_tag
```

Mutt bietet Ihnen die Möglichkeit, ein Kommando bei mehreren Nachrichten gleichzeitig anzuwenden. Dazu müssen Sie die betreffenden Mails markieren. set auto_tag sorgt dafür, dass Befehle automatisch auf alle markierten Nachrichten angewandt werden.

```
set sort
```

Mit Hilfe dieser Variablen können Sie bestimmen, nach welchen Kriterien Mutt Ihre Mails ordnen soll. Es gibt folgende Möglichkeiten:

- date-sent: nach Versanddatum
- date-received: nach Empfangsdatum
- from: nach Absender
- mailbox-order (unsorted): ungeordneter Wildwuchs für die Anarchisten
- subject: nach Betreff

- threads: Es wird nach Ursprungs-Mail, die Antwort-Mail darauf usw. geordnet. Diese Art des Sortierens wird *Threading* genannt, ein Begriff, der Ihnen auch noch im Themenkomplex *News* begegnen wird.
- Snapshot to: nach Empfänger

Ich habe mich für `set sort=threads` entschieden, da ich einige Mailinglisten mit hohem Traffic (also vielen Mails pro Tag) abonniert habe. Dort erleichtert es diese Art des Ordnens, den Überblick über den Diskussionsverlauf zu behalten. Und wenn es dann immer noch zu unübersichtlich aussieht, kann man an dieser Stelle schön die Tastenkombination [Esc]-[V] einsetzen, die Sie anfangs in der Tabelle mit den wichtigsten Indexkürzeln aufgeführt haben. Mutt klappt die Threads dann je nach Bedarf ein und aus. Und dass Mutt wirklich mitdenkt, sehen Sie daran, dass ein eingeklappter Thread sofort ganz von alleine – oder besser gesagt von Mutt – aufgeklappt wird, sobald neue Nachrichten eingetrudelt sind.

```
set signature=~/.signature
```

Viele Anwender mögen es, an ihre Mails einen kurzen Sinnspruch, Scherz oder einfach nur ihre Adresse etc. anzuhängen. Man spricht hierbei von einer *Signature* oder *Signatur*. Diese wird per Konvention mit der Zeichenfolge `--` abgetrennt. Um diesen Vorgang zu automatisieren und nicht jedes Mal die Signatur aufs Neue eingeben zu müssen, kann man in Mutt explizit eine Signature-Datei angeben. Diese wird dann jedes Mal an ausgehende Mails angehängt.

Erstellen Sie ein solches Signatur-File. Wechseln Sie dazu in Ihr Home-Verzeichnis, und legen Sie eine Datei *.signature* an. In diese geben Sie jetzt einen Text Ihrer Wahl ein. Also z.B. (ich arbeite in solchen Fällen gerne mit dem Joe):

```
stefanie@diabolo[~]> joe .signature
Stefanie Teufel
***  Drag me, drop me, make me feel like an object...  ***
```

Abspeichern – fertig.

---

ACHTUNG

Achten Sie bitte darauf, nicht mehr als vier Zeilen Text einzugeben, da eine längere Signatur als unhöflich oder besser gesagt Netiquette-widrig gilt. Mit Netiquette bezeichnet man den Knigge des Internet. Hier sind die elementaren Benimmregeln festgeschrieben, die jeder Teilnehmer der Netzkommunikation beachten sollte.

---

```
set sig_dashes
```

Diese Variable stellt sicher, dass die schon erwähnte Zeichenfolge – vor Ihrer Signature eingefügt wird. Sie sehen, dass Ihnen Mutt auch diese Arbeit gerne abnimmt.

```
set arrow_cursor
```

Mutt zeigt mit einem Pfeil -> an, an welcher Stelle Ihrer Mailbox Sie sich gerade befinden. Wenn Sie diese Zeile mit einem Hash auskommentieren, wird stattdessen die ganze Zeile farbig unterlegt.

```
unset fcc_attach
```

`fcc_attach` mit einem `unset` rückgängig zu machen (standardmäßig ist sie gesetzt) verhindert, dass Attachments, die Sie an Ihre Mails anhängen, beim Abspeichern derselben mit gesichert werden. Das hilft Ihnen, wertvollen Plattenplatz zu sparen (denken Sie immer an den Satz *Disk space – the final frontier*), da man die angehängten Dateien ja meist sowieso anderswo auf seiner Festplatte hat und nicht ein zweites Mal abspeichern muss.

HINWEIS

In den neuesten Versionen von Mutt ist endlich auch die Möglichkeit implementiert, in Mails nur die Attachments zu löschen und die Mail mit Text zu behalten. Das geht ganz leicht. Öffnen Sie die Mail, und lassen Sie sich mit einem [v] die Übersicht über die Attachments anzeigen. Haben Sie eines ausgeguckt, auf das Sie gut und gerne verzichten können, bewegen Sie den Cursor auf selbiges und geben ein [d] ein. Beim Schließen der Mail löscht Mutt das Attachment.

```
set alternates=Ihre Mailadresse(n)
```

Sie sagen Mutt mit Hilfe dieser *Alternates*, welche Mails tatsächlich an Sie persönlich gerichtet sind. Mutt kennzeichnet diese Mails in Ihrem Eingangsordner daraufhin mit einem +. Sie werden das zu schätzen wissen, wenn Sie mehrere Mailinglisten beziehen.

HINWEIS

Auch wenn Sie mehrere E-Mail-Adressen gleichzeitig verwenden sollten, ist das kein Problem. Einfach alle der Reihe nach eingeben und die einzelnen Adressen dabei durch das Pipe-Symbol | voneinander abtrennen.

Erhält man viele Mails an einem Tag, kann es sein, dass auch diese Kennzeichnung nicht unbedingt ausreichend ist, um den Überblick darüber zu behalten, welche Mails man denn nun eigentlich schon angeschaut hat oder welche wichtig sind. Mit einem kleinen Trick können Sie sich die Sache ein wenig erleichtern. Bewegen Sie den Cursor auf die Mail, die Ihnen wichtig erscheint. Geben Sie dann ein [w] ein. Mutt fragt Sie so höflich, mit welchem Status-Flag Sie die betreffende Mail versehen möchten. Entscheiden Sie sich für das `!`. Wenn Sie nun noch folgende Zeilen in Ihrer *.muttrc* ergänzen, zeigt Ihnen Mutt in der Indexansicht nach Betätigen der Taste [F3] nur noch geflaggte und ungelesene Mails an.

```
# Nur ungelesene und geflaggte Mails anzeigen
macro index <f3> »l ! ~F | ~U\r«
```

## Formate der Status-Zeilen, der Header-Formatzeilen etc.

Sie können mit Hilfe der nachstehend erklärten Platzhalter das Aussehen der Statuszeilen in Mutt ändern.

| | |
|---|---|
| `%a` | Adresse des Autors |
| `%c` | Anzahl der Zeichen (Bytes) der Mail |
| `%C` | aktuelle Nummer der Mail im Ordner |
| `%d` | Datum und Zeit der Message im Format, das in `date_format` näher spezifiziert wird. |
| `%f` | die gesamte `From:`-Zeile (Adresse + Realname) |
| `%F` | Name des Senders oder Name des Empfängers, wenn es sich um eine von Ihnen geschriebene Nachricht handelt |
| `%i` | `Message-id` der aktuellen Message, eine Zeichenkette, mit der sich jede Mail eindeutig spezifizieren lässt |
| `%l` | Anzahl der Zeilen der Nachricht |
| `%m` | Gesamtanzahl der Nachrichten in der Mailbox |
| `%N` | Score (also Wichtigkeit) der Nachricht |
| `%n` | Realname des Autors (oder die Adresse, falls keiner vorhanden) |
| `%s` | Subject der Mail |
| `%S` | Status der Message: `N`: neu, `D`: gelöscht, `*`: markiert, `r`: beantwortet |
| `%t` | `To:`-Feld (Empfänger) |
| `%T` | zeigt an, ob die Mail nur an Sie, auch an andere oder eine Liste gerichtet ist |
| `%u` | user (login) name des Autors |
| `%Z` | Message Status Flags |

Standardmäßig sind folgende Werte für die Statuszeile der Nachricht eingestellt:

```
%4C %Z %{%b %d} %-15.15L (%4l) %s
```

Ich mag folgende Settings:

```
set hdr_format="%Z %3C %{%b %d} %-17.17F (%3l) %s"
```

Auf die gleiche Art lässt sich auch die Statuszeile der Mailbox einstellen. Der Default lautet: `"-%r-Mutt: %f [Msgs:%?M?%M/?%m%?n? New:%n?%?o? Old:%o?%?d? Del:%d?%?F? Flag:%F?%?t? Tag:%t?%?p? Post:%p?%?b? Inc:%b? %?l? l?]---(%s/%S)-%>-(%P)--- "`, was ja ein ziemliches Monster darstellt. Ich bevorzuge daher folgende Statuszeile:

```
set status_format="%v: %f (%s) [%M/%m;%l] [N=%n,*=%t,post=%p] "
```

---

Probieren Sie unterschiedliche Statuszeilen aus:

Geben Sie

```
set status_format="%v: %f (%s) [%M/%m;%l] [N=%n,*=%t,post=%p] »
```

und danach

```
set status_format=« %v: %f [Msg:%?M?%M/?%m%?n? New:%n?%?t?
Post:%p?%?b? Inc:%b? %l]---(%s)%|- »
```

ein.

Vergleichen Sie die Ergebnisse mit den Standardeinstellungen.

---

Mutt nimmt auf Umsteiger von anderen traditionellen Mail-Readern Rücksicht und lässt sie ihre Einstellungen beibehalten. Wer wie ich einmal Pine benutzt hat, weiß es zu schätzen, wenn er sich nicht umgewöhnen muss. Folgende Zeilen simulieren in Mutt das Verhalten von Pine:

```
##PINE has different defaults for this variables
set folder=~/mail
set record=+sent-mail
set nosave_name
set postponed=~/postponed-msgs
## Header, die ich wirklich nicht sehen moechte: ignore/unignore
ignore X-UIDL X-Priority X-Face Precedence X-Loop Resent- In-Reply-
To Mail-Copies-To Priority Return-Receipt-To
```

Mit `ignore` und der Angabe des betreffenden Headers teilen Sie Mutt mit, welche Sie nun wirklich nicht sehen wollen. Oben sehen Sie einen kleinen Ausschnitt der Header, ohne deren Anzeige ich ausgezeichnet leben kann. Fügen

Sie einfach noch diejenigen hinzu, die Ihnen uninteressant erscheinen, oder entfernen Sie den Eintrag, der Ihnen wichtig erscheint.

---

Mit der bloßen Angabe `Resent-` wie in meinem Beispiel entfernen Sie *alle* Header, die mit `Resent-` beginnen. Möchten Sie dieses Verhalten unterbinden und nur einen speziellen Resent-Header nicht sehen, müssen Sie den vollen Begriff angeben. Oder Sie können auch einen speziellen Header, der mit `Resent-` beginnt, durch das Setzen von

```
unignore Resent-blafasel
```

wieder sichtbar machen.

---

```
set smileys="(>From )|(:[-^]?[][)(><}{|/DP])"
```

Diese Variable bewirkt, dass Mutt Zeilen, die mit einem Smiley wie `:-)` beginnen, auch als Smiley erkennt und sie nicht als Quote-Zeichen identifiziert und so als gequoteten Text darstellt.

### Mailinglisten

Mutt kennt in den neueren Versionen sehr schöne Features, was den Umgang mit Mailinglisten anbelangt. Tragen Sie einfach nur mit dem Befehl `lists` *Listenname* Ihre Mailinglisten ein. Für den Namen der Liste verwenden Sie bitte den Teil, der vor dem `@` erscheint, also beispielsweise `xemacs-beta` für die XEmacs-Beta-Liste mit der Mail-Adresse `xemacs-beta@xemacs.org` oder `bolug` für `bolug@uni-bonn.de` (die Mailingliste der Bonner Linux-User-Gruppe).

```
## Meine Mailinglisten
lists xemacs-beta  lists info-bbdb lists bolug [...]
```

Durch diese Einträge erreichen Sie, dass Mutt eingehende Mails auf diesen Listen nur in einem Listenordner abspeichert und nicht für den Autor der Mail einen eigenen Ordner anlegt. Außerdem können Sie Ihre Antwort direkt und ausschließlich auf die Liste schicken, wenn Sie sich im *Pager*-Menü (dazu gleich mehr) befinden und [L] drücken.

### Mail-Aliase

```
## Mail-Aliase
alias st Stefanie Teufel <s.teufel@ndh.net>
```

Mail Aliase sind eine feine Sache, und Mutt bietet Ihnen dabei großartige Unterstützung. Wenn Sie einer Person häufig Mails schreiben, haben Sie sicher keine Lust, andauernd deren vollständige Mail-Adresse einzugeben. (Kommt Ihnen irgendwie aus dem bash-Kapitel bekannt vor, nicht wahr?) Dafür gibt es Aliase. Einmal definiert, reicht es, den Mail-Alias, der z.B. nur aus den Initialen oder dem Vornamen besteht, einzugeben. Mutt ergänzt dann selbständig den Realnamen und die Mail-Adresse der Person. Wenn Sie also wie ich `st` als Alias für `Stefanie Teufel <s.teufel@ndh.net>` gewählt haben, brauchen Sie nicht mehr meine ganze Mail-Adresse einzugeben, wenn Sie mir schreiben möchten, wie Ihnen dieses Buch gefallen hat. Es reicht, wenn Sie die Mail an `st` adressieren. Nett, nicht war? Mutt hat ein Herz für Faultiere wie mich. Sie können den Mail-Alias entweder per Hand eingeben, und zwar mit der Syntax

alias *ihre_Abkürzung Realname Mailadresse*

oder sich dabei bequem von Mutt unterstützen lassen. Gehen Sie in die Nachricht hinein (Sie befinden sich dann im Pager), und tippen Sie [a] ein. Mutt wird Sie daraufhin in der Statuszeile fragen, wie Sie Ihren Alias eingerichtet haben wollen. Sie brauchen nur den Anweisungen zu folgen.

## Eigene Tastenkürzel erstellen

Mutt lässt Ihnen auch freie Hand bei der Belegung der Tastenkombinationen, mit denen die einzelnen Funktionen aufgerufen werden. Mutt kommt mit Standard-Tastenkombinationen, die von Ihnen jedoch jederzeit an andere Tasten gebunden werden können.

Mutt gestattet Ihnen das mittels folgender Syntax:

bind *map key function*

Map spezifiziert dabei, zu welchem Menü die neuen *Bindings* gehören sollen. Folgende Maps stehen Ihnen dabei zur Verfügung:

```
generic, alias, attach, browser, editor, index, compose, pager, pgp,
url
```

`key` bezeichnet die Taste oder Tastenkombination, die Sie binden bzw. neu belegen wollen. Möchten Sie eine Tastenkombination belegen, die die [Ctrl]- oder [Strg]-Taste enthält, geben Sie bitte für die [Strg]-Taste `\C` an. So steht z.B. `\Cx` für die Tastenkombination [Strg]-[x].

`function` schließlich gibt an, welche Aktion Mutt ausführen soll, wenn die jeweilige Taste(nkombination) gedrückt wird. Für eine komplette Liste der Funktionen sei auf das Manual verwiesen.

```
bind compose \Cx send-message
```

In Ihrer *.muttrc* binden Sie damit die Tastenkombination [Strg]-[x] an die Aktion »Versenden einer Mail«. Durch diesen Eintrag wird die Standardeinstellung »y« aufgehoben und stattdessen Ihre Tastenkombination gewählt. Es bietet sich an, für den Mail-Versand eine Kombination zu wählen, da so das Risiko, eine Mail aus Versehen zu versenden, minimiert wird.

Ein wunderschönes Makro ist auch das folgende:

```
macro generic <f1> "!less /usr/local/doc/mutt/
manual.txt\n" "Show Mutt document
macro index   <f1> "!less /usr/local/doc/mutt/
manual.txt\n" "Show Mutt document
macro pager   <f1> "!less /usr/local/doc/mutt/
manual.txt\n" "Show Mutt document
```

Damit bringen Sie Mutt dazu, Ihnen in nahezu jeder Lebenslage (sprich Indexübersicht, Pager etc.) bei Betätigten der [F1]-Taste das hervorragende Manual anzuzeigen, auf das ich hier schon des Öfteren hingewiesen habe. Sollten Sie das rpm von SuSE benutzen, müssen Sie den hier vorgestellten Pfad auf */usr/share/doc/packages/mutt/manual.txt* umändern, da sich hier das Manual befindet.

# 14.9 Wir sortieren unsere Post

Postwurfsendungen, Bettelbriefe und Rundschreiben im Briefkasten können ziemlich lästig sein. Die elektronischen Pendants in der Mailbox sind es nicht minder. Wäre es daher nicht schön, wenn es jemanden gäbe, der sich den ganzen Wust an Post erst einmal anschaut, bevor Sie ihn zu sehen bekommen?

Das Programm `procmail` ist genau dafür konzipiert. Bei SuSE ist dieser nützliche Helfer automatisch zwischen Sendmail und Ihr Mail-Programm geschaltet, so dass Sie sich um einen Einbau von Procmail in Ihr Mailsystem gar nicht mehr kümmern brauchen. Ihre Post wird erst einmal an Ihre elektronische Sekretärin weitergeleitet. In der Datei *.procmailrc*, deren Aufbau ich Ihnen gleich näher erläutere, können Sie genaue Regeln festlegen, wie mit der Post verfahren werden soll. Wenn Sie beispielsweise die Mails Ihres Ex nicht mehr sehen wollen, sagen Sie Procmail das – es schickt die Rührstücke für Sie dann schon in den Daten-Hades, ohne Sie länger damit zu behelligen.

Procmail wird nicht vom Benutzer direkt, sondern im Hintergrund von Sendmail gestartet, was die Übersicht über das Walten und Wirken ein wenig erschwert. Procmail kann Ihnen nicht sagen, was schief gelaufen ist, weil es nicht weiß, wo und ob Sie überhaupt eingeloggt sind. Das ist nicht nett, wir wollen die Kontrolle über unser System nicht aufgeben. Procmail weiß das und lässt den User aus diesem Grund ein so genanntes *Logfile* definieren, in dem es sämtliche seiner Aktionen vermerkt. Wie das geht, zeige ich Ihnen gleich.

Sie müssen keine Datei *.procmailrc* definieren. Wenn Sie meinen, ohne das Mail-Filtern auskommen zu können, tun Sie einfach nichts. Procmail wird zwar in Ihrem Home-Verzeichnis nach dieser Datei suchen, dann aber brav die Mail wie gewohnt abliefern.

### 14.9.1 Die Konfiguration von .procmailrc

Wie schon oben erwähnt, wird Procmail mit Hilfe der Datei *.procmailrc* konfiguriert, die Sie bitte in Ihrem Home-Verzeichnis platzieren. Wollen Sie Kommentare zum besseren Gedächtnis einfügen, so stellen Sie diesen ein *Hash* (also das Rautenzeichen #) voran.

Zeilen, die mit `:0` oder `:0:` beginnen, kennzeichnen den Beginn einer neuen Filterregel, mit der Sie Procmail genau verklickern, was es mit Ihrer Post zu tun hat.

Zeilen, die mit dem Zeichen * beginnen, enthalten die Bedingungen, mit denen Sie festlegen, mit welcher Mail wie verfahren werden soll. Enthält die Mail eine dieser Bedingungen, so wendet Procmail das von Ihnen definierte Kommando darauf an, sonst straft es die Mail mit Missachtung.

Die übrigen Zeilen – ohne `:0` oder * – sind die Anweisungen. Sie sagen Procmail damit, was es denn eigentlich mit der Mail tun soll, die den vorher definierten Bedingungen genügt. Sie können mit Procmail so ziemlich alles machen: Nachrichten löschen, in bestimmten Ordnern abspeichern, automatisch weiterleiten etc.

Erzeugen Sie bitte mit

```
stefanie@diabolo[~]> touch .procmailrc
```

eine leere Datei, und bearbeiten Sie diese dann mit Ihrem Lieblings-Editor ...

... wobei Sie »touch« nicht unbedingt brauchen. Alternativ können Sie natürlich auch in einem Schritt z.B. mit `joe .procmailrc` Ihren Editor aufrufen und dabei gleichzeitig die neue Datei erstellen.

Unsere ersten beiden Einträge sorgen dafür, dass Procmail Sie über jeden Handschlag, den es tut, informiert:

```
LOGFILE=/home/stefanie/maillog
VERBOSE=yes
```

Denken Sie bitte daran, »stefanie« durch Ihren Login-Namen zu ersetzen. `Verbose=yes` können Sie wieder entfernen, wenn Sie sich sicher sind, dass Procmail auch das tut, was es soll. Mit dem Eintrag wird ausnahmslos alles protokolliert, ein Informations-Overkill, der unnötig und zumeist auch uninteressant ist.

Schicken Sie sich selbst eine Testmail, und schauen sich dann den Inhalt der Datei *maillog* mit `cat maillog` an. Die *maillog*-Datei wird ein komplettes Protokoll darüber enthalten, was Procmail mit der Mail gemacht hat.

## 14.9.2 Wir filtern Mails

Procmail ist ein besonders willkommener Helfer, wenn Sie wie ich traffic-reiche Mailinglisten abonniert haben – also Mailinglisten, bei denen pro Tag schon einmal 100 oder mehr Mails in Ihrer Mailbox landen können. Da fällt es mitunter schwer, die private Post in dem Mailwust direkt zu erkennen. Procmail schafft Abhilfe. Sie können in der *.procmailrc* angeben, welche Mails von Procmail in welchen Ordner gepackt werden sollen. Es gibt die kompliziertesten Filterkommandos, und die *.procmailrcs* der Könner sind richtige kleine Kunstwerke. Uns soll es hier reichen, Mails von Mailinglisten in unterschiedliche Ordner zu packen.

Um eine aussagekräftige Filterregel zu erhalten, gilt es ein Merkmal zu finden, das in allen Headern (Sie erinnern sich, das waren die mitunter recht kryptischen Buchstabensalate im administrativen Teil der Mails) vorkommt, dafür in privaten Mails oder auf anderen Mailinglisten nicht auftaucht.

Nehmen wir die Mailingliste der *BoLUG (Bonner Linux User Group).* Alle Mails, die an die Liste gehen, haben folgende Zeile: `To: bolug@uni-bonn.de`, ein wunderbarer Filter. Lassen Sie uns den in unsere *.procmailrc* einfügen. Dafür öffnen wir die vorher angelegte *.procmailrc* mit dem Editor und tragen Folgendes ein:

```
stefanie@diabolo[~]> joe .procmailrc
LOGFILE=/home/stefanie/maillog
VERBOSE=yes
:0
* ^To: bolug@uni-bonn.de
Bolug
```

Was heißt das nun?

Am besten gehen wir die Regeln Zeile für Zeile durch, da das Prinzip immer das gleiche ist und Sie sehr einfach Ihre *.procmailrc* an Ihre Bedürfnisse anpassen können, wenn Sie das Muster einmal verstanden haben.

Eine neue Regel beginnt bekannterweise immer mit

```
:0
```

Da `:0` ohne Option aufgerufen wird, verwendet Procmail die Standardeinstellungen. Das heißt, es wird nicht zwischen Groß- und Kleinschreibung unterschieden, und die Regel wird nur auf den Header bezogen. Für die weitreichenden Optionen muss ich Sie leider auf die Manpage vertrösten, da ausführliche Erklärungen den Rahmen des Buches sprengen würden.

Als Nächstes folgen die Bedingungen: eine pro Zeile und immer mit führendem *. Mit den berühmt-berüchtigten *regulären Ausdrücken* (den so genannten *regexps*), über die es ganze Bücher gibt, lassen sich hier die tollsten Sachen anstellen. Uns soll jedoch Folgendes reichen:

Mit dem Symbol ^ geben Sie Procmail zu verstehen, dass es am Anfang einer Zeile nach dem Ausdruck `To: bolug@uni-bonn.de` suchen soll und nicht irgendwo anders.

Zu guter Letzt müssen wir Procmail jetzt noch sagen, was es denn eigentlich mit den so ausgesonderten Mails tun soll. In meinem Beispiel werden Mails, die den Bedingungen entsprechen, in den Ordner *Bolug* einsortiert und erscheinen so nicht in meiner Eingangs-Mailbox, in der sich meine andere Post sammelt.

HINWEIS

Wenn Sie mit dem Filter auch Mails abfangen wollen, die als `Cc: bolug <bolug@uni-bonn.de>` o.Ä. an die Liste gehen, so ersetzen Sie `To:` durch `TO_`. Dieser Ausdruck ist allgemeiner und erfasst auch den letzten kleinen Ausreißer, da `TO_` einfach alle Headerzeilen nach dem Vorkommen von `bolug@un-bonn.de` durchforstet.

### 14.9.3 Procmail, PGP und Mutt

Es gibt neben Mailinglisten noch einen zweiten Grund, weshalb ich Ihnen Procmail gerne vorstellen wollte. Mutt, das Mailingprogramm, das Sie ja ausführlich kennen gelernt haben, hat zum Teil Schwierigkeiten, Mails, die aus Windows-Programmen (wie dem Forte Agent) oder anderen Mailern wie Pine heraus verschlüsselt wurden, als PGP-verschlüsselt zu erkennen. Das liegt daran, dass diese Mailer im Header nicht mit angeben, dass es sich um eine kodierte Mail handelt. Da Mutt nur die Header prüft, kann es nicht erkennen, dass es sich bei der Mail um eine PGP-verschlüsselte Mail handelt. Folgender Eintrag in Ihrer *.procmailrc* löst das Problem:

```
# Add a »Content-Type: application/pgp« header so Mutt will know the
# mail is encrypted.
:0 fBw
* ^-----BEGIN PGP MESSAGE-----
| formail -a »Content-Type: application/pgp; format=text; x-
action=encryptsign«
```

```
# Add a »Content-Type: application/pgp« header so Mutt will know the
# mail is signed.
:0 fBw
* ^-----BEGIN PGP SIGNED MESSAGE-----
| formail -a »Content-Type: application/pgp; format=text; x-
action=sign«
```

Mittels dieses Filters fügt Procmail eine Zeile ein, die Mutt erkennen lässt, dass es sich um eine PGP-Mail handelt. Sie können solche Mails dann ganz wie korrekt kodierte Mails entschlüsseln.

## 14.10 KMail aka »Schreib mal wieder« ...

Linux ist – wie Sie auch noch an anderer Stelle dieses Buches merken werden – nicht nur durch das Internet das geworden, was es heute ist, sondern auch eine der attraktivsten und bequemsten Arten, durch die virtuelle Realität und elektronische Kommunikation zu navigieren. Kein Wunder, dass es Mailer und Newsreader en masse gibt. Das KDE-Projekt macht da keine Ausnahme und bietet Ihnen mit KMail ein optisch sehr ansprechendes Mailprogramm, das zudem fürs typische KDE Look&Feel sorgt und recht intuitiv zu bedienen ist. Aber langer Rede, kurzer Sinn, lassen Sie uns nun gemeinsam die Geheimnisse von KMail erforschen:

### 14.10.1 Die Konfiguration

Wie bei fast allen KDE-Programmen zwingt Sie KMail nicht dazu, sich haareraufend durch kryptische Konfigurationsdateien zu wühlen, sondern bietet Ihnen unter dem Menüpunkt EINSTELLUNGEN→EINRICHTUNG eine grafische Schnittstelle, in der Sie die relevanten Daten für einen ordentlichen Mailversand einstellen können (Abbildung 14.1). Ach ja, beim ersten Start legt KMail auch noch ein Verzeichnis für Ihre Post an. Das hat schon alles seine Richtigkeit; stören Sie sich nicht daran (Abbildung 14.2).

Klicken Sie mit der Maus auf den Tab IDENTITÄT. In den Feldern NAME, ORGANISATION und E-MAIL-ADRESSE ergänzen Sie jetzt bitte Ihre persönlichen Angaben. In das Feld ANTWORTADRESSE können Sie die Adresse eintragen, unter der Sie *Replys* auf Ihre Mails empfangen möchten. Von den im Internet so beliebten Signaturen war schon des Öfteren die Rede. Um den Signaturanhang zu automatisieren und nicht jedes Mal die Signatur aufs Neue eingeben zu müssen, bietet Ihnen KMail die Möglichkeit, explizit eine Signaturdatei anzugeben. Diese wird dann jedes Mal an ausgehende Mails angehängt. Tragen Sie Ihre Wunsch-Signatur einfach in das Feld SIGNATUR HIER EINGEBEN ein. Sollten Sie schon für ein anderes Mailprogramm wie etwa für Mutt eine solche Signaturdatei angelegt haben, geben Sie bitte den kompletten Pfad zu der Datei im Feld SIGNATURDATEI an oder klicken Sie sich alternativ über den Button AUSWÄHLEN im daraufhin erscheinenden Verzeichnisbaum bis zu der Datei durch. KMail trägt dann für Sie den Pfad ein. Ach ja, SIGNATUR AUS DATEI BENUTZEN sollten Sie selbstverständlich auch noch aktivieren.

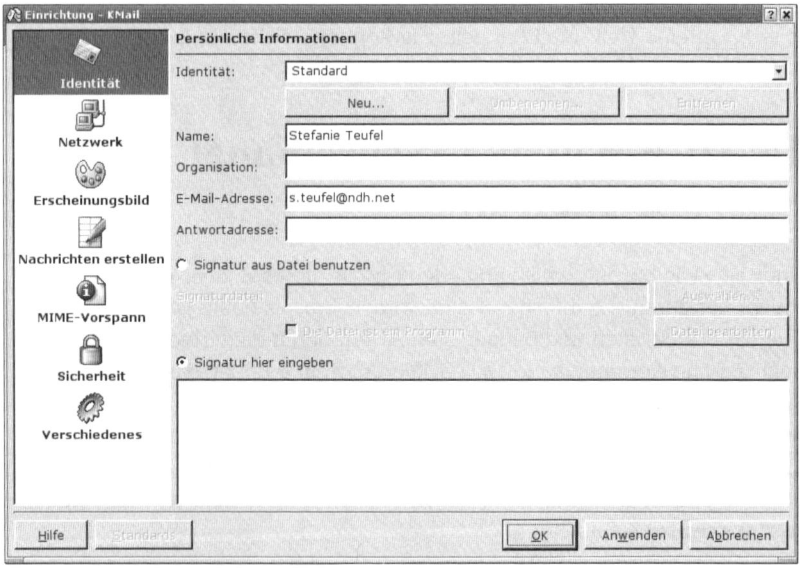


*Abb. 14.1: Konfiguriert wird in KMail wie immer bei KDE per Maus & Co*

*Abb. 14.2: Noch schnell ein Mailverzeichnis angelegt*

Im Bereich NETZWERK wird es ernst. Hier teilen Sie KMail mit, auf welche Art Sie Mails versenden und empfangen sollten. Standardmäßig ist für Sendmail der Pfad USR/SBIN/SENDMAIL angeben, der für Ihre SuSE so korrekt ist. KMail unterscheidet sich von anderen unter Linux populären Mailern dadurch, dass es Ihnen neben der Benutzung des *MTA sendmail*, die Möglichkeit bietet, Ihre E-Mails direkt – ohne den Einsatz von *sendmail* – via *SMTP* auf die virtuelle Reise zu schicken. Gerade für Linux-Neulinge kann das ein Riesenvorteil sein, da die ordnungsgemäße Konfiguration von sendmail zum Teil sogar alte Hasen vor Probleme stellt.

Wenn Sie sich für diese Methode entscheiden, aktivieren Sie bitte das Feld SMTP und tragen in das Feld SERVER statt der Standardeinstellung *localhost* den Namen des Mailservers Ihres Providers ein. Bei mir wäre das beispielsweise `mail.ndh.net`. Die Port-Nummer bleibt gleich und sollte `25` lauten.

Der KDE-Mailer hat noch ein weiteres Feature implementiert, das Anfängern das Linux-Leben erleichtern kann. Viele MUAs greifen nicht automatisch wie die meisten Windows-Mailer direkt auf die POP-Server der Provider zu, sondern überlassen diese Aufgabe Programmen wie Fetchmail, das ich Ihnen ja auch schon vorgestellt habe. KMail ist da anders. Wenn Sie Im Abschnitt EINGEHENDE E-MAIL auf den Button HINZUFÜGEN klicken, so erscheint die Dialogbox POSTFACH HINZUFÜGEN. Holen Sie Ihre Mails via Fetchmail vom Provider ab, muss Ihre Wahl auf LOKALES POSTFACH fallen. Möchten Sie sich jedoch die POP3-Fähgikeit von KMail zunutze machen, sollten Sie POP3-POSTFACH aktivieren. In diesem Falle erscheint eine weitere Dialogbox

Um das Feld NAME brauchen Sie sich nicht zu kümmern, lassen Sie dort ruhig das voreingestellte »*unbenannt*« stehen. Bei BENUTZER und PASSWORT tragen Sie bitte Ihren Mail-Account-Namen und das dazugehörige Passwort ein. Auch der Name des SERVER (gemeint ist hier der Mailserver/POP3-Server) sollte Ihnen bei der Anmeldung von Ihrem Provider mitgeteilt worden sein (wenn nein, erhalten Sie so Gelegenheit die Güteklasse des Supports Ihres ISP auszutesten...). Lassen Sie bei Port `110` stehen; dies ist für alle POP3-Server gleich. Mit dem Feld NACHRICHTEN VOM SERVER LÖSCHEN können Sie KMail anweisen, die Mails nach erfolgreichem Download entweder aus Ihrer Mailbox auf dem Server zu löschen oder Sie erst einmal (Vorsicht ist die Mutter der Linux-Konfigurateure) unangetastet zu lassen. In einem letzten Schritt legen Sie nun noch bequem via Pulldown-Menü fest, in welchem Ordner KMail Ihre neu empfangenen E-Mails ablegen soll. Auf OK klicken und Sie sind fertig.

KMail lässt Ihnen viel Entscheidungsspielraum, in welchem Outfit es sich Ihnen präsentieren soll. Unter ERSCHEINUNG können Sie selbst separat auf dem Tab SCHRIFTARTEN über das Pulldown-Menü PFAD der einzelnen Mail (Nachrichten) sowie der Übersichtsliste, in der Ihnen Ihre Mails gesammelt aufgelistet werden, oder auch den einzelnen gequoteten Textebenen jede auf Ihrem System installierte Schrift zuweisen. Im Preview-Fenster lässt sich netterweise direkt überprüfen, ob die ausgewählte Schrift in der aktuellen Punktgröße vielleicht zu klein ist oder kursiv einfach nur, nennen wir es euphemistisch, seltsam aussieht. Sobald Sie mit Ihrer Wahl zufrieden sind, klicken Sie auf OK und beim nächsten Aufruf eines Fensters passt sich KMail Ihren Wünschen an. Und wenn Sie sich das Leben noch bunter machen wollen, setzen Sie mit Hilfe des Tabs FARBEN in KMail farbige Akzente, so viel Sie mögen und Ihre Augen oder Ihr Magen verkraften:).

Mit Nachrichten erstellen legen Sie das Aussehen Ihrer Mails fest. KMail lässt Sie, differenziert nach Art der verfassten Mail, die einleitenden Sätze formulieren und diese in der Sektion Redewendungen festlegen. An der Stelle sind Ihrer Phantasie nur durch Ihren guten Geschmack Grenzen gesetzt. Ein Tipp: Wie so oft gilt auch hier: *Weniger ist mehr ...*

Im Feld Einrückung können Sie das Quote-Zeichen festlegen, sprich das Zeichen, das in Ihrer Antwort den Zeilen der Ursprungsmail, auf die Sie sich beziehen, vorangestellt werden. In der Ausgangsversion ist »>« eingestellt, das Sie ruhig übernehmen können, da es sich dabei um den Standard in unseren Breiten handelt. Im letzten Abschnitt des Tabs Allgemein können Sie durch das Aktivieren der jeweiligen Kästchen festlegen, ob Ihren Mails automatisch die schon erwähnte Signatur angehängt werden soll, der Nachricht durch KMail eine PGP-Unterschrift verpasst wird und nach wie viel Zeichen KMail die Zeilen umbrechen soll. Hier würde ich Ihnen empfehlen, den Ausgangswert von 78 auf 72 herunterzusetzen. Als Letztes findet sich der Tab Weiteres. Platzsparend ist auf alle Fälle noch die Option Papierkorb bei Beenden leeren im Bereich Verschiedenes, die dafür sorgt, dass KMail beim Schließen automatisch den Inhalt Ihrer *Trash-Box* beseitigt. Auch das Senden automatischer Empfangs- und Lesebestätigungen oder den Versand wartender Mails beim Abholen neuer Post können Sie hier einstellen.

## 14.10.2 Nachrichten erstellen

Nachdem Sie nun KMail erfolgreich Ihren Wünschen angepasst haben, sind Sie sicher begierig darauf, endlich eine E-Mail zu verfassen. Geben Sie dazu entweder die Tastenkombination [Strg]-[N] ein oder klicken Sie mit der Maus auf Nachricht→Neue Nachricht. Es öffnet sich eine Eingabemaske, in der Sie gleich loslegen können. In die Felder An:, Kopie: (das entspricht `Cc`) können Sie nun entweder direkt die jeweilige E-Mail-Adresse eingeben oder – wenn Sie so faul sind wie ich – das von KMail und dem darin integrierten Adressbuch übernehmen lassen. Klicken Sie dazu mit der Maus auf den 3-Punkt-Button neben dem Feld, das mit Daten gefüttert werden soll KMail öffnet dann das Adressbuch (wie Sie das mit Einträgen füllen, erfahren Sie später in diesem Buch ) und Sie können per Klick Adressat etc. auswählen. Im Feld Betreff tragen Sie das Subject der Mail ein.

Wie schon erwähnt, unterstützt KMail PGP. Wenn Sie die eben erstellte Mail verschlüsseln wollen – neugierige Kollegen können mitunter eine wahre Plage sein, gelle? – reicht es, auf das Icon mit dem Schloss in der Menüleiste zu klicken. Sie werden dann beim Versand der Mail nach Ihrem PGP-Passwort gefragt. Geben Sie es ein, den Rest erledigt KMail für Sie. Gleiches gilt, wenn Sie Ihre Mail nur PGP-signiert versenden wollen. Klicken Sie dann statt auf das Schloss auf das Icon mit der Feder und geben Sie wieder Ihr PGP-Passwort ein.

Neben PGP kann KMail auch mit MIME umgehen und lässt Sie mit einem einfachen Mausklick alle Arten von Dateien, seien es GIF-Dateien oder HTML-Schnipsel, an Ihre Mails anhängen.

Möchten Sie mit Ihrer Mail ein Bild oder Ähnliches mitschicken, klicken Sie entweder auf das Icon mit der Büroklammer oder wählen im Menü ANHÄNGEN →ANHÄNGEN aus. Es öffnet sich das schon sattsam bekannte Dateiauswahlfenster, in dem Sie nun nur noch auf die gewünschte Datei klicken müssen. KMail lässt Ihnen – sobald Sie OK gewählt haben – in einer zweiten Dialogbox die Wahl der MIME-Kodierung. Wen all die Klickerei ein wenig die Übersicht hat verlieren lassen, keine Angst, KMail zeigt Ihnen nach Beendigung der Attach-Orgie in der Eingabemaske Ihrer Mail ein kleines Fenster an, in denen Sie die Richtigkeit Ihrer Angaben nochmals überprüfen können.

Sind Sie mit dem Inhalt, den Anhängseln der Mail zufrieden, können Sie sie mit einem freundlichen [Strg]-[↵] oder einem Mausklick auf NACHRICHT→SENDEN oder dem Icon mit dem Briefumschlag an Ihren Empfänger schicken.

## 14.10.3 Nachrichten lesen und beantworten

Eine Mail zu beantworten stellt sich in KMail genauso trivial dar, wie selber eine zu schreiben. Ging die Mail nicht nur an Sie persönlich, sondern Cc noch an die anderen hundert guten Freunde, die den neuesten Klatsch unbedingt erfahren sollen, und Sie möchten Ihre Antwort an alle senden (alleine hetzen macht doch keinen Spaß), so bewegen Sie den Cursor im Hauptbildschirm auf die Nachricht, die Sie beantworten wollen, und geben entweder ein [A] ein, oder Sie klicken mit der Maus auf das Icon mit dem Blatt Papier und den zwei blauen Pfeilen. Ganz Gewissenhafte können diesen Effekt auch über NACHRICHT→ALLEN ANTWORTEN über die Menüleiste erreichen. War die E-Mail privat und nur an Sie gerichtet (mancher Klatsch ist zu göttlich, als dass man ihn teilen möchte, nicht wahr?) so ist [R] der Buchstabe Ihrer Wahl. Alternative können Sie auch auf das Icon mit dem Blatt und dem einen blauen nach links zeigenden Pfeil klicken oder im Menü NACHRICHT→ANTWORTEN auswählen. Beide Male öffnet sich eine Eingabemaske, wie Sie sie schon vom Nachrichten Erstellen kennen. KMail hat netterweise die Empfänger schon eingetragen und dem Text der Ursprungsmail das von Ihnen ausgewählte Quotezeichen vorangestellt. Sie können nun in diesen Zeilen nach Herzenslust herumkürzen, dazwischen Text einfügen etc.

Sobald Sie fertig sind, versenden Sie die Mail auf gewohnt Art und Weise. Sollte Ihnen der neueste private Klatsch gut gefallen haben und Sie in Geberlaune sein, so dass Sie ihn Ihren Bekannten nicht vorenthalten wollen, eröffnet Ihnen KMail auch die Möglichkeit, die Ursprungsmail weiterzuleiten. Klicken Sie in diesem Fall auf das Icon mit dem blauen Pfeil, der nach rechts zeigt, oder geben Sie [F] ein. Den gleichen Effekt erreicht auch ein NACHRICHT→WEITERLEITEN. Dem Betreff wird in diesem Fall ein `Fwd` (für Forward =

Weiterleitung) vorangestellt und die Ursprungsmail wird komplett weitergeleitet. Statt Quotezeichen wird der Nachricht dann ein

```
---------- Weitergeleitete Nachricht ----------
Subject: Vertraulich: Hast Du schon gehört...
Date: Sat,  4 Aug 2001 11:26:09 -0600 (MDT)
From: klatschbase@schlangennest.com
```

vorangestellt. Den oder die neuen Empfänger können Sie ganz normal im `An:`-Feld manuell oder mit Hilfe des Adressbuches eintragen.

Zur besseren Unterscheidung werden beantwortete Mails im Übersichtsfenster vor dem Namen mit einem blauen Pfeif gekennzeichnet. Diese so genannten *Status-Flags* sind überhaupt eine nette Sache, da Sie Ihnen helfen, in Ihrem Übersichtsfenster nicht den Überblick zu verlieren. Neue Nachrichten hebt KMail mit einem roten Punkt/Knopf hervor und färbt den schriftlichen Eintrag noch in Rot ein. Ungelesene Nachrichten bekommen einen grünen Punkt/Knopf vorangestellt und präsentieren sich in blauer Schrift. Gesendete Mails erhalten einen gekippten Briefumschlag, auf Bearbeitung harrende Mails einen aufrechtstehenden. Gelesene Mails tragen mit stolzgeschwellter Brust einen weißen Strich vorneweg. Möchten Sie den Status einer Mail ändern, so können Sie das leicht über das Feld NACHRICHT→STATUS SETZEN→ BEANTWORTET etc. erreichen.

## 14.10.4 »Leipziger Allerlei« oder was KMail noch so alles tut und kann

Wie schon eingangs erwähnt, zeichnet sich KMail durch Liebe zum grafischen Detail aus. Von daher ist es nicht weiter verwunderlich, dass Ihnen die verschiedensten Möglichkeiten geboten werden, sich Header oder Attachements in den Mails anzeigen zu lassen. Sie können all dies unter dem Menüpunkt ANSICHT auswählen.

Wenn Sie VERZIERTER VORSPANN wählen (Abbildung 14.3), zeigt KMail bei allen Mails neben Sender, Subject und Datum ein farbig-stilisiertes KDE-Logo an; bei LANGER VORSPANN wird Ihre Neugier befriedigt, da bei dieser Einstellung auch alle anderen Einträge, wie *Path* etc. im Kopf der Mail angezeigt werden. KURZER VORSPANN und NORMALER VORSPANN unterscheiden sich nur in der Fülle der angezeigten Informationen. ANHÄNGE ALS SYMBOLE lässt MIME-Anhängsel z.B als kleine Icons am Fuß der Mail erscheinen. An dieser Stelle zeigt sich auch sehr schön das harmonische Zusammenspiel der einzelnen KDE-Programme. Handelt es sich bei so einem Anhängsel beispielsweise um ein Bild im gif- oder jgp-Format, so startet ein Klick auf das Icon autmomatisch den KDE-Bildbetracher, in dem Sie sich, ohne weiter tätig werden zu müssen, das Bild vom Chef in Unterhosen gleich anschauen können ... Speichern können Sie ein solches Attachment, indem Sie im Menü DATEI→SPEICHERN UNTER anklicken und z.B. für das Bild *Pinup-des-Jahres.jpg* oder ähnlich Sinnvolles eingeben.

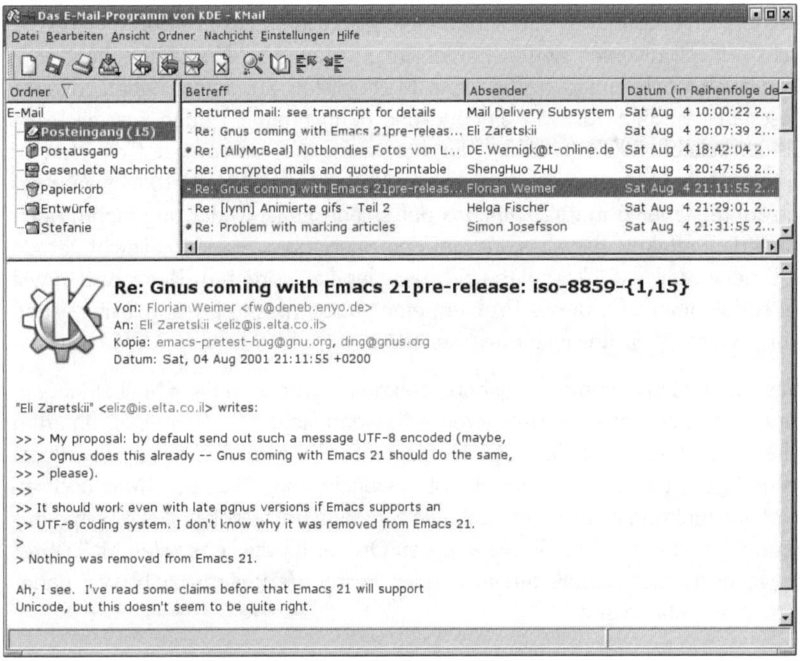


*Abb. 14.3: KMail schmückt die Mails nach Ihren Wünschen*

Sehr angenehm – gerade für Windows-Umsteiger – dürfte auch sein, dass KMail, wie so viele andere KDE-Applikationen, Drag&Drop implementiert hat. Wenn Sie Mail in einen anderen Ordner verschieben wollen, brauchen Sie nicht langatmig in Menüs rumsuchen oder sich verzweifelt die Tastenkombination fürs Kopieren in Erinnerung rufen. Klicken Sie einfach mit der linken Maustaste im Übersichtsfenster auf die Mail, die Sie kopieren möchten, und ziehen Sie (linke Maustaste gedrückt lassen) auf den Zielordner; dort die Maustaste lösen und Sie sind fertig.

KMail hat in den Ausgangseinstellungen neben POSTEINGANG, GESENDETE NACHRICHTEN, POSTAUSGANG etc. keine weiteren Ordner implementiert. Wenn Sie für Mailinglisten oder Leute, die Ihnen häufig schreiben, einen eigenen Ordner anlegen wollen, klicken Sie auf ORDNER→ERSTELLEN in der Menüleiste und geben dort den Namen ein. Mails, die Sie nicht verwahren wollen, schickt ein ORDNER→LEEREN ins Datennirvana, und sollte ein E-Mail-Partner in Ungnade gefallen sein, so löst ein ORDNER→ENTFERNEN zwar vielleicht nicht Ihr spezielles Problem mit diesem Menschen, beseitigt aber zumindest die schriftlichen Spuren, die er auf Ihrem System hinterlassen hat.

### 14.10.5 Wir filtern das Gebräu

So wie Kaffee mit Kaffeesatz nicht wirklich schmackhaft oder gar bekömmlich ist, werden Sie das über kurz oder lang auch bei Ihrem Mail-Aufkommen schmerzlich empfinden, mit Sicherheit jedoch allerspätestens dann, wenn Sie nicht nur mit diversen netten Leuten in privatem Mail-Kontakt stehen, sondern auch noch einige trafficreiche Mailinglisten abonniert haben, diverse Geschäftskontakte abzuwickeln sind und dann natürlich noch zusätzlich die allseits beliebte UCE (UCE ist die Abkürzung für *Unwanted Commercial Email* oder auf Deutsch wohl einfach mit »unerwünschte Werbung« zu übersetzen) regelmäßig in Ihrer Mailbox aufschlägt. Es ist weder angenehm noch sonderlich effektiv, das alles aus einer einzigen Inbox, in der vielleicht gerade 300 neue Mails angekommen sind, per Hand zu sortieren. Beim Kaffee wie bei KMail gibt es für dieses Problem eine ganz einfache Lösung: Filter – und denen werden wir uns jetzt etwas widmen.

Was wir zunächst einmal brauchen, sind neue Ordner, in die KMail eingegangene Post automatisch einsortieren soll, wenn sie den von Ihnen definierten Filterregeln entspricht. Diese Ordner legen Sie bitte unter ORDNER→ERSTELLEN an und geben ihnen dabei möglichst aussagekräftige Namen. KMail und seiner Filterfunktion ist es recht egal, wie Sie sie nennen, solange der Name bisher noch nicht existiert. Ob Sie also den Ordner für die liebevollen Mails Ihrer Schwiegermutter *Schwiegermutti* oder *Pestbeule* taufen, bleibt von daher ganz Ihnen überlassen.

HINWEIS

Sollten Sie einen Ordner nach dem Anlegen des Filters über ORDNER→BEARBEITEN umbenennen wollen, lässt sich KMail nicht lumpen und passt seine Filter bei Namensänderungen automatisch entsprechend an, so dass Sie dort nichts nacharbeiten müssen.

Fangen wir einfach mit einem Beispiel an: Sie wollen alle Mails, die Sie von mir bekommen, automatisch von KMail in einen separaten Ordner einsortieren lassen, den Sie in diesem Fall aber bitte nicht *Pestbeule*, sondern vielleicht *Stefanie* nennen. Wählen Sie nach dem Anlegen des entsprechenden Ordners den Menüpunkt EINSTELLUNGEN→FILTERREGELN und klicken Sie in dem Fenster NEU an. Sie sollten dann im linken Teil des Fensters FILTERREGELN etwas wie UNBENANNT vorfinden, was gleichzeitig farblich unterlegt ist, um Ihnen anzuzeigen, dass Sie diesen neu angelegten Filter jetzt bearbeiten können.

Nun klicken Sie bitte den Pfeil nach unten im noch jungfräulich weißen ersten Feld rechts daneben an und es poppt eine kleine Auswahl dessen auf, nach dem dieser Filter von KMail bei eingehenden Mails künftig Ausschau halten kann. Sie können in das Feld natürlich auch direkt hineinklicken und dann manuell eingeben, worauf geachtet werden soll für den Fall, dass Ihnen das Standardangebot nicht reichen sollte. Das wäre z.B. dann nötig, wenn Sie vielleicht den X-Sender oder einen sonstigen Eintrag im Header einer Mail als Filterkriterium auswerten wollen.

In unserem Beispiel wählen wir FROM. Sie lassen damit KMail die Absender eingehender Mails nach diesem Kriterium durchsuchen. Im rechts daneben gelegenen Feld muss ENTHÄLT stehen (sollte das nicht so sein, lässt sich dies durch einen Mausklick leicht ändern) und in das wieder rechts daneben liegenden Eingabefeld müssen Sie jetzt noch meine Absenderadresse eintragen, damit KMail nicht nur weiß, wo, sondern auch, wonach es künftig Ausschau halten soll. In diesem Beispiel wäre *s.teufel@ndh.net* eine sinnvolle Eingabe. Jetzt haben wir es fast schon geschafft, denn im darunter liegenden Feld können wir in diesem Fall das IGNORIEREN stehen lassen. Die nächste Zeile, in der man den Filter dann noch etwas spezieller ausrichten kann, lassen wir hier auch mal außen vor.

Wenn Sie das Feld IGNORIEREN anwählen und es auf z.B. UND umändern, können Sie in der Zeile darunter analog zu dem obigen Beispiel eine zweite Bedingung definieren. Nur wenn *beide* erfüllt sind, betrachtet es der Filter von KMail als Treffer und sortiert diese Mail entsprechend ein. Sie können diese Filter noch weiter verfeinern; spielen Sie einfach ein wenig damit herum.

Jetzt müssen Sie nur noch das erste Feld anklicken, das bei einem jungfräulichen Filter den Namen <NICHTS> enthalten sollte, und das ganz schnell in VERSCHIEBEN NACH ändern, um KMail bei einem Treffer auch zu einer – wie auch immer gearteten – Aktion zu veranlassen, in unserem Fall also zukünftig von meiner Absenderadresse stammende Post in einen anderen Ordner als die *Inbox* von KMail einzusortieren. Rechts daneben erscheint dann ein neues Feld, das bereits einen Ordnernamen enthält, der der alphabetisch erste ihrer bisherigen Ordnersammlung ist. Klicken Sie dieses neue Feld an und suchen Sie sich aus den von Ihnen bereits angelegten Ordnern den heraus, in den Mails, auf die dieser Filter passt, künftig einsortiert werden sollen, in unserem Beispiel also der Ordner STEFANIE. Mit OK das Filterfenster verlassen (Abbildung 14.4). Bingo. In Zukunft sollten Ihnen meine Mails nicht mehr die Inbox verstopfen (in der weiterhin alles landet, auf das kein Filterkriterium passt), sondern gleich in *meinen* Ordner einsortiert werden.

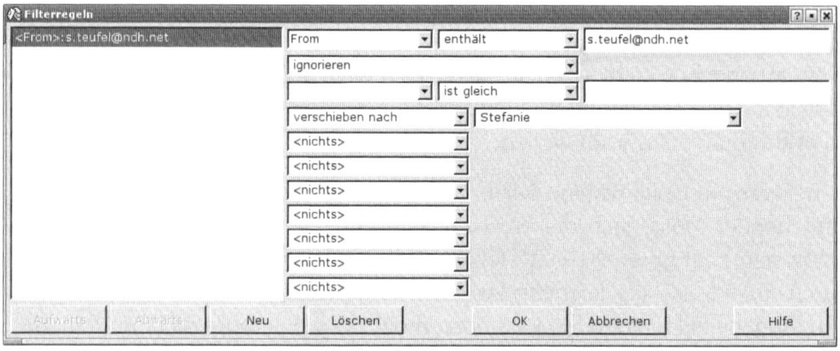


*Abb. 14.4: So leicht filtern Sie mich raus*

Haben Sie einen Filter angelegt, den Sie aller Wahrscheinlichkeit nach nun wirklich nicht mehr brauchen werden, etwa weil Sie sich aus der dazu passenden Mailingliste ausgetragen haben, löschen Sie ihn. KMail wird Ihnen diese heroische Tat mit einer höheren Geschwindigkeit bei der Postsortierung danken, da jedes Durchsuchen aufgelaufener Mail nach bestimmten Kriterien arbeitsaufwendig ist und damit Zeit kostet.

Vielleicht verspüren Sie einmal den Wunsch, auch nachträglich einen neu angelegten Filter auf ältere Mails in einem Ordner anzuwenden. Sie können Ihre Post natürlich jederzeit manuell mit Nachricht→Verschieben nach... in einen anderen Ordner einsortieren, aber wenn Sie sich schon einen neuen Filter für die Zukunft gebastelt haben, kann der doch auch gleich die Vergangenheit mit erledigen, gelle? Gehen Sie einfach in den Ordner, der die Mails enthält, die sie so umsortieren möchten, wählen Sie unter Bearbeiten→Alle Nachrichten auswählen (alternativ drücken Sie die Taste K) sowie danach Nachricht→Filter anwenden (Strg-J) und alles wird gut bzw. ist so, wie es sein sollte. Ihr Rechner arbeitet und nicht Sie. Jetzt wird dieser Ordner von KMail nach allen bisher von Ihnen definierten Filterkriterien durchgesehen und Treffer werden dabei so umsortiert, wie Sie es wollen. Wählen Sie jetzt noch bitte in dem Ordner, aus dem heraus Sie Ihre großangelegte Filteraktion gestartet haben, Ordner→Komprimieren aus, damit der Ordner im Anschluss daran auch schön aufgeräumt wird. Der Speicherplatz auf Ihrer Festplatte wird es Ihnen danken; Opfer sind nur die wehrlosen Duplikate, die entfernt werden.

## 14.10.6 Umsteigen leicht gemacht

Hilfreich für Umsteiger ist das kleine Programm *kmailcvt*. Starten Sie es mit einem Klick auf K-Button→Dienstprogramme→KMail-Import, um damit Ihre Windows-Mails sicher in die Linux-Welt herüberzuretten (Abbildung 14.5 und 14.6). Ein Mausklick genügt, und schon startet der Import der MS Outlook

Express-Ordner (*.dbx*) nach KMail sowie der MS Exchange (*.pab*) Personal Addressbook-Dateien in das KDE-Adressbuch. Gleiches gilt übrigens für die Ordner des Pegasus-Mailprogramms und die Adressbücher von Eudora und Netscape. An weiteren Formaten arbeitet der Entwickler.

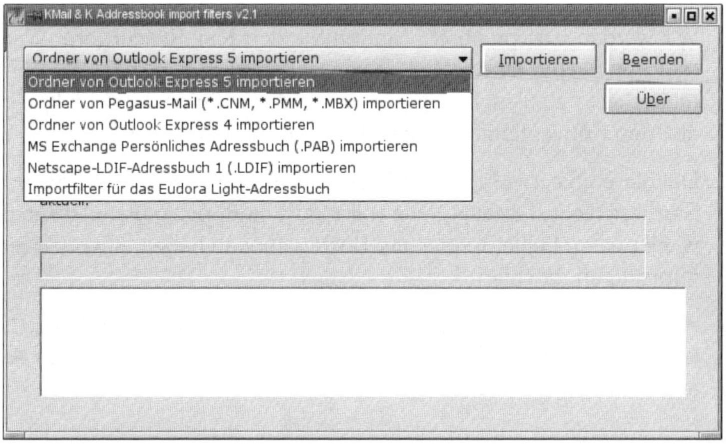


*Abb. 14.5: Outlook-Migration*

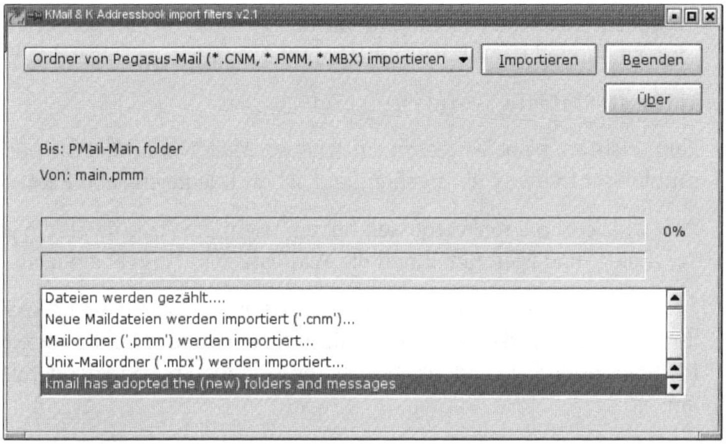


*Abb. 14.6: Mausklick genügt, und schon stehen Ihnen Ihre Pegasus-Folder auch unter Linux zur Verfügung*

Aber auch die *Eudora*-Nutzer unter Ihnen müssen nicht auf Ihre Mails verzichten. Denn sowohl Eudora als auch KMail speichern die Nachrichten im *mbox-Format*. Hierbei werden die Nachrichten in einer Datei gespeichert, wobei der Anfang und das Ende der Nachrichten durch den `From:`-Header identifiziert werden. Möchten Sie in KMail Ihre Eudora-Ordner nutzen, vergewissern Sie sich, dass die Ordner komprimiert sind, und kopieren Sie dann die *.mbx*-Dateien in Ihr *~/Mail*-Verzeichnis. Die Index-Dateien können Sie dabei vernachlässigen. Nach einem Neustart von KMail sollten die Eudora-Ordner im

Ordnerbereich erscheinen und Sie auf die darin enthaltenen Nachrichten zugreifen können.

## 14.11 Fragen und Aufgaben

1. Wir werden jetzt praktisch: Starten Sie den Mail-Reader Ihrer Wahl, und schicken Sie mir eine E-Mail, in der Sie mir ganz ehrlich die Meinung über mein Buch mitteilen. Im Gegenzug verrate ich Ihnen dann, ob Ihre Header etc. den Konventionen entsprechen und in Ordnung sind.
2. Definieren Sie im Mutt einen Mail-Alias für meine E-Mail-Adresse, so dass Sie diese nicht stets aufs Neue vollständig eintippen müssen, wenn Sie mal wieder einen Fehler in meinem Buch gefunden haben, über den Sie mich informieren möchten.
3. »Office goes online« oder: Nun kann ich auch meine Büro-Mail zu Hause lesen. Wie bringen Sie Fetchmail dazu, neben Ihrem privaten Account auch die Büropost zu fetchen?

### 14.11.1 Antworten und Lösungen

2. Ergänzen Sie Mutts Konfigurationsdatei *.muttrc*, die sich hoffentlich schon in Ihrem Home-Verzeichnis befindet, einfach um folgenden Eintrag:

   ```
   alias st Stefanie Teufel <s.teufel@ndh.net>
   ```

   Nun reicht es, beim Verfassen einer neuen Mail, wenn Mutt Sie nach dem Empfänger fragt, `st` einzugeben, und schon kriege ich liebe Post.

   Ach ja: Wenn Sie mal vergessen haben, wie mein Alias heißt: ein [Tab] im `To:`-Feld – und Mutt gibt Ihnen die Aliasliste zum Auswählen aus.

3. Fetchmail unterstützt netterweise beliebig viele Mail-Server und sammelt Ihre E-Mails geduldig ein. Tragen Sie in Ihre *.fetchmailrc* die betreffenden Mail-Server und die anderen benötigten Angaben nach folgendem Muster ein:

   ```
   poll Ihr.provider1.net proto pop3 user Ihr.Login-Name1 pass geheim1
   ```

KAPITEL 15

# PGP

## 15.1 Was ist PGP?

PGP steht für das von Philip Zimmermann entwickelte *Pretty Good Privacy* und bezeichnet ein hochsicheres Ver- und Entschlüsselungsprogramm, das durch seine kostenlose Verfügbarkeit für viele Plattformen (MS-DOS, Atari, Amiga etc.) zu einem Quasistandard für den Daten-/Mail-Austausch geworden ist. Das ist insofern nicht uninteressant, als Sie eine Mail mit einer Postkarte vergleichen können: Jede Zwischenstation, die die Mail nimmt, könnte sie lesen, wenn sie wollte. Und wer schickt schon seine finstersten Geheimnisse auf Postkarten um die Welt? PGP schafft da Abhilfe und macht es für Unbefugte unmöglich, Ihren privaten Mail-Verkehr zu lesen, soweit Sie das nicht wollen.

PGP arbeitet aus Anwendersicht als *Public-Key-System*, bei dem zwei unterschiedliche Schlüssel zum Einsatz kommen. Beim einen handelt es sich um einen *öffentlichen,* den Sie so weit wie möglich verbreiten sollten, und beim anderen um einen *geheimen,* der nur im Besitz des Berechtigten (also Ihnen) sein sollte und im eigenen Interesse so gut wie möglich vor fremdem Zugriff zu schützen ist.

Mit Ihrem öffentlichen Schlüssel können Nachrichten von anderen Personen so kodiert werden, dass nur noch Sie als der Besitzer des dazu passenden geheimen Schlüssels sie wieder entschlüsseln können. Nicht einmal der Absender selbst kann die Nachricht »zurückverwandeln«, wenn er nicht zusätzlich seinen geheimen Schlüssel beim Verschlüsselungsvorgang mit angegeben hat. Sie wiederum benutzen den öffentlichen Schlüssel des Users X, um eine

Nachricht zu verschlüsseln, die auch nur der Empfänger X wieder lesbar machen kann.

Zudem können durch dieses Zwei-Schlüssel-Verfahren elektronische Unterschriften erzeugt werden, die eindeutig belegen, dass diese Nachricht wirklich von Ihnen stammt und nicht etwa gefälscht oder verändert wurde. Dabei kann es sich um eine unverschlüsselte Nachricht handeln, bei der nur die Authentizität bezeugt werden soll, oder um eine verschlüsselte, bei der es gelegentlich auch wichtig sein kann, die eindeutige Herkunft zu belegen. Zur Erzeugung einer solchen Signatur nutzen Sie Ihren geheimen Schlüssel, und jeder, der im Besitz Ihres öffentlichen Schlüssels ist, kann mit seiner Hilfe feststellen, ob diese Unterschrift wirklich von Ihnen stammt. Das ist natürlich um so sicherer, je besser Ihr öffentlicher Schlüssel beglaubigt ist, es also gewährleistet ist, dass es wirklich *Ihrer* ist. Sehen Sie sich dazu unter *http://www.heise.de/ct/pgp-CA/* gelegentlich einmal um. Außerdem können Sie Freunde bitten, Ihren Key zu signieren.

PGP bietet eine Fülle von faszinierenden Möglichkeiten, die man sich nicht entgehen lassen sollte. Keine Angst, es ist nicht nötig, einen Umsturz zu planen, um PGP für sich interessant zu machen. Die Nutzung sicherer Verschlüsselungsverfahren ist weder anrüchig noch gar kriminell (wie manche Politiker es gelegentlich gerne glauben machen wollen), sondern Ihr im Grundgesetz verbrieftes Recht auf Privatsphäre. Wenn Sie der Meinung sind, dass Tante Finchens Schuhgröße keinen etwas angeht, verschlüsseln Sie eben die Nachrichten, in denen von dieser die Rede ist. Dafür gibt es PGP.

## 15.2 Installation

Bei den meisten Distributionen ist PGP bei der Standardinstallation dummerweise nicht automatisch eingebunden, auch nicht bei SuSE, was nicht heißt, dass es kein rpm-Paket von SuSE geben würde. Besorgen Sie es sich vom SuSE-Server und installieren Sie es mit Hilfe des rpm-Kommandos, das ich Ihnen in Kapitel 6 ausführlich vorgestellt habe.

Jetzt folgt noch etwas Konfiguration, bevor wir uns gemeinsam in die Schlüsselgenerierung stürzen. Legen Sie als Erstes in Ihrem Home-Verzeichnis das Unterverzeichnis *.pgp* an:

```
stefanie@diabolo[~]> mkdir ~/.pgp
```

In dieses Verzeichnis kopieren Sie die Datei *config.txt*, die Sie unter */var/lib/pgp* finden. Die *config.txt* muss dabei dem jeweiligen User gehören. Geben Sie dafür als *root* einfach folgenden Befehl ein:

```
root@diabolo[~]# chown stefanie.users config.txt
```

Wobei Sie für das erste *stefanie* Ihren Login-Namen einsetzen und für das zweite Ihre Gruppe – bei SuSE sollten Sie mit *users* auf der sicheren Seite sein.

Diese Konfigurationsdatei können wir noch etwas anpassen, wobei wir uns auf die wichtigsten Optionen beschränken.

Falls Sie sich tiefer in PGP einarbeiten wollen, finden Sie weiterführende Informationen bzw. eine deutschsprachige Gebrauchsanleitung unter *ftp://ftp.replay.com/pub/crypto/pgp/doc/german/*.

Laden Sie *config.txt* dazu in einen beliebigen Editor. Ich habe hier das Wichtigste gekürzt für Sie wiedergegeben:

```
[...]
# Available languages:
# en = English (default)
# es = Spanish, fr = French, de = German, it = Italian,
# sv = Swedish, da = Danish, no = Norwegian, fi = Finnish,
# nl = Dutch, pl = Polish, ru = Russian, el = Greek,
# cz = Czech, ro = Romanian, hu = Hungarian, sr = Serbian,
# br = Brazilian Portuguese, lt = Lithuanian, ja = Japanese
#
# Language modules may be obtained from:
# http://www.ifi.uio.no/pgp/modules.shtml
# ftp://ftp.ifi.uio.no/pub/pgp/lang/
#
# Languages not yet available:
# ar = Arabic, iw = Hebrew, tr = Turkish, lv = Latvian, ko # = Korean,
# pt = Portugese, is = Icelandic, zh = Chinese, esp = Esperanto
#
# Most of these codes are the ISO 639-1988 2-letter "Codes
# for Representation of Names of Languages"
Language = en
```

In der letzten Zeile können Sie festlegen, in welcher Sprache PGP mit Ihnen kommunizieren soll. Standardvorgabe ist `en` für Englisch; sollten Sie Deutsch bevorzugen, müssen Sie `de` eintragen. Wenn möglich, bleiben Sie besser bei der Standardeinstellung *Englisch,* denn das eine oder andere Hilfsprogramm für PGP reagiert sonst etwas, nun sagen wir, verwirrt.

```
# Available character sets:
#
# latin1  - ISO-Latin/1  (ISO 8859/1)
# cp850   - IBM codepage 850 (International)
# cp852   - IBM codepage 852 (Eastern Europe)
# cp860   - IBM codepage 860 (Portuguese)
# cp866   - IBM codepage 866 (Russian)
# alt_codes - Cyrillic   (Russian)
# koi8  - Cyrillic   (Russian)
# keybcs2 - KEYBCS 2   (Eastern Europe)
# next  - NeXTSTEP
# mac   - Macintosh
# ascii   - 7-bit ASCII
#
# For MSDOS with a standard character set you should use cp850 to get
# correct character translations.  Russian character sets for MSDOS are
# usually alt_codes.
#
# Note that noconv, latin1, and koi8 are all treated as equivalent.
# Also note that cp852 and keybcs2 convert to/from latin2 rather that
# latin1.
#
# CharSet = cp850
```

Die letzte Zeile sollten Sie in `CharSet = latin1` ändern, bevor Sie durch Entfernen des # die Einstellung aktivieren. Das funktioniert meist am problemlosesten.

```
# Armor = on           # Use -a flag for ASCII armor whenever applicable
# TextMode = on        # Attempt to use -t option where applicable
# ClearSig = off       # Use ASCII armor even for unencrypted signed messages
# KeepBinary = on      # Decrypt will not delete intermediate .pgp file
# Verbose = 2          # Verbose diagnostic messages
# Verbose = 0          # Be quiet
# Compress = off       # Suppress compression to aid debugging
ShowPass = on          # Echo password when user types it
# Interactive = on     # Interactively prompt the user when adding keys (-ka)
# EncryptToSelf = on # Encrypt all messages with your own public key
# AutoSign = off       # Don't sign new userids
Legal_Kludge = off     # Use backwards-compatible format
```

Diese Zusatzeinstellungen sind bei mir gültig und haben sich als ganz praktisch erwiesen. Falls Ihnen jemand bei der Passworteingabe über die Schulter sehen kann, sollten Sie jedoch `ShohPass = on` durch ein vorangestelltes # deaktivieren. Damit wird das Passwort nicht auf dem Bildschirm angezeigt – auf alle Fälle die bessere Variante, ich geb's ja zu ...

Et voilà: Sie haben soeben erfolgreich PGP konfiguriert. Nun müssen wir im nächsten Schritt die ominösen Schlüssel (oder *Keys*) erzeugen, von denen oben schon des Öfteren die Rede war. Diese Schlüssel sind einzigartig auf der Welt, und Sie sollten sich immer eine Sicherungskopie an einem geeigneten Plätzchen aufbewahren, da sie unersetzlich sind.

Sollten Sie die Schlüssel versehentlich löschen, ohne eine Kopie erstellt zu haben, bedeutet dies, dass die ganze Prozedur wiederholt werden muss und Sie auch an jeden Ihrer PGP-Partner erneut Ihren Schlüssel versenden müssen. Sehr lästige Sache, also legen Sie als Erstes eine Kopie Ihrer Schlüssel an, sobald Sie sie erzeugt haben.

## 15.3 Erzeugung eines Schlüsselpaars

Der erste Schritt, um PGP nutzen zu können, ist die Erzeugung eines ganz individuellen Schlüsselpaars. Dazu tippen Sie `pgp -kg` ein. PGP lässt Sie nicht alleine, sondern ist im Gegenteil recht gesprächig und wird Sie fragen, wie lang das zu erzeugende Schlüsselpaar denn nun sein soll. Es gilt die Devise: Je länger, desto sicherer – und Sie sollten hier nicht am falschen Ende sparen, da die heute gängigen Computer selbst bei langen Schlüsseln kaum noch ins Schwitzen kommen.

Ich rate Ihnen daher zur derzeit maximalen Schlüssellänge bei ungepatchten PGP-Versionen, so dass an dieser Stelle *2048* einzugeben wäre. Danach folgt die Abfrage Ihrer *Benutzer-ID*, die in der Form `Stefanie Teufel <s.teufel@ndh.net>` einzugeben ist. Alsdann ist Ihre Kreativität gefragt, da Sie sich nun ein Passwort ausdenken müssen, das Ihren geheimen Schlüssel gegen unbefugten Gebrauch schützen soll. Bitte nicht so was wie *Test, Josua* oder gar *Passwort* verwenden. Es wäre viel zu leicht zu erraten.

Sie meinen, das sei paranoid? Nun ja, nicht paranoid zu sein, heißt noch lange nicht, dass *SIE* nicht hinter uns her sind, gelle? Aber im Ernst: Denken Sie stets daran, dass für den Fall, dass Ihr geheimer Schlüssel (durch was für einen dämlichen Zufall auch immer) in fremde Hände gelangt, dieses Passwort alles ist, was einem Missbrauch (der ggf. viel Ärger verursachen kann) entgegensteht. Möglichst lang, abgedreht und eine Mischung aus Buchstaben, Ziffern und Sonderzeichen wäre meine Empfehlung, nur sollten Sie es sich natürlich merken können, ohne es irgendwo aufzuschreiben, denn sonst ist die Gefahr groß, sich selbst auszusperren.

Abschließend verlangt PGP noch einige Zufallszahlen, die durch möglichst willkürliches Herumtippen auf der Tastatur erzeugt werden. Na – denken Sie auch gerade an den Affen, die Schreibmaschine und Shakespeare? Nur kommt bei uns am Ende kein Hamlet, sondern endlich das heißersehnte Schlüsselpaar heraus. Das kann je nach Leistungsstärke Ihres Computers etwas dauern, aber es ist ein einmaliger Vorgang. Sobald er damit fertig ist, haben Sie Ihr erstes Schlüsselpaar erzeugt. Sie können nun noch weitere Schlüsselpaare erzeugen lassen; vielleicht weil Sie für bestimmte Zwecke gerne einen separaten Key hätten. Jeder Schlüssel ist ein Unikat, völlig unabhängig davon, ob Sie ihm z.B. dasselbe Passwort mitgeben. Aufgrund dieser Tatsache ist auch dringend anzuraten, die Schlüsselringe, (*secring.pgp* sowie *pubring.pgp*), die Sie nun im Verzeichnis *~/.pgp* vorfinden sollten, als Sicherheitskopie auf eine Diskette zu kopieren, denn sollte z.B. *secring.pgp* aus irgendeinem Grund einmal nicht mehr lesbar sein, hätten Sie sich ohne Kopie zumindest teilweise (falls *secring.bak* existent und noch lesbar ist, haben Sie Glück) ausgesperrt.

## 15.4 Der Herr der Ringe oder: die elementaren Kommandos

Nachdem Sie nun im Besitz Ihrer Schlüssel sind, ist PGP bereit für den Einsatz. Die Mail-Clients Mutt und KMail, die in Kapitel 14 ausführlich vorgestellt werden, bieten beide eine ausgezeichnete PGP-Unterstützung. Ver- wie Entschlüsselung, Schlüsselextraktion, das Einbinden neuer Schlüssel und das Signieren von Mails als grundlegende Funktionen von PGP sind über diese Programme als Schnittstelle sehr anwenderfreundlich gelöst. Der folgende Abschnitt ist also keine Pflichtlektüre, aber es ist nie verkehrt, zumindest die wichtigsten Kommandos zu kennen. Sie lassen sich im Wesentlichen in zwei Gruppen unterteilen: Kommandos zur Verwaltung der Schlüsselringe und Befehle zur Bearbeitung von (Text-)Dateien.

### 15.4.1 Verwaltungskommandos

Um die Beispiele nachzuvollziehen, legen Sie bitte in Ihrem Heimatverzeichnis dafür kurzzeitig ein Übungsverzeichnis an, damit es Ihnen leichter fällt, den Überblick zu behalten. Also:

```
stefanie@diabolo[~]> mkdir ~/test
stefanie@diabolo[~]> cd ~/test
```

#### Schlüssel extrahieren

Beginnen wir damit, Ihren gerade erzeugten öffentlichen Schlüssel aus Ihrem Schlüsselbund herauszukopieren.

Der Befehl dazu lautet:

```
stefanie@diabolo[test]> pgp -kx eindeutige_Benutzer-ID Dateiname
```

oder

```
stefanie@diabolo[test]> pgp -kxa eindeutige_Benutzer-ID Dateiname
```

Geben Sie nur `pgp -kx` oder `pgp -kxa` ein, werden die benötigten Informationen von PGP interaktiv abgefragt – ich erwähnte ja schon, dass PGP Sie niemals hängen lässt.

Die *Benutzer-ID* ist hierbei eine Bezeichnung, die den zu extrahierenden Schlüssel eindeutig identifiziert (im Extremfall ist das die vollständige Adresse, falls Sie mehrere fast gleichlautende Schlüssel in Ihrem Schlüsselbund beherbergen).

*Dateiname* steht für den Namen, den die herauskopierte Schlüsseldatei tragen soll. Haben Sie also zuvor ein Schlüsselpaar `Stefanie Teufel <s.teufel@ndh.net>` erzeugt, so würde der Aufruf

```
stefanie@diabolo[test]> pgp -kx s.teufel@ndh.net Stefanie
```

bzw.

```
stefanie@diabolo[test]> pgp -kxa s.teufel@ndh.net Stefanie
```

eben diesen öffentlichen Schlüssel aus dem Schlüsselbund herauskopieren und in einer Datei *Stefanie.pgp* bzw. *Stefanie.asc* ablegen, ohne dabei das Original in Ihrem Schlüsselbund zu verändern. Der Unterschied zwischen beiden Varianten ist, dass im ersten Fall der Schlüssel in binärer Form abgelegt wird (Dateiendung *.pgp)* und im zweiten Fall in Form einer Datei, die aus *7-Bit-ASCII-Zeichen* besteht (Dateiendung *.asc).* Diese eignet sich grandios dazu, als E-Mail verschickt zu werden, da es eine Textdatei ist, wovon Sie sich mit Ihrem Lieblings-Editor oder mit `cat` jetzt sofort überzeugen sollten.

## Schlüssel hinzufügen

Irgendwann gehen Ihnen sicher öffentliche Schlüssel anderer User zu. Sonst würde das Verschlüsseln ja auch kaum einen Sinn ergeben. Wer mailt schon gerne Selbstgespräche? Diese binden Sie mit dem Kommando

```
stefanie@diabolo[~]> pgp -ka Filename.pgp
```

bzw.

```
stefanie@diabolo[~]> pgp -ka Filename.asc
```

ein.

In aller Regel wird PGP Sie nun darauf hinweisen, dass der neue Schlüssel nicht ausreichend beglaubigt ist, und Sie fragen, ob Sie den Schlüssel beglaubigen wollen. Das sollten Sie unter allen Umständen nur dann tun, wenn Sie sich wirklich sicher sind, dass der Schlüssel auch zu der Person gehört, zu der zu gehören er vorgibt. Sie stehen mit Ihrem guten Namen dafür ein, und Sie können eine eventuelle Signatur auch später noch nachholen. Einen von Ihnen signierten Schlüssel sollten Sie wieder extrahieren und an den Absender zurückschicken. Liest dieser den Schlüssel erneut ein, stellt PGP fest, dass eine neue Unterschrift vorhanden ist, Sie also diesen Schlüssel für echt erklärt haben. Ihre »Beglaubigung« wird fortan Bestandteil des öffentlichen Schlüssels dieses Users sein.

### Fingerabdruck anzeigen

Wie überprüft man nun, ob der öffentliche Schlüssel, der einem z.B. via E-Mail zugeschickt wurde, wirklich zum angegebenen Absender gehört? Er könnte ja unterwegs (rein *zufällig* natürlich, aber wir sind ja nicht paranoid ...) ausgetauscht worden sein. Das wird dann *Man-in-the-middle-Angriff* genannt, weil sich der Angreifer in die Mitte zwischen die austauschenden Parteien »stellt«. Wenn die Entfernungen nicht allzu groß sind, also z.B. ein kurzes Telefonat in Frage kommt, bietet es sich an, die *Fingerabdrücke* der Schlüssel zu vergleichen. Dazu geben Sie bitte

```
stefanie@diabolo[~]> pgp -kvc eindeutige_Benutzer-ID
```

ein. Hätten Sie beispielsweise meinen öffentlichen Schlüssel und würden

```
stefanie@diabolo[~]> pgp -kvc s.teufel@ndh.net
```

eingeben, so sollte PGP Ihnen folgende Rückmeldung geben, sofern Sie Deutsch als Ausgabesprache konfiguriert haben:

```
Suche nach Benutzer-ID "s.teufel@ndh.net"
Typ  Bits/ID    Datum   Benutzer
öff  2048/0E04D189 1997/06/04 Stefanie Teufel <s.teufel@ndh.net>
Fingerabdruck des Schlüssels: 09 4A 2F B5 34 4E 03 6F  F5 F2 45 1D 42
 A0 BD 5A
Es wurde ein passender Schlüssel gefunden.
```

Die Zeile mit dem *Fingerabdruck* sollten Sie sich notieren. Sie besteht stets aus 16 Hexadezimalzahlen, die am Telefon leicht vorgelesen werden können und hinreichende Sicherheit für eine Echtheitsüberprüfung bieten. Dasselbe wiederholen Sie nun mit Ihrem Schlüssel, dessen öffentlichen Teil Sie mir vorher natürlich zukommen ließen. Auch diese Zahlen notieren Sie sich bitte. Vorausgesetzt, das Verfahren wurde auch von mir durchgeführt, könnten Sie mich jetzt anrufen, um die notierten Zahlenwerte auf diese Weise zu vergleichen. Rein theoretisch sind auch auf diesem Weg noch Manipulationsmöglichkeiten vorhanden, aber für die meisten Fälle sollte dieses Verfahren dennoch ausreichend sein.

### Schlüssel signieren und Signaturen prüfen

Wenn Sie durch Vergleichen der Fingerabdrücke festgestellt haben, dass der Ihnen vorliegende öffentliche Schlüssel wirklich zu der angegebenen Person gehört, dann können Sie ihn jetzt signieren – wenn Sie mögen –, um seine Echtheit zu bestätigen.

```
stefanie@diabolo[~]> pgp -ks Benutzer-ID -u Benutzer-
ID_für_die_Signatur
```

Die erste ID ist die des Schlüssels, der unterschrieben werden soll. `-u` *Benutzer-ID_für_die_Signatur* brauchen Sie nur dann einzugeben, wenn Sie mehr als ein Schlüsselpaar erzeugt haben. In dem Fall müssen Sie hier den geheimen Schlüssel spezifizieren, der für die Signatur verwendet werden soll. Der weitere Vorgang ist recht selbsterklärend. Mit

```
stefanie@diabolo[~]> pgp -kc eindeutige_Benutzer-ID
```

kann zukünftig jeder, der Ihren öffentlichen Schlüssel besitzt, feststellen, dass Sie diesen Schlüssel für echt erklärt haben, sofern Sie ihn erneut herauskopieren, an den Absender zurückschicken, dieser ihn wieder einliest und dann weiterverbreitet.

### Eigene Schlüssel bearbeiten und Ändern des Passwortes

Wollen Sie einem Ihrer Schlüssel eine zusätzliche Benutzer-ID hinzufügen (weil Sie beispielsweise – so wie ich – mehr als nur einen Netz-Account haben) oder das Passwort ändern, dann geben Sie

```
stefanie@diabolo[~]> pgp -ke eindeutige_Benutzer-ID
```

ein. PGP wird nun nach Ihrem Passwort verlangen und Ihnen dann die Möglichkeit bieten, entweder eine zusätzliche ID hinzuzufügen oder das Passwort zu ändern. Haben Sie es sich doch noch anders überlegt, beantworten Sie beide Fragen mit `n`, und es werden keinerlei Änderungen durchgeführt.

### Schlüssel löschen/Benutzer-ID entfernen

Wollen Sie einen Schlüssel aus Ihrem Schlüsselbund entfernen, dann geben Sie

```
stefanie@diabolo[~]> pgp -kr eindeutige_Benutzer-ID
```

ein. Nach einer Sicherheitsabfrage wird dieser Schlüssel gelöscht. Ist es ein öffentlicher Schlüssel, zu dem Sie den entsprechenden geheimen Schlüssel besitzen, und hat dieser mehr als eine Benutzer-ID, so fragt Sie PGP, ob Sie den Schlüssel vollständig löschen wollen. Geben Sie hier `n` ein, dann können Sie im Dialogverfahren einzelne Benutzer-IDs entfernen. Das hat zum Beispiel dann Sinn, wenn Sie umziehen, sich einen neuen Provider suchen, daher eine neue Adresse bekommen und die alte ungültig wird. Die Funktionalität des Schlüssels wird dadurch nicht beeinflusst.

### Vorhandene Schlüssel anzeigen/Hilfsfunktion

```
stefanie@diabolo[~]> pgp -kv
```

listet Ihnen alle öffentlichen Schlüssel auf, die sich in Ihrem Schlüsselbund befinden und

```
stefanie@diabolo[~]> pgp -h
```

bietet Ihnen eine Kurzübersicht über die wichtigsten Befehle.

## 15.5 PGP und Dateien oder: Es wird kryptisch

PGP kennt zwei Möglichkeiten, Dateien zu verschlüsseln: die schon angesprochene *Public-Key-Verschlüsselung*, bei der stets ein öffentlicher Schlüssel zur Verschlüsselung sowie ein geheimer Schlüssel zur Dekodierung verwendet werden, sowie *konventionelle* Kodierung, wobei die Datei nur durch ein Passwort geschützt ist. Jeder, der es kennt, kann ein derart geschütztes File entschlüsseln. Im Mail- sowie News-Bereich ist konventionelle Verschlüsselung nicht weiter von Bedeutung, weshalb hier nur sehr kurz darauf eingegangen werden soll. Um die Beispiele nachzuvollziehen, kopieren Sie bitte eine simple Textdatei Ihrer Wahl nach *~/test* und wechseln dann in das Verzeichnis; so bleibt es etwas übersichtlicher.

```
stefanie@diabolo[test]> pgp -c Dateiname
```

verschlüsselt eine Datei mit einem beliebigen Passwort (welches interaktiv abgefragt wird) *konventionell*. Es sollte jetzt die verschlüsselte Binärdatei *Dateiname.pgp* erzeugt worden sein. Hätten Sie das Ganze lieber im *7-Bit-ASCII-Format*, geben Sie bitte Folgendes ein:

```
stefanie@diabolo[test]> pgp -ca Dateiname
```

und Sie erhalten eine Datei namens *Dateiname.asc*. Entschlüsselt wird mit

```
stefanie@diabolo[~]> pgp Dateiname
```

wobei das einzugebende Passwort interaktiv abgefragt wird. Da bei dieser Art der Verschlüsselung *pubring.pgp* sowie *secring.pgp* nicht benötigt werden, können Sie beide Schlüsselringe auf diese Weise verschlüsseln, falls Sie wirklich auf Nummer sicher gehen wollen.

Sie merken – Paranoia ist ansteckend, und immerhin könnte sich ja jemand in Ihrer Abwesenheit an Ihrem Rechner zu schaffen machen ... Vergessen Sie bitte nicht, eventuell vorhandene *pubring.bak-* oder *secring.bak-Files* ebenfalls derart zu verschlüsseln. Vor dem Einsatz von PGP als *Public-Key-System* müssen die Schlüsselringe natürlich wieder entschlüsselt werden. Vergessen Sie also das Passwort nicht!

Weil das recht umständlich ist, können Sie diese Arbeit natürlich auch von einem Skript erledigen lassen. Ein Ansatz, wie so etwas aussehen könnte, wäre vielleicht:

```
#! /bin/sh
if
test -s ~/.pgp/secring.pgp
then
echo -n "Geben Sie bitte ein Paßwort zum Verschlüsseln ein: "
```

```
read PASSWORT
pgp -cw +batchmode ~/.pgp/secring.pgp -o \
 ~/.pgp/secring.pgp.pgp -z $PASSWORT >/dev/null \
pgp -cw +batchmode ~/.pgp/pubring.pgp -o \
~/.pgp/pubring.pgp
pgp -z $PASSWORT >/dev/null
else
while
test ! -s ~/.pgp/secring.pgp
do
echo -n "Geben Sie bitte das Paßwort zum Entschlüsseln ein: "
read PASSWORT pgp +batchmode ~/.pgp/secring.pgp
pgp -z $PASSWORT >/dev/null
pgp +batchmode ~/.pgp/pubring.pgp.pgp -z $PASSWORT >/dev/null
done
rm ~/.pgp/*.pgp.pgp
fi
```

Machen Sie es mit dem Befehl

```
stefanie@diabolo[~]> chmod u+x Dateiname
```

ausführbar, bringen Sie es in einem Verzeichnis im Suchpfad unter, und rufen Sie es aus einer Shell heraus auf.

Wenn Sie diese Methode verwenden, sollten Sie sehr sicher sein, dass nur Sie allein auf Ihrem Rechner eingeloggt sind. Sonst können sich Ihre Mitbenutzer mit dem ps-Kommando ganz einfach Ihr Passwort im Klartext anzeigen lassen.

Nun kommen wir endlich zum eigentlichen Einsatzgebiet von PGP.

## 15.6 Verschlüsselung mit einem/mehreren Public Keys

Dazu geben Sie bitte

```
stefanie@diabolo[~]> pgp -ea Dateiname eindeutige_Empfänger-ID
```

ein. Um beispielsweise ein Textfile namens *test* so zu verschlüsseln, dass nur ich es wieder lesbar machen könnte, würde der entsprechende Funktionsaufruf folgendermaßen lauten:

```
stefanie@diabolo[~]> pgp -ea test s.teufel@ndh.net
```

PGP sollte dann folgendes melden

```
[...]
Verschlüsselung mit Empfänger-Schlüssel(n).
Schlüssel für Benutzer-ID "Stefanie Teufel <s.teufel@ndh.net>",
2048-Bit-Schlüssel, Schlüssel-ID: 0E04D189, erzeugt am: 1997/06/04.
Alternative Benutzer-ID: Stefanie Teufel <st@koelner.de>
Alternative Benutzer-ID: Stefanie Teufel <stefanie@dana.de>
```

und das File *test.asc* erzeugen, wobei Ihnen die Ausgangsdatei *test* unverändert erhalten bleibt. Den Inhalt dieses *.asc-Files* können Sie mir dann als Mail zukommen lassen. Sie können ziemlich sicher sein, dass außer mir niemand mitlesen kann. Für den Fall, dass Sie eine Datei für mehr als nur einen Empfänger verschlüsseln wollen, können Sie einfach mehrere Empfänger-IDs beim Funktionsaufruf hintereinander angeben, wobei Sie selbstverständlich auch Ihre eigene Schlüssel-ID in die Liste einfügen sollten. Das ist sinnvoll, wenn der Dateninhalt so brisant ist, dass Sie ihn keinesfalls als lesbaren Text aufbewahren wollen. Wer weiß, was der Chef oder Tante Finchen wieder alles so angestellt haben ...

```
stefanie@diabolo[~]> pgp -ea test s.teufel@ndh.net
   Darkman@nym.alias.net
```

Dies würde das File *test* so verschlüsseln, dass beide Besitzer der entsprechenden geheimen Schlüssel es wieder entschlüsseln könnten. In dem Fall könnte es auch wünschenswert sein, die Ausgangsdatei (den so genannten *Klartext)* gleich von PGP entsorgen zu lassen, weil man so was gerne vergisst.

```
stefanie@diabolo[~]> pgp -eaw test s.teufel@ndh.net
   Darkman@nym.alias.net
```

erledigt das für Sie. Dabei wird das Quell-File nach dem Verschlüsselungsvorgang erst überschrieben und dann gelöscht, um einer möglichen Rekonstruktion bzw. Undelete-Versuchen vorzubeugen.

## 15.7 Klartextdateien signieren

Um einen Text elektronisch zu unterschreiben, ohne ihn zu verschlüsseln, geben Sie

```
stefanie@diabolo[~]> pgp -sat Dateiname -u eindeutige_ID_des_geheimen
   _Schlüssels_zum_Signieren
```

ein. Den Schalter `-u Key-ID` müssen Sie nur dann verwenden, wenn Sie mehr als einen geheimen Schlüssel besitzen. In diesem Fall geben Sie hier bitte die ID des Schlüssels an, mit dem unterschrieben werden soll. PGP sollte Sie jetzt nach dem Passwort des entsprechenden Schlüssels fragen und im Erfolgsfall das File *Dateiname.asc* erzeugen. Als Beispiel:

```
-----BEGIN PGP SIGNED MESSAGE-----
Nur ein Test ...

-----BEGIN PGP SIGNATURE----- Version: 2.6.3ia Charset: latin1
iQBFAgUBNVTJeQN5qSldVBstAQGuxgF+OF1sCjPBVCClUnPau26IQYPSDfAUEG48 53uM
wXZ0pDe4rTsQ+mmKbgF6tfbpJ/T8 =AOYN
-----END PGP SIGNATURE-----
```

Signierte Klartextdateien findet man gelegentlich auch in den Internet-Newsgruppen. Das kann schon mal notwendig sein, aber auch nur dann, wenn es wirklich wichtig ist. Sollte Ihr Netz-Account von einem begabten Hacker geknackt worden sein, welcher danach nichts Besseres zu tun hatte, als unter Ihrem Namen Unfug zu treiben, ist es sicher sinnvoll, eine entsprechende Stellungnahme zu dem Vorgang zu signieren, und dafür hat jeder Verständnis. Diese Akzeptanz fehlt aber völlig, falls Sie sich entscheiden sollten, jedes Ihrer Postings zu signieren, zumal die Signatur im Regelfall erheblich länger ist als im oben genannten Beispiel. Auf solche Feinheiten werden Sie dann vermutlich recht schnell von anderen Usern hingewiesen, was in einem Schreibstil von höflich bis, nun, nennen wir es »deutlich« erfolgen kann.

## 15.7.1 Signieren und Verschlüsseln

Eine Nachricht zu unterschreiben und sie gleichzeitig für einen (mehrere) Empfänger zu verschlüsseln, funktioniert fast analog zur reinen Verschlüsselung. Der Befehl lautet:

```
stefanie@diabolo[~]> pgp -esa Dateiname Empfänger-ID
   -u Signaturschlüssel
```

Sie können auch hier natürlich mehr als einen Empfänger spezifizieren, und die `-u`-Option ist wiederum nur dann wichtig, wenn Sie mehr als einen geheimen Schlüssel besitzen. PGP fragt Sie nach Ihrem Passwort und erstellt danach eine Datei *Dateiname.asc,* welche sowohl signiert als auch verschlüsselt ist. Sollten Sie aus Sicherheitsgründen den unverschlüsselten Ursprungstext in einem Arbeitsgang von PGP entsorgen lassen wollen, so leistet das

```
stefanie@diabolo[~]> pgp -esaw Dateiname Empfänger-ID
   -u Signaturschlüssel
```

## 15.7.2 Files entschlüsseln und Signaturen prüfen

```
stefanie@diabolo[~]> pgp Dateiname
```

ist alles, was Sie dazu eingeben müssen. Für die Prüfung einer Signatur müssen Sie im Besitz des öffentlichen Schlüssels des Signierenden sein. Ist die Datei verschlüsselt, werden natürlich der passende geheime Schlüssel sowie das

Passwort dazu benötigt. Für eine verschlüsselte und signierte Datei sieht der Dialog mit PGP dann wie folgt aus:

```
[...]
Die Datei ist verschlüsselt. Zum Lesen wird der private Schlüssel
benötigt.
Schlüssel für Benutzer-ID "s.teufel@ndh.net", 2048-Bit-Schlüssel,
Schlüssel-ID: 0E04D189, erzeugt am: 1997/06/04.
Alternative Benutzer-ID: Stefanie Teufel <st@koelner.de>
Alternative Benutzer-ID: Stefanie Teufel <stefanie@dana.de>
Du brauchst ein Mantra, um Deinen privaten RSA-
Schlüssel zu benutzen. Gib das Mantra ein: Passwort
Das Mantra ist richtig.
Einen Augenblick, bitte...... Diese Datei trägt eine Unterschrift.
Zur Überprüfung wird der öffentliche Schlüssel benötigt.
BESTÄTIGTE Unterschrift von "Darkman <Darkman@nym.alias.net>",
Unterschrift erzeugt am 1998/05/09 22:05 GMT mit 2048-Bit-
Schlüssel 0x350DE93D.
Dateiname des Klartextes: Brief
```

Sie sehen, dem Einsatz von PGP sind fast keine Grenzen gesetzt, und ein wenig Beschäftigung mit der Materie lohnt sich allemal.

## 15.8 PGP 2.6.3i vs. neuere Versionen

Ich habe mich beim Thema PGP auf die Version 2.6.3i beschränkt, obwohl gegen Mitte 1997 die Version 5.0i das Licht der Welt erblickt hat und mittlerweile schon Versionen mit einer 6 vor dem Komma kursieren.

Sie sind als rpm-Pakete beispielweise über die internationale Homepage von PGP unter der URL *http://www.pgpi.com/* zu beziehen. Leider unterscheidet sie sich in der Bedienung in den meisten Fällen von den 2.6.x-Versionen, was einen Einsatz im Zusammenspiel mit Mail-Programmen zumindest noch so lange ausschließt, bis diverse Anpassungen stattgefunden haben. Zumindest 5.0 und 6.5 werden jedoch schon meist unterstützt. Sollten Sie sich für diese Version entscheiden, lesen Sie bitte die nötigen Änderungen in der mitgelieferten Dokumentation durch.

HINWEIS

Bedenken Sie dabei jedoch, dass die Version 2.6.3i weiterhin der De-facto-Standard im Unix-Umfeld ist und viele Sicherheitsexperten der Meinung sind, dass nur diese Version ein Maximum an Absicherung bietet.

# 15.9 Aufgaben

1. Lassen Sie Ihrer Paranoia freien Lauf, und überprüfen Sie, welche öffentlichen PGP-Keys sich auf Ihrem System befinden.

2. PGP erlaubt es Ihnen nicht nur, Mails zu verschlüsseln, sondern verwandelt auch jede beliebige Datei in kryptischen Zeichensalat. Versuchen wir es. Legen Sie mit

   ```
   stefanie@diabolo[~]>touch paranoia
   ```

   eine Testdatei an, die Sie bitte nun mit Ihrem Schlüssel kodieren.

## 15.9.1 Lösungen

1. Der Befehl `pgp -kv` listet akribisch alle auf Ihrem System vorhandenen Public Keys auf. Wenn Ihnen die PGP-Befehle nicht ad hoc einfallen, keine Panik – ein gepflegtes *pgp -h* liefert Ihnen die wichtigsten frei Haus.

2. Um *paranoia* für alle außer Ihnen unlesbar zu machen, reicht es, in der Kommandozeile folgenden Befehl einzugeben:

   ```
   pgp -ea paranoia Ihre_UserID
   ```

   Das Ergebnis ist die verschlüsselte Datei *paranoia.asc,* die Sie mit

   ```
   pgp paranoia.asc
   ```

   jederzeit wieder entschlüsseln können.

KAPITEL 16

# WWW mit dem Netscape Communicator

In einer fremden Umgebung freut man sich meist, wenn man irgendwann ein bekanntes Gesicht erblickt. Um so besser, dass Sie auch bei Linux nicht gänzlich auf alte Vertraute verzichten müssen, liegt doch mit dem *Netscape Communicator* ein Web-Browser vor, der sich auch unter Windows einer gewissen Beliebtheit erfreut.

## 16.1 Wie starte ich Netscape?

Sollten Sie Netscape bei der Installation Ihrer SuSE-Distribution direkt mitinstalliert haben (wovon Sie getrost ausgehen dürfen, sofern Sie sich anfangs nicht ausgerechnet zur absoluten Minimalinstallation entschlossen haben), reicht es, zum Start auf der Kommandozeile `netscape &` einzugeben, oder Sie entscheiden sich einmal mehr über den Weg des KDE-Start-Menüs, und zwar via SUSE→INTERNET→WWW→NETSCAPE COMMUNICATOR.

Wundern Sie sich nicht, wenn es ein wenig länger dauert, aber Netscape ist groß und ein ziemlicher Speicherfresser. Beim ersten Start wird Ihnen zudem nach der Anzeige diverser Copyright-Meldungen und Warnungen das Verzeichnis *~/.netscape* angelegt, in dem künftig lokale Konfigurationsdateien, *Bookmarks* und zwischengespeicherte Dateien (der berühmt-berüchtigte *Cache)* gespeichert werden.

Wer übrigens seine Netscape-Bookmarks aus seiner Windows-Zeit gerne weiter nutzen möchte, muss nur die Windows-Netscape-Datei *bookmark.htm* in dieses Verzeichnis rüberkopieren und danach in *bookmarks.html* umbenennen.

Mittlerweile unterstützt auch die Linux-Version des Netscape Communicator viele Plug-ins (Zusatzprogramme), wie sie Ihnen vielleicht schon von Windows bekannt sind. Diese Plug-ins erlauben es, Real Audio, Videos oder andere (meist Multimedia-)Formate im Internet zu nutzen. Ein guter Überblick findet sich unter *http://home.netscape.com/plugins/by_platform.html*. Geben Sie doch einfach mal in die URL-Zeile `about: plugins` ein, um zu sehen, welche das sind. Wie Sie sehen, hat SuSE schon vorgesorgt, so dass Sie mit dem Realplayer, dem Flash-Player und der Acrobat-Unterstützung für PDF-Dateien mit den wichtigsten Erweiterungen ausgestattet sind.

## 16.2 Die Konfiguration des Communicator

In der Menüleiste finden Sie unter dem Punkt BEARBEITEN ganz unten EINSTELLUNGEN. Dies ist quasi die Schaltzentrale von Netscape, in der sich alle relevanten Einstellungen vornehmen lassen: sei es Ihre E-Mail-Adresse, der Newsserver oder aber die Schriftgrößen und Farben.

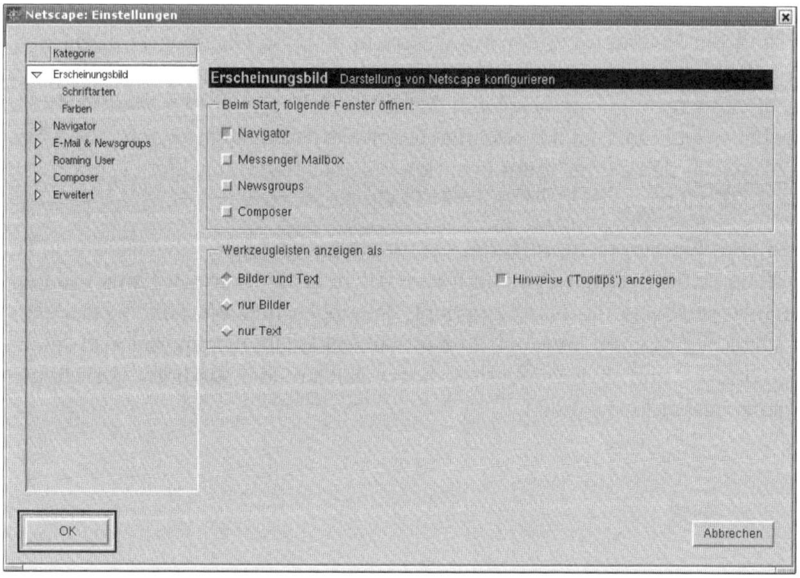


*Abb. 16.1: Hinein ins Konfigurationsvergnügen*

Die Punkte Schriftarten und Farben unter Erscheinungsbild (Abbildung 16.1) dürften relativ selbsterklärend sein. Klicken Sie, bis Sie Farbkombinationen und Schriftgrößen gefunden haben, die Ihnen zusagen, und speichern Sie diese dann.

Seien Sie nicht allzu enttäuscht, wenn Sie hier eine *TrueType-Schriftart* auswählen. Netscape erkennt diese zwar anstandslos, ist jedoch nicht ohne weiteres dazu zu überreden, diese in verschiedenen Schriftgrößen darzustellen, so dass Sie erst einmal nur zwischen *Null* und *Zwölf* auswählen können. Klicken Sie in einem solchen Fall Skalierung erlauben an, und geben Sie per Hand den gewünschten Wert ein. Nach einem Klick auf OK sollte Netscape die neue Font-Größe darstellen. Leider ist diese Änderung zumeist nicht permanent. Sie müssen von daher – sollte sich Ihr Rechner ebenfalls als störrisch herausstellen – diese Änderungen bei einem Neustart von Netscape jedes Mal aufs neue eingeben.

Die meisten Provider zwingen Ihre Kunden dazu, über einen Proxy-Server auf das WWW zuzugreifen. Das ist per se nichts Schlechtes, da ein gut eingestellter Proxy die Zugriffszeiten auf Webseiten deutlich verringern kann. Die Proxy-Konfiguration können Sie im Netscape unter dem Punkt Erweitert einstellen. Klicken Sie auf den Menüpunkt Proxies, und tragen Sie dort die Proxy-Informationen ein, die Ihnen Ihr Provider vorgegeben hat.

Damit sich Netscape Ihre Proxy-Einstellungen merkt, ist es nötig, dass Sie online sind. Offline lassen sich die Einstellungen leider nicht abspeichern.

Aktivieren Sie unter Erweitert am besten auch das Feld E-Mail Adresse als anonymes FTP Passwort senden. Die meisten FTP-Server akzeptieren Ihre E-Mail-Adresse als Passwort, und Netscape sendet diese automatisch, wenn Sie auf einen solchen Server zugreifen.

Wer über eine langsame Anbindung verfügt und nicht unbedingt jedes bunte Bildchen des WWW sofort betrachten muss, kann in dieser Sektion außerdem die Option Bilder und andere Daten automatisch laden (Ansonsten Knopf ‚Bilder' benutzen, um bei Bedarf zu laden) deaktivieren und damit verhindern, dass Bilder automatisch übertragen werden. Da nun sehr viel weniger Daten übertragen werden müssen, erfolgt die Anzeige von Dokumenten/Seiten entsprechend schneller. Möchten Sie bei dieser Einstellung dann doch einmal ein bestimmtes Bild betrachten, reicht es, das ersatzweise angezeigte Icon anzuklicken. Ein Klick auf den Bilder-Button lädt Ihnen alle Bilder der Seite.

## 16.3 Mail und News

Der Communicator ist schon lange kein einfacher Browser mehr, sondern präsentiert sich Ihnen gleichzeitig auch als Mail- und Newsreader. Vom Netscape-Hauptfenster aus starten Sie den so genannten *Messenger* mit einem Klick auf COMMUNICATOR→MESSENGER in der Menüleiste oder mit der Tastenkombination [Alt]-[2]. Die Einstellungen für den Messenger finden sich unter EINSTELLUNGEN im Abschnitt E-MAIL & NEWSGROUPS.

Geben Sie beim Menüpunkt IDENTITÄT Ihren richtigen Namen, Ihre E-Mail-Adresse und Organisation an. Sie können in diesem Bereich außerdem die Datei angeben, in der sich die Signatur befindet, die Sie unter jede E-Mail packen wollen. Aktivieren Sie aber, wenn möglich, nicht das Feld MEINE VISITENKARTE ALS V-CARD AN MAILS ANHÄNGEN – im Gegensatz zu Windows-Benutzern müssen Sie unter den Linuxern nämlich lange suchen, bis Sie jemanden finden, der von diesem Feature begeistert ist.

Tun Sie auch hier sich und Ihrer Netzumwelt einen Gefallen, und deaktivieren Sie *auf jeden Fall* unter FORMATIERUNG das Feld, das Netscape sagt, er solle standardmäßig Mails und News im HTML-Format versenden! Viele Ihrer Bekannten werden aller Wahrscheinlichkeit nach ein Mail-Programm benutzen, das dieses Format erst einmal nicht darstellen kann, und daher nicht viel Freude an Ihren Nachrichten haben. Ich kenne mehr als einen Hardliner, der solche Nachrichten per se nach */dev/null,* das Datengrab unter Linux, schickt – Linux-Benutzer können manchmal eigen sein.

Ganz allgemein können Sie unter NACHRICHTEN und FORMATIERUNG das Aussehen Ihrer Mails bestimmen. Aktivieren Sie hier das Feld ZITIERE DIE URSPRÜNGLICHE NACHRICHT AUTOMATISCH BEIM ANTWORTEN, dann brauchen Sie sich über das Zitieren (»Quoten«) keine Gedanken mehr zu machen. Eine gute Idee ist es auch, eine adäquate Zahl bei BRECHE AUSGEHENDE NACHRICHTEN UM BEI: ZEICHEN einzutragen, Netscape bricht so automatisch die Zeilen um, wenn Sie mehr als die hier eingetragene Anzahl Zeichen in einer Zeile tippen. Ich habe 72 Zeichen eingetragen (Abbildung 16.2).

HINWEIS

Netscape bricht die Zeilen *erst beim Verschicken* der Mail bzw. des Artikels um! Wundern Sie sich nicht, wenn Sie beim Eintippen eine ellenlange Zeile tippen können. Beenden Sie Zeilen bitte auch nur durch Drücken der [↵]-Taste, wenn Sie einen Absatz beenden – sonst sehen Ihre Postings nachher etwas zerfleddert aus.

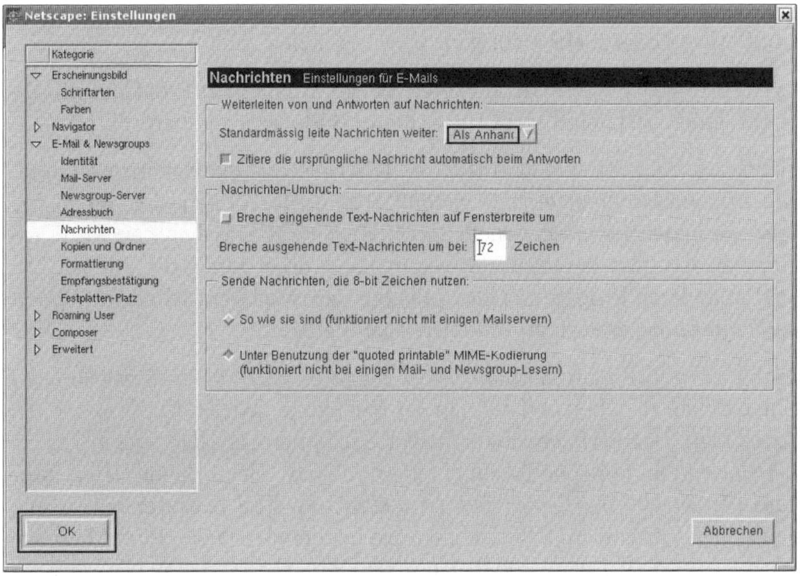


*Abb. 16.2: Quoten leicht gemacht!*

Die nötigen Informationen, um Mails zu empfangen, teilen Sie Netscape unter MAIL-SERVER mit. Was Sie dort eintragen müssen, hängt davon ab, wie Sie Netscape benutzen wollen. Im Gegensatz zu manch anderem Programm ist es im Messenger möglich, Mails direkt, das heißt ohne Zusatzprogramme wie *Sendmail* und *Fetchmail*, die ich Ihnen in Kapitel 14 vorgestellt habe, zu versenden. Wenn Sie sich für diese Variante entscheiden, tragen Sie bitte Folgendes unter MAIL-SERVER ein:

Bei SERVER FÜR EINGEHENDE MAILS erwartet Netscape von Ihnen Angaben zum *POP-Server* Ihres Providers. In meinem Fall wäre das z.B. `mail.ndh.net` (fragen Sie notfalls bei Ihrem Provider nach, wie Ihr POP-Server heißt – der weiß dann schon, um was es geht). Markieren Sie den Eintrag, und klicken Sie dann auf BEARBEITEN, um die weiteren Einstellungen für diesen Account vorzunehmen.

Im Feld BENUTZERNAME müssen Sie Ihren Login-Namen für Ihren Mail-Account eingeben. Beim ersten Verbindungsaufbau fragt Sie Netscape nach dem zugehörigen Passwort. Wem es zu blöd wird, dieses jedes Mal aufs Neue einzugeben, der hat die Chance, sich die lästige Tipperei durch das Aktivieren der Check-Box PASSWORT MERKEN zu ersparen.

Gönnen Sie auch dem Tab POP einen zweiten Blick. Gerade am Anfang bietet es sich an, die Option E-MAILS AUF DEM SERVER LASSEN zu aktivieren. So verbleiben die gelesenen/heruntergeladenen E-Mails erst einmal auf dem Server und dienen als willkommenes Backup für den Fall, dass die eine oder andere Mail in den ersten Konfigurationswirren verloren geht. Irgendwann sollen Sie dies allerdings wieder ändern, da auch der geduldigste Provider eine Mailbox mit 60 Mbyte oder mehr nicht ganz so witzig finden wird.

Als AUSGEHENDER MAILSERVER definieren Sie den Server Ihres Providers, an den die von Ihnen verfassten Mails zur weiteren Auslieferung gehen sollen.

Wichtig ist, dass Sie sich klarmachen, dass Netscape die Nachrichten in einem eigenen Unterverzeichnis */nsmail* ablegt. Sie können also, wenn Sie Netscape verwenden, nicht mehr so ohne weiteres zwischen den Mail-Programmen hin- und herwechseln, wie es sonst unter Linux der Fall ist. Die meisten anderen Programme lesen alle aus dem Mail-Verzeichnis */var/spool/mail/loginname,* was einen zentralen Zugriff erlaubt.

Möchten Sie Ihre Mails abrufen/lesen, reicht es nach diesen Einstellungen, künftig online zu gehen und dann in der Menüleiste DATEI→NEUE MAILS HOLEN anzuwählen. Nach erfolgreichem Download können Sie offline gehen und in aller Ruhe in Ihren neuen Nachrichten schmökern. Beim Beantworten Ihrer Mails verwenden Sie DATEI→SPÄTER SENDEN, um Ihre Nachrichten auf die Menschheit loszulassen. Erst nachdem Sie mit dem Verfassen Ihrer Mails fertig sind, gehen Sie online und wählen nun DATEI→UNGESENDETE NACHRICHTEN SENDEN, um alle Mails auf einen Rutsch ins Netz zu pusten.

Lassen Sie uns jetzt noch kurz den Fall betrachten, in dem Sie auf die Programme Sendmail und Fetchmail auch bei Netscape nicht verzichten wollen: In diesem Fall benutzen Sie das mit Netscape gelieferte Programm MOVEMAIL als EINGEHENDER MAILSERVER. Als BENUTZERNAME geben Sie Ihren Login-Namen an bzw. den Namen, unter dem Ihre Mails im Verzeichnis */var/spool/mail* gespeichert werden. Bei AUSGEHENDER MAILSERVER geben Sie `localhost` ein.

HINWEIS

Noch eine kleine Anmerkung: Netscape hat die Angewohnheit, beim Lesen Ihrer E-Mails eine *Locking-Datei* im Verzeichnis */var/spool/mail* anzulegen. Diese Nummer kann er allerdings nur dann durchziehen, wenn Netscape in diesem Verzeichnis auch Daten schreiben und nicht nur lesen darf. Aus diesem Grund ist es unter Umständen nötig, dass Sie als *root* die Zugriffsrechte für das Verzeichnis mit dem Befehl

```
chmod a+w /var/spool/mail
```

erweitern. Leider hat dies den Nachteil, dass nun jeder Nutzer in diesem Verzeichnis nach Lust und Laune Daten ablegen kann. Auf einem Einpersonensystem ist das nicht allzu tragisch – wer veralbert sich schon selbst? – auf einem Mehrbenutzersystem sollten Sie schon über die Alternative nachdenken, ein externes *Movemail-Programm* mit *Setuid*-Rechten zu verwenden, das die Mails aus dem Verzeichnis liest.

Sie können Netscape auch als Newsreader benutzen, sollten sich aber klarmachen, dass er längst nicht so mächtig ist wie ein reiner Newsreader wie *KNode,* den ich in diesem Buch vorstelle. Da Sie sich mit *Leafnode* einen kleinen lokalen Newsserver installieren werden (Kapitel 18), tragen Sie unter dem Menüpunkt NEWSGROUPS SERVER bitte `localhost` und bei PORT `119` ein, um die News offline lesen zu können.

Der Communicator ist neben Browser, Mail- und Newsreader ein WYSIWYG-HTML-Editor, d.h. er ermöglicht es Ihnen, eigene HTML-Seiten zu erstellen. *WYSIWYG* ist die Abkürzung für »What You See Is What You Get«, was heißt, dass Sie direkt das Layout und endgültige Erscheinungsbild Ihrer Webseiten sehen und nicht den Quellcode. Zur Funktionsweise sei auf die Online-Hilfe verwiesen, da nähere Erläuterungen den Rahmen dieses Buches sprengen würden. Wenn Sie lernen möchten, wie Sie eigene Webseiten professionell erstellen können, schauen Sie sich bitte im Buchhandel um.

Kapitel 17

# Bleiben Sie im Gespräch!

Die Vögel fangen an zu zwitschern, ein Blick aus dem Fenster bestätigt: Der Morgen graut. Sie schauen erschrocken auf die Uhr ... Müssen Sie nicht in zwei Stunden aufstehen, um pünktlich ins Büro zu kommen, und stattdessen sitzen Sie immer noch vor dem Rechner? Wenn Ihnen jetzt *SuperGrrl* von der amerikanischen Ostküste gute Nacht wünscht und *Wh|zz* aus Sydney über Chef und Meeting flucht, braucht es keine Hellseherin, um Ihnen auf den Kopf zuzusagen, dass Sie wohl ein wenig IRC-süchtig sind ...

Das *Internet Relay Chat* oder kurz *IRC* ist so was wie eine virtuelle Quasselecke: Sie können sich per Tastatur mit anderen Menschen rund um den Globus unterhalten, Kochrezepte austauschen, Rechnerprobleme wälzen usw. Neben Freundschaften sollen sogar schon Ehen durch das IRC angebahnt worden sein.

Das IRC (das übrigens entweder »Irk« oder »I-R-C«, selten auch »Irz« ausgesprochen wird) ist ein lockerer Verbund von Servern, die Nachrichten austauschen. Ähnlich wie der berüchtigte CB-Funk ist das IRC in so genannte *Kanäle* (»Channels«) aufgeteilt, die üblicherweise thematisch organisiert sind. So gibt es z.B. einen Kanal *#Freiburg*, wo sich Leute aus Freiburg treffen, um sich den ganzen Tag anzuschweigen (mein Tipp wäre da #koeln, die Rheinländer sind wie immer sehr viel redseliger ...), aber auch thematisch orientierte Kanäle wie zum Beispiel *#Linux.de*, einem deutschsprachigen Linux-Kanal.

Wie Sie da mitmischen? Ganz einfach: Sie müssen dazu lediglich den Client `irc`[1] aufrufen. Nun ja – ganz so einfach ist es denn doch nicht: Bevor Sie überhaupt mit jemandem quasseln können, brauchen Sie einen IRC-Server, der Ihr Geschreibsel dem Rest der IRCenden Welt zu lesen gibt und Ihnen die Ergüsse der anderen.

Tragen Sie zu diesem Zwecke in Ihre *.bashrc* bzw. Ihre *.login* im Home-Verzeichnis folgende Zeile ein:

```
IRCSERVER="irc.uni-stuttgart.de irc.rz.uni
karlsruhe.de irc.gmd.de" export IRCSERVER
```

Das bringt IRC dazu, zunächst den IRC-Server in Stuttgart anzufragen. Wenn dieser nicht mit Ihnen reden will, geht es nach Karlsruhe, und wenn auch das nichts gefruchtet hat, zum GMD-Server in St. Augustin.

Lässt Sie der Server »herein«, schüttet er Sie erst mal mit ein paar statistischen Informationen und anschließend mit einer *Message Of The Day* zu (Abbildung 17.1). Zumindest Letztere sollten Sie lesen.

*Abb. 17.1: Leider ein trauriger Willkommensgruß*

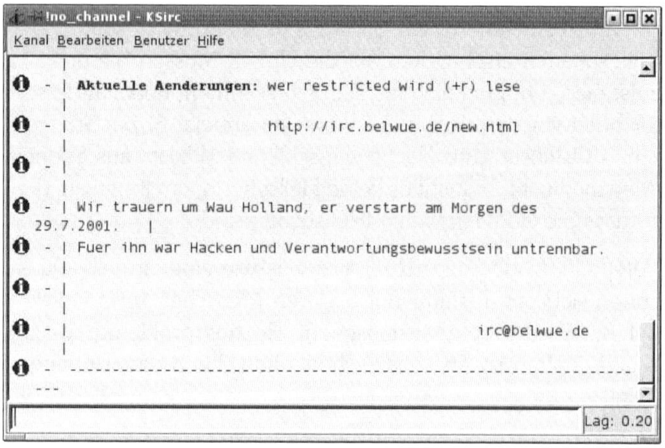


Ab sofort können Sie mit anderen Leuten in Verbindung treten. Sie sehen die Zeile ganz unten im Fenster bzw. auf der Konsole (Abbildung 17.1)? Wenn Sie tippen, sehen Sie die Zeichen dort erscheinen. Sie geben immer eine ganze Zeile ein, bevor Sie sie mit ↵ an den Server schicken.

1. Die Software ist nicht auf der CD enthalten. Sie können sich das RPM unter *www.rpmfind.net* suchen und herunterladen.

# 17.1 Unter Pseudonym

Im IRC ist es im Gegensatz zu anderen Internet-Diensten Usus, dass man nicht unter seinem normalen Namen auftritt, sondern unter einem so genannten *Nickname*, einem Spitznamen. Denken Sie sich also zunächst einen aus.

Ihren Nicknamen setzen Sie mit `/nick meinNick` in die irc-Kommandozeile. Sollte er schon von jemand anderem belegt sein, erhalten Sie die Meldung *Nickname already in use*. Suchen Sie sich dann einen anderen aus oder verändern Sie die Schreibweise (eine Null statt einem O, einen senkrechten Strich statt einem i oder einem l etc.).

# 17.2 Kanalisiert

Wer sich in Ruhe mit anderen unterhalten will, sucht sich im Allgemeinen einen ruhigen Platz aus. Die virtuellen Räume im IRC (auch wenn sie nicht unbedingt ruhig sind), die *Kanäle*, werden üblicherweise thematisch benannt. Das ist aber keine Voraussetzung. Treten Sie in einen Kanal ein (stellen Sie sich das Ding einfach als Wohnzimmer vor), in dem sich bislang noch niemand befindet, eröffnen Sie ihn und Sie werden sofort zum Alleinherrscher ernannt. Diese Herrscher nennt man *Channeloperatoren*. Sie können verschiedene Einstellungen des Kanals ändern, z.B. die maximale Anzahl an Personen festlegen, die gleichzeitig im Channel sein dürfen, bestimmen, ob der Channel nach außen sichtbar ist (und damit auf der Liste erscheint, die man anfordern kann) etc.

Einen Kanal betreten Sie mit dem Befehl `/join channelname`, wobei Channelnamen immer mit einem *Hash*, dem Doppelkreuz »#«, beginnen. Alles, was Sie auf dem Kanal erzählen, bekommen alle anderen Channelteilnehmer ebenfalls mit. Kommt Ihnen fast vor wie Radio? Stimmt!

Sie können sich die Liste der Kanäle anschauen, indem Sie `/list Raster` eingeben, wobei *Raster* ein Muster angibt, mit dem Sie die Anzeige und Ausgabe einschränken – ein einfaches `/list` spuckt sämtliche auf dem Server vorhandenen Channels aus, und das können unter Umständen recht viele sein. Wollen Sie beispielsweise alle Kanäle auflisten, die mit l wie Linux beginnen, sagen Sie `/list # l*`.

Übrigens ist auch der virtuelle Schwebezustand, in dem Sie sich nach der Einwahl auf einem Server, bevor Sie sich ins Channelgewühl stürzen, befinden, ein Kanal: Sie befinden sich im so genannten *Limbo*-Channel. Hier können Sie sich zwar umschauen (wer ist da, und in welchem Channel vergnügt sich die nette Bekanntschaft von gestern heute?), an Kommunikation sind aber nur private Nachrichten möglich.

## 17.3 Unter vier Augen

Solche *PrivMsgs* – Sie kennen so was vielleicht vom SMS-Dienst Ihres Handys – verschicken Sie mit dem Kommando `/msg NickDesAnderen Nachricht` – völlig egal, ob Sie nun im Limbo-Channel vor sich hin vegetieren oder mit einem anderen Channelteilnehmer ungestört flirten wollen.

## 17.4 Der andere, das unbekannte Wesen

Stellt sich lediglich die Frage: Wer ist das jetzt, mit dem Sie sich schon seit zwei Stunden unterhalten? Schauen Sie doch nach. Wie? Mit dem Befehl `/whois nickname`. Klar, Augenfarbe und Handynummer kriegen Sie so auch nur raus, wenn es die Gegenseite will ...

## 17.5 Du sollst nicht ...

In Stein gemeißelte Gesetzestafeln gibt es im IRC zwar nicht, aber dennoch gibt es ein paar Dinge, die Sie vermeiden sollten, um nicht unangenehm aufzufallen. Die meisten Regeln der *Netiquette* sagt Ihnen vermutlich schon Ihr gesunder Menschenverstand, manche müssen auch erklärt werden. Wer sich nicht daran hält, wird sich höchstwahrscheinlich den Zorn der Channeloperatoren (und natürlich auch der anderen Channelteilnehmer) zuziehen, und das kann durchaus Ihre IRC-Existenz bedrohen.

Denken Sie immer daran: Auf der anderen Seite sitzt ein Mensch mit Fehlern und Schwächen – genau wie Sie auch. Denken Sie bei Formulierungen daran, dass sie eventuell missverständlich aufgefasst werden könnten, fügen Sie *Smileys* ein, um zweideutige Sätze eindeutiger zu machen. Vermeiden Sie auch hier, komplett in Großbuchstaben zu schreiben, da das wie Schreien aussieht und aufgefasst wird.

Die Umgangssprache ist meist Englisch, da sich im IRC Menschen aus aller Herren Länder treffen. Keine Bange, es gibt auch genügend Kanäle, auf denen Deutsch gesprochen wird. Falls Sie ob Ihrer nicht ganz perfekten Englischkenntnisse Bedenken haben, führen Sie sich vor Augen, dass die meisten anderen IRC-Nutzer auch nicht mit der Muttersprache Englisch aufgewachsen sind. Sie müssen schließlich keinen Roman schreiben, sondern wollen mit anderen kommunizieren.

Denken Sie daran, dass Ihr Gegenüber eventuell gerade in der Küche stehen und kochen oder gar ganz andere menschliche Bedürfnisse befriedigen könnte. Seien Sie daher nicht ungeduldig, wenn Sie nicht sofort eine Antwort auf eine Frage erhalten, und benehmen Sie sich nicht aufdringlich!

Außerdem sollten Sie unter allen Umständen das so genannte *Channelhopping* vermeiden. Das bezeichnet die Unsitte, dass User einem Kanal beitreten, sich kurz umschauen, feststellen, dass hier ja nun gar nichts los ist (oder es eben nicht um Sex geht), und sofort wieder den Kanal verlassen, um einen neuen aufzusuchen. Um zu sehen, wer sich im Kanal befindet, reicht schließlich auch der Befehl `/who #channelname` aus!

Der Grund für die Ächtung dieses Verhaltens liegt darin, dass die Server riesige Datenmengen zu verteilen haben, da jeder Server, der im Verbund hängt, alle Statusinformationen aller anderen Server mitbekommt. Anderenfalls könnte Ihre Freundin von der Ostküste gar nicht sehen, dass Sie im Kanal sind. Je mehr Statuswechsel vorkommen, desto mehr Daten müssen die Server transferieren. Und genau um solchen unnötigen Datenverkehr zu vermeiden, lassen Sie die Finger von solcher Kanalhüpferei.

## 17.6 Information ist alles

Wie bei so vielem, was mit Computern und Netzen zu tun hat, lässt man sich auch beim IRCen auf etwas ein, von dem man am Anfang wenig weiß, mit zunehmender Chat-Frequenz aber immer mehr dazulernt. Ihr IRC-Programm kennt ausgefeilte Befehle, mit denen Sie sich Ihre ganz individuelle Umgebung einrichten können. Vielleicht möchten Sie auch Ihre eigene Sichtbarkeit gegenüber anderen Teilnehmern einschränken. Diese und andere fortgeschrittenen Befehle können wir aber nicht in diesem Buch abhandeln, das würde den Rahmen einfach sprengen. Wenn Sie Fragen haben, schauen Sie doch in der Online-Hilfe mit `/help` (das Ihnen sämtliche vorhandenen IRC-Befehle auflistet) bzw. mit `/help Befehl` nach, um Hilfe zu einem ganz konkreten IRC-Befehl zu finden. Oder fragen Sie auf den Kanälen (höflich, vorsichtig!) nach. Meist sind die bärbeißigen alten Hasen gar nicht so brummig, wie sie auf den ersten Blick erscheinen.

Aber gut, ehe Sie jetzt das Buch in die Ecke feuern, weil Sie die ganze Chatterei satt haben und nicht wissen, wie Sie aus dem vermaledeiten Kanal herauskommen, sehen Sie doch mal in folgender Tabelle nach:

| **Befehl** | **Aktion** |
|---|---|
| `/leave #kanal` | Verlassen des Kanals `#kanal`. |
| `/quit nachricht` | Das IRC verlassen. Die verbleibenden Channelteilnehmer sehen Ihren Abschiedsbrief mit dem Inhalt *nachricht*. |
| `/me beschreibung` | Im Channel erscheint statt `/me` *Ihr Nickname*. Damit können Sie von sich in der dritten Person sprechen, um eine Zustandsbeschreibung von sich zu geben. |
| `/invite nick #kanal` | Laden Sie sich Freunde ein: Die Person mit dem Namen *nick* bekommt eine Einladung in den Kanal namens *#kanal*. |
| `/notify nick1 nick2 ...` | Falls ein Mitmensch namens *nick1, nick2* etc. das IRC betritt, werden Sie benachrichtigt. |
| `/away nachricht` | Wenn Sie vorübergehend Besseres zu tun haben, sagen Sie im Kanal mit der Erklärung *nachricht* Bescheid, dass Sie gerade nicht verfügbar (»weg«) sind. Diesen Zustand heben Sie durch ein erneutes `/away` wieder auf. |

## 17.7 Ksirc – Ihr grafischer Chat-Helfer

Auch im Chat lässt Sie KDE nicht im Stich. Der Haus-und-Hof-IRC-Client ist *KSirc,* den Sie über den K-BUTTON→INTERNET→CHAT-PROGRAMM (KIRSC) starten. Der Client ist klein und schnell und durch seine wenigen, dafür aber umso übersichtlicheren Funktionalitäten leicht zu bedienen. Wer's bunt, poppig und Feature-überlastet mag, kann sich alternativ ja mal KVIrc anschauen. Da lässt sich dann so ziemlich alles konfigurieren (Abbildung 17.2). Aber sagen Sie bitte nicht, ich hätte Sie nicht gewarnt, wenn Sie sich einmal in den Konfigurationstiefen des Programms heillos verfranst haben ...

Eine neue Server-Verbindung stellen Sie in KSirc über den Menüpunkt VERBINDUNGEN→NEUER SERVER her. Geben Sie in das Feld SERVER-SCHNELLVERBINDUNG den gewünschten IRC-Server ein, klicken Sie auf VERBINDEN, und schon geht's los. Aktive Verbindungen zeigt Ihnen KSirc dann in einem Fenster wie in Abbildung 17.3 an. Einen bestimmten Channel können Sie über den Punkt VERBINDUNGEN→IN KANAL HINEINGEHEN betreten.

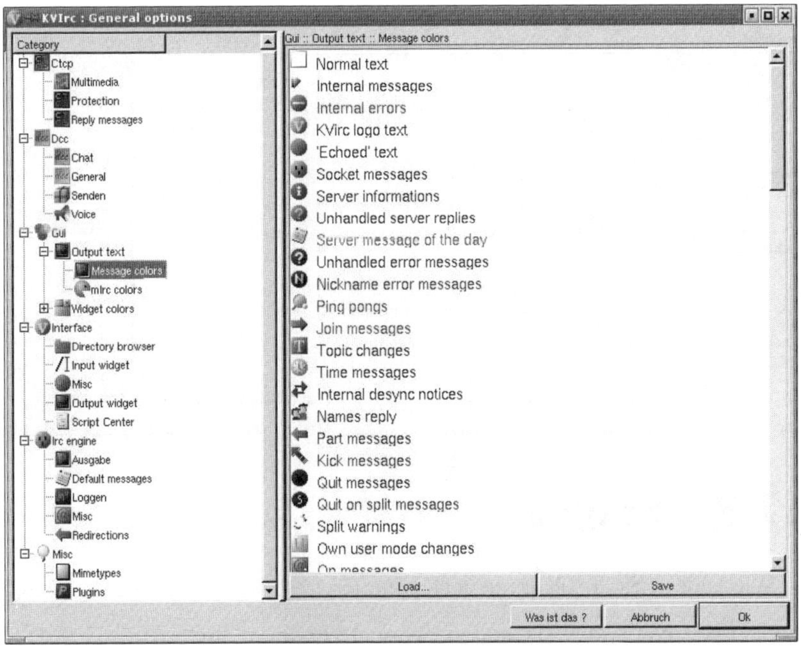


*Abb. 17.2: Im Konfigurationsmenü von KVIrc kann man sich leicht verirren*

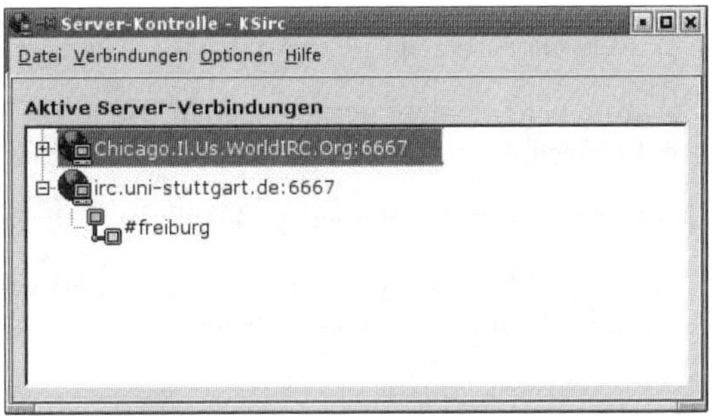


*Abb. 17.3: Willkommen in Freiburg*

Den allgemeinen Überblick über Ihre virtuelle Kaffeebude präsentiert KSirc farbenfroh, wie Abbildung 17.4 zeigt. Wie sich die Farbenpracht im Einzelnen gestalten soll, können Sie frei bestimmen – und zwar über den Menüpunkt OPTIONEN→FARBEINSTELLUNGEN oder, wenn Sie die Farben gerne wechseln, merken Sie sich gleich das passende Tastenkürzel [Strg]-[P].

Und nun viel Spaß im Chat ...

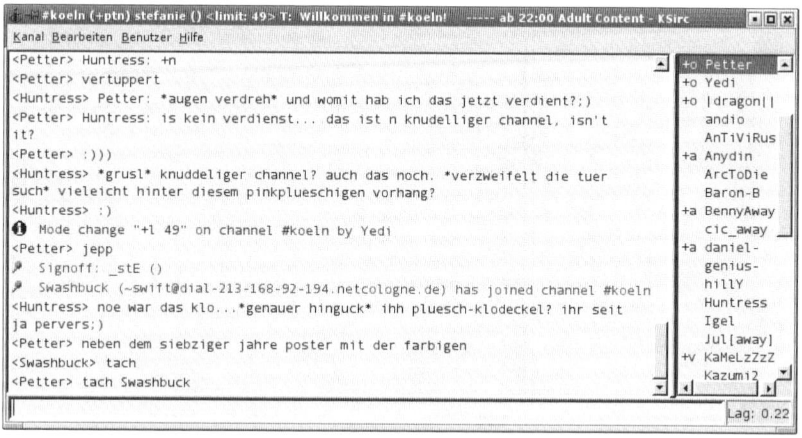


*Abb. 17.4: Wir Kölner sind auch im IRC-Channel mehr als redselig ...*

## 17.8 Fragen

1. Wie ändern Sie in `IRC` Ihren Nicknamen?
2. a) Wie treten Sie in `IRC` in den Channel *#Freiburg* ein?

   b) Wie verlassen Sie in `IRC` den Channel *#Freiburg*?

   c) Wie verlassen Sie `IRC` (und das IRC-Netzwerk)?
3. Warum wird es nicht gerne gesehen, wenn IRC-Benutzer in einen Channel eintreten, nur um ihn gleich darauf wieder zu verlassen?
4. Warum müssen Sie vor jeden Befehl den Schrägstrich stellen?
5. Wie verhindern Sie, dass Sie bei jedem Start von IRC immer wieder neu Ihren Nicknamen festlegen müssen?

### 17.8.1 Antworten

1. Mit `/nick neuerNickname` ändern Sie Ihren Spitznamen. Unter Umständen meldet Ihnen der Server zurück, dass der von Ihnen gewünschte Nickname bereits belegt ist. Suchen Sie sich dann einfach einen anderen aus.
2. a) Geben Sie dazu `/join #Freiburg` ein.

   b) Sie können den Channel *#Freiburg* wieder verlassen, indem Sie `/leave #Freiburg` eingeben.

   c) Sie verlassen das IRC-Netzwerk, indem Sie `/bye` oder `/quit` eingeben.

3. Weil die Informationen über diese Veränderungen im Kanal über die ganze Welt verteilt werden und Sie damit eine große Netzlast verursachen. Jeder Server Ihres IRC-Netzes auf der ganzen Welt muss informiert werden, wenn Sie den Kanal betreten und wenn Sie ihn wieder verlassen.

4. Weil `IRC` irgendwie unterscheiden muss, wann Sie ihm etwas mitteilen wollen und wann Sie sich einfach nur mit anderen auf dem Kanal unterhalten wollen.

HINWEIS

Vielleicht ist Ihnen schon aufgefallen, dass private Konfigurationsdateien in Ihrem Home-Verzeichnis mit einem Punkt beginnen und oft auf *rc* enden. Wenn Sie jetzt Ihr IRC-Programm konfigurieren wollen – was liegt näher, als es mit einer Datei namens *.ircrc* im Home-Verzeichnis zu versuchen?

Wenn Sie dorthinein die Zeile

```
/nick Ihr_Nick
```

schreiben, wird Ihr Spitzname immer schon beim Start von `IRC` auf *Ihr_Nick* gesetzt.

Auch wenn Sie benachrichtigt werden wollen, wenn Freunde und Lieblingsfeinde während Ihrer Chat-Session ins IRC kommen, empfiehlt es sich, den entsprechenden `/notify-Befehl` (siehe Tabelle) in die *.ircrc* aufzunehmen, zum Beispiel:

```
/notify lingrrl PCchick
```

Kapitel 18

# Was hat es mit dem Usenet auf sich?

Nachdem Sie jetzt wissen, wie Sie mit Freunden, Feinden und dem Rest der Welt per E-Mail in Kontakt treten können, stelle ich Ihnen nun das *Usenet* und damit die Internet-Newsgruppen vor. Dank der weitverbreiteten Fixierung auf den Internet-Dienst WWW ist das Usenet in Deutschland noch viel zu unbekannt, obwohl es etwas sehr, sehr Nützliches ist ... äh, sein *kann*.

Gerade Sie als künftiger Linuxer sollten lernen, die Möglichkeiten dieses Mediums gewinnbringend für sich einzusetzen. Kurz könnte man das Usenet als eine Ansammlung virtueller *schwarzer Bretter* bezeichnen, an denen User aus aller Welt ihre Fragen, Angebote und Kommentare anheften. Obwohl viele das Usenet als anarchistischen Raum bezeichnen, gibt es doch ein paar Regeln, an denen man sich wundervoll entlanghangeln kann.

Um in die vielen tausend Diskussionsgruppen eine gewisse Ordnung hineinzubringen, ist das Usenet erst einmal in so genannte *Hierarchien* unterteilt. International sind die wichtigsten: `alt`, `comp`, `news`, `sci`, `soc`, `talk`. Innerhalb der Hierarchien wiederum gibt es thematisch abgegrenzte Unterabteilungen. Dadurch finden Sie leichter die passenden Gruppen zu den Sie interessierenden Themen.

Die wichtigsten Hierarchien existieren auch in deutscher Sprache, als Unterhierarchien zur *Top-Level-Hierarchie* `de`. Für Linux relevante *Newsgruppen* finden sich im deutschsprachigen Usenet unter `de.comp`. Dabei steht `de` für *deutsch* und `comp` für *Computer*.

Da es Ihnen – nachdem Sie sich für Linux entschlossen haben – egal sein kann, welche Sorgen einen Windows-Benutzer umtreiben, beschränken Sie sich bei Ihrer Suche auf `de.comp.os.unix.*` und `de.comp.os.unix.linux.*`. In dieser Unterhierarchie (`os` steht für *operating system*, also Betriebssystem) können Sie Ihre Linux-Sorgen und -nöte der fachkundigen und hilfreichen Linux-Gemeinschaft mitteilen. Manche Probleme, wie z.B. mit dem X Window System, sind gar nicht Linux-, sondern allgemein Unix-spezifisch. Achten Sie deshalb bitte darauf, in die thematisch richtige Gruppe zu posten. Nachfolgende Tabelle listet die wichtigsten Linux-/Unix-Newsgruppen im deutschsprachigen Usenet auf.

| | |
|---|---|
| *comp.os.linux.announce* | Ankündigungen neuer Versionen von Programmen, Kernels etc. |
| *de.comp.os.unix.linux.hardware* | Fragen und Antworten rund um Hardware und Linux etwa der Art: »Läuft Linux auch auf meinem Autoradio?« |
| *de.comp.os.unix.linux.misc* | Alle Themen, die in keine andere Linuxgruppe passen |
| *de.comp.os.unix.networking* | Alles rund ums Netzwerkeln mit Linux und anderen Unix-Betriebssystemen |
| *de.comp.os.unix.x11* | Fragen zum X Window System, (z.B. ob die Grafikkarte auch schon unterstützt wird) |
| *de.comp.os.unix.apps.kde* | Ihr Rettungsanker in Sachen KDE |
| *de.comp.os.unix.apps.gnome* | Das Gnome-Pendant |
| *de.comp.os.unix.apps* | Applikationen unter Unix |

Wie in jedem sozialen Gefüge gibt es auch im Usenet ein paar Konventionen, an die man sich halten sollte. Diese werden in der so genannten *Netiquette* zusammengefasst, die einmal monatlich in der Gruppe `de.comp.os.unix.linux.newusers` *gepostet*, d.h. veröffentlicht, wird. Die wichtigsten Begriffe und Konventionen werde ich Ihnen in diesem Kapitel noch erläutern.

Doch da ich Ihnen nun hoffentlich den Mund wässrig gemacht habe, sollten wir Sie schnellstens ins Usenet bringen.

## 18.1 Wie funktioniert das Usenet?

Das Usenet können Sie sich als einen losen Verbund aller Rechner vorstellen, die News miteinander austauschen. Diese Rechner werden *Newsserver* genannt. Jeder Artikel (im Fachjargon auch *Posting* genannt) wird an jeden einzelnen Newsserver weitergeleitet, der am Usenet teilnimmt und die gleiche

Hierarchie führt, in die Sie gepostet haben. Jeder dieser Rechner erhält somit eine Kopie Ihres Artikels, den dann die Nutzer der jeweiligen belieferten Server lesen und ggf. auch beantworten können.

## 18.2 Wie lese und poste ich Artikel?

Zuallererst sollten Sie sich darüber klar werden, ob Sie *online* oder *offline* Ihre News lesen und bearbeiten wollen.

Beim so genannten *Online-Lesen* von News bleibt die Telefonverbindung zu Ihrem Provider aktiv, da die von Ihnen ausgewählten Artikel erst auf Ihre Anforderung hin einzeln vom Newsserver des Providers übertragen werden. Bei den derzeitigen lokalen Telefontarifen eine recht kostspielige Angelegenheit – wer tritt schon gern als Sponsor von Ron Sommer auf? Sinnvoller ist es daher, seine News *offline* zu lesen und zu beantworten.

Beim *Offline-Betrieb* installieren Sie auf Ihrem Rechner einen eigenen kleinen Newsserver. Keine Angst – wie Sie gleich sehen werden, klingt das komplizierter, als es ist. Mit der von Ihnen gewählten Newssoftware holen Sie beim Offline-Betrieb alle neuen Artikel der Sie interessierenden Gruppen auf einmal und speichern sie lokal auf Ihrer Festplatte ab. Danach können Sie die Verbindung zu Ihrem Provider trennen und die News bequem und ohne weitere Kosten und Zeitdruck mit einem *Newsreader* Ihrer Wahl lesen und beantworten.

Seit einiger Zeit unterstützt *Leafnode*, der Newsserver, den ich Ihnen gleich vorstellen möchte, sogar die Möglichkeit, Artikel-*Header* und Artikel-*Bodys* getrennt herunterzuladen, also das Verhalten, das der eine oder andere vielleicht schon von Windows-Newsreadern wie dem *Forte Agent* etc. kennt.

Das Usenet ist eine eigene kleine, verschworene Gemeinschaft, und die Linuxer gelten als besonders eigen. Deshalb, bevor Sie in die Praxis starten, auf die Schnelle ein paar Begriffe, die Sie kennen sollten, um nicht unangenehm aufzufallen. Keine Sorge: Wenn Sie ein paar einfache Regeln beachten und ab und an einen Fachterminus einstreuen, wird keiner merken, dass Sie noch kein alter Usenet-Hase sind. Das Wichtigste zuerst: Benutzen Sie Ihren wirklichen Namen, den so genannten *Realnamen*. Im deutschsprachigen Usenet gilt die *Realnamen-Konvention*, weshalb Leute, die sich in den News *Bugs Bunny* oder *Terminator* nennen, meist nicht sehr beliebt sind. Ausnahmen werden nur in einigen wenigen Newsgruppen geduldet.

Daneben hat sich im Usenet ein eigener Slang entwickelt. Sprechen Sie z.B. nie von *Mails,* ins Usenet *postet* man *Artikel*. Die Artikel werden auch *Postings* genannt, und wenn Sie sich entscheiden, in einer Gruppe dauerhaft mitzulesen, so *abonnieren* oder *subscriben* Sie diese. Die Akronyme, die Sie im

Kapitel über das Mailen kennen gelernt haben, werden Ihnen im Usenet aller Wahrscheinlichkeit nach noch häufiger begegnen.

Es ist meist eine gute Idee, in einer Gruppe erst einmal ein paar Tage nur mitzulesen, ehe man den ersten eigenen Artikel postet, um ein Gefühl für Tonfall und passendes Verhalten zu bekommen.

Bleiben Sie höflich, und vermeiden Sie unnötige *Quote*-Orgien. Zitieren Sie nur das Wichtigste aus den Artikeln, auf die Sie antworten. Achten Sie darauf, dass Sie richtig zitieren!

Zu den meisten Gruppen im Usenet gibt es Antwortensammlungen auf häufig gestellte Fragen, die so genannten *FAQs*. Diese werden in regelmäßigen Abständen in die betreffende Gruppe gepostet. Lesen Sie sie! Viele Ihrer Fragen werden darin wahrscheinlich schon beantwortet werden. Sie schonen damit Ihr Nervenkostüm, da Sie sich eine patzige Antwort auf Ihre Frage ersparen. Vergessen Sie eines nicht: Für Sie mag die Fragestellung und Thematik neu sein; regelmäßige Leser der Gruppe haben die gleiche Frage schon hundertmal gesehen und beantwortet. Das verschleißt den Enthusiasmus ein wenig.

Trennen Sie auch im Usenet Ihre Signatur mit der Zeichenfolge `-- ` ab, und achten Sie darauf, dass Sie vier Zeilen möglichst nicht überschreiten.

Sollten Sie nicht direkt Antwort auf Ihre Frage erhalten, bedenken Sie die Funktionsweise des Usenet. Ihr Posting muss erst einmal auf den anderen Servern verfügbar sein, ehe es beantwortet werden kann. Haben Sie Geduld, und warten Sie ein wenig – schicken Sie bitte nicht eine Stunde später das gleiche Posting noch einmal ab.

Der Ton in den Linux-Gruppen ist hart, aber herzlich. Erschrecken Sie daher nicht, wenn Sie auf eine Frage auch mal nur ein lapidares `man blafasel` als Antwort erhalten. In der Regel gilt, dass die Antworten um so hilfreicher und genauer ausfallen, je spezifischer Ihre Fehlermeldung ausfällt oder Ihre Frage gestellt ist. Schreiben Sie also bitte nicht »Es druckt nicht!«, sondern erklären Sie, welche Linux-Version Sie haben, welchen Drucker, wie der konfiguriert ist etc.

## 18.3 Wie bekomme ich die News auf meinen lokalen Server?

In vielen anderen Büchern werden Sie eine ausführliche Anleitung zur Installation des *INN* finden. Der INN ist ein komplexer, leistungsfähiger und professioneller Newsserver, der aller Wahrscheinlichkeit nach auch von Ihrem Provider eingesetzt wird, da er kostenlos erhältlich und in der Lage ist, viele

Benutzer gleichzeitig mit News zu versorgen. Die Kehrseite dieser Funktionsvielfalt ist die aufwendige Konfiguration und Administration des INN, so dass er sich nur bedingt für einen wenig erfahrenen Heimbenutzer empfiehlt. Es gibt seit einiger Zeit das Programmpaket *Leafnode*, das im Folgenden vorgestellt wird. Leafnode lässt sich sehr leicht installieren und benutzen und erfüllt alle Ansprüche, die an ein Einpersonensystem gestellt werden. Einpersonensystem bedeutet hier, dass in der Regel nur Sie oder noch ein oder zwei andere den Newsserver benutzen, in Wahrheit ist Linux, wie Sie wissen, multiuserfähig.

## 18.4 Woher bekomme ich Leafnode und wie installiere ich es?

Die beiliegende Buch-CD enthält Leafnode leider nicht – Sie müssen es unter *www.rpmfind.net* suchen und herunterladen. Alternativ gibt es das Paket auch als Sourcecode in der neuesten Version unter der URL *http://wpxx02.toxi.uni-wuerzburg.de/~krasel/leafnode.html*. Die kommerzielle SuSE-Distribution enthält das Leafnode-Paket, allerdings wird es nicht unbedingt standardmäßig mitinstalliert, so dass Sie in diesem Fall erst einmal mit einem

```
stefanie@diabolo[~]# rpm -q  leafnode
```

nachprüfen sollten, ob sich Leafnode schon auf Ihrem System befindet. Wenn nicht, finden Sie das rpm-File auf einer der CDs im Verzeichnis */leafnode/*

Installieren Sie das Paket – wie das geht, haben Sie ja schon in Kapitel 6 gelernt. Jetzt müssen wir Leafnode nur noch konfigurieren. Und da es sich bei den folgenden Schritten um systemweite Änderungen handelt, müssen Sie diese als *root* ausführen.

Öffnen Sie als Erstes in YasT2 das Modul SONSTIGES→RC-CONFIG-EDITOR. Klicken Sie sich hier zu dem Fenster NETWORK→BASE→NEWS vor und tragen Sie bei NNTPSERVER *localhost* und bei ORGANIZATION das ein, was später als »Firma« in Ihren Postings erscheinen soll. Ich habe mich da für *In Teufels Kueche* entschlossen (Abbildung 18.1).

Klicken Sie danach auf SPEICHERN. SuSE präsentiert Ihnen zur Kontrolle noch einmal die neuen Werte (Abbildung 18.2). Stimmen sie mit dem überein, was Sie eingetragen haben, bestätigen Sie dies nochmals mit einem OK. SuSE setzt danach das Programm *SuSEConfig*, zu dem ich in Kapitel 10.1 schon ein paar Worte verloren habe. Das kann etwas dauern, aber schließlich setzen wir ja auch einen ausgewachsenen Newsserver auf.

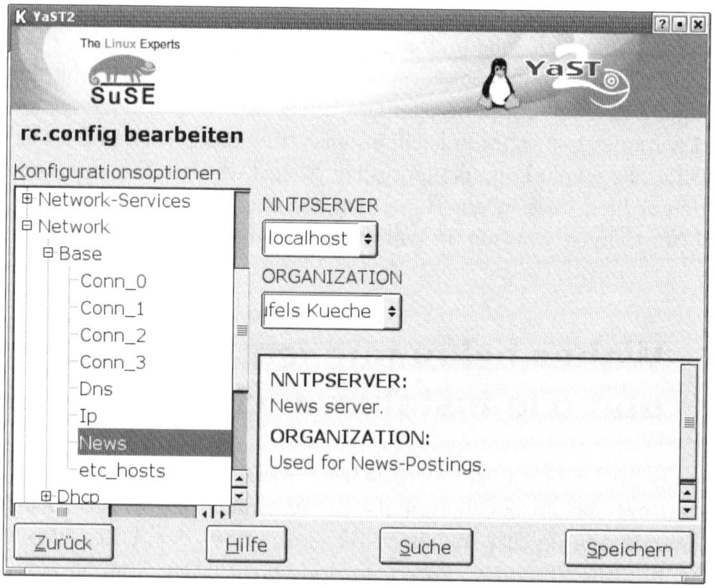


*Abb. 18.1: In Teufels Küche ...*

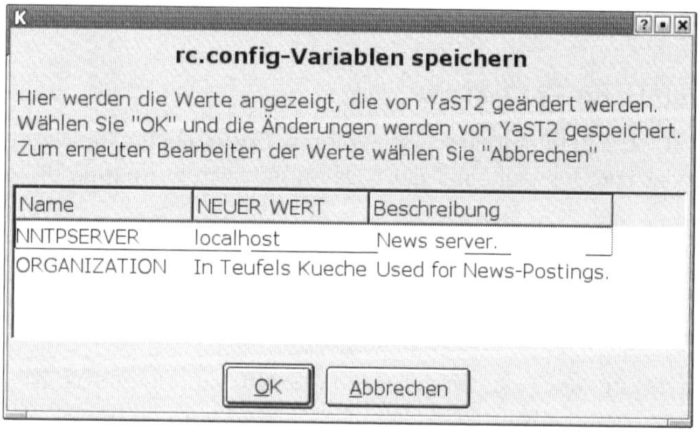


*Abb. 18.2: Stimmt auch alles?*

Und wir bleiben noch ein wenig in YasT2. Allerdings führt uns der Weg diesmal ins Modul NETZWERK/BASIS und dort zu START ODER STOPP VON SYSTEMDIENSTEN. Wählen Sie hier bitte bei INTED EIN-/ AUSSCHALTEN den Punkt EIN, MIT BENUTZERDEFINIERTER KONFIGURATION aus. Und jetzt noch auf WEITER klicken. Fertig? Gut. Suchen Sie hier nach der Zeile

```
# nntp  stream tcp  nowait  news /usr/sbin/tcpd  /usr/sbin/leafnode
```

Gefunden. Noch besser. Markieren Sie diese jetzt und klicken danach auf den Button AKTIVIEREN/NICHT AKTIVIEREN. Wie Sie sehen, steht jetzt statt des Kommentarzeichens # ein fröhliches »Active!« vor der entsprechenden Zeile (Abbildung 18.3). Das war's auch schon. Klicken Sie nun noch auf BEENDEN, um die Maske zu verlassen.

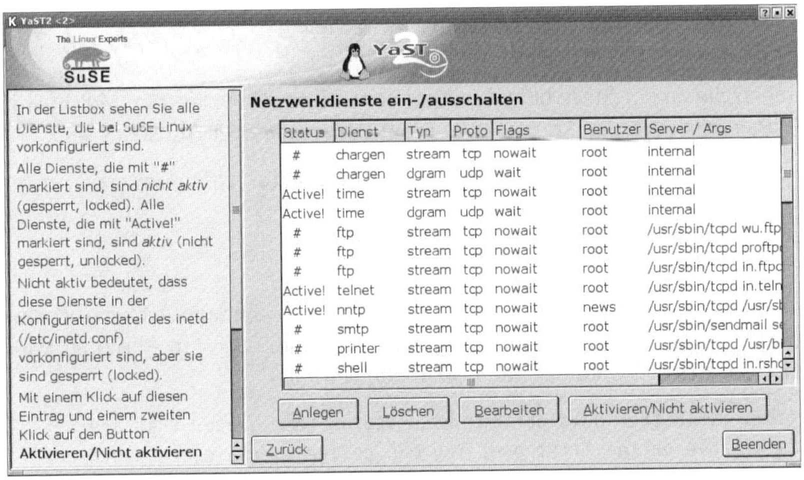


*Abb. 18.3: nntp wird aktiv!*

Wer diese Schritte lieber »zu Fuß« ausführen möchte, kann selbstverfreilich auch die Datei */etc/inetd.conf* mit einem Editor seiner Wahl öffnen und per Hand das # vor der Zeile

```
# nntp  stream tcp  nowait  news /usr/sbin/tcpd  /usr/sbin/leafnode
```

entfernen.

Wechseln Sie nun ins Verzeichnis */etc/leafnode*

```
root@diabolo # cd /etc/leafnode/
```

um dort die Datei *config* zu editieren. Die rpm-Version verwendet die Datei */etc/leafnode/config*. In dieser Datei wird der Newsserver Ihres Providers (dieser sollte Ihnen mit Ihren Zugangsdaten mitgeteilt worden sein) eingetragen. Außerdem legen Sie mit Hilfe dieser Datei fest, nach welchem Zeitraum alte Artikel durch Leafnode von Ihrer Festplatte gelöscht werden sowie die maximale Anzahl der Artikel, die Leafnode aus einer von Ihnen abonnierten Gruppe pro Fetch-Vorgang herunterlädt. Mit *Fetchen* wird im Usenet-Jargon das Herunterladen der Newsartikel vom Server Ihres Providers bezeichnet.

Aber in den neueren Versionen kann Leafnode noch viel mehr: So ist es zum Beispiel möglich, erst einmal nur die *Header* einer Gruppe zu laden (wenn Sie so wollen, die Überschriften) und erst in einem zweiten Schritt die dazugehörigen *Artikel-Bodies* (also den vollständigen Text bzw. Artikel). Wer unter Windows schon einmal News gelesen hat, den wird dieses Verhalten an die so genannten Offline-Newsreader wie den *Forte Agent* erinnern. Aber lassen

Sie uns nun gemeinsam anschauen, was die Konfigurationsdatei Ihres Newsservers so alles zu bieten hat:

```
# This is the NNTP server leafnode fetches its news from.
# You need read and post access to it.
server = news.ihr-server.de
```

Tragen Sie an der Stelle bitte den Newsserver Ihres Providers ein. Meist wird es irgendetwas in der Art von `news.providername.de` oder Ähnliches sein.

```
# Unread discussion threads will be deleted after this many days if y
ou
#don't define special expire times. Mandatory.
expire = 30
```

Mittels dieses Punkts bestimmen Sie, nach welchem Zeitraum Artikel gelöscht werden sollen (wie das funktioniert, erfahren Sie im nächsten Abschnitt.). In unserem Beispiel wäre das nach 30 Tagen der Fall.

```
##This is another news server which stores some groups that are not
##available on the first one. You can define username, password and
##port for each server separately.

# supplement = blut.sex.und.traenen.com
# username = sosieeinenusernamenbenutzen
# password = seeeeeeehrgeheim
```

Sollte Ihr Newsserver dummerweise eine Ihrer Lieblingsgruppen nicht führen, können Sie Leafnode mit oben stehendem Eintrag weitere Newsserver mitteilen, die er zum Download der Artikel benutzen soll. Dabei können Sie für jeden Server separat Username oder Passwort definieren, sofern Sie solche auf dem entsprechenden Server benutzen müssen.

```
# Non-standard expire times
groupexpire de.comp.os.unix.linux.* = 100
```

Wie Sie gerade eben festgestellt haben, überlässt es Leafnode Ihrem persönlichen Geschmack, wann er schon leicht angeschimmelte Artikel entsorgen soll. Möchten Sie eine Hierarchie länger archivieren, weil Sie sie z.B. besonders interessant finden, dann können Sie mittels `groupexpire` solche Gruppen/Hierarchien auch länger aufheben. In unserem Beispiel verbleiben alle Linux-Gruppen 100 Tage auf Ihrer Festplatte, während alle übrigen schon nach 30 Tagen entsorgt werden.

```
# group too big to hold articles 20 days
groupexpire de.comp.os.unix.discussion= 5
```

Die Linux-Gruppen mögen interessant sein, aber das Geschwätz in der Diskussionsgruppe muss nun wirklich nicht die vollen 30 Tage auf Ihrer Platte campieren. Mit oben stehendem Eintrag teilen Sie Leafnode mit, dass die

Artikel einer einzelne Gruppe – in unserem Fall der Diskussionsgruppe – doch bitteschön schon nach fünf Tagen den Abflug machen sollen.

```
## Never fetch more than this many articles from one group in one
## run Be careful with this; setting it much below 1000 is probably a
## bad idea
maxfetch = 2000
```

Mit dem Parameter `maxfetch` legen Sie fest, wie viele Artikel einer Gruppe Leafnode bei einem *Fetch* höchstens herunterladen darf. Setzen Sie den Wert nicht zu niedrig an, da Sie sonst in einer *High-Traffic-Gruppe* (sprich, einer Gruppe, in der sehr viel gepostet wird – die Linux-Gruppen gehören in der Regel dazu) unter Umständen nicht alle Artikel zu sehen bekommen.

```
##Fetch only a few articles when we subscribe a new newsgroup.
##The default is to fetch all articles.
Initialfetch = 100
```

`initialfetch` ist ein sehr sinnvoller Parameter, denn damit können Sie die Anzahl der Artikel beschränken, die Leafnode für Sie in einer neu abonnierten Newsgruppe laden soll. Normalerweise lädt Leafnode basisdemokratisch erst einmal alle alten Artikel ein. Das kann jedoch recht zeitaufwendig werden, wenn in dieser Gruppe sehr viele Artikel gepostet werden. In unserer Beispielkonfiguration würde Leafnode aus diesem Grunde seine Ladeaktivitäten für den Beginn auf 100 Artikel beschränken.

Ich habe anfangs schon erwähnt, dass Leafnode in der neueren Version jetzt auch in einer Art *Offline-Modus* betrieben werden kann, sprich, dass Sie Header und Body der Artikel getrennt herunterladen können. Um dies zu erreichen, müssen Sie in Ihrer Konfigurationsdatei den Parameter `delaybody` auf den Wert 1 setzen.

```
## If you want to use leafnode like an offline newsreader (e.g.
##Forte  Agent)
##you can download headers and bodies separately if you set delaybody to 1.
##In this case, fetch will only download the headers and only when you select
##an article, it will download the body. This can save a huge amount of band #
#with if only few articles are really read from groups with lots of
##postings. This feature works not very well with Netscape, though
##(which is not a fault of Leafnode).
delaybody = 1
```

Sie sind nicht der Typ für halbe Sachen und wollen lieber in einem Aufwasch alles auf Ihre Festplatte schaufeln? Auch kein Thema: einfach `delaybody` auf `0` setzen, und Leafnode erfüllt Ihnen auch diesen Wunsch.

```
##To avoid spam, you can select the maximum number ofcrosspostings that
##are allowed in incoming postings. Setting this below 5 is probably a bad
##idea. The default is unlimited crossposting.
maxcrosspost = 5
```

Leider entdecken mehr und mehr »findige« Marketing-Strategen auch das Usenet als Werbeplattform und teilen in Dutzenden von Gruppen gleichzeitig mit, welch tolle Bilder oder Ähnliches es doch bei ihnen zu besichtigen gibt. Mit `maxcrosspost` filtert Ihnen Leafnode alle Artikel heraus, die in mehr als der bei `maxcrosspost` angegebenen Anzahl von Gruppen gleichzeitig gepostet oder, wie man im Usenet-Jargon sagt, *crossgepostet* wurden.

```
##If you suffer from repeatedly receiving old postings (this happens
##sometimes when an upstream server goes into hiccup mode) you can
##refuse to receive them with the parameter "maxage" which tells
##themaximum allowed age of an article in days. The default maxage is 10
##days.
maxage = 10
```

Mitunter kann es sein, dass Newsserver einen Schluckauf bekommen und dann wieder ewig alte Postings aus der Versenkung auftauchen. Um diese nicht herunterladen zu müssen, kennt Leafnode `maxage`. Mit diesem Wert geben Sie an, ab welchem Alter die Artikel nicht mehr gefetcht werden sollen, und zwar unabhängig davon, ob sich der Artikel schon lokal auf Ihrem Rechner befindet oder nicht. Standardmäßig sind hier zehn Tage voreingestellt.

Es soll tatsächlich Leutchen geben, die von Fehlermeldungen oder ihrem Desktop Screenshots machen und diese dann ins Usenet posten. Auch Fotos vom Wellensittich der Oma als Bitmap sind schon gesichtet worden. Möchten Sie solchen Postings entgehen, teilen Sie Leafnode mit folgenden Einträgen in der Konfigurationsdatei mit, ab welcher Zeilenlänge oder alternativ ab wie viel Byte er Artikel bitte nicht mehr für Sie herunterladen soll:

```
## maxlines will make fetch reject postings that are longer than a
##certain amount of lines.
maxlines = 100
## maxbytes will make fetch reject postings that are larger
maxbytes = 50000
```

### 18.4.1 Nach welchem Prinzip arbeitet Leafnode?

Herzlichen Glückwunsch, Sie haben gerade Ihren eigenen Newsserver installiert (oder *aufgesetzt*, wie Sie manchmal in den Newsgruppen lesen werden). In Zusammenarbeit mit dem Newsreader KNode können Sie sich die Schritte/Befehle im kommenden Abschnitt sparen. Aber wer weiß, vielleicht wollen Sie ja mal einen anderen Newsreader ausprobieren, der nicht so eng mit Leafnode zusammenarbeitet, so dass ich Ihnen nicht vorenthalten möchte, wie Leafnode sich alleine schlägt ...

Also rein ins Vergnügen! Nach dem Aufsetzen sollten Sie ihm mitteilen, welche Gruppen Sie tatsächlich abonnieren wollen. Dazu müssen Sie erst einmal den Befehl `fetchnews` aufrufen, mit dem Leafnode in einem ersten Schritt die vom Newsserver Ihres Providers angebotenen Newsgruppen einliest.

Sollten Sie schon vorher einmal mit Leafnode gearbeitet haben und sich wundern, wo `fetch` geblieben ist: Nicht irritieren lassen. Bei Leafnode hat sich einiges getan, und das Programm zum Laden der Artikel vom *Newsfeed* und dem Posten der lokal erstellten eigenen Artikel heißt seit Version 1.9.3. `fetchnews`.

Diese Informationen werden automatisch in der Datei */etc/leafnode/groupinfo* abgespeichert und regelmäßig etwa alle zwei Wochen automatisch aktualisiert. Dieser Vorgang dauert einige Minuten. Wundern Sie sich also nicht, wenn der erste Fetch etwas länger dauern sollte. Der Zeitraum hängt davon ab, wie viele Gruppen Ihr Provider bereitstellt und wie schnell Ihre Internet-Anbindung ist. Rufen Sie `fetchnews` auf der Kommandozeile das erste Mal ruhig mit `-vv` – also *verbose* – auf. Leafnode ist geschwätzig, wenn Sie ihn lassen, und teilt Ihnen auf der höchsten Verbose-Stufe `-vvvv` außer seiner Schuhgröße so ziemlich alles mit.

Möglicherweise haben Sie den Pfad von `fetchnews` nicht in Ihrer `PATH`-Variablen stehen. In dem Fall müssen Sie `/usr/sbin/fetchnews` aufrufen.

Danach verklickern Sie Leafnode in einem zweiten Schritt, welche der Gruppen aus Ihrem *groupinfo*-File Sie nun wirklich lesen wollen. Diese Information können Sie auf zweierlei Wegen übermitteln.

Am einfachsten ist es, im Newsreader Ihrer Wahl einmal die gewünschten Gruppen anzuwählen (wie das im Einzelnen funktioniert, hängt von der Funktionsweise Ihres bevorzugten Newsreaders ab). Beim nächsten Fetch wird Leafnode dann die Artikel der betreffenden Gruppe vom Newsserver Ihres Providers herunterladen. Dies setzt natürlich voraus, dass Sie schon einen Newsreader installiert und konfiguriert haben. Wie das im Einzelnen geht, erfahren Sie im nächsten Kapitel.

Der zweite Ansatz funktioniert unabhängig vom Newsreader. Hierbei wechseln Sie in das Verzeichnis */var/spool/news/interesting.groups*, das während der Installation von Leafnode automatisch angelegt wurde. In diesem Verzeichnis werden die Informationen der von Ihnen abonnierten Gruppen gespeichert.

Die eben erwähnten Dateien werden von Leafnode automatisch erzeugt, wenn Sie, wie oben beschrieben, im Newsreader die Gruppe erstmalig aufrufen. Alternativ können Sie die Gruppe jedoch auch von Hand abonnieren, indem Sie in */var/spool/news/interesting.groups/* mit dem Befehl `touch` die entsprechende Datei manuell erzeugen. Möchten Sie beispielsweise die Gruppe `de.comp.os.unix.linux.misc` erzeugen, geben Sie folgende Befehlsfolge ein:

```
root@diabolo[~]# cd /var/spool/news/interesting.groups
root@diabolo[interesting.groups]# touch de.comp.os.unix.linux.misc
```

Rufen Sie nun zum zweiten Mal den Befehl `fetchnews` auf, so wird Leafnode automatisch die Artikel aus den von Ihnen nunmehr abonnierten Gruppen vom Newsserver Ihres Providers herunterladen.

Aber `fetchnews` kennt noch ein paar Kommandozeilen-Optionen, die ich Ihnen nicht vorenthalten möchte. Manchmal kann es leider passieren, dass Ihre *groupinfo*-Datei *korrupt* ist oder, anders ausgedrückt, nicht mehr richtig funktioniert. In einem solchen Fall geben Sie `fetchnews` auf der Kommandozeile die Option `-f` mit auf den Weg, um die Liste der auf dem Newsserver Ihres Providers verfügbaren Gruppen neu einzulesen. Leafnode holt jedoch nicht nur Newsartikel von Ihrem Provider ab, sondern verschickt zugleich die von Ihnen lokal erstellten Postings. Diese werden bis zum nächsten Aufruf von `fetchnews` im Verzeichnis */var/spool/news/out.going* gelagert. Schlägt das Posten aus irgendeinem Grund fehl, finden sich die traurigen Überreste in */var/spool/news/failed.postings*. Die Dateien zurück nach */var/spool/news/out.going* zu verschieben reicht aus, um die entsprechenden Artikel beim nächsten `fetchnews`-Lauf zu versenden. Möchten Sie einmal nur Artikel versenden, ohne im Anschluss daran die neuen Postings vom Newsserver herunterzuladen, rufen Sie `fetchnews` mit der Option `-P` auf.

Abhängig von dem Ihnen zur Verfügung stehenden Plattenplatz werden Sie die so gefetchten Artikel nur eine begrenzte Zeit auf Ihrem Rechner behalten wollen. Um alte Artikel zu löschen, kennt Leafnode den Befehl `texpire`. Dieser sorgt dafür, dass alle Artikel gelöscht werden, die vor dem von Ihnen im *config*-File festgelegten Zeitpunkt gepostet wurden. Sie können diesen Befehl automatisch ausführen lassen, indem Sie ihn als *Cronjob* festlegen. Dies geschieht bei der Installation des rpm-Files automatisch. Ansonsten hilft Ihnen Kapitel 22 weiter. Der Befehl lässt sich jedoch auch jederzeit durch Eingabe von `texpire` manuell starten.

# 18.5 »KNode« oder: her mit den News

## 18.5.1 Das lässt sich alles richten ...

... und zwar per Maus. Denn wie stets lassen sich auch im formidablen KDE Newsreader *KNode* die wichtigsten Konfigurationseinstellungen per Mausklick erledigen. Haben Sie *KNode* vielleicht schon mal in einer früheren Version bei einem Freund gesehen: freuen Sie sich: In der KDE-2.1.2er-Variante ist alles noch bunter, schöner und komfortabler geworden, was Ihnen ein Klick auf den Menüpunkt EINSTELLUNGEN→KNODE EINRICHTEN locker beweisen dürfte. Upps, halt. In meinem Überschwang, Ihnen KNode näher zu bringen, habe ich ganz vergessen zu erzählen, wie Sie ihn starten. Ganz einfach: Hangeln Sie sich im K-Menü einfach zum Punkt INTERNET vor und wählen Sie dort KNODE.

First things first: der ZUGANG. Denn ohne Verbinung zu einem Newsserver hilft Ihnen das schickste Programm wenig. Ohne Zugang lässt es sich schlecht posten oder in den Artikeln anderer stöbern. Zwar geht es unter diesem Eintrag nicht allzu bunt zu, aber verweilen Sie trotz alledem, da Sie KNode nur an dieser Stelle mitteilen können, auf welche Art er sich seine bzw. Ihre News besorgen soll.

Klicken Sie dazu bitte auf ZUGANG→NEWS und wählen Sie dann den Button NEU. Haben Sie sich für einen lokalen Newsserver wie *Leafnode* entschieden, tragen Sie in der daraufhin erscheinenden Dialogbox (Abbildung 18.4) bei NAME ein, wie Ihr neuer Newszugang heißen soll, bei SERVER reicht ein schlichtes *»localhost«*, und die voreingestellte Nummer 119 bei PORT können Sie unverändert lassen. Das Ganze jetzt noch mit dem *OK*-Button bestätigen – fertig. Möchten Sie Ihre News alternativ online beziehen, tragen Sie anstelle des »localhost« den Newsserver Ihres Providers ein.

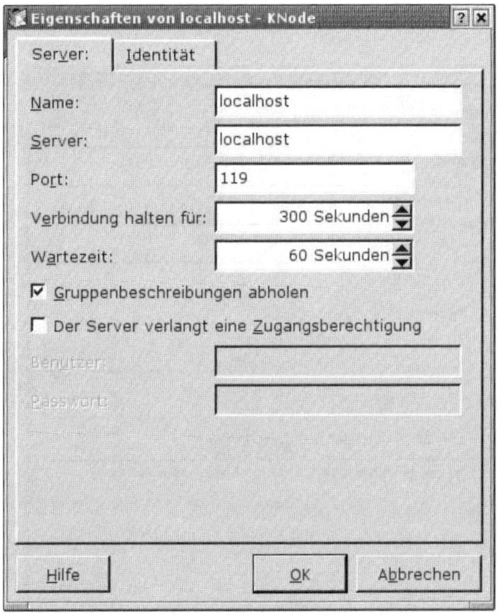


*Abb. 18.4: Verschaffen Sie sich Zugang zu Ihrem Newsserver – auch wenn dieser nur localhost heißt*

Dann wird es persönlich: Alle nötigen Hinweise zu Ihrer Person vermerken Sie bitte unter IDENTITÄT (Abbildung 18.5). Was im Einzelnen unter NAMEN, E-MAIL-ADRESSE und ORGANISATION erscheinen soll, wissen Sie besser als ich. Das Feld GRUPPENBESCHREIBUNGEN ABHOLEN sollten Sie aktiviert lassen denn dann holt Ihnen KNode auch die so genannten Taglines ab. Diese Taglines sind Einzeiler, in denen kurz umrissen wird, worum es in der betreffenden Newsgruppe geht. Seien Sie nicht gar zu irritiert, wenn Ihnen KNode später bei manchen Gruppen keine Kurzbeschreibung anzeigt. So manch bedauernswertes Usenet-Grüppchen muss sein Leben ohne Tagline fristen. In den deutschsprachigen Gruppen findet sich allerdings fast überall eine dieser nützlichen Beschreibungen. Verlangt der Newsserver einen Usernamen und ein Passwort, können Sie diese ebenfalls in die dafür vorgesehenen Felder eintragen.

Hinweis: Um eines möchte ich Sie jedoch in Ihrem Interesse bitten: Tragen Sie bei Name Ihren Realnamen ein, denn die Angabe in diesem Feld ist das, was später als Absender in Ihren Postings erscheint. Denn wie Sie sich erinnern, stehen Linux-User nicht so sehr auf affige Pseudonyme.

Und möchten Sie Ihren Postings eine *Signatur* anhängen, können Sie hier außerdem entweder die jeweilige Datei anhängen oder in dem dafür vorgesehenen Feld schnell eine entwerfen. Und das alles noch schnell mit einem OK bestätigen. Wunderbar, den administrativen Teil hätten wir damit schon erfüllt; nun wird es bunter.

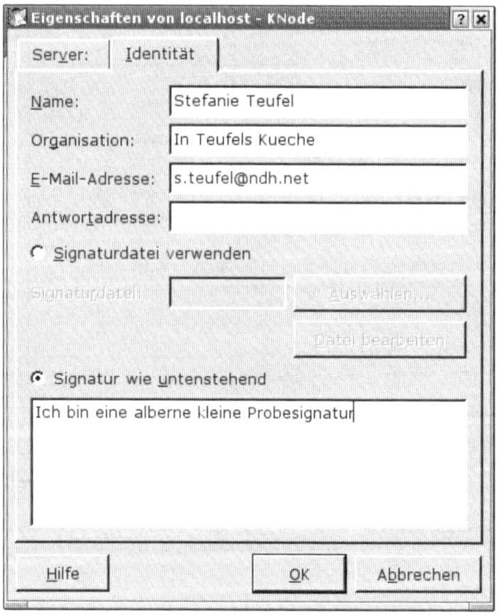


*Abb. 18.5: Ihre persönlichen Einstellungen*

Unter Erscheinungsbild können Sie sich das Outfit der Newsartikel etc. ganz nach Ihrem Gusto zusammenstellen. Aktivieren Sie lediglich Benutzerdefinierte Farbeinstellungen verwenden und klicken Sie los.

Unter dem Punkt NEWS LESEN mit all seinen Unterpunkten legen Sie fest, wie viele Artikel Ihr Newsreader pro abonnierter Gruppe für Sie anzeigen und nach welcher Spanne er diese als gelesen markieren soll. Möchten Sie die Links in Postings mit dem Konqueror öffnen oder darf es doch Netscape oder Opera sein? Was passiert mit *Attachments* (also Dateianhängen, die im Usenet allerdings alles andere als gern gesehen sind)? Direkt anzeigen oder doch lieber erst per Mausklick öffnen? Entscheiden Sie selbst. Haben Sie BEIM AUSKLAPPEN VOLLSTÄNDIGE DISKUSSIONEN ANZEIGEN aktiviert, wird Ihnen ein Diskussionsverlauf (ein *Thread* wie das im Fachjargon heißt) immer vollständig, sprich über alle Antwortebenen, angezeigt. Vorsicht, das kann bei den immer mal wieder vorkommenden Mammut-Threads eine längliche Angelegenheit geben. Interessant ist in der Sektion BETRACHTER auch noch der Punkt TEXTFORMATIERUNG AUSWERTEN. Ist diese Einstellung aktiv, zeigt Ihnen KNode etwaige Auszeichnungen im Artikel wie z.B. Fettungen oder andere Hervorhebungen direkt an. Und so ganz nebenbei teilen Sie KNode hier noch mit, ob er Ihnen die Signaturen Ihrer lieben Mitposter anzeigen soll oder vielleicht eher doch nicht ...

Mit den Vorspannanzeigen können Sie festlegen, welche Header (zu deutsch Vorspänne) Sie sehen wollen und welche nicht, ähnlich der Variablen `ignore` bei *Mutt*.

Ein wichtiger Punkt, der das Lesen besonders von High-Traffic-Newsgruppen ganz schön vereinfachen kann, ist ein ausgeklügeltes Filter-System. Auch mit diesem kann KNode in einer nochmals deutlich verbesserten Form in KDE 2.1.2 aufwarten. Das nötige Handwerkszeug steht Ihnen unter dem Punkt NEWS LESEN→FILTER zur Verfügung (Abbildung 18.6). Und da das alles, anders als das Kaffeefiltern, gar nicht so einfach ist, haben die KDE-Entwickler die wichtigsten Filter für Sie schon vorkonfiguriert – z.B. für Threads (in der deutschen Version »Diskussionen« genannt) mit von Ihnen verfassten Artikeln. Eigene, auf Ihre Bedürfnisse zugeschnittene können Sie jederzeit ergänzen.

Wer News liest, hat bestimmt zum einen oder anderen Artikel etwas zu sagen und will sicherlich auch antworten, und wie sich KNode dabei verhalten soll, bestimmt man mit Hilfe der Sektion NEWS VERÖFFENTLICHEN. Lassen Sie uns mit dem Punkt EINSTELLUNGEN anfangen. Die Voreinstellungen von ISO-8859-1 bei ZEICHENSATZ und 8 BIT bei KODIERUNG können Sie so lassen, denn dies sind die Zeichensätze, mit denen Sie im deutschsprachigen Usenet am weitesten kommen. Möchten Sie inkognito posten,ohne sich als *Knode*-User zu outen, aktivieren Sie das Feld DIE "USER-AGENT" IDENTIFIZIERUNG IM VORSPANN NICHT HINZUFÜGEN. nicht eingefügt. Aber unter uns: Eigentlich wäre das doch eine Schande. Die Welt soll doch wissen, was für einen genialen Newsreader Sie benutzen, oder? Sobald Sie MESSAGE-ID ERZEUGEN aktivieren, erzeugt KNode auf eigenen Faust eine *Message-ID* für alle von Ihnen geposteten Artikel.

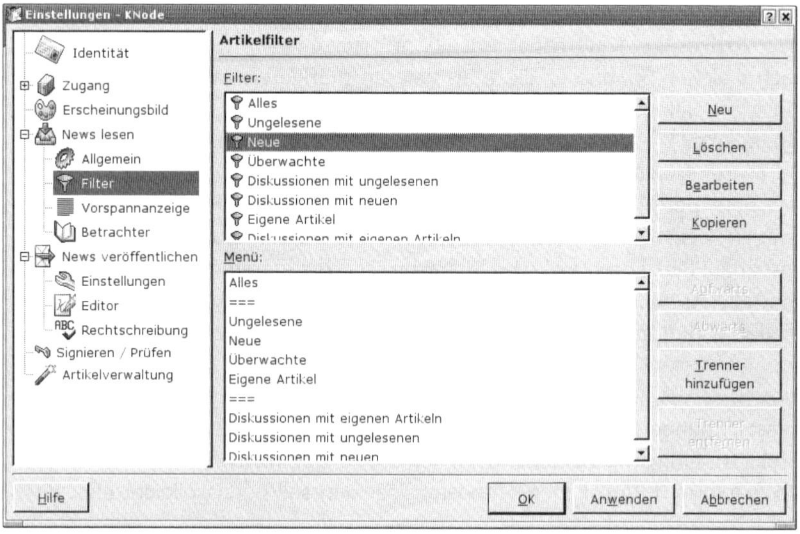


*Abb. 18.6: Immer gut gefiltert dank KNode*

Lassen Sie mich bitte noch ein paar Takte zum Thema Message-IDs sagen, bevor Sie hier allzu euphorisch tätig werden. Jede Message-ID muss weltweit eindeutig sein. Es könnte sonst zu Kollisionen kommen, sollten zwei Artikel zufällig die gleiche ID aufweisen. In diesem Fall würde der Newsserver die später eintrudelnde Nachricht zurückweisen, in der irrigen Annahme er habe den Artikel schon früher erhalten, obwohl es sich doch um ein ganz anderes Posting handelt. Sie sehen das Problem? Zusammengesetzt wird die Message-ID aus einem gültigen *FQDN* (Full Qualified Domain Name), etwas verständlicher ausgedrückt, bedeutet das, sie setzt sich ähnlich wie eine E-Mail-Adresse aus der Kennung vor dem `@`-Zeichen und der Domain zusammen. Diese Kennung wird dann automatisch von KNode erzeugt, für die Eindeutigkeit und Korrektheit der im Feld RECHNERNAME eingetragenen Domain müssen Sie sorgen. Wenn Sie also nicht über eine eigene Domain verfügen, sollten Sie diese Einstellung nicht aktivieren und das Generieren der Message-ID dem Newsserver überlassen, der Ihre Artikel weiterleitet. Eine sehr viel tiefergehende Erklärung der Problematik plus die Möglichkeit eine eigene, kostenlose Domain zu erhalten finden Sie unter *http://www.qad.org/faq/faq-messageid.html*.

Auch die zwar nutzlosen, aber dafür umso netteren *X-Header* können Sie *KNode* in dieser Sektion abringen, und zwar im Feld X-VORSPANNZEILEN. Interessant dürft hierbei vor allem der Eintrag `X-No-Archive:yes` sein, der dafür sorgen soll, dass Dritte (beispielsweise das Usenet-Archiv *Google Groups*[1])

1. Google Groups erreichen Sie unter groups.google.com.

Ihre Artikel nicht archivieren bzw. bei einer Abfrage nicht anzeigen. Ob das tatsächlich stimmt ...

Im Bereich EDITOR geht es um Zeilenlänge und ähnliche Kleinigkeiten. Suchen Sie sich hier außerdem aus, welchen Text Sie Ihrem Posting einleitend voranstellen möchten. Versuchen Sie, nicht allzu komisch zu sein. In der Regel macht ein schlichtes *schrieb* oder *wrote* mehr Eindruck als ein *Am Blafasel meinte Joe Luser der Welt folgende geschichtemachenden Sätze mitteilen zu müssen ...*

Möchten Sie einen anderen Editor als den voreingestellten KWrite benutzen, ersetzen Sie bitte *kwrite* im Feld EXTERNEN EDITOR FESTLEGEN durch den Editor Ihrer Wahl. Entfernen Sie dabei bitte auf keinen Fall das dahinterstehende %F. Dieser ist ein Platzhalter für den Artikel, den Sie mit dem Editor bearbeiten wollen. Fehlt der Eintrag, erscheint außer einer Fehlermeldung gar nichts. Möchten Sie den externen Editor permanent einsetzen, aktivieren Sie zusätzlich das Feld AUTOMATISCH EXTERNEN EDITOR AUFRUFEN. Eine weitere dicke Neuerung der KDE 2.1.2er Version verbirgt sich hinter dem Punkt RECHTSCHREIBUNG, denn diese *KNode*-Version kommt mit *ispell*-Unterstützung, so Sie wollen und das Programm installiert haben.

Der Punkt SIGNIEREN/PRÜFEN dreht sich rund um *PGP* und Co. KNode kommt mit den gängigsten Verschlüsslungsprogrammen zurecht. Legen Sie einfach fest, mit welchem Programm Sie arbeiten. Fertig. Abschließend können Sie unter dem Punkt ARTIKELVERWALTUNG festlegen, wie lange KNode die Postings für Sie aufbewahren soll, bis es ans Großreinemachen geht (Abbildung 18.7).

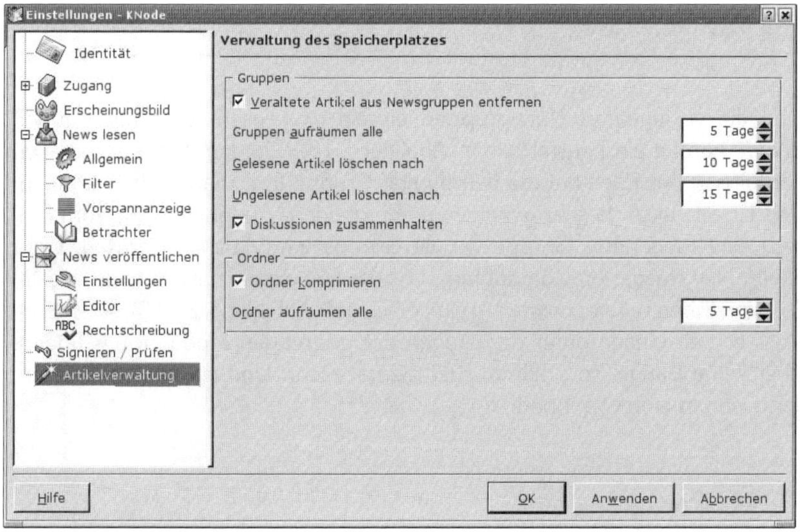


*Abb. 18.7: Machen Sie lieber alle paar Tage einen Frühjahrsputz statt nur einmal im Jahr*

## 18.5.2 Endlich posten

Newsgruppen abonnieren und wieder abbestellen ist ähnlich leicht und schnell vorzunehmen wie das Konfigurieren von *KNode*. Klicken Sie einfach Ihren zuvor eingerichteten Newsserver an (in KNode sind übrigens mehrere verschiedene Newsserver parallel möglich) und wählen Sie dann unter dem Menü-Punkt ZUGANG→NEWSGRUPPEN ABONNIEREN aus. KNode holt sich danach erst einmal eine Liste der verfügbaren Newsgruppen ab. Irgendwoher muss die Entscheidungsgrundlage, welche Gruppen Sie künftig lesen wollen, ja kommen (Abbildung 18.8).

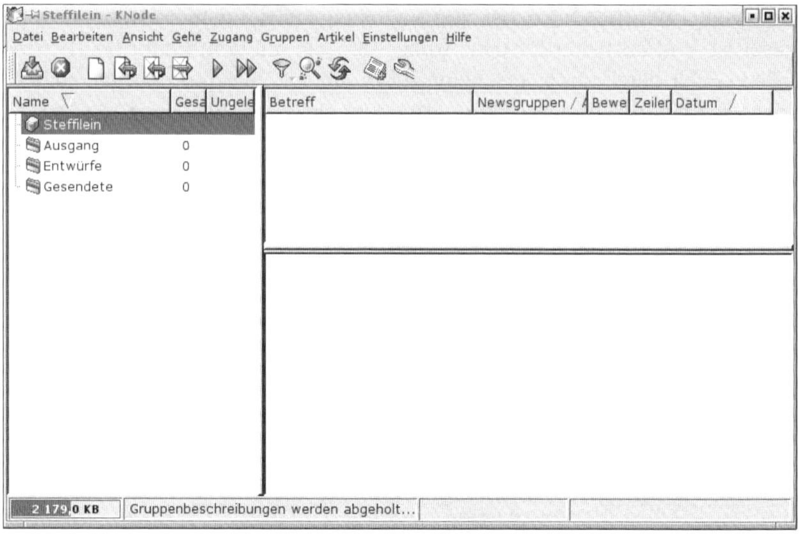


*Abb. 18.8: Je nach Üppigkeit des Newsgruppenangebots Ihres Providers kann das erste Einlesen der Liste etwas Zeit in Anspruch nehmen*

Sind die verfügbaren Newsgruppen einmal eingelesen, präsentiert Ihnen *KNode* künftig ein Fenster wie in Abbildung 18.9, in dem Sie – gerne auch per Filter – per Klick auf die betreffende Gruppe Ihre Wahl treffen können. Und KNode weiß da sehr genau zu unterscheiden. Abonnieren Sie zum Beispiel eine moderierte Gruppe wie `de.comp.os.unix.linux.moderated`, weist Sie Ihr Newsreader brav darauf hin, dass das erst einmal dauern kann, bis ein dort von Ihnen reingeposteter Artikel erscheint (Abbildung 18.10), schließlich muss er erst Gnade unter den Augen der gestrengen Moderatoren finden. Aber keine Bange, so schlimm sind die gar nicht. Und ich muss es wissen, denn ich bin eine von ihnen:).

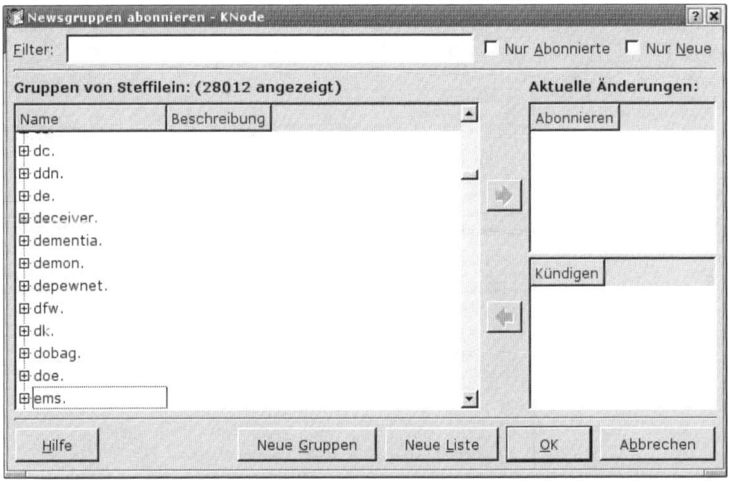


*Abb. 18.9: Treffen Sie Ihre Wahl*

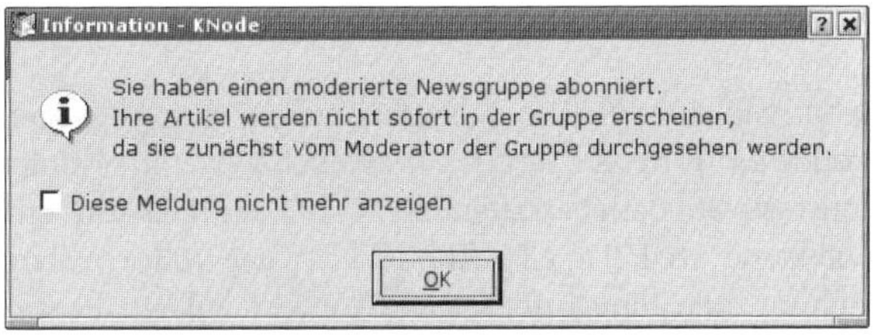


*Abb. 18.10: Vorsicht Moderation!*

Und nachdem Sie stundenlang schön vor sich hin abonniert haben – lassen Sie sich bei dieser Prozedur ruhig ein wenig Zeit; Sie werden überrascht sein, welche Perlen sich unter den Newsgruppen finden lassen (mein heimlicher Favorit ist noch immer `alt.sex.boredom – Excuse me while I'm turning the page`) und über welche Nichtigkeiten es sich vortrefflich streiten lässt –, holen Sie doch noch die dazugehörigen Artikel innerhalb dieser Gruppe mit einem rechten Mausklick auf die jeweilige Gruppe und einem beherzten NEUE ARTIKEL ABHOLEN im Kontext-Menü ab. Wie wär's? Tja, und dann zeigt sich Ihnen *KNode* endlich mit Newsgruppen und Artikeln, wie man es von einem guten Newsreader auch erwarten darf (Abbildung 18.11).

Unter dem Menüpunkt ANSICHT können Sie beliebig an der Darstellungsart herumfrickeln. Entscheiden Sie je nach Laune, wie Ihre Artikel sortiert werden sollen: *Betreff*, *Absender*, *Bewertung* oder lieber doch nach dem *Datum*? *Threading* gefällig oder nicht? Und wenn, ja: Wie hätten Sie die Threads denn gerne? Ausgeklappt oder aus Platzgründen lieber doch versteckt? Möchten Sie sich – zur besseren Übersicht – nur Artikel, die Ihren Filterregeln genügen, anzeigen lassen oder wollen Sie sich die volle Dröhnung geben? Nur ein Mausklick trennt Sie von der Darstellung Ihrer Wahl.

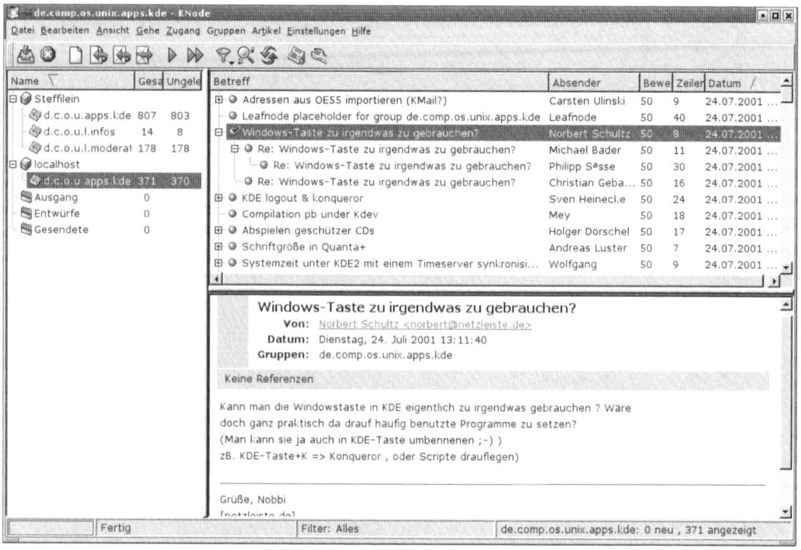


*Abb. 18.11: Gehaltvoll – KNode in voller Pracht*

Haben Sie einen Artikel gefunden, auf den Sie antworten möchten, reicht ein R oder ein FOLGENACHRICHT AN NEWSGRUPPE... im Kontext-Menü der rechten Maustaste auf dem betreffenden Artikel, und Sie können in der Eingabemaske (Abbildung 18.12) in aller Ruhe Ihr *Follow-up* formulieren. Mit Follow-up bezeichnet man eine Erwiderung/Antwort auf ein Posting. Im Usenet unterscheidet man zwischen so genannten *replys*, das heißt einer persönlichen Erwiderung via E-Mail, und einem Follow-up, sprich einem Posting in der Newsgruppe selbst. Ein Follow-up im Usenet ist demnach immer ein eigenständiges Posting, das allerdings die ID (Kennung) der Ursprungsnachricht im Header führt. Der Newsreader kann so zwischen den einzelnen Threads unterscheiden. Gepostet wird dann durch einen Klick auf das Brief-Icon.

KNode zeigt Ihnen im Editor eine leere FOLGENACHRICHT AN-Zeile an, in der Sie ggf. angeben können, in welche Gruppe Sie alle Antworten auf Ihr Posting umlenken wollen. Ein beliebtes Stilmittel ist es, in einem *Flame-Thread* Antworten nach `de.alt.gruppenkasper` oder einer ähnlichen Gruppe umzuleiten. Von einem *Flame-Thread* spricht man, wenn innerhalb einer Diskussion schon lange keine Argumente mehr getauscht werden, sondern sich die Kontrahenten nur noch gegenseitig beschimpfen. Das kann streckenweise ganz witzig sein, aber sensible Seelen werden vielleicht entsetzt sein von dem Ton, der dabei angeschlagen wird. Ironischerweise finden die übelsten *Flamewars* meist in Gruppen wie in `de.soc.netzkultur` statt – nobody is perfect. Verpönt sind in den meisten Fällen *Spelling Flames*, sprich Flames, in denen man sich über die Rechtschreibung seines Gegenübers lustig macht. Allerdings dürfen fehlgeschlagene Spelling Flames genüsslich durch den Kakao gezogen werden. Täuschen Sie sich nicht, manche Leute lieben Flamewars und versuchen, durch so genannte *Flamebaits* (Artikel, die nur dazu dienen sollen, den Gegenüber in einen Streit zu verwickeln) diese sogar bewusst in Gang zu bringen. Im deutschsprachigen Usenet gibt es sogar eine eigene Gruppe, `de.alt.flame`, die ausschließlich dem Zweck des »Flamens« gewidmet ist.

Und noch ein Hinweis: Achten Sie darauf, nur die für das Verständnis nötigen Teile des Ursprungsartikels zu zitieren, oder, wie man im Usenet sagt, zu *quoten*. Es gibt im deutschen Usenet die beliebte Redewendung *»AOL me«*, was soviel bedeutet wie *»Ich auch«* oder *»Ich schließe mich an«*. Hier wird die schon fast legendäre Unart mancher AOL-User durch den Kakao gezogen, 589 Zeilen Artikel zu quoten, um danach ein schlichtes *»me too«* (mir/ich auch) darunter zu setzen. Sie können sich sicherlich denken, dass ein solches Verhalten nicht unbedingt dazu beiträgt, zu einem Superstar des Usenet zu werden.

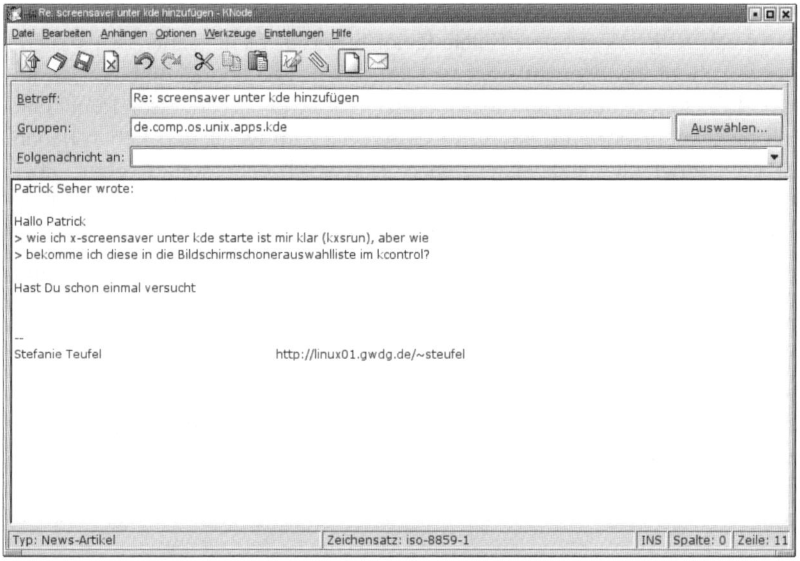


*Abb. 18.12: Nehmen Sie sich ruhig Zeit für Ihre Antwort; gut Ding braucht bekanntlich Weil' ...*

Möchten Sie Ihre Antwort nicht öffentlich geben, können Sie durch die Eingabe eines A oder mit einem Klick auf ANTWORTEN PER E-MAIL... Ihren Text auch nur an den Poster persönlich schicken. Alternativ haben Sie auch die Möglichkeit, im Kontext-Menü WEITERLEITEN PER E-MAIL auszuwählen und so das Posting als E-Mail an einen Freund oder eine Freundin zu versenden. Sollte Ihnen mal ein Posting völlig danebengegangen sein, bietet Ihnen *KNode* die Möglichkeit, via ARTIKEL→ÜBERSCHREIBEN Ihren Artikel zu korrigieren (zu *superseden*, wie es im Usenet-Jargon heißt) oder den Artikel gleich via ARTI-

KEL→ZURÜCKNEHMEN ganz zu löschen (auf Neudeutsch *canceln* genannt). Glauben Sie mir: Manchmal kann es passieren, dass man einen Artikel gepostet hat, den man nach zwei Stunden so dämlich findet, dass man sich wünscht, morgens erst gar nicht aufgestanden zu sein. Dafür gibt es die wunderbare Möglichkeit des *Cancelns*, um einen Rest Selbstachtung zu behalten.

Und noch etwas zum Thema »Artikel lesen und verstehen«. In den Newsgruppen finden sich in manchen Artikeln mitunter kryptische Zeichenfolgen statt klarer Sätze. Die Chancen stehen in einem solchen Fall gut, dass es sich dabei um *ROT13* (ein sehr einfacher Buchstabenverschlüsselungscode) handelt. Wählen Sie in einem solchen Fall aus dem Kontext-Menü ENTSCHLÜSSELN (ROT-13) und schon können Sie den Buchstabensalat in Klartext umwandeln.

Wäre es nicht schön, wenn KNode Ihnen die Artikel nervender Zeitgenossen vom Leibe halten und Sie auf Postings kompetenter Autoren oder Ihrer Freunde hinweisen würde? Kein Problem, für so was gibt es die Filter.

HINWEIS

Das Ausblenden nerviger Postings auf Kommando wird in manchen Newsreadern auch *Killfile* genannt. Killfile klingt bösartig, nicht wahr? Ist es auch, aber es schont Ihre Nerven – Sie werden sehen. Wie überall gibt es auch im Usenet Personen, deren schräges Gefasel man ab einem gewissen Punkt einfach nicht mehr ertragen kann. Im Gegensatz zum wirklichen Leben haben Sie im Usenet allerdings die Chance, sich solcher Personen brutal, aber schmerzlos und nachhaltig zu entledigen: Packen Sie sie in Ihr Killfile. KNode und andere Newsreader speichern für solche Fälle Filterregeln über von Ihnen gehasste Personen und Themen. Diese werden Ihnen einfach nicht angezeigt, und Sie brauchen sich daher nicht über sie zu ärgern. Wenn Sie häufiger im Usenet mitlesen, werden Sie recht schnell über das ominöse Wörtchen *plonk* stolpern. Meist steht das recht einsam und alleine ohne jeden weiteren Kommentar unter einem *Flame*. Der Autor macht damit klar, dass der Schreiber des Artikels ab sofort in seinem Killfile vor sich hinvegetiert und von ihm nicht mehr gelesen wird. *Plonk* steht dabei für das Geräusch, das der ab jetzt ignorierte Schreiber bei seinem Aufschlag im Killfile macht.

Lassen Sie uns jetzt einfach mal durchexerzieren, wie das Ausschauen kann, wenn Sie von jemandem endgültig die Nase voll haben – und wenn es auch nur im Usenet ist. Wählen Sie in diesem Fall den MENÜPUNKT EINSTELLUNGEN→KNODE EINRICHTEN→NEWS LESEN→FILTER und klicken Sie NEU an.

In das Feld NAME geben Sie etwas wie *Fürchterliche Nervensäge* ein, und damit Ihnen der Filter später im Menü angezeigt wird, markieren Sie zusätzlich das Feld IM MENÜ ANZEIGEN. Im Pulldown-Menü im Bereich ABSENDER wählen Sie ENTHÄLT NICHT aus und geben im Feld darunter den Namen des Posters an, den Ihr Bannstrahl treffen soll. Noch mit OK bestätigen – und tschüss,

Nervensäge. Wenden Sie künftig den Filter *Fürchterliche Nervensäge* an, werden Ihnen alle Artikel außer denen des »gekillfilten« angezeigt. Zwischen den einzelnen Filtern können Sie dabei jederzeit via ANSICHT→FILTER→FILTER IHRER WAHL hin- und herschalten.

Noch ein kleines Schmankerl am Rande: In den neueren Versionen ist via dem Menüpunkt BEARBEITEN→NACH ARTIKELN SUCHEN... oder der F4-Taste endlich auch eine ausgefeilte Artikelsuche möglich – ein Feature, das von vielen Hardcore-Postern bei den Vorgängerversionen schmerzlich vermisst wurde ...

# 18.6 Fragen

1. Welche Usenet-Gruppen sollte man als überzeugter Linuxer abonnieren?
2. Worauf sollte man bei einem guten Usenet-Posting Wert legen?
   a) Meine Signatur enthält alle relevanten persönlichen Daten bis hin zu meiner Sozialversicherungsnummer, verziert mit ein wenig ASCII-Art und einem liebenswerten Sinnspruch oder dem neuesten Blondinenwitz, schließlich wollen meine Mitposter etwas zu schauen haben.
   b) Ich poste meinen Artikel vorsichtshalber in alle thematisch irgendwie relevanten Gruppen gleichzeitig, damit ihn auch ja jeder zu sehen bekommt.
   c) Ich achte darauf, dass meine Zeilenlänge 72 Zeichen nicht übersteigt, die Signatur nicht länger als vier Zeilen ist und darüber hinaus mit der Zeichenfolge »minus-minus-Leerzeichen« vom Rest meines Artikels abgetrennt wird. Außerdem ist den Headern mein Realname zu entnehmen.
3. Ihre Platte läuft über, und schuld daran sind viel zu viele Usenet-Artikel. Wie schaffen Sie wieder Platz?

## 18.6.1 Antworten

1. Abonnieren Sie die Gruppen der `de.comp.os.unix.`-Hierarchie. Besonders interessant dürften die drei Linux-Gruppen `de.comp.os.unix.linux.hardware`, `de.comp.os.unix.linux.misc` und `de.comp.os.unix.linux.moderated` sein, in denen Ihnen (manchmal in rauem Ton – bis auf die moderierte Gruppe) kompetente Linux-Fanatiker bei Fragen und Schwierigkeiten gerne weiterhelfen. Es lohnt sich, weiterhin die moderierte Gruppe `comp.os.linux.announce` zu abonnieren, in der wichtige News, neu verfügbare Linux-Programme sowie interessante Linux-Webseiten gepostet werden. Dankenswerterweise ist auch diese Gruppe *moderiert*,

was bedeutet, dass nicht wie sonst im Usenet üblich jeder ein Posting in diese Gruppe absetzen kann, sondern dass nur autorisierte Personen Artikel in diese Gruppe posten dürfen. Aufgrund dessen ist *c.o.l.a* weitgehend frei von redundanten Verlautbarungen oder Postings, die in dieser Gruppe thematisch nichts zu suchen haben.

Noch am Rande: Sollte Ihnen ein guter Freund erzählen, er habe in *dcoulm* etwas Interessantes gelesen, dann hat Ihr Gegenüber sich nicht etwa endgültig losgerissen, sondern nur einen weiteren Slang-Ausdruck gebraucht. Denn unter Usenettern ist es eine weit verbreitete Eigenart, die mitunter länglichen Gruppennamen auf Ihre Anfangsbuchstaben zu reduzieren. Aus *dcoulm* wird mit diesem Wissen wieder das altbekannte `de.comp.os.unix.linux.misc`.

2. a) Tun Sie das nicht – oder nur dann, wenn Sie in den News geteert und gefedert werden möchten. Möchten Sie nicht sofort als *clueless Newbie*, sprich unwissender Neuer, oder (sollten die Leute in Ihnen einen Wiederholungstäter vermuten) unbelehrbarer *DAU* (dümmster anzunehmender User) abgekanzelt werden, ist es ratsam, in Ihren Postings die Konventionen aus Antwort c) einzuhalten.

   b) Auch das kommt nicht sonderlich gut an, da Sie sich damit der unter Usenettern verpönten Unart des exzessiven *Crosspostens* (sprich dem Posten desselben Artikels in so vielen Gruppen wie möglich, und das auch noch gleichzeitig) schuldig gemacht haben. Generell sollten Sie Ihren Artikel nur in die thematisch am besten passende Gruppe posten; dort dürfte die Wahrscheinlichkeit, eine kompetente Antwort zu erhalten, auch am größten sein.

   c) Brav, Sie kennen sich schon recht gut in der *Netiquette*, dem »Knigge« des Usenet, aus.

3. Damit Leafnode alte Artikel von Ihrer Festplatte löscht, reicht es, als Superuser oder User von News in Ihre Shell den Befehl `texpire` einzugeben. Die Haltedauer der Postings lässt Sie Leafnode dabei in seiner Konfigurationsdatei individuell festlegen.

Kapitel 19

# FTP

Das Internet ist eine wahre Fundgrube an tollen kleinen Applikationen, an sinnigen und unsinnigen Informationen, an Werbung etc.

Aber wie kommen Sie jetzt an diese Informationen heran? Na klar, übers WWW mit Netscape (siehe Kapitel 16). Manchmal ist es aber nicht so geschickt, sich seine Programme und Pakete oder die neuen Errata der SuSE-Distribution mit Netscape auf die heimische Platte zu holen, sei es, weil man einfach ein ganzes Verzeichnis mit Unterverzeichnissen kopieren möchte oder weil es zum Beispiel mit Netscape gar nicht möglich ist, Dateien *auf* einen fremden Rechner zu kopieren.

Daher gibt es (bereits seit den Urzeiten der Internet(z)werkerei) das *File Transfer Protocol*, kurz: FTP. *FTP* ist aber nicht nur das Protokoll, sondern auch eine Anwendung. Mit ihr können Sie von fremden *File-Servern* alle möglichen und unmöglichen Dinge herunter- und hinaufladen – ganz nach Lust und Laune. Und wie das halt so üblich war in der guten alten Zeit der Computerei, war ftp ein Kommandozeilen-Tool, das gar fürchterlich zu bedienen war. Und wie das nun so üblich ist in der guten neuen Zeit, in der Linux existiert: Es gibt ein nettes Frontend für FTP für die Konsole: *ncftp*. Über dieses werde ich mich im Weiteren kurz auslassen, um Ihnen daran die Features des File-Transfers zu erläutern. In Kapitel 12 haben Sie schon gesehen, wie Sie den *Midnight Commander* als FTP-Programm einsetzen können, auch der *Konqueror* kann auf FTP-Server zugreifen, so dass Sie durchaus schon die Qual der Wahl haben, welches Programm Sie zum Dateitransfer nutzen wollen.

# 19.1 FTP-Server und anonymous login

Im Internet gibt es viele nette Menschen, die für Sie (und für mich) tolle Software schreiben, die ganz umsonst verfügbar ist. Da diese Programmierer aber auch nicht jedermann Zugriff auf ihren Rechner gewähren wollen, legen sie ihre fabrizierten Applikationen auf öffentlich zugänglichen File-Servern, den *FTP-Servern*, ab. Dort können dann interessierte Personen diese Software abholen, um sie auf den eigenen Rechnern zu installieren.

Damit das funktioniert, muss man sich auf dem FTP-Server einloggen. Da der Administrator dieses Rechners Ihnen und den restlichen tausend anderen, die auch nur mal eben schnell ein neues Programm holen wollen, wahrscheinlich keinen Account auf seinem FTP-Server einrichten wird, gibt es die Möglichkeit, sich *anonym* einzuloggen. Stellt man die Verbindung zum fremden FTP-Server her, fragt der nach *Login* und *Passwort*. Daraufhin können Sie als Login entweder *ftp* oder *anonymous* eingeben – bei den üblichen FTP-Servern gelten beide.

Wie Sie dann gleich lesen können, sagt Ihr Gegenüber Ihnen, dass er anonymes Anmelden zulässt und Sie als Passwort doch bitte Ihre E-Mail-Adresse eingeben möchten. Tun Sie ihm den Gefallen. Hat alles geklappt, können Sie sich jetzt die Verzeichnisstruktur des FTP-Servers anschauen.

HINWEIS

Praktisch alle FTP-Server haben Beschränkungen der maximalen Anzahl gleichzeitiger Verbindungen. Das bedeutet, dass z.B. maximal 50 Personen gleichzeitig auf diesem Server angemeldet sein dürfen. Verzweifeln Sie also nicht sofort, wenn es bei einem FTP-Server nicht klappen will mit dem Anmelden, sondern probieren Sie es später noch einmal, oder versuchen Sie es auf einem anderen Server.

# 19.2 ncftp

*Ncftp* ist ein recht komfortables Kommandozeilenprogramm, das Ihnen bei Ihrer Unterhaltung mit FTP-Servern behilflich ist. Die neuesten Versionen von ncftp gibt es immer auf *ftp://ftp.ncftp.com/*, und auf SuSE-Distribution ist es auch dabei; vielleicht haben Sie es schon installiert.

Überprüfen Sie dies mit

```
stefanie@luzifer [~]> rpm -q ncftp
ncftp-3.0.2-46
```

Falls es nicht installiert ist, installieren Sie es bitte nach. Die unterschiedlichen Wege, die Sie dabei einschlagen können, haben Sie ja schon in den vorangegangenen Kapiteln kennen gelernt.

ncftp nimmt Ihnen das anonyme Anmelden ab – Sie brauchen lediglich den Namen des Servers anzugeben, und ncftp erledigt automatisch die gesamte Anmeldung inklusive der Übermittlung Ihrer E-Mail-Adresse (die es versucht, aus Ihrer aktuellen Systemkonfiguration herauszukitzeln)!

Wenn Sie sich anschauen wollen, was auf dem FTP-Server der Gesellschaft für wissenschaftliche Datenverarbeitung Göttingen liegt, tippen Sie dazu ein:

```
stefanie@diabolo [~]> ncftp ftp.gwdg.de
```

Dann wird die aktuelle Konsole von ncftp übernommen, während der brave Knecht gleichzeitig versucht, eine Verbindung zu unserem gewünschten Fileserver *ftp.gwdg.de* aufzubauen. Gesetzt den Fall, das gelingt, landen Sie anschließend im Root-Verzeichnis des FTP-Servers und wissen nicht weiter.

Im Prinzip verhält sich ncftp jetzt genauso wie eine Shell: Sie können das aktuelle Verzeichnis mit `cd` wechseln und mit `ls` und `dir` die Verzeichnisstruktur des Servers erkunden.

Probieren Sie das gerade mal kurz aus:

```
ncftp> cd /pub/linux
ncftp> dir
```

Sie sehen, das sieht alles aus, wie wenn Sie ein `ls -l` eingeben. Und genau das macht der fremde Rechner auch.

### 19.2.1 Herab ...

Wenn Sie die Sie interessierende Datei gefunden haben, beauftragen Sie ncftp mit dem Befehl `get interessante_Datei`, sie für Sie zu besorgen. Ein Beispiel:

```
ncftp > get /pub/linux/kernel.org/linux/kernel/v2.4/patch-2.4.7.bz2
```

weist ncftp an, die Datei *patch-2.4.7.bz2* aus dem Verzeichnis */pub/linux/kernel.org/linux/kernel/v2.4* zu holen und in das lokale Verzeichnis zu kopieren. Wie Sie sehen, zeigt Ihnen ncftp immer den Fortschritt des Dateitransfers und die vermutlich noch verbleibende Zeit an, bis das File endgültig auf Ihre heimische Platte kopiert ist.

Im Gegensatz zum herkömmlichen FTP achtet ncftp automatisch auf den richtigen Übertragungsmodus. FTP kennt nämlich zwei Übertragungsmodi: *binary* und *ascii*. *Binary* bedeutet, dass Dateien genauso übertragen werden, wie sie auf der Gegenseite vorliegen, und *ascii*, dass die Dateien beim Übertragen teilweise umgewandelt werden. Das ergibt einen Sinn: Unix und Windows unterscheiden sich beispielsweise in den Zeilenendungen. ASCII-Texte, die unter MS DOS erstellt wurden, haben – wenn man sie unter Unix betrachtet – alle ein hässliches *^M* [Strg]-[M] am Ende jeder Zeile. Umgekehrt scheinen Dateien, die unter Unix erstellt wurden, unter Windows nur aus einer einzelnen langen Zeile zu bestehen, die irgendwie so aussieht, als würde sie eine Treppe imitieren. Genau hierfür ist der *ascii*-Übertragungsmodus von ftp gedacht – er wandelt diese Inkompatibilitäten automatisch in die korrekte Interpretation um.

Wenn Sie das herkömmliche Programm ftp benutzen, müssen Sie vor dem Übertragen von Binärdateien, wie z.B. dem Quellcode von Programmen,, die mit *tar* und *gzip* (siehe Kapitel 6) gepackt sind, den Binärmodus durch Eingabe von `bin` aktivieren – sonst wird die Datei zerstört!

ncftp ermöglicht Ihnen auch den Einsatz von *Wildcards*: Nehmen wir an, Sie wollten aus dem oben genannten Verzeichnis alle Files kopieren, deren Dateinamen mit *patch-2.4.* beginnen. Dann müssten Sie statt der obigen Zeile die folgende eingeben:

```
ncftp > get /pub/linux/kernel.org/linux/kernel/v2.4/patch-2.4*
```

ncftp schaut dann automatisch nach, welche Dateien in Frage kommen, und holt sie alle der Reihe nach ab.

Wenn Sie keine Lust haben, die teilweise doch recht langen Verzeichnis- und Dateinamen auszuschreiben, kennt ncftp auch die von der Shell bereits bekannte automatische Dateinamensergänzung. Einfach auf die [Tab]-Taste drücken, dann sucht sich ncftp so viel zusammen, wie es kann, und gibt es aus.

HINWEIS

Die Dateinamensergänzung sollten Sie möglichst nur einsetzen, wenn Sie über eine schnelle Verbindung zum fremden FTP-Server verfügen, da sich ncftp zwar redlich müht, aber auch nicht schneller arbeiten kann, als es die Verbindung zulässt.

Die meisten FTP-Server ermöglichen mittlerweile ein Zusammenpacken von mehreren Files oder Verzeichnissen *on-the-fly*, d.h. wenn Sie das Verzeichnis

*/pub/linux/suse* mit allen Unterverzeichnissen zu sich transferieren möchten, müssen Sie Folgendes eingeben:

```
ncftp > cd /pub/linux
ncftp > get suse.tar.gz
```

Der FTP-Server auf der Gegenseite versteht Sie dann, packt das Verzeichnis mit *tar* und *gzip* zusammen und schickt es auf die Reise.

### 19.2.2 ... und hinauf!

Wenn ncftp nur Dateien auf Ihren Rechner laden könnte, bräuchten Sie es nicht – dafür könnten Sie auch einen WWW-Browser wie den *Konqueror* oder den *Netscape Communicator* benutzen.

Aber wenn Sie Ihrem Freund die neuesten wav-Dateien für die Konfiguration seines KDE geben möchten, reicht es, dass Sie ihm die Dateien auf den Rechner schieben. Als Pendant zu `get` gibt es dazu den Befehl `put`. Auch diesen können Sie mit Wildcards verwenden, also z.B.:

```
ncftp> put *.wav
```

Dieser Befehl weist ncftp an, alle wav-Dateien, die im aktuellen Verzeichnis liegen, auf den anderen Rechner hinaufzuladen. So was nennt man auch Dateien »uploaden« oder ein Upload vornehmen.

## 19.3 Gibt's das auch in grafisch?

Aber ja. Und zwar mittlerweile in einer recht netten Auswahl. Ein wenig näher möchte ich Ihnen hier das FTP-Programm *gftp* des Gnome-Projekts vorstellen. Aber um Ihnen noch etwas Appetit aufs Programme Ausprobieren zu machen, liefern wir Ihnen noch die Screenshots von ein paar anderen grafischen FTP-Tools mit.

Sollten Sie bei der Lektüre des Kapitel 12 über den *mc* schon die Gnome-Pakete installiert haben, reicht es, das Paket selbst zu installieren. Ansonsten müssen Sie, um in den Genuss des gftp zu kommen, vor dessen Installation noch die Pakete im Gnome-Verzeichnis nachinstallieren. Ach ja, einen kleinen Pferdefuß gibt es: Sie erinnern sich vielleicht, dass ich schon bei der Beschreibung der grafischen Version des mc erwähnt habe, dass dieser die Gnome-Pakete benötigt, um wirklich glücklich zu sein. gftp geht es genauso. Wer also schon bei der mc-Installation (oder schon von Anfang an) selbige installiert hat, kann weitermachen, der Rest muss sonst erst diese Pakete per YaST2 oder mit den in Kapitel 6 vorgestellten rpm-Befehlen nachinstallieren.

Starten Sie dann Ihren neuen grafischen FTP-Helfer mit einem `gftp &` in einem Terminal-Fenster.

Freuen Sie sich danach erst einmal gebührend über ein Fenster wie in Abbildung 19.1. gftp funktioniert dabei so, dass Ihnen auf der linken Seite zunächst Ihr Home-Verzeichnis angezeigt wird, wie Sie leicht selbst ausprobieren können, und auf der rechten Seite in genau der gleichen Darstellung der Inhalt des von Ihnen ausgewählten FTP-Servers.

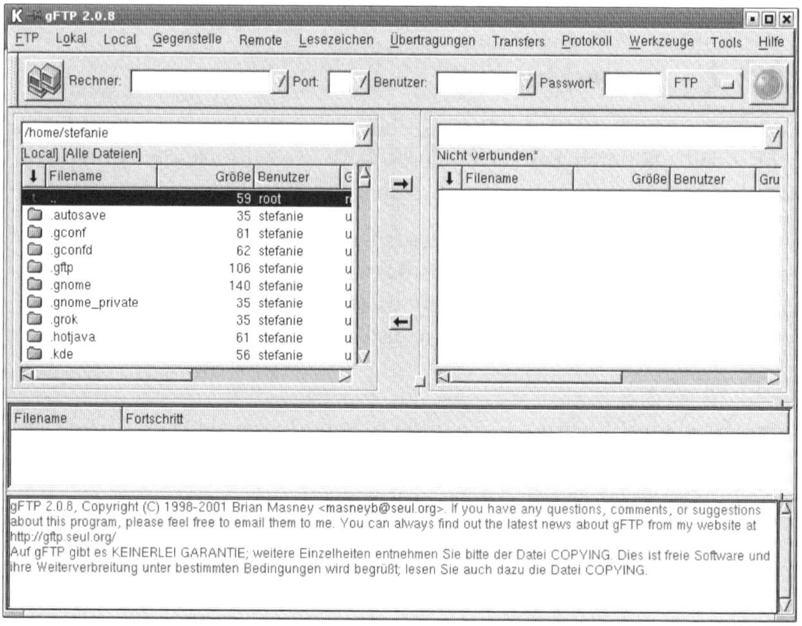


*Abb. 19.1: Starten Sie durch*

Viel brauchen Sie bei diesem Programm gar nicht zu konfigurieren und wenn, dann geht es bequem per Mausklick. Öffnen Sie dazu per Menüleiste den Punkt FTP→OPTIONEN oder benutzen Sie den Shortcut [Strg]-[O]. In die Options-Eingabemaske können Sie Ihre E-Mail-Adresse eintragen – Sie erinnern sich, das wird auf FTP-Servern gerne als Passwort gesehen. Des Weiteren haben Sie die Möglichkeit, einzustellen, ob und wenn ja, wie oft gftp im Falle eines Nichtzustandekommens der Verbindung die Sache wieder versuchen soll. Möchten Sie sich auch versteckte Dateien anzeigen lassen? Welcher Editor darf es sein? All das konfigurieren Sie hier. In den anderen Tabs wie FTP PROXY oder HTTP PROXY können Sie zudem nähere Informationen zu Ihren Proxy-Servern angeben, so sie denn selbige benutzen mögen.

En detail sieht Ihr Optionsfenster aus wie in Abbildung 19.2.

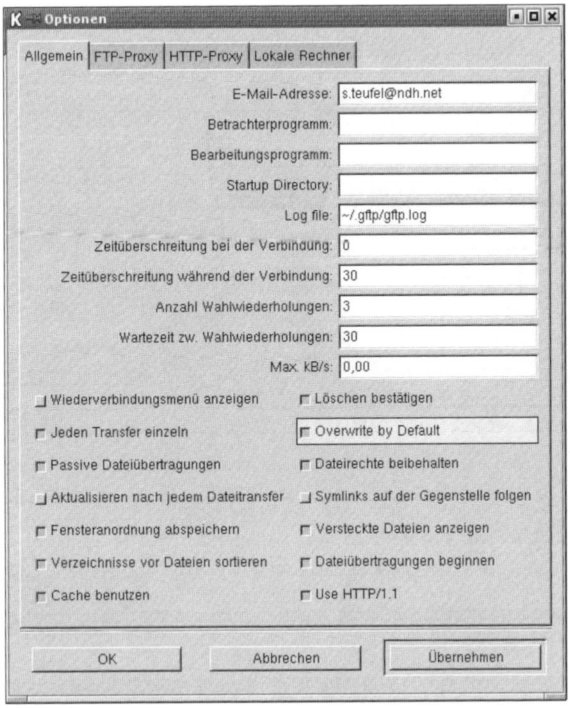


*Abb. 19.2: Bei gftp ist so gut wie alles optional*

Der gftp selbst erlaubt es Ihnen, sowohl Dateien von FTP-Servern herunterzuladen als auch Ihrerseits Dateien auf selbige hochzuladen. Netterweise hat Ihnen der Entwickler von gftp unter LESEZEICHEN schon einmal ein paar sehr gut mit Linux-Software bestückte FTP-Server voreingestellt und diese fürsorglich auch noch thematisch geordnet. Wenn Sie keinen bestimmten Server im Auge haben, sondern nur mal ein wenig stöbern möchten, klicken Sie einfach auf eines dieser Lesezeichen und schauen, was passiert.

Damit Sie sich nicht allzu sehr langweilen, bis die Verbindung hergestellt wird, unterhält Sie der gftp am unteren Fensterrand – mit Fortschrittsmeldungen – und lässt Sie mitverfolgen, was er denn gerade tut (Abbildung 19.3).

Ist die Verbindung zustande gekommen, bildet Ihnen gftp auf der rechten Seite den Inhalt des FTP-Servers in Form von Ordnern etc. ab, wie Sie es von jedem anderen Datei-Manager (insbesondere auch dem *gmc* – also der Gnome-Version des mc) – schon kennen (Abbildung 19.4). Ein Unterverzeichnis öffnen Sie per Mausklick, und es lohnt sich auch ein Klick mit der rechten Maustaste, da das Kontextmenü des gftp so einiges zu bieten hat.

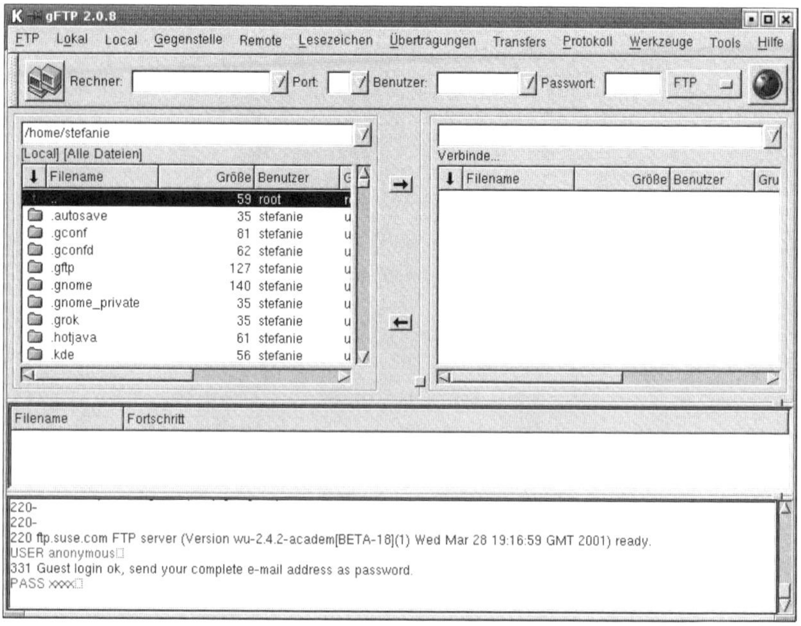

*Abb. 19.3: gftp bereit zum Abheben ...*

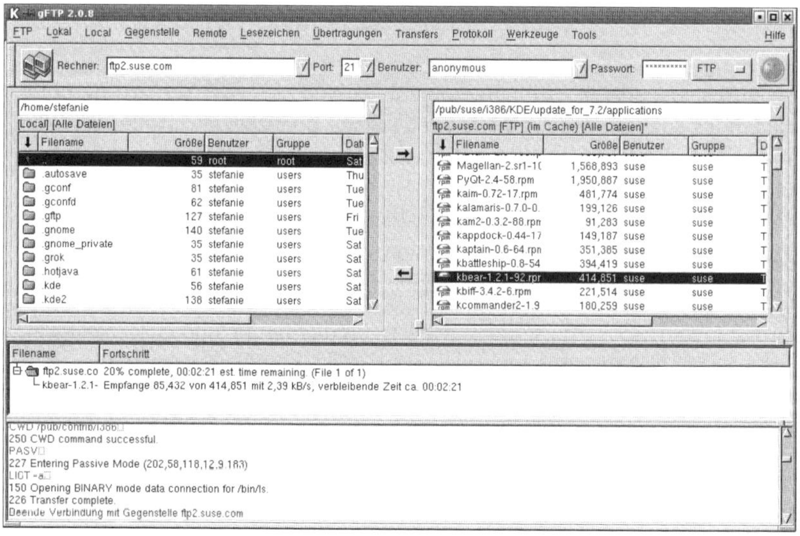

*Abb. 19.4: ... und bei der Arbeit*

Möchten Sie eine bestimmte Datei oder mehrere downloaden, so klicken Sie einfach auf den Pfeil nach links, den Sie in der Mitte der beiden Fenster finden. Alternativ können Sie ihn auch via Menüleiste ÜBERTRAGUNGEN→DATEIEN EMPFANGEN oder mit dem Shortcut [Strg]-[R] starten. Ist die angewählte Datei in Ihrem Home-Verzeichnis schon vorhanden, fragt Sie gftp höflich, wie er weiter verfahren soll: überschreiben, abbrechen – oder, und das ist nett für schief gelaufene Downloads, ob er den abgebrochenen Download vorsetzen soll (Abbildung 19.5).

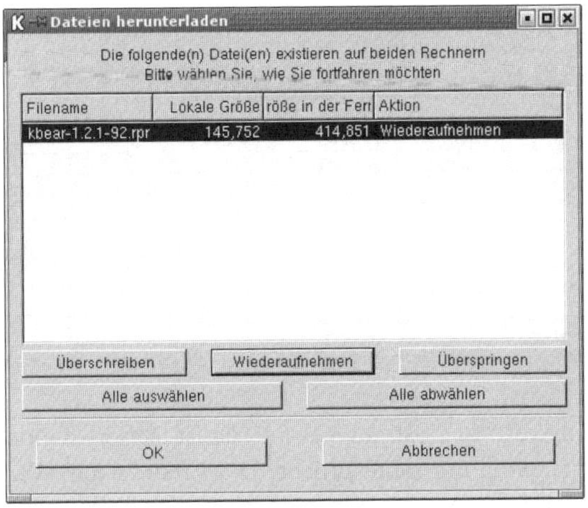


*Abb. 19.5: Diesen Download wollen wir mal lieber wieder aufnehmen!*

Haben Sie einen Login auf einem FTP-Server, können Sie gftp selbstverständlich genauso leicht und schnell einsetzen. In das Feld RECHNER tragen Sie wie sonst auch den Namen des betreffenden Servers ein; sollte die Port-Nummer von der 21 abweichen, können Sie dies im Feld PORT angeben, und bei den Feldern BENUTZER und PASSWORT können Sie nun statt des »anonymous login« Ihre Daten eingeben.

Um sich die ewig gleiche Tipperei dieser Informationen zu ersparen, ist es ganz nützlich, sich nach erfolgreicher Verbindungsaufnahme ein Lesezeichen, oder neudeutsch Bookmark, anzulegen. Einfach auf LESEZEICHEN→LESEZEICHEN HINZUFÜGEN klicken oder das Tastenkürzel [Strg]-[A] eingeben. Fertig.

Wie schon erwähnt, erlaubt der gftp neben Downloads auch Uploads. Geben Sie dazu, wie gerade geschildert, in die Felder RECHNER etc. den Zielhafen ein, markieren Sie dann auf der linken Seite in Ihrem Verzeichnis die Dateien, die auf den betreffenden Server hochgeladen werden sollen, und klicken Sie danach auf ÜBERTRAGUNGEN→DATEIEN SENDEN ([Strg]-[P]). Das Ganze schaut dann in etwa aus wie in Abbildung 19.6.

Abb. 19.6: Hoch damit!

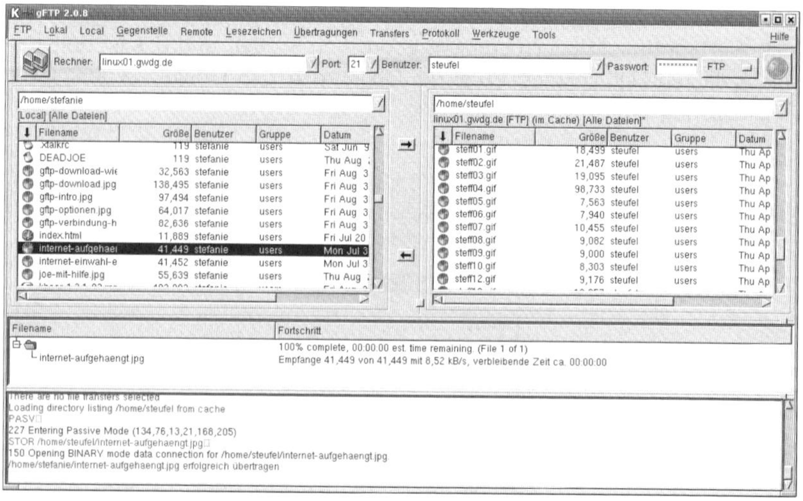


Bei »Vertrauen ist gut – Kontrolle ist besser« handelt es sich vermutlich auch um einen Ihrer Wahlsprüche. Das verstehe ich. Wenn Sie also lieber nachprüfen möchten, was gftp so alles nach all Ihrer Klickerei unternommen hat, wählen Sie PROTOKOLL→PROTOKOLL BETRACHTEN an. gftp zeigt Ihnen dann ein Log-File wie in Abbildung 19.7, das Sie mittels PROTOKOLL→PROTOKOLL SPEICHERN... jederzeit speichern können.

Abb. 19.7: Praktisch: alles auf ein Blick

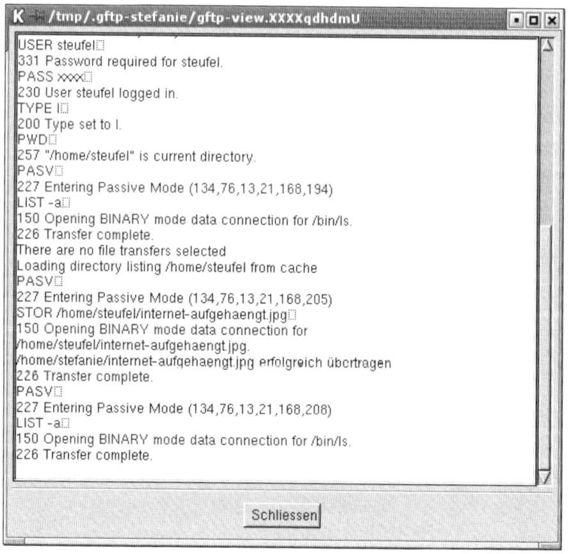

Tja, und da ich Ihnen zu Anfang dieses Abschnitts noch versprochen hatte, ein paar mehr FTP-Programme außer gftp zumindest grafisch zu präsentieren, bietet Abbildung 19.8 noch einen Screenshot von *IglooFTP*, einem weiteren FTP-Programm der Gnome-Familie, und Abbildung 19.9 mit *KBear* ein Produkt aus dem Hause KDE:

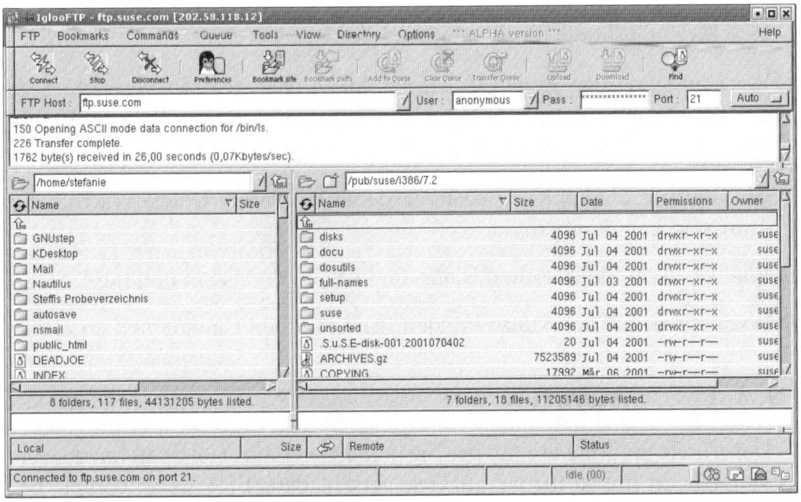


*Abb. 19.8: Ein »Igloo« mal ganz anders*

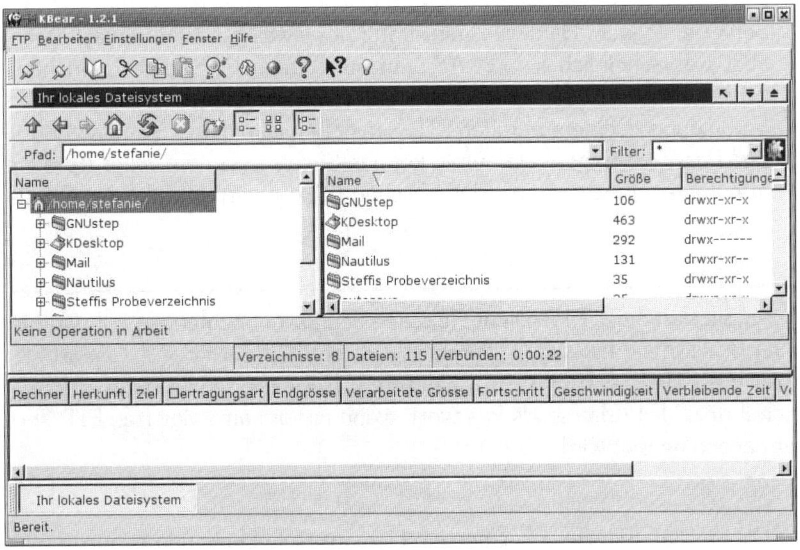


*Abb. 19.9: KBear gehört zur KDE-Familie*

Welches der Programme Sie letztendlich verwenden, ist Geschmackssache. Probieren Sie bei Gelegenheit einfach aus, womit Sie am liebsten arbeiten, und behalten Sie dieses Tool dann bei.

## 19.4 Fragen

1. Was bedeutet »anonymous login«?
2. Wir sind gierig und wollen gleich den Inhalt eines ganzen Verzeichnisses per FTP zu uns auf die heimische Festplatte transferieren. Welcher Befehl erleichtert uns dabei das Leben ganz gewaltig?
3. Was müssen Sie bei FTP beachten, damit Ihnen Ihre Dateien nicht beim Transport kaputtgehen?
4. Wie wechseln Sie zwischen Binär- und ASCII-Modus hin und her?
5. Wie können Sie ncftp dazu bringen, dass es Ihnen Dateinamen ergänzt?

### 19.4.1 Antworten

1. Das meiste an Software, an der Sie gerade bei Linux viel Spaß haben werden, lungert frei verfügbar, auf viele verschiedene FTP-Server verteilt, bereit zum Download (zum Herunterladen) im Netz herum. Um an das Ziel der Wünsche, sprich die Software, zu gelangen, muss man sich beim FTP-Server einloggen. Da der Administrator des jeweiligen FTP-Servers Ihnen aber wahrscheinlich keinen Account auf seinem FTP-Server einrichten wird, gibt es die Möglichkeit, sich *anonym* einzuloggen. Stellt man die Verbindung zu einem fremden FTP-Server her, wird dieser Sie nach *Login* und *Passwort* fragen. Daraufhin können Sie als Login entweder *ftp* oder *anoymous* eingeben – bei den üblichen FTP-Servern wird beides akzeptiert.

HINWEIS

Wenn Sie statt eines FTP-Client Netscape benutzen möchten, so können Sie unter BEARBEITEN→EINSTELLUNGEN→ERWEITERT das KÄSTCHEN E-MAIL ADRESSE ALS ANONYMES FTP PASSWORT SENDEN aktivieren. Netscape sendet dann automatisch Ihre E-Mail-Adresse als Passwort, wenn er vom annavigierten FTP-Server danach gefragt wird.

2. Die meisten FTP-Server haben ein Herz für faule Leute und erlauben mittlerweile ein Zusammenpacken von mehreren Files oder Verzeichnissen. Das heißt, wenn Sie auf einem Server das Verzeichnis */pub/linux/kde* mit

allen Unterverzeichnissen zu sich transferieren möchten, müssen Sie Folgendes eingeben:

```
ncftp> cd /pub/linux
ncftp > get kde.tar.gz
```

3. Stunden oder Minuten später – je nach Güte Ihrer Anbindung und der Größe des Verzeichnisses – dürfen Sie ein fein säuberlich gepacktes tar-Archiv mit allen Dateien auf Ihrem Rechner willkommen heißen.

   Übertragen Sie Programmpakete immer im Binärmodus! Sonst kommen die Pakete vermutlich unbrauchbar bei Ihnen an.

4. Wechsel in den Binärmodus:

   ```
   ftp> binary
   ```

   oder kurz:

   ```
   ftp> bin
   ```

   Wechsel in den ASCII-Modus:

   ```
   ftp> ascii
   ```

   oder kurz:

   ```
   ftp> asc
   ```

5. Fangen Sie an, den Dateinamen zu tippen, und drücken Sie mittendrin die ⇥-Taste. Es kann dabei einige Sekunden dauern, bis ncftp Ihnen den Dateinamen ergänzt anzeigt.

Kapitel 20

# Handwerkszeug für Edelfedern

Jetzt haben Sie mit Dateien und Verzeichnissen herumgewuselt und im Internet gestöbert – es wird Zeit, dass ich Ihnen erkläre, wie Sie Ihre Diplomarbeit oder den Brief an Tante Finchen unter Linux zu Papier bringen, oder besser gesagt, Ihnen kurz die verschiedenen Varianten vorstelle, die unter Linux für diesen Zweck bereitstehen.

## 20.1 StarOffice

Das wohl bekannteste und ausgereifteste Office-Paket unter Linux dürfte Suns StarOffice sein. Besonders charmant: Unter Windows ist die Office-Suite im gleichen Funktionsumfang zu haben, so dass man in beiden Betriebssystemen mit dem gleichen Programm arbeiten kann. Das Arbeiten mit StarOffice gestaltet sich einfach und problemlos. Benutzer von StarOffice für Windows sollten sich dank identischer Benutzerführung ebenso leicht zurechtfinden wie Umsteiger von anderen Office-Programmen.

Aktuell ist Version 5.2 (die Sie z.B. auf zahlreichen Heft-CDs finden). Neben den unverzichtbaren Anwendungen Textverarbeitung *(StarOffice Writer)* (Abbildung 20.1), Tabellenkalkulation (*StarOffice Calc*) (Abbildung 20.2), Präsentationserstellung (*StarOffice Impress*) und Zeichenprogramm (*StarOffice Draw*) wartet es mit einem HTML-Editor sowie einem Mail-Verwaltungsprogramm nebst Newsreader auf. Datenbank und weitere Programme wie Terminplaner und Visitenkartenerstellung runden das Bild ab.

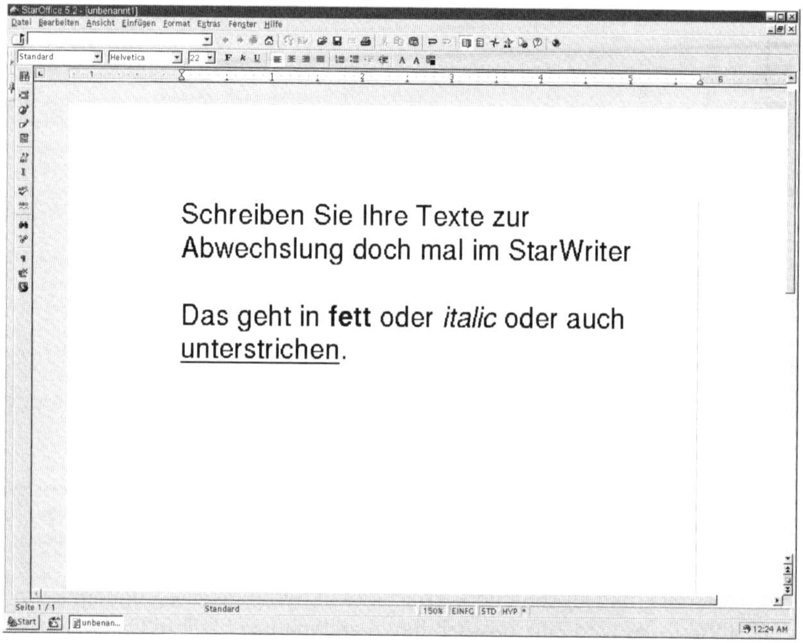


Abb. 20.1: StarOffice Writer – das Schreibprogramm der StarOffice-Suite

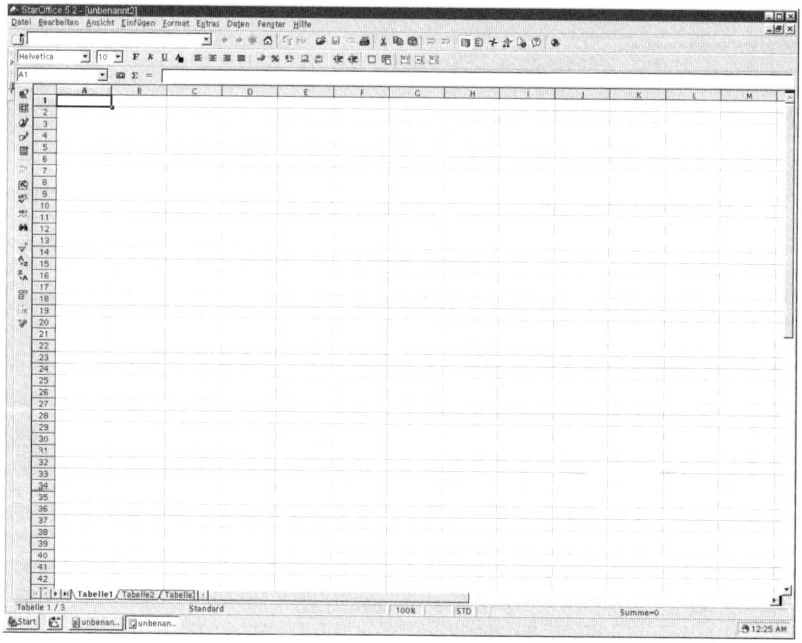


Abb. 20.2: ... und StarOffice Calc zum Tabellen Kalkulieren

Über Wohl und Wehe eines Office-Pakets entscheidet – neben der Funktionsvielfalt – in der doch eindeutig Microsoft-dominierten Bürowelt meist die Güteklasse der Im- und Export-Filter. Bei StarOffice zeigen sich hier Licht und Schatten.

Erfreulich ist die Stabilität der Filter. Die meisten Dateien aus der Windows-Welt sollten sich ohne Beeinträchtigung der Programmfunktion importieren lassen. Auch die Qualität der Importfilter ist weitgehend gut, hin und wieder werden jedoch Formatierungen nicht sauber umgesetzt. Dies betrifft insbesondere aufwendige Tabellen sowie eingefärbte Tabellenhintergründe. Hier kann es schon einmal passieren, dass Zellen nicht bündig untereinander gedruckt werden oder die Farbe »nebenraus läuft«. Auch mit eingebundenen Grafiken hat der Import-Filter bisweilen Probleme und platziert sie nicht immer an der korrekten Stelle. Manchmal wird leider sogar ein unnötiger Seitenumbruch erzwungen. Ähnliches gilt für die Export-Funktion: Im Wesentlichen funktioniert sie zufrieden stellend, ab und an wird jedoch auch hier das Layout verändert.

Für Poweruser besonders erfreulich dürfte hingegen die hohe Anzahl unterstützter Datenbanken sein: Die bisherige *Ottero*-Datenbank wurde durch *Adabas D* ersetzt. Außer mit dieser – integrierten – Datenbank kann StarOffice über *ODBC* und *JDBC* mit beliebigen, diese Protokolle unterstützenden Datenbanken kommunizieren. Der Zugriff auf IBMs *DB2* ist ebenso möglich wie das Arbeiten mit *dBase*-Files und textbasierten Datensätzen.

## 20.2 Abiword

Wenn Sie einmal die gewohnten Pfade der Textverarbeitung verlassen wollen und Lust haben, etwas Neues auszuprobieren, ist *Abiword* die Antwort oder besser gesagt: *Abisuite*, wie das Open-Source-Projekt unter der Leitung der *SourceGear Corporation* offiziell heißt. Unter der Federführung dieser Company soll in Zusammenarbeit mit interessierten freien Entwicklern nach und nach eine gtk+-basierte, plattformübergreifende Office-Suite entstehen (die Software läuft schon heute auf nahezu jedem Unix-Derivat und fast allen Windows-Versionen). Verfügbar ist bislang jedoch nur deren Textverarbeitungsmodul *Abiword* (Abbildung 20.3).

Eines vorneweg: Das Projekt ist »work in progress« und weit davon entfernt, den Standard eines Office-Pakets wie Word zu erreichen. Dennoch birgt es gute Ansätze und wird stetig weiterentwickelt, so dass sich ein zweiter Blick darauf durchaus lohnt. In der aktuellen Version eignet sich Abiword jedoch in erster Linie als Programm zum Betrachten von Textdateien verschiedenster Herkunft und zum Erstellen von einfachen Textdateien. Unter uns: Ihre Diplom- oder Doktorarbeit sollten Sie lieber mit Hilfe eines anderen Programms verfassen.

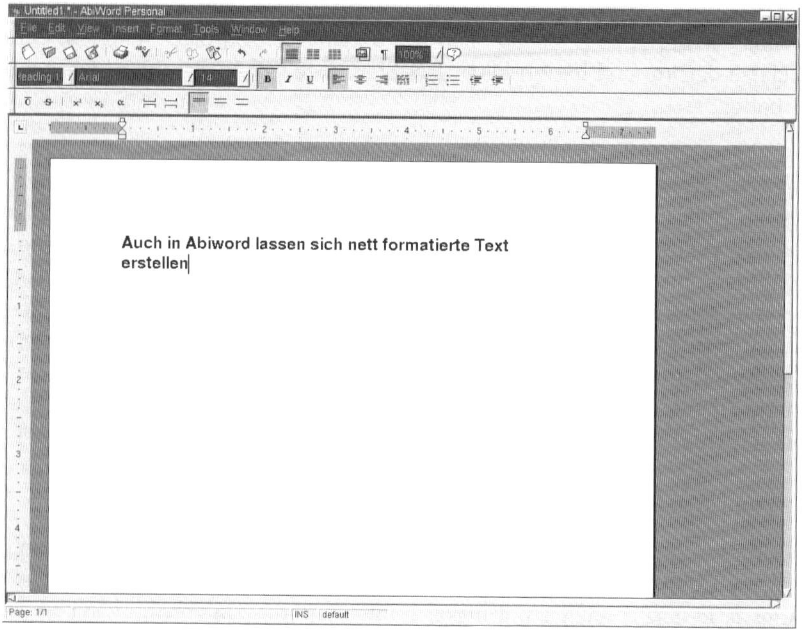


*Abb. 20.3: So sieht Textverarbeitung mit Abiword aus*

Zu den Features der aktuellen Version von Abiword zählen alle Funktionen einer herkömmlichen Textformatierung wie Rechtschreibprüfung, Import und Export im Word-97-Format und RTF, Export als ERT, Text, HTML und LaTex, interaktive Lineale und Tabs und sogar die Unterstützung für PalmDoc Export. Ab der Version 0.7.11 ist es tatsächlich möglich, Abiword-Dokumente so abzuspeichern, dass Sie sie bequem auf Ihrem Palm einsehen können. Die Software lässt sich zwar bereits nach Deutsch umschalten, bietet aber noch keine Rechtschreibprüfung und Grammatik in deutscher Sprache. Auch die Import-Filter sind noch nicht perfekt. Wie bei eigentlich allen Textverarbeitungen treten bei dem Import der einen oder anderen Word-Datei Konvertierungsfehler auf, aber zum Bearbeiten von Briefen oder Ähnlichem sind sie schon zu gebrauchen.

Ein großer Vorteil von Abiword ist seine Größe oder besser gesagt seine mangelnde Größe. Das Programm ist klein und schnell. Ein vielleicht noch größerer Vorteil dürfte das hauseigene Dateiformat sein. Ein im Abiword-Format abgespeichertes Dokument hat standardmäßig die Endung *.abw*. Das klingt kryptisch, ist aber cool, da die Dateien so in XML und damit im ASCII-Format erstellt werden. Die Dokumente können daher von jedem Texteditor gelesen werden.

# 20.3 LyX

LyX verfolgt einen vollkommen anderen Ansatz als die unter Windows bekannten Textverarbeitungsprogramme. Es basiert auf dem Textsatzprogramm LaTeX, für das etwa Folgendes gilt: What You See Is What You Mean. Um die Gestaltung des Textes kümmert sich das Programm, man muss als Verfasser nur die Struktur festlegen und den Text eintippen. LaTeX selbst ist relativ kompliziert und erinnert sehr an eine Programmiersprache (tatsächlich ist es auch nichts anderes). LyX (Abbildung 20.4) versucht, die Lücke zwischen LaTeX und den »bequemen« WYSIWYG-Textverarbeitungen zu schließen. Man muss sich nicht mit kryptischen Befehlen herumschlagen, sondern kann den Text bequem in eine grafische Umgebung eingeben – fast wie in Word.

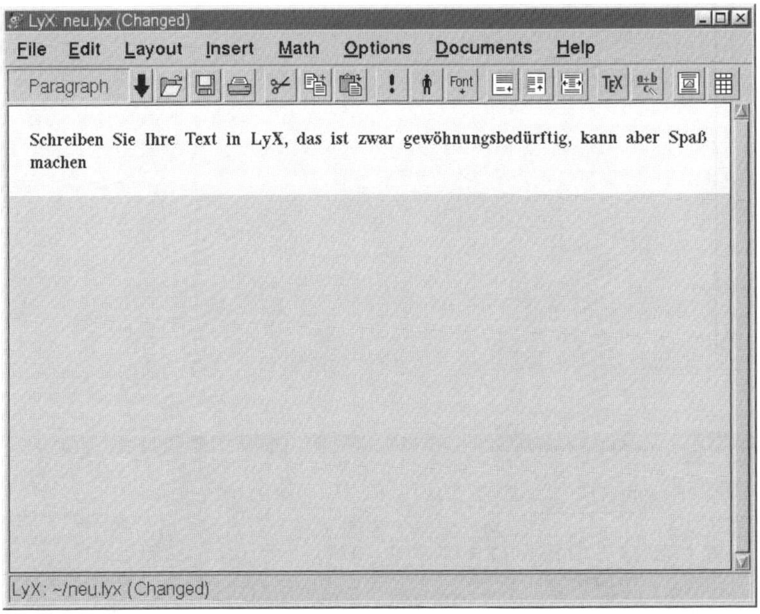


*Abb. 20.4: An das Arbeiten mit LyX muss sich der eine oder andere sicher erst gewöhnen ...*

# 20.4 KOffice

Im Oktober 2000 wurde die erste Version 1.0 von KOffice, dem integrierten Office-Paket für KDE, veröffentlicht. Mittlerweile gibt es bereits diverse Updates, und das gesamte Paket ist damit deutlich stabiler und funktioneller geworden. Sie können das Paket unter *www.rpmfind.net* suchen und herunterladen. Es sollte sich auch auf den Heft-CDs der einschlägigen Computer-Magazine finden.

Neben den Standardanwendungen Textverarbeitung (*KWord*) (Abbildung 20.5), Tabellenkalkulation (*KSpread*) (Abbildung 20.6) und Präsentation (*KPresenter*) umfasst KOffice ein vektorbasiertes Zeichenprogramm (*KIllustrator*), ein Programm zur Erstellung von Charts (*KCharts*) sowie einen Formeleditor (*KFormula*). Der KIllustrator musste übrigens letztlich aufgrund von Markenrechtsstreitigkeiten mit Adobe in *Kontour* umbenannt werden.

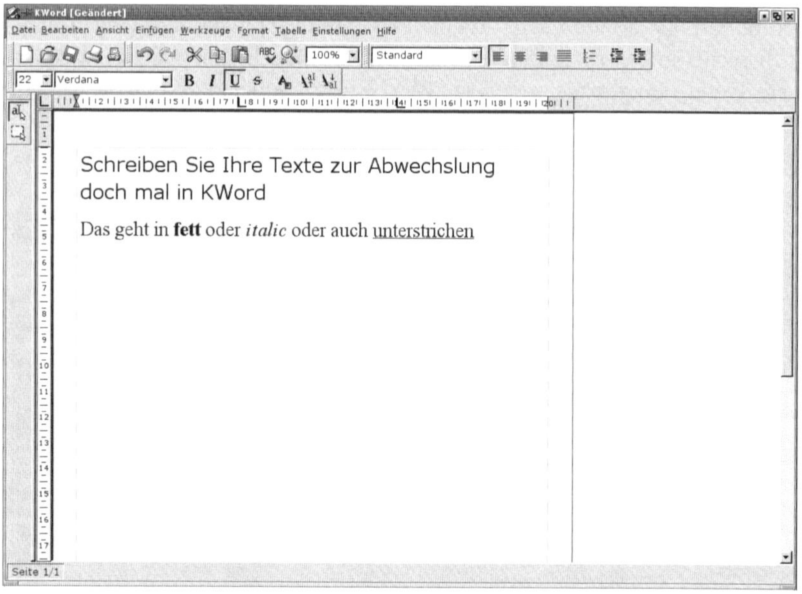


*Abb. 20.5: KWord – das Schreibprogramm von Koffice …*

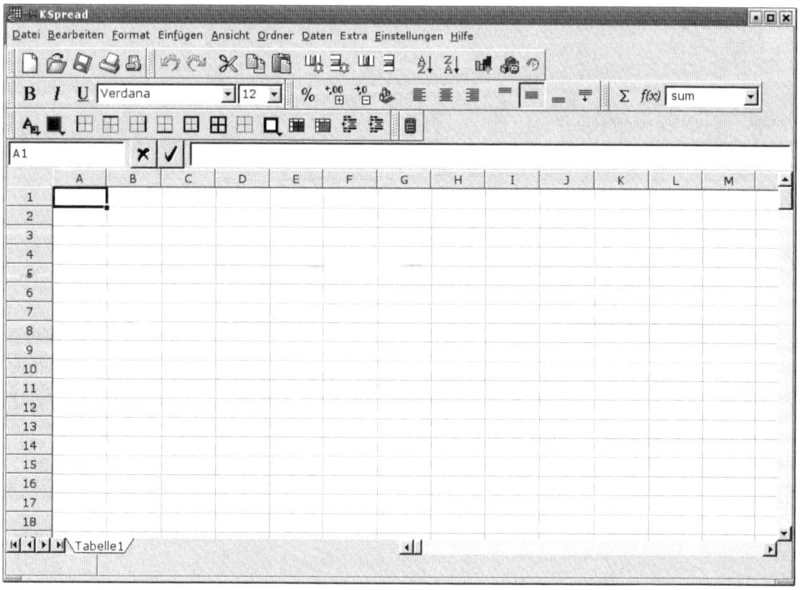


*Abb. 20.6: … und KSpread zum Tabellen kalkulieren*

Ein kleiner Wermutstropfen sei direkt zu Anfang erwähnt: Zum gegenwärtigen Zeitpunkt ist KOffice noch zu instabil, um ernsthaft als alleinige Office-Anwendung – zumindest im professionellen Bereich – eingesetzt werden zu können. Wen dies nicht schreckt, der erhält mit KOffice ein umfassendes, gut bedienbares und im Vergleich zu StarOffice vor allem extrem schnelles Office-Paket.

KOffice verwendet ein objektbasiertes Komponentenmodell (*KParts*), das den wechselseitigen Einsatz von KOffice-Komponenten erlaubt: So lässt sich problemlos eine Tabelle aus KSpread in ein KWord-Dokument oder eine Chartanalyse aus KCharts in eine Präsentation einbinden. Die Komponenten von KOffice werden entweder direkt oder über den *KOffice Workspace* aufgerufen. Letzterer ist eine integrierte Benutzerumgebung, wie sie beispielsweise auch bei StarOffice zu finden ist.

Die folgende Tabelle gibt einen kleinen Überblick darüber, was StarOffice und KOffice so alles zu bieten haben. Abiword und LyX habe ich ausgelassen, da es sich dabei eher um reine Schreibwerkzeuge denn um Office-Suiten handelt.

| | **StarOffice** | **KOffice** |
|---|---|---|
| Absatzformatierung | ja | ja |
| Vorlagen, Formatschablonen | ja | ja |
| Textbausteine | Auto-Text | |
| Tabellen einbetten | ja | ja |
| Grafiken einbetten | ja | ja |
| neue Rechtschreibung | ja | ja |
| Thesaurus | ja | nein |
| erweiterbar | nein | |
| DTP-Features | viele | einige |
| Index/Fußnoten | vorhanden | |
| Formelsatz | vorhanden | |
| Serienbriefe | ja | |
| Formulare | ja | |
| Makros | ja | vorgesehen |
| PS-/PDF | PDF als Ausgabeformat | mit GNU-Tools: PS und PDF als Ausgabeformat |

KAPITEL 21

# Organisieren Sie sich!

## 21.1 Kab oder »Wer's nicht im Kopf hat, muss es im Adressbuch haben«

Ich weiß, ich weiß. Computer-Adressbücher sind eigentlich etwas Schreckliches, da sie meist ein *proprietäres* Dateiformat benutzen und andere Programme wie Ihr bevorzugtes Mailprogramm oder der persönliche, digitale Organizer somit nicht in der Lage sind, auf die virtuellen Adresskarteikästen zuzugreifen. Um genau dies zu verhindern, wurde und wird innerhalb des KDE-Projekts fleißig an *Kab*, dem KDE-Adressbuch, gearbeitet, damit es irgendwann einmal für sämtliche KDE-Applikationen heißt: ein Adressbuch für Alle.

Netterweise verstehen sich aber zumindest *KMail*, den Sie in Kapitel 14 kennen lernen, und der *KOrganizer*, den ich Ihnen weiter unten vorstelle, ganz wunderbar mit dem Adressbuch, so dass zumindest diese Flanke schon einmal abgedeckt ist.

Starten Sie Ihr virtuelles Adressbuch entweder über ein `kab &` in einer Terminal-Emulation oder über das K-MENÜ→DIENSTPROGRAMME→ADRESSBUCH. Kab informiert Sie zunächst darüber, dass er vorwitzigerweise ein Verzeichnis für Ihre lokalen Einstellungen angelegt hat (Abbildung 21.1). Nehmen Sie ihm das nicht krumm, ist schließlich alles zu Ihrem Besten, oder hätten Sie Lust, stets aufs Neue Ihre Einstellungen festlegen zu müssen?

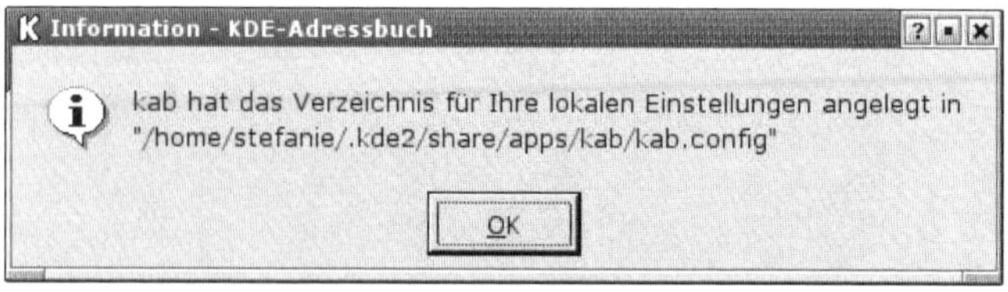


*Abb. 21.1: Ein neues Verzeichnis für Ihre persönlichen Präferenzen*

In einem zweiten Schirm teilt Ihnen Kab jetzt noch mit, in welchem Verzeichnis es Ihr ganz persönliches Adressbuch angelegt hat. Bestätigen Sie auch diese Information mit einem OK, damit es weitergeht. Das letzte Info-Fenster richtet sich an Nutzer früherer Versionen. Diese brauchen sich um ihre bereits aus KDE-1.x-Zeiten vorhandenen Daten keine Sorgen zu machen, denn das neue Kab legt von den alten Datensätzen ein Backup an. Die Daten selbst können jederzeit via DATEI→IMPORTIEREN→KDE1-ADRESSBUCH in die neue Version eingelesen werden.

Der Aufbau des Adressbuchs ist schlicht und ergreifend, wie Abbildung 21.2 zeigt. Mit den Pfeiltasten neben dem jetzt noch leeren Pulldown-Menü (dies enthält später Ihre Einträge) können Sie beliebig zwischen den einzelnen Visitenkarten hin- und herblättern sowie zum ersten oder letzten Eintrag hüpfen.

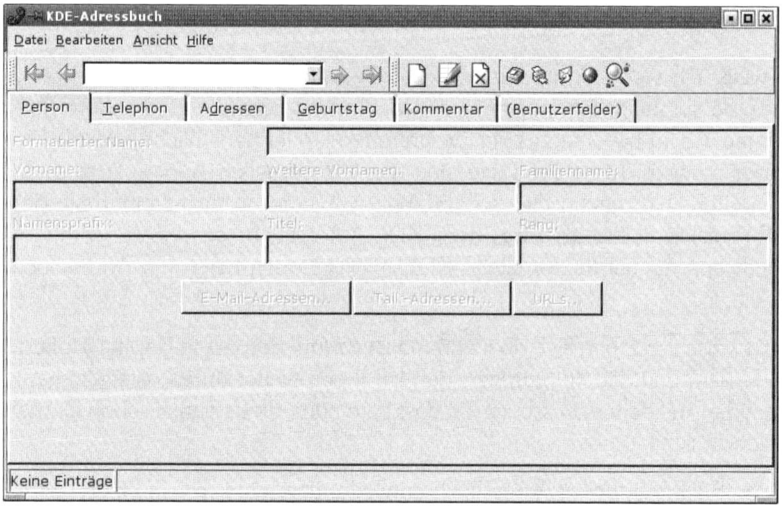


*Abb. 21.2: Noch ist Ihr virtueller Karteikasten leer ...*

Ein Klick auf eines der drei Icons neben den Pfeiltasten, und schon erstellen Sie wahlweise einen neuen Eintrag, editieren einen bereits bestehenden oder entfernen einen in Ungnade gefallenen Geschäftspartner via Klick aus Ihrer Datenbank. Die Statuszeile am unteren Ende des Fensters zeigt die Anzahl der Gesamteinträge sowie die laufende Nummer des aktuellen Eintrags an.

Dabei funktioniert Kab so, dass für jeden neuen Datensatz eine Visitenkarte angelegt wird, in die persönliche oder geschäftliche Daten wie Name, Vorname, Firma und Titel, Geburtstage oder Adresse der Homepage eingetragen werden können.

Möchten Sie Kab sinnvoll nutzen, werden Sie leider nicht umhinkommen, erst einmal die Adressen und sonstigen persönlichen Daten Ihrer Freunde, Geschäftspartner etc. einzutragen. Wie geht das nun? Kinderleicht, wie Sie gleich sehen werden:

Um einen neue Karte anzulegen, öffnen Sie entweder im Menü mit der Maus das Feld BEARBEITEN und klicken dort auf EINTRAG HINZUFÜGEN oder Sie merken sich – wenn Sie eine Menge Freunde zu berücksichtigen haben – den Tastatur-Shortcut [Strg]-[A], der auf Dauer gesehen schneller sein dürfte. Und als letzten Ausweg gibt es immer noch das Icon mit dem leeren Blatt, das genau das Gleiche bewirkt.

Felder wie TITEL, VORNAME, WEITERE VORAMEN, NAME dürften selbsterklärend sein. Mit dem Feld FORMATIERTER NAME können Sie den als Namen auf der Visitenkarte angezeigten Text festlegen. Normalerweise setzt das Programm diesen aus den vorher genannten Feldern selbst zusammen. Sollte es dabei Fehler machen oder Sie den Wunsch haben, für eine bestimmte Person vom Standardvorgehen abzuweichen, geben Sie die genaue Schreibweise im Feld FORMATIERTER NAME an. Sobald Sie dieses Feld mit Daten füttern, ersetzen diese die normalerweise angezeigte Namenszeile (Abbildung 21.3).

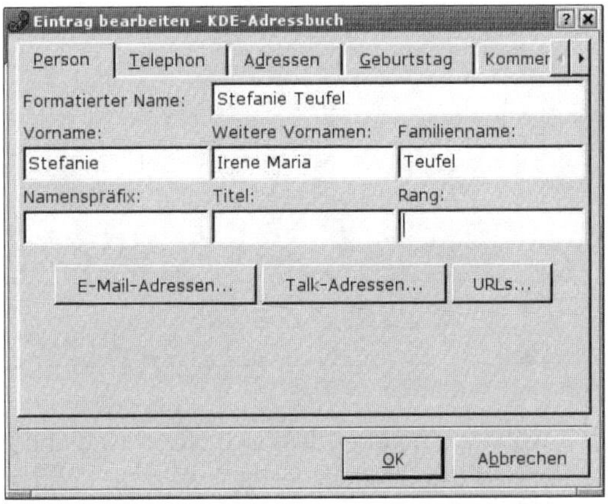


*Abb. 21.3: Jeder Vorname wird berücksichtigt*

Wie Sie an den vielen Tabs sehen können, ist die Anzahl der verschiedenen möglichen Daten, die Sie für eine Person eintragen können, verhältnismäßig groß. Gleichzeitig werden jedoch einige Daten für bestimmte Personen keinen Sinn machen, da z.B. Position, Abteilung oder Organisation Ihres Kegelbruders von nicht allzu großer Relevanz für Sie sein dürften. Deshalb zeigt das

Adressbuch später nur die Daten im Visitenkartenfeld an, die Angaben enthalten.

E-Mail- und Talk-Adressen sowie die URL der Homepage tragen Sie separat ein. Klicken Sie dazu auf den Button E-Mail-Adressen... , Talk-Adressen... bzw. URLs... und ergänzen Sie die betreffenden Daten

Ein sorgfältiges Ausfüllen des Feldes Geburtstag kann Sie vor einigem Ärger bewahren, wenn Sie dazu neigen sollten, gerne mal den Geburtstag Ihrer Lieben, z.B. den Ihrer Frau, zu vergessen. Das Tab enthält einen Kalender mit einer Monatsübersicht, in der Sie das Wiegenfest Ihrer Angetrauten eintragen können. Im dahinter folgenden Tab Kommentar können Sie dann gleich noch vermerken, dass Sie rote Nelken hasst oder angedroht hat, Sie zu verlassen, für den Fall, dass Sie Ihr noch mal einen Toaster schenken ...

Haben Sie Ihr Adressbuch zu guter Letzt gefüllt, würde ich Ihnen empfehlen, über den Menüpunkt Ansicht den Punkt Vistenkarte zu aktivieren. Kab präsentiert sich meiner unmaßgeblichen Meinung nach so am übersichtlichsten (Abbildung 21.4).

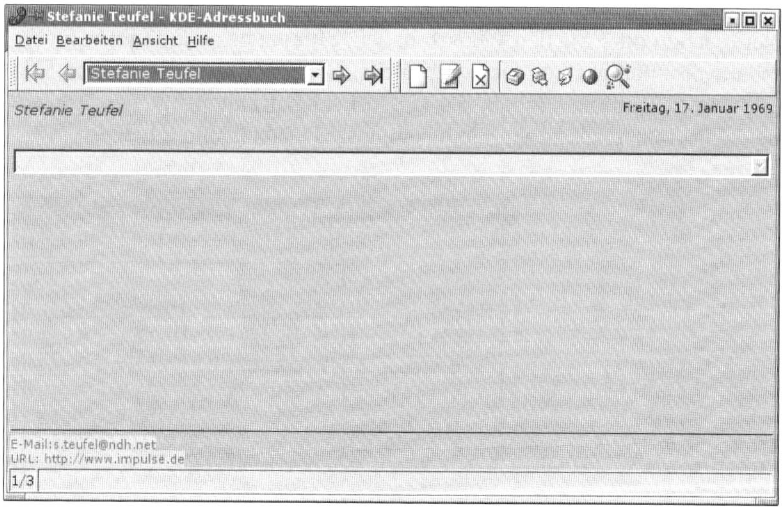


*Abb. 21.4: Schön übersichtlich*

Ich erwähnte eingangs, dass sich dieses Kab und KMail vorzüglich verstehen. Sie können das übrigens leicht austesten, denn sobald Sie zu einem Eintrag eine E-Mail-Adresse angegeben haben, öffnet Kab durch Aktivieren des Menüpunkts Bearbeiten→E-Mail schicken, durch Eingabe der Tastenkombination [Strg]-[M] oder durch einen Klick auf die E-Mail-Adresse auf der Visitenkarte das Mailprogramm *KMail*, wobei E-Mail-Adresse und Name des Empfängers automatisch in die passenden Felder von KMail übernommen werden.

Ein ähnlicher Automatismus tritt bei URLs in Kraft. Haben Sie auf der Visitenkarte eine solche vermerkt, so startet ein Klick auf den Menüpunkt BEARBEITEN→DURCHSUCHEN, die Tastenkombi [Strg]-[B] oder ein Klick auf die URL auf der Karte den *Konqueror*, und Sie können sich direkt ein Bild davon machen, was Ihr Geschäftspartner alles auf seiner Homepage treibt.

# 21.2 KOrganizer – der Terminator

Verschwundene Telefonnummern, verpasste Termine und die unwiderruflich verschütt gegangene E-Mail-Adresse des Traumtyps aus der Bar letzten Samstag? Schnee von gestern, denn heute steht Ihnen *KOrganizer* zur Seite, Ihr ganz persönlicher Terminkalender oder *PIM* (»*Personal Information Manager*«), wie man die Dinger heutzutage nennt. KOrganizer übernimmt gleich mehrere Aufgaben – er ist Kalender, Prioritätenliste und Terminplaner in einem.

## 21.2.1 Und wie und wo fangen wir das jetzt an?

Starten Sie Ihren PIM entweder in einer konsole durch die Eingabe `korganizer &` oder via K-MENÜ→SUSE→BÜROPROGRAMME→ORGANISATION→KORGANIZER. Und schon sagt Ihnen Ihr Terminplaner »Hallo« mit einem Fenster wie in Abbildung 21.5.

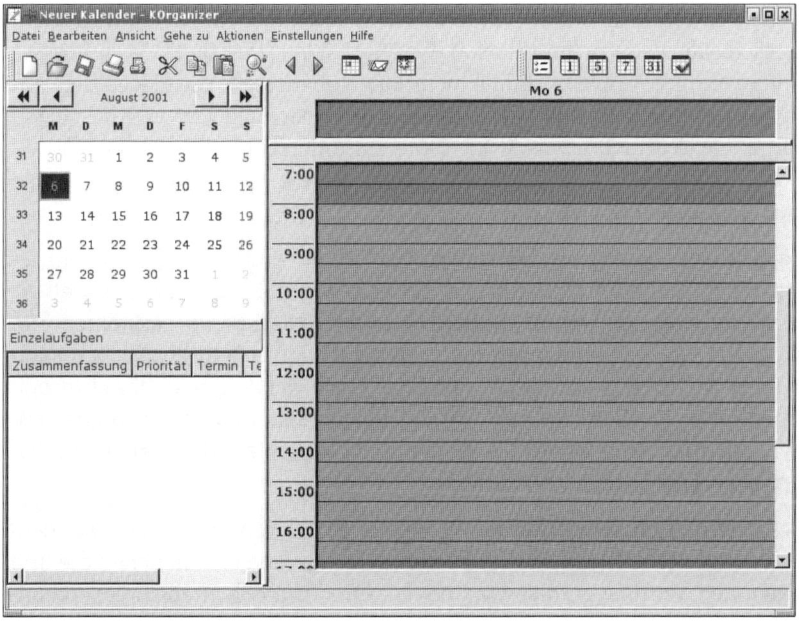


*Abb. 21.5: Das Hauptfenster des Organizers*

Bevor Sie anfangen, wie wild Verabredungen in Ihren neuen elektronischen Freund einzutragen, sollten wir die eine oder andere Vorkonfiguration treffen. Klicken Sie dazu in der Menüleiste auf EINSTELLUNGEN→KORGANIZER EINRICHTEN. Daraufhin ploppt eine Konfigurations-Box auf, die Sie in dieser Art z.B. schon im KDE-Kontrollzentrum gesehen haben (Abbildung 21.6).

*Abb. 21.6: Auch KOrganizer lässt sich in fast allen Belangen Ihren persönlichen Vorlieben anpassen*

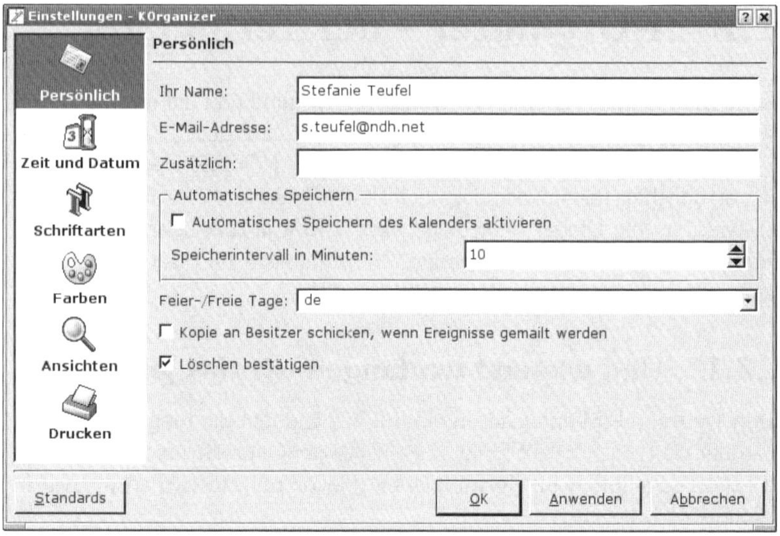


Unter PERSÖNLICH erwartet KOrganizer von Ihnen erst einmal ein paar sachdienliche Hinweise zu Ihrer Person. Was Sie bei IHR NAME und E-MAIL-ADRESSE eintragen müssen, bleibt einmal mehr Ihnen überlassen. Die Bedeutung von AUTOMATISCHES SPEICHERN DES KALENDERS AKTIVIEREN und LÖSCHEN bestätigen dürfte klar sein und ist als kleine Notbremse durchaus sinnvoll. Bei FEIER-/FREIE TAGE habe ich *de* eingestellt. Wenn Sie die thailändischen Feiertage mehr interessieren, bitte ...

Bei ZEIT UND DATUM legen Sie mittels STANDARD-VERABREDUNGSZEIT die Uhrzeit fest, die KOrganizer standardmäßig einträgt, wenn Sie künftig eine neue Verabredung eingeben. Mit STANDARD-DAUER DER VERABREDUNG bestimmen Sie, wie lange Ihre Verabredungen in der Regel dauern sollen – versuchen kann man es ja ... STANDARD-WARNZEIT bestimmt, wie viel Zeit Ihnen Ihr elektronischer Terminkalender vor Ihrer Verabredung einräumt, bis er Sie an den anstehenden Termin erinnert. Ein kleiner Puffer kann hier bei notorischen Trödlern ganz sinnig sein:).

Besonders interessant ist der Punkt FARBEN, denn hier können Sie in der neuen Version des KOrganizers die Farben, Hintergründe etc., in denen Sie Ihre Daten und Termine gern serviert hätten, Ihren Wünschen entsprechend anpassen. So haben Sie die Möglichkeit, besonders wichtigen Kategorien wie z.B. *Geschäft* eine so grelle Farbe zuzuweisen, dass Sie diese selbst an einem Montagmorgen nicht mehr übersehen können. Unter ANSICHTEN legen Sie fest, in welchem Umfang und in welcher Form Ihnen die diversen Termine und Übersichten präsentiert werden sollen.

Da selbst in Computerzeiten immer noch der Satz gilt »Was man schwarz auf weiß hat, kann man getrost nach Hause tragen«, kümmert sich der letzte Punkt DRUCKEN, um, ja, um das Drucken. Besser gesagt, können Sie hier angeben, welcher Drucker verwandt werden soll und welches Papierformat Sie benutzen möchten. In unseren Breiten dürfte Sie A4 am weitesten bringen. Entscheiden Sie zudem, ob Ihre Termine hoch oder quer gedruckt werden. Und sollten Sie statt des voreingestellten *kghostview* ein anderes Programm zur Druckervorschau verwenden wollen, haben Sie hier die Chance, dies dem KOrganizer mitzuteilen.

## 21.2.2 Virtuelle Eselsohren

Nachdem wir uns nun fast tot konfiguriert haben, werden Sie sich langsam fragen, ob man denn mit dem Terminplaner auch noch etwas anderes machen kann als Schriften oder Farben zu ändern. Seien Sie versichert, man kann (frau natürlich auch), und zwar so einiges.

Zuerst ist es wichtig, die unterschiedlichsten Ansichten kennen zu lernen, die Ihnen KOrganizer zur Auswahl anbietet: Welche es gibt, verrät Ihnen der Menüpunkt ANSICHTEN. Hier können Sie zwischen einer Auflistung Ihrer gesammelten Termine in purem ASCII-Text (AUFLISTEN), einer Tagesansicht (TAG) für den Montagmorgen, der Arbeitswoche (ARBEITSWOCHE), der vollen Woche (WOCHE) und der Monatsansicht (MONAT) fröhlich hin und her schalten. Und dabei ist Ihr Organizer sogar so clever, sich zwischen Ihren Sessions zu merken, welche Ansicht Sie beim letzten Besuch bevorzugt haben, und stellt Sie Ihnen bei einem erneuten Programmaufruf direkt zur Verfügung.

Wem die Hantiererei mit dem Pulldown-Menü zu lästig ist, erledigt das Umschalten zwischen den verschiedenen Ansichten eben per Mausklick auf die Kalender-Icons. Mit den Bildchen rechts und links vom aktuellen Monat blättern Sie Ihren Kalender jeweils einen Monat oder ein Jahr vor und zurück.

Ganz generell versorgt Sie jede Ansicht mit einer ganz speziellen Präsentation Ihrer Termine und Aufgaben. Gemeinsam ist Ihnen, dass ein Mausklick auf die jeweilige Verabredung diese zur weiteren Bearbeitung öffnet. Ein rechter Mausklick versorgt Sie mit einem Kontext-Menü, in dem Sie sich zwischen BEARBEITEN, LÖSCHEN etc. entscheiden können.

### 21.2.3 Termine, Termine

Wunderbar, jetzt müssen Sie nur noch Ihre Termine eintragen. Und mag der Termin auch noch so schwer sein, ihn einzutragen, ist sehr einfach: Klicken Sie bitte in der Menüleiste auf den Punkt AKTIONEN→NEUER EINTRAG, und schon erhalten Sie eine Eingabemaske (Abbildung 21.7), in der Sie alles Wissenswerte zu Ihrem Date eintragen können.

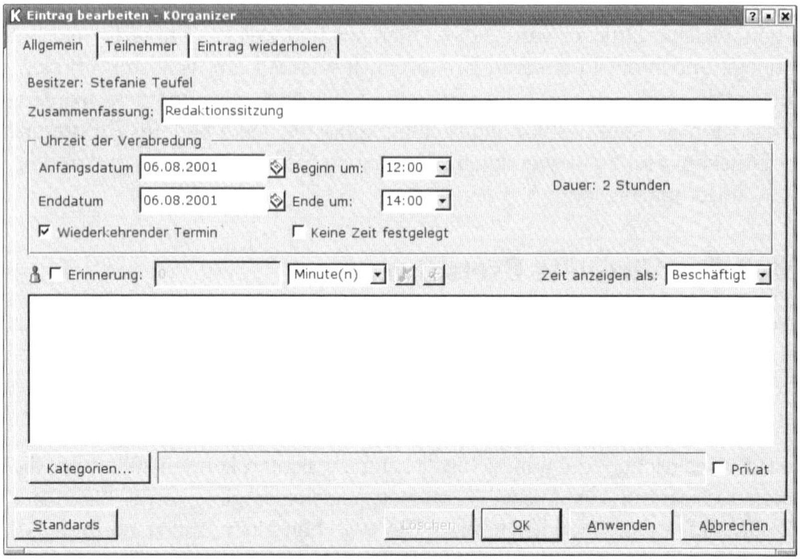


*Abb. 21.7: An dieser Redaktionssitzung muss ich jeden Montag teilnehmen ...*

Für wichtige Dinge, die unbedingt bis zu einem bestimmten Termin erledigt werden müssen, stellt Ihnen KOrganizer unter dem Punkt AKTIONEN→NEUE AUFGABE das passende Handwerkszeug zur Verfügung. Wie Sie in Abbildung 21.8 sehen, haben Sie unter dem Punkt TERMIN in der neuen Organizer-Version endlich auch die Möglichkeit, eine Deadline für die jeweilige Aufgabe festzuzurren. Ob man diese dann einhalten kann, hängt leider eher vom Projekt und nicht vom KOrganizer ab.

Sobald Sie Termine oder To-Dos eingetragen haben, werden diese in der von Ihnen gewählten Ansichtsform Ihren Wünschen entsprechend dargestellt (Abbildung 21.9).

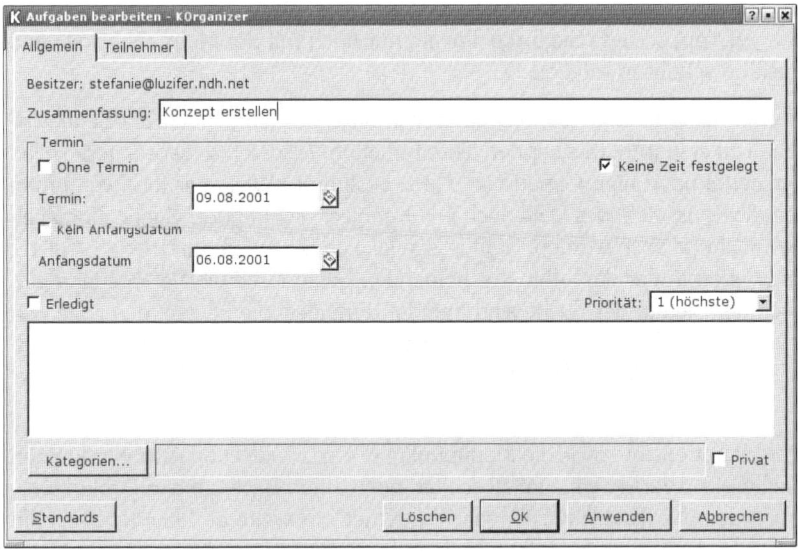


*Abb. 21.8: Manche Aufgaben müssen innerhalb einer bestimmten Zeit erledigt werden ...*

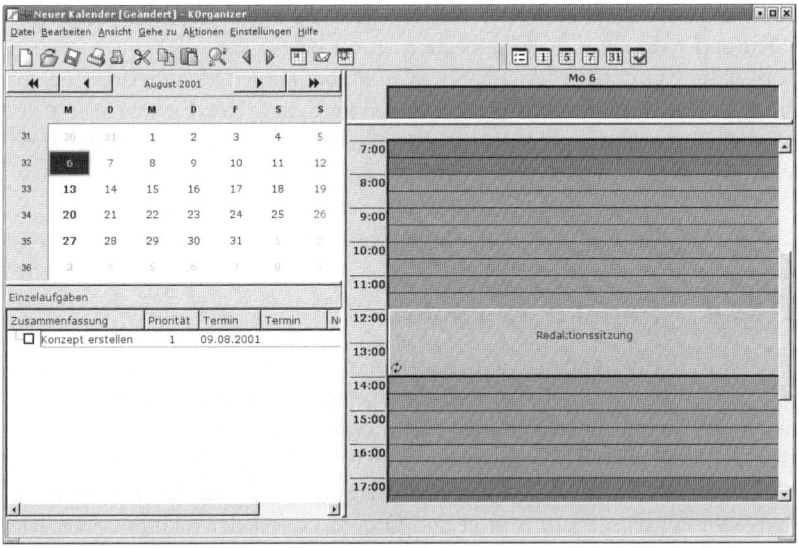


*Abb. 21.9: ... und der KOrganizer erinnert Sie daran*

Haben Sie die vorgemerkten Aufgaben erledigt, können Sie diese selbstverständlich – schon alleine um des befriedigenden Gefühls willen – mit einem Mausklick im linken unteren Fenster im Bereich EINZELAUFGABEN sofort abhaken. Und verschiebt sich mal ein Termin, brauchen Sie neuerdings nicht einmal mehr die Termin-Eingabemaske aufzurufen, um die Uhrzeit oder den Tag zu ändern: Denn mittlerweile versteht sich KOrganizer wunderbar auf Drag&Drop, so dass Sie Ihren Termin nur noch mit der Maus auf seine neue Position schubsen müssen.

Nun ja, eigentlich ist der KOrganizer ja dazu gedacht, Ihnen die Zettelwirtschaft zu ersparen. (Sie kennen diese Situation: Also, ich schwöre, gestern lag der Zettel noch hier. Genau hier. Ganz bestimmt.) Was aber tun, wenn man sein überaus wichtiges Date auch im Organizer nicht findet? Zuerst einmal eines: nicht panisch werden. Stattdessen klicken Sie auf BEARBEITEN→SUCHEN... und geben in der daraufhin erscheinenden Suchmaske die Verabredung ein, nach der Sie auf der Suche sind, nun ja, zumindest die Fetzen, derer Sie sich entsinnen. KOrganizer sucht *case insensitive*, dass heißt Klein- und Großschreibung werden nicht unterschieden, und akzeptiert Wildcards wie * oder ?.

Das Hauptfenster sowie die Menüpunkte EINSTELLUNGEN und AKTIONEN kennen Sie bereits. Werfen wir zum Abschluss noch einen Blick auf den Punkt DATEI. NEU oder das Tastenkürzel [Strg]-[N] öffnet ein weiteres Hauptfenster. Mit ÖFFNEN oder [Strg]-[O] laden Sie einen bestimmten, auf Ihrem System abgespeicherten Kalender im von KOrganizer verwendeten Dateiformat *vCalendar*. Ganz nebenbei hat dies den Vorteil, dass die Daten in *ASCII*-Form vorliegen und man sie – im Gegensatz zu proprietären Binärformaten – auch leicht ohne KOrganizer lesen kann. *vCalendar*-Dateien identifizieren Sie auf Ihrem Rechner leicht anhand der Dateiendung *.vcs*. Der Punkt ZULETZT GEÖFFNETE DATEIEN versorgt Sie mit den jeweils zuletzt geöffneten Kalendern und ermöglicht so einen schnellen Zugriff darauf. Mit Hilfe von KALENDER ZUSAMMENFÜHREN legen Sie zwei *vCalendar*-Dateien zusammen, und EXPORTIEREN→INTERNETSEITE überträgt den angewählten Kalender in eine *html*-Seite.

### 21.2.4 Panel & Konsole

Wie Sie in den vorangegangen Abschnitten gesehen haben, lassen sich im KOrganizer Termine mit Alarmschellen belegen. Das Anzeigen dieser alarmierenden Signale übernimmt ein Hilfsprogramm namens *alarmd*, das ganz automatisch mit dem KOrganizer gestartet wird. Dass das auch wirklich so ist, zeigt Ihnen ein kleines Korganizer-Kalender-Icon im Panel. Ein Klick mit der Maustaste auf dieses Icon startet den Organizer, mit der rechten Maustaste können Sie im Kontext-Menü den Alarm an- und abschalten.

Obschon ein X-Programm, verfügt KOrganizer über die eine oder andere nützliche Kommandozeilen-Option. Welche das genau sind, verrät Ihnen ein

```
stefanie@diabolo[~]>korganizer -h
```

Ganz praktisch sind die Optionen `-l` oder `--list` sowie `-s` oder `--show <numdays`. KOrganizer gibt Ihnen hiermit im ersten Fall Ihren aktuellen Kalender

auf der Kommandozeile aus. Bei der zweiten Option können Sie mittels <numdays> angeben, wie viele Tage ausgegeben werden sollen. Ein

```
stefanie@diabolo[~]>korganizer -s 2
```

würde Ihnen beispielsweise zusätzlich zum aktuellen Kalender noch den kommenden Tag mit ausgeben.

# 21.3 Verzetteln Sie sich nicht ...

Wem der KOrganizer nicht reicht, um alle Erledigungen im Kopf zu behalten, möchte vielleicht ergänzend noch das Programm *KNotes* einsetzen. KDEs virtuellen Zettelkasten starten Sie mit einem Klick auf DIENSTPROGRAMME→NOTIZEN. Stellen Sie sich KNotes am besten als die Computerversion der beliebten kleinen gelben Post-it-Zettel vor (Abbildung 21.10). Nicht umsonst ist die Ausgangsfarbe der elektronischen Notizzettel denn auch Gelb. Nach dem Aufruf finden Sie in Ihrer Startleiste ein kleines gelbes Notizblock-Icon, das Ihnen die Kommunikation mit den Notizzetteln erleichtern dürfte. Außerdem ploppt auf dem Desktop einer der gelben Zettelchen auf, namenlos und leer – bereit, von Ihnen mit Notizen gefüllt zu werden. Möchten Sie danach noch eine neue Notiz erstellen, klicken Sie mit der rechten Maustaste auf das Icon im Panel und wählen dort NEUE NOTIZ. Bingo – es erscheint ... genau: eines dieser gelben Zettelchen, namenlos und ...

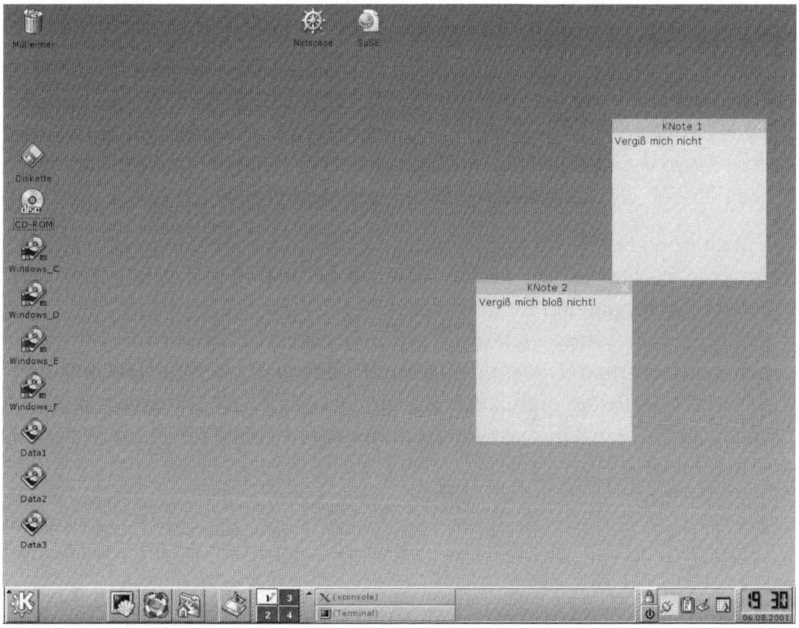


*Abb. 21.10: Nicht zu übersehen: die KDE-Variante der allseits beliebten Post-its*

Wem die grelle gelbe Farbe der Zettel ein wenig übertrieben erscheint, der sollte sich die Konfigurationsoptionen genauer anschauen. Einblick in diese erhalten Sie mittels eines rechten Mausklicks auf das Icon in der Startleiste. Wählen Sie dort bitte EINSTELLUNGEN an Außer der Vorder- und der Hintergrundfarben lässt sich im Bereich ANZEIGE noch die Größe der Notizzettel ändern. Auch die Schriftart können Sie im Bereich TEXTEINGABE Ihren Wünschen anpassen.

Die einzelnen »Zettel« verfügen selbst über ein Kontext-Menü, das Sie mit einem Klick der rechten Maustaste auf die Titelleiste des Zettels erhalten: DATUM EINFÜGEN tut das, was es verspricht, und mit NOTIZ LÖSCHEN killen Sie die Notiz. Und da die vom Programm vorgegebenen Namen *KNote 1*, *KNote 2* etc. einem vor lauter Originalität und Aussagekraft nicht gerade umbringen, erlaubt Ihnen der Punkt UMBENENNEN auch noch, Ihre Notizen dem Inhalt entsprechend umzutaufen.

# 21.4 Aufgaben

1. Wie tragen Sie im KOrganizer einen neue Verabredung ein? Denn vielleicht können Sie sich ja an jedes verabredete Date mit Ihrer Freundin erinnern, aber gilt selbiges auch für den nächsten Zahnarzttermin? Ich persönlich tendiere dazu, Letzteren gerne einmal zu »vergessen«.
2. Sie wollen mich in Ihr Adressbuch aufnehmen. Wie machen Sie das?

## 21.4.1 Antworten

1. Der Zahnarzttermin als solcher mag vielleicht schwer sein, ihn im KOrganizer einzutragen ist dagegen kinderleicht. Klicken Sie einfach auf AKTIONEN→NEUE VERABREDUNG. In der Eingabemaske können Sie dann haarklein alle näheren Umstände dieses Termins ergänzen.
2. Um eine neue Karte für mich anzulegen, öffnen Sie im Menü mit der Maus das Feld BEARBEITEN und klicken dort auf EINTRAG HINZUFÜGEN. In der daraufhin aufploppenden Eingabemaske können Sie dann meine Daten wie meine E-Mail-Adresse *s.teufel@ndh.net* oder die URL meiner Homepage, *http://linux01.gwdg.de/~steufel,* eingeben. Ach ja, und falls Sie mir zum Geburtstag gratulieren wollen: Der ist am *17.1.* Danach die Eingaben mit einem OK bestätigen, und schon befinde ich mich in Ihrem Adressbuch.

KAPITEL 22

# Allzeit bereit – der Cron-Dämon

Ärgern Sie sich auch immer, dass Sie diverse Geburts- und Hochzeitstage immer erst bemerken, wenn es sowieso fast zu spät ist? Möchten Sie sich Montagmorgens lieber von Ihrem Rechner und Ihrer MP3-Sammlung wecken lassen als vom ohrenbetäubenden Gerassel Ihrer Weckerkollektion? Wünschen Sie sich einen Rechner, der Ihre angesammelten Mails stets automatisch zu Niedrigtarifzeiten losschickt? Wer jetzt an Heinzelmännchen denkt, die es ja doch nicht gibt, hat die Rechnung ohne Linux gemacht: Lassen Sie sich doch einfach von einem hilfreichen Dämonen unterstützen.

*cron*, der Cron-Dämon, ist ein Programm, das Ihr System beim Booten ganz selbstständig durch das *cron-Skript* im Verzeichnis */etc/rc.d/init.d* startet – Sie müssen sich gar nicht weiter darum kümmern. Dieser dienstbare Geist läuft dann im Hintergrund und prüft Minute für Minute diverse Dateien Ihres Systems dahingehend ab, ob da nicht ein Userlein eine Aufgabe für ihn hinterlegt hat. In erster Linie kümmert er sich um das *crontab-File* in Ihrem */etc*-Verzeichnis.

```
stefanie@diabolo[/etc]> ls -la | grep cron*
drwxr-xr-x   2 root     root 1024 Sep 26 15:21 cron.d
drwx------   2 root     root 1024 Mar 26  1999 cron.daily
drwxr-xr-x   2 root     root 1024 Mar 26  1999 cron.hourly
drwxr-xr-x   2 root     root 1024 Mar 19  1999 cron.monthly
drwxr-xr-x   2 root     root1024 Mar 19  1999 cron.weekly
-rw-------   1 root     root  543 Mar 26  1999 crontab
```

Wie Sie oben sehen können, befinden sich in Ihrem */etc*-Verzeichnis zudem mehrere Verzeichnisse, die Aufgaben enthalten, die Ihr Linux-System täglich, stündlich, monatlich und wöchentlich bearbeitet.

Lassen Sie uns diese Verzeichnisse ein wenig näher untersuchen, und riskieren wir einen Blick in das *cron.daily*-Verzeichnis:

```
stefanie@diabolo[/cron.daily]> ls -la
total 18
drwxr-xr-x    2 root     root     1024 Aug 26 15:32 .
drwxr-xr-x   30 root     root     5120 Dec   6  23:11..
-rwx------    1 root     root     9294 Mar 30  1999 aaa_base
-rwxr-xr-x    1 root     root     1014 Feb 15  1999 cron.daily.local
-rwxr-xr-x    1 root     root     674 May   1  1999 tetex
```

Hier warten täglich zu erledigende Aufgaben auf cron. Besonders interessant dabei ist die Datei *cron.daily.local.* Darin hält *root* all jene wiederkehrenden Aufträge für cron fest, die für Ihr SuSE-Linux-System spezifisch sind. Wenn Sie Programme installieren, die von sich aus »wissen«, dass Sie täglich einen Routinejob erledigt sehen wollen, sorgt YaST (oder `rpm`) dafür, dass der richtige »Cronjob« in diesem Verzeichnis landet: So ist zum Beispiel die TeTeX-Distribution des Textsatzsystems TeX/LaTeX darauf aus, täglich nachzuprüfen, ob etwa ein neues Paket zur Unterstützung kyrillischer Texte oder ein paar Schreibschriften neu auf Ihrem Rechner hinzugekommen sind.

Es ist durchaus wichtig, dass Sie Ihre systemspezifischen, nicht von der Distribution vorgegebenen Aufgaben zur täglichen Beschäftigung Ihres Cron-Dämons in */etc/cron.daily/cron.daily.local* halten, damit Sie sie im Falle eines Updates Ihrer Distribution nicht verlieren.

Das `cron`-Kommando durchsucht jedoch nicht nur das */etc*-Verzeichnis, in dem nur *root* etwas ändern darf, sondern schnüffelt auf der Suche nach persönlichen *crontab*-Files bestimmter Benutzer auch durch das */var/cron/tabs*-Verzeichnis Ihres Systems. Wenn es die Datei */var/cron/deny* nicht durch einen Eintrag seines Benutzernamens verbietet, kann jeder Benutzer mit Hilfe des Kommandos `crontab -e` dafür sorgen, dass */var/cron/tabs* eine namentlich bezeichnete Aufgabenliste für cron enthält. Beispielsweise heißt meine private *crontab*-Datei */var/cron/tabs/stefanie.*

Bevor Sie `crontab -e` ausprobieren, sollten Sie das Kapitel über den *vi*-Editor aufgeschlagen neben sich legen: Zum Verfassen der Cronjobs ruft das Programm */usr/bin/crontab* nämlich genau dieses Schreckgespenst[1] auf den Plan ...

1. Oder gehören Sie schon zu den Glücklichen, die sich mit ihm angefreundet haben?

# 22.1 Wie erstellt man Aufträge für cron?

Die Cron-Dateien haben ein ganz spezielles Format, das genauestens in der *crontab*-Manpage beschrieben wird. Generell folgen sie dem Muster

```
Minute Stunde Tag Monat Wochentag Befehl
```

wobei jeder Eintrag durch (mindestens) ein Leerzeichen getrennt wird. Bei systemweiten *cron*-Einträgen, wie sie die oben erwähnte Datei */etc/crontab* enthält, muss *root* zwischen dem Wochentag und dem Kommandonamen noch festlegen, in wessen Namen cron einen Auftrag ausführen soll: Hier kommt also noch eine Spalte für den Benutzernamen hinzu. Die privaten Cron-Tab-Einträge benötigen dies nicht – schließlich sind sie schon personalisiert.

# 22.2 Der Inhalt der Felder

Innerhalb jeder Spalte kommen nur ganz bestimmte Einträge in Frage:

1. Minuten werden mit Werten zwischen 0 und 59 angegeben.
2. Stunden geben Sie mit Werten zwischen 0 und 23 an.
3. Tage werden mit Werten von 1 bis 31 spezifiziert.
4. In der vierten Spalte für den Monat können Sie entweder die Zahlen 1 bis 12 oder Abkürzungen wie jan, feb verwenden.
5. Die Wochentage in Spalte fünf geben Sie mit 0 bis 6 an. Für den Sonntag steht hier die 0. Alternativ können Sie auch mon, tue usw. verwenden – deutsche Monatskürzel versteht `cron` allerdings nicht.
6. Als Letztes folgt der Befehl, also das Programm oder Kommando, das `cron` für Sie ausführen soll.

Nehmen wir an, Sie wollen Ihren Cron-Dämon jeden Tag um 1 Uhr morgens aufscheuchen. Dazu müssten Sie für Minuten den Wert 0 eingeben und bei der Stunde 1. Die anderen Felder füllen Sie mit einem Stern, dem Jokerzeichen für Beliebigkeit: Das bedeutet dann *jeden Tag* und *jeden Monat* zur angegebenen Zeit. Der Eintrag

```
0 1 * * * /usr/bin/find /home/stefanie -name core -exec /bin/rm {} \;
```

in meiner privaten Cron-Tabelle veranlasst beispielsweise mein System, jeden Tag um 1 Uhr morgens mit dem Kommando `find` mein Home-Verzeichnis nach *core*-Dateien (den letzten Speicherabzügen eines abgestürzten Programms, aus denen Programmierer die Todesursache feststellen können – für

Normalbenutzer im Allgemeinen nur Plattenplatzverschwendung) zu durchsuchen und diese, falls vorhanden, zu löschen. Jedes Mal, wenn cron diese Aufgabe ausgeführt hat, schickt es mir zudem eine Mail, um seine Loyalität zu beweisen. Praktisch, nicht?

## 22.3 Fragen

1. Da Sie Tante Finchens Geburtstag sowieso nicht interessiert, wollen Sie sich ein für allemal aus der Affäre ziehen und beauftragen Ihre Linux-Kiste damit, ihr jedes Jahr am 21. Juli um 15 Uhr eine Glückwunsch-Mail zu schicken. Welcher Einzeiler in Ihrer persönlichen Cron-Tabelle, was Sie wünschen?

   a) `21 7 15 0 * echo "Herzlichen Glueckwunsch zum Geburtstag!"| mail finchen@lindenstr.de`

   b) `* 0 15 21 7 echo "Herzlichen Glueckwunsch zum Geburtstag!"| mail finchen@lindenstr.de`

   c) `0 15 21 Juli * echo "Herzlichen Glueckwunsch zum Geburtstag!"| mail finchen@lindenstr.de`

   d) `0 15 21 7 * echo "Herzlichen Glueckwunsch zum Geburtstag!"| mail finchen@lindenstr.de`

   e) `* 15 21 7 * echo "Herzlichen Glueckwunsch zum Geburtstag!"| mail finchen@lindenstr.de`

2. Theoretisch wissen, was Sie in Ihre Crontab schreiben müssen, ist das eine, den Befehl tatsächlich zu geben, das andere: Mit welchem Kommando editieren Sie Ihre persönliche CronTabelle?

   a) `cron /var/cron/tabs/Ihre_UserID`

   b) `joe /var/cron/tabs/Ihre_UserID`

   c) `crontab /var/cron/tabs/Ihre_UserID`

   d) `crontab -e /var/cron/tabs/Ihre_UserID`

   e) `crontab -e`

   f) `crontab -l /var/cron/tabs/Ihre_UserID`

   g) `crontab -r`

3. Was müssen Sie tun, wenn Sie `crontab -e` aufrufen und mitbekommen, dass Sie im *vi* gelandet sind, aber eigentlich mit dem *Joe* editieren wollten?

4. Sie haben vergeblich versucht, cron dazu zu überreden, Ihr morgendliches Aufwachen durch das Abspielen von MP3-Dateien per *xmms* zu verschönen? Was ist da schief gegangen?

## 22.3.1 Antworten

1. a) Dieser Cronjob möchte Finchen am 15.0. um 7.21 die Geburtstags-Mail schicken. Da es keinen nullten Monat gibt, wird sich `crontab` bei Ihnen beschweren:

   ```
   crontab: installing new crontab
   "/tmp/crontab.XXXXa01498":18: bad month
   errors in crontab file, can't install.
   Do you want to retry the same edit?
   ```

   Sagen Sie »y«, um den Fehler auszubessern.

   b) Hiermit würde Finchen an jedem 7. Tag der Woche (also Sonntag) sowie am 15.21. in der Geisterstunde (also zwischen 0 und 1 Uhr) jede Minute mit einer Glückwunsch-Mail bombardiert. Weil es keinen 21. Monat gibt, sondern nur zwölf, beschwert sich `crontab` bei Ihnen. Manche `cron`s nehmen die 7 für Sonntag gar nicht entgegen, bei ihnen ist Sonntag Nummer 0. Der *Cron-Dämon* von Paul Vixie, der bei SuSE, RedHat und vielen anderen Distributionen mitgeliefert wird, versteht beides.

   c) Leider nimmt `cron` keine deutschen Monatsnamen an; statt Juli hätten Sie Jul oder jul oder 7 schreiben müssen.

   d) Herzlichen Glückwunsch! Tante Finchen wird sich freuen!

   e) Haben Sie doch Erbarmen mit Finchen! Von 15.00 bis 15.59 jede Minute eine Mail gleichen Inhalts zu bekommen, ist selbst an Geburtstagen nicht so lustig!

2. a) `cron` ist der Cron-Dämon, der vom System gestartet wird und die ganze Zeit still und leise im Hintergrund vor sich hin werkelt. Er ist dafür zuständig, die Aufträge auszuführen, die in den Cron-Tabs notiert sind, aber er kann die Auftragsliste nicht ändern. Und Sie als normaler User dürfen ihn nicht einmal aufrufen ...

   b) Nein, einfach so mit Ihrem Lieblings-Editor auf Ihre Cron-Tabelle eintippen dürfen Sie nicht. Der Cron-Dämon kommt schließlich jede Minute angewackelt, um nach Aufträgen in Ihrer Cron-Tabelle zu sehen.

   Stellen Sie sich vor, Sie haben für die aktuelle Minute gerade einen halben Befehl abgespeichert, der für sich schon einen Sinn ergibt, meinetwegen `rm /home/stefanie/*`. Schreiben wollten Sie aber `rm /home/stefanie/*.txt~`! Und schon würde *crond* alle Dateien in Stefanies

Home-Verzeichnis ausradieren, statt nur die gewünschten Backup-Dateien.

Um solche Dinge zu vermeiden, müssen Sie zum Editieren Ihrer persönlichen Cron-Tabelle auf den Befehl `crontab` zurückgreifen. `crontab` ruft für Sie Ihren Lieblings-Editor auf und speichert, solange Sie nicht völlig fertig sind mit Ihrem Geschreibsel, alles in einer temporären Datei. Erst wenn Sie den Editor beenden, transferiert es die Datei in einem Rutsch ins *Spool*-Verzeichnis von `Cron`.

c) Schön wär's vielleicht, aber `crontab` weiß selbst, wo Ihre CronTabelle steht, und will das gar nicht von Ihnen hören. Außerdem gehört es zu den Kommandos, die unter allen Umständen mit einer Option aufgerufen werden wollen, die ihr Verhalten modifiziert.

d) Fast richtig – lassen Sie nur den Dateinamen weg.

e) Genau. Die Option `-e` steht für *edit*.

f) Hätten Sie nur `crontab -l` geschrieben, hätte Ihnen `crontab` Ihre aktuelle Cron-Tabelle zur Ansicht präsentiert. Aber mit dem überflüssigen Dateinamen ...

g) `crontab -r` löscht Ihre komplette Cron-Tabelle. Das ist natürlich auch eine Art des Editierens ...

3. Zunächst erst einmal aus dem vi rauskommen. Drücken Sie dazu vorsichtshalber die [Esc]-Taste, um in den Kommandomodus des vi zu gelangen, und tippen Sie anschließend `:q!` Damit wird jegliche, eventuell aus Panik begangene Änderung verworfen (es sei denn, Sie haben zwischendurch aus Versehen abgespeichert).

   In einem zweiten Schritt setzen Sie die Umgebungsvariable `EDITOR` auf `joe`:

   ```
   EDITOR=joe; export EDITOR
   ```

   in der bash,

   ```
   setenv EDITOR joe
   ```

   in der tcsh. Verewigen Sie diesen Eintrag gegebenenfalls in Ihrer *.bash_profile* bzw. *.cshrc*.

4. Da Linux ein Multiuser-System mit zudem optionaler grafischer Oberfläche ist, kann Cron nicht davon ausgehen, dass der Benutzer, dessen Job er ausführt, augenblicklich ein grafisches Display in seiner Verfügungsgewalt hat: Cron kann ja auch dann Ihren Anweisungen Folge leisten, wenn Sie ausgeloggt oder aus der Ferne auf einer Textkonsole eingeloggt sind.

Daher erfordert das Starten grafischer Programme durch Cron detailliertere Linux-/Unix-Kenntnisse.

Aber nicht verzagen! Schließlich gibt es auch MP3-Player für die Kommandozeile – z.B. `mpg123`. Wenn Sie dieses Programm installiert haben, probieren Sie einmal ein `mpg123 -b 2048`[1] `/Pfad/zu/Ihren/MP3-Dateien/*.mp3` auf der Kommandozeile – und benutzen Sie dieses Kommando für Ihren Cron- bzw. Weckjob.

1. Mit der Option `-b` reservieren Sie einen Puffer der nachfolgenden Größe (z.B. 2048 Kbyte), mit dem Sie Aussetzern vorbeugen.

Kapitel 23

# Die wichtigsten Dateien und Verzeichnisse

Puh, fast haben Sie dieses Buch geschafft! Und weil Sie sich nun so langsam zu einem Linux-Spezialisten entwickeln, möchte ich Ihnen auch nicht länger verheimlichen, welcher tiefere Sinn sich hinter den ganzen komisch benannten Verzeichnissen in Ihrem System versteckt.

Generell orientiert sich die Struktur des Linux-Dateisystems an Unix. Leider gab es auch bei den unterschiedlichen Unix-Varianten die verschiedensten Modelle, die bei den frühen Linux-Distributionen ohne ein klares Konzept zusammengewürfelt wurden. Aus diesem Grund wurde ein Standard für das Dateisystem ausgearbeitet, an den sich heute die meisten Distributionen mit ein paar Abweichungen halten. Hierbei handelt es sich um den so genannten *Filesystem Hierarchy Standard*, dessen Version 1.2 im März 1995 fertiggestellt wurde und an dem stetig weitergefeilt wird. Sie können ihn bei Bedarf im Netz unter der Adresse *http://www.pathname.com/fhs/2.0/fhs-toc.html* finden.

Grob vereinfacht können Sie sich das Linux-Dateisystem als einen (umgekehrten) Verzeichnisbaum vorstellen, dessen Zweige die Verzeichnisse bilden und seine Blätter die verschiedenen Dateien. Ausgangspunkt bildet das *Root-Verzeichnis*, also die Wurzel Ihres Systems, auf die alle anderen Teile aufsetzen. Die Wurzel befindet sich hierbei oben, die Blätter unten, wie das bei Bäumen in der Informatikwelt üblich ist – Informatiker sind eben manchmal seltsame Menschen.

Die *Root-Partition* enthält daher auch alle Dateien, die nötig sind, um Ihren Computer zu booten und in einen Zustand zu versetzen, der es ermöglicht, die anderen Teile Ihres Systems zu mounten. Sie beherbergt zudem noch Werkzeuge, die im Notfall helfen können, ein defektes System zu reparieren und – wenn auch das nicht mehr half – Daten vom Backup einzuspielen.

Wechseln Sie mit `cd /` in Ihr Root-Verzeichnis, und schauen Sie sich mit `ls -F` den Inhalt an, um einen ersten Eindruck von dem hierarchischen Aufbau zu gewinnen. Sie werden in etwa Folgendes sehen:

```
bin/     etc/     lost+found/    root/    usr/
boot/    home/    mnt/           sbin/    var/
dev/     lib/     proc/          tmp/     vmlinuz
```

# 23.1 Das /boot-Verzeichnis

Im */boot*-Verzeichnis finden sich die Dateien des LILO-Boot-Managers, den Sie bei der Installation kennen gelernt haben.

# 23.2 /lost+found

Ein solches Verzeichnis finden Sie im Root-Verzeichnis *jedes* ext2-Dateisystems (selbst auf einer Diskette). Sollte einmal der Verzeichniseintrag einer Datei gelöscht werden, ohne dass die dazugehörige Datei aus dem Dateisystem entfernt wird – was eher selten vorkommen dürfte –, so werden diese verlorenen Daten bei einem *Filesystem-Check* gefunden und durch einen Eintrag in diesem Verzeichnis wieder zugänglich gemacht.

Ein Filesystem-Check startet automatisch, wenn Sie Ihr System nicht ordnungsgemäß beendet haben (z.B. indem Sie den Reset-Schalter betätigt oder den Rechner einfach ausgeschaltet haben), durch expliziten Aufruf, nach einer einstellbaren Anzahl von Boot-Vorgängen seit dem letzten File-Systemcheck. Beim Boot-Prozess sehen Sie dann eine Meldung in der Art von »/dev/balfasel *has reached maximal mount count*«. Die Häufigkeit der automatischen Kontrolle können Sie durch `tune2fs` einstellen.

# 23.3 /bin

`bin` ist die Kurzform für *Binaries*, also ausführbare Programme. Das entspricht in etwa den *.exe-Dateien*, die Sie vielleicht aus DOS oder Windows kennen. Schauen wir uns auch hier wieder mit `ls -F` den Verzeichnisinhalt noch ein wenig näher an:

```
stefanie@diabolo[/]> ls -F /bin

applix@    date*      gzip*     nisdomainname@su*
arch*      dd*        hostname*                    ping*       sync*
ash*       df*        kill*     ps*                tar*
ash.static*           dmesg*    ksh*               pwd*        tcsh*
awk@       dnsdomainname@ln*                       red@        touch*
basename*             doexec*   login*             rm*         true*
bash*      domainname@          ls*                rmdir*      umount*
bru*       echo*      mail*     rpm*               uname*
bsh@       ed*        mkdir*    rview@             usleep*
cat*       egrep*     mknod*    rvim@              vi@
chgrp*     ex@        mktemp*   sed*               view@
chmod*     false*     more*     setserial*         vim*
chown*     fgrep*     mount*    sh@                ypdomainname@
cp*        gawk*      mt*       sleep*             zcat*
cpio*      grep*      mv*       sort*              zsh*
csh@       gunzip*    netstat*  stty*
```

Sicher kommen Ihnen Kommandos wie `ls`, `rm` oder `cp` bekannt vor. Dabei handelt es sich durchweg um elementare Linux-Kommandos, die von allen Benutzern (nicht nur von *root* wie die Dateien in */sbin)* ausgeführt werden dürfen. Bei diesen Kommandos handelt es sich um die tatsächlichen Programme. Geben Sie beispielsweise das Kommando `ls` ein, so starten Sie damit das Programm `/bin/ls`. Wie Sie sehen, haben die meisten Dateien einen Asterisk, ein »*«, an den Dateinamen angehängt. Dies symbolisiert, dass es sich dabei um ausführbare Programme handelt.

## 23.4 /sbin

Dieses Verzeichnis enthält genau wie *bin* ausführbare Programme. Im Unterschied zu */bin* handelt es sich hier aber um Programme, die zur Systemverwaltung nötig sind. Im Gegensatz zu den Dateien im */bin-Verzeichnis* sind diese jedoch in der Regel nur mit *root-Rechten* zu starten.

```
stefanie@diabolo[~]> ls -F /sbin
adjtimex*   fsck.minix*  kbdrate*    nwmsg*         rrestore@
arp*        ftl_check*   kerneld*    pam_filter/    runlevel*
badblocks*  ftl_format*  killall5*   pamconfig*     scsi_info*
bg_backup*  genksyms*    ksyms*      pcinitrd*      shutdown*
bg_restore* getty*       ldconfig*   pidof@         sln*
bootpc*     halt*        lilo*       pnpdump*       sulogin*
cardctl*    hdparm*      losetup*    poweroff@      swapoff@
cardmgr*    hwclock*     lsmod*      probe*         swapon*
cfdisk*     ide_info*    mgetty*     pwdb_chkpwd*   taper* clock@
chkconfig*  ifconfig*    mingetty*   quotacheck*    telinit@
ctrlaltdel* ifdown*      mkdosfs@    quotaoff@      tune2fs*
```

```
debugfs*    ifport*         mke2fs*      quotaon*       udosctl@
depmod*     ifup*           mkfs*        rarp*          umssetup@
dhcpcd*     init*           mkfs.ext2*   rdump@         umssync*
dump*       insmod*         mkfs.minix*  reboot@        update*
dumpe2fs*   insmod.static*  mkfs.msdos*  request-route* uugetty*
e2fsck*     install-info*   mkinitrd*    restore*       vgetty*
fdisk*      installkernel*  mkswap*      rmmod*
fsck*       ipfwadm*        modprobe*    rmt*
fsck.ext2*  isapnp*         netreport*   route*
```

## 23.5 /dev

Die Dateien des Verzeichnisses */dev* sind so genannte Gerätedateien. Jedes Stück Hardware in Ihrem System – sei es der Hauptspeicher, die Maus oder eine Festplattenpartition – wird dadurch repräsentiert. Gerätedateien ermöglichen den Zugriff auf die Systemressourcen und Geräte wie Festplatten, Modems, die Grafikkarte oder den Hauptspeicher. Es handelt sich dabei nicht um Dateien im eigentlichen Sinn; allerdings erscheinen sie den Anwendungsprogrammen, die auf sie zugreifen müssen, wie normale Dateien, die sie lesen können, auf die geschrieben werden kann und die sie benutzen können.

HINWEIS

Wundern Sie sich nicht, wenn Sie unter */dev* Einträge für Geräte finden, die auf Ihrem System gar nicht vorhanden sind. In der Regel werden die *device files* bei der Installation automatisch angelegt, und sie sollen alle möglicherweise vorhandenen Geräte abdecken. Dies dürfte in den seltensten Fällen mit der Hardware Ihres Systems übereinstimmen.

Im Folgenden bezeichnet ein Stern »beliebige Zeichenkombinationen« – beispielsweise bezeichnet `fd*` alle Dateien, deren Name mit *fd* beginnt. Ja, richtig, Sie erinnern sich: * ist eine Wildcard. Wissen Sie auch noch, dass das Fragezeichen ? für ein beliebiges Zeichen steht?

Die wichtigsten Gerätedateien im Überblick:

- */dev/fd0* bezeichnet das erste Diskettenlaufwerk, */dev/fd** die weiteren.
- Die verschiedenen */dev/ttyS**- und */dev/cua*-Gerätedateien* ermöglichen den Zugriff auf die seriellen Schnittstellen.
- Gerätedateien mit */dev/hd** beziehen sich auf IDE-Festplatten. */dev/hda* beispielsweise symbolisiert Ihre gesamte erste Festplatte. Diese werden jedoch von Linux noch weiter unterteilt, so dass sich */dev/hda1* auf die erste Partition dieser Festplatte bezieht.

- SCSI-Geräte werden unter Linux mit dem Präfix */dev/s** angesprochen. Haben Sie statt einer IDE-Platte eine SCSI-Festplatte, so finden Sie Ihre erste Partition demnach unter */dev/sda1* statt unter */dev/hda1*. Bandlaufwerke werden mit *st** angesprochen, die immer weiter verbreiteten SCSI-CD-ROMs mit *sr**, manchmal auch mit *scd**.
- Den Zugriff auf parallele Schnittstellen für den oder die Drucker bieten die Gerätedateien */dev/lp**, wobei */dev/lp0* dem Ihnen vielleicht schon aus DOS bekannten *LPT1* entspricht. *lp1* ist der eigentliche Standardport, dem normalerweise der Interrupt 7 zugeordnet ist.
- */dev/null* stellt das Datengrab Ihres Linux-Systems dar. Alles, was dorthin verschoben wird, verschwindet auf Nimmerwiedersehen. */dev/null* eignet sich auch vorzüglich dazu, lästige Logfiles auf die Größe von 0 zu trimmen, ohne den loggenden Daemon zu ärgern. `cat /dev/null >logfile` führt zu diesem Erfolg.

## 23.6 /etc

In diesem Verzeichnis finden Sie alle Konfigurationsdateien für das Basissystem. Hier finden Sie die Dateien, die den Boot-Prozess Ihres Rechners steuern, Ihre Tastaturbelegung, welche Partitionen automatisch gemountet werden, Konfigurationsdateien des TCP/IP-Netzwerks und viele mehr.

Die wichtigsten Dateien im Einzelnen:

### 23.6.1 /etc/rc.d/rc, /etc/rc.d/init.d/*, /etc/rc.d/rc?.d/*

Hier sind die Skripten enthalten, die von Linux beim Boot-Prozess abgearbeitet werden. Bei Ihrer Linux-Distribution, der SuSE, befinden sich diese Skripten auch unter */sbin/init.d*. Da diese Verzeichnisse gegeneinander gelinkt sind, macht es eigentlich keinen Unterschied, ob Sie nun in */sbin/init.d* oder in */etc/rc.d* nach den jeweiligen Dateien Ausschau halten.

### 23.6.2 /etc/passwd

Das ist die Benutzerdatenbank Ihres Linux Rechners. Sie enthält den Benutzernamen, den Namen und das Home-Verzeichnis der Anwender; außerdem sind hier das verschlüsselte User-Passwort und die Login-Shell verzeichnet. Da SuSE (und die meisten anderen Distributionen) heutzutage mit *Shadow-Passwörtern* arbeiten, suchen Sie allerdings meist vergeblich in */etc/passwd* nach dem verschlüsselten Passwort. Es steht stattdessen in */etc/shadow*.

### 23.6.3 /etc/fstab

Diese Datei listet die Dateisysteme auf, die beim Start des Systems automatisch mit dem Kommando `mount -a` gemountet werden.

### 23.6.4 /etc/group

Ähnlich wie in */etc/passwd* werden hier die Benutzergruppen und ihre Mitglieder festgehalten.

### 23.6.5 /etc/ld.so.conf

Hier werden die Verzeichnisse angegeben, in denen das Programm `ldconfig` nach *Shared Libraries* sucht, die von mehreren Programmen gemeinsam genutzt, das heißt, beim Programmstart hinzugeladen werden.

### 23.6.6 /etc/profile, /etc/csh.cshrc

Diese beiden Dateien werden von den entsprechenden Login-Shells aller Benutzer eingelesen und als Shell-Skript ausgeführt. Hier vorgenommene Einstellungen hinsichtlich der Shell-Umgebung gelten systemweit für alle User. */etc/profile* gilt hier für Benutzer der pdksh, der sh und der bash; */etc/csh.cshrc* wird von der csh und der tcsh eingelesen.

## 23.7 /usr

Die bisher vorgestellten Dateien und Verzeichnisse sind für den Betrieb Ihres Linux-Systems unerlässlich. Viele der Programme, die Sie im */usr-Verzeichnis* vorfinden, sind optional und nicht unbedingt zum korrekten Betrieb nötig. Allerdings wäre Ihr Linux-Leben ziemlich uninteressant, wenn es das */usr-Verzeichnis* nicht gäbe, und Sie müssten sich mit zwar nützlichen, aber auf die Dauer doch langweiligen Programmen wie `ls` oder `cp` begnügen. */usr* enthält alle großen Anwendungsprogramme, das komplette X Window System, das TeX-Satzsystem, den GNU-C-Compiler und noch vieles mehr. Die wichtigsten Verzeichnisse im Einzelnen sind:

### 23.7.1 /usr/X11R6

Hier versteckt sich das X Window System, die grafische Benutzeroberfläche Ihres Linux-Systems, mit all seinen ausführbaren Programmen, den Konfigurations- und Hilfsdateien.

## 23.7.2 /usr/bin

Das Warenlager für Software. Hier tummeln sich die ausführbaren Programme, die nicht so recht nach */bin* passen wollten.

## 23.7.3 /usr/doc

Dokumentationen, FAQs und Howtos. FAQs sind *Frequently Asked Questions*, also häufig gestellte Fragen (und die Antworten dazu); Howtos sind Anleitungen zur Konfiguration, Installation und zum Betrieb von Teilsystemen wie zum Beispiel des ISDN-Systems.

## 23.7.4 /usr/dict

Dieses Verzeichnis enthält Wörterbücher und verwandte Daten.

## 23.7.5 /usr/lib

Hier finden Sie alle Daten, die von den Programmen zur Laufzeit benötigt werden – seien es Makros für die verschiedenen Textverarbeitungssysteme oder Funktionsbibliotheken für die verschiedenen Compiler. Den Löwenanteil belegt der *gcc*, der C-Compiler.

## 23.7.6 /usr/local

*/usr/local* könnte man als Auffangbecken der lokalen Programme betrachten. Es entspricht weitgehend dem Verzeichnis */usr.* Um jedoch eine deutliche Trennung zwischen der originalen Distribution und lokalen Erweiterungen zu erreichen, gibt es mit */usr/local* eine Hierarchie von Verzeichnissen, die weitgehend der des */usr-Verzeichnisses* entspricht. Im schon erwähnten Filesystem-Standard wurde daher festgelegt, dass keine Linux-Distribution Daten in diesem Zweig des Verzeichnisbaums anlegen darf, sondern dass hier nur zusätzliche von Ihnen installierte Programme zu finden sein sollen.

## 23.7.7 /usr/src

Dieser Teil des */usr-Verzeichnisses* soll die Quelltexte (Sourcen) für alle Standardprogramme enthalten, die Aufteilung bleibt Ihnen als Systemverwalter überlassen. Den interessantesten Teil dürfte */usr/src/linux* bilden, in dem sich die Kernel-Sourcen finden lassen und den Sie ansteuern müssen, wenn Sie Ihren Kernel kompilieren wollen.

### 23.7.8 /usr/share/man

Hier versammeln sich die Manpages Ihres Linux-Systems.

## 23.8 /opt

Das Verzeichnis */opt* wurde von den Entwicklern des Filesystem-Standards für kommerzielle Erweiterungssoftware vorgesehen, die nicht Bestandteil einer Linux-Distribution sind. In der Regel installieren sich die Office-Pakete wie *ApplixWare* oder *StarOffice* in diesen Teil des Verzeichnisbaums. Auch *KDE* und *Gnome* können hier angesiedelt werden, und wenn Sie einmal nachschauen, werden Sie feststellen, dass das auf Ihrer SuSE-Distribution auch tatsächlich der Fall ist.

## 23.9 /home

Unter */home* befinden sich die privaten Verzeichnisse, die Heimatverzeichnisse aller Systembenutzer. Das Home-Verzeichnis ist gleichzeitig das Verzeichnis, in dem man sich direkt nach dem Einloggen automatisch befindet. In Ihrem Home-Verzeichnis können Sie nach Belieben Unterverzeichnisse anlegen, Dateien speichern oder löschen. Generell befinden sich hier auch Ihr privates Mail-Verzeichnis sowie die individuellen Initialisierungsdateien, mit denen Sie Ihre Arbeitsumgebung auf Ihre persönlichen Bedürfnisse zuschneiden können (z.B. *.Xclients, .chsrc, .Xmodmap, .emacs* etc.).

## 23.10 /proc

*/proc* bildet Ihr Prozess-Dateisystem und enthält Unterverzeichnisse für alle laufenden Prozesse. Auf die einzelnen Dateien soll hier nicht näher eingegangen werden, für nähere Informationen empfiehlt sich die Lektüre der Manpage zu `proc`.

Was Sie sich im Zusammenhang mit dem */proc-Verzeichnis* immer vergegenwärtigen sollten, ist, dass es sich dabei nur um ein Abbild betriebssysteminterner Daten handelt, die keinen Speicher auf Ihrer Festplatte belegen. Ein beliebter Anfängerfehler ist der Versuch, die Datei */proc/kcore* zu löschen.

```
stefanie@diabolo[~]>ls -l /proc/kcore
-r--------   1 root     root     134156288 Sep  8 22:31
```

Wie Sie sehen, ist diese mit über 134 Mbyte ziemlich umfangreich, und der Reiz, sie zu löschen, um Platz zu sparen, recht groß. Allerdings handelt es sich dabei nur um das virtuelle Abbild des auf Ihrem System installierten Arbeitsspeichers plus 4 Kbyte, ein Löschen dieser Datei können Sie demnach nur erreichen, wenn Sie den Arbeitsspeicher aus Ihrem System entfernen.

# 23.11 /lib

Dieses Verzeichnis beherbergt die *Shared Libraries* für die dynamisch gelinkten Programme Ihres Linux-Systems. Weitere Shared Libraries finden sich in */usr/lib* und */usr/X11R6/lib*.

Da sich leider nicht unbedingt alle Shared Libraries im standardmäßig durchsuchten Verzeichnis */lib* installieren, gibt es das Programm `/sbin/ldconfig` und die Datei */etc/ld.so.conf*, die Ihrem Linux sagt, wo es noch nach diesen Programmbibliotheken suchen soll.

# 23.12 /var

Das */var-Verzeichnis* enthält die veränderlichen Dateien des Systems, sprich die Daten, die sich beim Betrieb Ihres Rechners ändern.

```
stefanie@diabolo[~]> ls -F /var
adm/  lib/  log/  named/ run/xig/
catman/local/lost+found/ nis/  spool/ yp/
dhcpd/ lock/  mars_nwe/    preserve/tmp/
```

Die wichtigsten Unterverzeichnisse sind dabei:

## 23.12.1 /var/catman

Das Cache-Verzeichnis für formatierte Manpages. Obwohl die meisten Manpages sich nach der Installation schon vorformatiert auf Ihrem System befinden, gibt es doch ein paar, die bei ihrem erstmaligen Aufruf formatiert werden müssen (keine Angst, das geschieht automatisch). Diese formatierten Versionen lagert Linux dann selbständig im Verzeichnis */var/catman* ein, damit der nächste User nicht wieder warten muss, bis die Manpage formatiert wurde.

### 23.12.2 /var/lock

Viele Programme erstellen automatisch ein so genanntes *Lockfile*, um anzuzeigen, dass sie ein spezielles Gerät oder eine spezielle Datei benutzen. Andere Programme erkennen dieses Lockfile und versuchen so nicht, die jeweiligen Geräte oder Dateien zu benutzen. Sämtliche Lockfiles werden von Linux in */var/lock* deponiert.

### 23.12.3 /var/log

Beherbergt sämtliche von Linux produzierten Protokoll- oder *Logdateien*.Die für den Systemverwalter relevantesten Einträge befinden sich unter */var/log/messages*, in denen sich alle Kernel- und Programmmeldungen finden lassen.

HINWEIS

Die Dateien im */var/log-Verzeichnis* können im Laufe der Zeit auf eine beträchtliche Größe anwachsen und müssen ab und an gelöscht werden, eine Aufgabe, die man durch einen *Cronjob* automatisieren kann.

### 23.12.4 /var/spool

Hier finden Sie die Verzeichnisse für Mail, News, zwischengespeicherte Druckerjobs etc. Dabei hat jedes Programm sein eigenes *Spool-Verzeichnis*. Beispielsweise sind die Mailboxen der User unter */var/spool/mail* zu finden.

## 23.13 Fragen

1. Ihr Freund, der sich gerade Linux installiert hat und mit all dem »kryptischen Dateigefuddel«, wie er sagt, nun so gar nichts anfangen kann, will kurz entschlossen die Datei */proc/kcore* löschen, um die heiß ersehnten knapp 130 Mbyte Plattenplatz zurückzugewinnen. Was entgegnen Sie ihm?

2. Sie möchten besagtem Freund einen Gast-Account auf Ihrem Rechner einrichten. Der Gute ist nicht nur ein wenig schusselig mit dem Linux-Dateisystem, sondern auch ein ganz klein wenig paranoid, weshalb er Ihnen sein Passwort verschlüsselt zumailt und Sie bittet, es in der passenden Datei gegen das von Ihnen festgelegte auszutauschen. Wo fangen Sie an zu suchen?

### 23.13.1 Antworten

1. Seien Sie fair, und geben Sie zu, dass Sie ihn um seine 128 Mbyte Arbeitspeicher beneiden, bevor Sie ihm erklären, dass es sich bei der Datei nur um das virtuelle Abbild des auf seinem Rechner installierten Arbeitsspeichers handelt.
2. Sie müssen in diesem Falle die Datei */etc/passwd* editieren, in der Sie ihn – falls er Sie einmal zu sehr ärgern sollte – flugs auch mit einer neuen Login-Shell beglücken können, da diese neben verschlüsseltem Passwort, Usernamen, Namen und Home-Verzeichnis auch in dieser Datei festgelegt wird. Und wenn Sie sich für Shadow-Passwörter entschieden haben, müssen Sie stattdessen in der Datei */etc/shadow* herumeditieren.

# Stichwortverzeichnis


.. 184
.bash/profile 174
.bash_profile 180, 326
.bashrc 174, 179
.chsrc 464
.dir_colors 192
.emacs 464
.exe-Dateien 458
.fetchmailrc 320, 322, 356
.login 82, 84
.muttrc 285, 324, 328, 356
.pgp 358
.procmailrc 341
.profile 62, 82, 84, 174
.rpmorig 159
.rpmsave 159
.Xdefaults 191
.Xmodmap 464
/ siehe auch Root-Dateisystem 238, 458
/.bash/login 174
/.mc/ext 284
/bin 458
/boot 458
/dev 460
/dev/bbtv* 268
/dev/cua* 460
/dev/fd0 460
/dev/hd* 460
/dev/lp* 461
/dev/null 376, 461
/dev/ttyS* 460
/dev/video* 268
/etc 169, 233, 449, 461
/etc/csh.cshrc 204, 462
/etc/fstab 462
/etc/fstab, siehe fstab 240
/etc/group 462
/etc/inetd.conf 397
/etc/inittab 62, 237
/etc/ld.so.conf 82, 84, 462, 465
/etc/leafnode/config 397
/etc/mail/userdb 312
/etc/mail/userdb.db 312
/etc/modules.conf 268, 272, 277
/etc/pap-secrets 300
/etc/passwd 461, 462, 467
/etc/ppp/options 300
/etc/profile 174, 180, 204, 462
/etc/rc.config 233
/etc/resolv.conf 300
/etc/shells 178
/etc/syslog.conf 237
/home 464
/lib 465
/lost+found 458
/proc 464
/proc/kcore 464, 466
/sbin 459
/sbin/init.d/boot 238
/siehe auch Root, Dateisystem
/usr 462
/usr/bin 463
/usr/dict 463
/usr/doc 463
/usr/lib 463, 465
/usr/lib/kbd/keymaps/i386/qwertz 231, 235
/usr/local 463
/usr/man 464
/usr/src 463
/usr/src/linux 463
/usr/X11R6 462
/usr/X11R6/lib 465
/var 465
/var/catman 465
/var/lock 466
/var/log 466
/var/log/messages 205, 466
/var/spool 466
/var/spool/mail 466
<jstarrc 138
^M am Zeilenende 418
_ 244

~/.pgp 362
3D-Beschleunigung der Grafikkarte 55

**A**
Abiword 431, 435
– Funktionsumfang 432
Abmelden, siehe Ausloggen
Abonnieren von Newsgruppen 393
Account 293, 312, 321
Adabas 431
ADSL
– konfigurieren 303
Affengriff 62
Afterstep 77
Akronyme 318
alarmd 446
Alternates 336
anonymous ftp 287
anonymous login 123, 375, 416, 423
Anti-Aliasing 102, 104
ApplixWare 464
apropos 190, 199, 208
Arbeitsspeicher, siehe auch RAM
– gecached 248
Argument 229
Arial 103
Artikelgröße beschränken
– beim Newsfetchen 400
aRts 107, 267
ASCII-Übertragungsmodus 418, 426
Asterisk 459
ATAPI 25, 275
Attachments 308, 309, 326, 336, 405
Aufgaben, täglich wiederkehrende 450
Ausführrechte 192, 225
Ausloggen 60

**B**
Backslash 173
Backticks 139
Backup-Datei 187, 218, 220
Bandlaufwerke 461
bash 171, 178, 462
Bcc 307
Befehls-History 175
Befehlswiederholung 175
Benutzer-ID 361, 363
Benutzerkonto 61, siehe auch User-Account
Besitzer ändern 225
Binaries 458
Binärmodus 418, 426
BIOS 24, 25, 47, 61
– Bootreihenfolge ändern 38
Blind carbon copy (BCC) 307
Bookmarks 373
– für gftp 423
bootdisk 30
Bootdiskette 25, 28, 38
– erstellen 28
Bootloader 207
Boot-Prompt 47
Boot-Prozess 24, 47, 458, 461
bouncen 308
Bt848 Chipsatz 268
btree_ 312
bttv-Chipsatz 268
bunzip2 157
bzip2 157

**C**
c.o.l.a 414
Canceln 412
case insensitive 446
case-sensitive 50, 308
cat 195, 203, 204, 219, 229
CB-Funk 381
Cc, Carbon copy 307
C-Compiler 463
cd 168, 176, 183, 207, 229, 417
CD-Datenbank Editor 259
CDDB 257, 259, 277
– CDDB-Server neu einlesen 258
– lokale Datenbank 256, 260
– Pfad zur lokalen Datenbank 258
– Proxy einstellen 258
– Titel bearbeiten 259
CDE 97
CD-Player 255
cdrecord 274, 278
– -scanbus 275

CD-ROM 25, 26, 239
– brennen 274
– CD-ROM-Laufwerk als User öffnen 239
– Dateisystem 240
– device busy 240
– Laufwerk öffnen 240
– per Mausklick zugreifen 129
– Programme ausführen 240
Channel, siehe auch Kanäle im IRC
Channelhopping 385
Channeloperatoren 383
CHAP 294
Chat 381
chmod, siehe auch Zugriffsrechte ändern 224, 229, 286
chown, siehe auch Besitzer ändern 224, 225, 286
chsh 178
Clipboard 128
COM1 24
COM2 24
command.com 172
Compiler 167, 463
config.txt 358
configure 168
– Funktionsweise 168
Cookies 113, 114
cookies.txt 113
cp 214, 219, 229, 459, 462, siehe auch Dateien und Verzeichnisse kopieren
CPU 25
Cron 212, 449
– Benutzung für Benutzer verbieten 450
– Dämon 449
– Skript 449
– Tabs, persönliche 450
cron.daily.local 450
Cronjobs 189, 450, 466
– Format 451
– für Leafnode 402
crontab 450
crossposten 400
Crosspostings 414
– herausfiltern 400

**D**

Daemons 313, 461
Dateiart herausfinden, siehe file 284
Dateien
– Anfang anzeigen, siehe head
– leer anlegen 211
– Zugriffsdatum ändern 211
Dateien und Verzeichnisse
– anhängen 196
– anzeigen 195
– ausdrucken 226
– durchnummeriert ausgeben 196
– Ende anzeigen 205
– finden 185
– kombinieren 196
– kopieren 122, 219
– löschen 122, 212
– seitenweise anzeigen 203
– suchen 133
– umbenennen 217
– verschieben 122, 123
Datei-Manager 279, 421
Dateinamensergänzung, siehe Shell
– Befehlszeilenergänzung 418
Dateisysteme 33
DAU 414
dBase 431
de-latin1 231
de-latin1-nodeadkeys 231
delaybody 399
depmod 272, 278
device files, siehe Gerätedateien
df
– human-readable 246
DHCP 304
Dial-On-Demand 303
dir 417
DIR_COLORS 192
Diskette
– Laufwerk 460
– Laufwerk mounten 240, 241
– Linux-Dateisystem erstellen 241
– mit DOS-Disketten unter Linux arbeiten 241
– unter Linux formatieren 241
Diskettenlaufwerk 25
Diskussionsgruppen, siehe Usenet

display 284
DNS 27
Domain 27, 310, 406
DOS-Bootdiskette erstellen 35
Drag&Drop 122, 166, 351
Druckaufträge
– betrachten 226
– löschen 226
Drucken, über die Kommandozeile 226
Drucker 24, 461
– -Daemon 226
– Konfiguration ändern 69
– Papiertyp 67
– Verwaltung 69
Druckertreiber 67
DSL-Modem 303
DVD 25
dynamisch gelinkte Programme 465
dynamische IP 303

**E**

echo 181
Editor 197
edlin 141
ee 284
EHLO 314
Eingabeaufforderung 171
einloggen 59
elementare Kommandos 459
Emacs, siehe XEmacs
E-Mail 305
– Adresse 113, 307, 420
– Body 305
Emoticons 317
Empfangsbestätigungen 334
Envelope-Absender 333, 334
errors.txt 35
erweiterte Partitionen, siehe extended partitions
esd 267
Ethernetkarte 293, 303
Eudora 355
Euro-ISDN 301
exit 60
expire, siehe Newsartikel löschen 398
Explore2fs 34
ext2 34, 241, 248, 458
extended partitions 34

**F**

FAQ 394, 463
Farbdrucker 67
FAT16 34
FAT32 33, 34
fdformat 241
Fenster
– Größe ändern 116
– ikonifizieren 116
Festplatte 25, 26, 460
– defragmentieren 35, 44
– IDE 26
– partionieren 32
– SCSI 26
– Tuning 74
fetch 401
fetchen 397
Fetchmail 310, 377, 378
fetchmail 319, 356
– .fetchmailrc erstellen 320
– Daemon-Mode 323
– die wichtigsten Kommandozeilen-Optionen 321
– konfigurieren 320
– Mails abholen 322
– mehrere Mail-Accounts abrufen 321
fetchmailconf 320
fetchmsttfonts 103
fetchnews 400
fg, siehe Prozess
– in den Vordergrund holen 252
file 284
Filesystem Hierarchy Standard, siehe Filesystem-Standard
File-Systemcheck 458
Filesystem-Standard 463, 464
find 185, 194
– exec 187
– Suche auf aktuelles File-System beschränken 186
Fips 35
fips 33, 35
Firewall 76, 297

Flame 316, 410, 412
- Baits 411
- Thread 410
Flash 114
- Player 374
Follow-up 410
Forte Agent 344, 393, 397, 399
fortune 179
FQDN 76, 406
free 248
Frequently Asked Questions, siehe FAQ
Freshmeat 63
From-Header 312
From-Zeile 307
fstab 238
- ein Dateissystem hinzufügen 238
FTP 415, 426
- Client 287
- File System 287
- Programm 415, 419, 425
- Server 123, 127, 287, 416, 420
ftpfs 287
Funktionsbibliotheken 463
FVWM 77

**G**

Gateway 27
gcc 463
GDI-Drucker 27
Geburtstagsmail automatisch 452
Gerätedateien 460
get 417, 419
gftp 419
- Dateien downloaden 422
- Options 420
gläserner Anwender 113
gmc 421
- grafische Version des Gnome-Projekts 280
Gnome 419, 425, 464
GNU-C-Compiler 462
Google 113
Google Groups 406
Grafikkarte 26, 460
- Chipsatz 26
- passende Newsgruppe 392
grep 188, 251
groupexpire 398
groupinfo 401
GUI 77
gunzip
- Dateien dekomprimieren 156
GUUG 294
gzip 153, 284, 418, 419
- Dateien komprimieren 156

**H**

Hacker 50
halt 61
Hardlink erstellen 222
Hardware
- passende Newsgruppe 392
Hash 360, 383
hash 62, 300, 342
Hauptspeicher 460
head 204
Header 305, 307, 333, 338, 343, 344, 356, 405
- von Postings 397
- Zeilen 328
Herunterladen von News anstoßen 401
Hierarchie
- im Usenet 391
High-Traffic-Newsgruppe 399
Hilfe
- zu IRC 385
Hintergrundbild 99
Hintergrundprozess 261
Home-Verzeichnis 464
- Abkürzung 184
horizontale und vertikale Abtastfrequenz 54
Hostadapter 26
Hostname 76
hostname 75
Howtos 76, 463
Ht//dig 107
HTML 432
- Editor 379

**I**

IDE-Bus 25
IDE-Festplatte 460
Idf 246

IglooFTP 425
images 28
IMAP 320
ini-Dateien 138
init q 62
initialfetch 399
Init-Skripten 233
INN 394
Installation
– Bildschirmauflösung und Farbtiefe des Grafikmodus 54
– Drucker konfigurieren 65
– Installationsumfang festlegen 43
– Konfiguration der Grafikkarte 54
– LILO installieren 46
– Maus konfigurieren 40
– root-Passwort festlegen 49
– Software-Pakete auswählen 45
– Sprache auswählen 39
– Tastaturbelegung und Zeitzone auswählen 40
– Username und Passwort festlegen 48
interaktive Shell 174
Internal Bus 25
Internet Relay Chat, siehe IRC
Internet-Einwahl 298
IP-Adresse 27, 304, 314
IP-Einstellungen 303
IRC 381
– beenden 386
– Hilfe finden 385
– konfigurieren 389
– verlassen 389
IRCSERVER 382
IRC-Server
– festlegen 382
ISA 25
ISDN 463
– Karte 293
isdnctrl 302
iso9660 240
ispell 185, 407

**J**

Java 114
JavaScript 114
jmacsrc 138
job-Befehl 252
Joe 137, 326
– Emacs-Modus 138
– konfigurieren 138
– wichtige Kommandos 139
– WordStar-Modus 138
– Wordwrap-Modus 139
joerc 138
Junk-Mails 113

**K**

Kab 448
– Adressen importieren 438
– Einträge hinzufügen 439
– E-Mails versenden 440
Kanäle im IRC 381, 383
– betreten 383
– verlassen 386
– vorhandene herausfinden 383
KBD_CAPSLOCK 234
KBD_NUMLOCK 235
KBear 425
KCharts 434
kdbrate 233
KDE 46, 77, 267, 433, 464
– Alt-Tab-Modus 97
– Anmeldungsmanager 111
– Arbeitsfläche 93
– Autostart-Ordner 125
– benötigte Pakete 78
– Bildschirmschoner konfigurieren 95
– Bookmarks, siehe Lesezeichen 123
– Dateien auf Desktop legen 126
– Datum & Zeit konfigurieren 111
– Desktop-Buttons 85
– Drag&Drop 122, 125, 126, 211, 228
– Farbschemata für den Desktop bestimmen 96
– Fenster-Eigenschaften 97
– Fensterleiste 98
– Fenster-Plazierung 98
– frei konfigurierbare Tastenkürzel 105
– Hilfe 107
– Icons ins Panel einbetten 125

- Installation aus Quelldateien 83
- Installation per rpm 83
- kdm als Login Manager einrichten 111
- Kicker, das KDE-Panel 85
- Klänge 107
- Kontrollleiste 100, 136
- Kontrollzentrum 78, 86, 87, 118, 128, 247, 442
- Kontrollzentrum Dateimanager 89
- Kontrollzentrum Dateizuordnungen 91
- Kontrollzentrum Design-Verwaltung 95
- Kontrollzentrum Energiekontrolle 92
- Kontrollzentrum Erscheinungsbild 93
- Kontrollzentrum Persönliche Einstellungen 108
- Kontrollzentrum Stil 102
- Kontrollzentrum Symbole 104
- Kontrollzentrum Systemnachrichten 105
- Kontrollzentrum, suchen 88
- Laufwerke per Icon mounten/umounten 129
- Lesezeichen 123
- Mauseinstellungen 88
- Mini-Programme 101
- mit Fenstern arbeiten 116
- Netzwerk 108
- Newsgruppe 392
- Newsticker hinzufügen 109
- Oberfläche konfigurieren 99
- Online-Hilfe 86
- Panel 298
- Programme ins Panel einbetten 125
- Schriften einstellen 102
- Schriften glätten 102
- Session-Management 86
- Sitzungsmanager 112
- Sprache einstellen 85
- Stil 102
- su 135
- Systeminformationen 107
- Systemkontrolle 111
- Taskbar 116
- Theme-Manager 95
- Themes 95
- Verknüpfungen auf Desktop ablegen 126
- vordefinierte Tastenkürzel 130

kdeadmin 80

KDE-Adressbuch siehe Kab

kdebase 79, 83, 84

KDEDIR 84

kdegames 79

kdegraphics 79

kdelibs 79, 83, 84

kdemultimedia 79

kdenetwork 80

KDE-Panel, siehe KDE

kdesupport 79, 83, 84

kdetoys 79

kdeutils 79

kdeworld 99

kdf 246

KDiskFree 246

kdvi 79

Kernel 242
- 2.2.x 25
- bzImage 243
- kompilieren
- -- Kommandozeile 242
- neu installieren 243
- Online-Hilfe 243
- Sourcen 463
- zImage 243
- zlilo 243

Keyboard siehe Tastatur

Keycode 235

Keyname 235

KEYTABLE 233

kfind 133

kfloppy 79, 130

Konqueror
- Verzeichnisse anlegen 121

KFormula 434

kghostview 79, 443

kill 250
- kill -9 251
- killall 252

Killfile 412

KInternet 298, 302
Klammeraffe, @ 307
klibs 255
Klipper, siehe Clipboard
klpq 227
kmahjongg 79
KMail 80, 85, 345, 362, 437
– Attachments 349
– Drag&Drop 351
– E-Mails aus Windows-Mailern importieren 354
– Erscheinungsbild 347
– Eudora-Migration 355
– fetchmail 347
– Filter einrichten 352
– Header, Darstellung 350
– Konfiguration 345
– MIME 349
– Nachrichten erstellen 348
– Nachrichten lesen und beantworten 349
– Outlook-Migration 355
– PGP 348
– SMTP oder Sendmail 346
– Status-Flags 350
kmailcvt 354
KMail-Import 354
kmidi 79
Knigge, siehe Netiquette 392
KNode 80, 85, 400, 402
– Artikel abholen 409
– Artikel posten 410
– Artikel suchen 413
– Darstellungsarten 409
– Filter einrichten 405
– Killfiles einrichten 412
– konfigurieren 402
– Newsgruppen abonnieren und abbestellen 408
– per Mail antworten 411
KNotes 447
– Konfigurationsoptionen 448
KOffice 433, 435
– Funktionsumfang 434
Kompressionsfaktor 156
Kompressionsstufe 157
KOnCD 274
– CD kopieren 275
Konfigurationsdateien 159, 198, 207, 461
– private 389
Konqueror 80, 85, 166, 289, 298, 405, 419, 441
– als Dateimanager 117
– als FTP-Client 123
– als Webbrowser 112
– als Webbrowser konfigurieren 112
– Dateien kopieren 122
– Dateien löschen 122
– Dateien verschieben 122
– erweitertes Web-Browsen 113
– Fenster neu aufteilen 119
– Konfiguration 114
– Menüpunkt Ansicht 118
– Netscape-Plugins 114
– neues Outfit 124
– Proxy-Server 115
– Suchmaschinen 113
– User-Agent 115
– Verzeichnisse kopieren 121
– Verzeichnisse löschen 121
– Windows-Ressourcen 116
– Zugriffsrechte ändern 122
Konsole 132, 236
– konfigurieren 132
– Schema 132
– voreingestellte Verwendungszwecke 133
– wechseln 236
konsole 183
konventionelle Kodierung 366
KOrganizer 437, 441, 447, 448
– Darstellungsformen 443
– im Panel andocken 446
– Kommandozeilen-Optionen 446
– Konfiguration 442
– Termine und Aufgaben eintragen 444
KPackage 165
– Dateien suchen 167
– Drag&Drop 166
– Pakete installieren und deinstallieren 166
kpaint 79
KPresenter 434

kscd 79, 255
- Browser einstellen 258
- CDROM-Gerät 258
- Compact Disc 256
- Konfigurationsmenü 257
- Options 258
KSirc 386
- Channel betreten 386
- Farbeinstellungen 387
- neue Server-Verbindung 386
KSpread 433
ksysv 80
ktetris 79
kuser 80
KVIrc 386
KwikDisk 247
kWinTV 268
- Bedienung 273
- TV-Kanäle einstellen 272
KWord 433
KWrite 145, 407
- Hervorhebungsmodi 147
- konfigurieren 146
- Tastenkürzel 148

**L**

LaTeX 432, 433
ldconfig 82, 85, 462, 465
Leafnode 175, 403
leafnode 379, 393, 395
- installieren 395
- mehrere Newsfeeds nutzen 398
- Newsgruppen einlesen 400
- Offline-Modus 399
- Online-Ressourcen 395
less 132, 199, 203, 209, 229, 282
- als Standardpager 204
- Emacs-kompatible Tastenkürzel 203
- Online-Hilfe 204
LILO 46, 52
- installieren 47
lilo 244, 458
- lilo aufrufen 245
lilo.conf 206, 244
- boot 244
- editieren 244
- image 244
- label 245
- neu erstellte lilo.conf installieren 245
- prompt 245
- read-only 244
- timeout 245
Limbo-Channel 383
Linkcount 193
Links
- erstellen 222
- harte 222
- symbolische 123, 222
Linux
- Dateisystem 248
- Dreisatz 168
- Kommandos 229
- Newsgruppen 391
- Partition erstellen 42
ln, siehe Links erstellen 222
localhost 315, 347, 378, 379
locate 132, 136, 188, 207
- Datenbank erstellen 188
locatedb 189
Lockfile 466
Locking-Datei 378
Logdatei, siehe Logfile
Logfile 205, 212, 341, 342, 424, 461, 466
Login 416, 423
- Prompt 59, 60
- Shell 82, 174, 461, 462, 467
logische Partitionen 34
logout 60
lokale Programme 463
lokaler Newsserver 394
looping 256
lpc 227
lpd 226
lpq 226
lpr 200, 226, 229
lprm 226, 229
ls 132, 172, 180, 190, 206, 207, 229, 417, 459, 462
- »lange Ausgabe« 192
- farbig 192
- Wildcards 193
lsof 240

lspci 268, 301
LyX 77, 433, 435

**M**
m4 312
– Skript 312
MAIL 324
Mail Delivery Agent (MDA) 319
Mail Transport Agent (MTA) 309
Mail User Agent (MUA) 309, 310, 312, 319, 323, 334
Mailbox 310, 319, 466
Mailinglisten 317, 333, 335, 336, 339, 343, 354
maillog 342
mailq 313
Mail-Queue 313
Mail-Server 76, 310, 315
make 168, 169
make install 168
– Funktionsweise 169
Makefile 168
– Funktionsweise 169
makemap 200, 312
Makros 435, 463
man 198, 204, 208
Man-in-the-middle-Angriff 364
Manpages 86, 169, 187, 189, 198, 204, 206, 208, 464, 465
– Aufbau 198
– ausdrucken 200
Masquerade 311
Master Boot Record, siehe MBR
Maus 24
maxage 400
maxfetch 399
MBR 47, 53
mc 133, 213, 235, 279, 415, 419, 421
– als FTP-Client nutzen 287
– Aufbau 280
– Darstellungsbits 286
– Dateien löschen, kopieren, Zugriffsrechte ändern etc. 286
– die grafische Version konfigurieren 288
– grafische Version des Gnome-Projekts 279
– Kommandozeile 280
– Layout 286
– Listenmodus 282
– Maus-Unterstützung 280
– mit komprimierten Dateien arbeiten 287
– Online-Hilfe 280
– Optionsmenü 285
– schnelles cd 283
– Sortierreihenfolge 282
– Suffixdaten bearbeiten 284
– Tastenbelegungen 282
– Tastenkürzel 281
– undelete-Funktion 213
– verschiedenen Datei-Typen Start-Programme zuordnen 284
– Verzeichnisbaum 283
mcedit 282, 286, 291
mcopy 241, 242
MDA, siehe Mail Delivery Agent
mdel 242
mdir 241, 242
Memorycache 249
Message-ID 406
mformat 241, 242
Midnight Commander, siehe mc
MIME 308, 323
mkdir, siehe auch Verzeichnisse anlegen 214, 216, 221, 229, 238
mke2fs 241
mkisofs 274
Modem 293, 460
– einrichten 294
modprobe 272, 275, 278
Monitor 24
– Horizontal- und Vertikalfrequenzen 24
more 132, 193, 202, 229
mount 248
mounten 237, 240, 241, 462
– Diskette im Linux-Dateiformat mounten 241
– DOS-Diskette mounten 241
– exec-Option 240
– per Mausklick 129
– user-Option 239, 240
Mountpoint 238, 248
Movemail 378

MP3 260, 290
- Player für die Kommandozeile 455
mpg123 267, 455
MS Outlook Express 355
msdos 238, 241
MS-DOS-Eingabeaufforderung 35
MSN 302
mstools 241
mtools 241
MTA, siehe Mail Transport Agent
MUA, siehe Mail User Agent
Multiuser-System 226, 236
Mutt 309, 319, 344, 362, 405
- Alias 356
- Attachments löschen 336
- Compose-Menü 326, 327
- Farb-Settings 329
- Format Status-Zeilen, Header-Formatzeilen 337
- Funktionen Nachrichten-Index 325
- Index-Modus 325
- Indexübersicht 341
- Konfigurationsmöglichkeiten 328
- Mail-Aliase 339
- Makro 341
- Nachrichten erstellen 326
- Online-Hilfe 325, 327
- Pager-Menü 339
- Pager-Modus 325
- Tastenkürzel definieren 340
- Variablen 332
Muttrc 324
mv 214, 216, 219, 229
- Verzeichnisse und Dateien verschieben und umbenennen 217

**N**
Nameserver 293, 300, siehe auch DNS
Nautilus 289
- Themes 289
- Vorschau Bilder/Texte 289
- Zoomen 290
ncftp 415, 416
- Dateien herunterladen 417
Netiquette 316, 335, 414
Netscape 113, 226, 258, 355, 373, 405, 415, 419, 426
- als Newsreader 379
- Mails abholen 378
- Mails ohne Zusatzprogramme versenden 377
- mit Sendmail und Fetchmail verwenden 378
- Nachrichten formatieren 376
- Plugins 80
- starten 373
Netscape Communicator 91, siehe auch Netscape
- für Mail und News konfigurieren 376
- konfigurieren 374
Netzmaske 27
Netzwerk 27
- passende Newsgruppe 392
Netzwerkkarte 303
- konfigurieren 304
Newbies 318, 414
News lesen
- offline 393
- online 393
Newsartikel
- löschen 398
Newsgruppen 369, 391, 409, 413
- Linux-Gruppen 413
- moderiert 413
- neu einlesen vom Provider 402
Newsreader 139
Newsserver 76, 374, 392, 406
Nickname im IRC 383
NIS 76
Norton Commander 279
NTFS 33
Nvidia-Treiber 27

**O**
ODBC 431
Offline-Modus
- von leafnode 399
Offline-Newsreader 397
Online-Handbuch 198
Opera 405

Operatoren, siehe Channeloperatoren
Ops, siehe Channeloperatoren
opt 464
Option 229
ordinary files 185
Outlook 354

**P**
PAGER 204
Pager 198, 199, 202, 203, 209
Palm 432
PAP 294, 300
Papierkorb 127
parallele Schnittstelle 461
parent 215
Partition Magic 33
Partitionen 33, 460
– verkleinern 33
Partititonstabelle 36
passwd 60, 206, 208
Passwort 60, 416, 420, 461
– ändern 60
– Abfrage 297
Patches 162
PATH 64, 176, 180, 181, 190, 401
PCI 25, 26, 268
Pegasus Mail 355
Permission Flags 224
PGP 323, 344, 348, 357, 407
– 2.6.3i 370
– 5.0i 370
– Dateien entschlüsseln und Signaturen prüfen 369
– Dateien verschlüsseln 367
– Fingerabdruck anzeigen 364
– Nachrichten verschlüsseln und signieren 369
– Passwort ändern 365
– Schlüssel extrahieren 362
– Text-Dateien signieren 368
PID 251
PIM 441
Pine 319, 338, 344
Pipe 188, 193, 209, 336
Playlist
– Editor 260
PLL-Unterstützung 270
plonk 412
Plug&Play 27, 255
Plug-Ins 374
Poll-Intervall 323
POP2 319
POP3 310, 319
Pop-Server 377
posten 392, 393
Postings 369, 392, 393
– alte löschen 402
– fehlgeschlagene neu senden 402
Post-its 447
PostScript 24
– Dateien finden 188
PPP 319
– Optionsdatei 300
– von Hand konfigurieren 300
primäre Partition 34, 35
Printer siehe Drucker
private Nachrichten
– im IRC 384
Problem mit X
– passende Newsgruppe 392
proc 464
procmail 341
– .procmailrc konfigurieren 342
– Mailinglisten filtern 343
– PGP-Problematik lösen 344
Programmbibliotheken 465
Programme
– anhalten 252
– zur Systemverwaltung 459
Prompt 171, 175, 179, 203
– Datei 206
proprietäres Dateiformat 437
Provider 296
Proxy 115, 375, 420
Prozess 464
– beenden 250
– Dateisystem 464
– Größe 249
– in den Hintergrund schieben 209, 253
– in den Vordergrund holen 252
– mit ps Prozessnummer ermitteln 251
– nohup-Befehl 253

- unterbrechen 252
ps 250, 367
- Optionen 252
PS/2-Maus 24
Pseudonym
- im IRC 383
Public Key 371
- System 357, 366
- Verschlüsselung 366
pubring.pgp 362, 366
Punkt-Dateien 187, 207, 389
put 419
pwd 179, 184, 207, 229

**Q**

qt 78
- Installation der Quelldateien 81
- Installation per rpm 80
qt-devel 81
QTDIR 82
Quelltexte 167
- übersetzen 167
Quote-Ebenen 332
Quoten, siehe Zitieren im Usenet 316, 411

**R**

RAM 249
random play 256
rawrite 28
rc.config 233, 234, 235
RC.Config-Editor 234, 395
rc-Dateien 138, 389
Realnamen-Konvention
- im deutschen Usenet 393
Realplayer 374
reboot 61, 111
Rebooten siehe System rebooten
Rebooten mit einem Tastendruck 236
rebuilddb 160
Red Hat Package Manager (RPM) 157
regexps 344
Reply 310, 312
Restorb 37
restorb.exe 35
rm 212, 216, 218, 221, 229, 459
rmdir, siehe auch Verzeichnisse löschen
rmdir 215, 229
rmmod 272, 278
Root
- Dateisystem 238
- Partition 457
- Verzeichnis 457
Rootsektor/Bootsektor 37
ROT13 412
rpm
- Abfragemodus 159
- Datenbank 157, 159
- Paketabhängigkeiten 157
- Pakete aktualisieren 159
- Pakete deinstallieren 158
- Pakete installieren 158
- Pakete mit KPackage installieren 165
RTF 432

**S**

Samba 76, 116
Scandisk 35, 44
Schlüssel 360
- anzeigen 365
- entfernen 365
- Fingerabdruck 364
- hinzufügen 363
- signieren, Signatur prüfen 364
Schlüsselbund 362
Schlüsselpaare
- erzeugen 361
- verwalten 362
Schlüsselringe 362
Schreien 384
Schwellenwert 89
SCSI 25
- Adapter/Netzwerkkarte 26
- Bus 25
- CD-ROM 461
- Festplatte 461
- Geräte 461
secring.pgp 362, 366
Sendmail 200, 302, 309, 310, 333, 334, 341, 377, 378
- Grundzüge der Funktionsweise 313

serielle Schnittstelle 460
Serienbriefe 435
Setuid 378
Shared Libraries 79, 84, 462, 465
Shell 171
– Aliase 180
– Aliase erzeugen 173, 213
– Befehlszeilenergänzung 177
– Begrüßungssprüche 179
– Ein- und Ausgabenumlenkung 177
– Environment-Variablen 175
– export-Befehl 175
– History 175
– Initalisierungsdateien 174, 180
– Kommandos 211
– Root-Account einfärben 179
– Skript 198, 462
– Variable
– – HISTSIZE 175
– Variablen 175
– – die wichtigsten Shell-Variablen 176
– – NNTPSERVER 175
– wechseln 178
Shell-Variablen
– PATH, siehe PATH 176
Shockwave 114
Shoutcast 267
shutdow, Befehl 61, 111, 151
Signatur 316, 335, 404
Single-User-System 212
Skins 261, 262, 277
– Browser 277
SKINSDIR-Variable 263
smail 309
Smileys 317, 332, 339
SMS 384
SMTP 309, 319
– Prompt 315
– Protocol 315
– Server 378
Sonderzeichen 231
Soundblaster 25, 71
Soundfonts installieren 71
Soundkarte 25, 107, 255
– Chipsatz 26
– hinzufügen 72
Sourcen 463
Spam 306
Spelling Flames 410
Spool-Verzeichnis 226, 466
Sprache, einstellen in KDE 85
Standardeingabe 197
StarOffice 240, 429, 435, 464
– Anwendungen 429
– Datenbank 431
– Filter 431
startkde 136
Status Flags 327, 337
Statuszeile 337, 340
Streaming 267
su 62, 81, 133, 188, 239
Subject 307
Suchbegriffe finden, siehe grep 188
superseden 411
suse.mc 311
SuSEConfig 395
SuSEconfig 103, 233, 235, 298
SuSE-Hilfesystem 86
SuSE-Support-Datenbank 87
swap 34
Swap-Partition 248
symbolische Links 283
– erstellen 223
syslog-Dämon 237
System
– als User herunterfahren 62
– Belastung anzeigen 250
– herunterfahren 61
– rebooten 61
Systemdateien
– nicht verschiebbar 35
Systemsteuerung 24

**T**

Taglines 403
tail 204, 205
tar 153, 157, 199, 418, 419
– Archive erstellen 154
– Archive extrahieren 155
tarfs 287
Tastatur 24, 235
– Belegung 231, 461
– Tabelle 231

TCP/IP 461
- Verbindung 309
tcsh 82, 84, 178, 181, 204, 462
Telefonanlage 296
telnet 315
Terminal-Emulation 132
Terminal-Emulator, siehe auch X-Terminal 132
TeTeX 450
TeX/LaTeX
- Satzsystem 462
texpire 402
Textsatzsysteme 450
Textverarbeitung 197, 463
Thesaurus 435
Thread 405
Threading 335
Tilde 184, 187, 218
TOC 275
top 249
- CPU-Auslastung 249
- Online-Hilfe 249
topq 227
touch 211, 401
- Zugriffszeit manipulieren 212
To-Zeile 307
tree 194, 215, 283
- Befehl 118
TrueType-Fonts 102, 375
tune2fs 458
tuner 271, 278
TV-Karte, konfigurieren 268

**U**

UCE 352
Ultra-DMA 74
Umgebungsvariable 204
umount 238, 239
Undo-Funktion 144
updatedb, siehe auch locate, Datenbank erstellen 188, 209
Upload 419
- mit gftp 423
uptime 250
USB 24
Usenet 328, 391
- Funktionsweise 392
- Slang 393
User 60
User-Account 60
useradd 60
User-Agent String 115
UUCP 76
uudecode 309
uuencode 308

**V**

V-Card 376
Verdana 103
Verknüpfung erstellen 121
Verschlüsselung 110
versteckte Dateien
- anzeigen mit Konqueror 118
Verzeichnisbaum 457, 463
Verzeichnisse
- aktuelles herausfinden 184
- anlegen 121, 214
- auflisten 190
- farbig auflisten 173
- kopieren 121, 219
- löschen 121, 215
- rekursiv auflisten 194
- umbenennen 122, 217
- verschieben 121
- wechseln 183
- Zugriffsrechte ändern 122
vfat 237, 238, 248
vfat32 237
VFS, Virtual File System 287
vi 143
- Befehlsmodus 141
- Doppelpunktmodus 141
- Einfügemodus 141
- wichtige Befehle 141
VIA-Chipsatz 74
virtuelles Terminal 236

**W**

w, siehe uptime 250
whereis 189
which 136, 284
Widgets, Kontrollzentrum Stil 102
Wiederholrate verändern 233
Wildcards 133, 185, 193, 194, 196, 213, 216, 418, 419, 460
WinAmp 261, 263

Window Maker 77, 102
Windows
– Dateisystem 248
– Tastaturen 24
– Tasten neu belegen 235
Winmodem 27
Wörterbücher 463
WYSIWYG 379, 433

**X**
X per Tastaturkürzel starten 236
X Window System 25, 53, 151, 237, 462
xargs 188
Xclients 464
xconfig
– Kernel kompilieren
– – grafisches Frontend 242
XEmacs 126, 252
– Customize 143
– konfigurieren 143
– Online-Hilfe 151
– wichtige Tastenkürzel 145
XFMail 309
X-Header 328, 406
xload 249
xmag 103
xman 201
XMCD 258
XML 432
xmms 260
– CD-Audiospieler-Plugin 267
– die wichtigsten Bedienelemente 261
– Disk Writer-Plugin 267
– Jump to Time 263
– Kommandozeilen-Optionen 265
– MPEG Layer 1/2/3-Spieler-Plugin 267
– Options 261
– Playback 263
– Playlist, Suffix 265
– Playlist-Editor 264, 277
– Plugins 265
– Shoutcast 267
– Skin-Browser 262, 263
X-Server 53, 54, 107, 136
X-Terminal 132
xv 284
X-Window-Standard 86

**Y**
YaST 232
– rpm-Dateien installieren 160
– Tastaturbelegung ändern 231
YaST2 25, 39, 81, 232, 303, 419
– ADSL/T-DSL konfigurieren 303
– Control Center 66, 74
– Drucker konfigurieren 65
– Feintuning der Grafikkarte 53
– Festplatten-Tuning 74
– Hostname vergeben 75
– ISDN-Karte einrichten und Internet-Zugang konfigurieren 301
– Modem einrichten und Internet-Zugang konfigurieren 294
– Netzwerkkarte konfigurien 304
– NNTPSERVER 395
– Online-Update 162
– Software installieren/löschen 160
– Soundkarte konfigurieren 71
– Start und Stopp von Systemdiensten 396
– Wiederholrate verändern 234
– Windowspartition verkleinern 44, 51

**Z**
Zitieren, im Usenet 394
zless 204
Zugriffbits 224
Zugriffsrechte 192
– ändern 224
zusätzliche Dateissysteme mounten 238
Zwei-Schlüssel-Verfahren 358
Zwischenablage
– in KDE 128
Zylinder 37